U0727200

中国财税工作实务

CHINA FINANCE AND TAX WORK PRACTICE

上

本书编委会 主编

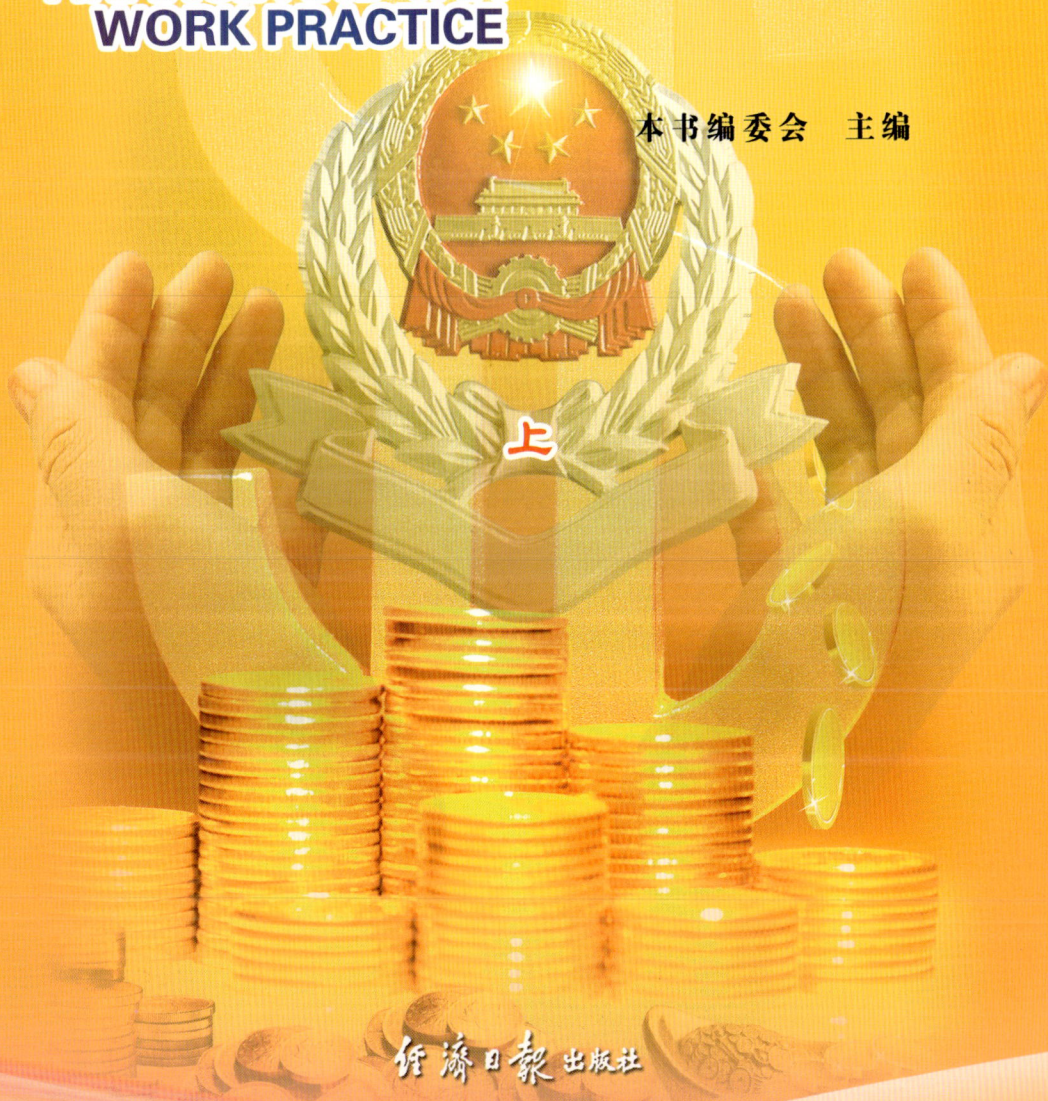

经济日报出版社

图书在版编目（CIP）数据

中国财税工作实务 / 《中国财税工作实务》编委会编. -- 北京 : 经济日报出版社, 2016.11
ISBN 978-7-5196-0035-8

Ⅰ. ①中… Ⅱ. ①中… Ⅲ. ①财税－研究－中国 Ⅳ. ①F812

中国版本图书馆 CIP 数据核字(2016)第 269764 号

中国财税工作实务

作　　者	本书编委会
责任编辑	胡子清
责任校对	董在仁
出版发行	经济日报出版社
地　　址	北京市西城区白纸坊东街 2 号(邮政编码:100054)
电　　话	010-63584556（编辑部）63516959（发行部）
网　　址	www.edpbook.com.cn
E - mail	edpbook@126.com
经　　销	全国新华书店
印　　刷	北京神州伟业印务有限公司
开　　本	1/16
印　　张	78
字　　数	1500 千字
版　　次	2016 年 10 月第一版
印　　次	2016 年 10 月第一次印刷
书　　号	ISBN 978-7-5196-0035-8
定　　价	987.00 元

《中国财税工作实务》
特　邀　编　委

（以姓氏笔画为序）

《中国财税工作实务》

编　委　委　员

（以姓氏笔画为序）

刘春林　刘竞伟　刘艳锋　刘得海　刘银波

刘翔飞　匡益平　华宏新　向　旭　向　斌

吕妍妍　吕　诚　吕　斌　孙　力　孙　犁

孙　琰　孙颖玉　安振永　朱俊宁　朱琳莹

毕兴来　江　宁　汤运龙　牟海贤　许东阳

许永彪　闫剑峰　何亚可　何雨桓　何秋红

马春琴　佘小林　余正禹　余致标　余　游

余键峰　况灯明　吴小萍　吴　戈　吴世安

吴兴贤　吴　闯　吴丽娟　吴忠东　吴　迪

吴　琨　吴　鹏　宋佳陆　张一斌　张小勇

张文昶　张世杰　张发君　张玉平　张　军

张存贵　张　丽　张宏翔　张希文　张和平

张国平　张宝东　张宝华　张明英　张保昌

张　洁　张济民　张海军　张　晨　张趁好

张雯喆　张新华　张新雷　李之龙　李　云

李发林　李　平　李立新　李吉祥　李成君

李　君　李启坤　李志洲　李　佚　李国恩

李宜蓉　李建勇　李庭富　李胜武　李胜法

李家田　李振宇　李　晋　李新锋　李德学

李慧明　李臻业　杨占青　杨伟杰　杨　利

杨晓宁　杨晨学　杨理新　汪　凯　苏鲁且

辛玉娟　邱运林　陆海章　陈向前　陈　安

陈利民　陈志雄　陈国飞　陈　学　陈贵刚

陈晓娟　陈　斌　陈　静　陈樟炜　陈　曙

周本慎　周兆一　周　江　周志广　周志烈

周英茂　周家文　周　铎　周惠玲　周辉斌

周　磊　周　黎　呼向清　国　杰　国　剑

岳大永　庞克伟　拉　巴　松　宣　林潮华

罗平安　罗永冬　罗　希　罗洪兵　罗晓明

郎双文　郑旭锋　郑春祥　郑继良　金　莉

金绪阳　姜学炳　姜德洲　娄胜利　施　薇

段永刚　胡志乔　胡建和　胡　森　胡　睿

贺昌泰　赵计强　赵贵祥　郝兆震　骆　雄

凌　海　唐　面　唐　鹏　徐　义　徐支波

徐建煌　徐　炜　徐玲玉　徐振琳　徐鸾翔

朗　春　聂远飞　袁洪波　袁营新　诸葛俭

贾　忠　郭永幸　郭创业　郭晓敏　郭喜龙

郭慧平　钱伟钢　高志强　高宗惠　寇兴伟

常云录　曹文辉　曹泽志　曹雪峰　梁永伟

梅　丽　黄　广　黄　欢　黄京容　黄炜烽

黄家栋　黄海滨　黄　耿　龚晓光　彭　勃

彭　荣　惠自勇　敬俊杰　曾力瑛　董建华

董青春　董　浩　蒋亚鹏　蒋　萍　覃建祥

谢　东　谢雪凯　谢　锋　韩绍杰　韩培武

慈　明　詹　宇　路孟军　雷欣莹　靳润波

廖晓莉　熊小宁　熊　露　谭忠政　谭桂华

樊永安　潘文国　黎　慧　穆国庆　薛传斌

魏爱军

《中国财税工作实务》编审人员

（以姓氏笔画为序）

王　佳　王　涛　李　莉　刘　静　张　玉

张　岩　郑文彬　姚　莉　徐　磊　郭　丽

前　言

财税政策的有效实施，依托于健全的财税体制。在整个社会经济发展中，财税工作起到的支撑作用不断加强，因此必须要不断深化财税金融体制改革，创新财税金融理念，充分发挥财税杠杆作用，为实现“十三五”经济社会发展历史性跨越的宏伟目标，再立新功，再创佳绩。

全面贯彻党的十八大和十八届三中、四中、五中全会及中央经济工作会议精神，以邓小平理论、“三个代表”重要思想、科学发展观为指导，深入学习贯彻习近平总书记系列重要讲话精神，按照“五位一体”总体布局和“四个全面”战略布局，牢固树立和贯彻落实创新、协调、绿色、开放、共享的发展理念，认真落实推进供给侧结构性改革的各项举措，深刻认识、主动适应、积极引领税收新常态，完成好收入任务与《深化国税、地税征管体制改革方案》实施任务，深入推进税收现代化，努力实现“十三五”税收事业开好局、起好步，进一步增强税收在国家治理中的基础性、支柱性、保障性作用，为实现全面建成小康社会宏伟目标作出新的更大贡献。

财税政策在经济发展中占有重要的地位，起着积极作用，无论何时都离不开财税政策对区域经济发展的支撑作用。一是税收政策为经济发展营造良好的环境。合理的税收政策能够为投资者提供较好的投资环境，为经济发展营造一个宽松的发展环境。因为通过一定的税收优惠政策形成一种导向力，增加投资者的投资兴趣和信息。二是财政转移支付制度是平衡发展差距加大的有效手段。经济发展不平衡是世界各国共同面对的问题，通过财政转移支付制度拨付一定的资金支持，可以增强某一地区的资金筹措能力，这在一定程度上能够有效地加快落后地区的发展，缓解或缩小地区间经济发展的差距。财政，不仅是政府的“钱袋子”，同时也是百姓的“钱袋子”，税收，是财政收入的主要来源，是纳税人依法诚信纳税的证明，其本质是“取之于民，用之于民”。构建和谐社会目标的确立，不仅要求财税工作调节好社会经济的发展，更要求其关注公共服务领域。“十二五”期间，中央财政将加大对环境保护工作的支持力度，建立健全有利于环保的财税政策体系，积极推进《国家环境保护“十二五”规划》各项目标的顺利实现。按照第七次全国环境保护大会的要求，今后一段时期财政支持生态建设与环境保护的总体思路是：以科学发展和优化经济发展方式为主线，坚持在发展中保护、在保护中发展的原则，立足于适应环境保护事业发展要求，完善政策措施，加大资金投入力度，创新支持方式，全面推进财政科学化精细化管理，更好地促进我国生态环境质量不断改善。

要深入学习贯彻落实党的十八大精神，紧紧围绕主题主线，稳中求进，扎实开局，认真组织财政收支，开展财税政策研究，深化财政改革，创新财政管理方式，服务经济社会发展，着力保障和改善民生，增强经济发展的内生活力和动力，不断提升人民群众的幸福感。

在全面建设小康社会过程中，财税工作发挥着重要的职能作用，也日益深入百姓生活的方方面面，越来越受社会各界关注。为了全面准确反映财税政策、财税改革、创新、收入、支出、体制、管理等方面的情况，使社会各界更加了解和支持财税工作，我们特组织了财税工作方面的专家、学者编写了《中国财税工作实务》一书。

本书以财税改革发展、政策法规、管理创新为基本内容，从财税政策与财政发展、税务发展、财政管理监督、税务网络与信息化纳税服务、营改增等方面进行全面阐述。集理论、实践于一体，引导财税工作者更好地服务财税改革和发展的大局，是财税基层工作者全面了解财税发展的一部有益的参考书。

编　者

2016 年 9 月于北京

目 录

财 政 篇

第一篇 财政的基本概述

第二篇　财政管理改革

第三篇　中国基层财政体制

第四篇　财政监督探索与研究

税务篇

第一篇　税收管理与研究

第二篇　网络信息化纳税服务

第三篇　营改增理论研究与实践

财 政 篇

第一篇
财政的基本概述

第一章　财政概论

我们生活在一个市场与政府共存的经济中。市场机制存在的缺陷，是政府干预的前提。政府为提供或生产公共物品和服务而出资、拨款以及进行各种支付的过程，表现为政府的支出；政府为筹措满足提供或生产公共物品和服务所需的资金而征税、举债、收取国有企业利润以及各种费用的过程，表现为政府的收入。这种由政府所组织的集中性的收支活动，就是我们通常所说的财政或财政活动。从满足社会公共需要的目的出发，财政的经济职能包括资源配置职能、调节收入分配职能和促进经济稳定职能。

第一节　财政的概念

一、“财政”一词的来源

从人类发展史来看，财政活动是一种历史悠久的经济现象。从我国几千年遗留下来的古籍中，可以看到理财、国用、国计一类用词以及丰富的有关理财之道的记载，但在中文词汇中出现“财政”一词还是近百年的事情。据考证，清朝光绪二十四年（1898 年）在戊戌变法“明定国是”诏书中有“改革财政，实行国家预算”的条文，这是在政府文件中最初启用“财政”一词。辛亥革命时期，孙中山先生宣传“三民主义”曾多次强调财政改革，使用了“财政”一词。民国政府成立时，主管国家收支的机构命名为财政部。20 世纪 40 年代，中华书局出版的《辞海》对财政作了如下解释：“财政谓理财之政，即国家或公用团体以维持其生存、发达为目的，而获得收入、支出经费之经济行为也。”因此，“财政”一词在中文词汇中的应用已经有百年历史。目前在中文词汇中的含义，虽然在学术研究上还有不同的理解，但在日常生活中，已经是一个没有什么疑义的十分明确的词语。

二、政府与财政

图1－1给出了一个政府、家庭和企业三部门的资源流动图。在一个纯市场经济里，不存在政府的条件下，家庭在要素市场出售各种要素获得收入，再用获得的收入到产品市场购买产品和服务。而企业从要素市场购买各种生产要素，然后到产品市场销售生产出的产品和服务。这一货币和产品运动的过程是周而复始、循环往复的。

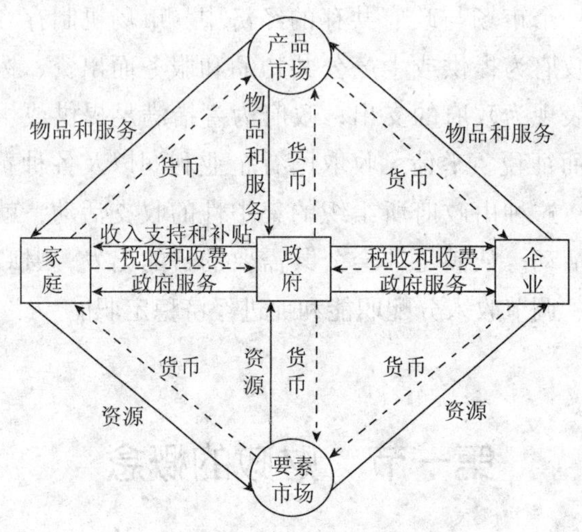

图1－1　政府、家庭、企业三部门运行图

当政府介入市场经济中时，这一资源流动图就变得更为复杂。政府从要素市场购买各种要素，生产出公共物品和服务，如教育、国防、公共设施等，投入产品市场。与私人物品不同的是，一部分政府提供的物品和服务是可以销售的，政府通过销售这些物品和服务获得货币收入，还有一部分政府提供的物品和服务是不收费的，因此不会产生货币收入。除了与要素市场和产品市场有关联外，政府与企业和家庭也有经济活动上的关联。政府提供的公共物品和服务会让家庭受益，政府还会通过转移支付等方式对某些家庭提供收入支持和补贴；而家庭则要向政府缴纳税收和各种收费。从企业这一面看，政府为企业提供各种公共服务，还会对某些企业提供补贴；而企业也需要向政府缴纳税收和各种收费。

政府参与要素市场和产品市场的过程，就是政府生产和提供公共物品和服务的过程。但公共物品和服务与私人物品和服务是不同的。私人物品和服务完全遵循等价交换的原则，要素的获得、产品的销售通过价格和市场机制的引导可以自发实现。但公共物品和服务是不按等价交换的原则，而是按非市场机制的方式分配的。很多公共物品和服务，如国防、基础教育等是免费提供的。接下来的问题是，政府要提供或生产规模如此之大的公共物品或服务，要满足范围如此广泛的社会公共需要，没有一定的钱作为后盾是不行的。政府要花钱，就要去筹钱，就要有筹集收入的渠道。政府的收入渠道，与家庭和企业的收入渠道有所不同。政府可以依法向企业和家庭征税，向国有企业收取部分利润，向办理户口登记、结婚登记、出国护照的居民收取相应的费用，等等。

政府为提供或生产公共物品和服务而出资、拨款以及进行各种支付的过程，表现为政府的支出；政府为筹措满足提供或生产公共物品和服务所需的资金而征税、举债、收取国有企业利润以及各种费用的过程，表现为政府的收入。这种由政府所组织的集中性的收支活动，就是我们通常所说的财政或财政活动。不言而喻，政府的支出和政府的收入，也就是我们通常所说的财政支出和财政收入。

三、财政活动的基本特征

财政是政府通过参与国内生产总值分配取得相应的资金，用于提供或生产公共物品或服务，以满足社会公共需要的一种活动。

财政既然是由政府来组织的集中性的收支活动，它的主体只能是政府。其他社会组织或团体为主体的收支活动，都不属于财政。这是财政收支区别于其他收支活动的基本特征。

财政活动的主体是政府，包含着几个层次的意思：（1）财政活动以政府为前提。政府直接决定着财政的产生、发展和范围。没有政府这一行为主体，财政这种经济活动也就不复存在。（2）在财政活动中，政府处于主动的、支配的地位。政府是财政活动的决定者和组织者，财政收人的取得，支出的安排，其规模大小、来源怎样、使用方向，都决定于政府的意志。当然，这并不排除政府的意志最终仍要受客观经济条件的限制。（3）财政活动牵涉的范围颇广。政府作为整个社会的代表和它所执行的经济社会职能，决定了财政活动要在全社会范围内进行并同整个社会成员的利益密切相关。

四、财政的定义

新中国成立之后，我国财政学界关于财政概念的探讨和争鸣，大致可以归纳为“国家分配说”、“社会再生产说”、“剩余产品说”、“社会共同需要说”、“价值分配说”等几个具有中国特色的不同界说。各种界说从不同的角度探索财政的内涵和外延，各自有鲜明的中心论点。比如，“国家分配说”强调财政与国家的本质联系，认为财政是以国家为主体的分配活动或分配关系；“价值分配说”强调的是价值形式，财政是国家对价值的分配；“社会再生产说”认为研究财政问题必须从社会再生产出发，以再生产为前提；“剩余产品说”认为财政是由剩余产品形成各种社会基金的一个经济过程，始终体现国家、集体和个人之间的剩余产品的分配关系；“社会共同需要说”则突出满足社会共同需要，认为财政是为满足社会共同需要而进行的人力、财力、物力的分配活动，等等。

上述各种界说，尽管出于研究问题的角度的不同而在财政概念的具体表述上存有差异，但各种界说之间并不是绝对排斥的。它们之间也有许多共同点，特别是在某些具体问题的看法上也有交叉。

关于财政概念的表述考虑到三点：一是要立足于财政的基本特征；二是要比较能为大多数人所接受；三是要与社会主义市场经济体制的发展规律相适应。基于此，我们把财政这一经济范畴的定义概括为：财政是政府集中一部分社会资源用于生产或提供公共物品或服务，以满足社会公共活动的需要，即政府收支活动。

第二节　财政职能

所谓财政的职能，指的是财政在经济社会中所具有的内在功能。说得通俗一点，就是在一个既定的经济体制下，作为一个经济范畴的财政，可以发挥或具有哪些固有的、不可替代的作用。

在社会主义市场经济体制下，只有在市场失灵的领域，政府部门的介入才是必要的。财政所要解决的，只能是通过市场不能解决，或者通过市场解决得不能令人满意的问题。而所有这些何题，综合起来看都属于社会公共需要的范围，或者都是要通过提供或生产公共物品或服务加以满足的。

按照这种思路，我们把社会主义市场经济体制下的财政职能归结为如下三个方面，即资源配置职能、调节分配职能和稳定经济职能。

本节关于财政职能的讨论将主要围绕两个线索而展开：为什么财政要履行这些职能？财政怎样来履行这些职能？

一、资源配置职能

所谓资源配置，指的是通过对现有人力、物力、财力等社会资源的合理分配，使其得到最有效的利用，获得最大的经济社会效益。

财政之所以履行资源配置的职能，自然是由于存在资源配置方面的社会公共需要。在市场经济条件下，之所以会产生资源配置方面的社会公共需要，其最主要的原因体现在三个方面：一是公共物品或服务的存在；二是外部效应的存在；三是不完全竞争状态的存在。

1. 公共物品或服务的存在

诸如国防、外交、公安、司法、行政管理以及普及教育、卫生保健、基础科学研究、生态环境保护等，都是人们日常生活中不可或缺的公共物品或服务。只不过这类物品或服务是为整个社会的人们联合消费、共同受益的，是作为一个整体的社会成员所共同需要的。既然它们同私人物品或服务一样为人们所需要，企业又不愿也无能力生产或提供，市场机制在公共物品或服务供给上的失灵，便提出了以非市场方式生产或提供公共物品或服务，从而实现资源在私人物品或服务和公共物品或服务之间的有效配置的需要。

英国经济学家休谟在1740年所提出的“公共的悲剧”概念可以来论证市场在生产或提供公共物品和服务上的失效。“公共的悲剧”形容的是这样一种情况：在一个经济社会中，如果有公共物品或服务的存在，“免费搭车者（free rider)”的出现就不可避免，如果所有的社会成员都成为“免费搭车者”，最后的结果就是公共物品或服务没有人出资，也就没有一个人能享受到公共物品或服务的好处。中国古老的“一个和尚挑水吃，两个和尚抬水吃，三个和尚没水吃”的寓言，也可以用来形容“免费搭车者”这类“公共的悲剧”。“公共的悲剧”实际上告诉我们，不能指望追求自身效果最大化的个人会保证公共物品或服务的供给。因此，财政的职能之一，就是在个人之间以及短期和长远利益之间合理配置资源，以实现全体社会成员的公共利益最大化。

在这里，我们可以用一个典型的例子来说明这一问题。

假定一个社会是由生活在一个孤岛上的渔民组成的。经过了几次渔船与岩石的相撞和搁浅之后，这个孤岛上的渔民感到有必要建造一个灯塔为渔船导航。显而易见，这样的灯塔一旦建成，对岛上的每一个渔民都可带来益处，每个渔民都可享用它提供的效用。就是说，它的效用具有不可分割性；任何一个渔民对灯塔效用的享用不会排斥、妨碍其他渔民的同时享用，也不会因此减少其他渔民享用的数量和质量。就是说，它的消费具有非竞争性；同时即便有个别渔民不参加灯塔建造或不为之承担费用，他照样可享受灯塔导航的益处，没有办法因其未为此出力或出资而不准他享受灯塔的效用。就是说，它的受益具有非排他性。可见，这样的灯塔是一种公共物品。

仍继续上面的例子。这样的灯塔对岛上的每个渔民来说无疑是有必要建造的。那么，采取什么方式才能建造起来呢？

一种方式是由私人即某一渔民出资建造。很显然这是不可行的。任何渔民都不能因为其出资建造了灯塔而向享用灯塔导航效用的渔民收费，或禁止不肯交费的渔民在灯塔附近航行。他做不到这一点。另一种方式是组织渔民共同去干。渔民们可以召集在一起，共同制订建造计划，按照某一标准确定每个人应分摊的工时和费用，然后集体建造。然而，要做到这一点，必须满足下述两个条件之一：或是参与灯塔建造的渔民们有权强迫不肯合作的人离开这个岛屿；或是这个岛上没有不予合作的人存在。显然，这也是不可能的。第三种方式是由政府出面兴建。政府一旦介入，前述的问题就都迎刃而解了。政府在这方面的最大优越之处是它拥有强迫其所辖区域内的所有成员（如这个岛屿上的所有渔民）为类似灯塔这样的公共产品的建造出资或出力的权力。政府可以向其所管辖的居民征税，然后用来提供类似灯塔这样的公共物品。

也就是说，政府一方面可以通过征税取得灯塔建造资金，另一方面可以将灯塔建造纳入政府支出，从而以非市场方式——财政手段提供类似灯塔这样的公共物品，实现社会资源在私人物品或服务和公共物品或服务之间的有效配置。

在以政府财政手段提供公共物品或服务方面，有许多现成的例子。我们在前面曾经提到的诸如国防、外交、公安、司法、环境保护、基础科学研究、普及教育以及行政管理、卫生保健等，都是需要政府通过财政手段来提供的公共物品或服务。

不过，有一点需要注意：以财政手段提供公共物品或服务，并不意味着公共物品或服务一定要由政府部门来直接生产，有些公共物品或服务亦可以采取政府委托企业加工的方式采提供。如供国防使用的军需用品，在典型市场经济国家，相当大部分是由政府财政出资交由企业部门生产的。

2. 外部效应的存在

另外一个同社会公共需要有关的现象是经济交易活动中常见的外部效应

问题。所谓外部效应，就是未在价格中得以反映的经济交易成本或效益。它通常指的是这样一种经济现象：某些个人或企业的行为活动影响了他人或企业，却没有为之承担应有的成本费用或没有获得应有的报酬。

外部效应的关键问题是相互影响而又没有相应的补偿，它属于不能在价格中得以反映的成本或效益，带有外部效应的物品或服务的市场供给，便难免过多或过少，不会达到有效的资源配置状态。因而，以非市场方式矫正外部效应，便成为一种整个社会的公共需要。

很明显，在现实生活中，有无数种活动会影响到其他人或企业，或者会受到其他人或企业的影响。也就是说，具有外部效应的经济活动的例子是随处可见的。如果某一个人或企业的行为活动使得其他人或企业因此而受益，可称为正的外部效应，或称作外部效益。反之，如果某一个人或企业的行为活动使得其他人或企业因此而受损，可称作负的外部效应，或称作外部成本。

问题在于，无论是正的外部效应，还是负的外部效应，如果不能予以纠正或抵消，其结果都将是资源配置的失效。即带有外部效应的物品或服务的供给，不是过多，就是过少，不可能实现社会资源的具有效率的配置。

这是因为，当某种产品或劳务带有正的外部效应（外部效益）时，它所产生的社会效应大于消费该种物品或服务给企业或个人本身带来的效益，由于市场价格不能充分反映该种物品或服务所能带来的全部社会效益，企业或个人对它的需求和供给又恰恰是根据市场价格来决定的，其结果肯定是该种物品或服务的产量相对不足；当某种物品或服务带有负的外部效应（外部成本）时，它所产生的社会成本大于生产该种物品或服务给企业或个人本身带来的成本，由于市场价格不能充分反映用于生产或提供该种物品或服务所须付出的全部社会成本，企业或个人对它的需求和供给又恰恰是根据市场价格来决定的，其结果肯定是该种物品或服务的产量相对过多。

因此，除非外部的不利因素（即负的外部效应）正好为外部的有利因素（即正的外部效应）所抵消，或者，外部的有利因素（即正的外部效应）正好为外部的不利因素（即负的外部效应）所抵消，否则，帕累托的资源配置效率便不可能达到。那么，采取什么样的办法才能矫正外部效应呢？

如果市场处于完全竞争状态，市场机制的作用有可能求得外部效应问题的适当解决。可以通过市场估价解决一个经济主体与另一个经济主体的外部联系问题，使每一经济主体的边际成本等于边际效益。其结果，将无外部效应存在。但是，如果完全竞争市场的五个必要条件有一个或多个不能满足，外部效应问题就不能通过市场完全得到解决。这时，就必须借助政府部门通过包括财政手段在内的非市场方式干预和介入，以求彻底解决外部效应问题。

用于矫正外部效应的财政手段通常可归纳为两类：一是为了解决诸如环境污染这类因带有负的外部效应所造成的产量过多问题，政府可以课征污染税，迫使污染者为此付出附加成本，调整生产决策，减少相关产品的产出水平，从而减少环境的污染程度；二是为了解决诸如植树造林这类因带有正的外部效应造成的产量不足问题，政府可以发放财政补贴，使植树造林者为此得到额外效益，调整生产决策，增加植树造林的产量，从而扩大环境绿化的面积。

3. 不完全竞争状态的存在

不完全竞争状态主要原因是垄断以及规模报酬递增行业的存在。从前面关于垄断的讨论可以看出，在不完全竞争的状态下，生产者按照边际效益等于边际成本法所决定的产量水平，低于帕累托资源配置效率所要求的水平。按此决定的价格水平，高于社会边际成本的水平。由此势必造成一种净效益的损失，或者说是资源配置的失效。

为了使产量增加到社会边际效益等于社会边际成本的水平，并使价格降至同社会边际成本相等的水平，财政必须进行干预。例如，可以通过对这类企业发放财政补贴的办法，要求其增加产量，降低价格；也可以接管这类企业，由政府直接负责这类产品的生产，并按社会边际效益等于社会边际成本的标准安排产量和价格。

二、调节收入分配职能

财政履行调节收入分配的职能，是基于因收入分配不公现象而产生的调节收入分配方面的社会公共需要。

众所周知，由市场机制所决定的人们的收入分配状况往往难以公平。这是因为，在市场机制的作用下，收入的分配状况是由每个人提供的生产要素（如劳动力、资金、土地等）的数量以及这些生产要素在市场上所能获得的价格决定的。显而易见，由于人们占有（或继承）财产情况的不同以及劳动能力的差别，由市场机制所决定的收入分配状况肯定高低悬殊。这不仅与社会公平法则有违，而且会导致诸如贫困、富裕阶层中财富的浪费、社会冲突、低收入者阶层得不到发展与改善自己处境的机会等一系列不好的社会后果。这样，客观上就要求社会有一种有助于实现公平目标的再分配机制。

然而，在市场机制的框架内，有效的调节收入分配机制很难形成。原因在于，（1）在市场中通常不存在有以公平分配为目标的再分配机制，或者，

即使这样的再分配机制存在，功能也极为微弱；（2）民间慈善机构或许能进行某些方面的再分配活动，但不能从根本上解决问题。而且，在缺乏一种相互配合的政策的情况下，一种慈善行为很可能与另一种慈善行为发生冲突。

既然在市场机制的框架内不能解决调节收入分配问题，客观上又要求社会调节收入分配，那显然只有依靠外部的力量，由政府以非市场方式——财政手段来完成这一任务了。事实上，政府财政可以说天然地具有作为调节收入分配工具的有利条件；政府拥有强制征税的权力，这使得它可以大规模地介入国民收入的分配过程，通过税制设计上的巧妙安排，如征收累进的所得税，把资金从那些应该减少收入的人们手中征集上来，然后，再通过各种类型的转移支付项目，如社会福利、医疗保险、副食品补贴等，把资金移转给那些应该增加收入的人们。

三、稳定经济职能

财政履行稳定经济的职能，是因为市场经济不可能自动、平稳地协调发展，因而带来宏观经济稳定发展方面的社会公共需要。

在现代经济生活中，稳定经济是使用频率相当高的概念。所谓稳定经济，就是指政府作为市场经济运行的调控主体，运用宏观经济政策有意识地影响、调控经济运行，实现既无失业又无通货膨胀的经济增长。这一概念是建立在市场经济不可能自动、平稳地协调发展的认识基础之上的。

众所周知，以20世纪30年代大危机的爆发为契机，人们对市场经济的认识有了根本的转变，从过去的自由放任市场经济是尽善尽美的转变为认识到其在实现宏观经济目标方面难如人愿。为此，政府必须担负起对宏观经济的管理职能，去充当协调总供求关系与维持力量平衡的砝码，发挥促进经济持续稳定发展的推进器作用。

在政府所拥有的各种宏观经济政策手段中，财政的地位举足轻重，它在维系总供求的大体平衡方面具有无法被替代的作用。例如，在总需求超过总供给时，财政可以减少支出和增加税收，或二者兼用，通过压缩政府部门需求和压缩非政府部门需求来抑制社会总需求；在总需求小于总供给时，财政又可以增加支出和减少税收，或二者兼用，通过增加政府部门需求和增加非政府部门需求来扩大社会总需求。在这个过程中，财政收支发生不平衡是可能的而且是允许的。因为这正体现了以政府财政收支的不平衡换取整个社会总供求的平衡的意图。

除此之外，还可以通过财政上的制度性安排，使财政发挥某种“自动”

的稳定作用。如累进所得税制就具有这种功能。当经济繁荣时，投资增加，国民收入增加，累计所得税会自动随之而递增。这时，它就产生了一种拉力，防止经济过度繁荣而发生通货膨胀。当经济衰退时，投资减少，国民收入下降，累进所得税会自动随之而递降。这时，它又产生了一种推力，防止经济过度衰退而导致萧条，从而促使经济趋于自动稳定增长。在支出方面，如失业救济金支出制度，也可以发挥类似的作用。由于它规定了领取失业救济金者的收入标准，当人们的收入因经济过“热”而普遍增加时，符合领取失业救济金标准的人数自然减少，救济金支出随之减少，从而财政总支出“自动”获得压缩。反之，当人们的收入因经济不景气而普遍下降时，有资格领取失业救济金的人数自然增加，救济金支出随之增加，从而财政总支出“自动”获得增加。

第二章　财政的产生与发展

第一节　财政的产生与发展

一、财政的产生

1. 财政随着国家的产生而产生

财政不是从来就有的，它是人类社会发展到一定历史阶段的产物，是随着国家的产生而产生的一个历史的经济范畴。原始社会末期，发生了社会分工，出现了商品生产，出现了剩余产品，这样就为国家财政的产生提供了可能，处理原始公社内部事务的氏族组织逐步地演变为国家。在整个社会产品分配中，就分化独立出一种由国家直接参与的社会产品的分配，就是财政分配。奴隶制国家的出现，为奴隶制国家财政的产生提供了必然性。

生产力的发展，剩余产品的出现，是财政产生的物质基础，成为财政产生的经济条件；私有制、阶级和国家的出现是财政产生的政治条件。财政是随着国家的产生而产生和演变的。

（1）剩余产品的出现为财政的产生奠定了物质条件。社会发展的历史告诉我们，自从有了人类社会，便有了社会生产，同时也有了生产与消费之间的中介环节——分配。在漫长的原始社会，生产力十分低下，生产工具落后，生产资料公有。人们为了生存，只能联合起来同大自然搏斗，并主要从自然界获取生存物品，平均分配，以维持最低限度的生活需要。这时没有剩余产品，没有私有财产和私有观念，没有阶级，没有国家，也没有国家财政。

人类与自然界进行长期艰苦斗争的进程中，发明并改进了生产工具，提高了生产力水平，逐步摆脱了依靠大自然恩赐维持生存的状况，饲养、种植业逐步发展，社会劳动分工和交换相继出现并不断扩大，劳动生产率逐步提高，劳动者创造的物质财富除了维持自身生活需要外还有了剩余。剩余产品出现后，人们能够把一部分劳动用于生产资料的生产，使生产工具得到改进，为进一步发展生产力、生产更多的剩余产品创造了条件，同时为一部分人占有剩余产品形成私有财产、为产生私有制提供了物质基础。正如恩格斯指出的："劳动产品超出维持劳动的费用而形成的剩余，以及社会生产基金和后备基金从这种剩余中的形成和积累，过去和现在都是一切社会的、政治的和智力的继续发展的基础。"

（2）国家的产生是财政产生的直接前提条件。在奴隶社会，奴隶主阶级不仅占用生产资料，而且也占有奴隶本身。奴隶主无偿占有奴隶所创造的全部剩余产品，奴隶主只是为了使奴隶继续为他们劳动，才用极少的生活资料来维持奴隶的生命。这种极端残酷的压榨和剥削，使奴隶和奴隶主之间的阶级矛盾和阶级对立十分尖锐。

奴隶主阶级为了维护本阶级的利益，镇压奴隶反抗，保持对奴隶阶级的经济剥削，必须建立强有力的政治统治，这就需要有一系列的暴力组织，如军队、警察、法院、监狱等，以及为统治阶级利益服务的专职人员，组成一个权力机关，一个暴力统治的机器，这就是国家。马克思主义者认为，国家是阶级矛盾客观上达到不能调和的地方、时候和程度时产生的。国家是阶级统治的机关，是一个阶级压迫另一个阶级的机器，是建立一种"秩序"，来使这种压迫合法化、固定化，使阶级冲突得到缓和。国家的产生也是社会进步的表现，它既是进行阶级统治的手段，又是管理社会公共事务、服务于社会的机关。

国家产生后，为维持其存在和履行其职能，就需要消费一定的物质资料。但是国家机构的军政人员是不从事物质资料生产的，所需要的物质资料依靠国家的政治权力来取得。这样，在分配领域里就出现了一种新情况，表现在生产领域内部，除了奴隶主占有一部分产品外，奴隶主占统治地位的国家还要依靠政治权力，强制地无偿占有一部分社会产品。于是，与国家权力有内在联系的财政分配就从社会再生产统一、单纯的分配环节中分化出来，成为一个特殊的分配范畴。所以，最早的国家财政形态是适应国家的物质需要，伴随着国家的产生而产生的。因为国家的出现，才使财政具备了分配主体，财政分配才有了必要的依据，财政分配才能从社会产品分配中分化独立成为

一种与政治权力有内在联系的特殊分配。

财政虽然是伴随着国家产生的，国家是财政产生的前提，但是财政产生与国家产生的经济条件是一致的，财政与国家是在同一历史阶段、同样经济条件下同时产生的。财政与国家并存，没有国家的产生就不可能产生以国家为主体的财政分配。同样，如果没有财政筹集必要的财力，保证国家履行职能的物质需要，国家也难已存在和发展。正如列宁指出的那样，任何社会制度，只有在一定的财政支持下才会产生。任何国家政府的社会政治经济活动，消耗一定的物质资料，都离不开财政支持，财政对社会资源配置，体现着国家在经济上的存在，是国家存在和发展的物质保证。

以上是马克思主义关于财政产生的观点，即运用历史分析的方法来揭示财政的起源，认为它是一个历史范畴，随国家的产生而产生。

2. 现代西方财政学关于财政存在的观点

现代西方财政学运用逻辑分析方法解释财政的产生和存在，通过经济现象分析，他们认为财政的产生是市场失灵的结果，其分析思路是：市场无效运行→市场失灵→政府干预→财政产生。

二、财政的发展

财政随着国家的发展而发展。从国家发展进程看，人类历史已经历过奴隶制、封建制、资本主义和社会主义社会，以及与之相适应的国家制度。随着社会制度的变革，国家类型的更替，国家的发展完善，国家财政也相应地发展，并逐步完善。

所以，随着社会和国家形态的演进，即奴隶制国家、封建制国家、资本主义国家、社会主义国家，财政相应地经历了不同发展阶段：奴隶制国家财政→封建制国家财政→资本主义国家财政→社会主义国家财政。根据满足公共需要程度（或决策方式）的不同，财政发展模式可划分为：原始公共分配制度的财政萌芽、家计财政制度（奴隶社会王室财政与国家财政的合一）、国家财政制度（封建社会皇室财政与国家财政的分离）和公共财政制度。

第二节　财政学的研究内容

财政学是研究以国家为主体的财政分配关系的形成和发展规律的学科。

它主要研究国家如何从社会生产成果中分得一定份额，并用以实现国家职能的需要，包括财政资金的取得、使用、管理及由此而反映的经济关系。

财政学经历了朴素财政思想和财政学的萌芽阶段（奴隶社会—封建社会）、与政治经济学的分离和财政学的创立阶段（自由资本主义—垄断资本主义）、现代财政学的产生和公共经济学的崛起阶段（国家垄断资本主义）三个阶段。

20 世纪 60 年代，我国在反思苏联“货币关系体系说”的基础上初步建立“国家分配论”。20 世纪 90 年代中后期，我国在建立社会主义市场经济的过程中提出“公共财政论”。

1. 财政学的研究对象

财政学的研究是以政府的收支活动及其对资源配置与收入分配的影响为对象，即通过描述财政分配活动，分析财政政策与制度的建立、运行情况，从而找出财政的分配规律。从财政现象入手，探索本质，揭示支配这些现象的规律。

2. 财政学主要研究内容

（1）财政分配活动及其发展规律。

（2）财政与经济的关系，它是财政学的一条根本研究主线。

（3）财政制度。

（4）财政政策。研究财政政策的目标、手段、传导机制、效果以及同其他政策手段的配合等。

3. 财政学研究的视角

从经济学角度对财政问题进行研究，是财政学的基本视角；从政治学角度对财政问题进行研究，是财政学的重要视角。而财政学的研究视角，绝不仅仅限于经济学和政治学。政府作为现代社会的管理者，其活动还涉及各种各样的社会问题，而财政则是其处理社会问题的最重要手段之一，所以社会学也是研究财政问题的重要方面之一。此外，由于财政现象是国民经济的综合反映，因而财政学研究还必须从哲学、伦理学、心理学、法学、教育学等视角进行，才能综合分析财政现象，才能透视财政现象的真谛。

随着时代和环境的变化，要求人们从更广泛的范围、更深的层次上研究政府的经济活动。研究方法的进步，更推动了财政学基础上的公共经济学的诞生。为了沿袭历史上财政学的发展，人们往往把财政学叫做旧公共经济学，而把扩大了的财政学叫做公共经济学。

第三节　财政理论及其变迁

一、西方财政理论变迁

西方国家理财思想及财政理论，派别繁多，观点迥异，但纵观其变化，同西方经济理论一样，是伴随着资本主义制度的产生与发展而不断演进的。

德国的官府学派最早地研究国家财政问题，自1892年巴斯塔布尔（Bastable，C. F.）出版《公共财政学》以来，百余年间西方财政学有了很大的发展，但在其理论基础问题上则始终存在分歧。

1. 重商主义财政理论

重商主义是资产阶级最初的经济学说，出现于15世纪初，流行于16～17世纪，大约盛行300年，反映了这个时期商业资本的利益和要求，它对资本主义生产方式进行了最初的理论考察。其经济理论的基本思想只局限于流通领域，保护主义关税、现代税收制度和国债制度是这一时期的主要财政理念。

重商主义的基本经济理论假设是"货币是国家财富的唯一形态"，对外贸易是增加货币的源泉，政府活动的目的应是如何发展对外贸易以增加财富。重商主义的税收理论基本上是国家干预经济与保护关税理论、税收利益交换论、主体税种理论及税收负担理论。

早期重商主义者都把货币看成是财富的唯一形态，虽然在如何增加货币财富的问题上持有不同的看法和主张，但是早期重商主义者主张绝对地多卖少买，严禁货币输出国外，力求用行政手段控制货币本身运动，以贮藏尽量多的货币，达到积累货币的目的。其主要观点包括：从外国输入商品是有害的，从外国输入本国能够制造的商品害处更大，极力主张实行保护贸易政策，坚决禁止外国工业品、特别是奢侈品输入本国，要求直接利用国家立法和行政措施来保证对每个国家和每笔贸易都实现顺差，绝对禁止金银外流，设法将货币留在本国，不使货币流向国外。

晚期重商主义者则主张允许货币输出国外，只要购买外国商品的货币总额少于出售本国商品所得的货币总额，就可以赚取到更多的货币。为了使对外贸易中进口小于出口，他们主张发展本国制造业，采取保护关税的政策。

2. 古典政治经济学财政理论

古典经济学财政理论盛行了200多年，其主要思想是反对国家干预经济，提倡提高国家税收收入，强调对内加强财政管理，保护、扶持工商业发展，对外实行高关税、限制进口等。这方面理论主要包括亚当·斯密的财政理论、大卫·李嘉图的财政理论、瓦格纳的财政理论和庇古的财政理论。

（1）亚当·斯密的财政理论。亚当·斯密在其《国民财富的性质和原因的研究》中着重阐述了他的财政思想和政策主张。他认为私人的、自由的经济制度，在市场自发调节下，能保持理想的秩序，每个人在追求最大私利的同时，社会利益也能得以最大限度地实现。

①关于国家职能，斯密认为，国家的活动属于非生产性活动，不创造物质财富。国家的职能是在保护国家安全、维护社会治安、抵御外来人侵、建设并维持某些公共事业等一些对社会有益而又不可缺少的活动中，充当“守夜人”的作用。

②关于财政收入问题，他提出了以受益者负担为中心的收入理论，即按享受国家经费开支利益的大小和方向来筹集经费。

③关于税收问题，他提出了平等、确定、便利、最少征收费用的赋税原则。

④关于公债问题，他提出了“公债有害论”，即不主张发行公债。

⑤关于财政支出问题，他主张严格限制支出的理论。

（2）大卫·李嘉图的财政理论。大卫·李嘉图认同斯密关于国家职能、公债、财政收支方面的观点，又提出了自己的赋税理论和财政补贴理论。

①李嘉图的赋税理论主要体现在赋税总论和赋税论两个方面。在赋税总论方面，他认为任何形式的赋税都来源于利润、地租或其他形式的收入，都会减少资本积累。为了减轻对生产的破坏，他主张尽量减少对最终由资本来承担的赋税的征收，认为最好的财政计划是节约的财政计划，最好的赋税是负担最轻的赋税。在赋税论方面，他研究了包括地租税、利润税、工资税、农产品税、黄金税等当时主要的税种的转嫁、归宿问题及各项赋税政策对国民经济的影响。

②他反对政府对农产品进行补贴，列出三条反对理由，一是农产品补贴是一种不平等的政策：二是财政补贴实际上是一种干预经济自由运行的手段，它在一定程度上破坏了市场的自然秩序；三是补贴所用经费来源于税收，而增加税收于国于民是有害无益的。

（3）瓦格纳的财政理论。瓦格纳的财政理论是建立在他的国家职能理论

和社会政策思想基础上的。他认为，国家职能不仅仅是维持国内秩序和防御外敌的任务，而且还要为社会的经济、文化、福利的发展服务。他主张扩大国有财产，实行铁路、保险、银行的国有化。

①瓦格纳的财政理论是以他的社会政策思想为依据的。他认为随着人类社会的发展，国家职能应该不断扩大，财政支出不断增长，并认为财政支出的增长与经济的增长存在着一种函数关系。

②在财政收入方面，他提出了“社会政策的赋税”的观点。他认为赋税不仅仅是以满足财政需要为目的，还应当增加社会政策的目的。因此，他主张在所得税中采用累进税制，对奢侈品、财产课以重税。他还建立起了自己的赋税原则：财政政策原则、国民经济原则、社会公正原则和税务行政原则。

（4）庇古的财政理论。庇古对财政理论的研究根源于他的社会福利经济学论。他认为，每个人都在追求个人福利的最大化，而所有个人的福利的总和就是社会的福利，国家的存在就是为了增加社会的福利。他提出国民收入总量越大，社会的经济福利越大；国民收入在个人之间的分配越是均等，社会的经济福利越大。

①关于财政收入，他提出了税收最小牺牲原则，对所得税实行累进税制，对穷人实施低税或免税政策，从而达到收入的均等化，增加社会福利。

②关于财政支出，他主张对某些社会有益的产业予以补贴，增加失业人员、贫困家庭补助的社会福利支出，缩小收入差距，以及利用财政支出的变化，促进资源优化配置和充分就业等。

3. 凯恩斯主义财政理论

进入20世纪，西方国家发生了多次经济衰退，尤其是1929～1933年的经济大危机，席卷了整个资本主义世界，许多经济学者意识到古典经济学家所宣扬的自由市场经济理论不能适应实际情况。1936年，凯恩斯出版了他的《就业、利息与货币通论》，提出了国家干预经济生活的理论。凯恩斯主义的财政理论主要有：

（1）通过税率和税收，调整有效需求，稳定经济；

（2）通过举办公共工程、扩军备战、投资于非生产部门等来改变政府购买水平；

（3）建立社会福利保障制度来改变转移支付水平，通过改变社会福利费用支出水平影响总需求水平；

（4）举借公债，弥补财政赤字，并通过公债来调节经济运行。

4. 新古典经济学财政理论

20世纪的滞涨危机，动摇了凯恩斯的国家干预理论经济学的主流地位，货币主义、供给学派、理性预期学派相继诞生，它们的共同点有：①以萨伊定律为理论基础，认为通过市场供求作用的自动调节，能够达到充分就业均衡，使资源得到充分利用，否认生产过剩经济危机和凯恩斯确认的非自愿失业；②信赖市场供求的自动调节作用，反对政府干预；③坚持传统的健全财政原则，量入为出，节省开支；④主张稳定物价，反对通货膨胀。

（1）货币学派的财政税收理论

①凯恩斯主义的财政政策是无效的，反对相机抉择的财政政策；

②改革税制，降低个人所得税的基本税率；

③实行“负所得税制”，对低收入者实行补助。

（2）供给学派的财政税收理论

供给学派的代表人物是美国经济学家拉弗，他所提出的拉弗曲线具有很大的实践价值。他认为，高税率不一定取得高收入，高收入不一定是高效率，适度的低税率反而有利于经济的发展。

①降低税率能刺激供给，促进经济增长和抑制通货膨胀；

②反对高税率，特别是累进税制的高税率，认为高边际税率会降低人们工作的积极性，高边际税率会阻碍投资，边际税收量不一定按同一方向变化，甚至还可能按相反方向变化；

③反对国家干预，主张市场调节；

④政策主张：在财政收入方面，主张减税；在财政支出方面，主张削减政府支出，尤其是社会福利支出，加强私人领域的活动，也主张财政平衡。

二、我国财政思想与财政理论变迁

1. 我国古代财政思想

在我国古代财政思想文献数量较多，散见于各政治家典籍的财政思想及理财之道的论说，但众多的中国古代财政思想主要是作为王道哲学中治国平天下的理财执政来论述的，并没有形成科学的理论论述，没有形成中国的财政理论体系，没有形成为一门财政学。下面仅列出部分政治家的观点，以体现我国古代的财政思想。

（1）国家理财

《周礼》：以九赋敛财贿，以九式均节财用，以九贡致邦国之用。

《论语·颜渊》：“百姓足，君孰与不足？百姓不足，君孰与足？”

《大学》：“财聚则民散，财散则民聚。”

《古今图书集成》：“所谓财者，谷与货而已，谷所以资民食，货所以资民

用，有食有用，则民有以为生养之具，而聚居托处以相安矣。洪范八政，以食与货为首者，此也。”

王安石；“因天下之力，以生天下之财，取天下之财，以供天下之费。”“善理财者，不加赋而国用足。”

（2）取民有度

《国语·齐语》中，管仲提出了“相地而衰征，则民不移”的财政政策，主张按土地好坏征收差额赋税，不要征收同等的赋税，以鼓励农民的生产积极性，防止农民相率逃亡。其确定税率的原则就是“相地而征”：按照土地的地势、地质、肥瘠程度确定九等赋，根据各地所盛产物品确定向天子进贡的物产。

《尚书·禹贡》提出五服制度：五百里甸服，五百里侯服，五百里绥服，五百里要服，五百里荒服。

《韩非子·六反》：“论其税赋以均贫富”，同时，韩非还认为轻税会使人民因财多而奢侈，奢侈的结果使人民不努力工作，最终家境贫穷。因此，轻税和轻刑同样有害。

（3）生财

《大学》记载的生财之道：“生之者众，食之者寡，为之者疾，用之者舒”，包含了精兵简政、增产节约、调动人民生产积极性和预算管理的财政原则。《大学章句》将这段话解释为：“国无游民，则生者众矣；朝无幸位，则食之者寡矣；不夺农时，则为之疾矣；量人为出，则用之舒矣。”

《韩非子·解老》：“田荒则府仓虚，府仓虚则国贫。”

《商君书·垦令》：“重关市之赋，则农恶商，商有疑惰之心。农恶商，商疑惰，则草必垦矣。”

《上仁宗皇帝言事书》（王安石）：“因天下之力以生天下之财，取天下之财以供天下之费。”

（4）用之有止

《周易》之“节”卦：“节以制度，不伤财，不害民。”

《管子·权修》：“故取于民有度，用之有止，国虽小必安；取于民无度，用之不止，国虽大必危。”

《荀子·天论篇》中提出“王者富民”；“强本而节用，则天不能贫”“本荒而用侈，则天不能使之富”。

傅玄的《傅子·平赋役》提出：统治者要息欲，“俭而有节，所趣公也”。

2. 我国现代财政实践与财政理论

清朝后期，国家财政成为外国资本主义的附庸。西方列强的入侵以及由于战争的需要，辛亥革命胜利后，财政活动规范有了进展，税制结构逐步适应现代资本主义发展要求，使得财政学得到传播和发展。当代经过新民主主义时期财政（1924～1949 年）、社会主义初期财政（1949～1978 年）、计划经济与市场经济相结合的社会主义财政（1978～1994 年）、市场经济条件下的社会主义财政的财政实践，逐步建立了我国现代财政理论。

现在我国财政界在对财政概念的理解方面，有如下共同认识：

（1）认识到财政是以政府为主体的经济活动、经济管理及其所体现的社会关系。它既借鉴了西方财政理论界定财政是政府公共经济活动的主张，又突出了政府为主体所体现的包括分配关系在内的社会经济关系的表述。

（2）认识到市场经济下财政存在的必要性，应该是市场失灵、政府失灵及其相互补充所决定的。

（3）我国市场经济下财政的特征，主要是政府的主体性、公共产品性、利益机制性、公平效率性，做到与市场经济的理论相衔接。

（4）市场经济下财政的职能归纳为资源配置、收入分配、经济稳定和发展三大职能，与正常运转的公共需要、合理配置资源、公平收入分配、稳定经济四大功能之间没有实质性区别。

第四节　财政职能

财政经济学家不仅分析政府现实收支活动的影响，而且分析这些活动应该怎样进行，政府如何在财政活动中发挥作用，对这个问题的看法受人们对个人与国家间关系的思想观念所影响。在这方面，有两个政治哲学派别：一是政府有机论（organic view of government），其认为社会是一个自然的有机体，每个人都是这个有机体中的一部分，个人只有在有助于社会目标实现时才有价值，而这些目标是由政府决定的；二是政府机械论（mechanistic view of government），其认为政府不是社会的一个有机组成部分，是个人为了促进个人目标的实现而人为创立的东西。

一、政府、市场与财政的关系

1. 两部门经济系统

在两部门经济（pure market economy）系统中假设经济中只存在企业与家庭两个部门，其经济运行模式如图 1－2。整个国民经济活动形成了两个循环流，一是产品和劳务的流量，二是收入或货币流量，并且这两种流量相等，即产品劳务流量等于收入流量。这种经济运行依靠市场机制，即供给机制、价格机制和竞争机制共同发挥作用，实现市场优化配置资源。但是由于市场失灵的存在，需要政府干预两部门经济中市场失灵的领域，弥补市场优化配置资源的不足，实现整个国民经济的经济效率。

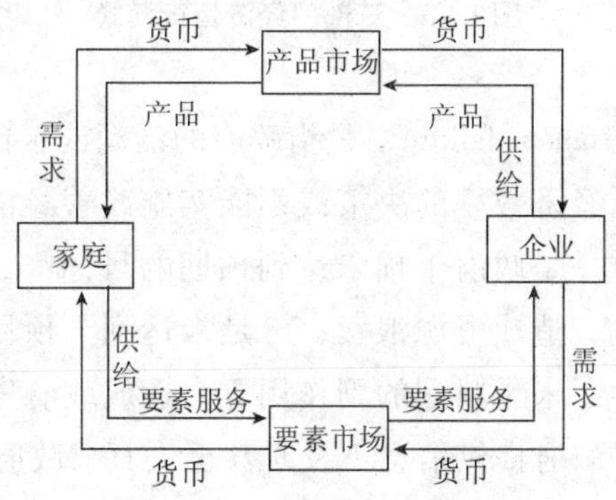

图 1－2　两部门经济运行模式

2. 三部门经济系统

三部门经济（也称混合经济）系统是在两部门经济的基础上考虑政府的作用。在三部门经济中，政府通过征税和政府支出的手段干预经济（如图 1－3），这就是政府为了执行其政府职能进行的财政活动。当按照“宏观经济＝政府经济＋市场经济”，考虑现代市场经济时，这里必然会发生两种经济运行的冲突，影响经济效率。

在这种混合经济（mixed economy）中，市场失灵是市场自身不能解决的，但是政府经济中也存在政府失效。公共选择理论认为，政府活动的结果未必能校正市场失灵，政府活动本身也许就有问题，甚至造成更大的资源浪费，并认为造成政府活动失效的主要原因包括政府决策的无效率、政府机构运转的无效率和政府干预的无效率。

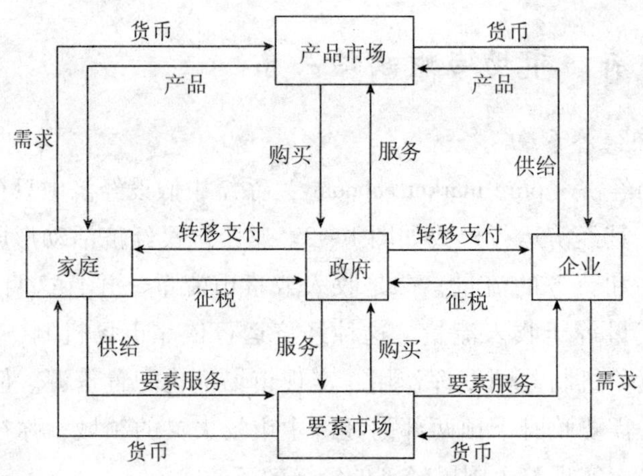

图 1－3　三部门经济运行模式

政府失效（government failure）是指政府的活动或干预措施缺乏效率，或者说政府做出了降低经济效率的决策或不能实施改善经济效率的决策。政府失效的一般表现是：一是政府干预未达到预期的目标；二是虽然达到了干预的目标，但成本太高，造成资源浪费；三是未达到干预目标或虽实现了干预目标，但同时又产生了未预料到的副作用等。造成政府失效的因素有政府决策失误、寻租行为、政府提供信息不及时甚至失真、政府职能的“越位”和“缺位”等。

3. 政府和市场的作用范围

“政府应做的，就是财政要干的”，这并不是说政府可以为所欲为。政府应做什么，政府可能做什么，除了取决于政府的性质和生产力水平外，还受政府与市场作用范围的制约。实际上，确定了政府应该干什么，就等于划清了政府与市场的作用范围。

政府必须向社会提供个人或私人企业不愿或不可能提供的公共服务，必须承担起保护自然资源的责任；必须向社会提供诸如公共教育等费用上个人或私人企业所承受不了，而社会效益往往大于个人利益的公共服务；必须提供或者帮助提供那些市场正常运行所必不可少的公共服务，如食物和药品等商品的质量管理；必须对那些与公共利益密切相关，并具有垄断性的企业加以适当的调节，以确保公众利益不受侵犯；必须负责生产那些私人企业不能生产的或不能以同等效率生产的公共产品，如邮政；必须将核武器与原子弹等有关国家安全的产品生产置于自己的控制之下；必须运用税收减免、优惠贷款与补贴等直接或间接的经济手段，来促进那些社会需要的新企业的成长

与发展；应当承担起社会保障、制定最低工资法，以及消除企业间竞争过度等职能，保证每个公民最低限度的生活标准，使他们免除经济生活中那些不合理的或不必要的风险；必须采取反垄断法等措施，以限制社会经济权力在个人手中的集中和产业的垄断；必须从人道主义立场出发，为社会提供医疗保健方面的服务；必须运用主观的财政与货币政策来保证国民经济的充分就业；应该积极发展与其他国家的经济关系；应该采取各种手段和措施对付来自他国的武力威胁与军事侵略；必须建立全国安全网，以防范国家经济风险和外来金融冲击等等。图 1－4 总结了政府活动范围，为我们理解政府活动范围和内容提供参考。

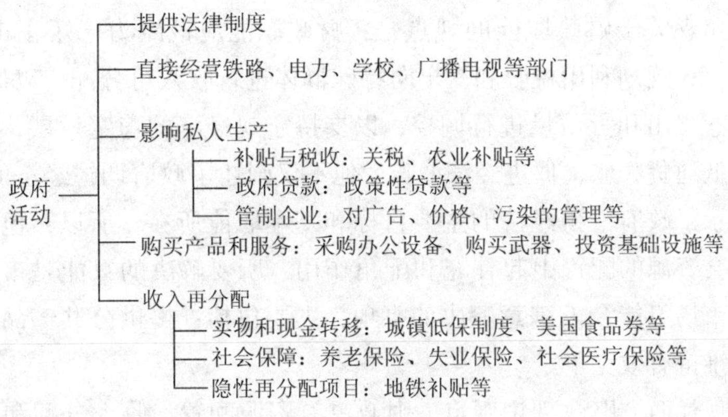

图 1－4　政府活动范围

为科学划分政府与市场的关系，政府与市场的基本分工应该坚持如下基本原则；在活动内容方面，市场主要提供私人产品和服务，满足个别需要；政府主要提供公共产品和服务，满足公共需要。在作用范围方面，市场机制调节应该在政府失效领域；政府活动应该在市场失灵领域。在作用层次方面，市场机制主要在微观层面；政府活动主要在宏观经济层面。在公平与效率目标方面，市场致力于效率；政府致力于社会公平。

二、财政职能

财政职能（financial functions）是指财政在社会经济活动中所具有的职责和功能，也就是说，财政通过做什么和如何做来实现其职能，它是财政本质与经济运行规律在财政活动中的客观体现。

如果说财政本质概括了所有财政活动形式的共性，那么对财政职能的正确理解将有利于财政运行机制的正确构筑。西方财政学对财政的认识是：以

"私"本位为出发点，执行小政府、大市场指导思想，坚持私人财产权不可侵犯的原则。而我国关于财政的认识是：以"公"本位为出发点，执行大政府、小市场的指导思想，坚持国有资产神圣不可侵犯的原则。所以我国财政职能与西方财政职能将有所不同。

1959年穆斯格雷夫出版的经典名著《财政理论》(The Theory of Public Finance)，以财政职能为中心线索横贯全书，近乎完美地构建了一个统一协调的财政理论框架。在此书中，他创造性地将政府职能概括为资源配置、收入分配和稳定经济三大职能，即西方"公共财政论"认为财政职能主要包括配置（allocation）职能、分配（distribution）职能和稳定（stability）职能。

萨缪尔森关于财政职能的观点是：财政职能应该致力于矫正市场失灵，以提高效率；规划利用税收和支出向特殊群体进行收入再分配，以促进公平；依靠税收、支出和货币量进行调控，以支持宏观经济的稳定发展，包括减少失业，降低通货膨胀，促进经济增长。他不仅阐述了政府调控经济的必要性，而且还揭示了政府干预经济的主要目标和基本职能所在。所以，他认为财政职能在社会资源的配置中起补充和配角作用，所要解决的只能是市场不能解决，或者市场不能令人满意解决的事项，主要包括：提供公共产品，纠正外部效应，维持有效竞争。

按照现代西方财政理论观点，财政具有资源配置、收入分配和经济稳定三大职能。

1. 财政资源配置职能

政府通过各种手段以合理确定社会总资源中私人产品与公共产品之划分，以及合理选择公共产品的构成，实现全社会范围内资源的有效配置，我们称之为财政的资源配置职能。简单说，通过对现有的人力、物力、财力等社会经济资源的合理调配，实现资源结构的合理化，使其得到最有效的使用，获得最大的经济和社会效益。

市场机制在诸如竞争失效、公共产品短缺、外溢性、不完全市场、信息不灵等方面的资源配置是无效率的。为了解决市场机制在这方面的失效问题，必须求助于市场以外的力量，即政府。

财政资源配置的目标是资源配置效率含义最严谨的解释，也是最常使用的解释"效率"准则。

财政资源配置对市场资源配置起补充、配角的作用，以保证市场效率和市场资源配置的基础作用。财政资源配置的内容包括：调节资源在地区之间的配置，调节资源在产业部门之间的配置，调节资源在政府部门内部以及与

非政府部门之间的配置，调节资源在国内、国际市场之间的配置，矫正市场与竞争的不完善，纠正外部效应。

财政资源配置的手段是：确定财政收入占国民收入的合理比例，以保证财政资源配置的顺利实现；优化财政支出结构，正确安排财政支出中的购买性支出和转移性支出、消费性支出和投资性支出的比例；合理安排财政支出的规模和结构；贯彻国家的产业政策，保证重点建设的资金需要；正确处理中央与地方的财政分配关系，提高中央财政在国家财政资金中的比重，以使中央掌握实行宏观调控所必需的财力；通过财政以投资、税收、财政补贴和贴息等手段引导、调节企业投资方向，扶持国家政策性的投资项目；通过税收、公债引导个人的消费方向，调节消费结构；提高财政支出的经济效益，避免资源的浪费。

2. 财政收入分配职能

在市场机制的作用下，由于人们占有（或继承）财产情况的不同以及劳动能力的差别，由市场决定的收入分配状况往往是极不公平的。这不仅有违社会公平法则，而且会导致诸如贫困、富裕阶层中财富的浪费、社会冲突、低收入阶层得不到发展与改善自己处境的机会等不良的社会后果。因此，政府有义务用财政调节手段来解决收入分配不公问题。

收入分配不公可由贫困指数、财富差距倍数、基尼系数等来表示。国际上，基尼系数被普遍采用来衡量一个国家的收入差距（贫富差距）。

基尼系数（Gini coefficient）是表示社会收入分配不平均程度的指数，由意大利统计学家基尼（Corrado Gini，1884～1965）提出，故名之。基尼系数以洛伦茨曲线为计算基础，它的计算方法就是通过测算实际收入分配线（洛伦茨曲线）和绝对平均线（45°线）之间的偏差而得出的。在图1－6中，OI代表累计的收入百分比，OP代表累计的人口百分比，正方形OIYP的对角线OY表示收入的绝对平均线，描述实际的收人分配情况的曲线为洛伦茨曲线。若洛伦茨曲线与45°线之间的面积为SA，45°线以下的全部面积为SA＋SB，则基尼系数的计算公式为：基尼系数 $=\frac{SA}{SA+SB}$

基尼系数的值在［0，1］之间，值越大，分配越不公。国际经验是：基尼系数在0.2以下，表示“绝对平均”，基尼系数在0.2　0.3之间，表示“比较平均”；基尼系数在0.3～0.4之间，表示“较为合理”；基尼系数在0.4～0.5之间，表示“差距较大”；基尼系数在0.5以上，表示“差距相当大”。国际上通常认为，基尼系数为0.4时是警戒线，一旦基尼系数超过0.4，则表明财富已过度集中于少数人手中，社会处于可能发生动乱的危险状态。2009 年，我国基尼系数已达 0.47，直逼社会容忍“红线”。2010 年，我国基尼系数继续升高，超过了 0.5。

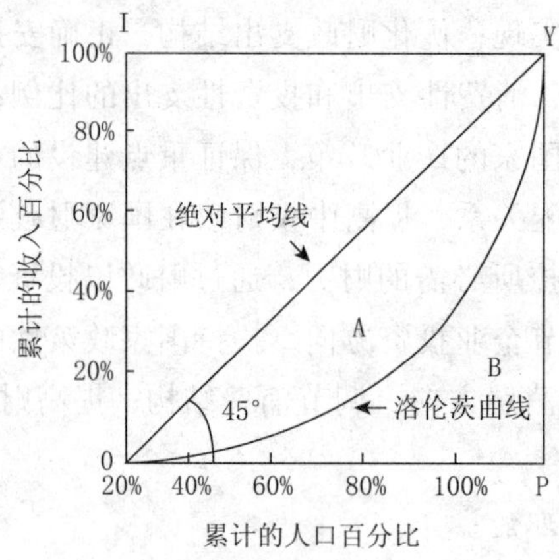

图 1-6　基尼系数图示

政府通过各种手段使国民收入和社会财富在初次分配的基础上进行合理再分配，并使之符合社会公民认为的“公平”或“公正”的分配状态，我们称之为财政收入分配职能。合理的收入分配，即正确调节政府与企业、个人之间的分配关系以及中央与地方的分配关系，实现收入公平的分配。

据 2006 年相关资料显示：中国公民纳税仅次于福利极高的法国，居世界第二，而享受的福利才占税收的 8%。政府财政收入中教育、卫生等公共开支的比例，美国为 42%，英国为 49%，加拿大为 52%，而我国仅占 8%。

由于人们先天拥有的要素禀赋的分配是不均的，以及人们后天获得的生财能力各不相同，导致市场分配产生两极化，即市场分配不公平。两极分化问题是市场分配自身产生的弊端，完全按照市场方式是无法解决的，于是客观上就要求依靠外部力量，以非市场的方式——财政手段来完成这一任务，这样就产生了政府的收入分配职能。

国民收入是指在一定时期内（通常指一年）一个国家物质生产部门的劳动者新创造的价值的总和。社会总产品扣除在生产中消耗掉的生产资料价值后的剩余部分，即为国民收入。国民收入创造出来之后，通过分配形成流量的收入分配格局和存量的财富分配格局。无论一个国家的经济体制如何，其国民收入分配都必须经过初次分配和若干次再分配等层次，简称国民收入的初次分配与再分配。其中，国民收入初次分配通常是指在直接参与物质生产的各社会集团和社会成员之间进行的分配；而再次分配则是指在国民收入初

次分配的基础上所进行的各种分配。

从某种意义上讲，财政收支活动是国民收入分配体系中的一个重要组成部分与重要环节。它既参与国民收入的初次分配活动，又参与国民收入的再分配。

政府的收入分配职能一般是由所得税与转移支付所承担。财政收入分配职能的内容是：通过税收调节企业的利润水平，通过税收调节居民个人收入的水平，以及改善低收入者取得收入的条件和能力。

财政收入分配的手段主要有税收、转移支付、公共支出，但不同手段的特点不一样。

通过税收进行的收入再分配活动，带有一定的强制性，是在全社会范围内所进行的收入的直接调节。但这种调节以收入数量为公平标准，而不管与效率相联系的收入公平与否。

通过转移支付方法进行的收入再分配，是一种直接的方式，它将现金直接补贴给个人，有明确的受益对象和范围，在操作上也有明确的政策选择性，所以对改变社会分配不公程度有更为明显的作用。

而通过公共支出提供公共福利进行的再分配，是一种间接的方式，它减少了个人的选择范围，在受益对象方面有广泛性和普遍性，但很容易降低财政进行再分配活动的质量。

因此，为了达到收入分配公平的目标，对实现手段进行选择是必要的，政府有必要实行政府管制直接干预市场。

3. 财政经济稳定职能

政府通过各种手段影响、调控经济，消除波动，以实现宏观经济稳定的目标，我们称之为财政经济稳定职能。即通过财政活动对生产、消费、储蓄和投资发生影响，以达到经济稳定和增长的目的。

在市场经济中，由于市场机制的自发作用，不可避免地会造成经济的波动，社会总需求与总供给的平衡失调、通货膨胀、失业、经济危机是经常发生的，有时甚至还会出现通货膨胀和经济停滞并存的“滞涨”局面。这就需要政府对市场进行干预和调节，以维持生产、就业和物价的稳定。因此，稳定和增长经济就成为财政的基本职能之一。

经济稳定的目标通常是指充分就业，物价水平稳定，国际收支平衡和经济增长。财政经济稳定职能的内容包括：调节社会总供给与总需求的平衡；通过财政的自动稳定制度，实现稳定目标；处理好经济稳定与经济长期增长。实现财政经济稳定职能有预算、税收、国债、购买性支出、转移性支出等手段。

财政的三大职能即政府的三大经济职能——配置、分配与稳定，它们几乎完美地共同构成了一个相互协调、密切联系的有机整体。但是，在实践中落实或实施这三大职能却可能出现多方面的冲突。三大职能的冲突实质是效率、公平、稳定之间的冲突，是不可兼得的关系，这就需要政府协调，在目标发生冲突时进行规范分析，理性取舍，进行抉择。

随着我国经济发展阶段不同，经济学界曾经界定了我国不同时期的财政职能。在建国初期到改革开放前这一阶段，将我国财政职能界定为分配与监督职能；在经济体制改革开始到 1992 年这一阶段，将我国财政职能界定为分配、调节和监督职能；在转轨时期即 1992 年至今这一阶段，将我国财政职能界定为资源配置、收入分配和稳定经济职能，有的还增加了监督、控制、制度供给等职能。

第三章　财政支出

财政支出是在市场经济条件下，政府为提供公共产品和服务，满足社会共同需要而进行的财政资金的支付，是政府进行宏观调控的重要手段之一，可以影响社会总供求的平衡关系和经济的发展状况；财政支出是政会施政行为选择的反映，是各级政府对社会提供公共产品的财力保证，体现着政府政策的意图，代表着政府活动的方向和范围。财政支出要研究的主题大致分为：总量分析、结构分析和效益分析。本章在介绍财政支出的含义、原则和分类的基础上，对财政支出规模及财政支出效益进行分析，并对购买性支出及转移性支出进行详细介绍。财政的购买性支出内容构成主要有国防支出、行政和文教科卫支出等方面；财政的转移性支出内容构成主要有社会保障支出、财政补贴支出等方面。

第一节　财政支出概述

一、财政支出的含义、原则和分类

（一）财政支出的含义

财政支出（Public Finance Expenditure）也称公共财政支出，是指在市场经济条件下，政府为提供公共产品和服务，满足社会共同需要而进行的财政资金的支付。财政支出是政府为实现其职能对财政资金进行的再分配，属于财政资金分配的第二阶段。国家集中的财政收入只有按照行政及社会事业计划、国民经济发展需要进行统筹安排运用，才能为国家完成各项职能提供财力上的保证。财政支出的定义可以用图 1－7 作进一步诠释。

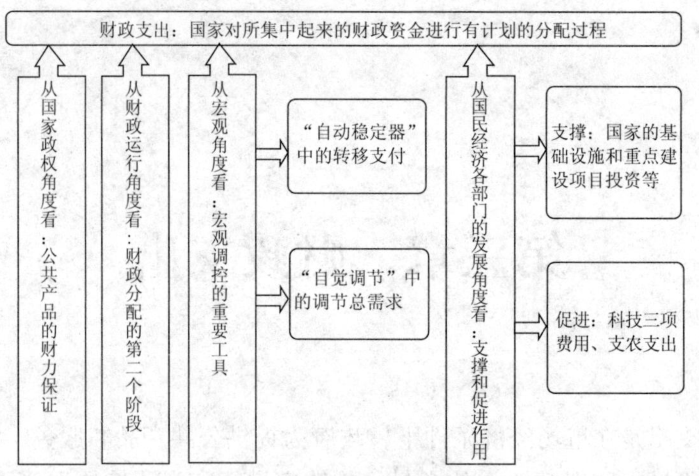

图 1－7　财政支出的定义

目前，我国的财政支出，尤其是预算内的支出发生了很大变化。首先是我国财政正在大幅度地退出"生产领域"，大幅度地减少了直接的经济建设支出，从而相应地减少了政府直接干预经济活动的范围和程度，为市场因素的发展壮大留下了一定的空间。同时，财政大量减少了营利性投资，其投资主要投向公共支出方面。例如，20 世纪 80 年代的财政大力筹集资金安排"能源交通重点建设"项目的投资，其形成的基础设施和生产能力是为所有经济主体活动服务的，它具有很强的公共投资性质。20 世纪 90 年代末，政府实行的积极财政政策，财政支出更是以基础设施投资为主要内容，同时也为经济发展提供了诸如行政事业经费和基础设施方面的财政支出。这样一来，我国的财政支出就在自身不断公共化的过程中，相应地以自己的公共服务支持和促进了市场经济体制的形成和壮大。自改革开放以来，截至 2014 年底，我国中央和地方财政支出及比重情况如表 1－1 所示。

表1－1　我国中央和地方财政支出及比重情况

年份	财政支出总额（亿元）	财政支出（亿元）		比重（%）	
		中央	地方	中央	地方
1978	1122.09	532.12	589.97	47.4	52.6
1980	1228.83	666.81	562.02	54.3	45.7
1985	2004.25	795.25	1209.00	39，7	60.3
1990	3083.59	1004.47	2079.12	32.6	67.4
1991	3386.62	1090.81	2295.81	32.2	67.8
1992	3742.20	1170.44	2571.76	31.3	68.7
1993	4642.30	1312.06	3330.24	28.3	71.7
1994	5792.62	1754.43	4038.19	30.3	69.7
1995	6823.72	1995.39	4828.33	29.2	70.8
1996	7937.55	2151.27	5786.28	27.1	72.9
1997	9233.56	2532.50	6701.06	27.4	72.6
1998	10798.18	3125.60	7672.58	28.9	71.1
1999	13187.67	4152.33	9035.34	31.5	68.5
2000	15886.50	5519.85	10366.65	34.7	65.3
2001	18902.58	5768.02	13134.56	30.5	69.5
2002	22053.1.5	6771.70	15281.45	30.7	69.3
2003	24649.95	7420.10	17229.85	30.1	69.9
2004	28486.89	7894.08	20592.81	27.7	72.3
2005	33930.28	8775.97	25154.31	25.9	74.1
2006	40422.73	9991.40	30431.33	24.7	75.3
2007	49781.35	11442.06	38339.29	23.0	77.0
2008	62592.66	13344.17	49248.49	21.3	78.7
2009	76299.93	15255.79	61044.14	20.0	80.0
2010	89874.16	15989.73	73884.43	17.8	82.2
2011	109247.79	16514.11	92733.68	15.1	84.9
2012	125952.97	187764.63	107188.34	14.9	85.1
2013	140211.10	20471.76	119740.34	14.6	85.4
2014	151662.00	22570.00	129092.00	14.9	85.1

（资料来源：中国统计年鉴，中华人民共和国国家统计局，http://www.stats.gov.cn/）

（二）财政支出的原则

所谓财政支出原则，是指政府在安排财政支出过程中应当遵循的具有客观规律性的基本原则。财政支出是财政分配的重要环节，财政支出规模是否合理、财政支出结构是否平衡、财政资金使用效益的高低等问题，直接影响到政府各项职能的履行。为保证财政资金的合理分配与有效使用，使财政支出在国民经济运行中发挥更重要的作用，在安排和组织财政支出时应遵循一定的原则。

财政支出原则对于合理有效地使用财政资金是十分重要的。理论界对于财政支出原则的探讨从来没有停止过。计划经济时期，财政支出原则为：量入为出、统筹兼顾、厉行节约。市场经济时期，财政支出原则为：效率、公平、稳定。同时，学者们在财政支出的管理方面也做了很多研究，针对安排支出过程中遇到的主要问题；总量平衡、结构平衡、效益问题，提出了财政支出的管理原则。

这两套原则的出发点不同，但都能够指导财政支出的安排。本书将两者结合起来，都作为现阶段财政支出的原则。对财政支出原则的基本看法如图 1 –8 所示。

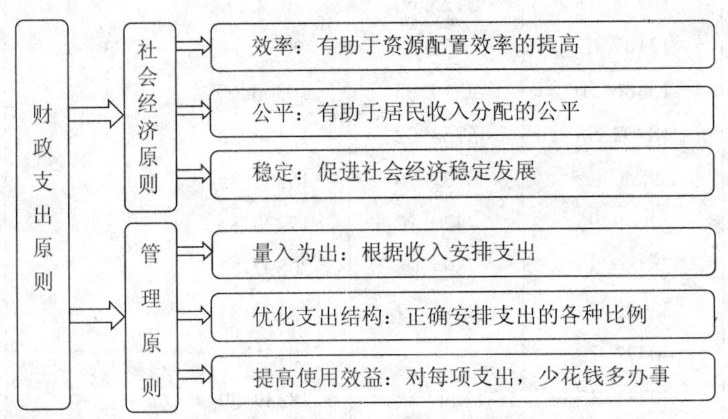
财政支出原则
社会经济原则
效率：有助于资源配置效率的提高
公平：有助于居民收入分配的公平
稳定：促进社会经济稳定发展
管理原则
量入为出：根据收入安排支出
优化支出结构：正确安排支出的各种比例
提高使用效益：对每项支出，少花钱多办事

图 1 –8 财政支出原则诠释

综合以上观点，现阶段财政支出的原则应遵循量入为出与量出为入相结合原则以及公平与效率兼顾原则。

1. 量入为出与量出为入相结合原则

量入为出是指在财政收入总额既定的前提下，按照财政收入的规模确定财政支出的规模，支出总量不能超过收入总量。即以收定支、量力而行。量出为入是指应考虑国家最基本的财政支出需要来确定收入规模。量出为入肯定了政府公共支出保持必要数量的重要作用。

作为财政支出的原则，应该将量入为出与量出为入结合起来。从量入为

出与量出为入原则的相互关系看，应当肯定量入为出是一国实现财政分配的相对稳定、防止财政支出不平衡和因此产生的社会经济问题的最终选择。因此，量入为出原则具有普遍的实践意义，是政府安排财政支出必须坚持的基本准则，也是实现量出为入原则的基础。而量出为入原则是随着国家社会的发展，以及对政府在资源配置上的重要地位的肯定，为保障必不可少的公共支出的需要而形成的，但并不是指政府可以任意扩大财政支出。在现代社会中，只有把量入为出与量出为入的财政支出原则有效地结合起来，才能既避免财政分配的风险，又有利于政府公共职能的实现。

2. 公平与效率兼顾原则

国家经济建设各部门和国家各行政管理部门的事业发展需要大量的资金，财政收入与支出在数量上的矛盾不仅体现在总额上，还体现在有限的财政资金在各部门之间的分配。财政支出的安排要处理好积累性支出与消费性支出的关系、生产性支出与非生产性支出的关系，做到统筹兼顾，全面安排。

兼顾公平与效率是评价一切社会经济活动的原则。在财政支出活动中也存在公平和效率，也应该遵循公平与效率兼顾的原则，不能只顾某一方面而忽视另一方面，但是在具体的政策实施中，一国政府可以根据一定时期的政治经济形势侧重于某一方面。财政支出的效率是与财政的资源配置职能相联系的。财政在利用支出对资源进行配置时，要实现社会净收益最大化，这样的资源配置才是有效率的，即当改变资源配置时，必须要控制和合理分配财政支出，要有评价财政支出项目和方案的科学方法和制度保证，安排财政支出的结果要能实现社会挣效益最大化。财政支出的公平是与财政的收入分配职能相联系的。收入分配的目标就是实现公平分配，但是市场在对社会成员的收入进行初次分配时，主要是以要素贡献的大小来确定其报酬或价格水平的，其结果可能导致社会成员收入分配产生巨大差距。财政的收入分配职能就是通过财政的再分配活动，压缩市场经济领域出现的收入差距，将收入差距维持在社会可以接受的范围内。对于一个社会来说，在强调经济效率的同时不能忽视社会公平的重要性。社会经济的稳定与发展是资源的有效配置和收入的合理分配的综合结果，实际上也是贯彻公平和效率兼顾的结果，因此，社会经济的稳定与发展是兼顾公平与效率的体现。

（三）财政支出的分类

在财政实践中，财政支出总是由许多不同的、具体的支出项目构成的。对财政支出进行不同角度的分类，就是在对政府是以什么形式向社会提供公共产品（或劳务）进行考察，以便正确区分各类财政支出的性质，揭示财政支出结构的内在联系，进而对财政支出运行效益进行分析和比较。然而，在国际上，财政支出的分类并没有一致承认的标准。人们出于对财政支出进行分析研究及管理的不同需要，常常采用不同的方法或角度进行分类。

1. 按经济性质分类

按财政支出的经济性质，即按照财政支出是否能直接得到等价的补偿进行分类，可以把财政支出分为购买性支出和转移性支出。各种财政支出无一例外地表现为资金从政府手中流出，但不同性质的财政支出对国民经济的影响却存在着差异。

购买性支出又称消耗性支出，是指政府用于购买为执行财政职能所需要的商品和劳务的支出，包括购买进行日常政务活动所需要的或者进行政府投资所需要的各种物品和劳务的支出。它是政府的市场性再分配活动，对社会生产和就业的直接影响较大，执行资源配置的能力较强。在市场上遵循定价交换的原则，因此购买性支出体现的财政活动对政府能形成较强的效益约束，对与购买性支出发生关系的微观经济主体的预算约束是硬的。这种支出的特点是政府遵照等价交换的原则，一手付出资金，另一手购得了商品和劳务，其目的是行使国家职能，满足社会公共需要。

转移性支出是指政府按照一定方式，将一部分财政资金无偿地、单方面地转移给居民、企业和其他受益者所形成的财政支出，主要由社会保障支出和财政补贴组成。它是政府的非市场性再分配活动，对收入分配的直接影响较大，执行收入分配的职能较强。事实上，转移性支出所体现的是一种以政府和政府为主体，并以它们为中介者，在不同社会成员之间进行资源再分配的活动。因此，西方国家在国民经济核算中将此类支出排除在国民生产总值或国民收入之外。

购买性支出和转移性支出的差别表现在以下方面：第一，购买性支出通过支出使政府掌握的资金与微观经济主体提供的商品和服务相交换，政府直接以商品和服务的购买者身份出现在市场上，对社会的生产和就业有直接的影响，并间接影响收入分配。转移性支出是通过支出使政府所有的资金转移到受益者手中，是资金使用权的转移，微观经济主体获得这笔资金以后，是否用于购买商品和服务、购买哪些商品和服务，均已脱离开了政府的控制。因此，此类支出直接影响收入分配，而对生产和就业的影响是间接的。第二，在安排购买性支出时，政府必须遵循等价交换原则，此时的财政活动对政府形成较强的效益约束。在安排转移性支出时，政府并没有十分明确的原则可以遵循，且财政支出效益难以衡量。因此，此时的财政活动对政府的效益是

软约束。第三，由于微观经济主体在同政府的购买性支出发生联系时必须遵循等价交换原则，向政府提供商品和服务的企业的收益大小，取决于市场供求状况及其销售收入同生产成本的对比关系。所以，对微观经济主体的预算是硬约束。而微观经济主体在同政府的转移性支出发生关系时，并无交换发生，它们收入的高低在很大程度上并不取决于自己的能力（或生产能力），而取决于同政府讨价还价的能力，对微观经济主体的预算是软约束。

由此可见，在财政支出总额中，购买性支出所占的比重越大，政府所配置的资源规模就大，财政活动对生产和就业的直接影响就越大；反之，转移性支出所占的比重越大，财政活动对收入分配的直接影响就越大。联系财政的职能来看，购买性支出占较大比重的财政支出结构，执行配置资源的职能较强，转移性支出占较大比重的财政支出结构，则执行收入分配的职能较强。改革开放前后，我国财政支出结构发生了明显的变化。在改革开放之前，购买性支出占绝对优势，1980 年以前平均占 96.6%，表现出财政具有较强的资源配置职能，改革开放之后，转移性支出所占的比重大幅度上升，并一直保持比较稳定的比例，说明财政的收入分配职能得到加强。

2. 按国家行使职能范围分类

按国家行使职能范围对财政支出分类，可将财政支出划分为经济建设费、社会文教费、国防费、行政管理费和其他支出五大类。按国家行使职能的范围对财政支出分类，能够看出国家一定时期内执行哪些职能，哪些是这一时期国家行使职能的侧重点，可以在一定时期内对国家财政支出结构进行横向比较分析。

（1）经济建设支出，具体包括：基本建设投资支出、挖潜改造资金、科技三项费用（新产品试制费、中间试验费、重要科研补助费）、简易建筑费、地质勘探费、增拨流动资金、支农支出、工交商事业费、城市维护费、物资储备支出等；

（2）社会文教支出，包括：文化、教育、科学、卫生、出版、通信、广播电视、文物、体育、海洋（包括南北极）研究、地震、计划生育等项支出；

（3）国防支出，包括：各种军事装备费、军队人员给养费、军事科学研究费、对外军事援助、武装警察、民兵费、防空费等；

（4）行政管理支出，包括：国家党政机关、事业单位、公检法司机关、驻外机构各种经费、干部培养费（党校、行政学院经费）等；

（5）未列入上述 4 项的其他支出。

按国家职能对财政支出进行分类，能够揭示国家执行了哪些职能。通过对一个国家的支出结构做时间序列分析，便能够揭示该国的国家职能发生了怎样的演变；对若干国家在同一时期的支出结构做横向分析，则可以揭示各国国家职能的差别。

3. 按财政支出产生效益的时间分类

按财政支出产生效益的时间分类可以分为经常性支出和资本性支出。

经常性支出是维持公共部门正常运转或保障人们基本生活所必需的支出，主要包括人员经费、公用经费和社会保障支出。特点是它的消耗会使社会直接受益或当期受益，直接构成了当期公共物品的成本，按照公平原则中当期公共物品受益与当期公共物品成本相对应的原则，经常性支出的弥补方式是税收。

资本性支出是用于购买或生产使用年限在一年以上的耐久品所需的支出，其耗费的结果将形成供一年以上的长期使用的固定资产。它的补偿方式有两种：一是税收，二是国债。按财政支出产生效益的时间对财政支出进行分类的结果可以概括为如图 1－9 所示。

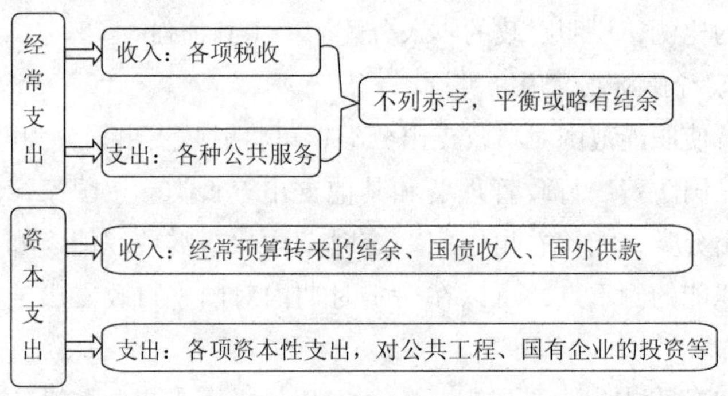

图 1－9　财政支出分类

4. 按国际货币基金组织标准分类

按国际货币基金组织划分的标准，财政支出可以划分为两类；一类按职能分类，另一类按经济分类。按职能分类的财政支出包括：公共服务支出、国防支出、教育支出、保健支出、社会保障和福利支出、住房和社区生活设施支出、其他社会和社会服务支出、经济服务支出、无法归类的其他支出。按经济分类，财政支出包括经常性支出、资本性支出和净贷款（财政性贷款）。具体情况如表 1－2 所示。

表 1-2 国际货币基金组织的分类方法

职能分类	经济分类
1. 一般公共服务 2. 国防 3. 公共秩序和安全 4. 教育 5. 保健 6. 社会保障和福利 7. 住房和社区生活设施 8. 娱乐、文化和宗教事务 9. 经济服务 （1）燃料和能源 （2）农林牧渔业 （3）采矿和矿石资源业、制造业、建筑业 （4）交通和通信业 （5）其他经济事务和服务业 10. 其他支出	1. 经常性支出 （1）商品和服务支出 ①工资和薪金 ②雇主对商品和服务的购买 ③其他商品和服务的购买 （2）利息支出 （3）补贴和其他经常性支出 ①对公共企业 ②对下级政府 ③对家庭 ④对其他居民 ⑤国外转让 2. 资本性支出 （1）固定资本资产购置 （2）存货购买费 （3）土地和无形资产购买 （4）资本转让 ①国内资本转让 ②国外资本转让 3. 净贷款

（资料来源：盖锐，高彦彬．财政学．北京：北京大学出版社，中国林业出版社，2007）

2015 年 1 月 1 日，正式实行新的《中华人民共和国预算法》，预算中的一般公共预算支出按照其功能分类，包括一般公共服务支出，外交、公共安全、国防支出，农业、环境保护支出，教育、科技、文化、卫生、体育支出，社会保障及就业支出和其他支出。一般公共预算支出按照其经济性质分类，包括工资福利支出、商品和服务支出、资本性支出和其他支出。

二、财政支出范围与财政支出规模

（一）财政支出范围

1. 则政支出范围的概念

财政支出范围是指政府财政进行投资或拨付经费的领域。这与政府的职能范围或称事权范围密切相关。

在集中统一的计划经济时期，政府财政支出无所不包的，政府包揽一切，似乎只要政府管辖的领域都是财政支出的范围，特别是竞争性国有企业，都成为财政支出的范围和对象。可见财政支出在计划经济下是包罗万象的。从地域看，从黑龙江黑河到新疆阿拉泰草原，从内蒙古的锡林郭勒到海南岛，国家财政资金都洒到了。

在社会主义市场经济体制下，这个支出的范围才逐步引起人们重视。一般认为，市场经济下财政支出的范围应以弥补市场缺陷，矫正市场失灵的领域为界限，即社会公共需要支出的范围。从资源配置角度看，财政支出应以非竞争性、非排他性的公共物品的生产以及具有不充分竞争性和不完全的排他性的混合产品的领域生产为界限。简要说来，财政支出的范围应在保证社会公共需要的范围内。

2. 我国的财政支出范围

目前，我国财政支出包括以下基本内容。

（1）维护国家机构正常运转的支出需要。维护国家机构正常运转的支出需要即保证国防外交、行政管理、社会治安（公检法）等方面的支出（含人员经费和公用经费、设备经费等）。这是古今中外所有类型的财政支出的共性，是财政支出的第一顺序。

（2）用于公共事业、公共福利的支出。用于公共事业、公共福利的支出，如普及教育、基础科学研究、社会保障、卫生防疫、环境治理和保护等公共需要方面的支出。这些公共需要方面的支出，并不排斥私人资金加入，但主要由国家提供相关的财政支出。这是财政支出的第二顺序。

（3）基础设施和基础产业方面的投资。基础设施和基础产业一般规模大、周期长、耗费多，而且往往跨地区（如海河流域的治理），对全国产业结构和生产力布局有突出意义，而私人企业又难以承担，主要应由国家财政支出。这是财政支出的第三顺序。

其他生产竞争性产品的国有企业、事业方面的投资，均不是财政支出的范围。而是由市场解决投资。我国财政支出的范围可以总结为如图 1 – 10 所示。

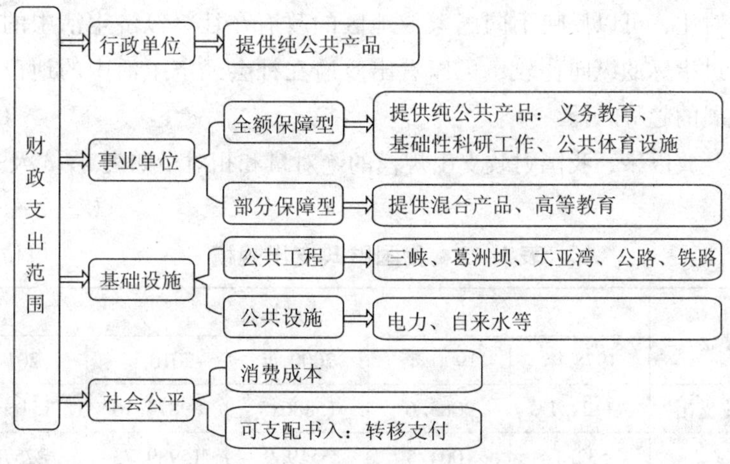

图 1-10　我国财政支出范围

（二）财政支出规模

财政支出的规模及其变化，直接关系到对财政与市场关系的认识和分析，因而是必须关注的重要问题之一。

1. 财政支出规模的衡量

财政支出规模，是指在一定时期内（预算年度）政府通过财政渠道安排和使用财政资金的绝对数量及相对比率，即财政支出的绝对量和相对量，它反映了政府参与分配的状况，体现了政府的职能和政府的活动范围，是研究和确定财政分配规模的重要指标。衡量财政支出规模的指标有两种：一是绝对量指标，二是相对量指标。

绝对指标是以一国货币单位表示的财政年度内政府实际安排和使用的财政资金的数额。绝对指标的作用表现为：第一，它是算相对指标的基础；第二，对绝对指标从时间序列加以对比可以看出财政支出规模发展变化的趋势。由于不同国家以及一个国家不同经济发展时期的经济发展水平存在很大的差异，所以虽然经常用财政支出的绝对量来分析财政支出的规模，但把它作为不同国家的衡量指标用以分析财政支出的规模，显然是很困难的。因此，衡量和考察财政支出的指标通常是以财政支出的相对量来表示，它既可以用作不同国家财政支出规模的分析比较，也可以用作一个国家不同时期内财政支出规模的对比分析。它可以反映一个国家的经济发展水平以及政府职能范围的大小等。

相对指标是绝对指标与有关指标的比率。相对指标的作用表现为：相对指标本身可以反映政府公共经济部门在社会资源配置过程中的地位；通过指标的横向对比，可以反映不同国家或地区的政府在社会经济生活中的地位的差异；通过指标的纵向比较，可以看出政府在社会经济生活中的地位和作用变化及发展的趋势。

改革开放以来，我国财政支出规模的绝对量和相对量如表1－3及表1－4所示。

表1－3　我国财政支出规模　单位：亿元

指标	总量指标				
	1978年	1990年	2000年	2010年	2014年
国家财政支出	1122.1	3083.6	15886.5	89874.16	151662.00
中央	532.1	1004.5	5519.9	15989.73	22570.00
地方	590.0	2079.1	10366.7	73884.43	129092.00

（资料来源：中华人民共和国国家统计局，http：//www.stats.gov，cn/）

表1－4　我国财政支出规模　单位:%

指标	指数					平均增长速度
年度			1978年	1979年	1980年	1978－1980年
速度			33.0	14.2	－4.1	14.37
年度	1981年	1982年	1983年	1984年	1985年	1981－1985年
速度	7.5	8.0	14.6	20.7	17.8	10.72
年度	1986年	1987年	1988年	1989年	1990年	1986－1990年
速度	10.0	2.6	10.1	13.3	9.2	9.04
年度	1991年	1992年	1993年	1994年	1995年	1991－21995年
速度	9.8	10.5	24.1	24.8	17.8	17.40
年度	1996年	1997年	1998年	1999年	2000年	1996－2000年
速度	16.3	16.3	16.9	22.1	20.5	18.42
年度	2001年	2002年	2003年	2004年	2005年	2001－2005年
速度	19.0	16.7	11.8	15.6	19.1	16.44
年度	2006年	2007年	2008年	2009年	2010年	2006－2010年
速度	19.1	23.2	25.7	21.9	17.8	21.54
年度	2011年	2012年	2013年	2014年		2011－2013年
速度	21.6	15.3	11.3	8.2		14.10

（资料来源：中国统计年鉴2014，http：//www.stats.gov.ch/）

2. 影响财政支出规模的主要因素

结合当今世界各国财政支出变化的现实情况，影响财政支出规模大小的主要因素有以下几种。

（1）经济性因素。经济性因素主要指经济发展的水平、经济体制的选择和政府的经济干预政策等。关于经济发展的水平对财政支出规模的影响，马斯格雷夫和罗斯托的分析具体说明了经济对于不同的发展阶段对财政支出规模以及支出结构变化的影响，这些分析表明经济发展因素是影响财政支出规模的重要因素。经济体制的选择也会对财政支出规模发生影响，最为明显的例证便是我国经济体制改革前后的变化。政府的经济干预政策也对财政支出规模产生影响，就一般而言，这无疑是正确的。但应当指出的是，若政府的经济干预主要是通过管制而非通过财政的资源配置活动或收入的转移活动来进行时，它对支出规模的影响并不明显。因为，政府通过管制或各种规则对经济活动的干预，并未发生政府的资源再配置或收入再分配活动，即财政支出规模基本未变。显然，政府通过法律或行政的手段对经济活动的干预与通过财政等经济手段对经济活动的干预，具有不同的资源再配置效应和收入再分配效应。

（2）政治性因素。政治性因素对财政支出规模的影响主要体现在两个方面：一是政局是否稳定；二是政体结构的行政效率。当一国政局不稳、出现内乱或外部冲突等突发性事件时，财政支出的规模必然会超常规的扩大。至于后者，若一国的行政机构臃肿，人浮于事，效率低下，经费开支必然增多。

（3）社会性因素。社会性因素如人口状态、文化背景等因素，也在一定程度上影响着财政支出规模。在发展中国家人口基数大、增长快，相应的教育、保健以及救济贫困人口的支出压力便大；而在一些发达国家人口出现老龄化问题，公众要求改善社会生活质量等，也会对支出提出新的需求。因此，某些社会性因素也影响财政支出的规模。

三、财政支出效益分析

（一）财政支出效益的内涵

财政支出效益是指政府为满足社会共同需要进行的财力分配与所取得的社会实际效益之间的比例关系，基本内涵是政府资源分配的比例性和政府资源运用的有效性。财政支出效益好时，财政支出产生的成果较多或者取得一定的成果所耗用的财政资金较少。

理解财政支出效益的内涵应把握两个方面：第一，财政支出的外在合比例性是衡量财政支出效益的前提。所谓“外在合比例性”，是指通过政府渠道分配的资源总量在整个社会经济资源合理有效配置中的客观比例要求。第二，财政支出内在合比例性是衡量财政支出效益的根本标准。所谓“内在合比例性”，是指在财政支出外在合比例的基础上，财政支出在不同性质、不同类型的社会共同需要之间的分配比例合理，其实质是财政支出在不同支出构成要素之间的分配比例合理。内在合比例性反映了财政内部的分配结构状况。

（二）财政支出效益的评价方法

财政活动本身是一个非常重要的资源配置过程，为此，必须研究其资源配置的效率问题。通常是从3个层次来考察财政资源配置的效率：一是资源在公、私部门之间的配置效率；二是资源在不同财政支出项目上的配置效率；三是资源在每一支出项目上的使用效率。与这种分层次相对应的分析方法有：第一层次的财政支出效率考察适用“社会机会成本”分析祛；第二层次和第三层次的财政支出效率考察适用“成本—效益分析怯”、“最低费用选择法”和“公共定价法”。财政支出效益的评价方法可以概括为如图1－11所示。

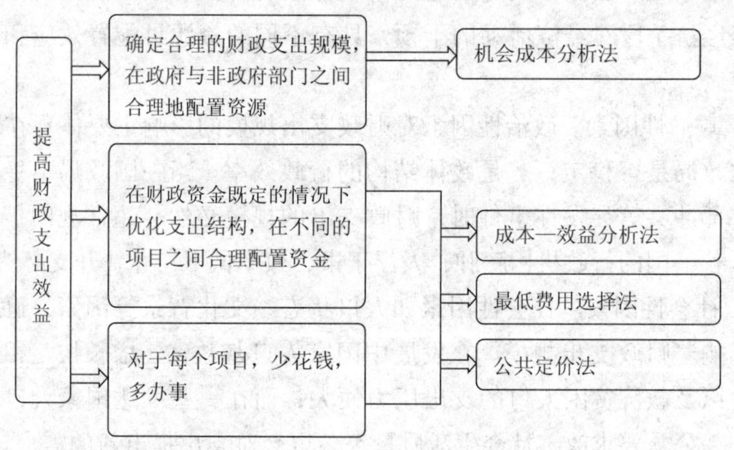

图1－11　财政支出效益的评价方祛

1. 机会成本分析法

机会成本分析法是指在无市场价格的情况下，资源使用的成本可以用所牺牲的替代用途的收入来估算。由于使用或消耗一定量的经济资源就可以向社会提供一定量的某种产品或服务，获得一定量的经济效益，所以公共部门的资源配置是有机会成本的。这种机会成本就是私人部门因公共部门配置资源而少占和少使用这部分资源所少向社会提供的产品或服务量，少获得的经济收益量。如何确定公共部门配置资源数量的合理性，进而确定公、私部门

配置资源比例的合理性，是事关整个社会资源配置效率高低的根本性问题。

2. 成本—效益分析法

所谓成本—效益分析法，就是针对政府确定的项目目标，提出若干建设方案，详列各种方案的所有预期成本和预期效益，并把它们转换成货币单位，通过比较分析，确定该项目或方案是否可行。成本—效益分析法最早产生于美国的《1936年防洪法案》，如今这种方法已经得到了普遍应用。

3. 最低费用选择法

最低费用选择法，是指只计算每项备选项目的有形成本，并以成本最低为择优的标准。运用这种方法确定最优支出方案，技术上不难做到，难点在于备选方案的确定，因为所有备选方案应能无差别地实现同一个既定目标，据此再选择费用最低的方案，但要做到这一点是很困难的。

4. 公共定价法

公共定价法是针对政府提供的满足社会公共需要的“市场性物品”，通过选择适当的定价方法，合理地确定价格，从而使这些物品和服务得到最有效的使用，提高财政支出效益的一种方法。它包括纯公共定价和管制定价两个方面，主要适用于成本易于衡量、效益难以计算但可以部分或全部进入市场交易的项目。纯公共定价，即政府直接制定自然垄断行业（如能源、通信、交通等公用事业和煤、石油等基本品行业）的价格。管制定价是指政府规定竞争性管制行业（如金融、教育、保健等行业）的价格。政府通过公共定价法，能够提高整个社会资源的配置效率，使这些产品和服务得到最有效的使用，从而提高财政支出的效益。

第二节　购买性支出

购买性支出又为消耗性支出，是转移支出的对称，这类公共支出形成的货币流，直接对市场提出购买要求，形成相应的购买商品或劳务的活动。购买性支出，是指政府用于购买为执行财政职能所需要的商品和劳务的支出。购买性支出可以直接增加当期的社会购买力，并由政府直接占有社会产品和劳务，运用得当，有助于优化资源配置，提高资源的利用水平，但对国民收入分配只产生间接影响。当购买性支出在财政支出总额中占较大比重时，财政支出对经济运行的影响较大，执行资源配置功能较强；当转移支出在财政支出总额中占较大比重时，财政支出对收入分配的影响较大，执行国民收入分配的功能较强。

政府购买性支出与市场经济中企业和个人的购买支出没有性质上的差别，都是等价交换，一方面是资金的付出，另一方面是商品和服务的购入。政府可以运用所购买的商品和服务，实现国家的职能。购买性支出直接表现为政府购买商品和服务的活动，包括购买进行日常政务活动所需的或用于国家投资所需的商品和服务的支出。前者如政府各部门的事业经费，后者如政府各部门的投资拨款。购买性支出包括两个部分：一部分是购买各级政府进行日常行政事务活动所需的产品和劳务的支出；另一部分是各级政府用于公共投资的支出。因此，政府购买性支出大致可以分为消费性支出和投资性支出两个部分。在我国目前的财政支出项目中，属于消费性支出的有行政支出、国防支出及文教科卫支出等；属于投资性支出的有基础产业投资和农业财政投资等。

一、消费性支出

（一）行政支出

行政支出是国家财政用于国家各级权力机关、行政管理机关、司法检察机关和外事机构等行使其职能所需的费用支出。它是维持国家各级政权存在，保证各级国家管理机构正常运转所必需的费用，是纳税人所必须支付的成本，也是政府向社会公众提供公共服务的经济基础。

从性质上看，政府的社会管理活动属于典型的公共产品，因此只能由政府提供。作为政府公共管理活动的经济基础，与其他财政支出具有一定的特殊性。

行政支出的内容有广义和狭义之分。广义行政支出的内容是由广义政府“三权分立”的构成内容所决定的。广义政府是由 3 个不同系列的权利组成的，每一系列权力都拥有其特定的职能；立法机构负责制定法律；行政机构负责孰行法律；司法机构负责解释和应用法律。与此相对应，广义行政支出的内容包括立法机构支出、行政执行机构支出、司法机构支出等 3 个基本部分。而狭义的政府仅指公共权力链条中的执行机构，相应来说，狭义的行政支出的内容仅指行政执行支出。从世界各国的财政支出实践来看，行政支出的内容一般属于广义的支出。

中国的行政支出的内容基本上也属于广义的行政支出，包括立法机构支出、行政执行机构支出和司法机构支出三大块。但其中行政执行机构支出的

具体内容更为广泛。中国政府预算收支科目表中的行政支出科目主要包括4个方面的内容：(1) 行政管管理；(2) 外交外事支出；(3) 武装警察部队支出；(4) 公检法司支出。

(二) 国防支出

国防支出是指一国政府用于国防建设以满足社会成员安全需要的支出。保卫国土和国家主权不受侵犯，这是政府一项基本职能。只要国家存在，国防费不会从财政支出项目中消失，国防支出是财政基本职能的要求，建立巩固的国防是国防现代化一项战略任务，是维护国家安全统一、全面建设小康社会的保障。

国防支出按照支出的目的划分，包括维持费和投资费两大部分。前者主要用于维持军队的稳定和日常活动，提高军队的战备程度，是国防建设的重要物质基础。其内容主要包括军事人员经费、军事活动维持费、武器装备维修保养费及教育训练费等。后者主要用于提高军队的武器装备水平，是增强军队战斗力的重要保证，主要有武器装备的研制费、采购费、军事工程建设费等几个项目。国防支出按照兵种划分，可以分为国防部队支出、战略部队支出、陆军支出、海军支出、空军支出、武警部队支出和预备役、后备役部队支出。国防支出按照支出项目划分，我国国防支出包括人员生活支出，主要用于军官、士兵、文职干部和职工的工资、伙食、服装等；活动维持费主要用于部队训练、工程设施建设和维护及日常消费性支出；装备支出主要用于武器装备的科研、试验、维修和储存等。

(三) 文教科卫支出

文化、教育、科学、卫生支出可简称为文教科卫支出，是指国家财政用于文化、教育、科学、卫生事业等的经费支出。此类支出具有较强的外部正效应，有助于整个社会文明程度的提高，有利于提升全体社会成员的素质，从而对经济的繁荣与发展具有决定作用，因而各国均对文教科卫事业给予了较大程度的财力支持。

文教科卫支出的内容有两种分类方法：一是按支出的使用部门划分为文化、教育、科学、卫生、体育、通信、广播电视等的事业费。此外，还包括出版、文物、档案、地震等项事业费。二是按支出用途划分为人员经费支出和公用经费支出。前者主要包括工资和津贴。后者主要包括公务费、设备购置费、修缮费和业务费。

1. 文化支出

文化支出是指财政用于全体社会公众利益的文化事业开支。中国财政的文化支出包括文化事业费、出版事业费、广播电视事业费和文物事业费等。其中，文化事业支出是指文化部和地方文化部门的事业费；出版事业费是指新闻出版署和地方出版事业系统的事业费，包括出版经费、出版部门举办的中等专业学校的事业费等；文物事业费是指国家文物局和地方文物系统的经费等。

2. 卫生支出

卫生支出是指财政用于医疗、卫生、保健服务方面的支出。在我国，此类支出主要包抬政府预算卫生支出、公费医疗经费、社会卫生支出等。其中，政府预算卫生支出包括卫生部和卫生地方部门的事业费等；公费医疗经费包括中央级公费医疗经费和地方公费医疗经费。

3. 科研支出

科研支出是指财政用于科学技术研究方面的专项支出。按照我国财政支出的划分标准，科研支出包括科技三项费用、科学事业费、科研基建费以及其他科研事业费。科技三项费用即新产品试制费、中间试验费和重大科研项目补助费。科学事业费包括自然科学事业费、科协事业费、高技术研究专项经费和社会科学事业费。科研基建费是指科研事业单位基本建设工程及设备更新费。

4. 教育支出

教育支出是指政府用于教育事业方面的财政支出。在当今世界，一国教育的发达程度、全社会用于教育的投入水平，常常是衡量一个国家国民素质和文明程度的主要标准。因此，教育支出已经成为公共财政支出的最重要的部分之一。

二、投资性支出

（一）基础产业投资

1. 基础产业的概念与作用

基础产业的内涵，有广义和狭义之分。狭义的基础产业，是指经济社会活动中的基础设施和基础工业。基础设施主要包括交通运输、机场、港口、桥梁、通信、水利和城市供排水、供气、供电等设施；基础工业主要指能源（包括电力）工业和基本原材料（包括建筑材料、钢材、石油化工材料等）工业。为概括起见，我们将基础设施和基础工业统称为基础产业。广义的基础产业，除了上述基础设施和基础工业之外，还应包括农林部门，有提供无形产品或服务的部门（如科学、文化、教育、卫生等部门）所需的固定资产，通常也归于广义基础设施之列。

基础产业是支撑一国经济运行的基础部门，它决定着工业、农业、商业等直接生产活动的发展水平。一国的基础产业越发达，该国的国民经济运行就越顺畅、越有效，人民的生活也越便利，生活质量相对来说也就越高。

在社会经济活动中，基础产业与其他产业相比，具有不同的特征。

（1）从整个生产过程来看，基础设施为整个生产过程提供“共同生产条件”。

（2）基础工业是处在“上游”的生产部门。所谓“上游”是指基础工业所提供的产品是其他生产部门（也包括本部门）生产和再生产时所必需的投入品，如能源和原材料。

（3）无论是基础设施还是基础工业，大都属于资本密集型行业，需要大量的资本投入，而且它们的建设周期比较长，投资形成生产能力和回收投资的时间往往需要许多年。

这些特点决定了基础设施和基础工业很难由个别企业的独立投资来完成，尤其在经济发展的初期阶段，没有政府的强有力支持，很难有效地推动基础设施和基础工业的发展。

2. 财政对基础产业投资方式

在计划经济时期，财政对基础产业投资的方式是无偿拨款。即财政无偿地为建设单位提供资金，不需要偿还，资金用不好也不承担任何经济责任，是一种软约束。这种投资方式导致各地方纷纷向财政部门争资金，而不注意项目的可行性研究，导致资金效益低下和大量浪费。因此，在市场经济条件下，财政要保证投资的效果，必须注意改革传统的对基础产业的投资方式。

与市场经济体制接轨的投资方式是财政投融资。市场经济国家如日本、韩国等采取这种方式发展基础产业都取得了比较好的成绩。

财政投融资具有下述基本特征。

（1）它是在大力发展商业性投融资渠道的同时构建的新型投融资渠道。随着社会主义市场经济全体制的逐步建立和完善，市场融资的份额将扩大，专业银行商业化的趋势不可逆转，在这种条件下，构建政策性投融资机制只会加快而不会阻碍专业银行商业化的发展方向。因为只有把专业银行的政策性业务分离出来，专业银行才可能真正实现商业化的经营目标。

（2）财政投融资的目的性很强，范围有严格限制。概括地说，它主要是为具有提供“公共物品”特征的基础产业部门融资。换句话说，它主要是为需要政府给予扶持或保护的产品或直接由政府控制定价的基础性产业融资。

随着体制改革的深化，由体制性因素形成的“公共物品”应逐步减少，市场商品的范围应扩大，许多基础工业产品在条件成熟时，价格应放开，并通过发展企业集团形式谋求发展，因此，财政投融资的范围是受到严格限制的。

（3）虽然财政投融资的政策性和计划性很强，但它并不完全脱离市场，而应以市场参数作为配置资金的重要依据，并对市场的配置起补充调整作用。

（4）财政投融资的方式和资金来源是多样化的。既可通过财政的投资预算取得资本金，也可通过信用渠道融通资金；既可通过金融机构获取资金，也可通过资本市场筹措资金，部分资金甚至还可以从国外获得。

（二）农业投资

1. 农业发展与政府和财政的关系

第一，农业是国民经济的基础，自然也是财政的基础，而其中最主要表现为农业收入是财政收入的源泉。我国的农业税一向实行低税政策，但农业部门创造的价值，有相当一部分通过工农商品价格的“剪刀差”转移到相关的工业部门，而后通过工业部门上缴税收集中为财政收入。我国农村和农业的发展具有广阔的前景，农业市场存在巨大的潜力，只要农村和农业保持良好的发展势头，财政收入的持续稳定增长才有坚实的基础。

第二，在发展农业过程中，国家财力的支持不仅是责无旁贷的，而且应当说支持甚至保证农业的发展是政府和财政的一项基本职责。农业发展的根本途径是提高农业生产率，提高农业生产率的必要条件之一是增加对农业的投入，因而安排好农业投入的资金来源是一个必须解决的重要问题。

第三，政府从事农业投资的必要性，并不只在于农业部门自身难以产生足够的积累，而且生产率较低的现状难以承受贷款的负担，更重要的是许多农业投资只适于由政府来进行。农业固定资产投资，如大江大河的治理、大型水库和各种灌溉工程等，其特点是投资额大，投资期限长，牵涉面广，投资以后产生的效益不易分割，而且投资的成本及其效益之间的关系不十分明显。由于具有上述特点，农业固定资产投资不可能由分散的农户独立进行。在理论上，似乎存在着一种按“谁受益，谁投资”的原则来组织农户集资投资的可能，但由于衡量农户的受益程度十分困难，集资安排多半很难贯彻。对于此类大型固定资产投资项目来说，按地区来度量受益程度，从而分地区来负担项目费用似乎是可以做到的，但在这种安排下，地区应负担的费用多半要由地方财政安排支出，而这在概念上就已属于政府投资了。

2. 财政对农业投资的特点与范围

纵观世界各国的经验，财政对农业的投资具有以下基本特征。

（1）以立法的形式规定财政对农业的投资规模和环节，使农业的财政投入具有相对稳定性。

（2）财政投资范围具有明确界定，主要投资于以水利为核心的农业基础设施建设、农业科技推广、农村教育和培训等方面。原则上讲，凡是具有"外部效应"以及牵涉面广、规模巨大的农业投资，原则上都应由政府承担。

由于改革以来财政的放权让利改革，财政非常困难，能够投向农业的资金非常有限。因此，财政对农业的投资应该有一定的范围和重点。在市场经济条件下，政府农业投资的范围应该是具有公共物品性质的农业项目。但农业共物品项目很多，在财政资金有限的情况下，应该把那些具有外部效应，牵涉面广（如跨地区的农业项目，可以使更多的农民从中受益）、规模大的农业公共物品作为财政投资的重点。目前在我国，农业公共物品主要包括以下几个方面。

（1）农业基础设施。如大型水利设施、农业水土保持工程等，这是农业发展的物质基础。现阶段我国农业基础薄弱，水利设施和农田基础设施老化失修、水土流失严重、生态环境恶化使农业抵御自然灾害的能力不强，严重影响了农业的发展。这些基础工程无疑属于公共物品，而且是重要的公共物品。单个农户没有能力从事这方面的投资，也难于吸引市场投资。因此，应作为政府投资农业的一个重点。

（2）农业科技进步与推广。科技是农业发展的技术基础，要实现农业经济增长方式由粗放型向集约型的转变，"科教兴国"是重要的一环。因此，财政应增加对农业科技的投入：一是要扶持农业利研单位开展农业科学研究，尤其是基础性研究和公关项目；二是增加对农业科技推广的扶持，特别要注意对粮棉油等大宗农作物的良种培育、科学栽培、节水灌溉等技术的推广进行扶持；三是要增加对农业教育与培训的经费投入，加大对农业劳动者技术培训的投入；四是要与农业生产过程的紧密结合，使农业技术进步在农业经济增长中发挥更大的作用。

（3）农业生态环境保护。农业发展与生态环境之间具有相互制约、相互促进的关系。为了使农业和生态环境之间形成良性循环并协调发展，政府应增加对绿化、治污、水土保持的防护林建设等准公共物品的投入，加大改善农业生态环境的力度。

另外，由于农业发展是一个系统工程，光靠政府投入是远远不够的，只有将政府支农纳入整个农业公共政策体系之中，通过发挥市场的力量和政府的引导作用，才能从根本上解决农业问题。农业公共政策体系应当包括以下内容：土地产权政策、农业人力资本政策、农业产业结构调整政策、财政支农政策和农产品流通政策等。

三、政府采购制度

（一）政府采购制度的含义及基本内容

1. 政府采购制度的含义

政府采购制度与政府采购是不同的两个概念。政府采购制度是指一个国家根据本国经济体制和具体国情制定的或在长期政府采购实践中形成的，旨在管理和规范政府采购行为的一系列规则和惯例的总称。政府采购，也称公共采购，是指政府及其所属机构在财政的监督下，以法定的方式和程序，从国内外市场上购买履行其职能所需要的商品和劳务的活动。政府采购不仅是指具体的采购过程，而且是采购政策、采购程序、采购过程及采购管理的总称，是一种对公共采购管理的制度，是一种政府行为。具体分析政府采购的含义如图 1 - 12 所示。

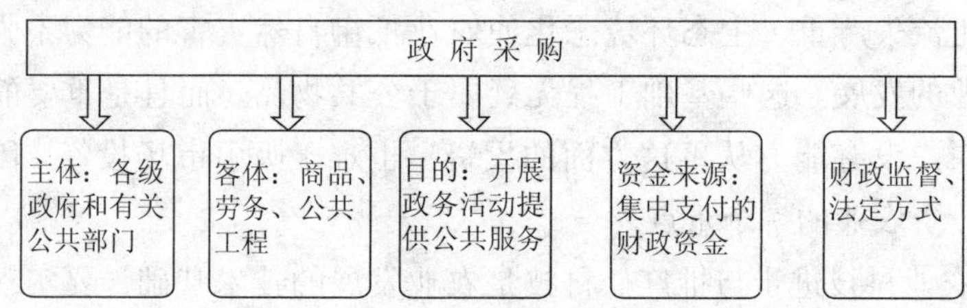

图 1 - 12　政府采购的内涵

与政府采购相对应的另一种采购行为是私人采购。政府采购和私人采购同作为一种市场行为，其根本目标、运作程序和步骤、方法以及所遵循的一般市场规则是一致的，都追求“物有所值”和“价廉物美”的原则和目标。但同时政府采购与私人采购相比又有很大的不同。

（1）资金来源及性质不同。政府采购是公共资金，主要是财政性资金，因此必须按法律的规定进行采购，并严格执行预算和接受审计、公众监督；私人采购是私营业主或公司法人资金。

（2）目的动机不同。政府采购的主要目的是为了满足公务活动和公共服务的需要，没有私人（含企业）采购的赢利动机；私人采购的目的主要是为了个人享受或制造和转售，有赢利要求。

（3）公开程度不同。政府采购过程应该在完全公开的条件下进行，一般情况下，所做的任何事情都必须有可供公开查询的记录，没有秘密可言；私

人采购公开的程度相对自由，没有必要透露所有信息。

（4）操作要求不同。政府采购程序事先应该有严格规定，应在法律和有关管理规定的限制下操作，并在采购文件中明确；私人采购相对随意、灵活。

（5）经济影响不同。政府采购规模巨大，可以并具有至上的能力，一定程度上可以左右市场，因此采购人员有可能滥用职权，应受到公众和新闻媒体的监督，渎职、失误都要曝光；而私人采购很少有这样的影响力，往往只有重大失误或欺诈才会被曝光。

2. 政府采购制度的基本内容

政府采购制度的基本内容由以下4个方面组成。

（1）政府采购的法律法规。政府采购的法律法规主要表现为各国分别制定的适应本国国情的《政府采购法》，该项法规包括总则、招标、决议、异议及申诉、履约管理、验收、处罚等内容。

（2）政府采购政策。政府采购政策包括政府采购的目的，采购权限的划分，采购调控目标的确立，政府采购的范围、程序、原则、方法、信息披露等方面的内容。

（3）政府采购程序。政府采购程序是指有关购买商品或劳务的政府采购计划的拟订、审批，采购合同的签订，价款确定，履约时间、地点、方式和违约责任等方法的内容。

（4）政府采购管理。政府采购管理是指有关政府采购管理的原则、方式，管理机构、审查机构与仲裁机构的设置，争议与纠纷的协调和解决等内容。

（二）政府采购制度的意义

我国于1996年开始了国际上通行的政府采购试点工作。2002年，第九届全国人民代表大会通过了《中华人民共和国政府采购法》，并公布自2003年1月1日起实施。政府采购制度的实施对提高财政资金的使用效益，加强国家的宏观调控能力，优化资源配置和抑制腐败现象具有重要作用。

第一，从财政部门自身角度来看，政府采购制度有利于政府部门强化支出管理，硬化预算约束，将市场的竞争机制引入政府消费，在公开、公正、公平的竞争环境下，充分利用买方市场的优势，降低购买成本，提高财政资金的使用效益。

第二，从政府代理人角度来看，政府采购机构通过招标竞价的方式优中选优，可以尽可能地节约资金，提高所购货物、工程及服务的质量，防止重复购置，从而进一步规范政府采购行为，有利于政府采购制度实施效率的提高。

第三，从财政部门代理人与供应商之间的关系角度来看，政府采购制度引入招投标竞争机制，使得采购实体与供应商之间合谋腐败的现象大大减少，在很大程度上避免了供应商与采购实体成为最大受益者而国家成为最大损失者的问题的出现，即通过强化制度约束机制，能够从源头上抑制腐败现象的产生。

（三）政府采购的方式

政府采购方式有两种，即招标性采购和非招标性采购。一般而言，招标性采购方式适用于达到一定金额以上的采购项目，非招标性采购方式则适用于不足一定金额的采购项目。

政府采购的方式可以归结如图 1－13 所示。

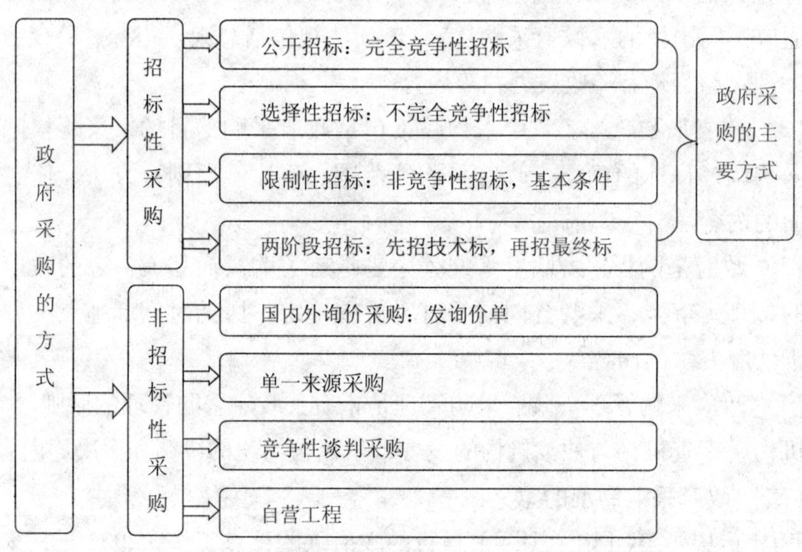

图 1－13　政府采购方式

1. 招标性采购

招标性采购，亦称竞争性招标采购，是国际竞争招标采购、国内竞争招标采购的总称，它是政府采购最常用的方式之一。竞争性招标采购有一套完整的、统一的程序，这套程序不会因国家、地区和组织的不同而存在太大的差别。一个完整的竞争性招标过程由招标、投标、开标、评标、合同授予等阶段组成，招标性采购有 4 种方式。

（1）公开招标。《招标投标法》第十条第二款规定：公开招标，也称无限竞争性招标，是一种由招标人按照法定程序，在公开出版物上发布招标公告，所有符合条件的供应商或承包商都可以平等参加投标竞争，从中择优选

择中标者的招标方式。

（2）选择性招标。选择性招标是指通过公开程序，邀请供应商提供资格文件，只有通过资格审查的供应商才能参加后续招标，或者通过公开程序，确定特定采购项目在一定期限内的候选供应商，作为后续采购活动的邀请对象。

（3）限制性招标。限制性招标是指不通过预先发布公告程序，直接邀请一家或两家以上的供应商参加投际。限制性招标采购方式只适用于一些特殊情况。

（4）两阶段招标。两阶段招标是将国际竞争性招标和国际选择性招标相结合的一种招标方式。具体的做法是，先采用国际竞争性招标，在开标后再邀请其中几家条件好（一般报价也较低）的承包商进行第二阶段的报价，最后确定中标者。

2. 非招标性采购

非招标性采购，是指除招标性采购以外的其他采购方式。达不到招标性采购金额的大量采购活动要采用非招标性采购，有时从经济的角度考虑不适合用招标性采购的采购活动，也采用非招标性采购。非招标性采购的具体方法较多，通常使用的主要有：国内或国外询价采购、单一来源采购、竞争性谈判采购、自营工程等。

（1）国内或国外询价采购。国内或国外询价采购是指采购方向国内外有关供应商发出询价单让其报价，然后在报价的基础上进行比较并确定供应商的一种采购方式。该方式只适用于采购现货或价值较小、规格标准的设备，以及小型、简单的土建工程。

（2）单一来源采购。单一来源采购，也称直接采购，是指达到了竞争性招标采购的金额要求，但所购商品的来源渠道单一，如属于专利、首次制造、合同追加、原有项目的后续扩充等特殊情况下，只能由一家供应商供货。

（3）竞争性谈判采购。竞争性谈判采购是指采购方通过与多家供应商进行谈判，最后从中确定供应商的一种采购方式。这种方式适用于紧急情况下的采购或涉及高科技应用产品和服务的采购。

（4）自营工程。自营工程是土建工程中所采用的一种采购方式，它是指采购方不通过招标或其他采购方式而直接使用当地的施工队伍来承建土建工程。

第三节　转移性支出

转移性支出是指政府按照一定方式，把一部分财政资金无偿地，单方面转移给居民和其他受益者的支出，它体现的是政府的非市场型再分配活动。在财政支出总额中，转移性支出所占的比重越大，财政活动对收入分配的直接影响就越大。市场经济下的各国政府普遍通过转移性支出实现公平职能。转移性支出是密切关注人民生活的支出，主要包括社会保障支出和财政补贴。

一、社会保障支出

（一）社会保障与社会保障支出

社会保障是国家向丧失劳动能力、失去就业机会以及遇到其他事故而面临经济困难的公民提供的基本生活保障。社会保障作为一种经济保障形式，有两个基本特征：第一，社会保障是由政府在社会范围内组织实施的，因而不同于劳动者就业单位为职工举办的经济保障计划；第二，社会保障的受益人为公民中遇到生、老、病、残、失业等事故而亟待获得物质帮助者，这种受益人的选择性是社会保障区别于政府举办的、旨在使公民普遍受益的一般公共福利事业的重要标志。社会保障制度是经济“减震器”，又是社会公民基本生活的“安全网”，在市场经济运行中具有极为重要的意义。我国近年来一直着力于构建我国社会保障制度，这要求借鉴发达国家的社会保障的筹资模式和管理模式，针对我国传统体制下社会保障制度的弊端，进行深入的改革。

社会保障支出（The Expenditure of Social Security）是财政转移支付的重要内容，主要是指国家财政用于社会保障方面的支出，并包括非财政经费安排的社会保障支出。其内容主要包括社会保险支出和社会福利支出（包含社会救济支出或社会补助支出和社会优抚支出）两方面。

（二）社会保障制度的内容

1. 社会保险

社会保险（Social Insurance）是一种为丧失劳动能力、暂时失去劳动岗位或因健康原因面临经济困难的人口提供收入或补偿的一种社会经济制度。社会保险计划由政府举办，强制某一群体将其收入的一部分作为社会保险既（费）形成社会保险基金，在满足一定条件的情况下，被保险人可从基金获得

固定的收入或损失的补偿。它是一种再分配制度，其目标是保证劳动力的再生产和社会的稳定。我国现行的社会保险运行模式是社会统筹和个人账户相结合的模式。

社会保险的内容主要包括养老保险、医疗保险、失业保险、工伤保险、生育保险、重大疾病和补充医疗保险等。

（1）养老保险。它是对达到法定年龄退出劳动领域的劳动者，为保障其基本生活需要，由社会保障基金提供的生活补偿费用。养老保险的前提是劳动者在劳动年龄阶段为社会付出了剩余劳动，做出了一定贡献，因此，在劳动者退出劳动领域之后，社会需要对其生活进行保障。在我国，养老社会保险的对象是城镇一切有收入并参加了社会养老保险的劳动者。财政拨款的行政事业单位不在其列，因为这些单位工作人员工资都来自国家财政收入，从长期来说，这部分人员养老保险资金的绵纳和给付都是同一口袋中的支出，属于国家保障性质。

（2）医疗保险。它是指劳动者因疾病、受伤或生育需要治疗时，由社会提供必要的医疗服务和物质保障的一种制度，包括基本医疗保险和大额医疗救助两个部分。医疗保险对于符合条件的被保险人，享受医疗的机会和待遇，一般实行均等的原则，医疗保险通常以医疗保险基金支付部分医疗费的形式向被保险人提供服务。

（3）失业保险。它是指国家通过立法强制实行的，由社会集中建立基金，对因失业而暂时中断生活来源的劳动者提供物质帮助的制度。它是社会保障体系的重要组成部分，是社会保险的主要项目之一。

（4）工伤保险。它是指劳动者在工作中或在规定的特殊情况下，遭受意外伤害或患职业病导致暂时或永久丧失劳动能力以及死亡时，劳动者或其遗属从国家和社会获得物质帮助的一种社会保险制度。

（5）生育保险（Maternity Insurance）。它是国家通过立法，在怀孕和分娩的妇女劳动者暂时中断劳动时，由国家和社会提供医疗服务、生育津贴和产假的一种社会保险制度，即国家或社会对生育的职工给予必要的经济补偿和医疗保健的社会保险制度。

2. 社会福利

社会福利是现代社会广泛使用的一个概念。人们根据他们各自的立场和目的给予这个概念以不同的解释。广义的社会福利是指提高广大社会成员生活水平的各种政策和社会服务，旨在解决广大社会成员在各个方面的福利待遇问题。狭义的社会福利是指对生活能力较弱的儿童、老人、单亲家庭、残疾人、慢性精神病人等的社会照顾和社会服务。社会福利所包括的内容十分广泛，不仅包括生活、教育、医疗方面的福利待遇，而且包括交通、文娱、体育等方面的待遇。社会福利是一种服务政策和服务措施，其目的在于提高广大社会成员的物质和精神生活水平，使之得到更多的享受。同时，社会福利也是一种职责，是在社会保障的基础上保护和延续有机体生命力的一种社会功能。

社会福利制度一般来讲具有4个特点：（1）社会福利是社会矛盾的调节器；（2）每一项社会福利计划的出台总是带有明显的功利主义目的，总是以缓和某些突出的社会矛盾为终极目标；（3）社会福利的普遍性，社会福利是为所有公民提供的，利益投向呈一维性，即不要求被服务对象缴纳费用，只要公民属于立法和政策划定的范围之内，就能按规定得到应该享受的津贴服务；（4）社会福利社会保险而言是较高层次的社会保险制度，它是在国家财力允许的范围内，在既定的生活水平的基础上，尽力提高被服务对象的生活质量。

社会福利一般包括现金援助和直接服务。现金援助通过社会保险、社会救助和收入补贴等形式实现；直接服务通过兴办各类社会福利机构和设施实现。其主要内容有：医疗卫生服务、文化教育服务、劳动就业服务、住宅服务、孤老残幼服务、残疾康复服务、犯罪矫治及感化服务、心理卫生服务、公共福利服务等。期盼服务对象包括：老年人、残疾人、妇女、儿童、青少年、军人及其家属、贫困者，以及其他需要帮助的社会成员和家庭等。期盼的形式有：人力、物力、财力的帮助，包括国家、集体、个人兴办的社会福利事业的收养，社区服务，家庭服务，个案服务，群体服务等。

3. 社会救济

社会救济是指国家按照法定程序和标准，向因自然灾害或其他社会、经济原因而难以维持最低生活水平的社会成员提供财力或物质援助，以保证其最低生活需求的一种社会保障制度。主要包括自然灾害救济、失业救济、孤寡病残救济和城乡困难户救济等。国家和社会以多种形式对因自然灾害、意外事故和残疾等原因而无力维持基本生活的灾民、贫民提供救助，包括提供必要的生活资助、福利设施，急需的生产资料、劳务、技术、信息服务等。社会救济是向由于名种原因陷入生活困境中的社会成员提供最基本的生活保障的最有效方式。

4. 社会优抚

社会优抚是针对军人及其家属所建立的社会保障制度，是指国家和社会对军人及其家属所提供的各种优待、抚恤、养老、就业安置等待遇和服务的保障制度。

社会优抚是中国社会保障制度的重要组成部分，我国《宪法》第四十五条规定：国家和社会保障残废军人的生活，抚恤烈士家属，优待军人家属。保障优抚对象的生活是国家和社会的责任。社会优抚制度的建立，对于维持社会稳定，保卫国家安全，促进国防和军队现代化建设，推动经济发展和社会进步具有重要的意义。

（三）社会保障制度的作用

社会保障制度的产生是社会经济发展的必然，它在现代社会中所起的作用表现如下。

1. 保障权利公平

公民享受教育、健康和最低生活保障的权利，在西方被统称为“福利权利”或“社会权利”，被视为对基本公民权的拓展，或社会公民权的一部分。作为社会的一员，每个人都有权享受社会保障，并有权享受他的个人尊严和人格的自由发展所必需的经济、社会和文化方面各种权利的实现。社会保障把保障每个人的生存权、发展权放在首位。享受了全民的社会保障，意味着基本生活得到了保证，从而在一个公平的起点上参与社会竞争。

2. 保障机会公平

机会公平是指任何社会成员只要符合法律规定的条件，都应被覆盖在社会保障范围内，均等地获得社会保障的机会。在中国，一些富人把穷人当作智力低下、不负责任甚至天生懒惰的人。这是不对的，中国的穷人绝大多数勤劳、本分、责任心强，他们之所以受穷在很大程度上是因为受到既得利益集团的阻挠，机会缺乏所致。社会保障制度可使他们中的悲观者前行、无力者有力，增加他们的机会，从而为他们创造一个尽可能公平竞争的起点。

3. 维护规则公平

规则公平指一视同仁，既不能对弱势群体歧视，又不能对特权阶层倾斜。通过社会保障机制，重点保护社会的极端贫困人口（即在绝对生存需求线下的群体）。因为和高收入群体相比，低收入阶层和弱势群体，从风险管理获得的保护也是最不完善的。这就意味着不实施社会保障，他们可能落入所谓“贫困陷阱”之中，形成恶性循环。

4. 调节分配公平

在市场经济下，收入和财富分配依据的是生产要素准则，即生产要素数量多、质量高者获取的收入就多；反之则少。这种收入分配制度与私有财产保护制度相结合，使得社会财富的分配出现两极分化，即贫者越贫，富者越富。当财富分配的不公超过一定限度时就会导致严重的社会问题。社会保障制度的建立正是政府利用财政这一手段，实现劫富济贫、缓和财富分配不公平这一社会目标。其结果是在不影响富人生活水平的前提下，保证穷人也能享有最基本的生活。

中内和地方公共财政主要支出项目（2013 年）如表 1－5 所示。

表 1－5　2013 年中国中央和地方公共财政主要支出项目

单位：亿元

项目	公共财政支出	中央	地方
合计	140212.10	20471.76	119740.34
一般公共服务	13755.13	1001.46	12753.67
外交	355.76	354.37	1.39
国防	7410.62	7177.37	233.25
公共安全	7786.78	1297.03	6489.75
教育	22001.76	1106.65	20895.11
科学技术	5084.30	2368.99	2715.31
文化体育与传媒	2544.39	204.45	2339.94
社会保障和就业	14490.54	640.82	13849.72
医疗卫生与计划生育	8279.90	76.70	8203.20
节能环保	3435.15	100.26	3334.89
城乡社区事务	11165.57	19.06	11146.51
农林水事务	13349.55	526.91	12822.64
交通运输	9348.82	722.99	8625.83
资源勘探电力信息等事务	4899.06	453.68	4445.38
商业服务业等事务	1362.06	25.51	1336.55
金融监管等事务支出	377.29	164.32	212.97
地震灾后恢复重建支出	42.79		42.79
援助其他地区支出	158.54		158.54
国土资源气象等事务	1906.12	267.21	1638.91
住房保障支出	4480.55	404.73	4075.82
粮油物资储备事务	1649.42	905.14	744.28
国债还本付息支出	3056.21	2315.41	740.80
其他支出	3271.79	338.70	2933.09

（资料来源：中国统计年鉴 2014，http：//www. stats. gov. cn/）

二、财政制、贴

（一）财政补贴的含义

财政补贴，是指国家财政部门根据国家政策的需要，在一定时期内对某些特定的产业、部门、地区、企事业单位、居民个人或事项给予的补助或津贴。它是财政分配的一种形式，是国家实现其职能的一种手段。财政补贴的构成要素分别是：财政补贴的主体是国家的财政部门，其他部门或单位对其内部成员的补助或津贴都不能被认为是财政补贴。则政补贴的依据是国家在一定时期内社会、经济等方面的有关政策，或者说财政补贴是为了实现一定的期内社会、经济发展的目的。财政补贴的对象包括 3 个层次：一是地区，即对国家领土范围内某一地区给予补贴；二是部门、单位和个人，即对经济活动中的不同主体给予补贴；三是事项，即对社会经济生活中的某些特定事项给予补贴。由此可见，财政补贴具有针对性，而不是具有统一性、普遍性。

财政补贴不仅仅是一种特殊的财政分配形式，而且还是一种重要的经济调节手段。它通过对物质利益的调整来调节国家、企业、个人之间的分配关系，由此达到促进经济发展、引导消费结构、保持社会稳定的效果。

（二）财政补贴的内容

财政补贴的内容可以从不同的分类角度进行考察。比如，按补贴环节来分，财政补贴包括生产环节补贴、流通环节补贴、消费环节补贴；按补贴对象划分，财政补贴可分为企业补贴和个人补贴：按补贴的经济性质划分，财政补贴又可分为生产补贴和生活补贴。根据国家预算对财政补贴的分类，目前我国的财政补贴有以下内容。

1. 价格补贴

价格补贴主要包括国家为安定城乡人民的生活，由财政向企业或居民支付的、与人民生活必需品和农业生产资料的市场价格政策有关的补贴。其目的是缓解价格矛盾、稳定人民生活。我国的价格补贴又称政策性补贴，主要包括粮棉油差价补贴、平抑物价等补贴、肉食价格补贴和其他价格补贴。价格补贴的产生，一方面是可以纠正在商品经济不发达的阶段价值规律不能正常发挥作用时而产生的不合理价格结构；另一方面政府可以在调节分配关系、维护社会稳定的过程中，对在价格改革中受损较大的经济主体给予补助；同时也可以优化资源配置，纠正市场缺陷，实现国家的宏观经济目标。

2. 企业亏损补贴

企业亏损补贴又称国有企业计划亏损补贴，主要是指国家为了使国有企业（或国家控股企业）能够按照国家计划生产、经营一些社会需要，但由于客观原因使生产经营出现亏损的产品，而向这些企业拨付的财政补贴。企业发生亏损的原因一般有两种：一种是由于企业经营决策失误或自身经营不善而导致的，称为经营性亏损；另一种是由于企业配合国家实施宏观经济政策而导致的亏损，称为政策性亏损。企业发生的政策性亏损，国家无疑要按照有关规定给予补贴，企业发生的经营性亏损，原则上应由企业自负盈亏。但在我国，由于国家对企业生产经营干预过多，致使企业的经营性亏损和政策性亏损混杂在一起，很难划清界限，而且政策性亏损往往掩盖经营性亏损；同时，由于我国国有企业所占比重大，国有企业的资产掌握在国家手中，因此在实践中，我国对部分经营性亏损也给予了补贴，这是我国企业亏损补贴的特点。

企业亏损补贴与价格补贴有所不同，主要区别在以下几个方面。

（1）价格补贴主要是以私人为直接的受益对象，基于拨给企业的价格补贴也是如此；而企业亏损补贴则是以企业为直接受益对象，尽管它也可能因为企业没破产而间接使企业的员工受益。

（2）价格补贴往往直接关系到私人的生活水准，而企业亏损补贴则往往直接关系到企业的生产经营能否持续下去。

（3）价格补贴多发生在流通环节，是向私人和商业企业提供的；而企业亏损补贴则多发生在生产环节，主要向生产企业提供。

（4）政府之所以将企业亏损补贴拨付给企业，则是为了使得企业在政府政策引起经营价格倒挂的情况下，能够弥补所需的经营费用和获得合理的利润。

3. 财政贴息

财政贴息尉旨国家财政对使用某些规定用途的银行贷款的企业，就其支付的贷款利息提供的补贴。它实质上等于财政代替企业向银行支付利息。根据规定，财政贴息用于以下用途的贷款：（1）促进企业联合，发展优质名牌产品；（2）支持沿海城市和重点城市引进先进技术和设备；（3）发展节能机电产品等。在具体做法上，财政贴息有半补贴和全补贴两种。

（三）财政补贴的作用

财政补贴具有双重作用。一方面，财政补贴是国家调节国民经济和社会生活的重要杠杆。运用财政补贴特别是价格补贴，能够保持市场销售价格的

基本稳定；保证城乡居民的基本生活水平；有利于合理分配国民收入；有利于合理利用和开发资源。另一方面，补贴范围过广，项目过多也会扭曲比价关系，削弱价格作为经济杠杆的作用，妨碍正确核算成本和效益，掩盖企业的经营性亏损，不利于促使企业改善经营管理；如果补贴数额过大，超越国家财力所能，就会造成国家财政的沉重负担，影响经济建设规模，阻碍经济发展速度。

三、税收支出

（一）税收支出的含义

税收支出是指以特殊的法律条款规定的、给予特定类型的活动或纳税人以各种收优惠待遇而形成的收入损失或放弃的收入。税收支出是由于政府的各种税收优惠政策形成的，因此，税收支出只减少财政收入，并不列为财政支出，是一种隐蔽的财政补贴。由于税收支出与税收征收是两个方向相反的政府政策活动。它直接引起政府所掌握的财力减少，同时使得受益者因享受政府给予的减免税政策而增加其实际收入。因此，税收支出实际上是政府的一种间接性支出，它同其他财政补贴一样，是政府的一种无偿性的转移支出，发挥着财政补贴的功能，所以被纳入政府财政补贴的范畴。具体应该从下面3个方面进行理解。

第一，税收支出在性质上是财政支出，是一种特殊形式的财政支出，属于财政补贴的范畴，它与政府的直接财政支出是有区别的。具体地讲，税收支出是采取税收豁免、优惠税率、纳税扣除、投资抵免、退税、加速折旧等形式减免纳税人的税款而形成的支出；而直接财政支出是将纳税人的税款收缴入国库后，通过财政预算安排的支出。

第二，税收支出是税法体系的有机组成部分，任何国家的税收制度都可以分解为两大部分：一部分是确保国家财政收入而设置的税基、税率、纳税人、纳税期限等条款，西方称之为“正规”税制；另一部分是为改善资源配置、提高经济效率或照顾纳税人的困难而设置的税收优惠条款，它有别于“正规”税制，是以减少纳税人的纳税义务、主动放弃财政收入为特征的。后一部分就是我们所指的税收支出。

第三，税收支出造成的税收损失与偷漏税造成的税收损失之间是有区别的。税收支出是国家为达到特定政策目标主动放弃的税收收入，而偷漏税是纳税人的一种违法行为，其结果是国家应收的税收收入没有收上来。

（二）税收支出的形式

税收支出是国家运用税收优惠调节社会经济的一种手段，根据世界各国的税收实践，税收支出的具体形式主要包括以下几种。

1. 税收豁免

税收豁免是指在一定期间内，对纳税人的某些所得项目或所得来源不予课税，或对其某些活动不列入课税范围等，以豁免其税收负担。常见的税收豁免项目：一类是免除关税与货物税；另一类是免除所得税。

2. 纳税扣除

纳税扣除是准许企业把一些合乎规定的特殊支出，以一定的比率或全部从应税所得中扣除，以减轻其税负。在累计税制下，纳税人的所得额越高，这种扣除的实际价值也就越大。

3. 税收抵免

税收低免是指纳税人从某种合乎奖励规定的支出中，以一定比率从其应纳税额中扣除，以减轻其税负。在西方，税收抵免形式多种多样，主要的两种形式有投资抵免和国外税收抵免。两者的区别有：投资抵免是为了刺激投资，促进国民经济增长与发展，是通过造成纳税人的税收负担不公平而实现的；而国外税收抵免是为了避免国际双重征税，使得纳税人的税收负担公平。

4. 优惠税率

优惠税率是指对合乎规定的企业课以比一般较低的税率。其适用范围可视实际需要而予以伸缩。一般而言，长期优惠税率的鼓励程度大于有期限的优惠税率，尤其是那些需要巨额投资且获利较迟的企业，常可以从中获得较大的利益。

5. 延期纳税

延期纳税也称“税负延迟缴纳”，是指允许纳税人对合乎规定的税收，延迟缴纳或分期缴纳其应负担的税额。该方式适用范围较广，一般适用于各种税，且通常应用于税额较大的税收上。

6. 盈亏相抵

盈亏相抵是指准许企业以某一年度的亏损抵消以后年度的盈余，以减少其以后年度的应纳税款；或是冲抵以前年度的盈余，申请退还以前年度已缴纳的部分税款。一般而言，盈亏相抵办法通常只能适用于所得税方面。

7. 加速折旧

加速折旧是在固定资产使用年限的初期提列较多的折旧。采用这种折旧方法，可以在固定资产的使用年限内早一些得到折旧费和减免税的税款。

8. 退税

退税是指国家按规定对纳税人已纳税款的退还。作为以税收支出形式形成的退税是指优惠退税，是国家鼓励纳税人从事或扩大某种经济活动而给予的税款退还。其包括两种形式，即出口退税和再投资退税。

第四节　财政支出绩效分析

一、财政支出绩效的内涵

“绩效”一词是自20世纪50年代以来，在经济学、政治学以及社会学语境中大行其道、广泛使用的一个概念。但绩效的确切内涵究竟是什么，至今并没有定论。《牛津现代高级双解词典》主要从两个方面对绩效进行了解释：①执行、履行；②成绩、表现、成就。这种解释说明，绩效是一个包含了过程和结果两层含义的概念。《现代英汉综合大辞典》也把绩效解释为包括过程、行为、效果、结果等的综合体。在中国的《现代汉语词典》中没有绩效一词。它是“绩”与“效”两个概念的综合。其中：“绩”是指功业、成果、成绩、功绩、战绩等；而“效”则是指效果、效率、效益、功效等。总体来看，绩效主要是指对某项任务的执行、完成的结果或某一行为的影响和效果。

所谓财政支出绩效，就是指财政支出活动所取得的实际效果。它反映了政府为满足社会公共需要而进行的资源配置活动与所取得的社会实际效果之间的比较关系，重点研究政府配置资源的合理性和资源使用的有效性，即一是看政府配置的资源总量是否符合整个社会客观比例要求，二是看资源的使用是否达到效用最大化目标。而财政支出的绩效分析，就是依据一些指标体系，借助于一定的分析工具，对财政支出的效果进行分析和评价，其核心是强调财政支出管理中的目标与结果及其结果有效性的关系，本质是对政府行为进行内部控制，并通过这种内控，保障政府目标的实现，提高政府运行效率，促进政府职能转变。

二、财政支出绩效分析的重要意义

财政支出绩效分析的目标就是要提高政府的责任心，强化财政支出和预算管理，规范预算分配，优化财政支出结构，降低政府运行成本，确保财政支出的合法性、经济性和有效性。财政支出绩效分析在我国财政管理和经济社会生活中的重要意义主要表现在以下几个方面：

1. 优化财政支出结构，提高财政管理水平

财政支出绩效分析可以反映财政资金分配、使用、管理、结果等各个环节的状况。通过财政支出绩效分析，以财政支出的经济、社会和环境效益为标准，对财政支出行为进行评判，可以判定财政宏观支出结构的合理性和有效性，并据此调整优化财政支出结构，使财政支出紧紧围绕整体社会经济目标，从不适合财政介入或不应由财政负担的领域退出，提高公共事业的保障能力，减少并防止无效支出和盲目支出，使得整个财政资金的配置和运行合理、高效，提高财政管理水平。

2. 提高财政资金使用效益，推动公共决策科学化

财政支出绩效分析是市场经济和社会进步对政府财政支出管理提出的必然要求。长期以来，我国财政支出以规模而不是以效益为基本目标取向，各部门对财政支出的绩效不重视，导致行政成本加大和公共资源浪费。开展财政支出绩效分析有利于提高资源配置效率、培养效益观念，有利于提高公共部门决策效率、增强公共部门决策意识，有利于提高公共部门信息透明度、加强公众监督和参与性、推进社会民主建设，有利于财政体制改革、推进绩效预算编制，有利于落实科学发展观、推进公共决策科学化。

3. 建立廉洁高效政府，维护人民群众的根本利益

开展财政支出绩效分析有利于正确引导和规范财政资金监督与管理，形成有效的财政执法和监督约束，提高资金的使用效益。通过对财政资金投入情况进行绩效分析，把分析结果作为预算安排的重要依据，从资金源头上予以规范，进一步管理好财政支出的闸门，体现了以结果为中心的理财思想，这将减少官僚主义和腐败现象，建立廉洁高效政府，维护人民群众利益，提高社会效益。

三、财政支出绩效分析的方法

财政支出绩效的分析主要可以从两个方面进行：一是从宏观的角度，就整体的财政支出对社会资源配置的影响进行分析；二是从微观的角度，就某一项目或方案的财政支出对社会资源配置的影响进行分析。与之相对应，前者使用的是机会成本分析法，后者使用的则主要是成本—效益分析法。除了这两种主要方法之外，最低费用选择法、公共定价法等是对财政支出绩效分

析的基本方法。

（一）机会成本分析法

通过预算程序所做出的有关财政支出的决策，实质上是将私人部门的部分资源转移到公共部门，并由政府加以集中使用的决策。所以，这其中也有一个资源配置的效率问题。不言而喻的是，只有当资源集中在政府手中能够发挥比在私人部门更大的效益时，政府占用。资源才是对社会有益的，或者说是具有效率的。从这一推论出发，经济学家倾向于用“预算资金的社会机会成本”来评价财政支出的效率。这里所说的预算资金的机会成本，指的是因这样一笔资金由私人部门转移到公共部门而导致的私人部门的效益损失。

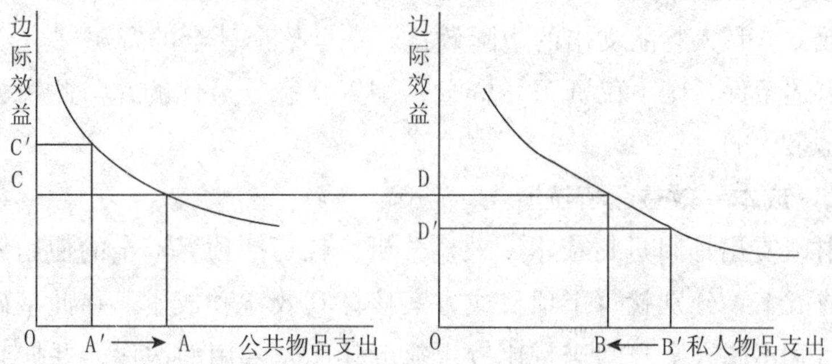

图 1－14　资源在公共部门和私人部门之间的配置

这样一来，财政支出的效率评估也就演变为同样一笔资金由公共部门和由私人部门使用所能达到的效益比较问题了。如果一笔特定的资金交由公共部门使用所能达到的效益，大于交由私人部门使用所能达到的效益（或者说是大于其机会成本），那么，该项财政支出就是具有效率的；如果一笔特定的资金交由公共部门使用所能达到的效益小于交由私人部门使用所能达到的效益（或者说是小于其机会成本），那么，该项财政支出就是缺乏效率的；如果一笔特定的资金交由公共部门使用所能达到的效益，恰恰等于交由私人部门使用所能达到的效益（或者说是等于其机会成本），那么，这时整个社会的资源（资金）配置则处于最佳状态。

我们来考察一下资源（资金）在公共部门和私人部门之间的配置情况。如图 1－14 所示，假定公共物品和私人物品的支出效益曲线均是向右下方倾斜的。当用于公共物品的资金支出为 OA，而用于私人物品的资金支出为 OB，且 OA 和 OB 的边际效益恰好相等，即 OC＝OD 时，资源配置处于最佳状态，这时的预算决策就是最有效率的；如果用于公共物品的资金支出仅为 OA′，而用于私人物品的资金支出为 OB′，OA′的边际效益大于 OB′的边际效益，即

OC′ > OD′，且 OA + OB = OA′ + OB′ = 全国可用资源时，增加公共部门支出的预算决策就是具有效率的，因为这将会使整个社会的总效益获得增加。沿着这个方向调整，最终将会出现资源（资金）配置的最佳状态，即每一货币单位无论花在公共物品上，还是花在私人物品上，所带来的边际效益都相等。同样的道理，当用于私人物品的资金支出的边际效益大于用于公共物品的资金支出的边际效益时，减少公共部门支出的预算决策就是具有效率的，因为这将会使整个社会的总效益获得增加。沿着这个方向调整，最终将会出现资源（资金）配置的最佳状态。

由此可以将整个社会资源的最佳配置条件用公式表示为：公共物品支出的边际效益 = 私人物品支出的边际效益。一旦整个社会的资源（资金）配置满足了上述条件，则不仅资源（资金）配置状态是最优的，与此相关的预算决策也是最优的。

（二）成本 – 效益分析法

对财政支出项目进行成本 – 效益分析，就是把预算资金的使用划分为若干项目或方案，分别就每个项目或方案核算其效益和成本。在此基础上，对不同项目和不同方案之间进行比较，确定其优先采用的次序，并摒弃那些社会边际成本超过社会边际效益的项目或方案。

1. 成本 – 效益分析的步骤

这里以一个具体事例来说明。假定某一地区洪水经常泛滥，给该地区造成很大损失。为了治理洪水，政府拟建设一座防洪设施。其成本和效益如表 1 – 6 所示。

表 1 – 6　防洪工程的成本 – 效益分析

项目（方案）	效益 B（万元）	成本 C（万元）	B – C（万元）	B/C	（B – C）/C	次序
a	40000	20000	20000	2.0	1.0	2
b	19500	15000	4500	1.3	0.3	4
c	12000	10000	2000	1.2	0.2	5
d	12500	5000	7500	2.5	1.5	1
e	45000	30000	15000	1.5	0.5	3
f	12500	12500	0	1.0	0	6
g	27000	30000	– 3000	0.9	– 0.1	7

对类似防洪设施这样的财政支出项目的成本 – 效益分析通常按照下列步

骤进行：

(1) 计算各个项目或方案的效益和成本。这是一项比较复杂的工作。无论效益和成本，都可以区分为：该项目的直接效益和成本以及与该项目有关的或者由此引发的间接效益和成本。前者较为具体，是该项目本身范围内的；后者则较为复杂，也不那么具体，是该项目对经济社会其他组成部分所造成的影响。如果仅仅考虑前者而完全忽略后者，则对该项目的效益不能做出正确的分析。而如果要完整地、毫不遗漏地计算一个项目的社会效益和社会成本，则会使分析工作实际上难于进行。所以，现实选择的做法是，详尽地计算每一项目的直接效益和成本，并适当地计算其间接效益和成本。至于哪些间接效益和成本应当计算，在各个项目之间应当有一个统一的标准，而且这种标准应该随着社会经济形势的变化做出相应的调整。

另外，无论效益还是成本，都可以区分为两种：一种是所谓实际的效益和成本，如由于建设防洪工程而更多地生产出的社会财富，以及由此而带来的社会的进一步发展和人民生活水平的提高，是该项防洪工程的实际效益；由于建设防洪工程而实际耗费的人力和物力，以及对社会、经济和人民生活造成的实际损失，是该项防洪工程的实际成本。另一种是所谓金钱的效益和成本，如由于防洪工程的建设，邻近地区的地价腾贵，这既增大了这个项目的金钱上的效益，也由于工程造价上升而加大了该项目的金钱上的成本。这种金钱的效益显然与航运的增加、农产量的增长等实际的效益，在性质上是不同的，而这种金钱的成本显然也与工程费用、设备费用的性质不同。一个显而易见的道理是，甲方之所得或所失，即为乙方之所失或所得，整个社会的总效益与总成本的对比并无变化。所以，这种效益和成本又称为虚假的效益和成本，是应该在经济分析中加以剔除的。

再有，每一项目的效益和成本，也有有形和无形之分。有形的效益和成本，指的是可以用市场价格计算的并且按照惯例应计入会计账目的一切效益和成本；无形的效益和成本，则指的是不能经由市场估价的，因而也不能入账的一切效益和成本。很显然，财政支出项目的经济分析也是要将无形的效益和成本计算在内的。

防洪工程的效益和成本计算如表 1 -6 中的 B、C 栏所列。

(2) 计算各个项目或方案的效益和成本的比率。如果对每个项目或方案都核算出效益和成本的总金额，那就可以随之计算出效益和成本的比率。通常使用的是两种比率：

其一，效益/成本比率（即 B/C），其值的最低限是 1，也就是说，凡是该比率低于1的项目在经济上都是不可行的。

其二，(效益－成本）/成本比率［即（B－C）/C］，其值的最低限是0，也就是说，凡是该比率低于0即为负值的项目在经济上都是不可行的。

本例的效益和成本比率的计算如表1－6中的B/C和（B－C）/C栏所列。

(3）确定各个项目或方案的优劣次序。计算出效益和成本的比率之后，就可以据此确定各个项目或方案的优劣次序。无论B/C比率还是（B－C）/C比率，都是值越大越好，因而优劣次序的确定可以按照数值的大小进行。在本例中，项目d最优，项目a次之……项目c最劣（见表1－6“次序”栏）。

(4）进行各个项目或方案的选择和决策。对项目或方案的选择和决策要以上列次序作为一种根据，并要视限制条件的情况而定。

假设本例是同一项目的7个不同方案，那么，由于这些方案之间相互可以代替，一般情况下，选定了其中一个方案之后，其他的方案就不能再实施了。同时，各个方案的效益和成本之间都有联系，一个方案的效益实际上很可能会成为另一个方案的成本（即有限的资源用于此就不能用于彼，从而形成所谓的“机会成本”）。在这样的条件下，方案d无疑还是应当优先被选定；至于其他方案如a是否也应被选定，那就要看其他条件了。

假设本例是7个不同的项目，如何选择就要看财政支出总额是既定的还是可变的。如果财政支出总额是既定的，且不得超过7亿元，那就形成了又一个限制条件。在此情况下，就应选定项目d、项目a、项目e和项目b。因为这4个项目的成本之和刚好是7亿元，效益之和为11.7亿元，效益和成本之差，即净效益（∑B－∑C）为4.7亿元。这是在上述限制条件下所能取得的最大可能的值，因而这样的选择也是最佳的。

如果财政支出的总额是可变的，那么，实际的选择面就要大一些。以本例来说，除d、a、e、b这4个项目外，c也可以选定，因为采用这个项目还是可以使净效益的值有所增加；项目f属于所谓的边际项目，即得失相等，是否选择它要看其他条件；而项目g则是不应选定的，因为如果选择了它，将使净效益的值为负值。

2. 成本－效益分析中的贴现问题

以上只是简单说明了成本－效益分析的步骤及其有关情况。但有一个重要的因素尚未提及，这就是在成本和效益计算中经常遇到的贴现问题。

在实际生活中，类似防洪工程这样的财政支出项目，其建设周期或使用周期往往都不会限于一个年份，而要持续若干年甚至几十年。这样一来，此

类项目的效益和成本，都不可能是一个数值，而要形成一系列的数值，即形成所谓由若干年的效益和若干年的成本所构成的“效益流”和“成本流”。因为资金是有时间价值的，所以不同时间发生的效益或成本不能简单地相加，不同时间发生的效益和成本也不能简单地相减，即不能直接进行比较。这里的关键在于，必须将“时间价值”因素以及由此而形成的利息因素考虑在内。也就是说，必须通过“贴现”的过程，将这些发生在若干年间的“效益流”和“成本流”都折算成现值，然后才能相加或相减，从而进行比较和分析。

对于一个需多年投入的财政支出项目而言，其“效益流”和“成本流”相应如下列：

B_1，$B_2 \cdots\cdots B_n$

C_1，$C_2 \cdots\cdots C_n$

对于 B_1，$B_2 \cdots\cdots B_n$，由于是不同年份发生的，所以不能简单地相加；对于 C_1，$C_1 \cdots\cdots C_n$，同样由于是不同年份发生的，所以也不能简单地相加。也就是说，$B_1 + B_2 + \cdots\cdots + B_n$ 和 $C_1 + C_2 + \cdots\cdots + C_n$ 不能直接进行比较。

为了使不同时间发生的效益和成本能够相加或相减，就必须使用一个“贴现率（r）”加以换算。一般来说，贴现率实际上相当于一个年利率，即任何一笔资金相隔一年之后平均增值的百分比率。

依此方法，就可以比较不同时间发生的效益和成本了，由此可以得到财政支出项目的净效益（B－C）的现值，即该项目的“净现值”（NPV，net present value），其计算公式为：

$$NPV = \frac{B_1 - C_1}{1 + r} + \frac{B_2 - C_2}{(1 + r)^2} + \frac{B_3 - C_3}{(1 + r)^3} + \cdots\cdots + \frac{B_n - C_n}{(1 + r)^n} = \sum_{i=1}^{n} \left[\frac{B_i - C_i}{(1 + r)^i}\right]$$

通过考察上面的净现值计算公式，可以得出这样的结论：只有净现值大于0的项目或：方案，在经济上才是可行的。但这里只解决了一个问题，还有一个问题没有解决，即对于不同的项目来说，净现值是不可比的。

为了使不同项目或方案之间可以比较，还应按同样的程序计算出各个项目或方案的“成本流”的现值（PVC，present value of costs），从而求出每个项目或方案净效益现值与成本现值的比率（NPV/PVC）。由于这个比率是相对数，这时就可以在不同项目或方案之间进行比较，进而按这个比率的数值大小，确定各个项目或方案的优劣次序。

可以看出，无论是净效益的现值还是成本的现值，其大小都与贴现率 r 有密切的关系。简单地说，r 越大，则 NPV 和 PVC 的值越小；r 越小，则这两个值越大。因此，贴现率的慎重选择至关重要，如果选择不当，就很可能导致错误的分析结果。

3. 用成本—效益分析法评价财政支出效益的局限性

尽管成本—效益分析法可以作为评价财政支出效益的一种重要方法，但这种方法的适用范围是有限的。以货币为尺度并不能对所有政府活动领域的效益进行衡量，如国防、太空研究、对外援助、公安和司法裁决等方面的效益要用货币这个尺度来表示是很困难的；而教育、住宅建设和公路建设，虽然被认为可以提供巨大的货币效益，但迄今为止也没有可靠的测量方法。它们的效益扩散得很广泛，而且有一部分是属于非经济性质的。因此，成本—效益分析一般只适用于那些效益主要是经济性质的、有形的，而且可以用货币测量的财政支出项目。

（三）最低费用选择法

另有一些财政支出，如行政、军事、政治项目之类，成本是易于计算的，但效益却不易衡量，而且通过此类支出所提供的商品或劳务，不可能以任何形式进入市场交换。分析此类财政支出的效益，一般采用“最低费用选择法”。此法与成本—效益分析法的主要区别是不用货币单位来计量备选的财政支出项目的社会效益，只计算每项备选项目的有形成本，并以成本最低为择优的标准。最低费用选择法多被用于军事、政治、文化、卫生等财政支出项目。

假定政府打算在4年内培养出10000名经济学专业的大学生，经过专家研究，提出了4个能达到上述目标的备选方案：（1）新建5所经济学院，每所学院招生2000人，这要兴建校舍，招聘教师和管理人员；（2）扩建既有的经济学院，这要新建若干校舍，增聘若干教师和管理人员；（3）兴办广播电视大学经济学专业，这要增添与电视教学有关的各种设备，聘用教师，安排一应教学行政和组织工作；（4）组织经济学专业的自学考试，这要组织辅导、考试等一应工作。即便上述4个方案均能培养出10000名质量相同的经济学专业的大学生，他们各自支出的费用肯定是不同的，对这4个备选方案的费用作比较分析，选出费用最低者。

再比如说，某个刚刚获得独立的国家，为建立自己的国防体系而筹集了大笔财政资金，国防部门在申请预算时，为国防体系的建立设计了两种不同的支出方案，一个方案是招募大量兵源，购买大量常规武器来保卫国防；另一个方案则是研制核武器，利用核威慑力来保卫国防。政府财政部门根据国防部门两种方案的费用开支状况，选择其中一个开支较小的方案，并据此为国防部门支付财政资金。

采用最低费用选择法来分析公共支出效益时，难点不在费用开支的比较上，而在于如何使不同支出方案能够无差别地实现公共支出的目的。如前例所列举的两个方案中，利用常规武器和利用核武器，对于保卫国防安全所产生的作用是不能同日而语的。

（四）公共定价法

市场经济中，所有经济行为主体都采取能够使自己利益最大化的行动，价格成为行为信号，价格机制是实现最优资源配置的主要机制。由于政府也提供大量的满足社会公共需要的"市场性产品"，那么这些产品也涉及同其他商品和服务一样的问题，即价格的确定。"市场性产品"主要包括城市排水、道路建设维修、桥梁、公园的建设与管理、邮电、通信、教育、卫生等。这些方面的支出，成本易于计算，但其效益难以确定。如果采用最低费用选择法作为其效益分析的标准，既会造成人们对这类"产品"使用的浪费，也不利于这类产品质量的提高。而这些"产品"有时可以部分或者全部进入市场交换，政府对此制定适当的收费标准，对这类产品实行收费使用，既可以避免无偿使用这些产品的浪费，又可以补偿部分或全部支出成本，回收建设资金，以便进一步增加这类产品的提供，达到提高公共物品使用效益和促进公共物品合理消费的目的。这就是所谓的公共定价。

1. 公共定价的概念

公共定价是指政府相关管理部门通过一定程序和规则制定提供公共物品的价格和收费标准。公共定价是政府保证公共物品提供和实施公共物品管理的一项重要职责，是提高财政支出效益的一种方法。

2. 公共定价政策

提供"市场性产品"的企业往往具有二重性，即公共性和企业性。企业通过提供"市场性产品"来确保其事业收入，这一点与政府的一般活动有所不同。政府之所以组织这类企业提供"市场性产品"，是因为私人部门不能充分提供这些产品。这些企业所属的行业有些是自然垄断行业，有些是受到政府管制的行业。所以，从定价政策来看，公共定价实际上包括两个方面：一种是纯公共定价，即由政府直接制定自然垄断行业（如能源、通信和交通等公用事业和煤、石油、原子能、钢铁等基本品行业）的价格；二是管制定价或价格管制，即政府规定竞争性管制行业（如金融、农业、教育和保健等行业）的价格。政府通过公共定价方法，目的不仅在于提高整个社会资源的配置效率，而且更重要的是使这些产品得到最有效使用，提高财政支出效益。

3. 公共定价方法

既然政府要通过公共定价方法来提高资源配置效率，那么在具体操作时就必须选择适当的定价方法；常见的方法主要有三种：

（1）平均成本定价法。从理论角度来看，按公共物品的边际成本定价是最理想的定价方式，但这种定价方法会使企业长期处于亏损状态，必须依靠财政补贴维持运行，长此以往，很难保证按质按量地提供公共物品。因此在成本递减行业，为了使企业基本保持收支平衡，公共定价或价格管制一般采取按高于边际成本的平均成本定价。

（2）二部定价法。它是由两种要素构成的定价体系：一是与使用量无关的按月或按年支付的“基本费”；二是按使用量支付的“从量费”。因此，二部定价是定额定价和从量定价二者合一的定价体系，也是反映成本结构的定价体系。由于二部定价法中的“基本费”是不管使用量的多少而收取的固定费，所以有助于企业财务的稳定；由于二部定价法具有“收支平衡为条件实现经济福利最大化”性质，所以现在几乎所有受价格管制的行业（特别是电力、城市煤气、自来水、电话等自然垄断行业）都普遍采用这种定价方法。

（3）负荷定价法。是指按不同时间段或时期的需求制定不同的价格。按需求的季节、月份、时区的高峰和非高峰的不同，有系统地制定不同的价格，以平衡需求状况。在需求处于最高峰时，收费最高；而处于最低谷时，收费最低。

第四章　财政收入

政府提供公共产品的过程，实际上是政府耗费或运用社会物质财富的过程。财政支出反映的是政府对于社会物质财富的支出和运用，显然，这种支出和运用要以政府占有一定的社会财力为前提，财政收入便是政府为提供公共产品而获取的可供其支配的财力。则政收入的规模、结构及其增长变化趋势，关系着一个国家经济的发展和社会的进步。则政收入分析是财政理论的重要组成部分，而进行财政收入分析的首要前提是对财政收入做出科学的分类。所以，本章将从财政收入的含义入手，着重分析财政收入的分类、规模及结构，并在此基础上进一步分析影响财政收入规模增长变化的主要因素。

第一节　财政收入概述

一、财政收入的含义

财政收入又称公共收入，是指一国政府为了满足其财政支出的需要而参与社会产品分配，自企业、家庭取得的所有收入。财政收入的定义可以从不同角度加以描述，从而有了广义和狭义的区别。所谓广义的财政收入，包括政府的一切进项或收入，主要有税收收入、国债收入、国有资产收入和各种行政收入等。所谓狭义的财政收入，仅仅指政府每年的“定期收入”，即被称为“岁入”的收入，只包括税收收入和除国债外的非税收收入，如规费、管理费、政府提供劳务的工本费、公产收入及国内外援助收入等。财政收入是衡量一国政府财力的重要指标，政府在社会经济活动中提供公共物品和服务的范围和数量，在很大程度上取决于财政收入的充裕状况。2011 年中国财政收入 103874.43 亿元，比 2010 年增加了 20772.92 亿元，增长 25%，全年财政收入首次突破 10 万亿，这意味着中国政府将成为全球第二富裕的政府。

财政收入对于国民经济运行和社会发展具有重要影响：首先，财政收入是国家各项职能得以实现的物质保证，一个国家财政收入规模的大小是衡量其经济实力的重要标志。其次，财政收入是国家对经济实行宏观调控的重要经济杠杆。宏观调控的首要问题是社会总需求与总供给的平衡问题，实现社会总需求和总供给的平衡，包括总量上的平衡和结构上的平衡两个层次的内容。财政收入杠杆既可以通过增收或减收来发挥总量调控作用，又可以通过对不同财政资金缴纳者财政负担大小的调整，来发挥结构调整的作用。最后，财政收入可以调整国民收入初次分配形成的格局，缩小贫富差距，是实现社会财富公平合理分配的主要工具。

为了深入研究影响财政收入的各种因素，探寻增加财政收入的主要途径，加强对财政收入的管理，需要根据各种财政收入的特点和性质，对财政收入的内容进行一定的分类。

二、财政收入分类的依据

财政收入分析可以从多个角度进行，如可以从购政收入的形式、来源、规模和结构等多个角度进行分析。而诸种分析顺利进行的首要条件是，要对财政收入做科学的分类。财政收入分类的必要性源于财政收入的复杂性。如从财政作为以国家为主体的分配活动的角度来看，应将财政收入理解为一个分配过程，这一过程是财政分配活动的一个阶段或一个环节，在其中形成特定的财政分配关系。在商品货币经济条件下，财政收入是以货币来度量的，从这个意义上来理解，财政收入又是一定量的货币收入，即国家占有的以货币表现的一定量的社会产品的价值，主要是剩余产品价值。

具有理论和实践价值的分类似乎应合乎两个方面的要求：一是要与财政收入的性质相吻合。财政收入具有两重性质：第一，财政收入是一定量的公共性质的货币资金，即通过一定筹资形式和渠道集中起来的由国家集中掌握使用的货币资金，是国家占有的以一定量的货币表现的社会产品价值，主要是剩余产品价值。第二，财政收入又是一个过程，即组织收入、筹集资金的过程，它是财政分配的第一阶段或基础环节。所以，财政收入分类应能体现这一特点。二是要同各国实际相适应。如我国是发展中的社会主义国家，经济中的所有制结构和部门结构与其他国家有较大的差别，财政收入的构成自

然也与其他国家不同，财政收入的分类必须反映这一现实。按照上述分类的要求，我国财政收入分类应同时采用两个不同的标准：一是以财政收入的形式为标准，主要反映财政收入过程中不同的征集方式以及通过各种方式取得的收入在总收入中所占的比重；二是以财政收入的来源为标准，主要体现作为一定量的货币收入从何取得，并反映各种来源的经济性质及其变化趋势。

三、财政收入的分类

（一）按照财政收入形式分类

按照财政收入形式分类，是指以财政收入的形式为标准进行分类。收入依据不同，财政收入的表现形式也不同。通常，把财政收入分为税收和其他收入两大类。这种分类的好处是突出了财政收入中的主体收入，即国家凭借政治权力占有的税收。税收收入的形成依据的是国家的政治管理权，它在财政收入中占据主导地位，为一般的财政支出提供基本的资金来源，同时也是政府实施经济管理和调控的重要手段。其他形式的财政收入可以统称为非税收入，各有其特定的形成依据，反映不同的收入关系，在财政收入中所占份额相对较小。按照财政收入形式进行珩分类，主要应用于分析财政收入觌模的增长变化及其增长变化的趋势。2015 年 1 月 1 日，正式实行新的《中华人民共和国预算法》，预算中的一般公共预算收入包括各项税收收入、行政事业性收费收入、国有资源（资产）有偿使用收入、转移性收入和其他收入。

1. 税收收入

税收是政府为实现其职能的需要，凭借其政治权利并按照特定的标准，强制、无偿地取得财政收入的一种形式。通过税收筹集收入去购买及生产政府所提供的产品和服务过程中所必需的投入要素，或者在一国公民或居民间进行购买力的再分配。税收无论是在哪一种社会形态下都是国家筹集财政收入的主要来源，是一国政府的重要经济支柱。

在我国税收收入按照征税对象可以分为五类税，即流转税、所得税、财产税、资源税和行为税。其中，流转税是以商品交换和提供劳务的流转额为征税对象的税收，是我国税收收入的主体税种，占税收收入的60%多，主要税种有增值税、营业税、消费税、关税等。所得税是指以纳税人的所得额为征税对象的税收，我国日前已经开征的所得税有个人所得税、企业所得税。财产税是指以各种财产（动产和不动产）为征税对象的税收，我国目前开征的财产税有土地增值税、房产税、土地使用税、契税。资源税是指开发和利用国家资源而取得级差收入的单位和个人征收的税收。行为税是指对某些特定的经济行为开征的税收，其目的是为了贯彻国家政策的需要，目前我国的行为税类包括印花税、城市维护建设税等。

在市场经济体制下，税收可以作为政府最有效的财政政策工具，对经济进行宏观调控，实现社会经济资源的优化配置，以达到社会经济稳步发展等目标。税收的这种经济调控职能加强了它在财政收入主要形式中的地位。目前在我国，税收收入占全部财政收入的90%左右，是财政收入的最主要形式。2014年前三季度我国税收收入情况如表1-7所示。

表1-7　2014年1-9月税收总收入和主要税种收入表

单位：亿元

税目	收入	比去年同期增收	增长率（%）
税收收入	90695.17	6283.06	7.4
国内增值税	22398.40	1561.84	7.5
国内消费税	6751.72	397.74	6.3
进口货物增值税、消费税	10667.76	686.64	6.9
出口货物退增值税、消费税	-8597.01	-871.78	11.3
营业税	13071.82	183.91	1.4
企业所得税	21011.10	1576.96	8.1
个人所得税	5697.90	630.43	12.4
房产税	1345.79	194.11	16.9
证券交易印花税	400.48	48.14	13.7
城镇土地使用税	1461.23	173.48	13.5
土地增值税	2991.87	505.78	20.3
车辆购置税	2146.05	264.13	14.0
关税	2143.00	250.80	13.3
契悦	3063.40	190.64	6.6

（资料来源：中华人民共和国财政部）

2. 国有资源（资产）有偿使用收入

国有资源（资产）有偿使用收入是指国家凭借对国有资产的所有权，从国有资产经营收入中所获得的经济利益。其来源是国有企业或国家参股企业的劳动者在剩余劳动时间内为社会创造的剩余产品价值。目前，国有资产收益的形式与数量，主要取决于国有资产管理体制与经营方式。国有资产收益又可以有不同的分类：（1）国有资产收益按其形成来源划分，包括经营性收

益和非经营性收益。区分经营性收益和非经营性收益，可以使我们客观评价企业的经营业绩，制定相应的收益分配政策，防止分配中产生不公平现象，对不合理的收入进行限制，实施有效的收入分配调节。（2）国有资产收益按财政管理体制划分，可分为中央收益和地方收益。合理划分中央收益和地方收益，符合党的十六大提出的在坚持国家所有的前提下，充分发挥中央和地方两个积极性，建立中央政府和地力政府分别代表国家履行出资人职责，享有所有者权益、权利、义务和责任相统一，管资产和管人、管事相结合的国有资产管理体制改革的要求，有利于调动地方政府在国有资产管理中的积极性。（3）国有资产收益按初次分配的结果划分，包括企业留存收益和企业上缴收益。

国有资产收益形式取决于国家对国有资产的经营方式。目前，我国国有企业的经营方式，按照资产所有权和经营权分离的程度不同，可以分为国家直接经营、国有企业的承包经营、国有企业的租赁经营和国有企业的股份经营等。在企业的经营方式不同的情况下，其向国家上缴收益的形式和途径也不相同。在国有企业实行利改税以前，国有企业上缴利润是财政收入的一个主要形式，实行利改税以后，利润在财政收入中的比重已经变小，主要依赖于企业所得税这种形式。税收和国有企业上缴利润是两个不同的经济作用，税收体现的是国家凭借政治权力参与利润分配关系，这是一种刚性、统一、规范化的分配关系，体现社会利益。税收利润则是国家作为生产资料所有者参与国有企业的利润分配，取得国家产权收益，这一层的分配关系是由国家和企业的财产关系派生的，其分配依据是财产权，体现所有者利益。因此，国家和国有企业之间存在的是这样一种双重的分配关系。

3. 行政事业性收费收入

行政性收费收入是指国家机关、司法机关和法律、法规授权的机构，依据国家法律、法规和省级以上财政部门的规定行使其管理职能，向公民、法人和其他组织收取的费用。例如，工商执照费、商标注册费、户口证书费、结婚证书费、商品检验费以及护照费。

4. 其他收入

其他收入在财政收入中占的比重不大，但包括的项目多、政策性强。

（1）罚没收入。罚没收入指工商、税务、海关、公安、司法等国家机关和经济管理部门按规定依法处理的罚款和罚没品收入，以及各部门、各单位依法处理追回的赃款和赃物变价收入。

（2）国家资源管理收入。国家资源管理收入是指各单位经国家批准开采国家矿藏等资源，按规定向国家缴纳的管理费，如矿山管理费、沙石管理费等。

(3) 公产收入。公产收入是指国有山林、芦苇等公产的产品收入，政府部门主管的公房和其他公产的租赁收入，以及公产变价收入等。

(4) 专项收入。专项收入属于专款专用项目，同财政支出中的"专项支出"相对应。其目的是为了调动各级财政和有关部门组织专项收入的积极性，保证专项事业的发展。这项收入主要包括：征收排污费收入、征收城市水资源费收入、教育费附加收入等。

5. 转移性收入

转移性收入包括国际组织援助捐赠收入、对外贷款归还收入、收回国外资产收入、国有土地使用权有偿使用收入等。

(二) 按财政收入来源分类

无论国家以何种方式参与国民收入分配，财政收入过程总是和该国的经济制度和经济运行密切相关。如果把财政收入视为一定量的货币收入，它总是来自国民收入的分配和再分配。经济作为财政的基础和财政收入的最终来源，对财政分配过程和财政收入本身具有决定的作用。按财政收入来源的分类，有助于研究财政与经济之间的制衡关系，有利于选择财政收入的规模和结构，并建立经济决定财政、财政影响经济的和谐运行机谐运行机制。

按财政收入来源分类，包括两种不同的种类：一是以财政收入来源中的所有制结构为标准，将财政收入分为国有经济收入、集体经济收入、中外合营经济收入、私营经济或外商独资经济收入、个体经济收入等；二是以财政收入来源中的部门结构为标准，将财政收入分为工业部门和农业部门收入，轻工业部门和重工业部门收入，生产部门和流通部门收入，第一产业部门、第二产业部门和第三产业部门收入等。这种分类的目的主要是为了体现财政收入从何取得，反映各种收入来源的经济性质。

第二节　财政收入规模

一、财政收入规模的含义

财政收入规模是指一国政府在一个财政年度内所拥有的财政收入总水平。

财政收入规模是衡量一国政府财力的重要指标，很大程度上反映了政府为社会提供公共产品和服务的能力。财政收入的持续增长是任何一个政府追求的目标，也是现代社会不断发展、政府职能不断扩大、财政开支不断增加的需要。

对一个国家或者一个社会而言，财政收入的规模一定要适当，既不能过大，也不能过小。如果财政收入规模过大，政府集中的财力过多，就会压缩企业与个人的生产和消费，企业不能扩大再生产，个人不能按意愿消费，市场就会走向萧条，经济就会出现萎缩，全社会的经济效率就会受到影响；如果财政收入规模过小，政府的职能受到限制，不能满足公众对公共产品的需求，同样会降低社会的经济效率。财政收入的规模既要满足政府支持的需要，又要保证经济的持续发展。因此，财政收入规模是人们关注的热点问题。

二、财政收入规模的衡量指标

财政收入规模的大小可以从静态和动态两个角度来进行分析，并分别采用两个不同的指标来描述：一是可以从静态的角度来描述，这是绝对量指标；二是可以从动态的角度来描述，这是相对量指标。

（一）财政收入规模的绝对量及其衡量指标

财政收入规模的绝对量是指一定时期内财政收入的实际数量。该指标表现了一国政府在一定时期内的具体财力有多大，因而这一指标适用于财政收入计划指标的确定、完成情况的考核及财政收入觌模变化的纵向比较。衡量财政收入规模的绝对指标是财政总收入，而财政收入的绝对指标系列则具体反映了财政收入的来源、构成、形式和数量。2014 年全国一般公共预算收入 140 349. 74 亿元，比 2013 年增长 8. 6%。加上从中央预算稳定调节基金调入 1 000 亿元，使用的收入总量为 141 349. 74 亿元。全国一般公共预算支出 151661. 54 亿元，增长 8. 2%。加上补充中内和地方预算稳定调节基金及地方财政结转下年支出 2195. 2 亿元、地方政府债券还本支出 993 亿元，支出总量为 154849. 74 亿元。收支总量相抵，赤字 13500 亿元。

（二）财政收入规模的相对量及其量指标

财政收入觌模的相对量是在一定时期内财政收入与有关经济和社会指标的比率。该指标主要反映一国政府参与国民生产总值分配的程度（财政的集中程度）有多高，因而具有重要的分析意义，其分子根据反映对象和分析目的的不同可以运用不同口径的指标。衡量财政收入相对规模的指标通常有以下 3 个。

1. 财政收入占国民生产总值的比例

这一指标综合体现了政府与微观经济主体之间占有和支配社会资源的关系，进而影响经济运行和资源配置的力度、方式和地位等。

2. 税收收入占国民生产总值的比例

财政收入的相对规模在很大程度上可由税收收入占国民生产总值的比例体现出来。税收收入占国民生产总值的比例又称宏观税率，它是衡量一国（地区）宏观税负水平高低的基本指标。

3. 非税收入占国内生产总值的比例

非税收收入占国内生产总值的比例反映了一国（地区）的国内生产总值中由政府以各种非税收收入形式占有或支配的份额。

近年来我国财政收入规模情况如表1－8和图1－15所示。

表1－8 财政收入的绝对规模和相对规模

年份	财政收入（亿元）	财政收入占GDP的比重（%）
2000	13395.23	13.50
2001	16386.04	14.94
2002	18903.64	15.71
2003	21715.25	15.99
2004	26396.47	16.51
2005	31649.29	17.30
2006	39343.62	18.79
2007	51304.03	19.90
2008	6133040	19.50
2009	68518.30	20.09
2010	83101.51	20.70
2011	103874.43	21.97
2012	117253.52	22.57
2013	129209.64	22.71
2014	140349.74	22.05

（资料来源：根据《政府工作报告》和《预算报告》等经济数据整理而成，中华人民共和国国家统计局，http：//www.stats.gov.cn/tjsj/ndsj/2009/indexch.htm）

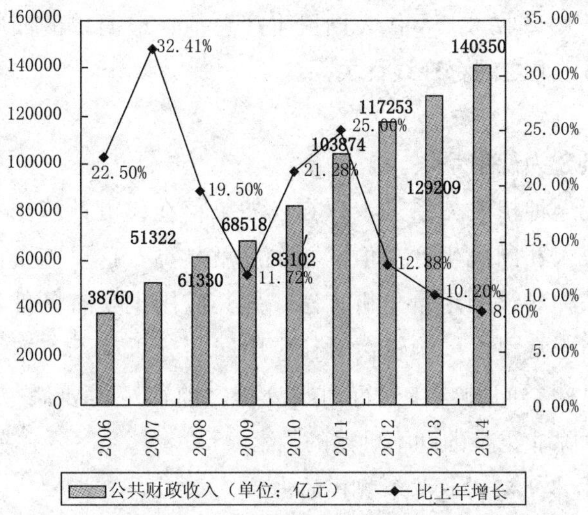

图 1－15　2006～2014 年公共财政收入及其增长速度

（资料来源：中国统计年鉴 2014，http：//www.stats.gov.cn/tjsj/ndsj/2009/indexch.htm）

三、影响财政收入规模的因素

从历史上看，保证财政收入持续稳定增长始终是世界各国的主要财政目标，而在财政赤字笼罩世界的现代社会，谋求财政收入增长更为各国政府所重视。但是，财政收入规模多大，财政收入增长速度多快，不是或不仅仅是以政府的意愿为转移的，它要受各种政治经济条件的制约和影响。这些条件包括经济发展水平、生产技术水平、价格及收入分配体制等，其中最主要的是经济发展水平和生产技术水平。

（一）经济发展水平和生产技术水平对财政收入规模的影响

1. 经济发展水平对财政收入规模的影响

从理论上看，经济发展水平反映一个国家的社会产品的丰富程度和经济效益的高低。经济发展水平高，社会产品丰富及其净值——国民生产总值就多，一般而言，则该国的财政收入总额较大，占国民生产总值的比重也较高。当然，一个国家的财政收入规模还受其他各种主客观因素的影响，但有一点是清楚的，就是经济发展水平对财政收入的影响表现为基础性的制约，两者之间存在源与流、根与叶的关系，源远则流长，根深则叶茂。

经济发展水平对财政收入规模的影响还可以从定量角度，运用回归分析方法进行分析，回归分析是考察经济活动中两组或多组经济数据之间存在的相关关系的数学方法，其核心是找出数据之间相关关系的具体形式，得出历史数据，借以总结经验，预测未来。

假设Y代表财政收入，X代表国民生产总值，最简单的回归关系是线性回归，即假定X、Y之间存在线性关系

$$Y = \alpha + \beta X$$

式中：α和β为待定系数。

由此可确定这种相关关系是否存在，如果存在，可计算出α和β值。β值越大，财政收入和国民生产总值的相关度就越高。这里需要说明一点：尽管回归分析是一种科学的定量分析方法，但其应用也是有条件的，当有关经济变量受各种非正常因素影响较大时，应用回归分析就不一定能得出正确的结论。为了解决此类问题，在进行回归分析之前往往需要做一些数据处理，通常在数据中剔除非正常的和不可比的因素。

2. 生产技术水平对财政收入规模的影响

生产技术水平也是影响财政收入规模的重要因素，但生产技术水平是内含于经济发展水平之中的，因为一定的经济发展水平总是与一定的生产技术水平相适应，较高的经济发展水平往往是以较高的生产技术水平为支柱的。所以，对生产技术水平制约财政收入规模的分析，事实上是对经济发展水平制约财政收入规模的研究的深化。

简单地说，生产技术水平是指生产中采用先进技术的程度，又可称之为技术进步。技术进步对财政收入规模的制约可从两个方面来分析：一是技术进步往往以生产速度加快、生产质量提高为结果。技术进步速度较陕，GDP的增长也较快，财政收入的增长就有了充分的财源。二是技术进步必然带来物耗比例降低。经济效益提高，产品附加值所占的比例上升。由于财政收入主要来自产品附加值，所以技术进步对财政收入的影响更为直接和明显。随着我国改革开放的不断深入，技术进步的速度正以前所未有的态势在加快，其对我国经济增长的贡献也日益突出，并且技术进步带来的经济效益的大幅度提高，直接对我国财政收入规模产生积极的影响。因此，促进技术进步、提高经济效益，是增加财政收入首要的有效途径，在我国更是如此。

（二）分配政策和分配制度对财政收入规模的制约

如果说经济增长决定了财政赖以存在的物质基础，并对财政收入规模形成了根本性约束，那么政府参与社会产品分配的政策倾向则确定了财政收入的水平。我国改革开放以来的财政收入变化趋势大体走出了一条马鞍形的轨迹，而同时期的GDP规模却是呈持续性增长态势。这说明，在一定时期内，在经济总量增长的前提下，财政收入规模（特别是相对规模）并非总是与其保持同样的变化格局。究其原因，主要是国家为适应经济改革深化的要求而

调整分配政策所引起的。

制约财政收入规模的另一个重要因素是政府的分配政策和分配体制。经济决定财政，财政收入规模的大小，归根结底受生产发展水平的制约，这是财政学的一个基本观点。经济发展水平是分配的客观条件，而在客观条件既定的条件下，还存在通过分配进行调节的可能性。所以，在不同的国家（即使经济发展水平是相同的）和一个国家的不同时期，财政收入规模也是不同的。一国政府在收入分配中越是追求公平，政府进行收入再分配的力度就会越大，政府要求掌握的财力就会越多。在国民收入或者社会产品水平同等的情况下，政府再分配的力度越大，财政收入规模就会越大。从收入分配的表现形式上看，其对财政收入规模的作用有两个：一是收入分配政策能够影响剩余产品在国民生产总值的比重会越大；二是收入分配政策直接决定财政收入占剩余产品的份额。一般来说，计划经济体制国家比市场经济体制国家更强调收入分配公平，因而在剔除其他因素影响下，前者的财政规模会相对大一些。

从以上分析可以看出。在经济体制改革中调整分配政策和分配体制提必要的，但必须有缜密的整体设计，并要考虑国家财政的承受能力。改革开始以至于以后多年来对分配政策和分配体制的调整缺乏有序性，存在过急过度的弊病，削弱了财政的宏观调控能力，造成资金分散与保证国家重点建设的严重矛盾。因此，在提高经济效益的基础上，整顿分配秩序，调整分配格局，适当提高财政收入占国民收入的比重，是深化改革中应有的课题。

（三）价格对财政收入规模的影响

财政收入是一定量的货币收入，它是在一定的价格体系下形成的，又是按一定时点的现价计算的，所以，由于价格变动引起的 GDP 分配的变化也是影响财政收入增减的一个不容忽视的因素。

价格变动对财政收入的影响，首先表现在价格总水平升降的影响。在市场经济条件下，价格总水平一般呈上升趋势，一定范围内的上涨是正常现象，持续地、大幅度地上涨就是通货膨胀；反之，则为通货紧缩。随着价格总水平的上升而财政收入同比例的增长，则表现为财政收入的“虚增”，即名义增长而实际并无增长。在现实经济生活中，价格分配对财政收入的影响可能出现各种不同的情况。（1）财政收入增长率高于物价上升率，其高出的部分为财政收入的实际增长；（2）物价上升率高于财政收入增长率，财政收入名义上正增长，而实际上负增长，财政收入实际上是下降的；（3）财政收入增长率与物价上升率大体一致，财政收入只有名义增长，而实际不增不减。

在现实经济生活中，价格分配对财政收入增减的影响，主要取决于两个因素：一是引发物价总水平上升的原因；二是现行的财政收入制度。

一般来说，连年的财政赤字通常是通货膨胀的重要原因。假如物价总水平的上升主要是由财政赤字引致的，即流通中过多的货币量是因弥补财政赤字造成的结果，国家财政就会通过财政赤字从GDP再分配中分得更大的份额；在GDP只有因物价上升形成名义增长而无实际增长的情况下，财政收入的增长就是通过价格再分配机制实现的。因此，财政收入的增量通常可分为两部分；一部分是GDP正常增量的分配所得；二是价格再分配所得。后者即为通常所说的“通货膨胀税”。

决定价格对财政收入影响的另一个因素是现行财政收入制度。如果是以累进所得税为主体的税制，纳税人适用的税率会随着名义收入增长而提高，即出现所谓“档次爬升”效应；当然也会随着名义收入下降而降低档次，从而财政在价格再分配中所得份额将有所增减。如果实行的是以比例税率的流转税为主体的税制，这就意味着税收收入的增长率等同于物价上涨率，财政收入只有名义增长，而不会有实际增长。如果实行的是定额税，在这种税制下，税收收入的增长总要低于物价上涨率，所以财政收入即使有名义增长，而实际必然是下降的。

另外，价格变动的情况不同，造成价格变动的原因不同，对财政收入规模的影响也不相同。在一定的财政收入制度下，当商品的比价关系向有利于高税商品（或行业）变动时，即高税商品价格涨幅大于低税商品价格涨幅时，财政收入会有更快的增长，即财政收入的规模将会变大；反之，当商品的比价关系向有利于低税商品（或行业）变动时，即低税商品价格涨幅大于高税商品价格涨幅时，财政收入的规模将会变小。

除了价格总水平外，价格结构性的变化也会引起则政收入的变化。因为不同商品的价格变化会引起不同部门或行业收入的变化，致使财政收入部门结构发生变化，会对财政收入规模产生影响。

四、我国财政收入规模分析

我国财政收入的增长过程大致可分为4个阶段：第一是水平徘徊阶段。财政收入由1978年的1132.26亿元上升至1982年的1212.33亿元，年平均增长率仅为1.72%。第二是缓慢增长阶段。财政收入由1982年的1212.33亿元增长到1992年的3483.37亿元，年平均增长率为11.13%。第三是大幅增长阶段。财政收入由1992年的3483.37亿元增长到了1997年的8651.14亿元，年平均增长率为19.95%。第四是高速增长阶段。财政收入由1997年的8651.14亿元猛增至2011年的103874.43亿元。

1979年以来，在我国财政收入绝对数上升的同时，其占GDP的相对比重也经历了一个先降后升的变化过程。下降的过程是1979年至1995年，财政收入的比重从28.4%下降至10.27%。期间有过两次跳跃式的下降，一次是1979年至1982年，财政收入比重从28.4%下降至22.9%，降幅达5.5个百分点。另一次是1985年至1988年，从22.34%跌至15.8%，降幅为6.6个百分点。上升的过程是从1995年开始，至今一直呈单边上升态势，比重从1995年的10.27%升至2011年的21.97%，整个过程显得比较平稳。我国财政收入规模自1978年至2014年的增长变化情况如表1-9所示。

表1-9　1978年至2014年我国财政收入增长变化情况

年份	财政收入（亿元）	比上年增长（%）	财政收入占GDP的比重（%）
1978	1132.26	29.50	31.06
1980	1159.93	1.18	25.52
1985	2004.82	22.03	22.24
1989	2664.90	13.05	15.80
1990	2937.10	10.21	15.73
1991	3149.48	7.23	14.46
1992	3483.37	10.60	12.94
1993	4348.95	24.85	12.31
1994	5218.10	19.99	10.83
1995	6242.20	19.63	10.27
1996	7407.99	18.68	10.41
1997	8651.14	16.78	10.95
1998	9875.95	14.16	11.70
1999	11444.08	15.88	12.76
2000	13395.23	17.05	13.50
2001	16386.04	22.33	14.94
2002	18903.64	15.36	15.71
2003	21715.25	14.87	15.99
2004	26396.47	21.60	16.51

年份	财政收入（亿元）	比上年增长（%）	财政收入占 GDP 的比重（%）
2005	3109.29	19.90	17.30
2006	39343.62	24.30	18.79
2007	51304.03	32.40	19.90
2008	61330.40	19.50	19.50
2009	68518.30	11.70	20.09
2010	83101.51	21.30	20.70
2011	103874.43	25.00	21.97
2012	117253.52	12.88	22.57
2013	129209.64	10.20	22.71
2014	140349.74	8.60	22.05

（数据来源：根据《政府工作报告》和《预算报告》等经济数据整理而成，中华人民共和国国家统计局，http：//www.stats.gov.cn/tjsj/2009/indexch.htm）

我国财政收入占 GDP 的比重经历一个先降后升的变化过程，应该说是我国社会改革和经济发展中不可避免和不可逾越的，其原因主要体现在以下几个方面。

（一）1995 年以前下降的原因

1. 财税改革的总体策略

我国 20 世纪 70 年代末开始的改革是一项史无前例的宏大工程，特别是财税体制改革，直接关系社会经济利益的分配，因此备受人们关注。政府既要推行财税体制的改革，又要保证社会的稳定，而且以尽可能不降低既得利益者的利益为前提，尽量在社会创造的增量中做文章。这种策略在改革的初期（1995 年以前）很大程度上保护了纳税主体或上缴主体的既得利益，而改革的成本只能由政府“买单”，这就造成了政府收入比重在 1978 年至 1995 年期间的逐年下降。

2. 两次重大改革

我国财政收入比重经历了两次跳跃式的下跌，这两次下跌正好对应我国历史上两次重大改革；1978 年的农村体制改革和 1984 年的城市体制改革。这两次重大改革是对我国生产力发展的“松绑”，因而在改革的次年 GDP 都得到大幅提升，而当时财税的体制改革还不能马上适应整个经济体制改革的需要，因此显得相对滞后，在 GDP 大幅增长而财政收入却维持原状的情况下，相对比重就大幅度下降了，两次降幅合计超过 12%。

3. 两次让利放权

1984 年至 1988 年，国家财政先后对国有企业实行了两次让利放权的改

革，这项改革使国有企业的留利水平提高了，但却使财政收入减少了。再者，享受了让利放权政策的国有企业，由于众多的原因，并没有如改革所期望的那样显示出应有的活力，效益仍在不断下滑，也不能为财政带来增量，所以也造成财政收入比重的下降。

4. 所有制结构的调整

改革开放以前，我国的所有制结构比较单一，基本上是国有和集团所有制结构，其中国有经济占90%％左右。改革开放以后，经过所有制结构的调整，国有经济由原来的90%下降至50%以下，其他经济成分大幅增加，全社会的所有制结构已发生了重大改变。这种调整在当时对财政收入的影响是很大的，因为退出的经济成分直接减少财政收入而新增的经济成分往往又有一个成长过程，不能马上增加（或者明显增加）财政收入，加之对新设立的企业，特另提外商投资企业，国家往往还有诸多税收优惠政策等，就更加重了财政收入比重的下降。

5. 管理方面的原因

改革转轨期间，我国财政体制包括税制和公共收费体制一直在变，这些改革出台以后，就要求社会管理方面尽快适应和相应改变。但由于种种原因，我国财政税务和相关部门管理相对滞后，包括税收征管水平较低，手段比较落后，全社会纳税意识薄弱，偷税逃税严重，税收制度滞后，优惠政策不规范，征管队伍素质偏低等。这些都会导致1978年至1995年期间财政收入比重的下降。

（二）1995年以后上升的原因

1. 经济结构调整的成效

经济结构的调整包括所有制结构和产业结构的调整。从时间上看，所有制结构调整和产业结构调整几乎是同步进行的，20多年来一直没有间断过，但其幅度、力度最大的阶段当数20世纪90年代中期。当时为了调整，关、停、并、转了一部分老企业，牺牲了一部分财政收入的“存量”；调整之后，这时新创立企业要经过2~3年的成长期才能明显贡献出财政收入的“增量”，这是新创立企业的一个成长过程，而且2~3年也是企业开创初期享受的税收优惠逐渐取消的时间。1997年是我国经济结构大力度调整的两年以后，财政收入比重开始回升，正好符合这个时间表。这个事实说明，我国经济结构调整已经初步取得成效，也说明了我国这项调整战略的正确性。

2. 经济快速发展的结果

改革30多年来，我国经济总量一直在快速增长，年平均增长率达到9%

以上。这是我国多年来财政收入绝对数保持上升的直接原因。即便是1995年以前在比重下降的情况下，财政收入绝对数仍在增长，只是增幅小于经济总量的增幅罢了。我们的企业已开始由粗放型向集约型、由规模型向效益型、由劳动密集型向科技密集型、由低附加值型向高附加值型全面转变。这种转变和经济发展的整体概念，在我国经济工作中已开始起主导作用，实际上已经对近几年财政收入比重的上升产生了作用。

3. 税制改革的作用

在改革期间，我国对税制也在不断调整，这些税制的调整在适应改革的需要和经济发展的需要以及在保证财政收入规模水平方面都起到了很好的作用。特别是2001年的改革，当年就使财政收入增长3000亿元，比重增加1.5个百分点，明显高于其他年份。至于1994年的改革，虽然数字上反映不是特别明显，但应该承认它的作用，因为当时正是经济结构大调整之时，"减量"比较大，财政收入效果被结构调整的代价所抵消，反过来说，若没有这一次改革，则当年或次年财政收入比重下降的幅度会更大。

4. 其他原因

除了上述3个主要原因以外，致使财政收入比重回升的原因还很多。比如，中央政府对走私的严厉打击，有些地区对偷逃税的治理，税务部门征管水平的不断提高，各级政府对预算的管理，全社会纳税意识的增强等。总体来说，我国财政收入回升是社会综合改革的成果，是各种因素组合的结果，也反映了我国经济体制正在逐步进入理顺的过程。

2014年，全国一般公共财政收入增长8.6%，比2012、2013年分别回落4.3个和1.6个百分点。主要影响因素：一是工业生产、消费、投资、进出口、企业利润等指标增幅均不同程度回落，增值税、营业税、进口环节税收、企业所得税等主体税种增幅相应放缓。二是工业生产者出厂价格（PPI）持续下降，影响以现价计算的财政收入增长。三是房地产市场调整影响扩大，商品房销售额明显下滑，与之相关的房地产营业税、房地产企业所得税、契税、土地增值税等回落较多。四是扩大营改增试点范围等政策，在减轻企业负担的同时，对财政形成减收。分中央和地方看，中央一般公共财政收入增长7.1%，其中前三季度增长6%，第四季度受部分金融机构上缴国有资本经营收入增加等影响，中央收入增幅回升到11.2%。地方一般公共财政收入增长9.9%，自2003年以来首次回落至个位数增长，其中一、二、三季度增幅逐季回落，分别为11.8%、10.5%、7.6%，第四季度受房地产相关税收有所回升等影响，地方收入增幅回升到9.5%。

我国财政收入占 GDP 比重的升高以及财政收入与 GDP 的相对增长速度加快说明财政集中程度和财政能力在提高，但同时也可能加重经济的超额负担，因此，财政收入持续快速增长对宏观经济和微观经济是否存在较大的负面影响成为社会关注的焦点。

第三节　财政收入结构

财政收入结构可以根据研究角度的不同和对实践分析不同进行分析。目前，各国学者主要从财政收入份项目构成、财政收入所有制构成、财政收入部门构成等方面对财政收入结构进行分析。

一、财政收入分项目构成

财政收入分项目构成，是指按财政收入形式分析财政收入的结构及其变化趋势。这种结构的发展变化，是我国财政收入制度变化的反映。

在过去的计划经济体制下，财政收入对国有企业主要采取上缴利润和税收两种形式。由于实行统收统支体制，区分上缴利润和税收并没有实质性的意义，而且长期存在简化税制、以利代税的倾向，所以直到改革前夕的 1978 年，以上缴利润为主的企业收入项目仍占财政收入的 50% 以上。改革开放后，随着经济体制改革的逐步深化，税收才逐步取代上缴利润，至今已占主导地位。1993 年的第一步“利改税”迈出了重要的一步，就是对国有企业开征企业所得税。1994 年的第二步“利改税”又将原先已经简并的工商税重新划分为产品税、增值税、营业税和盐税，同时开征或恢复了资源税等其他一些税种，这就大大增强了税收的财政收入作用和经济调节作用。为了适度集中财力，1983 年开始征集能源交通重点建设基金，1989 年开始征集预算调节基金，1991 年又开始征集教育费附加。但随后对国有企业又改制并在较长一段时间内实行企业包干制。企业包干实际上就是将已经开征的国有企业所得税包干上缴，而且不是按固定比例上缴，是按包干合同分别核定每个企业上缴的金额或比例，实际上已经失去了税收的性质。但为了维持“利改税”已经取得的成果，在财政核算上仍将包干收入计入税收项下，这样在形式上维持了税收在财政收入中的主导地位。1994 年，工商税实行全面改革，同时停止了能源交通重点建设基金和预算调节基金的征集，从此才最终奠定了税收在财政收入中的主导地位。1996 年，各项税收占财政收入的95.3%，各项税收中工商税收占76.3%，工商税收中增值税、消费税、营业税三税共占88%，企业收入从1994年开始从财政收入项目中消失。这些数字说明，目前我国财政收入的比重逐年上升，非税收收入的比重逐年下降，直到今天，财政收入结构已发生了根本性的转变。这个转变既显示了我国三十多年改革的成果，又坚定了我国财税进一步改革的决心和信心。我国财政收入分项目构成如表1－10和表1－11所示。

表1－10　我国财政收入分项收入　　单位：亿元

年份	收入合计	各项税收	企业收入	企业亏损补贴	能源交通重点建设基金收入	预算调节基金收入	教育费附加收入	其他
1978	1132.26	519.28	571.99	—	—	—	—	40.99
1980	1159.93	571.70	435.24	—	—	—	—	152.99
1985	2004.82	2040.79	43.75	－507.02	146.79	—	—	280.51
1989	2664.90	2727.40	63.60	－598.88	202.18	91.19	—	179.41
1990	2937.10	2821.86	78.30	－578.88	185.08	131.21	—	299.53
1991	3149.48	2990.17	74.69	－510.24	188.22	138.53	28.01	240.10
1992	3483.37	3296.91	59.97	－444.96	157.11	117.49	31.72	265.15
1993	4348.95	4255.30	49.49	－411.29	117.72	102.46	44.23	191.04
1994	5218.10	5126.88	—	－366.22	53.96	59.10	64.20	280.18
1995	6242.20	6038.04	—	－327.77	17.42	34.92	83.40	39619
1996	7407.99	6909.82	—	－337.40	3.78	11.09	96.04	724.66
1997	8651.14	8234.04	—	－368.49	—	—	103.29	682.30
1998	9875.95	9262.80	—	－333.49	—	—	113.34	833.30
1999	11444.08	10682.58	—	－290.03	—	—	126.10	925.43
2000	13395.23	12581.51	—	－278.78	—	—	147.52	944.98
2001	16386.04	15301.38	—	－300.04	—	—	166.60	1218.10
2002	18903.64	17636.45	—	－259.60	—	—	198.05	1328.74
2003	21715.25	20017.31	—	－226.38	—	—	232.39	1691.93
2004	26396.47	24165.68	—	－217.93	—	—	300.40	2148.32
2005	31649.29	28778.54	—	－193.26	—	—	356.18	2707.83

（数据来源：中国财政年鉴编纂委员会，中国财政年鉴2006，2006年11月出版）

表1－11　中央和地方公共财政主要收入项目（2013年）

项目	公共财政收入	中央	地方
合计	129209.64	60198.48	69011.16
税收收入	110530.70	56639.82	53890.88
国内增值税	28810.13	20533.81	8276.32
国内消费税	8231.32	8231.32	
进口货物增值税、消费税	14004.56	14004.56	
出口货物退增值税、消费税	-10518.85	-10518.85	17154.58
营业税	17233.02	78.44	7983.34
企业所得税	22427.20	14443.86	2612.54
个人所得税	6531.53	3918.99	960.31
资源税	1005.65	45.34	3243.60
城市维护建设税	3419.90	176.30	1581.50
房产税	1581.50		788.81
印花税	1244.36	455.55	14.10
其中：证券交易印花税	469.65	455.55	1718.77
城镇土地使用税	1718.77		3293.91
土地增值税	3293.91		473.96
车船税	473.96		
船舶吨税	9643.55	43.55	
车辆购置税	2596.34	2596.34	
关税	2630.61	2630.61	
耕地占用税	1808.23		1808.23
契税	3844.02		3844.02
烟叶税	150.26		150.26
其他税收收入	0.73		0.73
非税收入	18678.94	3558.66	15120.28
专项收入	3528.61	406.39	3122.22
行政事业陛收费	4775.83	278.48	4497.35
罚没收入	1658.77	45.43	1613.34
其他收入	8715.73	2828.36	5887.37

（资料来源：中华人民共和国国家统计局，http：//www.stats.gov.cn/tjsj/ndsj）

二、财政收入所有制构成

财政收入所有制构成是指来自不同经济成分的财政收入所占的比重。这种结构分析的意义，在于说明国民经济所有制构成对财政收入规模和结构的影响及其变化趋势，从而采取相应的增加财政收入的有效措施。

财政收入按经济成分分类，包括来自国有经济成分的收入和来自非国有经济成分的收入两个方面。对财政收入作进一步细分，则有来自全民所有制经济的收入、集体所有制经济的收入、私营经济的收入、个体经济的收入、外资企业的收入、中外合资企业的收入和股份制企业的收入。我国经济以公有制为主体，国有经济居支配地位，同时允许并鼓励发展城乡个体经济、私营经济、中外合资经营企业和外商独资企业。在过去传统经济体制下，国有经济居绝对主导地位，自然财政收入主要来自国有经济。

但是，自从改革开放以来，集体经济及其他非国有经济的发展速度远远超过国有经济，在 GDP 以及工业总产值中所占的比重迅速提高，而它们所提供的财政收入的增长速度却相对缓慢，同这些经济成分的增长速度不相称。出现这种情况的原因主要有以下几点：一是税率高的企业，如石化、烟酒等行业主要还是由国有企业经营，相应的国有经济上缴的比重较大。二是改革开放以来，长期未能实现税制的统一，特别是外商投资企业能够够享受到许多内资企业不能享受的税收优惠政策，目前虽有改善，但是效果并不明显。这种税收政策的倾斜，自然把重负压在国有经济身上。三是集体经济和个体经济以小型企业居多，征管难度较大，税收征管上存在抓大轻小的倾向，税收管理漏洞较大。

虽然，改革开放后，随着城乡集体经济、个体经济、私营经济的发展以及三资企业的增加和财税管理制度的进一步完善，来自这些经济成分的财政收入相应增加。国有经济上缴的收入占整个财政收入的比重也随之发生了一些变化，但国有经济作为财政收入支柱的地位基本不会改变。

三、财政收入的部门构成

财政收入部门结构分析在于说明，各生产流通部门在提供财政收入中的贡献及其贡献程度。这里的部门有双重含义：一是按传统意义上的部门分类，分为工业、农业、建筑业、交通运输业及服务业等；二是按现代意义上的产业分类，分为第一产业、第二产业和第三产业。这两种分类的依据虽然不一样，但对财政收入部分结构分析的意义却是一致的。

按照传统意义上的分类，工业和农业是国民经济中的两大部门。但是由农业部门直接提供的财政收入的比重是比较低的，一般为5%左右。然而，农业是国民经济的基础，是其他部门赖以发展的基本条件，没有农业的发展，其他部门的发展及其所能提供的财政收入都将受到制约，从这个意义上说，

农业也是财政收入的基础。农业部门提供的财政收入表现为两种形式：一种形式是直接上缴的农业（牧）税。由于我国农业的劳动生产率较低，农业部门的经济收益较低，通过税收上缴财政的只占全部财政收入中的很小一部分。2006年，我国为了减轻农民负担，原来征收的农业税已全面取消。另一种形式是间接提供财政收入。即农业创造的一部分价值是通过为工业提供原材料，而转到工业部门来实现的。农业的丰歉，对本年度特别是下年度财政收入有重大的影响。因为农业丰歉与工业特别是轻工业部门产值的增长有密切的联系。

工业是创造GDP的主要部门，当然也是财政收入的主要来源。过去我国工商税收是在生产环节征收，所以工业部门提供的财政收入在整个财政收入中所占的比重较高，1985年以前一直占到60%以上。随着税制的改革，主要是实行增值税以后，所占比重虽有所下降，但仍占40%左右，仍然是财政收入的主要来源。因此，加快企业改革，特别是国有大中型企业的改革，提高经济效益，减少亏损，仍然是财政收入增长的关键所在。

除工农业部门以外，其他部门对财政收入增长的贡献率在快速增长。从我国1994年实行税制改革以来，增值税和营业税的作用大大加强了，其中商业流通部门提供的财政收入增长迅速。另外，随着我国房地产业和各种服务业的快速发展，这些行业已经成长为我国财政收入的非常重要的来源。

现代产业结构的分类与传统的产业结构分类不同，但又是相互交叉的。现代产业结构分类可将产业结构分为第一产业、第二产业和第三产业。第一产业的生产物取之于自然，包括农业、畜牧业、林业等。第二产业的属性是取自于自然的加工生产物，包括采矿业、制造业、建筑业、煤气、电力等工业部门。以上两大产业部门都是有形物质财富的生产部门。第三产业部门则属于繁衍于有形物质财富之上的无形财富的生产部门，包括商业、金融业及保险业、运输业、服务业、公益事业等部门，简称为广义的服务业。应当说明的是，部门结构属于传统的核算方法，已经不能完全适应市场经济发展的要求，而按第一、第二、第三产业分类是我国改革后的现行核算方怯的分类，更具有实际意义。在发达国家，第三产业占GDP的比重已达60%以上，提供的财政收入占全部财政收入的50%以上。目前，我国的第三产业已呈现出快速增长的势头，随着改革开放的不断深化和经济的快速发展，第三产业将以更快的速度增长，成为财政收入的重要财源。为此，必须加强对第三产业部门的管理，建立科学化、系统化的管理制度，并加强税收的征收管理，通过大力发展第三产业来进一步推动财政收入的不断增长。1978年以来，我国财政收入的产业结构构成如表 1－12 所示。

表 1－12　我国财政收入的产业结构构成

指标	总量指标（亿元）					平均增长速度（%）		
	1978 年	1990 年	2000 年	2007 年	2008 年	1979－2008 年	1991－2008 年	2001－2008 年
国内生产总值	3645.2	18667.8	99214.6	257305.6	300670.0	9.8	10.3	10.2
第一产业	1027.5	5062.0	14944.7	28627.0	34000.0	4.6	4.0	4.2
第二产业	1745.2	7717.4	45555.9	124799.0	146183.4	11.4	12.5	11.3
第三产业	872.5	5888.4	38714.0	103879.6	120486.6	10.8	10.4	10.8

（数据来源：中华人民共和国国家统计局，http：//www.stats.gov.cn/tjsj/ndsj/2009/indexch.htm）

由于各个国家的产业结构总是处在不断调整和变化中，因此，在行业间存在平均利润率作用的情况下，财政收入的部门结构分析可以通过不同部门提供的收入在全部财政收入中的比重来反映不同产业部门在国民经济中的地位，提供财政收入比重较高的部门通常在国民经济中处于较重要的地位，反之则地位较弱。这种结构状态如果与各产业在国民经济结构中的实际地位相一致，又与政府产业政策的取向基本一致，则可以维持目前政府与各部门之间的分配关系；而如果这种结构与各产业在国民经济中的实际地位不一致，则反映了财政现行分配政策上的偏向性。如果追求收入分配的中性政策，则应对现行分配政策进行调整。

第四节　财政收入原则与政府收费

财政收入原则的核心是保证财政收入，所以可以将其划分为财政的足额稳定和适度合理两部分。足额稳定和适度合理是统一和协调的，只有政府能够根据国家经济运行情况，编制科学合理的预算收入目标，才能实现适度合理的目标，才能保证财政收入的足额稳定，否则会出现我国古代的“苛政猛于虎”的现象。

由于各国对财政收入的贡献主要是税收，所以财政收入原则主要是指税收财政原则。税收财政原则，就是指税收活动在保障组织财政收入过程中应当遵循的基本准则。它是制定税收政策、法律和措施，设计税制、规范税收活动的基本出发点，筹集财政收入要求根据国家财政的需要和实际提供的可能，立足于国家财政资金的积累和运用财政收入的变化，以平衡利益关系和宏观经济目标。

我国财政收入原则如下：

1. 发展经济，广开财源

贯彻发展经济的指导原则，有利于编制预算收入，能够考虑经济运行情况，确定财政收入的目标。经济发展了，才有利于广开财源，增加财政收入的途径。

生产决定分配，分配决定财政。通过深化改革，优化资源配置，加强企业经营管理，加强经济核算，提高经济效益，才能发展经济。经济决定财政，在组织财政收入过程中，必须先发展经济，才能广开财源，增加财政收入。

2. 确定财政收入数量的合理界限

确定合理的数量界限，既要做到“民不加赋，而国用足”，促进经济发展和人民生活水平的提高，又要做到“取之有度，而不伤民”。所以，确定财政收入数量的合理界限，一般情况下，财政收入增长的最高限不能超过国民收入的增长量，财政收入数量的最低限不能低于上一年份财政收入水平。

3. 兼顾国家、集体、个人的利益

保证社会主义公有制性质，建立社会主义市场经济，在社会主义公有制下构建我国公共财政。在组织财政收入过程中，如何兼顾国家、集体和个人的利益，对于保证财政收入，调动广大劳动者的社会主义积极性，促进社会主义经济持续稳定发展有重要意义。国家利益是社会产品或国民收入分配中劳动者为社会劳动部分的体现，用于国家政权和社会主义经济建设，代表广大劳动者利益，也是集体利益和个人利益的根本保证，所以，首先要保证国家利益。其次，兼顾集体利益。我国改革开放后，国民经济中集体经济和私有经济成分逐渐增加，集体利益是劳动者的局部利益，为了促进集体经济发展和社会各项事业的发展，在保证国家全局利益的前提下，尽可能兼顾集体利益。再次，兼顾个人利益。为了更好地调动广大劳动者的社会主义积极性，需要兼顾劳动者个人利益，不断地提高个人的物质文化生活水平。

另外，地区差别对待，合理负担。我国幅员辽阔，经济发展差距较大，人口众多，农村人口比重较大。因此，组织财政收入过程中要充分考虑到地区差别、贫富差距，对不同地区、不同产业和企业予以区别对待，通过合理负担，促进地区经济、产业和企业的发展。

一、政府收费

政府收费是指社会政治、经济组织执行国家或政府的行政权力或代行行政职能，向特定受益人提供一定劳务、资源和资金的使用权而向受益者收取一定数量的“费”的行为，反映收缴双方之间的收付关系。政府收费包含下列三层意思：一是提供的服务必须在政府收费职责之内，如营业登记所收取的证照费；二是只对一部分提供了特定服务的单位和公民收取，如调解费、环境治理费；三是收入的使用方向是专一的，即收得的款项一定要用来补偿服务费用或完善服务设施，如证照费用于证照制作成本，环境治理费用于环保设施。

1. 政府收费的分类

（1）按收费的来源可以把政府收费分为专项收费收入和其他收费收入。专项收费收入主要指排污费收入、城市水资源费收入、教育费附加收入、矿产资源补偿费收入、探矿权采矿权使用费及价款收入、国家留成油销售后收入、行政事业费收入、罚没收入、国有资本经营收入、国有资源（资产）有偿使用收入等。其他收费收入主要指基建贷款归还收入、基本建设收入、捐赠收入、国有企业亏损补贴（负收入，冲减财政收入）等。

（2）按收费性质可以将政府收费分为规费和使用费。规费是指政府在执行社会管理职能过程中，为国民提供某种特别行为或服务时所获得的报偿，包括行政规费和司法规费。使用费是指政府对特定服务或特许权收取的价格，它用于支付提供这些服务的全部或部分成本，包括公共服务或公共产品的使用费、特许权使用费和公用事业特种费。

（3）按收费单位的财务管理制度划分政府收费为行政性收费和事业性收费。

（4）按收费形式划分政府收费为国家机关收费（如证照类工本费、审批类收费、资源类收费补偿与治理类收费、鉴定类收费、管理类收费和涉外收费等）、公用事业收费（如水、气、电、邮政、电信费等）、中介机构收费、公益服务收费（如教育、医疗收费）和其他收费等五类。

2. 政府收费的性质

对于政府收费行为，从经济角度来讲，它是一种国民收入分配和再分配行为；从社会管理角度讲，它是一种管理社会的行政经济手段。

第一，收费是管理经济和管理社会的重要手段之一。它具有法律手段、

行政手段和经济手段的某些特征，但又不能代替其他法律手段、行政手段和经济手段的作用；第二，收费是以国家为主体的行使国民收入分配和再分配的手段之一，但是与税收手段相比，它应处于补充的地位，否则将削弱国家的宏观调控职能；第三，收费可以为社会公益事业提供资金，但保证社会公益事业发展是财政的职能，收费只应该起补充作用，否则将会出现本末倒置的混乱现象。因此，合理的政府收费应该是在消费上具有竞争性的公共服务。

2. 政府收费的范围

人类需要的物品和劳务是私人产品、纯公共产品和混合产品，对不同的物品和劳务，人们支付代价的途径和方式不同。

对于私人产品实行价格制度。由于产权可以明晰界定，供需双方通过合理的交易成本进行交换，可以依据市场机制实现供求平衡和资源优化。

对于纯公共产品实行税收制度。纯公共产品具有消费上的非竞争性和技术上的非排他性，不能应用市场机制提供，如通过收费来补偿公共产品的生产费用，也不能将不付费者排除消费之外。纯公共产品通过政府和公民的公共选择，由政府组织财政资金来解决生产什么、生产多少和怎样生产、为谁生产的问题，通过税收将纯公共产品的成本强制地分摊给社会成员。

对于混合产品实行收费制度，通过受益者的货币选择和税金共同解决混合产品的供给问题。其中，无排他性或弱排他性，但有竞争性的物品，如公共牧场、地下水，通过适当收取费用的方式，如“资源使用费”限制过度消费；有排他性，但非竞争性的产品，如城市公用设施，具有边际成本递减趋势，容易形成自然垄断，可以通过政府规制的公共事业部门提供，收取使用费补偿成本；有一些容易发生拥挤的混合产品，也称“俱乐部产品”，如公共图书馆、博物馆以及服务领域的教育等，选择福利机构或非营利性机构提供，由收费和税收补偿成本。

所以，政府对受益范围确定、受益差异明显的混合产品的生产费用，用收费补偿；对边际生产成本递减或递增的混合产品，可采取收费补偿成本；对收费成本小于税收成本的，也可以采用收费方式；对于特定项目或部门超支预算的，也可以通过收费筹措资金。

4. 政府收费的特点

政府收费是以经济交换为基础，以政治程序为方式，以提供服务为前提，以受益人为对象，以提高效率为目的而收取的费用。

政府收费的主体是公共部门，分为行政部门和事业部门。有时为了追求效率，有的纯公共产品、混合产品采取国有民营或私人企业来提供，他们也可以成为收费主体。

政府收费的客体是接受服务的特定的受益人，谁交费，谁受益。

政府收费的目的是补偿准公共产品所发生的费用。如高速路收费补偿一部分成本，另一部分由财政补偿。同时，收费的另一个目的是有效使用资源，过低的收费容易造成资源浪费。

政府收费具有一定的强制性。收费是通过行政程序或政治程序确定的一种规制价格。一个收费项目通常由收费项目名称、收费目的、收费范围、执行单位、收费期限、收费用途、收费资金的管理方式等7个要素构成，缺一项，就容易造成乱收费。

5. 政府收费的原则

根据政府收费范围的确定及收费性质，我们可以知道政府收费要贯彻效率、公平、透明和稳定的原则。同时，还须坚持受益与成本对称，以及收费的非重叠性等原则。

(1) 受益与成本必须对称原则。所谓“对称”的含义是：公共服务的成本应尽可能直接分摊到受益者身上，且每个受益者的付费要与其受益相匹配，即只为自己受到的那部分受益付费，而无须为他人的那部分受益付费，并且使受益和成本形成直接的对应关系。不难发现，市场付费是完全符合对称原则的，为之付费的商品或服务，其利益也完全归于付费者，没有他人能从中受益。偏离对称性原则的典型情况是：受益是一般化的，而付费是具体的，受益分散的公共服务最好是使用税收机制分摊成本，而不是收费机制；受益可以直接计量的，目受益者也易于辨别的公共服务（供电、供水），使用收费机制分摊成本则比较合适。

(2) 公共收费的非重叠性原则。“非重叠”的含义是：对于同一公共服务的同一个受益者，不应该同时并存两个或两个以上的收费项目（包括税收）。重叠（交叉）收费不仅容易扭曲资源配置，而且会增加付费者的负担并加大管理成本。

6. 最适使用费

当政府作为提供物品或服务的生产者，必须选择收取使用费——由使用政府提供的物品或服务的人支付的价格。若提供的物品或服务的生产出现平均成本持续递减，则政府就具有了生产的垄断性，比如公路、桥梁、电力和电视网等。这时有可能出现和私人产品垄断一样，由于生产者垄断所获得垄断利润而导致的效率缺失，但也可能出现政府按完全市场条件下定价所发生的生产者的损失。这里出现的两难，需要政府确定可能的“最优使用费”，即公共产品供给的定价方法的选择。

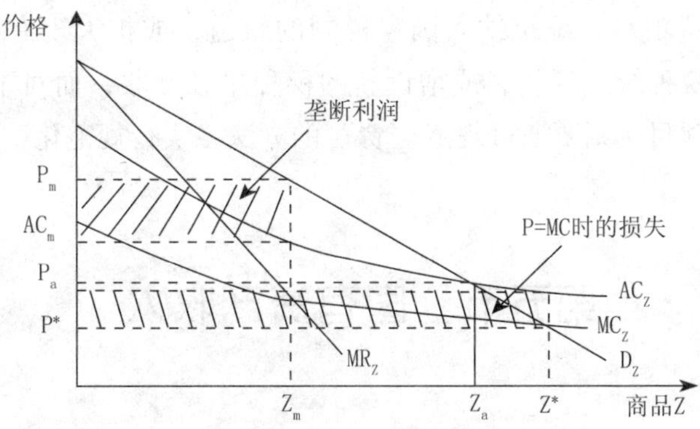

图 1-16　政府垄断提供公共产品的各种定价方法

图 1-14 中，横轴是政府垄断提供的公共产品 Z 的产量，纵轴是商品 Z 的价格，AC_z、MC_z、MR_z 和 D_z 分别是政府生产 Z 的平均成本、边际成本、边际收益和市场需求，P_m、Z_m 分别是政府向市场提供的商品价格和产量，P^*、Z^* 分别是完全竞争市场下商品价格 $P = MC_z$ 的市场价格和供给量，AC_m 是政府垄断供给量与平均成本相等时对应的价格。政府可以获得图中阴影部分的垄断利润，但供给量 Z_m 相比 Z^* 是无效率的产量。政府若进行管制，采取 P = MC 的价格，又会出现损失。

这两难境地政府怎么解决？方法很多，这里仅列出两种：①平均成本定价，即定义价格二平均成本，既没有利润，也没有亏损，此时产量和价格分别是 Z_a 和 P_a，但它仍然是低于效率产量；②边际成本定价加税收，即令 P = MC，然后通过对社会其他部门征收税收来筹措弥补亏损的资金，这样能保证弥补了亏损，也保证了市场效率，又不会产生新的无效率。

7. 我国费改税改革

我国积极推进费改税改革，但是否要全部取消收费？答案是否定的。税费并存，不能互相替代，原因有二：一是收取费用在弥补市场失灵，矫正消耗物品所带来的外部效应方面有特殊的作用，如治理污染；二是收费有利于提高公共物品的配置效率。

所谓税费改革，就是将可以改为税收形式的收费改为规范化的税收，对应当保留的收费加以规范并加强管理，坚决取缔乱收费、乱罚款、乱摊派，是治理整顿预算外资金、规范政府收入机制的一种有效措施，也是当前提高财政收入（指预算内）占 GDP 比重的重要途径。

税费改革必须与规范“费”同时并举，税收和收费是财政收入的两种形式，是不能相互替代的。税费改革是将现有收费中具有税收性质且宜于纳入税收征管的收费项目，统统纳入国家税制的轨道，或扩大现有税种的税基，并入现行有关税种统一征管，或增设新的税种单独征收；而对不宜于纳入税制轨道的收费项目，则要通过规范“费”的办法，实行规范化、法制化管理。

第五节　国有资产收入

1. 国有资产收入

国有资产收入是指国家凭借其所拥有的资产取得的财政收入，即经营和使用国有资产的企业、事业单位和个人把其收入的一部分交给资产所有者即国家。它既包括经营性国有资产收益（国有资产收益），也包括了非经营性国有资产的使用所带来的收入。国有资产收益是指国有资产管理部门以国有资产所有者代表的身份，上缴利润、租金、股息、红利等形式所取得的收益，是国有资产收入的主要组成部分。

国有资产收入的多少，一方面反映国有资产营运效益的好坏，反映国有资产保值和增值的情况，因为任何一项国有资产管理指标的好坏都会从收益上面得到体现。另一方面关系到为国有资产的恢复、改造、更新提供资金的多少，特别是国有资产收入的再投资多少，关系到国有资产扩大再生产提供资金和物质条件的多少的问题，同时也关系到当年财政收入的多少和今后年度财政收人能否稳定增长的问题。

2. 国有资产收入形式

国家凭借资产所有权取得的收入所采取的形式，主要取决于国有资产的经营方式。随着国有资产经营方式的多样化，国有资产收入的形式也相应多样化。表 1－13 反映了国有资产收入的形式与内容。

表 1－13 国有资产收入形式与内容

国有资产收入形式与分类	具体形式	具体适用	具体内容
属于经营性的收入	利润	主要适用于国家直接经营（包括中介经营）和实行承包经营的国有企业	上缴利润递增包干；上缴利润基数包干，超收分成；上缴利润定额包干
	租金	适用于实行租赁经营方式的国有企业	
	股利		股利分为股息和红利两部分；股息是股份资产的利息；红利是股票持有者参与股份公司管理而分得的利润
属于国有产权转让的收入	产权转让收入	适用于国有资产产权转让、出售、拍卖、兼并等方式	
	使用权转让收入		国有土地的使用权出让收益；矿藏资源开采权转让收益；山林、草地、河流开发权使用收益；森林采伐权收益

3. 国家参与国有企业税后利润分配形式

建立现代企业制度，推行国有企业的股份制改革，是规范国家与国有企业分配关系的主要途径。除了股份制，租赁、承包等形式也形成了现实的公有制实现形式。多样化的公有制实现形式，必然使国家参与国有企业的税后利润分配形式多样化。

（1）股份制与国有股分红。股份制是现代企业的一种资本组织形式。股份制企业的税后利润分配，必须依照公司法和公司章程的规定，遵循一定的程序进行。

①弥补被没收的财产损失，支付各项税收的滞纳金和罚款。

②弥补以前年度亏损。

③按照法律规定的条件和比例在分配股利前，提取法定盈余公积金。

④提取公益金。

在完成以上 4 个步骤的分配之后，股东可以根据剩余利润的数额，享有股利的分配。股利分配程序如下：支付优先股股利，提取任意盈余公积金，然后再支付普通股股利。

国家分取的股利由国家支配，可以用作国家股本增值，也可以上缴国库，作为国家建设性预算或国有资产预算收入。

（2）承包制与税后承包上缴利润。承包制作为一种过渡性的办法，从以下几方面进一步完善：合理确定税后承包指标，合理确定承包基数与分成比例，克服企业短期行为，防止包盈不包亏。

除了要解决以上问题外，还要通过合同明确发包人和承包人的责任和义务。在选择承包人时，应尽量引入投标招标竞争机制。

（3）租赁经营与租金。租赁经营这种分配形式，是对我国传统分配模式的重大改革，它具有明显的优越性。这是由于租赁企业上缴国家的税后利润，主要采取的是租金强制缴纳方式，强有力地保障了所有者的利益。租赁企业一旦不能如数交纳租金，承租人就必须将企业收入以外的个人抵押财产作为赔偿，以保证所有者的收益。

4. 国有资产管理

我国国有企业利润分配制度经历了统收统支制、企业奖励基金制、利润留成制、利改税、承包制、税利分流（即国有股分红、税后利润承包制、租赁制与租金）等制度变迁，即1949～1952年实行全额上缴制度（亦称统收统支制度）；1952～1957年实行企业奖励基金制度；1958～1961年实行利润留成制度（比例留成）；1962～1968年又基本恢复1958年以前的做法，实行企业奖励基金制度；1969～1977年实行全额上缴制度，但统一设立了“企业职工福利基金”；1978～1979年实行企业奖励基金制度；1979～1982年实行利润留成制度（全额留成、基数加增长留成）；1982～1983年实行利润（亏损）包干制度（亦称盈亏包干制）；1983～1986年实行利改税制度（1983年第一步，1984年第二步）；1987～1993年实行承包制、租赁制、股份制、基金付费制的改革（税后利润承包、租金、国有股分红、国有资产使用费）；1994年开始实行税利分流。

从改革的实践经验看，我国国有企业利润分配制度改革的出路就是要按照“税利分流”的方向，通过建立现代企业制度，确立规范的现代“按劳分配”制度（其典型的实现形式就是规范化的股份公司利润分配制度），正确处理国家、企业和个人之间的分配关系。

（1）国有资产管理的双重目标。我国国有资产管理具有双重目标。首先，要维护国家所有者的权益，保障国有资产的保值和增值，增加财政收入；其次，要提高国有经济的整体质量，充分发挥国有经济的主导作用，促进整个

国民经济健康发展。

（2）国有资产管理目标的实现。要实现国有资产管理的双重目标，就必须通过国有资产的资本化、市场化来实现。

国有资本运营是实现国有资产管理双重目标的要求。目前，积极推动国有资本运营，对于提高国有资产的整体质量，从而提高国有资产收益能力具有重要意义，有利于建立现代企业制度，改善国企内部治理结构；有利于调整国有资本的战略结构；有利于发挥国有资本对其他资本的引导作用。

（3）国有资本运营的操作模式

①整体出售变现。这种运作模式适合于经营不佳的国有中小企业，具体操作方法是通过资产评估确定国有资本的出售底价，然后在公平的条件下实行公开竞争招标的办法，较准确地找到国有资本出售价格，所得资金除用于职工养老、安置等问题外，全部投入地方公益性事业和基础设施方面的企业。预期结果则是出售后，企业的经营管理层被大幅度调整，引入新的经营管理方式，转换了企业机制，同时，国有资本的重新投入又加强了基础设施等部门的建设，优化了国民经济结构

②股份制改造。根据国有资本控股、参股的需要，由资本经营公司作为发起人对它进行股份制改造，通过发行股票，或者直接引入外资，使原先国有独资的产权结构改变为控股以至参股的产权结构，通过股份制改造，引入新的投资者，实现投资主体多元化，调整企业资本结构，同时引入新的经营机制和管理人才，改善了企业内部治理结构，优化了企业资产结构（包括企业人力资产与物质资产结构）。

③企业并购。兼并又可以分为横向兼并和纵向兼并以及扩大市场兼并。兼并的一般含义是指两个或两个以上的公司通过法定方式重组，重组后只有一个公司继续保留其合法地位，即 A + B = A。联合的一般含义是指两个或两个以上的公司通过法定方式重组，重组后原有的公司都不再继续保留其合法地位，而是组成一新公司，即 A + B = C。收购是指一家公司在证券市场上用现金、债券或股票购买另一家公司的股票或资产，以获得对该公司的控制权，该公司的法人地位并不消失。收购有资产收购和股权收购两种形式，股权收购又可分为参股收购、控股收购和全面收购三种情况。

企业并购的实质是一种产权转让或交易行为，也就是一种资本经营形式，其结果是企业所有权和由此引起的企业控制支配权的转移。

我国国有企业并购的主要适用形式有：ⅰ具有优势的上市公司并购非上市企业；ⅱ非上市的优势企业并购上市公司；ⅲ上市公司之间的并购；ⅳ将

中资企业到国外（境外）注册、上市，融资后再来并购国内企业；ⅴ外资并购国有企业；ⅵ国有企业进入国外资本市场，到国外收购和兼并企业。

④托管。优势企业对效益差的国企托管，在目标企业的产权不动的情况下，优势企业获得对目标企业资源的实际控制权，优势企业输出的主要是管理、技术、营销渠道、品牌等“软件”，降低了优势企业的扩展成本；对被托管方来说，可以减少抵触情绪和剧烈变动引起的摩擦。

⑤股权与债权互换。股权转让或增购既可以通过场外协议的形式进行，也可以通过股票交易市场进行。在对某些国有企业进行股份制改造的同时，还可考虑国有股权和债权互换，由非国有资本取代国有资本获得对企业的控制权，原先的国有股权转化为国有债权，由相应的国家政策性银行来负责这些国有资本的保值增值。

⑥国有股权转让或增购。国有股权转让是指国有股持股单位或股东为了降低或放弃对某一股份公司的国有股比例，将所持有的部分或全部国有股份按一定的价格出让给他人。国有股权的增购是指国有股持股单位或股东为了增加对某一股份公司的持股比例，收购该股份公司的股份，以实现国家对该股份公司具有绝对或相对的控制权。

完善国有资源（资产）有偿使用收入管理政策，防止国有资源（资产）收入流失。国有资源有偿使用收入，包括土地出让金收入，新增建设用地土地有偿使用费，海域使用金，探矿权和采矿权使用费及价款收入，场地和矿区使用费收入，出租汽车经营权、公共交通线路经营权、汽车号牌使用权等有偿出让取得的收入，政府举办的广播电视机构占用国家无线电频率资源取得的广告收入，以及利用其他国有资源取得的收入。要依法推行国有资源使用权招标、拍卖，进一步加强国有资源有偿使用收入征收管理，确保应收尽收，防止收入流失。国有资源有偿使用收入应严格按照财政部门规定缴入国库或财政专户。

国有资产有偿使用收入，包括国家机关、实行公务员管理的事业单位、代行政府职能的社会团体以及其他组织的固定资产和无形资产出租、出售、出让、转让等取得的收入，世界文化遗产保护范围内实行特许经营项目的有偿出让收入和世界文化遗产的门票收入，利用政府投资建设的城市道路和公共场地设置停车泊位取得的收入，以及利用其他国有资产取得的收入。要尽快建立健全国有资产有偿使用收入管理制度，督促有关机构将国有资产有偿使用收入及时足额上缴国库或财政专户，防止国有资产收入流失。积极探索城市基础设施开发权、使用权、冠名权、广告权、特许经营权等无形资产有

效管理方式，通过进行社会招标和公开拍卖，广泛吸收社会资金参与经营，盘活城市现有基础设施存量资产，有关招标、拍卖收入全额上缴同级国库，增加政府非税收入。

5. 国有资产管理体制

我国1988年设立国有资产管理局，1998年机构改革后被撤销，职能并入财政部，2000年6月财政部设立专门的企业司，2003年根据机构改革设立国有资产监督管理委员会。2002年11月，中共十六大提出了建立新型国有资产管理体制的基本构想，将“建立中央政府和地方政府分别代表国家履行出资人职责，享有所有者权益，权利、义务和责任相统一，管资产和管人、管事相结合的国有资产管理体制”。

目前，新型国有资产管理体制的构建主要从下面三个方面考虑：

（1）合理划分中央与地方的权责。将国有资产划分为中央国企（中央国有资产）和地方国企（地方国有资产）。

（2）国有资产管理组织机构的创新。中央设立了国有资产监督管理委员会，省、直辖市也设立国有资产管理委员会，在地市也分别设立国有资产管理局。

（3）国有资产管理模式的创新。在新型国有资产管理体制下，中国国有资产管理实行三级管理模式，即一级是政府专门管理机构（国有资产监督管理委员会），二级是资产经营管理的中间机构（企业集团、投资控股公司、资产经营公司），三级是国有资产经营使用单位（独立核算的国有企业、独立的行政事业单位）。

加强国有资本经营收益管理，维护国有资本权益。国有资本经营收益是政府非税收入的重要组成部分，包括国有资本分享的企业税后利润，国有股股利、红利、股息，企业国有产权（股权）出售、拍卖、转让收益和依法由国有资本享有的其他收益，应当严格按照同级财政部门规定执行，及时足额上缴同级国库。要进一步完善国有资本经营收益征收管理方式，防止国有资本经营收益流失。要逐步建立国有资本经营预算体系，将国有资本经营收益纳入国家预算管理，确保国有资本经营收益的安全和有效使用，促进国有经济结构调整和国企业健康发展。

第五章　财政平衡与财政政策

各国政府在经济发展的任何阶段都会面临财政收支总量关系的协调问题，判断一个国家或政府的财政是否平衡，从而合理调节以实现社会总供求平衡是财政上的重要问题。财政政策是一国政府为实现一定的宏观经济目标，调整财政收支规模和收支平衡的指导原则及其相应的措施。在政府部门管理调控经济时，往往需要将财政政策和货币政策配合使用来对经济进行调节。如何正确理解财政政策与货币政策配合使用的必要性以及配合方法并灵活地运用到实际经济生活。

第一节　财政平衡

一、财政平衡的概念

财政平衡是指财政收支在量上的对比关系，即在预算年度内政府预算收入与预算支出在总量上的对比关系。两者对比不外有 3 种结果：一是收大于支，表现为结余；二是支大于收，表现为赤字；三是收支相等，表现为平衡。

国家预算作为一种平衡表，收与支是恒等的。但就其经济内容分析，收支只能在理论上相等，在实际经济生活中财政收支相等时情况几乎是不存在的。现实中常见的是预算结余和预算赤字。而且当今世界有预算结余的国家也为期艮少，就现代市场经济国家而言，预算逆差表现为收支对比的常态，财政赤字已经成为世界性的经济现象。财政平衡只作为收支对比的一种理想状态为各国编制和执行预算提供追求和考核的目标。因此，在研究财政平衡

和财政赤字之前，应首先树立科学的财政平衡观，正确理解财政平衡。

（一）区分绝对平衡和相对平衡

我国一向强调“收支平衡、略有结余”的方针，但并不是要求年年有结余，否则每年结余的收入累积在一起会形成一笔很大的数字，这意味着财政资金未能做到有效的运用。赤字是和结余相对应的，当某一年度出现赤字时，动用以前年度的结余就可以弥补赤字。也就是说，结余与赤字同财政平衡并不是绝对排斥的。在实际生活中，略有结余和略有赤字都属于财政的基本平衡，都是财政平衡的表现形式。因此，财政平衡追求的是基本平衡或大体平衡，而不是绝对平衡。

（二）区分静态平衡和动态平衡

静态平衡不考虑时间因素，只考察一个财政年度内的收支对比状况。动态平衡要引入时间因素，考虑年度之间的联系和衔接，研究未来财政收支的发展趋势，研究经济周期对财政的影响以及财政对经济周期的调节作用，以求得一个时期的内在平衡。

（三）区分局部平衡与全局平衡

财政状况是国民经济运行的综合反映，财政收支是宏观经济的重要指标，财政政策是宏观调控体系的重要组成部分。如果把财政部门看成是国民经济的一个部门，财政收支是国民经济货币体系中一类货币收支，同其他货币收支，即同家庭部门、企业部门以及对外部门的货币收支有着密切的联系，是相互交织、相互转化的。因此，分析财政平衡应该从国民经济全局出发，运用财政政策有效地调节经济运行，达到优化资源配置、公平分配以及稳定和发展的目标。

（四）区分中央预算平衡和地方预算平衡

根据我国过去的财政体制，一般是把中央财政与地方财政合并到一起，从总体上进行考察。这种考察可以反映国家财政收支的全貌，但是却不能反映中央与地方政府各自收支的对比情况。我国实行分税制改革以后，地方财政已经成为一级相对独立的财政主体，在中央预算与地方预算分立的情况下，分别考察中央预算的平衡与地方预算的平衡就十分必要了。

（五）区分真实平衡与虚假平衡

我国实践表明，研究财政平衡还必须注意财政平衡的真实性。在我国当前财政体制下，虚假平衡主要表现为由隐性债务和或有债务形成的“财政性挂账”。比如，应补未补的企业亏损补贴、粮食亏损补贴、欠发公教人员工资、欠补社会保障缺口等，这些隐性债务和或有债务构成隐性财政赤字，抵减了当年现实的财政赤字。我国有些省级财政和县级财政，表面上是平衡的，但由于存在隐性债务和或有债务，实际上是赤字财政。财政虚假平衡有较大的隐蔽性，会使人们产生一种错觉，即在实际上已存在赤字的情况下，还可能误认为财政状况良好，从而导致决策上的失误。从这一点看，虚假平衡比公开的赤字有更大的危害性。

（六）区分预算赤字、决算赤字和赤字政策

预算赤字是指在编制预算时在收支安排上就有赤字。但预算列有赤字，并不意味着预算执行的结果也一定有赤字，因为在预算执行过程中可以通过采取增收节支的措施，实现收支的平衡。决算赤字是指预算执行结果支大于收，出现赤字。决算有赤字，可能是因为预算编制时就有赤字，也可能是预算执行过程中出现新的减收增支的因素而导致赤字。预算赤字或决算赤字并不一定是有意识地安排赤字，也并非在每一今财政年度都出现，只是由于经济生活中的一些矛盾一时难以解决而导致的个个别年度或少数年度的赤字。

而赤字政策是国家有意识地运用赤字来调节经济的一种政策，亦即通过财政赤字扩大政府支出，实行扩张性财政政策，刺激社会有效需求的增长。因而赤字政策不是个别年度或少数年度存在赤字，它的主要标志是连续多年安排预算赤字，甚至是巨额赤字。

二、财政收支不平衡的原因

造成财政收支不平衡的原因很多，归纳起来主要表现在以下几个方面。

（一）外部冲击

外部冲击是指对一国国民收入有很大影响，但本国不能左右的外部事件。它是来自国际的影响因素，是不可控的因素。从影响一国的财政收支来看，最主要的外部冲击因素表现为：进出口商品价格的变动；外债成本的变动和国外援助规模的变动。

（二）无弹性税制

税收收入弹性是指在现行的税率或税法情况下，税收收入变动的百分比与国民收入变动的百分比之间的比例关系，一般将税收收入弹性小于 1 的税制称为无弹性税制。在无弹性税制情况下，随着生产发展和国民收入增加，税收收入增加的比例小于国民收入或国内生产总值增加的比例。税收收入占 GDP 的比例无疑会下降，而财政支出一般不会减少反而还要增加。所以，相对减少的税收收入与绝对增加的财政支出不相匹配，最终导致财政不平衡，或继续增大财政赤字规模。

（三）国有企业的经营状况

我国国有企业的经营状况是影响财政平衡与否的重要因素。因为国有企业的生产经营活动在整个国民经济中占重要地位甚至是主导地位，而且来自国有企业的财政收入在我国财政收入总额中占有很大的比重。国有企业的生产经营状况的好坏，直接关系到国家财政的平衡状况。国有企业的经营状况，一方面影响其对财政收入的贡献率；另一方面，如果国有企业亏损了，政府需要增加企业亏损补贴。因此，国有企业的经营状况从财政收入和支出两方面增加了财政平衡的压力，无疑是我国赤字连年不断的一个重要原因。

（四）超支或短收

财政支出扩张是造成财政不平衡的经常性因素。就短期或年度支出超支而言，导致财政支出长期扩张的原因主要有：纯粹的政治原因；政府为了实现某些特殊目标临时增加公共支出；受国际示范效应的冲击，实施在目前经济发展水平还不能得到融资的福利计划或为加速国防现代化导致的军费支出与日俱增。

短收主要表现在税收上。税收是政府筹集财政收入的主要手段之一，税收收入的变化直接关系到财政平衡状况。在其他条件不变的情况下，如果在某一财政年度内，生产经营活动停滞不前，国民收入水平低于预期水平或者有所下降，在累进税制下，税收收入下降的幅度要高于生产下降的水平；税收结构不合理，税率偏高，也可能造成短收；税务管理软化，缺乏应有的法律威严，导致许多侵蚀国家利益的行为，使国家收入大量流失。

（五）意外事件

当遇到严重自然灾害时，增支减收成为必然，当年财政甚至以后年度的财政平衡与否就要受到影响。

三、财政赤字（或结余）的计算方法

（一）财政赤字及计算方法

财政赤字是指财政年度中财政支出大于财政收入导致的财政不平衡的一种财政现象，它反映了财政年度内国家财政收入入不敷出的基本状况。财政的结余或赤字的计算方法不同，得出的财政收支所处的状态可能会有差别，财政结余或赤字的计算方法问题主要涉及如何看待债务收入问题，即债务收入是否作为正常的财政收入来计算的问题，通常有两种不同的计算方法。

（1）赤字或结余 =（经常收入 + 债务收入）–（经常支出 + 债务支出）

（2）赤字或结余 = 经常收入 – 经常支出

两种口径的差别在于：债务收入是否计入经常收入，以及债务的清偿是否计入经常支出。按第一种口径，债务收入被视为经常财政收入，相应阶债务还本付息也计入经常支出，当今世界各国对债务收入的处理方法各不相同；按第二种口径，债务收入不列入经常收入，相应的债务的偿还也不列为经常支出，但利息的支付却列入经常支出。这种方法为世界上众多国家所采用，如美国等。国际货币基金组织编制的《政府财政统计年鉴》，也是按照这种方法来计算各国财政赤字或结余的。

（二）财政赤字的弥补及对经济的影响

财政发生赤字后，一般需要采用一定的方法予以弥补，不同的弥补方法对经济运行会产生不同的影响。

1. 增加税收

增加税收包括开征新税、扩大税基和提高税率。首先，由于税收的法律规定性，决定了不管采用哪一种方法增加税收，都必须经过一系列的法律程序，这使增加税收的时间成本增大，难解政府的燃眉之急。其次，由于增加税收必定加重负担，减少纳税人的经济利益，所以纳税人对税收的增减变化是极为敏感的，这就使得政府依靠增税来弥补财政赤字的目的难以实现，从而使增税议而不决。最后，拉弗曲线告诉我们，单纯地提高税率在临界点之后是会导致投资萎缩、经济滞后的。因此，增税不是弥补财政赤字的稳定可靠的方法。

2. 增发货币

一国的财政赤字可以通过向中央银行申请融资来解决。财政部可以直接向中央银行借款或透支，当中央银行货币的发行仅仅是为了弥补财政赤字，而无相应的产出与之对应，就会导致过多的货币追求过少的商品，出现通货膨胀。财政部也可以采取间接的方式，向公众出售国债，随后中央银行在公开市场上购入国债，即中央银行将债务货币化。这两种方式其实在本质上是一样的，都是政府通过增加基础货币为财政赤字融资，即赤字货币化，都会引起货币供应量的成倍增加，从而导致信用膨胀和通货膨胀。因此，用增发货币来弥补财政赤字是不可取的。

1995年以前，我国的一部分财政赤字是通过向中央银行直接借款或透支来弥补的。1995年通过的《人民银行法》规定，中央银行不得向财政提供借款和透支，亦不得直接购买政府债券。但是目前我国中央银行通过公开市场业务购买国债，间接地为财政赤字融资的现象依然存在。

3. 发行公债

发行国债为赤字融资的方法被称为债务融资或赤字债务化。发行公债是

世界各国弥补则政赤字的普遍做法，而且被认为是一种可靠的弥补途径。但是债务作为弥补财政赤字的来源，会随着财政赤字的增长而增长。另外一方面，就是债务是要还本付息的，债务的增加也会反过来加大财政赤字。当前许多国家，有发达国家也有发展中国家，都面临赤字与债务同时增长的局面。发达国家主要担心的是债务带来的排挤效应及巨额债务终将导致债务货币化的前景。发展中国家也担心会产生不良后果：公债信誉下降，债券不易发行，出现债务危机，被迫发行货币偿还本息等。

四、财政平衡与社会总供求平衡

财政平衡实质上是体现政府行为的财政收支活动所形成的商品物资的供给与货币购买力之间的平衡。在社会经济生活中，政府行为以及财政收支必然融入社会收支总量之中，成为社会总供求的一部分，在其他因素不变的条件下，财政平衡与否，直接影响社会总供求的平衡。因此，政府进行宏观调控的最终目标就是实现社会总供给与社会总需求的平衡。所谓社会总供给，是指一个国家或地区一定时间内由物质生产部门和非物质生产部门提供的商品总量和付费劳务总量；所谓社会总需求，是指一个国家或地区在一定时期内，在有支付能力的范围内使用和消费的商品总量和付费劳务总量。二者之间的恒等关系式为

$$C+S+T+M=C+I+G+X$$

恒等式的左边代表总供给的收入流量，由消费C、储蓄S、税收T和进口额M构成；右边代表总需求的支出流量，由消费C、投资I、政府支出G和出口额X构成。这个恒等式可以理解为：不论经济处于何种状态，在给定的时间内，作为总供给的收入流量恒等于作为总需求的支出流量，即

收入流量=支出流量

从恒等式可以看出，政府的所有支出，无论是赤字支出还是非赤字支出，都汇入支出流量而构成总需求。因此可以根据上述恒等式推导出描述财政赤字的预算亘等式，即

$$G-T=(S-I)+(M-X)$$

恒等式左边表示预算收支平衡状况。当 $G>T$ 时，政府预算出现赤字；当 $G<T$ 时，有财政结余。等式的右端由两个部分组成，它们实际上是两个不同的账户，S和I是储蓄、投资账户，M和X是对外贸易经常账户。当 $S>I$ 时，非政府部门的储蓄大于投资，有结余资金；反之，则非政府部门的储蓄、投资账户出现赤字。当 $M<X$ 时，贸易经常账户有盈余；反之，则贸易经常账

户出现赤字。这个预算恒等式可以理解为

财政赤字=储蓄、投资账户结余+贸易经常账户赤字

上述公式表明：当政府预算出现赤字，就可以由非政府部门的储蓄结余来抵补。反之，当社会总供给和总需求失调时，政府也可以通过财政收支对其起到调节作用。

因此，正确理解财政平衡和社会总供求的关系应包含以下几个方面。

（1）财政平衡是社会总供求平衡中的一个组成部分，必须从国民经济的整体平衡研究财政平衡，就财政本身研究财政平衡难以得出全面的正确的结论。

（2）财政平衡是实现社会总供求平衡的一种手段。国民经济整体平衡的目标是社会总供求的大体平衡，财政平衡不过是其中的一个局部平衡，因而对社会总供求平衡而言，财政平衡本身不是目的，而是一种手段。

（3）财政平衡可以直接调节社会总需求。国民收入决定因素中的消费、储蓄、投资及进出口属于个人和企业的经济行为，是通过市场实现的，而财政收支属于政府行为，因而财政收支平衡是掌握在政府手中进行宏观调控的手段。财政平衡可以直接调节社会总需求，间接调节社会总供给。

第二节　财政政策

财政政策是一国政府为实现一定的宏观经济目标，调整财政收支规模和收支平衡的指导原则及其相应的措施。

一、财政政策的目标

财政政策目标就是财政政策所要实现的期望值。从具体目标来说，不同国家不同时期，财政政策的目标是不同的。按照国际惯例，各国一般都把社会总供给与社会总需求的基本平衡、经济增长稳定、物价稳定、充分就业、收入的公平分配、国际收支平衡等作为财政政策宏观调控的目标。从我国目前状况看，财政政策的主要目标是充分就业、物价稳定、经济增长和国际收支平衡。

（一）充分就业

充分就业并不意味着没有失业现象，而是把失业率限定在一定范围内。

由于价值观念的不同，充分就业在具体的数量指标上各不相同。较为保守的一些经济学家认为失业率在2%～3%为充分就业；而有些经济学家认为只要失业串低于5%就可以算是充分就业。现在，大多数经济学家认为失业率不超过4%为充分就业。当实际失业率超出该标准时，就采取各种政策手段予以调节，增加就业机会，以确保社会经济的稳定。

理论上，一般把失业划分为4种类型。(1) 摩擦性失业。在短期内，由于信息的不透明或者获得信息花费的成本较高，社会中总有一部分人处于寻找工作的状态，这部分失业人口被称为摩擦性失业人口。(2) 结构性失业。指劳动力的供给与需求在职业、技能、地区分布等结构上的长期不协调所引起的失业。(3) 季节性失业。指某些行业的生产因季节性变化产生间歇性的需求不足所造成的失业。这种失业带有某种规律性，除非在淡季使工人及时转到另一行业，否则这种失业是不可避免的。(4) 周期性失业。这是指由于经济周期的存在，某些时期市场中对商品和劳务的总需求不足所导致的失业。

前3种失业的存在可能与劳动力市场和商品市场的实际结构性特征有关，也可能与市场信息的不完全性、寻找工作的成本和劳动力转移的成本有关。由这些因素引起的失业称为自然失业。自然失业与周期性失业相对应，后者是经济萧条时期出现的失业，经济复苏之后可以慢慢消失，但是自然失业是难以通过反周期的办法消除的。

(二) 物价稳定

物价稳定是经济稳定的重要标志，但物价稳定并不是冻结物价，而是把物价总水平的波动约束在经济稳定发展可容纳的区间，也就是避免过度的通货膨胀或通货紧缩。通货膨胀的非均衡性会给经济生活带来不良的影响，它既会导致社会资源的配置失当，也会引起收入和财富的再分配，损害某些集团的利益。因此，抑制通货膨胀、稳定物价水平成为财政政策的主要目标之一。当然，抑制通货膨胀并不等于将价格总水平的增长控制为零。一般认为，温和的通货膨胀能在一定程度上刺激投资，是加速经济增长的润滑剂。通货紧缩则会严重挫伤经营者的信心，抑制企业的投资积极性，降低经济效率。因此，客观上要求政府利用财政收支与总供求之间的内在联系，既抑制通货膨胀，又防止通货紧缩。从美国等发达国家的实践来看，当经济增长能够达到潜在的或合理的水平时，价格总水平上涨幅度保持在2%～3%是比较理想的。

(三) 经济增长

经济增长是指在一个特定时期内社会所生产的总产量和总收入或人均生

产量和人均收入的持续增长，一般用人均 GDP 的增长率来表示。经济增长关键是保持合理的增长速度。经济增长的实质就是关于社会的即期消费和未来消费之间的平衡问题。增加储蓄和投资，就是牺牲一部分即期消费，而把节约下来的资源用于发展生产，使未来的消费达到更高的水平。政府运用税收、公债等财政工具，能有效地调节消费和投资之间的关系。因此，财政政策在推进经济增长的过程中，要处理好储蓄和消费的关系，保持适度的社会储蓄率和经济增长速度，同时发挥财政在产业结构调整中的作用。

（四）国际收支平衡

国际收支是指在一定时期内，一国居民和外国居民经济往来的系统记录。这些经济往来按性质可分为两类：经常项目和资本项目。前者主要记录商品和劳务的进出口；后者主要记录资本的输出入。国际收支平衡要是指资本流出、流入的平衡和进出口的平衡。国际收支以平衡为最佳，略有顺差或略有逆差也都可以看作国际收支的平衡。在当今社会，国际收支是否平衡对于社会总供求的平衡、国内货币稳定、经济稳定、经济发展都有重要影响，随着我国改革开放的推进，这种影响将越来越大。从国际收支造成的经济影响看，各国政府更关心的是国际收支逆差。长期的国际收支逆差会导致国际储备不断减少，本币地位不断下降。同时，政府被迫大量举借外债，利息的偿付导致本国资源的大量流出，不仅进一步恶化国际收支，而且还会削弱国家在世界经济中的地位。因此，在国际收支平衡中，重要的是外汇收支差额和偿债率要适当。这就要求将外汇收支差额控制在合理的范围之内，既保持一定的外汇储备，又不要太多。同时，在利用外资、举借外债时必须保持适度规模。持续的国际收支顺差会导致外汇储备不断增加。过多的外汇储备意味着一国财力和物力的大量闲置和浪费。另外，外汇储备过多，容易导致一国货币汇率的升值，对商品的出口造成一定的压力。因此，各国政府也同样应该避免大量的持续的国际收支顺差。

二、财政政策的工具

财政政策目标的实现，依赖于相应的政策工具或手段。一般说来，可供选择的财政政策工具主要包括税收、购政支出、公债和财政预算等。

（一）税收

税收作为调节手段，一是调节社会总供给和总需求的关系，二是调节收入分配关系。这些调节作用主要通过税率的确定、税种的选择、税负的分配以及税收优惠和税收惩罚等规定体现出来。当社会总供求不平衡时，政府可

以通过调节税率进行宏观调控。政府提高税率，会对民间部门经济起收缩作用，相应的民间部门的需求将下降；反之，政府降低税率，会对民间部门经济起扩张作用，需求将相应的上升，产出也相应地减少。政府部门税种的选择，制定的差别税率以及税负转嫁都将影响个人与企业的生产经营活动以及各经济主体的行为，从而调节收入分配关系。另外，在各国税法中还不同程度地保留着某些税收优惠性和惩罚性的措施，这些措施在运用上具有较大的灵活性，并且影响着财政政策目标的实现。

（二）财政支出

（1）购买性支出。购买性支出可分为财政投资支出和财政消费支出。财政投资支出是中央政府和地方政府用于固定资产方面的支出，政府通过财政投资，可以扩大或缩小社会总需求，调整国民经济结构，改善社会投资环境，以刺激私人投资。财政消费支出是中央政府和地方政府用于产品和劳务的经常性支出，由国防、文教卫生及其他政府活动等支出内容构成。政府通过消费政策可以直接增加或减少社会总需求，引导私人生产发展方向，调节经济周期性波动。

购买性支出的增减，将直接影响个人收入的增减和社会总消费的增减，进而影响到国民收入的增减。其影响程度取决于政府购买乘数的大小。可见，购买性支出作为财政政策的工具，是实现反经济周期的手段之一。

（2）转移性支出。转移性支出是政府将财政资金用于社会救助、社会保险和财政补贴等费用的支付。按用途不同可分为社会救助与保险支出、财政补贴支出两类。前者占财政支出的比例远大于后者。社会救助支出是将一部分财政资金无偿转移到低收入阶层，以保障其最低生活需要；社会保险支出是国家通过立法形式，采取强制手段，通过国民收入的分配和再分配，保障法定受保人在未来遭受年老、疾病、工伤、残疾、失业、死亡等风险而丧失或减少收入来源时，给予其本人和家属一定物质帮助以满足其基本生活需要的行为。社会救助和社会保险政策，都是实现收入公平分配的主要工具。财政补贴可分为消费性补贴和生产性补贴，二者的调节效果有所区别。消费性补贴是对人们日常生活用品的价格补贴，其作用是直接增加消费者的可支配收入，鼓励消费者增加消费需求。生产性补贴主要是对生产者的特定生产投资活动的补贴，如生产资料价格补贴、利息补贴等，其作用等同于对生产者实施减税政策，可直接增加生产者的收入，从而提高生产者的投资和供给能力。因此，在有效需求不足时，主要增加消费性补贴；在总供给不足时，主要增加生产性补贴，可以在一定程度上缓和供求矛盾。

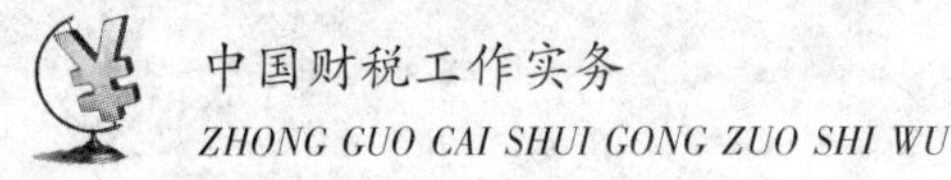

（三）公债

公债最初是政府组织收入、弥补财政赤字的重要手段。随着信用制度的发展，它已成为调节货币供求、协调财政与金融关系的重要政策工具。国债的作用主要通过国债规模、持有人结构、期限结构、国债利率等综合体现出来，政府可以通过调整国债规模，选择购买对象，区分国债偿还期限，韦啶不同国债利率等来实现财政的目标。在现代信用经济条件下，国债的市场操作是沟通财政政策与货币政策的主要载体，通过国债的市场操作，可以协调两大政策体系的不同功能。

（四）财政预算

预算调节经济的作用主要反映在财政收支的规模和收支差额上。赤字预算体现的是一种扩张性财政政策，在有效需求不足时，可以对总需求的增长起到刺激作用。盈余预算体现的是紧缩性财政政策，在总需求过旺时，可以对需求膨胀起到有效的抑抑制作用。平衡预算体现的是一种中性财政政策，在总需求和总供给相适应时，可以保持总需求的稳定增长。财政预算主要用于提高充分就业水平，稳定价格，促进经济增长及约束政府的不必要开支。

三、财政政策的类型

（一）根据财政政策在调节经济周期过程中发挥作用方式分类

1. 自动稳定的财政政策

自动稳定的财政政策指财政的某些制度性安排本身具有内在的调节功能，能够根据经济波动情况，无须借助外力而自动地发挥稳定作用，如累进个人所得税、失业救济金、福利计划和社会救助支出等。财政政策的自动稳定器功能主要表现在以下两个方面。

（1）税收的自动稳定功能。累进征收的个人所得税制，对经济活动水平的变化相当敏感。其调节机理是将纳税人的收入与适用的累进税率相挂钩，即纳税人收入越多，累进所得税的边际税率越高。这样，当经济处于繁荣时，税收自动增加，缩小社会总需求，抑制经济过热；当经济处于萧条时，税收自动减少，扩大总需求，从而刺激经济复苏。

（2）公共支出的自动稳定功能。政府的转移支付水平一般与社会成员的收入呈逆相关。经济增长速度越快，就业岗位越多，社会成员的收入水平越高，进入社会保障范围的人数越少，则社会保障支出的数额自动减少，以转移支付形式形成的总需求相应减少；反之则相应增加。这样，政府的转移支付机制随着经济发展的兴衰，自动增加或减少社会保障支出和财政补贴数额，

能够自动起到调节总需求、熨平经济波动的作用。

自动稳定器是保证宏观经济正常运行的第一道防线，能够在一定程度上熨平宏观经济的周期性波动，但是却无法完全消除宏观经济波动所产生的负面影响。

2. 相机抉择的财政政策

指政府根据总需求和总供给的现实隋况，灵括改变税收和财政支出，以达到实现总供求平衡、熨平经济波动的目标。按照早期的财政政策理论，相机抉择的财政政策包括汲水政策和补偿政策。

（1）汲水政策。所谓汲水政策，指的是在经济萧条时增加一定数额的公共投资，促使经济自动恢复活力。汲水政策有4个特点：①它是一种诱导景气复苏的政策，即以经济本身具有的自发恢复能力为前提的治理萧条的政策；②它的载体是公共投资，以扩大公共投资规模作为启动民间投资的手段；③财政支出规模是有限的，不进行超额的支出，只要能使民间投资恢复活力即可；④它是一种短期的财政政策，随着经济萧条的消失而不复存在。

（2）补偿政策。所谓补偿政策，指的是政府有意识地从当时经济状态的反方向出发，调节景气变动幅度的财政政策，以达到称定经济的目的。比如，在经济繁荣时期，为了减少通货膨胀因素，政府通过增收节支等政策，抑制和减少民间的过剩需求；而在经济衰退时期，为了减少通货紧缩，政府又必须通过增支减收的政策来增加消费和投资需求，谋求整个社会经济有效需求的增加。

（二）根据财政政策调节国民经济总量的不同功能分类

1. 扩张性财政政策

扩张性财政政策，又称为膨胀性财政政策或“松”的财政政策，是指通过财政收支规模的变动来增加和刺激社会的总需求，在社会总需求不足时，通过扩张性财政政策使总需求与总供给的差额缩小以至平衡。扩张性财政政策的主要内容是减少政府税收和增加财政支出。

减少政府税收包括降低税率、废除旧税以及实行免税和退税，一般来说，减税可以增加民间的可支配收入，是扩大民间社会需求的重要途径。增加财政支出包括增加公共工程的开支，增加政府对物品或劳务的购买，增加政府对个人的转移性支出。政府开支的增加一方面可以直接形成社会总需求，另一方面也可以刺激私人消费和投资，从而间接增加总需求，在政府支出乘数的作用下，还可以引起国民收入和就业量的成倍增长。

2. 紧缩性财政政策

紧缩性财政政策是指通过财政收支规模的变动来减少和抑制总需求，在国民经济已出现总需求过剩的情况下，通过紧缩性财政政策可以消除通货膨胀，达到供求平衡。紧缩性财政政策的主要内容是增加政府税收和减少财政支出。

增加政府税收包括提高税率和设置新税，两种措施都可以减少民间的可支配收入，降低他们的消费需求和投资能力。减少财政支出包括减少公共工程的开支，减少政府对物品和劳务的购买，减少政府对个人的转移性支出，这样可以降低政府的消费需求和投资需求。无论是增加税收还是减少政府开支，都是抑制消费膨胀和投资膨胀的有效措施。

3. 中性财政政策

中性财政政策是指财政收支活动对社会总需求的影响保持中性，既不产生扩张效应，也不产生紧缩效应。在一般情况下，中性财政政策要求财政收支保持平衡。但是，中性财政政策并不等于预算收支平衡，因为通过支出结构的调整和税收政策的调整，同样可以对经济发挥调节作用，并且平衡预算本身也具有乘数效应。

四、财政政策的传导机制和效应

(一) 财政政策的传导机制

财政政策传导机制，就是财政政策在发挥作用的边程中，各种政策工具通过某种媒介体的相互作用形成的一个有机联系的整体。财政政策发挥作用的过程，实际上就是财政政策工具变量经由某种媒介体的传导转变为政策目标变量的复杂过程。财政政策主要通过货币供应、收入分配和价格等媒介将财政政策工具的作用传导出去。

1. 财政政策工具与货币供给

财政政策最核心的传导媒介是社会的货币供应。因为所有财政收支的增减都需要通过货币供给量作为媒介作用于总需求，同时，财政政策的实施往往必须取得货币政策的配合。

2. 财政政策工具与收入分配

收入分配表现在各个方面，就财政政策传导分析而言，主要表现为对企业利润收入和个人收入分配的影响。政府支出政策特别是消耗性支出和公共工程支出，都会最终增加企业收入，税率的调整也会直接影响企业的税后利润水平。财政政策对个人收入分配的影响主要体现在会改变居民个人实际支配收入的变化上。调高或者调低税率最终会减少或者增加个人实际支配收入；增加或者减少补贴，则会增加或者减少居民可实际支配的收入。居民个人收

入的变化会影响其消费行为和储蓄行为，以及劳动的积极性，在一定程度上可能导致人们在工作和休闲之间的重新选择。

3. 财政政策工具与价格

价格是在市场经济条件下引导资源配置的最为灵活的杠杆，财政支出政策所引起的某些商品价格变动，甚或是扩张性财政政策所产生的货币扩张效应最终都会引起价格的变动，从而对经济产生影响，实现财政政策目的。

（二）财政政策的效应

财政政策效应即财政政策作用的结果，包含两方面的含义：一是财政政策对社会经济活动产生的有效作用；二是在财政政策的有效作用下社会经济做出的反应。财政政策在其作用过程中产生的效应主要表现在以下几个方面。

1. “内在稳定器”效应

财政政策的“内在稳定器”无须借助外力就可以直接产生调控效果，这种内在的、自动产生的稳定效果可以随着社会经济的发展，自行发挥调节作用而不需要政府专门采取干预行动。

2. 乘数效应

财政政策的乘数效应包括三方面的内容：第一，投资或公共支出乘数效应。它是指投资或政府公共支出变动引起的社会总需求变动对国民收入增加或减少的影响程度。一个部门或企业的投资会转化其他部门的收入，这个部门把得到的收入在扣除储蓄后用于消费或投资，又会转化为另一部门的收入。如此循环下去，就会导致国民收入以投资的倍数递增。以上道理同样适用于投资的减少。投资的减少将导致国民收入以投资的倍数递减。公共支出乘数的作用原理与投资乘数相同。第二，税收乘数效应。它是指税收的增加或减少引起国民收入倍增地减少或增加的程度。由于增加了税收，消费和投资需求就会下降，一个部门收入的下降又会引起另一个部门收入的下降，如此循环，国民收入就会以税收增加的倍数下降，这时税收乘数为负数。反之税收乘数为正值。一般来说，税收乘数小于投资乘数和政府公共支出乘数。第三，预算平衡乘数效应。它指的是当政府支出的扩大与税收的增加相等时，国民收入的扩大量正好等于政府支出的扩大量或税收的增加量；当政府支出的减少与税收的减少相等时，国民收入的缩小量正好等于政府支出的减少量或税收的减少量。

乘数效应包括正反两个方面；当政府投资或公共支出扩大、税收减少时，对国民投入有加倍扩大的作用，从而产生宏观经济的扩张效应；当政府投资或公共支出削减、税收增加时，对国民收入有加倍收缩的作用，从而产生宏观经济的紧缩效应。

3. 奖抑效应

奖抑效应主要是指政府通过财政补贴、各种奖惩措施、优惠政策对国民经济的某些地区、部门、行业、产品及某种经济行为予以鼓励、扶持或者限制、惩罚而产生的有效影响。

4. 货币效应

一方面，财政政策的货币效应表现为政府投资、公共支出、财政补贴等本身形成的一部分社会货币购买力，从而对货币流通形成直接影响，产生货币效应；另一方面，财政政策的货币效应主要体现在公债上，公债政策的货币效应又取决于公债认购的对象和资金来源。如果中央银行用纸币购买公债，这无异于增加纸币发行，从而产生通货膨胀效应；如果商业银行购买公债，且可以用公债作为准备金而增加贷款的话，那么，也会导致货币发行增加，从而使流通中的货币增加。

五、财政政策与货币政策的配合

（一）财政政策与货币政策相互配合的必要性

财政政策与货币政策相互配合的必要性是由财政政策与货币政策的不同特点决定的。

1. 财政政策和货币政策目标的侧重点不同

财政政策与货币政策都能对社会供求的总量和结构进行调节，但财政政策更多地偏重于公平。财政政策是影响和制约社会总产品和国民收入分配的重要环节，它的主要责任是直接参与国民收入的分配并对集中起来的国民收入在全社会范围内进行再分配，调节省经济主体间的利益差别，保持适当合理的分配差距，以防止过度的收入悬殊，并从收入和支出两部分影响社会总需求的形成。货币政策则更多地偏重于效率。货币政策的实施是国家再分配货币资金的主要渠道，是在国民收入分配和财政再分配基础上的一种再分配，主要是通过信贷规模的伸缩来影响消费需求和投资需求，进而引导资源流向效益好的领域。

2. 财政政策和货币政策的作用机制不同

财政政策直接作用于社会经济结构，间接作用于供需总量平衡；而货币政策则直接作用于经济总量，间接作用于经济结构。从财政政策看，它对总供给的调节，首先表现为对经济结构的调节，财政政策对总需求的调节主要通过扩大或缩小支出规模，达到增加或抑制社会总需求的目的，但这种调节

从根本上说也是以调节社会经济结构为前提的。货币政策则通过货币投放和再贷款等措施控制基础货币量，通过存款准备金率和再贴现率等手段控制货币乘数，实现对社会总需求的直接调节，达到稳定货币和稳定物价的目的。当然，货币政策也可以根据国家产业政策，通过选择贷款方向，间接对结构发生调节作用。

3. 财政政策和货币政策的传导机制不同

财政的分配活动直接和政府联系在一起，任何财政政策工具的运用和财政政策的实施，都是政府直接作用的结果，因此，财政政策更具有政府直接性、行政性和强制性传导机制的特点；而货币政策是一种间接的政策，无论是利率的升降还是贴现率的变化，都需要通过引导企业或居民改变自身的经济行为才能取得调节效果，对企业和居民来说并不具有直接的强制力，货币政策较多地表现了传导机制的间接性、主导性和灵活性。

4. 财政政策和货币政策的时滞性不同

时滞性是指在政策制定和执行过程中出现的时间滞后的现象，包括认识时滞、行政时滞、决策时滞、执行时滞和效果时滞。其中，认识时滞、行政时滞和决策时滞为内部时滞，执行时滞和效果时滞为外部时滞。财政政策需要改变现行的政策与制度，这种改变多数需要立法机构的审批，因而内部时滞较长；但由于财政政策直接影响消费总量和投资总量，从而直接影响社会的有效需求，因而外部时滞较短。而货币政策直接由中央银行决策，通过利率、存款准备金率等政策工具的运用引导经济活动的改变，对社会总需求的影响是间接的。因此，货币政策与财政政策相比，内部时滞较短而外部时滞较长。

（二）财政政策与货币政策的配合模式

由于财政政策与货币政策对总需求结构产生不同的影响，对产出和利率水平也会产生不同的影响，因此只有将两者有效地结合起来，以一方优势弥补另一方的不足，才能更好地发挥其对宏观经济的调控作用。在不同的经济状况下，财政政策和货币政策可以有多种不同的配合方式。

1. 扩张的财政政策与扩张性的货币政策搭配

这种搭配即“双松”政策。松的财政政策主要是通过减少税收和扩大财政支出规模来刺激社会总需求的增加。松的货币政策主要是通过降低法定准备金率、降低利息率而扩大信贷支出的规模，以抵消财政政策的“挤出效应”；增加货币的供给来影响和拉动社会总需求。这种“双松”政策配合的结果，能够比较迅速地激发社会总需求的增加，主要在社会需求严重不足，生产资源大量闲置，解决失业和刺激经济增长成为宏观调控首要目标时采用。

2. 紧缩性的财政政策与紧缩性的货币政策搭配

这种搭配即“双紧”政策。紧的财政政策主要通过增加税收、压缩财政支出来抑制社会总需求的增长。紧的货币政策是指通过提高法定准备金率、提高利息率、减少货币供应量来抑制投资和消费支出。这种政策的组合效应，会有效地制止需求增长过猛和通货膨胀，抑制经济增长过热势头，但可能带来经济的滑坡，增长缓慢，甚至陷于衰退的境地。这种政策主要在社会总需求极度膨胀，社会总供给严重不足，物价大幅攀升，抑制通胀成为首要的经济目标时采用。

3. 扩张性的财政政策与紧缩性的货币政策搭配

松的财政政策有助于克服需求不足和经济萧条，紧的货币政策，能缓和财政政策所造成的通货膨胀压力。这种政策的配合，可以在保持经济一定增长的同时，尽可能地避免通货膨胀。但这种政策组合的长期实行，会造成财政赤字居高不下，对汇率和国际收支产生不良影响。这种组合主要在通胀与经济停滞并存，产业结构和产品结构失衡，治理滞胀，刺激经济增长成为首要目标时采用。

4. 紧缩性的财政政策与扩张性的货币政策搭配

紧的财政政策可以抑制社会总需求，限制社会集团和个人消费，防止经济过热和通货膨胀；松的货币政策能鼓励投资，促进经济增长。这种政策的组合，能改善资源配置，并有助于资金积累，在控制通货膨胀的同时，保持适度的经济增长。但如果松紧度掌握不好，货币政策过松，难以抑制通货膨胀。这种组合适于财政赤字较大，物价基本稳定，经济结构合理，但企业投资不旺，经济处于轻度衰退时采用。

第三节　财政政策与货币政策的协调配合

一、货币政策概述

货币政策是指一国政府为实现特定的宏观经济目标而调节货币供应量，进而影响经济活动水平的指导原则以及所采取的相应措施。货币政策是通过运用自身的政策工具和一定的传导机制来实现其政策目标的。

（一）货币政策目标

货币政策的目标概括起来主要有三个，即本国货币稳定、经济增长和国际收支平衡。

1. 保持本国货币稳定

一国货币币值稳定，也就意味着物价水平能够维持在较小的浮动范围之内，从而构成经济增长的前提和基础，这是各国货币政策需要实现的首要目标。

2. 经济增长

同财政政策一样，货币政策自然也将经济的稳定增长作为自己的政策目标，这也是所有宏观经济政策的共同目标。

3. 国际收支平衡

国际收支平衡是各国货币政策追求的又一目标。简单地说，国际收支平衡就是指一个国家在一定时期内的对外经济交易和往来中，维持一种收支大体均衡的状态。国际收支状况可以影响一国的经济增长，也能影响其物价水平，还会间接地影响到就业水平，所以国际收支平衡具有非同寻常的意义，尤其是对那些开放型的国家更是如此。

（二）货币政策工具

货币政策工具，又称为货币政策手段，是指各国政府为实现货币政策目标所采取的政策措施。一般性的货币政策工具主要有三个，即法定存款准备率、再贴现率和公开市场业务。

1. 法定存款准备金率

商业银行在吸收到存款之后并不应该也不可能将所有资金全都放贷出去，而必须将一定比例的存款交存中央银行作为准备金，这里所说的“一定比例”实际上就是法定存款准备金率。

中央银行通过调整法定存款准备金率，可以控制流通中的货币供应量，从而实现对宏观经济的调节。具体说来，在经济过热的时候，中央银行调高法定存款准备金率，商业银行向中央银行交存的存款自然就会增加，而用于放贷的资金相应减少，实际上就减少了货币供应量，从而对经济产生收缩的作用；在经济萧条的时候，中央银行调低法定存款准备金率，根据上面所说的原理，实际上增加了货币供应量，从而对经济产生扩张的作用。

2. 再贴现率

当商业银行面临资金不足时，可以用手中的票据向中央银行进行再贴现，实际上就是向中央银行申请的一种再贷款。当然这种再贷款并不是无偿的，商业银行向中央银行所支付的利息比率就称为再贴现率。

中央银行通过调高或调低再贴现率，同样可以控制商业银行能够用于放贷的资金量，由此使流通中的货币供应量产生增减变化，最终实现对宏观经济的调节作用。

3. 公开市场业务

所谓公开市场业务，就是指中央银行在金融市场上公开买卖有价证券（特别是短期国库券），以此来调节货币供应量的一种政策性行为。

在经济过热的时候，中央银行通过金融市场卖出有价证券，回笼货币，从而减少货币供给量，对经济产生收缩的作用；在经济萧条的时候，中央银行则通过金融市场买进有价证券，把货币投入市场，从而增加货币量，对经济产生扩张的作用。

由于公开市场业务传导过程短，中央银行通过其可以直接控制货币供应量，所以成为世界各国经常使用的最重要的货币政策工具。

除了上述三种一般性货币政策工具外，中央银行还经常采用其他一些辅助性的政策手段，如道义劝告、行政干预和金融检查等。

二、财政政策与货币政策协调配合的必要性

财政政策与货币政策是政府宏观调控的两个重要手段，但两者在调控机制和侧重点等方面都有所不同。因此，在具体调控中，政府有必要加强这两大政策之间的相互协调和密切配合，实现经济持续稳定增长的目标。

1. 财政政策侧重于结构调节，货币政策侧重于总量调节

财政政策与货币政策都有调节经济总量和结构的功能，但两者的作用范围和重点却有所不同。财政政策能够更直接地通过政府调整财政收支规模和结构来改变资金分配格局，起到调节经济结构的作用。货币政策对经济结构的调控效果相对弱些，但它能够直接通过调节货币供应量或利率来影响社会总供求，起到调节经济总量的作用。

2. 财政政策侧重于调节收入分配，货币政策侧重于保持币值稳定

财政政策与货币政策都是以调节社会总需求为基点，实现社会总供求平衡，但两者的调节侧重点不尽相同。财政政策主要通过调节分配领域，来影响社会总需求；货币政策的调节行为则主要体现在对流动性的调节，通过影响利率水平或货币供应量来实现币值稳定，从而对社会总需求产生影响。货币政策对收入分配的调节力度相对较弱。

3. 财政政策对治理通货紧缩作用明显，货币政策对治理通货膨胀作用明显

一般来说，财政政策对于刺激经济增长，推动经济摆脱衰退走向繁荣作用更为明显；而货币政策对于消除通货膨胀，抑制经济过热效果更显著一些。因为在通货紧缩时期，经济主体对经济前景预期不乐观，投资消费信心不足，这时财政政策可以通过增加支出和减少税收等措施迅速而直接地扩大投资与消费，改善市场预期，从而推动经济增长，而此时货币政策的扩张效果要相对弱些。在通货膨胀时期，货币政策通过控制货币供应量，可以迅速收缩流动性，紧缩效果比较明显，而此时财政政策的效果相对要弱些。

由此看来，无论是财政政策，还是货币政策，都有一定的作用范围和各自的比较优势，单纯运用某个政策，很难完全实现宏观调控目标。这就要求财政政策与货币政策注重协调、密切配合，充分发挥两大政策的综合调控能力，促进经济稳定发展。

三、财政政策与货币政策的协调配合模式

无论是财政政策还是货币政策，按其政策效应的松、紧程度来划分，无外乎扩张性、紧缩性和中性的三种。就其针对不同的宏观经济状况搭配使用而言，在一般情况下，人们关注的主要是扩张性财政政策、紧缩性财政政策与扩张性货币政策、紧缩性货币政策之间的不同组合模式。很显然，所有的组合模式共有五种，即扩张性财政政策与扩张性货币政策的配合使用、紧缩性财政政策与紧缩性货币政策的配合使用、扩张性财政政策与紧缩性货币政策的配合使用、紧缩性财政政策与扩张性货币政策的配合使用以及中性财政政策与中性货币政策的配合使用。

（一）扩张性财政政策与扩张性货币政策的配合使用

扩张性财政政策与扩张性货币政策配合使用，在财政政策方面要运用增支减税的政策措施，而在货币政策方面则是采用增加货币供应量的政策措施，或降低法定存款准备金率，或调低再贴现率，或在金融市场上买人有价证券、投放货币。这种“双扩张”政策搭配模式主要适用于经济严重萧条的情况，可以强有力地作用于社会总需求的扩大，从而促使经济复苏。但是，正是由于这种模式政策效应猛烈，所以不宜长期使用，否则物极必反，会引发高通货膨胀，造成经济过热局面的出现。

（二）紧缩性财政政策与紧缩性货币政策的配合使用

紧缩性财政政策与紧缩性货币政策的配合使用与上述“双扩张”政策搭配模式在政策手段和政策效应方面正好相反，即在财政政策方面要运用减支

增税的政策措施，而在货币政策措施方面则是着力于减少货币供应量，其政策效应是严格抑制社会总需求，促使经济回落，主要适用于通货膨胀严重的情况。同“双扩张”政策搭配模式一样，这种“双紧缩”政策搭配模式也是由于效应非常明显而不宜长期使用，否则会产生社会总需求不足，经济增长减缓以至停滞的问题。

（三）扩张性财政政策与紧缩性货币政策的配合使用

扩张性财政政策与紧缩性货币政策的配合使用，则是要求在财政政策措施方面增支减税，而在货币政策措施方面减少货币供应量。一般而言，在经济增长减缓以至于停滞而通货膨胀压力又很大的情况下，或者经济结构失调与严重通货膨胀并存的情况下，这种政策搭配模式能够更好地发挥财政政策和货币政策各自的特点，作用互补，更好地实现宏观经济调节的政策目标。

（四）紧缩性财政政策与扩张性货币政策的配合使用

紧缩性财政政策与扩张性货币政策配合使用的：突出特点是，在采取减支增税的财政政策措施的同时，采用旨在扩大货币供应量的货币政策措施。这种政策搭配模式比较适用于财政赤字较大与总需求不足并存的情况，同样可以产生财政政策与货币政策优势互补的效果。

前面已经提到，在使用“双扩张”政策搭配模式和“双紧缩”政策搭配模式时，要注意政策措施的适度性，不可用之无度，否则会从一个极端走向另一个极端；而对于扩张性财政政策与紧缩性货币政策的配合使用、紧缩性财政政策与扩张性货币政策配合使用，则更应该关注财政政策与货币政策不同的作用空间，使其能够产生调控合力。

（五）中性财政政策与中性货币政策的配合使用

在这一搭配模式中，强调两大政策工具的“稳健”取向，通常也被经济学家形象地概括为“双稳健”模式。在财政政策措施方面，主要致力于保持财政收支的基本平衡或增量平衡；在货币政策措施方面，则力图保证货币供应量或利率的稳定。这种“双稳健”的政策搭配模式主要适用于社会总供求基本均衡、经济运行比较平稳而经济结构调整成为主要任务的情况。但是，由于经济波动是市场经济发展的客观规律，所以一旦经济运行发生变化，就应对“双稳健”的政策搭配模式及时做出调整。

第六章　推进财政管理科学化精细化大力提升财政管理水平

坚持依法理财　加强财政监管

山西省陵川县财政局　任素亮　王志栋　张存贵

依法理财是作为国家财政机关的工作要求和基本要义，就是要依照法律和行政法规等规定，综合运用各种法律手段、经济手段和行政手段来管理国家财政，将一切财政收支活动都纳入法制规范的范围，实现财政工作的法治化、制度化和规范化。依法理财，是依法治国方略在财政管理中的具体体现，是管好用好纳税人的每一分钱，为实现中华民族伟大复兴的中国梦奠定坚实的财政基础的必然要求。

一、依法理财必须做到程序严密机制完善

怎样才能做到依法理财，加强财政监管，确保财政资金使用安全高效，体现人民的意愿呢？要使依法理财落到实处，首先按照财法［2005］5号《财政部门全面推进依法行政依法理财的实施意见》，要依法建立健全相关的办法、制度、规章、细则等，使依法理财达到程序的严密和机制的完善。

本文所说的程序是指财政依法监管的程序。程序是按时间先后或依法安排的工作步骤。如：法律程序、工作程序、医疗程序等。用电子计算机自动解题，需要事先确定解题过程，并用机器指令或机器能接受的语言描绘出来，描述的结果称为程序，编制的过程称为程序设计。依法理财的程序是什么？它就是财政工作者在实施财政监管的活动中，办理财政事项必须遵循的工作

顺序和操作规程。它具有广义和狭义的两种涵义：广义的财政监管程序是指财政监管工作从开始到结束的整个过程，狭义的财政监管程序是指实施财政具体某项工作所采用的步骤、规程和方法。

财政监管程序是影响财政资金使用效果的重要因素。恰当、严密、有效的监管程序，可以使财政工作人员有条不紊地进行监管，从而使财政资金的运行依法取得预期的效果。国家机关工作人员在实施财政监管时，必须正确执行国家有关的财政经济法律法规，不折不扣地遵循法定程序。这样，财政运作才能顺利进行。具体说到财政部门，只有遵循了符合法律的监管程序，明确了为实现财政监管目标而必须实施的各项具体步骤和工作内容，财政机关和财政监管的工作人员才可以按照财政监管程序实施财政管理，有秩序地开展工作，保质保量地完成财政工作任务。

再说财政工作机制。机制原指机器的构造和动作原理，生物学和医学通过类比借用此词。生物学和医学在研究一种生物的功能（例如光合作用和肌肉收缩）时，常说分析它的机制，这就是说要了解它内在的工作方式，包括有关生物结构组成部分和相互关系。阐明一种生物功能的机制意味着对它的认识从现象的描述进入到本质的说明。我们借用这个词来说明依法理财的机制，就是构成财政监管工作各种组合要素和内部结构之间本质的相互联系，相互作用和相互关系，只有这种机制的完善才能推动和支配财政工作正常运作。

依法理财程序解决的是运作程序规范问题，而机制解决的是链条运作问题，只有在每一个层次每一个环节上运作都有主动性，依法理财工作才能形成连锁反应，像相互咬合的齿轮，一环紧扣一环，规范运作，沿着一定的程序轨道运行，而产生预先设计的结果。

二、依法理财和违法操作其结果大相径庭

依法理财，建设法制财政，真正使财政工作做到“有法可依、有法必依、执法必严、违法必究”，依法管理国家的财政资金，才能从源头和机制方面消除或遏制财政部门滋生腐败现象，为构建和谐社会作出贡献。否则则是财政混乱、任意作为，破坏了稳定和谐的局面。

据报载从政府投资建设项目的初设概算到竣工决算，某市政府通过各个环节的依法层层把关，确保用好财政的每一分钱，在 2005 年预算将近 3 亿元的政府投资中，节约财政资金 8209 万元，该项资金管理的依法创新受到当地人大、政协以及老百姓的高度评价，他们的做法关键就是有严密的合法程序

和完善的机制。2015 年，针对陵川县依法理财，加强财政监管相关问题进行了专题调研，该县为了进一步加强财政资金投资管理，规范投资行为，提高财政资金的使用效益，根据国家、省有关法律法规和市有关的规范性文件规定，结合本县的实际情况，及时成立了陵川县财政投资评审中心，充实了人员，增添了设备，规定限额以上的财政资金投资项目，财政投资评审中心实施全程监督，跟踪问效，确保财政资金运行规范，取得如期的绩效。2014 年认真履行投资评审职能，对设计变更、隐藏工程等及时核实，先后对附城镇中宿舍楼工程、夺火小学周转房工程、中医院住院楼工程等 50 个项目进行了评审，送审总额 39310.28 万元，审定总额 36568.16 万元，审减总额 2865.28 万元，审减率 7.29%。在政府采购方面，及时公布了《陵川县 2014～2015 年度政府集中采购目录及采购限额标准》和《2014 年陵川县政府购买服务指导目录》，进一步强化了政府采购预算约束，共采购 185 次，采购预算金额 7113.46 万元，合同金额 6499.5 万元，节约资金 613.96 万元，节约率为 8.6%。2014 年以来，陵川县认真开展学习讨论落实活动，切实贯彻实施“六权治本”要求，狠抓执行“八项规定”的自查整改，领导干部严于律己，率先垂范，坚持廉政勤政，树立良好形象、按规定依程序搞好资金拨付，全程监督注重绩效评审，切实改进工作作风，努力做到卓越服务。2014 年，该县“三公经费”共发生 1351.9 万元，同比下降 42.78%。其中公务接待费 115.3 万元，同比下降 79.23%；公用用车费 1236.6 万元，同比下降 31.37%；没有公款出国（境）情况，无出国费，同比下降 100%。在全国 2013 年县级财政管理绩效考评中，该县再次进入全国前 200 名，名列第 61，连续两年名列全省第一。2014 年获得中央奖励资金 1000 万元，省级奖励资金 720 万元，市级奖励资金 300 万元。

局领导曾到某地区调研，了解到 32 个城建项目国资管理中存在的问题，足以说明没有合法的程序和完善的机制，必然造成国有资产管理上的混乱，造成腐败漏洞，造成国资流失，造成民怨鼎沸。

上述所说的城建项目中，有 19 个进行了预算，13 项在建，未经计划部门批准建设的 13 个占 40%；不到位资金 13218 万元，占概算投资的 32%。一号工程概算批复 1614 万元，实际完成 3171 万元，超概算 93%；二号工程概算批复投资 1500 万元，实际完成 2342 万元，超概算 56%；三号工程项日概算 10802 万元，概算批复 5982.2 万元，但该项目工程建设已签订合同 8186 万元，合同若实施，超概算 37%。

调查还得知，某地一个技改生产项目计划投资 5104 万元，除政府投资

100 万元处，自筹资金分文没有，但该项目单位却挪用资金 20 多万元。另一个项目计划投资补助 30 万元，项目未上马，财政投入的补助资金全部挪作他用。调研时，路经一个贫困乡，该乡政府违反专项资金专款专用规定，截留挪用下拨移民资金 10 多万元………

用不着过多举例，仅看上述“数字”。尽管是冰山一角，已使人不起波澜也惊心了，上述事实也确实是造成人民怨声载道，人大愤然评议，责令依法整改。

三、探索违法作为的深层次原因

上文从调研得知的那些“惊心”的事例和数字，何以至此，追之根、溯之源，听民声，概括起来，不外下列原因：

一是权大于法，决策者侵蚀国有资产。有些当权者，把人民赋予的权力当成自己可以为所欲为的魔棒，好大喜功，一人说了算，搞“形象工程”，“政绩工程”、“参观工程”。严重违反国家的财经法规，独断专行。即使编制项目预算，也往往是领导者的一句话拍板。

二是浑水摸鱼，利用职权侵吞人民血汗。有的当权者，有法不依，有意把水搅浑，把自己管辖的范围当作谋私的“家天下”。还以上述某市 2005 年修建 12 公里长的公路为例，初设概算为 5555 万元，施工图纸预算减到 3868 万元，经过优化和预算审核确定为 2197 万元，政府常务会议审定最高招标限价为 1980 万元，而实际招标价是 1782 万元，其他项目的减幅也均在三分之一左右。如果拿出一个概算方案就当招投标，在当前复杂的经济、社会环境条件下，再遇上当权者是成克杰、胡长青之流，以及十八大以来中央打虎拍蝇中所处理的诸多案件中揭示的贪腐官员，财政资金大量流失，中饱私囊，就是很自然的事了。

三是法制不健全，依法理财任重道远。目前，我国已出台的《预算法》、《会计法》等涉财法规，对规范国有资产管理，实现依法理财起到了相当大的作用，但很多规定过于原则，操作性不强，致使与依法理财，实现科学化、精细化管理，规范财政行为的差距还很大。

四是监督乏力，遏制国资流失的效果不高。对于有效的财政资金管理，散见于《预算法》，国务院颁布的行政单位、事业单位《国有资产管理暂行办法》等法律法规，相配套的规章、细则和规范性文件等也只有在各地的具体实践中制定出台，下级监督没力，同级监督乏力，上级监督太远，总之是监督不力，效果不尽人意。

五是教育失缺，执法队伍素质不高。教育不够，法制宣传老套，有的执政者人生观、世界观、价值观、利益观错位；有些执法队伍素质不高，法律意识淡漠。在财政执法中有的不给好处不办事，给了好处乱办事，吃拿卡要时有发生。

四、做到依法理财必须采取有效对策

要解决上述种种问题，使理财行为程序严密、机制完善，财政资金取之于民用之于民，真正做到“聚一分民财，办一分民事”，需要采取下列对策：

一是领导带头，率先垂范。要使每一个执政者真正用好纳税人的钱，像上述某市那样，领导带头做到政务公开、财务公开、程序公正，财政行为民主化。

二是广泛宣传，强化教育。加大依法理财宣传教育的力度，提高执政者、执法者的素质，使其树立正确的人生观、利益观、价值观，形成不愿腐败的思想防线。

三是健全法规，依法理财。要完善制度设计，健全涉财的法律法规，制定和完善相关的配套规章制度，把权力装在制度的笼子里，深化财政体制改革，采用现代化的管理手段，使其具有无懈可击的规则，形成不能腐败的制度防线。

四是强化监督，形成合力。切实形成党内监督，政府内部的行政监督，人大的执法监督，和工作监督，政协的民主监督，司法部门的司法监督，新闻媒体监督和广大人民群众的监督等多种监督形成合力，同时加大惩处力度，形成不敢腐败的惩处威慑。

五是严惩滥用权力，加大惩处力度。一要坚决查处腐败案件，防止“乱作为”。要依法依纪严厉查处以权谋私、权钱交易、官商勾结、买官卖官、失职渎职等行为，确保惩处到位，坚决遏制腐败蔓延势头，决不能让党纪国法成为“稻草人”、“橡皮筋”，做到“权力出笼子，人就进笼子”。要继续聚焦突出问题，深化专项整治，尤其要严查“四风”由公开转隐蔽、由集中变分散等隐形变异问题，继续保持反腐、治腐的高压态势。二要严格执纪问责，防止“不作为”。对庸政懒政怠政等为官不为问题，既要早提醒、早诫勉、早纠正，也要运用责令公开道歉、停职检查、引咎辞职、责令辞职、罢免等问责方式坚决惩治，实现有权必有责、用权受监督、失职要追责、违法必追究，把“法定职责必须为”落到实处。

六是加快发展，化解矛盾。党的十八届五中全会描绘了未来五年国家发展的蓝图，全会强调，实现“十三五”时期发展目标，破解发展难题，厚植发展优势，必须牢固树立并切实贯彻创新、协调、绿色、开放、共享的发展理念。这是关系我国发展全局的一场深刻变革。我们必须充分认识这场变革的重大现实意义和深远历史意义。实现中华民族违法复兴的中国梦，到2020年全面建成小康社会，是中华民族伟大复兴征程上的关键一步。坚持发展是硬道理的战略思想，坚持把发展作为我们党执政兴国的第一要务，坚持科学发展，坚持更高质量、更有效率、更加公平、更可持续的发展，坚持创新发展、协调发展、绿色发展、开放发展、共享发展，要通过发展，真正使广大的国家机关工作人员和人民群众生活水平极大的提高，切实解决目前日益增长的物质文化精神生活需要和落后的生产力之间的矛盾，真正形成不必腐败的生存条件和体制机制。

“大破大立”在高标准农田建设中效应显著

内蒙古自治区乌拉特前旗财政局　张希文　路孟军　许永彪

5月的河套正值播种的季节，田间地头忙碌的人们和轰鸣的机械声交杂在一起，他们在播种玉米、播种向日葵……，他们在播种一年的希望。“今年咱们的地好务艺了（河套方言：‘务艺’是抚育、培植的意思），土地整整齐齐、一条一条的。”乌拉特前旗乌拉山镇盐海子村的村民情不自禁地说。

乌拉特前旗经过20多年的农业综合开发项目实施，坚持先易后难、逐步推进的原则，共实施土地治理项目100多万亩，效益非常显著。开发到现在，筛选的项目区立地条件越来越差，实施起来的难度也越来越大，如果不立项实施，群众意见大，实施项目不彻底又与现代农业发展总要求不符，所以要想实施好项目必须走“大破大立”的路子，要想“大破大立”搞好开发工作，就必须下决心、有恒心、动真情。乌拉特前旗经过几年的不懈努力，将“大破大立”的做法从难向易不断推进，使更多生产生活落后地区的土地变成了高产田。乌拉特前旗乌拉山镇盐海子项目区就是一个典范。

一、项目区“大破大立”难度大，工程实施困难多

乌拉特前旗乌拉山镇盐海子村紧靠旗政府所在地，由于该地区从未实施过农田配套项目，土地条件差，基础设施薄弱，土地经营粗放、效益低，农民增收困难。2012年，旗委、政府决定在该地实施农业综合开发项目2.9万亩，分两期实施。2013年实施1.9万亩，2014年实施1万亩。立地条件差、实施困难多、资金缺口大是当时面临的主要问题。为了实施好项目，旗委政府成立了政府旗长任组长，分管副旗长任副组长，乌拉山镇、农业综合开发、水利、林业、交通、国土等部门为成员单位的项目建设领导小组。整合水利、林业、国土、交通、扶贫等部门项目资金，于2012年5月份正式启动该项目。

“我们村的土地条件太差了，没有一条好走的路、没有一条好用的渠、没有一条能够及时排水的沟，土地不平，浇水时深的深、浅的浅，地里面“大土圪坦”（积土）太多了，种地时东一片片、西一条条太分散了。要是真的能把我们这儿改造成象电视里的那样“齐齐处处”的（方言：全面）就好了!”

盐海子村支书张二说。这也是大多数村民的意思。要彻底改变这里的面貌，把这里土地改造成为高标准农田，不实行“大破大立”是很难做到的。“大破大立”就是打破土地现状，重新规划、重新开挖渠沟、重新修路、重新平整土地、统一整治土地、重新分配经营。这谈何容易？因为农民的文化水平低、思想认识差、自我保护意识强。要把经营几十年的土地打乱综合治理，再重新分配，难度不小。农民们想：“要是把土地打乱，项目搞不好，咱们原来的地去哪里找?”“就算是项目搞好了，土地重新分配时会不会少?”“重新分的地如不如（强不强）原来的地?”……。

国家投资、规划设计、立项开发村民个个都知道是好事，举双手赞同，真正实施起来就不那么容易了！群众不积极参与和配合，项目工程是搞不好的。为此，旗、镇两级政府组织工作人员深入农户征求意见、组织讨论，让群众从内心理解、认可、支持、配合工程建设，镇政府又召开座谈会、动员会、观摩会帮助群众算效益帐、长远帐，解除部分群众的思想误区，让广大群众思想认识明显提高，对农业综合开发有了信心。项目实施，规划设计先行，好的规划设计对项目的实施和项目发挥长期功能效应至关重要。乌拉山镇盐海子项目区在项目规划设计时就做到高起点、高标准，不因项目实施有难度而打折扣。在广泛征求镇、村、社三级的意见的基础上，立足当地实际，科学规划，用了3个多月的时间，实地踏查、勘测，经过7次修改后终于定案。项目区内高产田按渠路相间布设；中产田按两渠一沟一路布设；低产田按一渠一沟布设，彻底打破原有格局，大破大立，一步到位。

二、采取“两早、三集中”突击施工

乌拉山镇盐海子项目区是一个“动大手术”的项目区，乌拉特前旗旗委政府高度重视，提前安排部署。在乌拉特前旗旗委、政府大力支持下，旗开发办、镇政府、村委会、施工单位密切配合，采取“两早、三集中”突击施工。为了保质保量完成2013年的项目，2012年春季开始，村委提前开会与村民协商开发相关事宜，旗政府领导牵头做群众动员工作和宣传农业开发的政策，镇政府及时解决社会矛盾。旗开发办组织施工单位采取集中人力、集中机械、集中时间突击施工。聘请从事田间工程建设20多年的“土专家”到项目区指挥，打破土地原有现状，统一进行整治。2012年秋收后，集中80多台大型机械（挖掘机11台，装载机18台，自卸车50多台）用了3个月的时间完成了1.7万亩的渠、沟、路、田间积土、平整土地的任务。这时已到了2012年农历腊月二十六了。2013年正月初八，项目区内大型机械的轰鸣声又

吹响了农发人搞开发的号角。两个月的时间又完成了2000亩的田间工程任务。春播前，按照公开、公平、公正的原则，将开发好的土地重新分配给农民经营。

乌拉特前旗2013年盐海子项目区当年完成主要工程的建设任务，农民当年重新分了土地，耕地不但没有少，反而人均增加耕地2.3亩，而且当年受益。通过开发共新增耕地4171亩，路通了、地好种了、水好浇了，每亩地增收200多元。

三、"大破大立"由难变易，项目开展顺利

春节期间，村里走亲戚的人们走在项目区新建的道路上，看到一条条笔直的渠沟、一条条平坦的道路、一方一方整齐的农田，心里感觉"舒服"。路过项目区的群众都会说"这个营生（事情）做好了!"农业综合开发就是将制约农业生产的各种因素彻底破解掉，这样才能做到"土地平整、灌排设施配套、田间道路畅通、林网建设适宜"的建设标准。2013年盐海子项目区建成后，农民从"大破大立"实施的项目中得到了很大实惠，群众满意了，农发工作好做了。人们对农业综合开发的认识提高了，实现了由不要项目到争抢项目、由要我干到我要干、由阻碍施工到帮助施工的转变。乌拉特前旗乌拉山镇农业综合开发项目由被动变为主动，按照集中连片、整体推进的原则，2014年实施项目1万亩。为了不误农时、不影响农民的播种，2014年的春节一过，项目区开始放线、施工，共出动挖掘机5台，装载机10台，自卸车25台，集中突击施工，到4月25日已完成了7000亩的田间工程任务。拉运积土8万多方；开挖各类渠沟42.1公里，动用土方10.2万方；修机耕路29公里，动用土方11.2万方，开挖树壕28公里，动用土方2.8万方。"如今的项目区发生了翻天覆地的变化，2015年我重新分的地共3片50多亩，不象以前了东一片西一片，不好经营，现在好种多了，农业开发就是好!"盐海子村村民贾俊才这么说。

四、"大破大立"效应显著

乌拉特前旗20多年来实施的农业综合开发项目经济、社会、生态效益明显。相比较而言，近年来采取"大破大立"实施农业综合开发项目的效应更加显著，不仅可以立竿见影，而且能够发挥长期效应。一是项目区耕地面积增加了10%~15%；二是渠沟通了，田地平整了，灌排畅通了，以前不能种

的荒地现在能种了，浇地方便且节水了，以前浇一次水灌溉期为10~12天，现在仅需5~7天；三是有利于农民调整种植结构，以前仅能种植葵花，种植结构单一，现在小麦、玉米、瓜类等都能种了；四是地块集中了，这样便于机械化作业，有利于提高科技运用水平。五是田间道路四通八达，拉运方便了，减少了劳动强度。六是树种上了，生态得到明显改善。盐海村民王贵成说："开发前，我种的30多亩地，有一半盐碱地几乎没甚收入，好地也是只能种葵花，亩产葵花200来斤；开发后，重新分了土地，30多亩全部种上了，秋收时亩产达到300来斤，你说开发好不好?"

通过"大破大立"搞农业开发，土地质量提高了，环境改善了，农民的收入增加了，群众对农业综合开发认可了、满意了，农发战线的广大干部搞开发的热情也高涨了、有信心了。"乌拉山镇沿黄地段还有3万亩盐碱地需要改造，由于长年受黄河的阴渗，土地盐碱化特别严重，计划2年内通过农业综合开发'大破大立'彻底进行改造，以改善当地农民的生产、生活条件，增加农民收入。"乌拉山镇镇长王元喜谈下一步开发工作时信心十足地说。

加强农业基础设施建设，始终是农业综合开发的首要任务，农业综合开发的任务是通过综合治理加强基础设施和生态建设，提高农业综合生产能力，促进农民增收。农业综合开发建设的不仅仅是农田基础设施工程，最主要是架起了党和政府与广大人民群众的"连心桥"。

加大财政投入力度 建设民生幸福阜宁

江苏省盐城市阜宁县财政局 徐 义 李成君

近年来，在县委、县政府的正确领导下，江苏省阜宁县财政局坚持把服务和改善民生作为推进财政工作的重中之重，按照“量力而行、尽力而为”的原则，持续加大财政投入力度，全面支持县委、县政府“劳有多得、学有优教、病有良医、老有颐养、住有宜居、食有安全、行有公交、娱有阵地”民生“八有”工程，确保全县新增财力始终保持80%以上用于民生支出，努力让广大群众共享改革发展成果。2015年上半年，用于教育支出7.3亿元，同比增长19.6%；社会保障和就业支出3.7亿元，同比增长13.7%；医疗卫生支出3.2亿元，同比增长27.7%；农林水支出5.6亿元，同比增长13.8%。

一是持续加大投入，全力保障民生。牢固树立“民生问题再怎么重视也不为过”、“民生工程再怎么投入也不为多”的执政理念，破除民生工作“有口碑无奖杯、有投入无产出、有起点无终点”错误认识，千方百计加大民生投入。一是充分发挥公共财政民生投入主渠道作用。在财政收入持续增长的基础上，努力发挥公共财政职能，不断加大民生投入规模。近年来，全县财政直接用于城乡居民社会保障、教育、公共卫生服务体系、就业和再就业等涉及群众利益的民生支出累计达到148.79亿元，年均增幅达28.3%。二是努力拓展县属投融资平台服务民生功能。利用县教育、卫生等优质资产，积极引导交投、教投、水投等县内融资平台，以融资租赁模式为主要突破口，做大融资规模。近年来，通过平台融资，累计投入各项民生重点工程资金数亿元。其中，为推进城乡区域供水工程，我县先后以自来水公司为融资平台，申请城东水厂银行项目贷款6000万元，以阜水农村供水公司为融资平台，申请三级管网银行项目贷款2亿元，有效化解了财政资金短缺和不足的难题。三是积极构建民生事业多元投入机制。鼓励各类民间资本、社会资本采用入股、捐助等形式，参与全县民生事业和民生工程建设。近年来，仅县慈善总会每年投入民生事业的资金均在1000万元以上；在农村路桥建设过程中，财政直接投入1.99亿元，带动群众自筹、社会捐助和村级集体积累等各种投入近亿元；在城乡交通、城市建设、社区服务等领域，引入社会资本2亿多元，有效激发了行业活力，提高了服务质量。

二是实施重点工程，切实改善民生。认真贯彻落实中央和省市关于大力推进民生幸福工程的实施意见，努力顺应群众期盼，紧密结合县情实际，在全面实施民生“八有”工程的基础上，从群众反映最强烈、愿望最迫切的方面做起，以“钉钉子”的精神逐项解决民生难题，每年集中财力实施一两项民生重点工程。一是着力推进城乡区域供水一体化。为彻底解决我县农村居民长期饮用深井水水质差、漏损大、不及时等问题，累计投入 7.5 亿元，新建城东地面水厂，铺设县到镇一级供水管网 167 公里，镇到村二级供水管网 658 公里，村到户三级供水管网 13280 公里，对 236 个农村小水厂实行了改制回购，在苏北 26 个县（区）中率先实现区域供水全覆盖。投入 6000 万元，对城东水厂进行改造扩能，提高水源供给和保障能力。二是着力推进教育优质均衡发展。完成新一轮义务教育学校规划布局调整，投入近 8 亿元，在各镇区分别新建成一所中心初中、中心小学、中心幼儿园，实施村小改造出新和农村学校运动场地塑胶化工程；投入 7 亿多元，在县城新建成县第一高中、县实小苏州路校区、附小香港路校区以及县实验初中上海路和苏州路校区，满足了城乡居民就近入学的需求。实施集团化办学，农村学校以中心校为龙头，带动村小同步发展；县城成立义务教育四大集团校，集团内统一管理、均衡师资，有效消除义务教育“择校”现象。投入 2 亿多元，加大学校装备建设，全面提升教育信息化、现代化水平，成功创建省教育现代化县。三是着力构建社会托底救助体系。筑牢底线，织密社会保障制度网眼，出台《阜宁县实施社会托底救助的若干政策意见》，筹集各项救助资金，按照一个平台、一张网络、一项制度、一套班子“四个一”的原则，从生活救助、医疗救助、教育救助、就业救助、住房救助、法律援助、临时救助及受灾人员救助等八个方面，建立了覆盖城乡的县、镇、村三级托底救助网络，切实维护困难群众的基本生活需要和生存权利。四是着力提升基层医疗卫生服务水平。2014 年，我县累计投入 3200 万元新建改建 132 个农村卫生室，确保年内行政村卫生室省标准化达标率 80%，2015 年实现全覆盖。推动优质医疗资源向农村延伸，不断创新县镇双向诊疗、医务人员进出、成立医疗集团、实行多元共建等体制机制，进一步提升基层医疗卫生的服务能力和水平。

三是强化资金监管，打造阳光民生。按照依法治县的要求，不断健全监管机制，发挥民生资金的最大效用，努力让人民群众感受到民生幸福和公平正义的阳光。一是健全投入保障机制。严格执行“八项规定”的要求，大力压缩控制行政机关、事业单位一般性支出和“三公经费”支出，确保把有限的财力用在民生这个刀刃上。坚持预算编制优先安排，保障教育、卫生等涉

及民生福祉的各类支出；坚持资金优先保障，建立健全重大民生实事工程资金拨付“绿色通道”和应急预拨机制，保证民生工程资金需求。二是健全绩效评估机制。对所有民生项目和工程，严格概算、预算和决算的编制与评审，采用项目单位自评、财政部门复评、主管部门评价、财政部门与主管部门联合评价“四维评价模式”，坚持事前、事中、事后全程监督，切实提高民生投入的精准性和财政资金的使用效益。三是健全动态监管机制。强化主管部门动态监管和财政部门专项检查，对廉租房保障，坚持全过程阳光操作，在准入、退出、使用等全过程动态跟踪、严格把关；对拆迁安置，严格执行报批许可制度、及时公开信息，最大限度保证被拆迁群众利益；对城乡低保，坚持公示制度，常态核查，杜绝骗保、错保、漏保以及“关系保”、“人情保”。在此基础上，2014 年，由财政部门牵头，会同纪检监察部门，又建立了阜宁县民生资金集中监管平台，采用“科技 + 制度”的网上监管模式，实行资金业务主管部门、财政部门、纪检监察部门以及公众对全县民生资金的四层监督，全力保障民生资金高效、规范、安全运行。

推进民生幸福，增进民生福祉，是践行党的群众路线的永恒主题，下一阶段，我县财政工作将继续把保障和改善民生作为各项工作的出发点和落脚点，把助推发展作为解决民生问题的根本途径和基本源泉，进一步完善公共财政体系，通过改革破解制约发展的瓶颈，依靠发展增强改善民生的能力，思群众之所思，想群众之所想，盼群众之所盼，急群众之所急，持续加大民生投入水平，努力夯实民生幸福根基，不断加快“幸福阜宁”建设进程！

以人为本　依法理财

安徽省六安市叶集区财政局　周本慎

我国古代著名政治家、思想家管仲在他的《管子·牧民篇》中有这样一句名言“天下不患无财，患无人以分之”，意思是不要担心天下没有财富，真正要担心的是没有人经营管理。我们各级财政部门依法履行“以财行政、以政控财”的职能，正是为了实现对国家财富的“以分之”，并积极探索不同发展时期的生财之道，聚财之法、理财之方。作为财政人，有两件大事我们不能忘记：1994 年《中华人民共和国预算法》在第八届全国人大二次会议上审议通过。时隔二十年，2014 年 8 月 31 日新修订的《预算法》在十二届全国人大常委会第十次会议表决通过。

二十年的风雨兼程，各级财政部门、财政人求实创新，在依法理财的道路上积累了成功的经验，奠定了良好的基础。

二十年的波澜壮阔，党中央、国务院高瞻远瞩，为建立法治财政构建了醒目的路标，指明了前进的方向。

紧跟着财政改革的脚步，伴随着叶集试验区的成长，我们区工委、管委和财政部门高度重视法治财政建设，并为此做出了切实的努力。

我们的思路是：按照依法理财，建立法治财政的要求，坚持以人为本、改革创新，大力推进财政问题法律化、法律问题制度化、制度问题程序化、程序问题精细化、精细问题信息化，不断开创财政工作的新局面。我们的做法是：

一、法律至上树理念。古人云：法者、天下之准绳也。但是，“法律必须被信仰，否则就形同虚设”。我们把学习宣传教育的重点放在增强财政干部的法治意识上，通过例会学习，辅导讲座、普法宣传活动等广泛深入开展财政法制宣传教育，不断提升财政干部法律素养，将法律意识转化为内在品质，形成尊重法律，信赖法律，依靠法律的浓厚氛围。

二、制度先行立规矩。权力必须关进制度的笼子。我们克服了试验区管理体制的缺陷，通过制度的创新，规范权力运行。深入推进国库集中支付制度建设，国库单一账户地位不断得到巩固，公务卡结算的范围不断扩大。并制定了《区本级预算管理办法》及财政支出预算执行管理、结转结余资金管

理、专项资金管理、公务接待费管理、差旅费管理等系列配套管理制度，财政制度体系初步完备。

三、程序到位定职责。我们根据制度安排进行了流程再造，逐步制定和完善了《财政工作运行规程》、《项目资金管理流程》、《国库集中支付资金流程》、《部门预算流程》等使预算编制、预算执行、预算监督、绩效评价等各项工作均按照流程运行，提高财政政策的透明度，有效的保障了财政资金的安全。

四、细化管理严监督。天下难事必作于易、天下大事必作于细。我们以预算精细管理为抓手，通过完善预算体系，细化预算编制、项目资金管理、财政资金监督和信息公开等，初步构建了“收入一个笼子、预算一个盘子、支出一个口子”的财政预算管理新机制。

五、搭建平台打基础。信息技术为财政的科学化、精细化管理打开了方便之门。受试验区体制因素影响，叶集一直未能纳入“金财工程”实施范围。我们克服诸多困难，在财力极其有限的情况下，先后建设了国有资产管理、政府采购管理、综合治税管理、乡镇财政资金监管和财政一体化管理等系统平台，财政信息化建设推进迅速、成效显著，为科学理财、依法理财打下了坚实基础。

在财政改革的道路上我们努力工作，有思路有行动，有措施有成绩，但是也有困难有困惑，主要是：体制功能不完备、财政基础工作薄弱、财政队伍整体素质不高等，需要我们在今后的工作中切实加以解决。

2015 年，是新修订《预算法》实施的第一年，既是机遇也是挑战，需要我们有充分的思想准备和工作措施。

徒善不足以为政，徒法不足以自行，实施新修订的《预算法》加快推进财政工作法治化，作为基层财政部门，必须以党的十八届三中、四中全会为指导，把法律法规落实到工作的每个环节。我们的体会是：

1. 以人本理念加快财政队伍建设。人是生产力中最活跃的因素。要切实加强财政队伍的教育管理，教育每位财政干部在肩负为民理财的时代重任中，树立正确的人生观、价值观，坚定理想信念；在履行依法理财的使命中，激活法治基因，塑造法治精神；在推进财政改革进程中，提高工作能力，锤炼业务素养，努力打造一支为民奉献务实高效的队伍。

2. 以法治底线保障财政行稳致远。财政是保发展、民生、保稳定的核心和支撑。做到安全第一，财政资金管理活动，必须在法律法规范围内执行，并通过法治的力量完善资金运行体系和财政风险预警机制。

3. 以市场机制转变服务方式。财政是政府主要组成部门，在经济发展新常态大背景下，要切实转变服务经济社会发展方式。财政的杠杆作用，要放在撬动金融资本、社会资本的流动性上，要放在调动产业企业自身发展的积极性上，发挥四两拨千斤的作用。

4. 以问题导向深化财政改革。发展不停步，改革不停顿，在新一轮财税改革的进程中，基层财政管理中存在的问题不容忽视，比如，重收入总量轻收入结构、重预算编制轻预算执行，对支出期望值高，对收入关注度低等等。改革必须进入重点领域，要以《新预算法》实施为契机，着力健全制度体系，完善各项工作规范，切实做到以制度管人，按程序办事，把依法理财，建设法治财政的各项工作落到实处。

习近平总书记强调“凡是重大改革都要于法有据”，“确保在法治轨道上推进改革”。我们作为基层财政干部，选择了法治信仰，必须选择一往无前。

发挥财政职能作用　切实保障民生 推进社会经济快速发展

福建省南安市财政局

“十二五”规划实施以来，财政部门在市委、市政府的正确领导下，全面贯彻党的十八大和十八届三中、四中全会精神，认真履行财政职能，加大收入征管力度，扶持民营经济发展，积极深化财政改革，优化财政支出结构，维护全市经济社会发展大局。

一、“十二五”期间财政工作情况

1、培植财源力度更加精准。搭建政策平台，制定扶持再生资源行业、民营企业“二次创业”、科技创新、石粉碎石综合运用、物流业等发展优惠政策。充分发挥财政资金引导作用，积极兑现各项财税扶持政策，引导协助企业申报符合上级产业技术政策和导向的项目资金。搭建融资平台，鼓励金融机构向中小企业发放贷款，通过财政贴息等手段引导、支持民间资本设立中小企业担保机构和小额贷款公司，不断完善融资服务新机制。设立企业应急保障周转专项资金，防范和化解企业资金链、担保链风险。搭建人才平台，设立高层次人才专项资金，吸引壮大高层次人才队伍。从2012年起，坚持每年举办重点民营企业财务人员培训班，提升企业财务管理水平。

2、支持项目建设扎实有效。加大资金统筹力度，全力保障征迁和项目建设资金需求进度，提高资金使用效益。创新融资方式，深化政银企合作，拓宽融资渠道，优化融资结构，分别于2012年、2014年牵头成功发行贸工农国投公司一期、二期企业债券6亿元、12亿元。做好政府性债务的清理甄别工作，剥离融资平台公司政府融资职能，分门别类将政府债务纳入全口径预算管理，建立规范的举债融资机制和债务风险应急处置机制，实行年度可融资规模控制，有效防范债务风险。

3、民生保障不断升温。推动农业农村发展。完善财政支农服务体系，落实强农惠农政策，推进农村综合改革，重点扶持“美丽乡村”建设、农田基础设施建设等，开展村级公益事业建设“一事一议”财政奖补工作，推进农村土地整理复垦。促进社会事业发展。提高义务教育阶段学校生均公用经费标准，落实教育助学政策，支持中小学标准化、校安工程等建设，支持发展学前教育、职业教育、特殊教育。加大科技投入，鼓励自主创新和发明创造以及农村电商的发展。支持公共文化服务体系建设、城乡文化一体化发展等。加大计生奖励扶持，引导良好的生育观念。创新规范社会治安、防控体系，建设平安南安。办好为民办实事项目，将为民办实事项目资金全额纳入预算并实行年初提前下达，对每个实事项目补助标准及资金来源进行确认，优先保证实事项目资金。完善社会保障体系，进一步提标扩面，城乡低保、五保全面实现与最低工资、农民人均纯收入联动的自然增长机制。提高城乡居民医保补助标准、新农保养老金标准、重点优抚对象、五老人员定期生活补助标准；帮助困难群体解决住房困难，落实各项就业优惠政策。健全医疗保障制度，落实医改政策措施，支持卫生院建设，保证基本公共卫生支出，确保基层卫生所室实施基本药物零差率销售改革。

4、财政改革纵深推进。预算管理坚持走前列，采取零基综合预算法编制单位预算，将公共财政预算支出和政府性基金预算支出全部细化至项级支出功能科目，按照权责发生制试行编制政府综合财务报告。2014 年对国有企业开展企业财务经营预算管理，2015 年首次将社会保险基金预算、国有资本经营预算、预算支出项目标准汇总报送市人大会审议，实现全口径预算，做到一步到位。率先推行预决算和“三公”经费公开。全面批复部门决算，并将财政总预算、总决算以及 43 个市级部门的预决算、“三公”经费预决算向社会公开，接受社会监督。严格控制“三公”经费，加强厉行节约反对浪费财政制度建设，出台因公临时出国经费、会议费、培训费、差旅费管理等办法规定。开展财政支出绩效评价工作，对部门新增专项资金单项金额 50 万元以上的项目均开展绩效评价。

5、财政管理持续深化。开展严肃财经纪律和“小金库”专项治理、会计信息质量检查、强农惠农资金检查、“八项规定”执行情况明察暗访等。积极推进国库集中支付改革、市直单位公务卡制度改革，顺利完成新旧行政事业单位会计制度衔接工作。加强对国有资产出租、出借等方面的管理，建立国有资产动态管理系统，完善市产权交易系统，实现国有资产的保值增值。加强财政内审监督，开展财政专户收支情况内部检查，财政内审基本实现制度化和规范化。完善政府采购制度，加强政府采购方式变更监管力度，规范采购行为，强化标书纠错督办，实施“三方”监管，依法处理政府采购投诉件。逐步推进政府向社会力量购买服务，做好公务车辆控购平台建设、公车统保工作。加强工程预结算审核，出台《南安市财政性投融资建设项目预结算管

理暂行规定》，基建审核有关中介疑问、业主回复及反馈等全部采用书面形式，实行基建审核全过程记录，确保有迹可查。

6、作风转变务实高效。大力提倡“马上就办、办就办好”理念，开展以“制度建设不为工作留下漏洞”为主题的内部管理、资金管控梳理再造活动，编印《南安市财政局工作制度汇编》，对机关管理制度进行全面修订完善，形成程序严密、有效管用的制度体系，实现了办事标准化。落实党风廉政建设主体和监督责任，开展廉政风险防控、纪检监察特色工作等。提升财政干部队伍素质，鼓励干部职工参加职称考试，营造崇尚学习的浓厚氛围。

二、下阶段工作计划

1、强化增收节支。主动加强与税务部门的沟通协调，尽力解决和消化组织收入存在的困难，确保税收计划得到科学落实。关注各类涉税政策的调整和重点税源变化情况，做好政策效应调研和税源分析，提高税收预测准确率。调整优化支出，推进财政资金统筹使用，集中财力用于促进经济转型升级、改善民生等重点领域和关键环节。紧扣中央改革精神，密切跟踪中央税制改革动向，着力化解我市预算管理中突出的矛盾和问题，努力推进各项财政改革工作有序开展。

2、增强发展后劲。密切关注经济发展趋势、社会资本动态以及货币政策调整趋势，认真研究梳理稳增长调结构各项财税政策，并结合我市企业发展实际，加强经济税源分析和政策效应分析，调整优化扶持政策，加快企业创新升级，提升企业创新力和竞争力，从现有企业中培植增长点。加强对企业的监测和服务，了解每家企业的经营情况和存在困难，及时兑付各项财政优惠政策，引导设立各项产业发展基金，配合金融办做好企业转续贷工作，充分发挥企业应急保障周转金及各项产业发展基金的功能，改善民营企业资金周转困难的局面。加大税源拓展力度，积极争取市域外企业总部回归我市。帮助小微企业健全财务制度，增强企业抗风险能力。鼓励和引导民间资本进入基础产业和基础设施领域，积极引导社会资金投向重点企业和重点项目。

3、拓宽融资渠道。做好债务置换及新增债券发行各项工作，确保在建项目后续资金的保障，切实防范化解财政金融风险。持续做好项目融资工作，统筹各类资金，优先保障在建项目续建和收尾，防止出现半拉子工程。加强对投融资平台的管理，促转型，优融资，特别是加大沿海三镇产城融合建设融资对接力度，加快实现“三镇一城、产城融合”的目标。加快 PPP 项目的启动和运行，加强港区公司资金运作。

民生财政——助推百姓幸福梦的新引擎

江西省九江市浔阳区财政局 凌 海

民生财政是指财政民主，还财权于民，它以改进民生、提高人民福利水平为目标。十八大报告指出：构建社会主义和谐社会，必须要保障和改善民生。需要从维护最广大人民根本利益的高度，多谋民生之利，多解民生之忧，解决好人民最关心最直接最现实的利益问题；需要加快健全基本公共服务体系，在教育、就业、医疗、社会保障、住房上持续取得新进展，使发展成果更多公平地惠及全体人民。由此，民生财政成为我国财税政策研究的核心议题。

近年来，在浔阳区区委、区政府的正确领导下，按照江西省、市财政工作的总体部署，浔阳区财政局深入贯彻落实党的十八大和十八届三中、四中全会精神，紧紧围绕“3785”工作目标，坚持“转作风、保民生、促发展”思路方针，广开财源抓增收，优化结构抓支出，改革创新抓管理，履行职能抓服务，以良好的精神风貌开展财政工作，不断提升人民群众的幸福感，为建设“五位一体”新浔阳提供坚实的财力保障。

“九派浔阳郡，分明是画图”，九江市浔阳区位于江西省北部，是省辖市——九江市中心城区。2014 年，全区财政收入共完成 22. 27 亿元，净增 1. 65 亿元，同比增长 8%。浔阳区财政局创新工作，多措并举，初见成效：通过评审项目、审核资金，积极服务于十大片区改造和其它重点工程。2014 年，项目评审共完成 122 个，审定金额 67476. 83 万元，核减金额 3254. 72 万元；重点工程资金审批共完成 115 笔，审批金额 11. 3 亿元，批复金额 8. 5 个亿，核减 2. 8 个亿；创新开展“财园信贷通”工作，为 87 家企业放贷 3. 396 亿元，扶持中小微企业发展。在极其艰难的条件下，浔阳区财政局为圆百姓幸福梦，在民生财政之路上不断求索。

（一）积极培植税源，增强财政保障能力

公共财政规模不断壮大是实现民生财政的基本前提。为了使财政“蛋糕”不断做大，发挥民生财政的功能，就要在实践中注重涵养税源，优化财政收入结构，有效控制政府性债务，努力做到“既长骨头又长肉”。

1. 提升服务质量，促进良性互动。提高纳税人纳税的积极性和主动性，

保证全区税收收入均衡入库。2014 年 3 月，浔阳区被纳入“财园信贷通”第二批试点县区。一年多来，浔阳区实施因地制宜的策略，进一步转变政府职能，利用市场手段配置资源，扩大了合作银行范围，同时改进审核办法，将主动权交到企业和银行手中，改变了由政府牵头主导的模式，确保了该区“财园信贷通”工作顺利开展，超额完成省厅和市局下达的融资任务。浔阳区也成为全省第二批“财园信贷通”试点中放款规模最大的县区。

2. 培植新型税源，壮大地方税基。加大总部经济、楼宇经济和园区企业的扶持力度，努力培植新的税收增长点。2014 年 3 月以来，浔阳区财政局在兄弟单位的密切配合下，通过调查摸底、走访座谈等形式，对全区范围内 30 多栋楼宇进行了全面调查，登记造册，输入微机管理；还创新制作了 30 多栋楼宇图片，使楼宇身份情况、周边资源情况尽现眼底，此举措不仅在 2014 年商贸洽谈会上成为闪亮品牌，还实现了楼宇获得租金、企业赢得利润、政府征得税收，促进了城区和谐发展。

（二）加大民生投入，提高民生保障水平

继续加大财政资金向民生倾斜是实现民生财政的关键一环。为了保持改善民生的稳定性、持续性、累积性，就要切实落实各项保障和改善民生政策，整合项目，规范管理，强化绩效，保障民生财政“七个到位”。

1. 保障就业和再就业、社会保障、义务兵优待等省、市、区民生工程资金足额到位。自 2011 年以来，在每年制定区级财政预算中，优先安排民生工程资金，确保预算足额安排、不留缺口。2014 年，全区先后投入民生资金 14.1 亿元，占财政总支出比的 80.6%，年均支出增幅达 25% 以上，重点实施了近 150 个民生项目。

2. 保障公共卫生经费的足额到位。在公共卫生、疾病控制、卫生监督、妇幼保健等方面安排专项经费。2014 年，医疗卫生支出比去年同期增长 28%。

3. 保障教育专项投入足额到位。2014 年，教育支出比去年同期增长 6.8%。在财政支持下，外国语实验小学综合楼全面封顶，区第二幼儿园项目主体工程完成，人民路小学顺利开学。

4. 保障市容、环卫经费足额到位。2014 年，为 5 座垃圾中转站（台）的建设，21 座公厕新建、改建任务，24 辆各类环卫作业车辆的配备提供了财力支持。

5. 保障新农村建设资金足额到位。认真做好村级财政补助、农业产业化、农村清洁工程配套、农村信息化建设等各项财政惠农政策的兑现工作，真正使财政惠农政策落到实处，推动新农村建设的发展。

6. 保障城建环保经费足额到位。2014 年，按照“路平、水通、灯亮、线齐、墙美”的要求，投入 6700 万元全面实施边街小巷综合整治工程，改造完成延支山等 20 个片区 239 条边街小巷和院落小区，总面积达 10 万㎡，有效改善了老城区居民的生活环境。

7. 保障社区打造经费足额到位。2014 年，全力推进“十大精品社区”建设，首期完成了 5 个精品社区项目打造，荣获了第二批“全国和谐社区建设示范城区”，南司社区、湖滨社区荣获“全国和谐社区建设示范社区”。

（三）深化改革创新，健全财政运行机制

公开、透明、阳光的财政运行机制是实现民生财政的重要保障。为了让公众充分享受到纳税人的权利，就要百姓对财政进行监督，能看到公共财政中每一分钱的具体流向，让财政体现民生性。

1. 推进部门预算公开和民生资金公开。2014 年 10 月在浔阳财政网、浔阳政府网等网站上公开了全区部门预算，对各类基层财政专项支出预算进行了公开公示，保障了群众的知情权、参与权和监督权。

2. 探索预算资金绩效评价制度。2014 年首次对江西省城镇社区基层党组织建设专项经费转移支付资金进行了绩效评价，并形成了绩效评价报告。

3. 完善国库集中支付改革。扩大国库集中支付资金范围，把预算外资金全部纳入国库集中支付系统，实现财政资金支付全覆盖的目标。

4. 推进公务卡改革。公务卡已在全区全面铺开，截止 2014 年 11 月底，我区公务卡已开卡 1100 余张，全区各单位已严格按照《浔阳区公务卡结算目录》、《公务卡管理暂行办法》消费还款。

5. 完善区本级行政事业单位财政票据电子化改革。财政票据电子化改革规范了财政票据使用，落实了“收支两条线”措施，从源头上保证了非税收入及时足额上缴国库或财政专户。

（四）强化财政监督，提升资金使用效率

构建财政大监督体系是实现民生财政的有力抓手。为了进一步提高民生财政的使用效率，就要不断提升民生财政科学化、精细化管理水平，建立内部长效监管机制，确保客观、平等、公正、准确。

1. 开展财政监督检查工作。浔阳区财政局联合浔阳区审计局组成检查组针对区 22 个单位 2014 年度春节期间的财务收支情况进行了重点抽查。对浔阳区行政事业单位“三公经费”进行检查，发现部分单位存在超出年初纪委制定的招待费标准，违规发放津补贴等问题。

2. 肩负财政监督改革重任。牵头组织了对全区民生资金和专项资金监督检查，采取了听取各项目单位汇报和查看立项报告、项目实施方案以及财务等相关原始资料，对进一步规范项目管理和资金安全提出了整改方案。

3. 加强财政投资评审工作。按照《浔阳区财政投资评审管理暂行办法》，继续围绕区重点工程项目，完善投资评审机制，发挥财政源头控制作用。2014 年，投资评审中心评审项目比去年同期增加 44 个。

4. 加强项目资金监控。为确保项目建设和资金使用效益，进一步规范项目建设资金管理程序，2013 年，印发了《浔阳区财政局关于规范政府投资项目建设资金管理程序的通知》。并根据项目主管单位提供的项目建设合同，按照项目名称归档和建立项目资金台账，每月上报《浔阳区政府工程各项目资金本月支付情况表》和《浔阳区政府投资工程各项目资金累计支付情况表》。

（五）加强国资管理，确保国资保值增值

加强市场运作，深化国企改革是实现民生财政的坚实基础。为了使国有资本在市场运作中不断做大做强，就要不断盘活存量资产，充分发挥社会主义市场经济体制下民生财政的鲜明特色与优越性。

1. 加强国有资产日常管理工作。设立专门的资产管理机构，明确专人负责资产管理日常工作，记好台账、健全账卡；对国有资产按照“不重不漏、逐项清查”的原则定期清查盘点，全面掌握国有资产的总量、存量、分布及使用情况；对盘盈、盘亏的资产如实填报，按程序报批后及时更新账卡信息，真正做到家底清楚，账账、账卡、账实相符，全面、准确、真实反映资产状况。

2. 加强经营性资产日常管理。严格按照《浔阳区经营性资产管理实施意见》、《浔阳区房屋门面公开租赁办法》、《浔阳区经营性资产公开操作意见》等文件要求，对全区所有到期的经营性资产实行了公开租赁，截止 2014 年 11 月底，全区共有 24 个已到期的门面全部实行了公开租赁。

3. 做好保障性住房小区资产经营管理及物业工作。对已交付使用的三个保障性住房小区的经营性资产已进行了全面登记管理，对金鸡坡姬公庵复建址储藏室进行了处置，对德化小区门面进行公开租赁。下步将对德化小区储藏室、车库，花果园门面、停车位，大塘复建址门面、车库，曹家山储藏室、车库等进行公开招租或处置，确保国有资产保值增值。

（六）加强机关建设，增强科学理财能力

提高财政人员的整体素质是实现民生财政的坚强后盾。为了加快财政惠民工程建设，积极推进民生财政服务体系，就要“打铁还需自身硬”，在制度建设，思想建设，组织建设等方面多下功夫，全面开花。

1. 加强内部管理制度建设。为充分体现用制度管人、用制度管事，2014年上半年，浔阳区财政局对财政内部管理制度和有关的业务工作流程进行了重新修订和优化，进一步推进机关管理的规范化、制度化。

2. 组织开展践行核心价值观绩效管理提升年活动。按照市局和区政府的有关部署，组织开展以提升服务发展绩效、提升资金使用绩效、提升创新理财绩效、提升机关建设绩效为目标的践行核心价值观绩效管理提升年活动。

3. 深入开展党的群众路线教育实践活动。浔阳区财政局通过召开座谈会、发放征求意见函等灵活多样的形式，广泛征求意见建议，汇总梳理后得到意见建议38条。针对制度建设方面意见，浔阳区财政局以区政府办名义起草下发了《浔阳区财政专项资金管理暂行办法》等11个文件，并着力解决群众关注的热点问题，如建议财政部门加大对企业的帮扶力度和加强对退休干部的关心。

4. 加强廉政文化建设。认真落实党风廉政建设责任制，开展廉政教育活动；严格贯彻落实中央、省、市厉行节约的各项规定，组织财政机关运动会、摄影和演讲比赛等活动，努力营造健康、廉洁的文化氛围

作者简介：

凌海，男，1969年3月生，党员，研究生学历。现任江西省九江市浔阳区财政局局长。

自参加工作历任：九江市浔阳区审计局办公室主任；九江市浔阳区委宣传部副部长；九江市浔阳区信息办主任；九江市浔阳区审计局局长；2014年4月至今任九江市浔阳区财政局局长。

构建财政支农新体系 再创现代农业新优势

山东省诸城市财政局 韩培武 胡 淼 曹雪峰

党的十八届五中全会公报在全面建成小康社会新的目标要求中提到“农业现代化取得明显进展”。2016年中央一号文件也连续第三年将“农业现代化”写入文件标题，含义深远。进入“十三五”时期，诸城市提出要率先实现全面建成小康社会的奋斗目标，并把发展现代农业作为破除城乡二元结构、再创农业发展新优势、实现农民持续增收的重要突破口，研究制定了具体的发展规划。在当前经济下行压力持续加大、财政增收乏力、民生支出刚性增长等诸多因素制约下，如何统筹有限的资金资源，引导和撬动社会资本，促进农业增效、农民增收，再造现代农业新优势，是摆在财政部门面前的一个重大现实课题。为此，诸城财政部门立足县域实际，结合近几年财政支农的改革实践，探索构建“1+6”支农新体系，努力实现新常态下财政支农再有新作为。

一、诸城农业发展现状

近年来，诸城财政部门积极发挥财政职能作用，不断完善支农投入长效机制，大力实施农业综合开发，加快推进新型农业经营体系建设，稳步提高农民组织化程度和农业产业化水平，取得了明显成效。

一是农业发展基础坚实。诸城现有耕地面积154.2万亩，农作物总播种面积稳定在265万亩左右。其中，粮食播种面积190万亩，蔬菜面积37.8万亩，瓜类面积2.7万亩，烟草种植面积8.8万亩，花生播种面积18.7万亩，茶叶种植面积1.7万亩，主导产业发展稳定。二是规模经营初见成效。诸城目前共建设各类现代农业示范园区238个，占地25.2万亩，其中，千亩以上农业园区63个。现有潍坊市级以上农业龙头企业110家，其中国家级3家、省级9家，居潍坊市各县市区首位；拥有注册家庭农场1186个，农民专业合作社2382个。诸城财政部门每年安排农业贷款担保资金1.2亿元，落实农业贷款贴息200万元以上，撬动农业贷款1.6亿元以上，促进了农业经营主体不断壮大。三是品牌农业稳步发展。诸城目前拥有果茶、花生、特菜、食品等一大批著名商标、名优农产品品牌，有效期内“三品”193个，其中无公害农产品67个，绿色食品109个，有机食品17个，有效期内“三品”基地达到35万亩。四是市场产销格局适宜。支持发展“企业+基地+农户、企业+合作社+农户、企业+家庭农场+农户”等合作模式，提高了农民组织化程度和农产品市场竞争力，有效解决了农产品“销售难”问题。五是农业融资渠道畅通。通过设立农业产业专项资金、引进新型金融业态，破解了农业产业融资瓶颈；充分利用土地、特色产业、品牌效益、市场份额和优惠政策，积极争取国家项目资金，吸引社会资金，拓展了农业融资渠道，为农业产业发展注入了源泉动力。

二、现代农业发展的主要制约因素

诸城农业发展不少指标曾一度走在全省甚至全国前列。但是诸城农业跟全国农业发展一样，依然面临很多问题。突出制约现代农业发展的因素有这么几个。

（一）农业生态环境较为脆弱

由于农药、化肥、各种激素、添加剂等大量使用，农业面源污染没有得到根本改变，农业生态环境仍趋于恶化；农田水利设施相对老化，全市有60%的耕地未能达到旱能浇、涝能排的高产田水利设施标准，自然灾害抵御能力偏低。

（二）土地规模流转存在困难

当前农民存在怕失地、怕失业的“两怕”现象，承包地存在分散化、细碎化的“两化”现象，农户情况千差万别、众口难调，土地成片流转较难，规模化经营发展受到较大制约。

（三）农业产业化水平有待提升

农业经营主体缺乏有品牌、有影响的龙头企业，规范运作的合作社以及高水准种养大户较少，多数合作社未发挥作用，家庭农场大多不规范，深加工能力不强，处于出售原料或生产初级农产品的阶段。部分专业合作社只生产单一的农产品，抗风险能力较弱，带动作用明显不足。新型经营主体经营规模扩大，需要大量资金投入，但涉农贷款缺乏有效的抵押和担保、经营主体融资难的问题较为突出。

（四）农技服务体系相对滞后

农技推广“断层”、专业指导“断线”的问题较突出，公共服务不能满足经营主体从事现代农业生产的需要。同时，土地流转中介服务、农业技术推广服务以及动植物疫病防治服务等农业支持与服务体系建设滞后，一定程

度上制约了农业产业的快速发展。

（五）财政资金投入比较匮乏

比较二、三产业，财政投资农业的力度相对较小，外资、工商资本和民间资本投入农业的积极性不够高；部分农业产业项目、合作社争取到一定财政资金，因为监管不到位导致资金使用效率不高，难以发挥应有的作用。

三、财政支持现代农业发展的思路与对策

当前，我国农业面临千年未有之变局，迫切需要通过落实新理念，加快推进农业现代化，从根本上提升竞争力，破解农业农村发展面临的各种难题。按照着力加强供给侧结构性改革的思路，诸城财政部门立足基本职能，坚持政策引导，探索建立“1+6”支农新体系，即紧抓支农投入稳定增长这一条主线，有效强化现代农业发展六个支撑面，引导农业发展转变到更高效、更节约、更生态的发展方式上来，再造现代农业新优势。

（一）紧抓一条主线，建立支农投入稳定增长机制

按照“工业反哺农业和多予少取放活”的方针，持续加大财政用于“三农”的支出，确保增量和比例逐年有所提高。

一是实行预算安排优先保障。把支持农业农村发展作为财政保障的重中之重，每年设立不少于1000万元的农业产业发展专项资金，在预算安排上予以优先保障，确保财政支农投入只增不减。二是积极争取上级扶持资金。立足诸城农业资源优势，认真筛选涉农产业项目，全力做好组织申报工作，尽可能多地争取上级政策和资金支持。三是大力拓宽农业融资渠道。通过项目资金、农业发展担保基金、农业贷款贴息等形式，撬动银行增加农业贷款发放额度，提升农业产业融资空间。利用与平安银行共同设立的40亿元农业产业发展基金，就涉农基建设施、龙头企业、流通市场及配套项目等进行投资，加快农业产业转型，助推“三农”发展。注重发挥财政支农政策的导向功能，综合运用贴息、担保、以奖代补、先建后补、民办公助等政策手段，吸引社会资金投入，努力形成政府、社会与农民共同投入“三农”的格局。

（二）强化六面支撑，构建财政支农新体系

按照聚集资金、整合项目、精准投放、示范带动的思路，对现代农业的六个关键支撑面实施“扶强补弱”，促进现代农业一体化、均衡化发展。

1、夯实一个基础面。着力加大农业基础投入，实行地力、水域分类施治，全面推进、整体提升。

一是统筹安排资金投入，推进山水林田路综合治理，加快实施低产低效农田退耕还林，提高耕地质量。二是大力推广节水灌溉、高产栽培、农药替代、生态循环等技术，提高农业设备和科技支撑水平，加强农业面源污染治理，持续改善农村生态环境。三是加快推进小农水重点县、墙夼水库干渠引水工程等重点项目建设，进一步完善农田水网体系。加快实施“引墙入吴”、“引墙入三”等水系水网连通工程，优化水资源配置，保障城乡用水安全。四是推动实施小型水利设施管理体制改革，鼓励新型专业合作社、新型职业农民等参与小型水利设施建设、维修、管护，探索“自建、自有、自管、自用、自修”新模式，全面提升农业基础保障能力。

2、培强四个支柱面。统筹惠农政策向适度规模经营和新型经营主体倾斜，着力加强科技服务体系和农业市场体系建设，实现四个支撑面的良性互动、协调运转。

一是支持推进适度规模经营。用好农村土地承包经营权确权登记颁证改革成果，引导农民通过转包、转让、入股、合作、租赁、互换等方式，加快实现土地承包经营权有序流转，提高规模经营水平。努力争取上级政策扶持，大力实施高标准农田改造，重点扶持规模种粮大户发展，建成优质粮食基地80万亩，其中，结合马铃薯主粮化，马铃薯面积达到10万亩。规划果茶产业“一带一路一区”发展格局，设立500万元专项基金，支持推广M7、M9、吉塞拉等矮化苹果、矮化樱桃新品种，逐步建成优质鲜果基地20万亩、有机绿茶基地2.4万亩，叫响诸城樱桃、诸城绿茶等特色农业品牌。以沿河镇街为重点，大力发展设施农业，逐步建成优质瓜菜基地40万亩。以国家级现代农业示范区建设为契机，鼓励社会各方积极参与现代农业园区建设，因地制宜建设一批设施农业园区、大田农业园区、畜牧业标准化园区，增强现代农业引领和带动能力。

二是支持壮大新型经营主体。支持实施“四百”工程，重点培育100家农业龙头企业、100家示范合作社、100个示范家庭农场和100个畜禽标准化养殖场，打造推动农业现代化的“主力军”。着重把产业链、价值链等现代产业组织方式引入农业，运用资本的力量撬动农业转型，推动农业产业链条向前后两端延伸，加快种养加销全产业链扩张。前端是农资产业链，通过加强与中国农科院等研究院所的合作，突出发展种苗产业，建设育繁推广中心，依靠优质种苗打造诸城农业的后发优势。后端是农产品的加工、流通、销售、服务等环节。通过加快引进、培育一批农产品加工流通龙头企业、一批知名“农字号”网络经营企业，在提升农产品加工能力的同时，积极开拓线上线下

农产品市场，将农业资源优势转化为经济优势。积极帮助申报国家及省、市农业产业化等相关项目扶持，争取批复资金。

三是支持健全科技服务体系。创新科技推广机制，以标准化示范园区为平台，以龙头企业和专业合作组织为载体，以信息网络为平台，构建新品种、新技术、新成果转化新渠道。投资2500万元，建设占地1500亩的现代化农业科技孵化器，建成设备技术先进、年繁育能力达到1000万株以上的组织培养育苗中心，抢占优质品种高地。依托全鲁科润、康盛源、舜丰等企业，建设博士后科研流动站及院士工作站，引进国家高层创新人才。建立现代农业发展培训体系，以市和镇街两级农技推广中心、235个社区学院为前沿阵地，大力推进面对家庭农场主、专业合作社骨干等职业农民队伍开展的专项技术培训。注重引导返乡农民工、致富能手、涉农类大学生等人群投身现代农业，每年选定一批重点培养对象，按照粮食、设施农业、果树、绿茶、畜牧等领域进行系统培训，打造一支适应现代农业发展的职业农民队伍。支持购置大型复式和高性能农机具，提高农业机械化作业程度。

四是支持完善农业市场体系。着力规划建设一批区位优越、特色鲜明的农产品交易中心、批发中心、物流中心，加快建成山东半岛农产品集散地。按照“多层次、强辐射、专业化”的要求，引入培植一批市场经纪和组织人才，强化我市农产品市场与国内国际市场的密切关联度。积极组织龙头企业、合作社参与各类农博会展示展销、“农超对接”营销活动，鼓励生产经营主体“走出去”。引导新型农业经营主体把标准化生产、创建无公害绿色有机农业体系、实行品牌战略等作为发展宗旨，指导合作社、龙头企业开展产地认定、商标注册，打造具有地方特色的区域品牌，真正把诸城农业做大做强、做成品牌。

3、完善一个保障面。积极探索、创新财政支农资金整合与管理模式，真正把有限的资金用在现代农业发展最需要、受益最大的项目上。

一是加强涉农资金整合力度。建立健全统筹安排、协调互补、集中投入、综合打造、使用高效、运行安全的涉农项目资金整合长效机制，通过政府主导、财政监督、部门配合，提升资金运营效益。二是创新财政资金管理模式。推行农业项目投资全程跟踪管理，在项目申报阶段实行评审公示制，确保项目的可行性投资；在项目实施阶段，从项目资金投入—使用—退出到形成资产，主动引入社会中介机构参与项目监理，并建立项目竣工决算、资产移交和资产管护跟踪到底的长效机制，以解决支农工程项目“重建设、轻管护”问题。三是提高基础财务管理水平。针对新型农业经营主体财务记录、管理、运行不规范的现状，举办相关会计人员培训班，提高新型农业经营组织财务管理工作的规范化、标准化程度。四是认真清理以新型农业经营主体为重点的各类生产经营主体的收费项目，定期开展乱收费、乱罚款行为的专项整治，为新型农业经营主体的发展营造良好环境。

走在全国前列的汶上县财政管理

山东省汶上县财政局 韦国强 于俊玲

为建立健全“花钱问效、无效问责”的常态化机制，近年来，汶上县财政局秉承“增收节支、理财为民”宗旨，围绕完善预算编制、优化收支结构、盘活存量资金、加强政府债务管理、控制财政供养人员增长等主要指标，坚定不移组织收入，精打细算优化支出，积极稳妥推进改革，为汶上县的经济社会持续健康快速发展提供了坚实财力保障。2006～2014 年，连续荣获山东省“省级文明单位”称号，2014 年，汶上县在财政部组织的县级财政管理绩效综合评价中荣获全国第四名，财政管理工作走在了全国的前列。

一、抓收入、惠民生，推改革、强监管，财政管理积累了宝贵经验

（一）坚定不移狠抓征管，财政收入连年攀升

汶上县财政局始终主动作为，深入调查、摸清税源，分析税收增减因素，科学测算全年收入目标。围绕目标细化责任，年初提议由县政府与各征管部门、乡镇及各骨干企业签订收入目标责任书，把收入任务分解落实到季度、月份。奖励先进、鞭策落后，对按时间节点和要求完成县政府下达收入任务的部门和乡镇，给予经费奖励，年底县政府对部门班子成员记功，对征管一线的工作人员给予嘉奖奖励并在全县通报表彰；对完不成任务的乡镇，县政府领导约谈单位主要负责人，并予以通报批评，相应扣减预算经费。及时调度督导，每月组织召开财税调度会议，督导进度，分析形势，解决难题，部署下月任务。强化税源管控、堵塞征管漏洞，从 2007 年起，由财政牵头，深入开展税费集中整治，2007～2013 年共清收各项税费 9 亿元，有效弥补了税源不足。2014 年，汶上县财政局设立社会综合治税办公室，搭建了全面的社会综合治税网络，建立了财政、税务、部门、企业、社会信息共享的综合治税体系，社会综合治税得到全民参与、社会认同，当年集中清缴税费 1.6 亿元，实现了税收无缝隙覆盖。

（二）精打细算、有保有压，财政收支连年实现平衡

财政支出始终坚持“保工资、保运转、保民生”的原则，最低限度压减

行政成本，真正将资金用在刀刃上，财政收支连年实现平衡。2009 年，启动部门预算改革，实行“一个部门，一本预算”，编细编实收入预算，单位所有收入全部缴入国库或财政专户，支出统一安排，统一预算编制标准，细化预算编制内容，将预算资金直接安排到具体单位和项目，真正做到“收入一个笼子、预算一个盘子、支出一个口子”。加强非税收入监管，完善以票管费，实行票款分离、罚缴分离，避免形成小金库。严控“三公”经费开支，根据单位性质和工作职能，将县直单位分档，每档确定不同的公用经费定额，有效提高了基本支出预算的规范性和真实性。2012 年起，单位公用经费在上年的基础上一律再压减 5%。除政策性资金配套外，项目支出坚持“零基预算”原则，加强评估论证和可行性审核，按轻重缓急加以排序，视财力情况予以安排，严格落实集体决策和民主决策，200 万元以下的报经县政府常务会议审批，200 万元以上的报经县委常委会议审批。集中财力保工资、保重点、保民生支出，始终把工资发放作为工作的重中之重，自 2005 年起，每年为干部职工提高工资待遇，职工的收入水平逐年增加，幸福指数连年提高。高度重视民生人头支出，各项民生支出逐年增加，近三年民生支出占比均在 80% 以上。

（三）深化改革，加强监管，财政管理水平显著提高

2009 年，启动实施国库集中支付改革，建立国库单一账户，县直单位公共预算资金、政府性基金预算资金的拨款全部通过国库单一账户办理。加大财政直接支付占比，除零星支出外，工程项目支出、政府采购支出、规定限额以上的大额资金支出等全部实行国库集中支付方式，直接将资金支付到供应商账户，形成“管钱的不拨钱，拨钱的不花钱，花钱的不见钱”的资金管理模式。2014 年启动实施乡镇国库集中支付改革，在济宁市率先实现了“横到边、纵到底”的改革目标。清理整顿财政专户，2010 年，汶上县财政局所有科室、单位的财政专户全部划归国库统一管理，完善了资金收缴流程，确保了资金的安全完整。作为公共财政管理制度的创新和国库集中支付改革的补充，2012 年，推广应用公务卡，建立公务卡强制结算目录，实行公务卡使用通报制度，要求结算目录内的各项支出必须使用公务卡结算，减少现金支出，由于公务消费的各项明细信息都可以在国库集中支付系统有据可查、有迹可寻，使公务消费置于阳光之下。2013 年底，对预算单位用款实行预算执行动态监控管理，对大额转账、同名账户转账、大额提取现金进行实时监控，到 2014 年末，通过国库集中支付系统拦截可疑信息 2000 余条，累计监控资金 1.3 亿元，纠正资金 2367 万元，防止财政资金转移、挪用。为促进财政从“重分配”向“重管理”“重绩效”转变，2012 年在济宁市率先启动了预算绩

效管理工作，制定了县级财政支出绩效评价管理暂行办法，对评价重点、程序、目标等作出明确规定，进一步扩大评价范围，把预算安排拨款100万元以上的社会发展类项目全部实行绩效考评，做到“花钱必问效、无效必问责”，资金使用效益显著提升。预决算公开力度持续加大，2013年，汶上县被确定为济宁市和山东省首批“三公经费”预算公开试点县、山东省公务接待经费公开试点县，2015年预算公开全面推开，年初公开了全县财政预算、“三公经费”预算、全县60个一级预算单位的部门预算和“三公经费”预算，自觉接受社会监督，预算公开工作走在了济宁市的前列。强化政府采购，推行了电子化政府采购，2013年，有294项政府采购项目实行网上询价，成交率达98%；2014年启用定点供应商电子交易平台，所有交易均在交易平台进行，网上批办业务更加快捷，提高了交易效率，采购程序更加公平公正公开透明。不断加强政府投资评审，2013年、2014年分别审减不合理费用1.1亿元、1.2亿元，节约了大量财政资金，确保有限的资金用在刀刃上。

（四）制度执行并重，监管约束共导，存量资金盘活成效显著

在用好财政增量资金的同时，全面盘活财政存量资金，切实提高了财政资金使用效益。为减少结余结转资金，加快预算支出执行进度，2013年，有10个月份的财政支出进度快于时间进度或与时间进度保持一致，2014年有11个月份的财政支出进度快于时间进度或与时间同步。大幅压减结余结转资金，2013年年终结余结转资金规模比2012年下降20%，2014年结余结转又下降20%，2015年对县财政专户、全县部门单位和乡镇财政资金进行了全面清理统计和检查，累计收回以前年度存量资金5000多万元，真正唤醒了“趴在账上打呼噜的沉睡资金”。严格新增对外借款，2012年以来没有办理任何对外借款，积极清理压减历年暂付款，根据财力状况逐年消化历年财政支出挂账，2013年，全县暂付款余额比上年下降20%，2014年暂付款继续下降，其中县本级下降16%。

（五）完善制度，规范管理，债务风险控制有力

为更好地支持全县经济社会发展，2011年3月，汶上县成立“汶上县投融资管理委员会”，规范和完善筹资融资工作。2011年4月，为加强对全县重点项目建设的监督管理，规范政府投融资行为，提高资金使用效益，确保重点项目建设的顺利实施，汶上县政府出台了《汶上县重点项目建设管理暂行办法》。为及时、全面、准确掌握地方政府性债务情况，2011年7月起，汶上县财政局对全县地方政府性债务实施动态统计，并进一步规范重点项目建设资金拨款流程，对项目前期手续认真把关审核。为做好政府债务管理工作，成立了政府债务管理办公室，配备专职人员核算政府债务增减变动情况，动态监管政府债务规模和结构变化。本着量力而行、量财办事的原则，压减建设项目，自2013年下半年以来，汶上县不再开工高大上的城市建设项目，对部分建设项目如新农村社区建设等，采取财政筹一点，开发商垫一点，老百姓拿一点等方式落实资金来源，同时积极推广PPP模式吸引社会资金参与，聚集资金保障在建项目后续建设，减少了新增债务。2013年，全县政府性债务率较上年下降13.2个百分点。2014年，对全县政府性债务进行清理甄别，区分为一般债务和专项债务，并纳入预算管理按年度分计划偿还，由于债务管理措施得当，债务率逐年下降，财政风险逐年降低。

（六）严把关口，定期清理，财政供养人员只减不增

把好审批关口，严格遵守编办、人社、财政部门三位一体的审批制度，在办理人员新进、调动、招聘、安置等相关工资手续时，严格核对编办核发的相关文件、人社部门开出的人事、工资手续。把好预算关口，坚决实行财政监督关口前移，强化增人预算管理。年初严格按照编制内正式人员安排经费，对超编人员一律不安排工资和公用经费。加大监督检查力度，开展财政供养人员“吃空饷”清查治理活动，根据检查结果，按照相关规定，及时核销吃空饷人员工资关系，在职人员每年下降。

二、财政实力不断壮大，收支结构持续优化，民生得到有力保障，财政管理取得了显著成绩

（一）经济总量不断增长、产业结构逐步优化，财源建设突飞猛进

地区生产总值逐年攀升，2010年完成149.2亿元，2013年完成突破200亿元，完成216.5亿元，2014年达到231.44亿元；固定资产投资由缓趋快，全社会固定资产投资2010年完成97.6亿元，2013年达到150.1亿元，2014年达到174亿元；投资结构明显优化，呈现“二产稳、三产强”的态势，2010年二产、三产固定资产投资分别达到创纪录的78.52亿元、42亿元，2013年达到85亿元、64亿元，2014年达到115.93亿元、75.68亿元；金融机构存贷款迅猛增长，2010年末分别为95.9亿元、49.4亿元，2013年末达到165亿元、89亿元，2014年末达到182.15亿元、111.74亿元。经济结构发生可喜变化，第一产业比例缓慢下降，二三产业稳步上升，尤其是第二产业增长迅速，2010年三产比例达到19.1∶52.7∶28.2，二产在经济增长中居于主导地位，2012年后，受房地产行业影响，第三产业快速发展，2013年结

构比例为17.4：51.3：31.3，2014年比例为17.25：50.09：32.66。招商引资初见成效，财源建设后劲十足，2013年底，全县规模以上工业企业达到119个，其中利税超千万元的达到23个，初步形成了煤电化工、机械电子、纺织服装、新型建材、农副产品加工五大工业产业体系。

（二）财政蛋糕越做越大、实力不断增强，财政收支结构更加优化

财政收入增势强劲，2010年突破5亿元，完成5.35亿元；2013年完成11.26亿元，济宁市委市政府专门发来贺信，对汶上县财政收入迈上10亿元台阶给予祝贺，对采取的得力措施和取得的优异成绩给予充分肯定；2014年完成12.4亿元，增长25%。财政实力基础得到夯实。2010年全县总财力13亿元，其中灶内财力10.2亿元，人均（按财政供养人员计算，下同）可支配灶内财力5.2万元；2013年全县总财力27.2亿元，比2010年翻了一番，其中灶内财力18.5亿元，人均可支配灶内财力8.7万元；2014年全县总财力27.8亿元，其中灶内财力21.3亿元，是2010年的2.09倍，人均可支配灶内财力达到10万元，比2010年接近翻番。财政收入质量连年提高。收入结构进一步优化，2011年税收收入占比79.35%，2012年占比为82.1%，2013年占比为83.6%，2014年占比为84.2%。各项民生等重点支出得到较好保障。2011年各项民生支出11亿元，2014年民生支出近20亿元，2011~2014年民生支出年递增近20%，充分体现了“民生财政”的特点。行政运行成本逐步下降，全社会形成勤俭节约的良好氛围。2013年，全县“三公经费”支出下降16%，其中公务接待支出下降26%，公务用车购置运行维护支出下降5%；2014年“三公经费”支出下降22%，其中公务接待支出下降37%。

（三）公共财政充分体现、民生政策全面落实，社会事业取得长足进步

教育投入不断加大，教育资源持续优化，实现了义务教育全免费和1~9年级学生营养餐计划，改善教学条件，教育教学质量大幅提高，创建省级规范化学校8处，汶上县职业教育中心被评为“国家级重点中等职业学校”；广泛开展全民健身活动，被评为“全国全民健身先进县”。群众精神文化生活丰富多彩，建成综合文化站14处、村文化大院360个、农家书屋394处，荣获“中国楹联文化县”称号。医药卫生体制改革深入推进，国家基本药物制度顺利实施，14处乡镇卫生院、320个村卫生室达到省级规范化标准，2012年汶上县人民医院列入全国公立医院改革试点，2014年汶上县中医院列入全国公立医院改革试点。社保体系日益完善，医疗保险实现了全覆盖，城乡养老保险工作全面启动，2009~2010年汶上县列入了济宁市新农保试点县，2011年列入了山东省新农保试点县。社会救助水平不断提升，城乡低保、农村五保供养标准逐年提高；所有乡镇敬老院实行了扩建提升，五保老人集中供养率达到85%以上，被评为全国民政工作先进单位。加大财政投入力度，筹资建设改造廉租房、公租房和城中村改造，被评为山东省保障性住房规范化建设先进县。支持社会事业创新发展，2013年全国土地托管现场会和广播惠农现场会相继在汶上县召开；支持农业科技发展，2014年全国农业春季现场会在汶上县顺利召开。汶上知名度越来越高，社会吸引力越来越强。

（四）财政改革不断深化、财政管理不断创新，实现了资金的高效安全运行

全口径预算体系逐步完善，国库集中支付和乡财乡用县管改革更加深化，政府采购监管工作自2011年连年荣获山东省先进，财政投资评审工作影响较大，2011年、2012年连年被评为山东省财政投资评审最具影响力单位。同时，汶上县还相继成功申请山东省美丽乡村试点县、涉农涉水涉地试点县、公共服务运行试点县、小农水重点县等多个示范项目，财政管理水平得到上级和社会的共同认可，有力促进了经济社会发展。财政信息化建设水平逐步提高，2012年12月建立财政应用支撑平台，将部门预算、指标管理、国库集中支付、公务卡、账务管理等财政核心业务纳入平台，2015年1月将政府采购纳入平台，在保障资金安全的同时，提高了资金运行效率和质量。由于部门预算管理规范，各项基础工作扎实，2014年，成立山东省首家集预算管理、非税资金管理、政府债务管理、预算绩效管理于一体的正科级事业单位—汶上县财政预算管理局，主抓财政核心工作，开创了山东省和济宁市的先河，山东农村大众报、济宁日报、东方圣城网等多家媒体进行宣传报道，汶上县财政管理工作走上日新月异的新道路，财政管理水平更上新台阶。

作者简介：

韦国强，男，汉族，1984年7月参加工作，党员，大学学历。现任山东省汶上县财政局党组书记、局长。

曾荣获山东省国有资产监管工作三等功，济宁市中小学校舍安全工程工作先进个人，被汶上县委、县政府记三等功十二次、嘉奖十次。

于俊玲，女，汉族，1993 年参加工作，党员，大学学历，高级会计师。现任山东省汶上县财政局预算科科长。

曾荣获山东省济宁市先进会计工作者、济宁市新长征突击手、济宁市财政系统先进个人、汶上县十大杰出青年、汶上县十佳行业标兵、汶上县“三八”红旗手等多项荣誉称号。

实施“1234”工程推进党建工作开展

山东省泰安市岱岳区财政局　李侠

岱岳区财政局党委积极组织开展争做先锋支部、争当“五星级”党员“双争活动”，着力实施“1234”工程，围绕一条主线、把握两个目标、构建三个体系、搞好四个结合，立足将创先争优、争做岱下先锋活动推向深入，营造了支部个个创优、党员人人争先的浓厚活动氛围。

一、把握一条主线

局党委认真结合财政局工作实际，立足发挥公共财政职能，提升服务意识，转变服务方式，明确“科学理财创先进、服务发展争先锋”的创先争优、争做岱下先锋活动主题，促进活动扎实有效开展。

二、围绕两个目标

“双争”活动以争创岱岳财政先锋支部、争做岱岳财政五星级共产党员为目标，使四个党支部和全体党员个个有任务、人人有目标，增强了参与活动的目的性、主动性和积极性。

先锋支部要达到“五个优”标准，即：一是带头学习素质优。学习型党组织建设成效明显。树立终身学习理念，带头学政治、学理论，认真学习马克思列宁主义、毛泽东思想、邓小平理论和“三个代表”重要思想，自觉学习实践科学发展观；带头学业务、学技能，认真学习科学、文化、法律和与工作相关的业务知识，不断学习新知识，掌握新本领。二是团结一致队伍优。党员队伍结构合理，党员素质优良，有较强的党员意识，能够充分发挥先锋模范作用。能积极立足本职工作，为实现财政工作健康发展建言献策。严格执行党的决定，服从组织安排。大局观念强，自觉维护局机关整体形象，同志间相互关爱、相互支持，工作氛围团结和谐。三是带头履职业绩优。坚持高标准、严要求，思路清晰，措施有力，能围绕中心、服务大局，认真履行工作职责，勇于挑战自我，敢于攻坚克难。永不满足，争创一流，创造性地开展工作，各项工作成绩突出，推动科学发展的成效明显。四是心系百姓服务优。牢固确立宗旨意识，全心全意为人民服务，提高服务质量，改善服务

态度，创新服务举措，提高服务水平，不断改进工作作风；发扬社会主义新风尚，带头实践社会主义荣辱观；在群众中有较高威信，党员在群众中有良好形象，党群干群关系密切，群众满意率高。五是廉洁勤政作风优。自觉遵守党的纪律，模范遵守国家的法律法规和单位的规章制度，支部上下团结协作，求真务实，勤政廉洁，凝聚力战斗力强。

同时明确了“五星级”共产党员标准，分别是：1、“学习星”。加强政治理论学习，自觉坚定理想信念；认真学习实践科学发展观，树立科学发展意识，提高科学发展能力；认真学习科学文化知识，刻苦钻研业务，成为本职工作的行家里手。2、“能力星”。善于运用辩证的观点、发展的眼光分析和解决问题，思路开阔，视野宽广，能够在更高层次、更宽领域谋划和推进工作。以积极进取的精神状态，创新工作思路、工作方法、体制机制和管理服务方式，创造性地开展工作。熟悉本职业务，工作能力强，业务技能熟练。协调能力强，有一定的组织能力。3、服务星”。宗旨意识、群众意识和服务意识强。自觉执行首问负责制，热情接待来信来电来访，并做好记录，不推诿，不拖拉。勇于开拓创新，不断创新服务方法，提高服务质量，提高服务效率和工作质量，确保群众满意。4、“业绩星”。具有强烈的事业心和责任感，爱岗敬业、埋头苦干，开拓进取、乐于奉献，思想境界高、工作水平高、质量高。能以实际行动推动各项工作争先进位、争创一流、争创佳绩。5、“廉政星”。坚持讲党性、重品行、作表率，自觉遵守党的纪律和国家法律法规，筑牢反腐倡廉的思想防线；遵守社会公德、职业道德和家庭美德；坚持按原则办事，不搞人情关系，不搞以权谋私，不搞特殊化；不参与“黄、赌、毒、邪教”活动，树立风清气正的良好形象。局党委制定了严格的评选程序，确保先锋支部和“五星级”党员榜样性强，带动作用明显，以评选促先进，以先进带后进。各党支部根据支部跨年度的工作情况、经验、教训和不足，认真撰写并上报年度工作总结及下年度工作打算和计划报告；局党委召开党委扩大会，支部进行述评，由与会人员根据述评情况进行民主评议，选出先锋支部，局党委最后审定。按照“支部参评—党员互评—党委审定”程序严格评选。首先召开支部大会，每位党员汇报一年来工作思想情况；发放局党委制定的考核票，由与会人员对每名党员进行民主评议，综合打分。第二，由局党委召开党员大会，由党员根据日常掌握的情况，对每名党员进行民主评议，给每名党员评实际得分，如每颗星得分低于15分，将不予定星。第四，局党委根据每名党员每颗星得分情况，确定每名党员星级。

三、构建三个体系

为增强活动开展的长效型，我们着力构建三个体系，做到活动开展后劲足、实效强、有保障。

（一）动力体系

1、增添动力，深入开展创建学习型党组织，争做知识型党员活动；以素质的大提升增强参与活动的主动性和自觉性。2、激发活力，积极开展四比四看活动（结合工作实际，深入开展比思想素质、看谁的宗旨意识强，比业务技能、看谁的工作效能高，比廉洁勤政，看谁的工作作风硬，比服务意识、看谁的群众满意度高“四比四看”活动），营造争先恐后的创争氛围。3、加大推力，开展一个大讨论（支部当先进要做什么？党员当优秀还缺什么）、进行一次大调研（立足本职、深入基层，了解实情、明确方向），对照先进，查找不足，明确努力方向，促进创争活动与本职工作的紧密结合。

（二）实践体系

以五型财政建设为实践载体，努力打造财政服务品牌，将“双争”活动落到实处。一是以提升能力，解放思想为先导，建设“学习型财政”。紧密结合财政工作的实际，切实加强财政干部的业务培训，认真开展“我讲我的业务”学习活动，通过业务讲座、特色工作展示等多种形式，充分展示财政干部职工的精神风貌、理论水平和业务技能。二是以转变职能，加快发展为重点，建设“创新型财政”。进一步转变思想观念，转变工作职能定位，由管理型向服务型转变。立足于公共财政职能，自觉为全区稳定，经济快速发展服务，努力增强财政工作的“四性”，即：主动性、针对性、前瞻性、科学性。同时积极探索财政工作的新路子、新方法，努力建设创新型财政机关。三是以增强合力，提升效能为目标，建设“效能型财政”。全局上下群策群力，高效运作，对基层、企业、群众反映的亟待解决的问题，做到高效快捷“立即办”；对基层、企业、群众反映的一些老大难问题，做到迎难而上“主动办”。四是以深入群众，服务基层为核心，建设“服务型财政”。积极深入服务单位，各财政所要深入社区和群众，结合财政实际，定期上门“三送”，送政策、送温暖、送服务。“三访”，访贫问苦、访民问慰、访贤问计。“三改”，改进领导方式、改进工作作风、改进服务质量。同时深入开展“三优二满意”活动，增强服务对象、基层单位和社会各界对区财政干部的信任感，提高公众的满意度。五是以加强监督，做好预防为前提，建设“廉洁型财政。通过建立廉政谈话制度，进行警示教育等方式，及时掌握干部职工的思想动态，

做到常念“紧箍咒”、早打“预防针”、浇注“防腐剂”，帮助财政干部从思想上筑起道德和法纪两道防线。

（三）保障体系

着力“创先争优、廉政先行”，积极开展岗位廉政风险防控，筑牢反腐防火墙。制订了岱岳区财政局《关于实行岗位廉政风险管理的实施方案》。按照方案的要求，将财政局领导班子成员和21个单位、科室，按照岗位风险发生几率或危害损失程度，划分为A、B、C三个廉政防控等级，各科室（单位）和个人对权力运行进行梳理，确定了廉政风险点，制定了富有针对性的防控措施，建立起了“分级管理、权责明确”的廉政风险等级管理工作体系，为全局干部职工打造起了牢固的党风廉政建设“防火墙”。

四、搞好四个结合

在深入开展创争活动过程中，围绕活动主题，创新活动方式，搭建活动载体，搞好“四个结合”。一是与创建“三优两满意”机关相结合，积极打造民生财政。以创建，“打造优质服务、营造优良环境、创造优秀业绩，让组织和群众满意”为内容的“三优两满意”机关为抓手，推进班子创先、党员争优。以打造民生财政为落脚点，充分发挥公共财政职能，为实现全区经济社会又好又快发展提供强力支撑。二是与创建学习型党组织相结合，建设学习型机关、争做知识型干部。建立学习长效机制，创新学习方式，丰富学习内容，提升领导班子和机关工作人员理论水平、业务能力和道德水平，以素质的大提高促进创争活动的深入开展。三是与财政文化建设相结合，积极建设活动平台。围绕“提高文化品位，彰显精神风貌，倡导人文关怀，促进事业发展”这个财政文化建设核心，精心提炼“青松精神、莲花品质”党建品牌，建设党员示范点、“党员干部之家”、岱岳财政文化展厅和文化长廊，全方位展示岱岳财政的光辉历程。为深入开展创争、争做财政先锋活动提供重要阵地，激发全体干部职工爱岗敬业、干事创业的热情，增强奉献财政、为民理财的动力。四是与深入开展以机关联系基层、干部联系群众、增强干部服务意识、增强群众幸福感为主要内容的党建资源“双增双联一帮扶”主题活动相结合，加快形成以城带乡、优势互补、双向受益、共同提高的基础党建工作新格局。

我局通过实施“1234”工程，强力推动了创先争优、争做岱下先锋活动深入实施，有力地促进了财政工作争先进位，财政对公共服务的能力进一步增强，社会各界满意度不断提高。局党委先后获得全国“巾帼示范岗”、省级文明单位，全省财政系统先进单位、全市模范公务员集体、全市民族团结进步先进集体、全市关心国防建设十佳单位、“岱下先锋”党组织、全区科学发展先进单位、全区人民满意单位等荣誉称号。

谋发展时空之实 探现代财政之路

湖北省宜昌市财政局 徐 炜

事物的发展总是处于一定的时间阶段和空间定位上。财政也不例外。运用辩证唯物主义和历史唯物主义时空观，跳出财政看财政，跨越时空谋财政，探究财政改革发展的内在联系与规律，从传统财政向现代财政迈进，才能为建设既大又强、特优特美的现代化特大城市，发挥好财政的基础和重要支柱作用。

谋发展时空之实，探现代财政之路，首先要从时空上认知财政、分析财政、把握财政。就我市而言，地处内陆中部，开放不足；处在工业化中后期，发展不够。在这样的时空上，在经济发展的新常态下，财政领域主要呈现八大趋势性变化：制约发展的因素依然很多，需要大力度、高强度改善环境，培植财源；财政收入中低速增长，政策性、改革性等刚性支出压力加大；可供盘活的存量资金仍有空间，要加大力度，统筹使用，提高效率和效益；地方政府性债务务必高度重视，严加控管；民生保障工作的重点是突出财政的公共性，在建机制上下功夫；预算管理改革任务繁重，释放改革红利的空间很大；财政体制需要完善和更新，以保持活力；财政支出管理要强力改革，用好增量。与此同时，执行新《预算法》，财政管理工作进入了“全口径”、“公开化”、“跨年度”、“重规范”、“强绩效”、“均等化”、“控风险”的新常态。用改革开放之初的办法应对当前的财政工作难以奏效，必须大胆解放思想，勇于破除陈规。

一、变小财政为大财政，不当一收一支的出纳员

收与支始终是财政工作的两根主线。站在国家治理的高度，用系统思维来看，财政收支体现政府与市场、政府与社会、中央与地方之间三大重要关系，深刻介入到经济、政治、文化、社会、生态文明等各个方面，对所有与公共资金相关的主体、行为都将产生重要影响，与各级政府、所有政府部门更是密切相关。作为政府宏观调控的重要工具，在稳增长、调结构、促转型中，承担着经济发展“加速器”的作用；在促进社会公平、实现国家长治久安的保障中，承担着社会“减震器”的作用。这些功能的发挥，对局限于收

支算帐的“出纳员”来说，是望尘莫及的。现在的财政，应有登高望远的大视角，树立大财政理念，从传统意义上的“帐房先生”转变为政府的“理财规划师”，立足当前，着眼未来，撑起政府的“钱袋子”，不断提升收入质量，壮大财政收支规模，把财政资金用好用实用在刀刃上，让老百姓得到实惠。

（一）构建起既有利于优化市场主体发展环境、又有利于增强政府财政实力的聚财机制

经济决定财政，发展是第一要务，壮大财源是硬道理。近年来，得益于全市经济平稳快速增长，财政收入规模以年均33.6%的增幅迅速扩大，2014年达到272亿元，位居中部地区非省会城市首位，站在了新的起点上。我市财政公共预算收入从50亿元到100亿元，用了2年时间，从100亿元到270亿元，也只用了2年时间，实现了政府财力增强与经济高速增长的双赢目标。任何时候都要坚持发展是硬道理的战略思想，把有质量、有效益的发展作为发展是硬道理的内在要求，把创新驱动作为经济发展、财政收入增长的内生动力，实施有利于转方式、调结构的财政政策。市委、市政府连续出台支持民营经济发展、加快工业转型升级两个“黄金八条”，又从政策“工具箱”里开出“八大药方”，扩投资、促项目、稳增长。按照市委、市政府要求，市财政推出简政放权“瘦身八条”，进一步释放市场活力和社会创造力。这都是大力度和高强度改善环境、加快发展，培植财源、壮大财源的有效之举动。一切围绕财源转，追根溯源，在巩固传统财源基础上，创新经济发展思路和方法，积极发展战略性新兴产业，大力培育新型财源，着力挖掘财政收入稳健的增长潜力，把财源做大。把握做实收入的最佳“窗口期”，依法依规加强征管，完善征管手段，在“大数据”背景下创新征管模式，实现财税信息共享，确保应收尽收，构建起既有利于优化市场主体发展环境、又有利于增强政府财政实力的聚财机制，把经济发展的成果转化为财政增收的能力。要加强收入预测和预算执行分析工作，遵循财政收入预期管理原则，建立科学的收入预测模型，使收入计划尽可能反映经济发展和税源实际水平。加强全市财政收入结构分析调研，掌握收入来源及构成，进行趋势分析，为进一步做实收入、优化支出结构提供依据。

（二）构建起“保基本、兜底线、促公平、可持续”的公共财政保障机制

突出财政的公共性，完善不同公共性层次的财政支持政策，是现代财政制度的应有之义。政府资金取之于民、用之于民，但是政府不能大包大揽、什么都管，过多过高的“承诺”往往既底气不足又失信于民。财政的公共性

是有层次的，以教育为例，义务教育最具公共性，因为小学教育是启蒙，初中教育是安身立命的基础。再往上，中等职业教育的公共性强一些，高中教育的公共性就弱一些，大学教育公共性最弱。财政用纳税人的钱，就要优先解决第一公共性的问题，其次才能考虑解决第二公共性的问题，公共性越弱的事越不该干。要摒弃政府全部“兜底”的传统理财观念，树立正确的民生理念，立足于保基本、兜底线、促公平，多些“雪中送炭”，不搞“锦上添花”，促进基本公共服务均等化。坚持循序渐进、量力而行原则，增强政策的公平性和可持续性。要保障民生支出重点，优化支出结构，对于社会保障、医疗卫生、教育、环保等重点民生支出项目加大投入力度，进一步提升财政供给水平。坚持“托底线、救急难、可持续”原则，完善社会救助机制。创新保障性安居工程资金使用机制，从“补砖头”转向“补人头”。大力推进政府购买服务，养事不养人。

（三）构建起“可放大、可精准、可评估、可循环”的财政支出预算绩效管理机制

传统的固有的逻辑思维和分配模式中，支出预算约束偏软，“以收定支”，导致“人马未动，粮草先行”；支出挂钩机制，容易出现财政投入与事业发展“两张皮”、“敞口花钱”等问题；项目预算编制不重视对项目的科学评估、充分论证，引发“钱等项目”，预算执行受阻，年终大量结转。这与现代预算制度的要求是不相适应的。从传统财政向现代财政迈进，预算管理改革的任务繁重而又艰巨。

1、实现软财政向硬财政的转变。健全预算绩效管理机制，逐步将绩效管理范围覆盖各级预算单位和所有财政资金，将绩效评价重点由项目支出拓展到部门整体支出和政策、制度、管理等方面，强化对重点民生支出和重大专项支出的绩效评价。加强绩效评价结果应用，将评价结果作为调整支出结构、完善财政政策和科学安排预算的重要依据。我们运用财政补贴始发班轮预算绩效评价结果，将补贴标准提高，牵引港口集装箱吞吐量不断攀升，去年突破 12.5 万标箱，2015 年有望达到 15 万标箱，有力促进了外贸进出口逆势上扬。进一步强化部门支出的责任和效率意识，完善预算绩效评价、竞争性分配、财政投资评审等管理手段，构建“花钱必问效、无效必问责”的运行机制，变软财政为硬财政，切实扭转重投入、轻产出，重支出、轻效益的状况。

2、实现收支财政向资本运作财政的转变。有效运用投资补助、资本金注入、设立基金、引导金融等财政工具，最大限度发挥财政资金集成效应和放大功能，激发市场活力。一是遵循现代国家治理理念。财政是国家治理的基础和重要支柱。从国家管理到国家治理，仅一字之差，但内涵的区别很大。国家治理的主体已不仅仅是政府，而是政府、市场和社会各方面多个主体共同进行治理。治理的方式是法治，而不是行政命令，各个主体是平等的。我们正在推广的PPP，本质上就是一种合同关系，强调政府与社会资本的平等性，注重“法治”规则、契约精神、市场观念，“按合同办事”。PPP是推动政府职能从“国家管理”向“国家治理”的一次转变，也打破了依赖传统的、单一的由政府提供公共服务的模式，表明政府与社会、公众关系定位的新变化。通过PPP模式提供公共服务，政府要从“管理者”变为“监督者、合作者”，平等协商、公开透明。PPP不再依靠传统的政府“借债”融资，而是以未来收益为基础进行融资，是推动传统财政向现代财政转变的重大举措。二是创新财政扶持产业发展机制。扶持范围实行“负面清单”管理，多方位构筑宜昌产业发展新的增长点。扶持方式“补、投、融”多措并举，加大有偿投入，加强与金融、债券、基金、保险等机构对接，形成“政府投资+金融资本+社会资本”的融资机制，培育经济竞争新优势。整合产业扶持涉及市场主体的专项资金，研究设立宜昌市产业引导股权投资基金，五年内达到50亿元规模，通过基金化运作，招募社会资本参与，共同设立若干产业发展子基金，让“基金中的基金”产生资金放大的“乘数效应”，激发市场活力。三是向社会资本敞开合作大门。加大力度推广运用PPP模式，研究设立城市建设发展投资基金，通过垫付前期开发资金、委托贷款、股权投资等方式，在交通、市政公用等众多领域，加快PPP项目实施进度，提高PPP项目可融资性，更好地吸引社会资本通过PPP模式进入公共服务领域。将PPP纳入法制化轨道，完善财税、金融等扶持政策，稳定投资回报，开展“物有所值”评价和“财政承受能力”论证，让社会资本“稳心、安心、动心、放心、称心”。四是注意疏通货币政策向实体经济的传导渠道。财政增信嫁接金融增信，我们已连续推出了“财政引导及时贷”、“财政增信优惠贷”、“政府采购中标贷”、“财政增信惠农贷”、“电商流通优惠贷”、“财政科技创新贷”六大财政金融新产品，形成多点开花之势，撬动银行贷款80多亿元，300多家中小企业受益。进一步加大金融服务实体经济的财政“引力”，打通经济血脉，滋润中小微企业，推动大众创业、万众创新。

3、实现“肥胖”财政向“瘦身”财政的转变。透明财政、高效财政是现代财政制度的基本特征。简政放权、转变职能是促进发展的强大动力和重要保障，是建立现代财政制度的必然要求。财政作为政府与百姓的连心桥、政府与市场的连接带，要重点围绕阻碍创新发展的“堵点”、影响干事创业的

“痛点”和市场监管的“盲点”，主动清权、削权、放权、晒权、束权，在“中间一公里”上主动发力，带动“最先一公里”和“最后一公里”，为大城建设提速增效。我们推出的简政放权财政“瘦身八条”，引起财政部关注，受到市委、市政府充分肯定，要狠抓落实。有所不为方能更好有所作为。把该取消的彻底取消、该清除的彻底清除，努力营造有利于大众创业、万众创新的发展环境，为企业发展清障搭台、减负加力。只有服务好预算单位，才能发展好财政事业。把方便让出去、麻烦留下来，业务流程“修枝壮干”，为部门单位破枷清障、铺路搭桥，使他们轻装前进。坚持“有求必应，无求先应”的财政理念，效率优先，财政工作马上办、主动办、上门办、灵活办。从“犹抱琵琶半遮面”到“掀起你的盖头来”，把权力清单“晒出来”。持续添火加力，推进财政政务信息全公开、常公开，主动接受社会监督。

二、变短期财政为中长期财政，不走年度预算的平衡木

随着经济社会发展，作为公共财政制度基础的预算管理制度，暴露出一些不符合公共财政制度和现代国家治理要求的问题，主要表现在：预算管理和控制方式不够科学，预算管理偏重年度收支平衡状态，预算体系不够完善，预算约束力不够，财政收支结构有待继续优化。遵循社会主义市场经济原则，按照推进国家治理体系和治理能力现代化的要求，完善预算管理制度，创新方式方法，用好增量资金，提高资金效益，防范财政风险，从“一年预算、预算一年”的短期财政向中长期财政转变，着力构建规范的现代预算制度，提高政府公共服务水平，逐步建立与实现现代化相适应的现代财政制度。

（一）跨年度预算平衡将成为常态

长期以来，财政安排支出遵循量入为出、收支平衡原则。财政富裕时，突击花钱，财政困难时，大量举债，预算编制没有持续经营理念。随着全面深化改革向纵深推进，一系列增支政策陆续出台，支出大于收入现象较为普遍，继续固守传统的原则和办法显然无法平衡。“一年预算、预算一年”，财政当年收支不能与城市中期发展挂钩，影响可持续发展。PPP 模式为我们建立跨年度预算平衡机制提供了有益的启示。PPP 项目合作期限一般为 10～30 年，做好 PPP 项目“全生命周期”的预算管理，从以往的“单一年度”预算收支管理，逐步转向跨年度、中长期预算平衡管理，在当代人和后代人之间公平分担财政投入，平滑年度间财政支出。PPP 是推动财政管理从“短期平

衡”向“中长期平衡”、建立跨年度预算平衡机制的一次转变，是变短期财政为中长期财政的一项重大的改革性举措。改进年度预算控制方式，一般公共预算审核的重点由平衡状态、赤字规模向支出预算和政策拓展。强化支出预算约束，收入预算从约束性转向预期性。根据经济形势发展变化和财政政策逆周期调节的需要，建立跨年度预算平衡机制。地方一般公共预算执行中如出现超收，用于化解政府债务或补充预算稳定调节基金；如出现短收，通过调入预算稳定调节基金或其他预算资金、削减支出实现平衡。

（二）三年滚动财政规划管理将成为常态

中期财政规划是现代财政制度的重要基石。在经济发展新常态下，财政收入中低速增长与支出刚性增长矛盾加剧，加之现行支出政策考虑当前问题较多，支出结构固化僵化，专项规划、区域规划与财政规划衔接不够，项目编报缺乏前瞻性，规划与项目脱节，不利于预算统筹安排，地方政府性债务存在一定风险隐患，财政中长期可持续面临挑战。我们正在有序推进的2016~2018年三年滚动财政规划编制工作，通过对未来三年重大财政收支情况进行分析预测，对规划期内一些重大改革、重要政策和重大项目，研究政策目标、运行机制和评价办法，科学安排资金规模，并逐年滚动管理，有利于提高预算的前瞻性，科学分配财力，让政府决策看得更长远，保障政府中长期目标的实现，促进经济结构调整和发展方式转变。中期财政规划要与国民经济和社会发展规划纲要及国家宏观调控政策相衔接。强化三年滚动财政规划对年度预算的约束。推进部门编制三年滚动规划，加强项目库管理，健全项目预算审核机制。提高财政预算统筹能力，各部门规划中涉及财政政策和资金支持的，要与三年滚动财政规划相衔接。

（三）规范地方政府债务管理将成为常态

一方面，加强债务管理，防范化解财政风险。建立规范的地方政府举债融资机制，政府债务只能通过政府及其部门举借，不得通过企事业单位等举借。剥离融资平台公司政府融资职能。推广使用政府与社会资本合作模式，鼓励社会资本通过特许经营等方式参与城市基础设施等有一定收益的公益性事业投资和运营。对地方政府债务实行规模控制和分类管理，一般债务通过发行一般债券融资，纳入一般公共预算管理；专项债务通过发行专项债券融资，纳入政府性基金预算管理。严格限定政府举债程序和资金用途。地方政府举借的债务，只能用于公益性资本支出和适度归还存量债务，不得用于经常性支出。建立债务风险预警及化解机制，完善考核问责机制。另一方面，推进债务管理改革。债务是把“双刃剑”，管得好是财富，管不好是包袱。

“用未来的钱干有利于长远发展的事”，变包袱为财富。依托我市经济长期良性发展形成的强大政府融资能力，结合中长期财政规划，创新思路，大力推进政府债务管理改革。积极争取大额债券资金、开创性设立市场化债务平滑基金，最大效用发挥置换债券、债务平滑基金和新增债券的积极作用，降低政府债务利息负担，优化债务期限结构，腾挪更多资金用于重大公益性项目、城市基础设施和重点民生工程建设，解决新建项目筹资困难，缓解工业园区流动资金压力。落实好解决融资平台公司在建项目后续融资的办法，引进社会资本参与融资平台公司存量项目改造，缓释平台公司债务风险，增强筹融资能力，加快市场化转型步伐。发挥债务资金在跨年度预算平衡中的独特作用。

三、变封闭财政为开放财政，不做坐井观天的短视者

财政改革具有全局性，财政制度具有综合性，财政工作具有公共性。“不谋万世者，不足以谋一时；不谋全局者，不足以谋一域”。要用博大的视野，宽广的胸怀，泉涌出开放的思维，看财政、谋财政、干财政，财政工作就能拨云见日、呈现出一片新的天地。

（一）用放大镜看财政，全方位统筹整合使用财政资金

由于种种原因，各类行政事业性收费、罚没收入、土地出让金、国有资源转让收入、各类基金等，虽然实现了“收支两条线”管理，但总的来讲，其“部门”特色是客观存在的，削弱了政府预算统筹能力。实现全口径预算，所有政府收入纳入预算管理，部门财力成为“过去时”，打破行政事业性收费、政府性基金及专项资金等是部门“自留地”的传统思维，推进财政资金统筹使用，避免资金使用“碎片化”，盘活各领域“沉睡”的财政资金，把“零钱”化为“整钱”，统筹用于发展急需的重点领域和优先保障民生支出，增加资金有效供给。推进政府预算体系的统筹协调，加大政府性基金预算转列一般公共预算的力度，在 2015 年将地方教育附加、残疾人保障金等 11 项政府性基金列入一般公共预算统筹安排使用的基础上，从明年起将水土保持补偿费、政府住房基金等 5 项基金转列一般公共预算；对政府性基金预算结转资金规模超过该项基金当年收入 30% 的部分，补充预算稳定调节基金统筹使用。重点推进科技、教育、农业、节能环保、医疗卫生等重点科目资金的统筹。推进跨年度预算的统筹协调，对目标比较明确的项目，特别是在水利投资运营、义务教育、卫生、社保就业、环保等重点领域，优先开展三年滚动预算编制工作。加强部门预算总量约束，教育、科技、农业、文化、医疗

卫生、社保、计划生育等7类重点支出不再采取挂钩方式安排，统筹安排城市维护建设税、排污费、探矿权采矿权使用费和价款、矿产资源补偿费等领域经费。推进财政存量资金的统筹使用，我们通过清理甄别，盘活结转结余资金8亿多元，加强民生保障和支持经济建设。要全面盘活结转结余资金、预算稳定调节基金、预算周转金等各类存量资金，对结余资金和连续两年未用完的结转资金，一律收回统筹使用。推进转移支付资金的统筹使用，将城乡低保补助资金、医疗救助补助资金、农村五保供养资金、临时救助补助资金、孤儿生活救助资金统一整合为"社会救助转移支付资金"。加大存量债务资金和新增债务资金的统筹使用力度，对尚未使用的地方政府存量债务资金，一律纳入预算管理，与新增债务资金统筹安排使用。

（二）用变色镜看财政，划清市场和政府的边界

政府和市场左右开弓，成为经济发展的双引擎。如何使市场在资源配置中起决定性作用和更好发挥政府作用，首先要科学界定政府、市场、社会之间的边界，区分公共性层次，调整结构，有保有压。凡是应由市场和社会承担的事务，坚决放给市场和社会，而且放到位、放彻底，政府真正从生产性、竞争性领域退出，退干净，避免大包大揽；凡属市场不能有效发挥作用的，公共财政要主动补位，管住管好该管的事。增强市场意识、开放意识，勇挑国家治理的基础和重要支柱的新重担，创新体制机制，打响促改革的"当头炮"。运用好财政政策工具，把政府和市场有机连起来，既要激发市场活力，又要发挥政府推力，统筹"市场无形之手"和"政府有形之手"，打造智慧理财新天地，大力引导政府与社会资本的合作，进一步拓宽合作空间，使政府和市场比翼齐飞。

（三）用望远镜看财政，变市域财政为区域财政

在不同高度的山峰，会看到不同的风景，生命永远在更高的山峰。要有站在月球看地球的视野，把宜昌财政置身于长江经济带开放开发、三峡城市群发展的时空中来谋划。从发展定位看，国家长江经济带发展战略中，湖北是承东启西、连接南北的"祖国立交桥"，是长江中游核心增长极，是内陆开放合作新高地，是全国生态文明建设先行区。"建成支点，走在前列"，宜昌的作用举足轻重，财政的担当任重道远。宜昌正在建设长江中上游重要综合交通枢纽，加快长江中游城市群、三峡城市群、宜荆荆城市群发展，对接学习上海自贸区，首批入选全国生态文明建设先行示范区。要抢抓这些难得的重大战略机遇，包括与三峡集团、葛洲坝集团、武钢集团等大企业大集团合作机遇，实现从市域财政到区域财政的跨越，由谋城到谋带、谋群的发展。

放大财政政策的精准调控效应，扎实推动积极财政政策加力增效，着力盘活存量资金，用好财政增量，增强预算的统筹协调功能，支持扩大投资需求，加大力度推进重大项目建设，在实现稳增长、调结构双赢和促进经济行稳致远上持续发力，向中高端水平迈进。充分利用重点产业发展基金、产业引导股权投资基金、城市建设发展投资基金的引导优势，加快研究设立新兴产业创业投资引导基金、中小企业发展基金，使各类投资基金拉动社会资本投资。深入推进“3 + N”财政改革，在无限宽广的领域释放改革红利，主动对接国家“一带一路”战略和长江经济带通关一体化，促进我市企业对外出口和投资，向外争取市场空间；推动“引进来”和“走出去”，优化外贸结构和布局，承接沿海和海外先进产业转移，打造国家产业转移示范基地；既着力深挖传统产业升级的潜力，逐步迈向中高端领域，又积极释放新产业新业态蓬勃发展的潜力，对接国家创新驱动战略和“互联网 + 行动计划”，推动以信息技术为基础的新业态发展，加快培育生物医药、新材料、北斗导航、磁电子等新兴产业，有力促进创新驱动发展、产业结构调整，推动经济转型升级。

作者简介：

徐炜，男，汉族，党员，1959 年 9 月生，1976 年 8 月参加工作，大学学历，三峡大学教授。现任湖北省宜昌市政协副主席，市财政局党组书记、局长。

历任宜昌市科协副主席，宜昌市轻工业公司副书记、经理、集体工业联社主任，宜昌市供销合作社党委书记、主任，宜昌市商务局党组书记、局长，现任宜昌市政协副主席，市财政局党组书记、局长。

加强财政信息化建设与应用 提升财政管理规范化科学化水平

广西壮族自治区恭城瑶族自治县财政局　周　铎　郑继良

随着社会经济的快速发展和财政体制的不断改革，财政管理面临许多新情况、新任务，利用信息化管理推进财政科学化、规范化管理，既是业务建设、作风建设、能力建设的客观要求，也是财政管理“立足法制化、追求精细化、推进规范化、着力科学化、营造常态化”的具体要求。本文就如何利用信息建设推进县级财政科学化、规范化管理谈点初浅的认识。

近年来，恭城瑶族自治县局财政信息化建设在自治区财政厅的大力支持和帮助下，在县委、县政府的正确领导下，围绕财政部关于“一体化”建设指导思想和金财工程应用支撑平台推广实施的工作部署，根据自治区财政厅统一安排，按照“统一组织领导，统一规划实施，统一网络平台，统一标准规范，统一安全管理”的原则，以加强网络基础建设，拓展财政信息化业务应用范围为重点，将信息化建设与财政工作相结合，把信息技术融入财政业务流程，全面推进财政科学化、规范化管理水平，构建标准统一、流程规范、上下贯通的一体化财政管理信息系统也就是财政应用支撑大平台，推进财政管理科学化、精细化、规范化，为财政改革提供重要的技术支撑，有效推动了全县各项事业的发展。

一、我县财政信息化建设与应用情况

（一）信息化基础设施建设初具规模

1. 财政应用网络系统纵横联通。依托自治区财政网络专网建成了纵向覆盖全区、市、县、乡（镇）财政部门，横向到同级预算单位、国库、人民银行、商业银行（代理银行）等互联网络结构，实现了上下贯通。为全面推进财政体制改革，满足县财政对乡镇财政支出管理需要，我县于 2014 年将网络建设延伸到自治县所辖 9 个乡（镇）财政所。

2. 财政机房建设已基本完成。2007 年，我县开始投入资金对机房进行建设，并于 2007 年 8 月完成基本建设，构建了财政局内部局域网、与人民银

行、商业银行所构成的城域网、与自治区财政厅、桂林市财政局构成的广域网。

（二）财政应用支撑大平台管理信息系统推广应用取得显著成效

2012 年，恭城瑶族自治县财政局按照财政部的统一部署，启动了对原有信息系统的整合改造，开发了业务规范统一、基础数据统一、技术平台统一的“恭城县财政应用支撑大平台信息管理系统”（以下简称财政应用支撑大平台）

1. 全县财政支撑应用大平台推广实施顺利完成。财政支撑应用大平台的开发和全面推广应用是全区“金财工程”建设的核心内容，我县财政应用支撑大平台由全区统一的国库集中支付系统（含：指标管理系统、计划管理系统、支付管理系统、公务卡管理系统）、总账系统（含：预算内资金账务管理系统、专户资金账务管理系统、单位往来资金账管理系统）、部门预算管理系统、工资统发管理系统、非税收入收缴管理系统、动态监控管理系统、综合查询管理系统、OA 办公自动化管理系统等系统组成。于 2012 年 5 月正式上线运行。经过应用磨合，系统功能不断优化完善，财政应用支撑大平台的优越性日益显现。所有领导班子、业务股室、预算单位对财政应用支撑大平台都能正常使用。在全县范围内财政应用支撑大平台总体应用情况良好。

2. 财政应用支撑大平台应用成效初步显现。财政应用支撑大平台覆盖了财政收入、支出管理的核心业务（国库集中支付系统、财政工资统发、预算内资金账务管理系统、专户资金账务管理系统、单位往来资金账务管理系统，非税收入收缴管理系统），保证了相关联的业务功能顺畅衔接，实现了信息共享和规范透明，较好地解决了原来分散系统之间数据口径不一而导致的频繁对账、调账、数据重复录入等问题，有效减少了工作量和误差率。比如，财政工资统发系统实现了从数据报送支付凭证的自动生成，提高了工作效率；综合查询功能可以方便财政局领导班子能及时的对全县的财政收支情况、各个项目资金的支出、各个口的支出情况方便的进行查询；公务卡管理、往来资金与集中支付、总账会计间的业务流程被大大简化；支付系统与账务系统的对接可以及时的生成各类统计报表；动态监控系统可以方便的监控预算单位违规转账；各地财政核心业务数据纳入财政支撑大平台，开成了本地集中的数据库，为数据统计分析提供了完整准确的基础数据，也为动态采集财政预算执行信息奠定了基础。

（三）政府信息公开统一平台网站、118 公文网、OA 办公自动化管理系统广泛应用

1. 政府信息公开统一平台网站在财政宣传和政务公开方面发挥了主渠道作用。按照自治区人民政府、自治县人民政府对政务公开的相关规定和“信息公开、在线办事、公众参与”的办网宗旨，2011 年在自治县人民政府门户网站和政府信息公开统一平台网站正式开通，我县财政局按县人民政府的要求，主动公开财政信息、政务信息公开年度报告、政务信息公开年度总结、办事流程、财政局简介、领导班子简介、内设机构职能、各种专项资金使用情况、宣传财政政策及财政法规和相关规章文件、接受投诉建议和解答公众咨询等。近年来，政府信息公开统一平台年均访问量超过 5 万次以上。

2. 118 公文网（政府公文网）得到广泛应用。118 公文网自 2011 年开始在全县范围内推广使用以来，作用越来越大。通过 118 公文网可以非常方便财政局与政府部门及预算单位进行电子公文的收发，公文通过电子化处理后不需要纸张打印出来减少了办公费用、不用派人员到各个单位派送公文节约了交通费以及人力，大大的提高了办公效率。

3. OA 自动化办公系统应用得更加完善。2012 年自治区财政厅开始应用 OA 自动化办公系统，部分财政信息报送实现了电子化，到 2014 年年底基本全部实现了文书档案的电子化处理。恭城县财政局把 118 公文网与 OA 自动化办公系统有机的结合起来，在全局范围内基本实现了文书档案的电子化处理。OA 自动化办公系统可以用来接收自治区财政厅下发的电子文件，局办公室接到电子文件后再转发给相应的领导及相应的业务股室进行处理。与 118 公文网的有机结合，收到来自政府部门或者各单位发来的公文后，可以通过 OA 自动化办公系统转发给相应的领导及相应的股室进行处理。这样可以大大的提高办文办事效率。

（四）高清视频会议系统得到推广使用

2012 年，自治区财政厅依托全区电子政务城域网和电信专网主干线路，建设了与全区 14 个市、75 个县财政局相连接的高清视频会议系统。为配合全区财政体制改革及乡镇财政所标准化建设，我县 2014 年 3 月建立了覆盖全县 9 个乡镇的高清视频会议系统，该会议系统可以转发财政厅的视频会议，也可以应用到全县财政系统的会议中。改变了以往会期冗长，会议经费高的情况。以往到自治区财政厅参加一次会议来回要差不多两天的时间，交通费和住宿费要开支不少，同样，乡镇财政所的同志到县财政局参加会议也要花费不少的开支。视频会议的使用大大的节约了会议时间，又节约了办公经费，也方

便了基层干部职工。很好的贯彻实施了中央“八项规定”精神。

（五）信息安全保障能力相应提升

为保证财政信息安全，我县财政系统从2007年开始对县财政局中心机房进行建设，并重新部署财政局内部网络。在财政应用支撑大平台推广实施工作中，为各业务股室配备了内外网完全物理隔离的计算机网络，现在所有业务股室的计算机上财政局内网的计算机只允许进行财政局内网业务操作，决不允许既上因特网又上财政系统内网，减少了内网计算机感染病毒的机率。同时，于2014年3月购置了一台存储服务器，用来存储财政业务数据，对重要的财政业务数据实现多处备份、异地备份、确保在意外情况发生时，重要财政数据（如：支付系统、总账系统、OA系统、工资统发、部门预算）等财政数据不会丢失，为系统恢复运行提供安全保障。

二、财政信息化建设与应用存在的不足

我县财政信息化建设和财政应用支撑大平台系统的推广应用虽已取得阶段性成果，但是还存在着一些不足，主要表现在如下几个方面：

（一）信息管理机构设置不规范。自治区财政厅要求成立财政信息化工作领导小组及办公室，主要领导任组长；要求成立信息管理机构，有同级编制主管部门批复。县财政局未成立信息中心，信息中心工作人员由办公室人员组成，没有安排专职人员负责；县财政局也未成立财政信息化工作领导小组，信息化技术力量不够强大。

（二）财政系统缺乏既懂财政知识又熟悉计算机操作的人才。负责财政信息系统的人员是从老师转行过来的，财政业务知识缺乏，需要进一步提高；财政系统干部职工的计算机操作技术水平参差不齐，既增加了技术人员日常维保业务工作量，也不利于信息化建设的深入推进。

（三）信息化管理尚停留在系统维护层次。目前，我县财政信息工作人员大量精力疲于应付网络运行和安全，如安装软件、杀毒和故障排除等初级应用上，主动介入财政业务，为财政改革和管理服务相对滞后。

（四）信息系统应用风险有待加强防范。网络系统存在安全隐患，防毒防攻击能力不强也在一定的程度上制约我县财政信息化工作发展。

（五）全县宽带网络不稳定（由其是乡镇宽带网络），财政网络利用率不高，财政业务系统不完善影响财政业务开展。

三、加强财政信息化建设与应用，提升财政管理规范化科学化的水平的措施

我县财政信息化建设和财政应用支撑大平台系统的推广应用虽然还存在着一些不足，必须进一步改进和完善。加强我县财政信息化建设与应用，提升财政管理规范化科学化的水平的措施主要有如下几个方面：

（一）加快完善信息化各项制度建设

1. 制定信息化建设规划。根据财政厅对信息化工作部署和我县财政信息化工作实际情况，结合当前信息技术的发展，制定全县信息化发展建设长期规划。一方面确保全县信息化建设统一性和连续性，另一方面也可以避免盲目重复投资建设信息化项目，全县财政系统一盘棋，共同推进信息化的发展。

2. 完善信息化管理制度。随着财政信息化建设的逐步深入，特别是财政核心业务已纳入财政应用支撑大平台管理，这些业务的应用不仅涉及到财政系统内部，还涉及到预算单位、人民银行和商业银行等，因此，加强管理显得尤为重要。建议在原有制度的基础上不断完善网络信息安全管理制度，建立财政业务系统应用管理制度、运行维护管理制度等，构建一系列完备的信息化管理制度。

3. 培养信息化复合型人才。随着信息化应用工作的深入，培养既懂得财政业务知识又懂得财政管理，同时又要熟悉财会电算化和计算机操作及网络知识的信息化复合型人才显得更加重要。为了适应形势发展需要，我们必须加大对信息化复合型人才的培养，做到有计划、有步骤、分层次、多渠道地造就高素质的财政系统信息化队伍。

（二）加快推进财政应用支撑大平台系统的深化应用

1. 完善大平台系统功能，扩大财政应用支撑大平台应用范围。积极完善财政应用支撑大平台系统在易用性等方面的共性需求，综合考虑各业务股室、各预算单位在个性需求上的差异，完善系统功能，扩大系统应用范围。主要做到以下三个方面：

（1）尽可能实现财政应用支撑大平台各类功能模块上线应用；

（2）将公共财政预算资金、政府性基金、专户资金、单位往来资金非税收入资金全部纳入财政应用支撑大平台进行管理。

（3）将所有财政资金支付的预算单位纳入财政应用支撑大平台进行管理。

2. 推动财政业务系统应用，促进财政业务信息系统归并整合。区、市、县、乡四级财政业务系统应充分利用“上下”贯通功能，实现上级资金下达，

下级资金文接收，与财政厅对账，下达指标给预算单位，以及财政、税务、国库、银行报表数据分发等，达到整合归并财政核心业务信息系统的目的。

3. 充分利用好财政业务数据，建立好财政收支数据分析预测。在财政应用支撑大平台系统广泛应用的基础上，以区、市、县三级数据为基础，以全面纳入财政应用支撑大平台系统的财政收支资金为对象，建立完善的财政数据统计分析模型，实现财政收支统计分析，并不断优化完善分析模型，力争达到准确预测财政收支，努力实现财政管理科学化、规范化、精细化。

（三）提高安全风险防范意识，完善信息安全保障机制

1. 规范财政业务系统网络运行规范管理，确保数据安全。当前，我县财政应用支撑大平台系统的应用已逐步推进，建议从互联网通过 VPN 接入财政应用支撑大平台的预算单位采用强制身份认证的方式（CA 认证）登录，以确保登录用户的真实性。同时，财政局内部还应使用先进的技术手段，安装防毒、杀毒软件，定期对所有的财政业务系统服务器进行漏洞扫描和入侵检测，防止黑客攻击和数据泄密。根据我县实际情况，建议自治区财政厅统一部署杀毒软件，以便我县能够对所有的服务器进行安全的管理。

2. 建立业务系统信息安全应急预案机制，制定有效的防控措施。为了提高突发信息安全事件的应急处置能力，按照“积极预防、严格控制、防控并得”的处理安全信息事件的原则，我县财政局信息工作办公室应制定相应的信息系统安全事故应急预案管理机制，组建财政局信息化管理应急处理队伍，明确岗位、任务和责任，每年定期进行应急演练，发现不之处及时加以整改，同时还要加强与上级部门之间进行沟通，争取上级部门的技术援助，以提高我县的应急处置能力和水平。

（四）做好各级服务管理工作，建立运行维护保障体系

1. 建设实时监控管理系统。建立以信息技术为支撑，以流程管理为手段的集中监控管理平台，对其运行状态自动监控和管理，以便及时发现故障快速进行处理。维护人员每周不定期对各个管理模块进行巡检，查看监控信息和运行状态，保证其合理配置和高效运行，逐步实现由事后被动处理到事前主动服务防范的转变，将故障隐患消除在萌芽之中，提高运行维护的效率和质量。

2. 做好业务系统运维服务工作。参照 IT 服务管理理念、方法、标准和实践经验，在健全运维管理制度的基础上，与有经验的、业务技术能力强的、运维服务态度好的公司签定运维服务协议，以保障我县的财政业务系统正常运行。运维服务工作要求能及时处理业务系统用户提出的各种服务请求，对受理的信息及时进行记录、分发，向服务组及时下达服务工作指令，对重大事件服务向责任单位进行汇报，跟踪、监督任务完成情况，实现运维全过程的记录、回复、跟踪、报告等一站式的流程服务管理，保证受理问题处理及时、准确、有效，推进信息业务系统服务向科学化、规范化。

财政规范化、科学化管理涉及到经济发展和社会事业发展的方方面面，财政改革的成败直接影响到政府工作的成效，利用先进的现代信息技术，从大局出发，统筹考虑，发挥综合优势，逐步加强财政信息化建设与应用，真正实现财政管理信息化，提升财政管理规范化、科学化水平，同时提高行政管理水平，充分发挥财政性资金的使用效益，为政府当好家、理好财，具有十分重要的意义。

项目带动 提速发展

广西壮族自治区岑溪市财政局 陈向前 陈国飞 陆海章

“昔日低产农田，如今变成旱能浇、涝能排、路相通、渠相连、田成方、棚林立”的现代特色农业示范园。”2014 年 12 月 9 日，岑溪市平坡村村民欧叔一边为田园的花奔除草一边感慨。他说，“他的田地已经全部流转出去，年租金收入 2400 元，自己在示范园务工，每天工资有六七十元。

这是岑溪市近年整合农业综合开发开发资金和其他专项资金 1600 万元，带动项目业主等其他投资 6000 多万元，建成面积 3200 亩的梧州岑溪市现代特色农业（核心）示范园，带来农民增收的一个缩影。

2015 年 8 月 9 日，归义镇农民李杰走在绿油油的澳洲坚果标准化育苗基地里，高兴地对人们说，这是国家农发资金支持我公司培育的澳洲坚果果苗，明年一开春，就可以上市出售了，可带动周边 1500 户农户种植坚果啊。

这是 2014 年岑溪市投入农业综合开发资金 210 万元，带动项目业主自筹资金 230 万元，实施的农业产业化项目——岑溪市 100 万株澳洲坚果育苗基地带来的辐射效应。

2015 年 11 月 15 日，岑溪市三堡镇蒙布村蒙池组农民陆开廷，在田间来回不停地把一袋袋刚从收割机打下的稻谷搬运到机耕路上，在繁忙中显得非常高兴。他说，他家今年耕种的 3 亩水稻大获丰收，过去由于渠道不配套、河道不通畅，洪水一淹，粮食就减产低产，如今通过国家投入农发资金 100 多万元疏通渠道，修筑河堤，改造成高标准农田，推广粮种，粮食产量大大增加了。

这是岑溪市 2014 年筹措农业综合开发资金 1300 万元，实施岑城、三堡镇上地治理项目，建设高标准农田 0.94 万亩带粮食丰产的真实场景。

这一张张笑脸，一项项农发项目的落地，无不折射出岑溪市紧抓列为国家农业综合开发试点县（市）契遇，通过项目带动，促进农业增效、提速农村经济发展，促进农民增收的实实在的成效。

实施土地治理项目建设高标准农田。岑溪市位于桂东南部，是个山多田少的县级市，2014 年，针对本市岑城、三堡等镇村仍有大量农田渠系不配套、田间道路难行，河沟河道不通，粮食产量上不去的状况，积极筹措农业综合开发资金1300万元，在岑城镇的古塘、龙登、六凡、六田、乌峡5个村和三堡镇蒙冲、蒙奇、蒙布3个村实施土地治理项目。通过上下努力，建成高标准农田0.94万亩，开挖疏浚渠道13.4公里，衬砌三面光渠道45.11公里，硬化道路2.43公里，发放良种0.64万公斤。该项目实施后，改善农田灌溉面积0.90万亩，优质农产品种植面积0.74万亩，农产品优质率达78.7%，新增粮食总产137.25万公斤，新增种植业总产值1327.33万元，项目区农民收入增加207.5万元。

“十二五”期间，岑溪市把农业综合开发项目建设作为改善农业生产条件，促进农村经济发展的一项重要民生工程来抓，累计投入农发资金5860万元，带动项目区业主自筹资金570万元，实施农业综合开发土地治理项目12个，涉及全市65个村，建设高标准农田4.45万亩，开挖疏浚渠道68公里，衬砌三面光渠道190公里，硬化机耕道路16公里，发放水稻、马铃薯等良种5.65万公斤，改善灌溉面积4.26万亩，新增机耕面积0.3万亩。岑溪市持续推进高标准农田项目建设，有效地改善了项目区农业生产条件，促进了农业综合开发和产业结构调整，累计增加农民收入908万元。

推进农业产业化经营项目建设。岑溪，中国的长寿之乡，凭借着青山绿水，碧水蓝天的天然生态环境、富饶的土质条件和亚热带气候，大力发展果中之王——澳洲坚果。基于此，岑溪市的农业综合开发，以推进农业产业化经营为抓手，以农业综合开发项目带动为着力点，积极筹措资金助推进澳洲坚果种植产业化进程。2014年岑溪市投入农发资金225万元，带动业主李杰自筹资金230万元，在归义镇荔枝村实施农业综合开发100万株澳洲坚果育苗扩建基地，培育澳洲坚果种苗100万株，培训技术人员300人次，年向社会提供100万株以上的澳洲坚果种苗，带动1500户农户种植坚果，促进农业产业化结构调整和农民增收，实现经济效益、生态效益有机结合。

近年来，岑溪市累计投入农发资金490万元，带动业主自筹资金910万元，实施澳洲坚果育苗基地350亩，育苗400多万株，实施种植澳洲坚果标准化示范基地1000亩，带动全市种植澳洲坚果2万多亩，岑溪市已成为广西最大的澳洲坚果产业基地，每年澳洲坚果产业带来的收益超过3000万元。

推进现代特色农业示范区建设。在追求粮食高产稳产的基础上，岑溪市农业综合开发立足本地实际，重点围绕现代特色农业发展，大力推进产业示范区建设。2013年以来，岑溪市围绕生态、产业、创意、科技、人文等现代特色农业理念，坚持高起点规划、高标准建设、高效率推进的农业综合开发思路，整合农发资金和其他专项资金1600万元，引进了明申农业科技有限公

司和悦绿源农业科技发展有限公司等经营业主参与规模投资，在糯垌镇平坡村建设面积3200亩的梧州岑溪市现代特色农业（核心）示范园，初步建成了800亩名贵花卉示范区、1000亩砂糖橘标准化设施栽培示范区、1100亩紫玉淮山特色蔬菜产业化示范区、300亩现代休闲农业体验示范区的现代特色农业示范区，通过企业以资金入股、农民出租土地等方式，促进土地合理流转，实现农业规模化、集约化经营，带动了农民增收。

破冰前行　唤醒沉睡的财政资金

四川省江安县财政局　王太然　向　斌

江安县是典型的财政困难县，尽管近年来，地方公共财政收入持续增长，但对上级财政的依赖度依然高，在稳增长、调结构、惠民生、促发展中越来越感到力不从心，收支矛盾异常突出。

然而，打开该县财政账簿，一个现象令人深思，一边是保民生、促发展所需的大量资金无从落实，另一边是部门的帐上沉积着大量的资金用不出去。

“趴”在账上睡觉的资金怎么唤醒？矛盾如何化解？2015 年以来，江安县乘着全国开展财政存量资金清理的东风，县委、县政府运筹帷幄，县财政、审计等部门齐心协力，剑指财政存量资金，对症下药，医治顽疾。截至目前已盘活财政存量资金近 5000 万元，压缩暂存暂付近 4000 万元，财政存量资金清理盘活专项行动取得了前所未有的成效。

这一次清理行动，与以往到底有何不同？让我们走进江安县，一探究竟。

一、注重信息化，摸实情，夯实工作基础

2015 年初，江安县财政局按照县委、县政府要求，在近年来已开展的相关工作的基础上，再次加大力度，全力出击，这一次的摸底调查，收集掌握的数据更准确、情况更详细、信息更全面，特别是掌握了部门的真实想法。这一次的摸底调查，比以往任何一次都更彻底，但用时并不比以往长，奥秘何在？

领导重视、准备充分、部门配合是关键，走访基层、集中汇审也必不可少，而现代办公科技手段的广泛运用，如虎添翼，成为这次摸底调查最大的推动力。

“大平台”——政府财政信息管理系统，在这次摸底调查中，大显身手，功不可没。

进入“大平台”系统，屏幕上各种资金类别、项目数据等信息映入眼帘。从这些纷繁复杂、令人眼花缭乱的数据中，操作人员通过技术处理，各部门截至某一时点的财政存量资金数据一一呈现在眼前，汇总成全县数据也变得水到渠成。虽然通过“大平台”得到的数据尚不完整，但这一“捷径”所带

来的事半功倍的效果显而易见。

“QQ工作群”——在这次摸底调查中同样扮演了重要的角色。小QQ发挥了大作用，在县财政局内部股室之间、县财政局与部门之间架起了一条快速通道。通过在QQ上交流经验、传递数据、反馈信息、共享资源，打破了时空界限，提高了工作效率。在摸底调查之外，“QQ工作群”的运用贯穿了该县财政存量资金清理盘活工作的全过程。

用友财务通、移动飞信、预算通等现代工具和软件也在摸底调查中有出彩的表现，为整项工作的成功开展，贡献了力量。

二、注重人性化，强沟通，破除思想障碍

思想通，一通百通，道理如此浅显易懂，然而，对于部门而言，要做通他们的工作，谈何容易。开展财政存量资金清理盘活，是一次不折不扣的破冰之旅。

有的部门领导认为，既然资金已到了本单位账户，不管早用迟用，都是本单位的事，盘活存量资金，就是收他们的钱，割他们的肉。有的认为，项目资金摆在账上的金额虽然很大，但上级主管部门对资金管理有明确要求，如果交回给财政，对上恐难以交差，因此举棋不定。还有的部门领导担心把钱交上去容易，再拿回来很难，顾虑重重。

难题如何破解？打破思想障碍是重中之重，做通部门思想工作是当务之急。县委、县政府总揽全局，县财政等部门迎难而上，破冰前行，多管齐下，精准发力。

如果说自上而下开展的“总动员”，是从思想深处敲响了警钟；明确该项工作作为“一把手”工程，是用行政手段夯实了责任；那么耐心细致地做好沟通对接，则如同春风化雨、润物无声，解开了部门的心结。

领导主动沟通。县财政局班子成员主动与预算部门领导沟通，耐心解释盘活财政存量资金的目的、意义、要求等事项，坦诚告知这项工作既是上级的要求，更是现实的需要，必须开展。并承诺开展财政存量资金清理盘活，不会影响部门日常工作的开展和项目建设的实施。

财政率先垂范。作为牵头部门，县财政局在这次清理盘活行动中的现实表现如何，备受关注，对全局的影响，举足轻重。这次专项行动之初，县财政局班子就明确表态，一定严格落实上级安排部署。在实际工作中，县财政局第一个将清理出来的结余资金上交给县财政，以实际行动为其他部门做出了榜样。

对接突出重点。县财政局业务股室主动跟进，就相关工作进行对接，与各部门财务人员进行详细沟通，针对教育、卫生等大系统开展重点对接，探讨存量资金清理盘活的工作流程，特别是对如何开展好账目核对、资金清算、规范管理等，在业务层面增进理解，形成共识。

行动及时跟进。根据新《预算法》要求，结合本次存量资金清理盘活等情况，提前做好2016年预算编制相关工作，建立健全全口径预算体系。制定了《江安县县级预算稳定调节基金管理办法》，确保县级预算的持续和稳定，加强财政预算结余和超收收入管理，同时提高部门运行费用标准，保障部门日常工作经费的需要。通过动之以情，晓之以理，践之以行，部门从最初不支持、有顾虑到最后理解配合。

融化了心头的坚冰，消除了思想的障碍，解决了前进道路上最大的拦路虎，为接下来其他工作的开展，铺平了道路。

三、注重规范化，讲方法，提升工作实效

财政存量资金清理盘活是一项系统工程，工作量大，政策性强，涉及面广，且涉及各部门切身利益。江安县在借鉴别人成功经验的同时，切合当地实情，走出了一条既符合政策要求，又行之有效的路子。

从“实”着手开展培训。先后3次开展了业务培训，参加人员为各部门具体经办人员，邀请精通政策、经验丰富、熟悉情况的专家内行，进行深入浅出、全面透彻的讲解，帮助经办人员对这项工作的了解，从最初的一知半解到全面熟悉，做到了胸有成竹。

从“细”入手加强指导。县财政部门抽调精干力量，组成工作小组，负责指导全县存量资金清理盘活工作。指导组成员通过QQ群、电话等答疑解惑，深入基层单位现场指导，对每一个细节都做到了高度重视，对每一个问题都做到了及时反馈，保障了各部门在业务层面精益求精，从细微之处为整个工作的全面推进发挥了关键作用。

从“快”动手优化流程。县财政局会同有关部门，对工作流程进行了多次梳理，集思广益，慎重评估，最后形成了工作流程，并以文件的形式下发，涵盖了工作的各个步骤、规范了每个环节，使整项工作有条不紊，不走弯路，最大程度地加快了工作进度。

从“严”下手分类处理。在各部门开展清理自查的基础上，摸清底数，甄别核实，按照有关文件要求，严格实行分类处理。对结转结余资金：地方公共财政预算连续两年未用完的，作为结余资金管理，补充预算稳定调节基

金，统筹用于以后年度预算编制。对政府性基金预算结转资金：原则上按有关规定继续专款专用，每一项政府性基金结转资金规模超过该项基金当年收入20%的部分，调入地方公共财政预算统筹使用，补充预算稳定调节基金。此外，对转移支付结转结余资金、部门预算结转结余资金等分别采取不同的对策，严格程序进行处理。

历时3个多月的财政存量资金清理盘活专项行动虽然落下了帷幕，但是加强财政存量资金管理是一个永恒的课题。江安县在这次集中行动的基础上，认真总结经验，立足当前，放眼未来，积极探索健全加强财政存量资金管理的长效机制。通过有效压缩结余结转资金额度、加快预算执行进度、规范会计核算管理力度、健全财政专户管理制度、把握好绩效评价结果运用尺度等手段，让沉睡的财政资金越来越少，让每一分纳税人的钱都花到刀刃上，为推进江安经济发展和社会进步，发挥最大的效益。

筑梦　追梦　圆梦的足迹

四川省雷波县财政局　苏鲁且

“财计为国之大命”（严复）。对一个贫困的民族地区，特别是雷波县这个地处凉山彝族自治州东北部的国家级贫困县而言，财政更是全县经济社会科学发展、和谐发展和实现中华民族伟大复兴的“中国梦”的命脉之所在。

时光匆匆，岁月峥嵘，雷波财政经历了六十多年风雨兼程，经历了六十多年拼搏奋斗，书写了六十多年的辉煌业绩。我们一路走来，历尽了曲折和坎坷，分享了快乐与幸福，见证了雷波财政由小变大、由弱变强的沧桑巨变。六十多年来，在全县各族人民的努力奋斗下，我们铺设了一条崭新的财政之路——这是一条自力更生摆脱贫困愚昧的“筑梦”之路；这是一条奋发图强又好又快发展的“追梦”之路；这是一条追赢赶超奔向富裕文明的“圆梦”之路！

一、昂首阔步“追梦”“圆梦”的雷波财政

时光的大幕在2010年拉开！雷波县城，这座古老而秀丽的小山城，南临金沙江，北倚锦屏山，地势险要，风景如画。在2900多平方公里的土地上，到处是一片繁荣兴旺的景象：顺河磷化工基地，机器轰鸣，磷酸一胺、硫酸等产品源源下线，销往全国各地；马湖旅游景区，游人如织，吃住游玩购一并俱全，欢欢喜喜来，心满意足归；县城内高楼鳞次栉比，车水马龙，购销两旺，人们安居乐业；极富民族特色的锦屏广场上，灯明乐飞，娱乐健身人头攒动；锦泰苑、桂花园、金江苑、锦屏园，一个个生活小区拔地而起，环境优美整洁，百姓其乐融融；阿火阿俄村、海湾村、小海村、店子坪村，一处处彝家新寨纷至而来，设施配套齐全，群众笑逐言开……。眺望全县49个乡（镇）的村村寨寨，一条条通村公路、入户路密织如网，田土里的农作物长势喜人，“三农”政策惠泽百姓，整村推进的新农村和彝家新寨建设如火如荼，一个个崭新的小康村沐浴在阳光之下，“两免一补”、“营养午餐”、新农合、城乡低保等温暖人心。

眼前的这一切，都和一个词密切相关：财政。财政既是支撑一个地区经济社会发展的中流砥柱，又是一个地区的总管家。它掌管和规划着全县经济

发展的金盘子，统筹着各项事业建设发展的经费开支。财政的支撑能力和保障能力关系着一方的稳定，财政的支撑能力和保障能力关系着一方的发展，财政的支撑能力和保障能力关系着一方人民群众衣食住行的迫切需要。

财政兴，则事业兴！这几年，雷波县的财政建设可以说是快速发展，每年一个新台阶，每年一个大发展、大跨越，工业、农业、旅游、交通、水电、城市建设等突飞猛进，不断取得新成就，一个繁荣、和谐、文明的新山城正呈现在人们面前。“十二五”开局伊始，县委、县政府又根据新形势、新任务、新目标，提出了全县经济社会发展“乘势而进、追赢赶超”的工作基调，确立了“工业强县、城建亮县、农业立县、旅游兴县、民生和县”的工作思路与“两年大跨越、三年翻一番、五年增两倍、步步上台阶”的奋斗目标，要求全县各族人民紧紧围绕“依托乌蒙山片区区域发展与扶贫开发，推进雷波加快建设凉山东部经济发展高地”的主题，实现全县经济社会的科学发展、又好又快发展。当前，雷波各行各业发生的翻天覆地的喜人变化，其中无不凝聚着全县人民和财政人的心血和智慧，正是他们以强烈的政治责任感、历史使命感和奋发图强的精神，与时俱进、顽强拼搏，让雷波从贫困落后中走来。六十多年的风雨兼程与励精图治，铺就了一条雷波财源的不断壮大之路！

财政是一只神奇的笔，它绚丽的七彩描绘着雷波的今天和明天；财政是一双勤劳的手，它勤奋的努力构筑着雷波各项事业的大厦；财政是一股巨大的动力，它快速地铺筑着雷波经济社会发展之路、腾飞之路不断延伸。

让我们先来看看这组振奋人心的数据吧：“十五”规划期间（2001～2005年）雷波的本级财政收入从2001年的1309万元上升到2005年的5564万元，年平均增长率为40%；“十一五”时期（2006～2010年），雷波的本级财政收入从2006年的5948万元上升到2010年的17211万元，年平均增长率为31%。“十二五”的前四年（2011～2014）雷波的本级财政收入从2011年的26967万元上升到2014年的48082万元，年平均增长率为20%，州委、州政府与县委、县政府对雷波财政工作的出色成绩都给予了高度的评价！雷波的财政收入已经迈入了全州二类县的前列，为凉山州的财政收入位列全国少数民族自治州中的第二位作出了很大的贡献。

数据最能诠释财政这一经济命脉搏动的力量。正是通过这些变化的数字，映射出的是60年来全县人民和全体财政人创造出的辉煌业绩！从这里，我们看到了雷波经济社会蓬勃发展的可喜局面，看到了雷波财政豪迈前进、跨越发展的步伐。然而，任何事物的发展和进程总是从无到有，由弱变强的，雷波的财政历史无疑是一部在艰难中创业、在困境中发展、在拼搏中腾飞的历史。

这真是：曾经砸碎枷锁一步跨千年，今朝追赢赶超万众奔小康！

二、苦干奋进“筑梦”“追梦”的雷波财政

雷波县地处四川省西南边缘的横断山脉东段小凉山，金沙江北岸，是凉山州的东大门。东南隔江与云南省永善县相望，北与宜宾、乐山地区相邻，西接美姑县，西南紧连昭觉县、金阳县。全县幅员面积 2932.46 平方公里，有 49 个乡镇、281 个村，总人口 26 万人，以彝族为主体的少数民族占 51%，农业人口占 91%。长期以来，由于历史、地理等方面的原因，严重制约着雷波经济社会的发展。

然而“山再高，高不过脚板；海再宽，宽不过渡船”。雷波各族人民和雷波财政人抱着一种“敢叫日月换新天”的精神，开创了全县财政事业的振兴发展之路，与全国人民一起溶入了建设小康社会的宏伟事业中。

1950 年 7 月，雷波县城迎来了解放的曙光，实现了“一步跨千年”的历史大跨越。县人民政府面对民不聊生、百废待兴的状况，开始迈出了财源建设的第一个步伐，认真开展了治理通货膨胀、平抑物价、稳定市场、安定人心、抓好农业牧业生产等工作任务。通过艰苦努力，很快统一了财政、物价和税收，建立了取之于民，用之于民，为人民谋福利的社会主义新型财政。当年财政收入实现了 13.7 万元。

1957 年，凉山州对我县实行“总额控制，包干负责，乾分二成一年一定”的财政管理体制。从此，县上建立了规范的一级政府一级财政，将一切收支纳入预算，实行统一管理，完成财政收入 147 万元。县财政开始由供给型向建设型转变。

1958 年开始，受“大跃进“的影响，提出“大收大支”，出现“无账会计”和大搞赊销预付的混乱状态。1962 年起，开始贯彻财政银行工作的“双六条”，严格预算管理，实行上下一本账，适当紧缩预算外资金，划清财政资金与银行资金的性质，冻结清理各部门存款，整顿财经纪律，搞好综合平衡，控制货币投放，财政秩序有所好转。

“文化大革命”期间，受“阶级斗争为纲”思想的影响，财政管理监督职能削弱，财政机构瘫痪，财政收入下降，地方经济发展受到阻碍，全县工农业生产和财政工作在曲折的斗争中艰难前行。

1978 年，党的十一届三中全会以后，改革开放的春风开始沐浴雷波大地，财政迎来新的春天，生产秩序恢复正常，经济有所复苏，财政收入达 644

万元。

80年代初，我县真正迎来了改革开放，开始打开闭塞的山门搞经济建设。在贫穷中间饱受煎熬的干部群众，解放思想，大展拳脚，应市场之需，先后组建了县汽车运输队、县轮船运输公司；办起了县伐木场、县林产品销售服务公司、县人造板厂、县西宁纸厂、县硅铁厂……。昔日里“日出而作，日落而息”的宁静彝家山寨，也迎来了滚滚车轮、长长汽笛、熊熊炉火；改革的巨大浪潮不断冲击着古老的传统。然而，现实是无情的，市场经济并不同情弱者，仅仅几年时间，那些寄托我们无限希望的县轮船运输公司、县人造板厂、县西宁纸厂、县硅铁厂等或因管理经营不善，或因生产工艺落后，或因产品成本太高，或因产品质量销售困难……，一个个公司相继倒闭了，一个个工厂先后破产了。

改革，叫我们懂得了市场的无情；改革，让我们领会了创业的艰难；改革，让我们体味到新生的阵痛；改革，让我们看到了美好的未来！困难，只吓得倒懦夫；贫困，只吓得倒懒汉。面对坎坷荆棘，雷波干部群众团结一心，无所畏惧，奋勇前行。

县财政也乘着改革的春风，积极探索创新之路，在创新中求发展，在发展中谋跨越。在先后经历分级管理多次形式的演变后，扩大了地方财权，财政获得新生，增加经济活力，树立了聚财、生财、用财的经营管理思想，特别是执行“划分收支，分级包干”和“分税制”的财政体制后，财政收入摆脱了长期低水平徘徊的局面，逐步进入了稳定发展的轨道。1998年全县财政收入突破2000万元大关。国家从1998年开始实施“天然林保护工程”，这使长期以“木头财政”为主要支撑的雷波地方财政面临巨大困难。为此，我县确定新思路，新规划，大力发展蚕桑、魔芋、烤烟、林果、畜牧产业，确定了重点建设和发展项目，地方财政收入开始得到稳健提速。

进入二十一世纪，这更是一个大变革、大跨越、大发展的伟大时代！一切因变革而充满生机，因变革而活力倍增，因变革而突飞猛进。县财政也在改革开放的浪潮中扬帆奋进，拼浪搏潮，事业在努力中前行，道路在奋进中延伸。整个“十五”期间，地方财政收入年平均增长40%，2005年对于县财政来说，是一个标志性的转折点，全县地方财政收入完成了5564万元的收入目标，实现了一个跨越式的腾飞。2009年则更值得大书特书，县财政收入第一次突破了亿元大关！也正是站在这些新的起点上，我县紧紧抓住“西部大开发”与境内国家“西电东送”骨干电源——金沙江溪洛渡巨型水电站的建设契机，努力推进农业、工业、教育、交通、城乡建设、扶贫开发等各项事业稳步发展。我们不断加大公共支出保障力度，落实惠民政策，建立健全公共财政体系，让城乡人民在财政体制的悄然转型中共同沐浴公共财政的阳光。而今，公共财政的阳光已普照到雷波大地的每个村村寨寨，改革成果惠及26万各族人民，雷波大地上正在谱写着一曲曲动人的财政之歌!

近年来，我们为了加快发展县域经济，一方面狠抓项目建设，一方面积极争取上级的扶持资金，大力开展工业、农业、旅游、交通、能源等基础设施建设，为壮大财源注入了强劲的活力，一个“川滇咽喉、彝区门户、黄金走廊、崛起腹地”的新雷波正在迅速腾飞。

在“工业强县”方面，我们举全县之力重视工业、抓好工业、做强工业，秉承“开发地方资源，带动地方发展，富裕地方百姓，保护地方环境”的理念，认真研究政策，大力招商引资，支持重点企业、重点项目发展，促进产业结构优化升级和经济增长方式的转变。

特别是立足县内的磷矿优势（远景磷矿储量达44亿吨），建设的磷化工特色工业园区以“特色产业集中区、循环经济示范区、科技创新孵化区、机制创新试验区”为目标，以“一大区—五片区—八组团”的总体结构布局，一个“中国西部最大的磷化工基地”的宏伟蓝图正在逐步实现。顺河磷化工基地建设：洋丰公司的年产一百万吨磷酸一胺及配套项目生产线总投资达16亿，目前已经全部建成投产；施可丰公司的年产60万吨长效缓释肥项目投资13.6亿，已经开始投产；凯瑞磷公司投资13.8亿元的年产黄磷6万吨及磷酸盐20万吨项目正在开足马力生产之中；宝盛达公司年产20万吨精细磷酸盐项目已通过可行性研究报告评审；四川明信投资有限公司投资15亿元建设生态型磷化工综合利用项目已经签约实施；兴达河南公司投资5000万元的年洗选30万吨低品位磷矿的洗选厂已经动工；兴达公司投资5亿元的年洗选150万吨磷矿洗选厂的前期建设已经启动。

至2014年，县财政先后投入5000万元资金发展工业园区经济，使这个园区成为推动全县工业经济快速发展的主导力量。

在“农业立县”方面，我们结合本县农业资源优势，选择特色项目、优势项目（脐橙、莼菜、小凉山土鸡等）向上申报农业产业化项目，争取资金；每年由财政安排400万元资金对优质脐橙、绿色茶叶、生态核桃、金河白魔芋、芭蕉芋猪养殖等重点产业进行重点扶持，加快了农业产业化进程；同时通过实施农业综合开发项目，改善项目区的农业生产条件，优化农业产业结构，农产品质量不断提高，农民收入不断增加，加快了社会主义新农村建设的进程。

在“城建亮县”方面，千方百计筹集资金，加大基础设施建设力度，改善公共基础设施条件和投资环境，有力地推动全县经济社会发展。宽敞平坦的西环路绕城而过；绿化与美化俱佳的锦屏广场成为了人们集会和休闲的好去处；“限价房”（解决基层干群住房难）建设轰轰烈烈；城镇道路硬化、亮化、绿化热火朝天……。

当前，我们以科学发展观为指导，以构建“孟获故里，魅力雷波”为基本目标，促进人与自然和谐发展，保护城市生态环境和山水格局，尊重城市历史和城市文化，立足长远、着眼宏观，提高城市综合功能，正在全力构建经济发达、环境优美、设施齐全、功能配套、运转安全高效的宜居宜业宜游的山水城市。

按照《雷波县城市总体建设规划》（2011～2030）的要求，整个城市空间形态形成“一核、三轴、两园”的城市绿地布局结构：（1）“一核”：即城市中心的主题绿化广场。通过结合孟获及三国文化的展示，以及生态系统的打造，构建城市绿地景观开敞空间，形成城市的绿色生态核心。（2）“三轴”：即城市干道绿带轴。一条是联系高速公路的东西向城市主干道绿带；一条是省道307线原城市段东西向干道绿带；再一条是城市南北向中轴线绿带。（3）“两园”：即乐水湖水上公园和哨棚山城市森林公园两个城市公园。形成老城商业生活风貌区、乐水湖生态休闲风貌区、民族新城风貌区、望江新城风貌区、现代产业风貌区、港城一体风貌区六大风貌分区。全部规划面积约60平方公里。不久的将来，一个富有民族特色的精美小山城将屹立在锦屏山下金沙江畔。

在“旅游兴县”方面，马湖“AAAA“风景区的创建正在紧锣密鼓的实施当中，金龟岛改建、省级地质公园建设、环湖道路建设、游览码头建设、餐饮住宿建设已经完成；乐水湖景区的绿化、美化，绕湖公路与农家乐建设即将全部结束，周边的新农村建设和彝家新寨建设得到了中央、省、州领导和广大群众的好评；莫红梦幻谷的开发正在有序紧张展开。

目前，正在花大力气对“一雄孟获、十大景观、百首民歌、千年古庙、万年马湖”进行挖掘、包装、营销；同时紧紧围绕旅游调结构，围绕旅游搞加工，围绕旅游搞服务，一个“全民抓旅游，全民支持旅游”的良好氛围正在形成。正是在财政人兢兢业业的努力下，通过财政这个为社会、企业搭建的舞台，不断为雷波的经济崛起奏响了一曲曲动听的腾飞之歌。

古人云“理财，常以养民为先。”近些年来，我县通过多渠道筹集资金（用好项目向上级财政部门争取资金扶持、财政贴息引导社会资金注入、银行贷款增加投入等方式）千方百计增加支农支出，确保财政支农支出的不断增长。2007 年全县实施“一折通”直接发放各种补贴到农民手中，2008～2011 年实施的家电下乡补贴政策，县财政累计兑付补贴资金 700 万元；2009～2011 年实施汽车摩托车下乡补贴，全县累计兑付汽车摩托车下乡补贴资金 500 万元；2010～2011 年发放农资综合直补资金 2936 万元；2011 年，县财政专门为农村基础教育“两基”迎国检安排 1000 万元；从 2010 年起，县财政每年为工业园区建设安排 1000 万元；为旅游开发安排 500 万元；为城乡综合治理拨款 500 万元；为农业发展安排 400 万元……。这些举措，让群众更加体会到党的惠民政策的温暖。

随着改革开放的深化，全县的社会保障从无到有，公共财政覆盖面越来越大，城镇、农村的广大群众有了生活、医疗、就业等保障制度。近年来，我县积极实施新型农村合作医疗制度、廉租住房建设、一事一议财政奖补项目建设、汽车摩托车下乡、家电下乡、通乡通村公路建设、彝家新寨建设等一项项惠农强农工程，让老百姓充分感受到党和政府的热情关怀。2014 年发放城市居民最低生活保障金 1004 万元；发放农村低保资金 4083 万元；城乡医疗救助 682 万元；新农合为群众报销补助资金 6641 万元；拨付农村“一事一议”补助资金 1000 万元；城市廉租房建设 6770 万元；改善农村饮水投入 2034 万元；建设彝家新寨投入 12821 万元；投入农村公路建设 30244 万元……。这些项目的实施，充分体现了社会主义财政“取之于民，惠之于民”和“情为民所系、利为民所谋”的宗旨。正是这一系列的行动，让温暖民心的“惠民之歌”在雷波大地上越唱越响亮。

财政是一个地方政府的管家，它掌管和规划着全县的每一笔开支；财政是一面镜子，它映射着一个地区的经济社会发展和文明形象与廉政程度。60 年雷波财政的发展史，就是一部不断深化的思想政治教育史，一部不断强化的党建工作史，一部兢兢业业、廉洁理财的光荣史。

一批又一批的财政人，特别注重从制度、教育和服务等各个方面来营造良好的工作环境和氛围。不管是哪一任领导班子，都充分意识到事业的发展主要因素取决于人，取决于一个和谐、奋进的管理环境。因此，我们多年来一直将工作重点放在加强组织领导，发挥财政职能，加强财政监管，提高理财水平，定位服务经济发展，展示财政干部形象上。一是不断强化财政干部学习意识。充实完善学习制度、民主科学决策制度、党风廉政建设责任制等，做到工作有目标、执行有章程、检查有尺度，有力提高了工作效率。二是抓住财政干部的素质培训这个突破口，不断创新培训内容，改进培训方式，提

高培训质量，从而有效地增强了干部职工的当家理财意识，提高了政治业务素质和依法理财能力。

“竹俏新雨后，梅美雪花时”。我们正是通过不断深入的财政改革，大力强化了财政监管，使一个更加规范、更具活力、更适应公共财政体系需要的雷波财政运行机制，在“依法、依规、依程序”和“公平、公正、公开”的良好环境中初步建立。六十多年的披荆斩棘，六十多年的创业发展。雷波财政从厚重的历史深处走来，书写了一段极不平凡的历程——从“一穷二百”到管家理财；从“吃饭财政”到“建设财政”；从“建设财政”到“公共财政”。那一个个辉煌的业绩，那一组组喜人的数据，充分说明了我县财政在六十多年的征程中既实现了量的飞跃，更实现了质的提升，取得了世人公认的突出成绩。

我们相信只要在县委、县政府的正确领导下，财政职工一定能够锐意进取，廉洁理财，更好地为雷波的经济社会建设铺路架桥、保驾护航，以强有力的财力支撑，让雷波这个“凉山东部经济发展高地”屹立在自治州的东大门！

创业路上的“希望之火”

贵州省六盘水市钟山经济开发区财政局　施　薇　曾力瑛　余正禹

2015年7月20日，贵州银行六盘水官厅支行向红桥新区贵州金福瑞有限公司等九家企业发放贷款1160万元，为新区企业的发展缓解了燃眉之急，也为更多新区企业在发展艰辛的道路上点燃了“希望之火”，同时也宣告红桥新区“贵园信贷通”工作初战告捷。

2014年9月，为支持贵州省产业园区中小企业发展，优化企业融资环境，缓解企业融资难、融资贵问题，经省政府批准，省财政厅、省经济和信息化委、省科技厅、省商务厅、省政府金融办等部门联合出台《贵州省“贵园信贷通”产业园区企业融资试点办法》，2014年11月，红桥新区财政局局长施薇在参加贵州省财政厅组织的“贵园信贷通”专题会议后，立即向钟山经济开发区工管委领导汇报，工管委领导高度重视，由开发区财政局牵头，根据“贵园信贷通”办法要求，迅速开展“贵园信贷通”相关工作。

红桥新区对园区内72家企业进行调查走访，在红桥新成立之初，为使企业尽快入驻，开发区管委会要求企业在申请办理相应证件的同时投入开工建设，致使目前部分企业的前期投入无法形成固定资产，造成企业无抵押、无担保融资困难，直接影响了企业的发展，为缓解企业融资难题，新区召开了“政、银、企”三方会议，建立“政、银、企”三方对接协调联动机制，促进银企沟通，使金融机构及时掌握企业的发展情况和资金需求，加深企业对银行信贷产品的了解。加大对小微企业的金融支持，积极搭建中小企业融资服务平台，建立财政“代偿补偿基金”，为企业融资提供担保支持。在走访调查中，新区选取了经营状况良好，具备贷款准入条件的38家企业，融资需求16500万元，园区匹配资金1000万元已纳入财政预算，申请省级代偿金1000万元。贵州红桥工业投资有限公司出具10%的代偿补偿金及1%风险金。2015年5月14日，红桥新区财政局、经发局组织六盘水金鼎钢结构有限公司、刘丫丫香辣酱有限责任公司等多家企业，召开“贵园信贷通”解读会议，邀请了贵州银行评审授信部朱总一行，官厅支行吴行长一行为企业详细介绍了信贷流程，汤晓龙局长、施薇局长分别为企业解读了相关政策，大家畅所欲言，解决了困扰企业的相关问题。2015年5月22日，贵州银行总行审批下

达六盘水红桥新区“贵园信贷通”项目授信，授信总额16000万元，6月9日贵州银行与贵州红桥工业投资有限公司、贵州省再担保有限公司签订了“贵园信贷通”三方合作协议，至此，六盘水红桥新区“贵园信贷通”项目的各项审批手续完善，为项目授信的成功奠定了基础。2015年7月10日下午，六盘水市“贵园信贷通”项目授信仪式在红桥正式启动。贵州钟山经济开发区党工委书记李令波与贵州银行六盘水分行行长罗茂高为授信企业发放授信牌。贵州银行与贵州金福瑞有限公司等九家企业签订了借款合同，同时六盘水市常委、副市长彭说龙、省财政厅李文斌处长、省再担保公司总经理蒋志勇、贵州银行总行行长助理罗廷坤等领导见证了“贵园信贷通”项目授信启动仪式并作了重要讲话。这次授信仪式，为“贵园信贷通”工作在六盘水顺利实施吹响了号角！

行路难！“贵园信贷通”项目如“希望之火”，照亮了企业的前行之路，无论发展有多坎坷，我相信我们红桥人可以燎原红桥，为红桥崛起冲刺吧！

打造生态宜居山乡　建设美丽家园

云南省澜沧拉祜族自治县财政局　黄海滨　白　忠

澜沧县地处祖国西南边陲，云南省西南部，位于普洱、临沧、西双版纳三州（市）交汇处，国土面积8807平方公里，县域面积居云南省第二位、普洱市第一位，山区、半山区面积占98.8%。全县辖20个乡（镇）、161个村委会（社区）、1909个自然村、2603个村民小组，总人口49.7万人。

澜沧是全国唯一的拉祜族自治县，境内居住着拉祜、佤、哈尼、彝、傣、布朗、回、景颇8种世居少数民族，少数民族人口39.3万人，占总人口的79%，其中拉祜族21.5万人，占总人口的43%。澜沧是云南省47个革命老区县之一、25个边境县之一，与缅甸接壤，边境线80.563公里，有5种少数民族跨境而居，有2个边境乡、8个边境村、82个边境村民小组。澜沧是国家和省扶贫工作重点扶持县，是由原始社会末期、封建领主制向地主制转化时期直接过渡到社会主义社会的民族“直过区”，经济建设起步晚，社会发育程度低，发展基础薄弱，贫困面大、贫困程度深，目前尚有16.67万贫困人口，占总人口的33.5%。澜沧县境内土地、森林、矿产、水电等资源丰富，有博大精深的普洱茶文化和独具特色的少数民族文化。全县耕地保有量313万亩、人均6.3亩，其中基本农田269万亩、人均5.4亩。林业用地面积838.65万亩，森林覆盖率63.27%，有17片万亩以上集中连片的原始森林，总面积104.4万亩。有铁、铅锌、褐煤等30多种金属、非金属矿种，其中铁矿储量22亿吨，占云南省探明储量的一半以上。有大小河流153条。澜沧江过境流程142公里，建成装机容量585万千瓦的糯扎渡水电站。作为茶树原产地中心地带和普洱茶的故乡，澜沧县有野生茶树11.8万亩，有全世界迄今发现最古老的过渡型大茶树—富东邦崴千年古茶树，有全世界迄今发现种植年代最久远、连片面积最大、保存最完好的人工栽培型古茶林—惠民景迈芒景千年万亩古茶林。澜沧是《芦笙恋歌》唱响的地方，有国家级非物质文化遗产—拉祜族创世史诗《牡帕密帕》和“芦笙舞”，有阿朋阿龙尼（葫芦节）、扩塔（春节）、山康茶祖节等节庆活动，有南岭勐炳野阔拉祜、酒井老达保快乐拉祜等特色村寨，素有“拉祜山乡，边陲宝地”之美誉。

2014年，全县实现生产总值51.86亿元，同比增长7.8%；完成规模以上

固定资产投资36.1亿元，下降49.6%；完成地方公共财政预算收入4.62亿元，增长6%；城镇居民人均可支配收入19193元，增长8.1%；农村居民人均可支配收入6537元，增长12.1%。

为深入贯彻党的十八大和十八届三中全会精神，全面深化农村综合改革，积极推进农村公益事业发展体制、农村公共服务供给制、乡村公共治理机制和农村产权制度改革，不断完善我省农村综合改革相关政策，确保我省农村综合改革工作稳步、健康发展。根据《云南省农村综合改革领导小组关于加快一事一议财政奖补政策转型升级　推进云南美丽乡村建设的通知》，加快我省美丽乡村建设。我县以贯彻落实科学发展观为工作出发点，关注民情、重视民生，按照村级公益事业建设一事一议范围、对象，先易后难，解决农村生产生活最急需、群众愿望最迫切的村内道路硬化、人畜引水等村级公益事业建设项目。严格把握、审核项目申报程序、材料完整、规范，扎实有效开展2014年村级公益事业建设一事一议财政奖补试点工作。根据云南省财政厅关于开展2014年农村综合改革重点检查工作的通知，对我县2014年村级公益事业建设一事一议财政奖补美丽乡村项目核查、实施、建设、资金管理和使用情况，工作所取得的成效、存在困难和问题，进行了认真的自查、总结，现将自查工作情况总结如下：

一、一事一议财政奖补资金到位情况

澜沧县2014年一事一议项目结算到位财政奖补资金共3672万元。①中央、省级奖补资金2785万元（其中：普惠制项目1245万元；美丽乡村项目750万元；传统村落保护250万元；新型农业社会化服务体系120万元；省级重点村420万元）②县级配套资金800万元（其中：普惠制项目700万元；美丽乡村100万元；③市级奖补资金25万元；④安排一事一议工作经费62万元；（其中：中央和省级安排10万元；市级安排2万元；县级安排50万元）。

二、2014年工作开展情况

2014年批准实施道路硬化、文化活动场所、环卫设施、绿化、亮化、人畜引水等一事一议财政奖补建设项目107个。项目预算总投资4005.64万元。其中：村民筹资31.58万元村集体投入64.29万元；村民以物折资37.32万元；村民投工投劳折资268.55万元；其它财政资金（整合）783.9万元；财政奖补2820万元。完成项目结算总投资4015.95万元，其中：村民筹资

31.58万元；村集体投入68.89万元；村民以物折资44.12万元；村民投工投劳折资267.46万元；财政奖补2820万元；其他财政资金整合783.9万元。

1、普惠制项目

批准普惠制建设项目102个，涉及20个乡镇，项目预算总投资2442.83万元。其中：村民筹资28.8万元；村集体投入64.29万元；村民以物折资37.32万元；村民投工投劳折资242.41万元；财政奖补2070万元。实际完成建设项目102个，占计划的100%。

完成项目结算总投资2453.14万元，村民筹资28.8万元；村集体投入68.89万元；村民以物折资44.12万元；村民投工投劳折资241.33万元；财政奖补2070万元。项目直接受益20个乡镇102个村民小组、5608户、20415人。

2、批准美丽乡村建设项目5个，涉及惠民镇付腊村黄腾组、酒井乡勐根村大寨组、富东乡小坝村大箐组、竹塘乡东主村老缅大寨、勐朗镇富本村南角河组，项目预算总投资1562.82万元。其中：村民筹资2.78万元；村民投工投劳折资26.14万元；其它财政资金（整合）783.9万元；财政奖补资金750万元。完成项目结算总投资156.82万元，财政奖补750万元；实际完成建设项目5个，占计划的100%。

完成项目结算总投资1562.81万元，村民筹资2.78万元；村民投工投劳折资26.13万元；其它财政资金（整合）783.9万元；财政奖补750万元。项目直接受益5个乡镇5个村民小组429户、1745人。

（一）一事一议财政奖补项目成果

1、普惠制项目

完成：（1）道路建设：完成村内主、干道路硬化（水泥路面）119条，长41.04千米；其他路面1条，长4千米；受益3662户、13267人。（2）文化体育设施：文化活动室46个、3461.24平方米；文体活动场42个、20651平方米；受益2693户、10273人。（3）人畜饮水：小水窖3口、110立方米；安全饮水管线6条、6.6千米；受益93户、345人。（4）环卫设施：公共厕所33座、755平方米；垃圾池16个、237立方米，受益1298户、4957人。

2、美丽村乡村项目

完成：道路建设：（1）村内主、干道路硬化（水泥路面）16条，长7.97千米；受益311户、1329人。（2）文化体育设施：文化活动室3个、380平方米；文体活动场1个，460平方米；受益205户、809人。（3）环卫设施：公共厕所4座、110平方米；垃圾池2个，40立方米，受益205户、809人。

(5) 村容美化亮化：村内绿化植树 1174 株，绿化环境 1080 平方米；安装路灯 75 盏，受益 205 户、809 人。

(二) 自查情况

1、一事一议财政奖补政策贯彻落实情况

根据《云南省农村综合改革领导小组关于加快一事一议财政奖补政策转型升级推进云南美丽乡村建设的通知》(云农改［2013］3 号)，结合我县实际，以科学发展观为指导，以城乡一体化发展为目标，以洁净乡村建设为载体，以促进人与自然和谐相处、提升农民生活品质为核心，努力建设一批"村庄秀美、环境优美、生活甜美"的宜居、宜业、宜游的美丽乡村。严格按《工作指南》要求，做到了科学化、制度化、规范化，让这项政策惠及广大农民。

2、组织领导、政策宣传和制度建设情况

农村公益事业一事一议财政奖补工作主题是公益建设，主体是广大人民群众，在澜沧是一项全新的工作，也是一项社会系统工程，没有样板可以借鉴，也没有现成的经验可以照搬照套。澜沧县立足实际，及时成立了由县人民政府县长为领导小组组长，常务副县长为副组长的"一事一议"领导小组，建立了由县综改办牵头组织实施的工作机构成，各乡（镇）相应成立领导和办事机构，做到了领导到位，分工明确，责任到人，形成一级抓一级，层层抓落实的工作局面。通过召开专门会议，深入调查研究，从群众最关心、反映最强烈的村内道路硬化、人畜饮水、文化基础设施等村级公益事业建设项目入手。依据《云南省村级公益事业一事一议财政奖补试点实施意见》、《云南省村级公益事业一事一议财政奖补试行办法》、《云南省村级公益事业一事一议财政奖补试点工作指南》，先后出台了《澜沧县村级公益事业建设一事一议财政奖补暂行办法》、《澜沧县村级公益事业建设一事一议筹资筹劳管理实施办法》，为实施一事一议财政奖补工作制定了政策保障措施。

3、项目组织实施情况

一事一议财政奖补项目没有超出规定的村级公益事业范围，严格尊重群众意愿坚持自下而上按照民主议事程序做到"一事一议"项目的申报、审批、实施和验收。严格按照《云南省村级公益事业建设一事一议财政奖补项目试点工作指南》进行操作，进行了"一公开两公示"。

4、筹资筹劳开展情况

一事一议村民筹资筹劳严格按《云南省村级公益事业建设一事一议管理筹劳管理实施办法》、《国务院办公厅关于进一步做好减轻农民负担工作的意见》和《澜沧县人民政府关于一事一议筹资筹劳上限标准》规定，筹资筹劳未超过规定的限额标准，以资代劳坚持农民自愿原则，没有违背农民意愿强行上项目、强迫农民筹资筹劳、借一事一议加重农民负担的行为。

5、项目资金管理、使用情况

依据《云南省村级公益事业一事一议财政奖补试点实施意见》、《云南省村级公益事业一事一议财政奖补试行办法》，先后出台了《澜沧县村级公益事业建设一事一议财政奖补暂行办法》、《澜沧县村级公益事业建设一事一议财政资金实施办法》，为实施一事一议财政奖补工作制定了政策保障措施。并严格按照奖补的有关规定严格执行，并设立“一事一议”财政奖补资金专户，资金的拨付实行一个项目一份申请表拨付制，项目经批复，村民、集体、社会捐赠等资金到位，具备开工条件后，预拨一定启动金。（资金拨付到乡镇财政所会计委托中心）工程完工后，经验收合格，结算材料齐全，即进行项目、资金清算，再拨付尾款。

6、项目管理和养护情况

对批准、实施、完工的每一个项目，首先通过项目的竣工验收，及时办理资产移交手续，明确所有权，并建立健全项目的管护措施，落实管护责任，保证项目正常运行，发挥长期效益。

7、工作取得的成效

实施村级一事一议财政奖补政策，不仅使农村基础设施明显改善，农民收入不断增加，更重要的是通过一事一议财政奖补凝聚了民心，解决了群众最关心、最直接的利益问题，加快了农村基础设施建设步伐，极大的改善了村民生活环境，同时也加强了基层民主建设，是一项一举多得的民心工程。

通过普惠制、示范村、美丽乡村项目的实施，明显改进了村内外道路的落后状况，解决了村民长期以来的出行难、路难行的困难，改善了村民的文化娱乐活动，改善了人畜引水、水利设施及环卫设施，改善了村民生产生活条件，村容村貌得到较大改观，逐步实现社会主义新农村“生产发展、生活宽裕、乡风文明、村容整洁、管理明主”的目标。

（三）一事一议财政奖补工作存在的问题

（1）我县属国家级贫困县，经济发展落后，人均纯收入水平较低，基础较差，对村级公益事业建设，群众只能部分投工投劳，筹资难度较大；仅靠财政奖补资金的安排，效果不明显，需要与可能差距大。

（2）边疆民族贫困、山区基础设施普遍落后，特别是交通，村民居住比较分散，山区雨水较多，各种材料建设成本增高，给工程施工带来很大困难。

(四) 意见和建议

(1) 建议中央和省加大对一事一议财政奖补美丽乡村项目建设的投入力度，特别是加大对边疆少数民族落后地区的资金投入，适当提高奖补资金比例，减轻农民投入压力。

(2) 最需要公共财政阳光覆盖的村组还很多很多，希望加大一事一议（普惠制）项目资金安排，适量安排示范村、美丽乡村项目，使党的这一惠民政策能普及千家万户。

(3) 加强农村综合改革工作的队伍建设，分期、分批举办培训班，增强综改干部的政策及工作业务水平，较好的提升工作效率和质量。

托起中区经济社会发展的脊梁

青海省西宁市城中区财政局　何秋红　马春琴　朱琳莹

城中区位于古城西宁的核心地带，是全市政治、经济、文化、商贸中心和对外开放的重要窗口。辖151平方公里，总人口36.9万，有汉、回、藏、土、撒拉等28个民族。千百年来，各族儿女在这片热土上相濡以沫、辛勤耕耘，共同创造了灿烂辉煌的河湟文明。

伴随着波澜壮阔的经济发展和社会变革的伟大进程，在市委市政府的正确领导下，城中区紧紧围绕“生活之城、幸福之城”和“富民强区”战略目标，借助西部大开发的强劲东风，不断推进经济社会各项事业发展，取得了令人瞩目的辉煌成就。区财政局在全区改革发展的伟大实践中，强化部门自身的职能定位，以“稳增长、惠民生、促发展”为己任，秉承“阳光财政、为民理财”的工作理念，团结拼搏、开拓创新，用智慧和毅力托起了中区经济社会发展的坚实脊梁。

一、创新发展理念，激发服务全区的内在活力

创新是推进经济社会发展的源头活水。城中区财政局不断总结历史发展的经验，紧密结合本地区和本部门实际，积极冲破阻碍发展的思想束缚，以敢想敢干的精神，在创新中发展，在发展中创新，实现了一次又一次的跨越。继2013年提出了“抓发展、抓收入、抓改革、抓队伍”四大举措之后，2014年又提出了以“提高发展质量、提高财政实力、提高支出效益、提高管理能力、提高改革水平、提高队伍素质”为内容的“六提高”发展理念，并积极付诸于实际行动，服从服务于全区经济社会发展大潮。同时，立足城中区区位优势和产业优势，调整工作思路，转变服务方式，把好第三产业这一重点环节培育经济增长点，认真落实促进三产发展的各项优惠政策，积极支持发展服务业，加快城镇化建设步伐，三产经济实现了量的突破和质的提升，为推动区域经济发展注入了新活力。“十二五”期间，全区财政收入累计完成237192万元，年均增长23.3%，比“十一五”期间增加162934万元，增长219.42%。

二、深化改革实践，凝聚经济发展的强大力量

始终坚持把改革放在工作首位，围绕构建公共财政体系的工作目标，集中力量推行了一系列财政制度改革，使得城中区逐渐摆脱了“吃饭财政”的窘迫状况，逐步发展为“建设财政”，依靠改革凝聚了发展力量。推进国库集中支付改革。将全区 79 家预算单位纳入国库集中支付改革范围，建立了《本级专项资金管理办法》等制度措施，规范了财政部门、项目主管部门、项目实施部门的工作流程，减少中间环节，直接支付资金比例达到 97.9%，有效防止了专项资金的挤占、截留和挪用，提高了的财政资金的使用效益。深化预算改革。通过实行部门预算、预算内外综合预算，加强预算外“收支两条线”管理，提高了宏观调控能力。推行了“乡财县管”、补贴农民资金管理和支付方式等方面的改革，进一步规范了街镇收支行为，加强了核算管理，有效缓解了街镇财政困难状况，为推进区街财政振兴工程夯实了基础。通过改进和完善的镇（办）财政管理体制，建立健全全区、街道协税护税机制，进一步调动了街镇生财、聚财、理财的积极性。落实规范各项支出政策。按照“依法理财、加快发展”的组织收入原则，强化收入观念，财政保障能力不断增强。提高了行政事业单位、检法司部门的人均公用经费标准和社区办公经费标准，确保了区、镇办、社区正常运转，为推动全区各项工作的顺利开展奠定了基础。全面推进公务卡改革，通信交通补贴货币化、公务接待规范化、公用经费标准化等支出改革，取得了良好的社会效益和明显的经济效益。

三、健全工作机制，为科学管财提供有力保障

财政收支管理千头万绪。作为区委、区政府具有财力保障和综合协调职能的“管家”，区财政局将制度建设作为科学管财、依法依规理财的“重头戏”，形成了多管齐下的工作体制机制。健全“双向询价、低价择优”采购制度。严格执行政府采购法、招投标法等有关法律法规，推行廉政监督卡制度，使政府采购的办理过程有法可依，最大限度地提高政府采购工作的效率和政府公信力。着力于降低成本、提高效益，不断拓宽采购范围，由单一物品类逐步延伸到服务类、工程类。同时，在全市建立了第一家政府采购电子化服务平台，实现政府采购 8.72% 的节约率。健全财政预算综合绩效考核机制。先后制定出台了《城中区专项资金绩效考核》等 7 项制度措施，修改完善了涵盖预算编制、预算执行、预算资金管理、预算基础管理 4 个方面的绩效考

评指标体系，采取聘请第三方单位作为考评的主体，确保了财政预算从编制到执行、各类项目从立项到完成、各类财政资金使用效益的全落实，实现了高效运行。健全财政监督检查机制。以会计核算中心为依托，建立了“收支并举、内外并重”“事前审核、事中监控、事后检查”相结合，多层次、全方位的财政监督检查机制，监督职能与服务效能得到整体提升。大力推进风险机制建设，建立了偿债资金和融资平台偿还资金，通过预算安排不断充实资金规模，为提高政府信用和抵御风险提供了财力保障。

四、优化服务体系，不断壮大财源收入

城中区除商贸等第三产业相对发展较快外，受地区空间限制，全区经济总量小、产业结构和财源结构不尽完善。区财政主动将优化服务体系作为打破经济发展瓶颈的重要举措，从转变支持经济发展方式入手，积极整合财政性资金，着眼于宏观性、战略性、长远性的投资，提升了聚财强区能力，不断巩固壮大了财源收入。在充分利用好上级转移支付和各类专项资金积极支持经济发展的同时，注重预算内外、专项资金、国有资产收益等各级各类资金的整合，增加可用财力，改善各种要素供给，充分发挥财政资金的杠杆作用，集中财力支持集中发展，引导和凝聚社会资金，改善基础设施和发展环境。在支持企业发展方面，通过发展总部资金，吸引大企业、大商家落户中区，特别是，有意识扶持一批科研、研发、商贸、流通等具备良好发展前景的单位与企业，带动中区经济与服务体系发展。同时，建立了大学生创业孵化基地，为培育一批具有市场竞争力和影响力的优秀科技型中小企业，为科技型中小企业的创新发展提供的巨大的扶持和发展平台；在支持农村经济发展方面，大力推进农业人口向城镇和二、三产业转移，扎实推进集约化发展、产业化经营，加快实施城中村改造和集中安置工程，完善安置小区功能，积极推进新农村、美丽乡村建设；在支持现代服务业方面，重点抓好水井巷中央商务区、中心广场北扩等重点项目的实施，强化中心城区的综合商贸、商务功能，积极发展商务办公、品牌专卖、酒店餐饮、休闲娱乐等以时尚化、个性化为特征的现代服务业，集聚效应不断凸显，发展势头强劲。同时，注重与其他部门的联系沟通，及时研究解决收入征管中出现的新情况、新问题，共同采取有效措施，对新的税收增长点重点税源实施有效的跟踪监控，对新建项目、续建项目进行全面调查，扩大了税基，实现了财政收入基数上的高增长。

五、情注社会民生，传递政府爱民的巨大诚意

“小财政”支撑“大民生”。以倾力打造民生财政的工作理念，将实现发展好、维护好人民群众的利益作为财政工作的出发点和落实点，为实现和谐中区建设发挥应有的财政职能作用，在保证重点工作和事业发展的同时，每年坚持将80%以上的财力用于解决民生问题，使公共财政的阳光惠及千家万户。“十二五”期间，用于民生和社会事业发展的各类资金34.3亿元。教育结构布局调整、校园标准化建设等一批重点教育项目相继实施，受益学生达到1万余人；社会保障体系不断完善，覆盖面进一步扩大，推进基层医疗体制改革，大力实施乡村医生补助，推行“药品零差率”等制度，城镇居民医疗保险、新型农村合作医疗保障水平大幅度提高；农村奖励住房、农村危房改造、棚户区改造等保障性安居工程深入实施，危旧房改造129.9万平方米7185套，住房保障制度已基本覆盖了住房困难低保家庭；完善城乡救助体系，落实城乡最低生活保障标准，加大扶贫济困力度，经济财政发展成果最大限度地惠及了人民群众。“蓝天、碧水、宁静”三大工程累计投入11.21亿元用于生态环境建设，绿化覆盖率达到38.62%，人均公共绿地面积达到12平方米。民生投入已经形成良性的增长机制，一项项重点民生工程建设，一件件困扰群众多年的问题得以解决，使城区功能日臻完善，人居环境全面优化，人民群众享受到更多现代化的便利，也为中区经济社会的发展提供了更广阔的舞台。

六、加强机关建设，塑造财政为民的部门形象

城中区处于西宁经济社会发展的前沿阵地，财政部门的社会影响关乎全区的形象。近年来，区财政局以“树部门形象、创一流业绩”为目标，狠抓机关内部建设，树立了理财为公、勤政为民的良好形象，多次被评为市级文明单位、区级实绩突出单位等荣誉称号。加强制度建设，把建章立制作为部门自身建设的基础性工作来抓，根据新形势及时调整完善，初步形成了一整套切合实际、符合财政工作运行特点的机关工作制度，促进了机关工作的整体功能与质量。坚持把加强作风建设的要求体现到经常性工作中，结合部门实际，先后制定完善了关于学习、考勤、考核等方面的12项制度措施，坚持用制度管人、管事，逐步形成了抓机关作风建设的有效手段，增强了干部职工勤政务实、廉洁奉公的自觉性。加强队伍建设。建立了对机关干部长期受

教育的工作机制，紧紧抓住能力素质这个关键，以提高政治、业务素质为重点，着重抓好干部队伍的思想政治建设、作风建设、廉政建设和职业道德建设，不断给干部“充电”，补充“营养”，提高其综合能力。开展了“四亮四评四创”“创岗位先锋模范”“五比五创五建”“三注重三争做”等主题实践活动以及“四型机关”等争创活动，积极推行阳光服务、微笑服务、规范服务、高效服务，提升了服务质量和水平。加强目标管理，建立了评比、奖惩、管理为一体的考核评价办法，量化考核标准，明确考核程序和奖惩措施，形成了系统化、科学化、规范化的考核机制，进一步激发了广大干部干事创业的热情和活力。采取优化组合等办法，充分体现能者上，平者让，庸者下的用人机制，造就了一支政治强、业务精、纪律严、作风正的干部队伍。

立足“三基”建设　规范村级财务

青海省门源县财政局　马国青

近年来，门源县始终坚持把村级财务民主管理工作作为农村基层党建工作的一项核心工作常抓不懈，尤其2015年，我县以开展“抓三基强三基”工作为契机，进一步加大完善力度，狠抓基础能力培训，强化措施落实到位，目前，全县109个行政村级财务管理更加公开、透明和规范，成为新农村、新牧区“四个文明”建设健康协调发展的助推器。

一、县情概况

门源县位于青海省东北部、祁连山脉东段，东北与河西走廊中部的甘肃省天祝、肃南、山丹县接壤，南接本省大通、互助县，西与本州祁连、海晏县毗邻，辖区总面积6902平方公里，历史上曾为“丝绸之路”的辅道，是青海省的“北大门”。国道227线和兰新铁路第二双线高铁、规划中的西武高速公路穿境而过，交通便捷，是全州乃至全省藏区人流、物流、信息流的重要枢纽地区之一，是青藏高原连接河西走廊的战略通道。辖4镇8乡109个行政村。地区总人口16.23万人，其中农牧民13.1万人，占80.7%。

门源是一个以农为主、农牧结合，多民族聚居的县份，主要有农牧、水能、矿产、动植物、旅游五大资源。近年来，门源县认真按照“四个发展”的要求，准确定位全县发展的阶段性特征，紧抓发展第一要务，转变经济发展方式，加快体制机制创新，注重保障和改善民生，着力促进城乡统筹发展，加快新农村新牧区建设。2014年，全县完成地区生产总值33.78亿元，增长7.9%；地方公共财政预算收入12584万元，增长15.5%；县属固定资产投资达35.63亿元，增长6.6%；城镇居民人均可支配收入达21864元，增长8.1%；农牧民人均纯收入达8754元，增长12.6%。

“民为国之本，村为国之源”，做好农村工作，加强和规范农村财务管理是顺利推进农村改革和发展，加快社会主义新农村建设的必然要求，更是国家良性发展的基石。多年来，我县始终把村级财务民主管理作为农村基层党建工作的一项重要工作，从加强和完善民主理财制度建设，全面推行“村财民理乡管”模式和加大村级政务公开力度，狠抓业务培训，提升村级队伍整体素质等方面常抓不解，成效显著。

二、所做的工作

（一）深化认识，加强领导

开展全县村级财务规范整体推进工作是“抓三基、强三基”的有力举措。我县把全面整顿和规范村级财务管理整体推进工作列入当前农村工作重中之重，提高思想认识，健全组织保证。财政、农牧、民政、审计、监察积极发挥职能，主动作为，深入全县各乡镇和行政村督促检查，蹲点指导和集中辅导；各乡镇紧密配合，认真查漏补缺，及时纠正存在问题；加大整改和巡查反馈力度，促进村级财务进一步规范。

（二）扎实推进工作，认真组织实施

一是建立健全机制，严格资金管理。村级财务管理是一个系统工程，维护农村的稳定离不开健全财务管理体系。我县自农村税费改革后，全面推行“村财民理乡管”模式，将村级账务、资金全部纳入乡镇财政管理办公室代理记账范围，实行村级财务委托制。每届村级两委换届后签订村级会计委托代理协议书。乡镇财政管理办公室按会计制度设立村级财务总账、收支明细账、固定资产明细账、往来明细账、公共资源备查账，统一规范账务，统一记账凭证和统一财务报表，同时严把村级开支审批程序，使村级财务管理“管而不死、治而不乱”，切实做到资金所有权不变、使用权不变、独立核算权不变、收益分配权不变、监督权不变。与此同时进一步加大财政、审计对村级账务、资金监管力度，确保村级资金安全、高效、有序运行。

二是完善制度流程，提升管理水平。健全的制度和规范的程序是保证村级财务管理的核心。近年来，各乡镇财政管理办公室在强化自身建设的同时，努力在硬件和软件两个方面指导各村加以规范。硬件方面做到有固定的财务活动场所、有统一上墙的财务管理制度、有标准固定格式的财务公开栏；软件方面一是规范了账务处理程序。全面把好结账、报账、审批和核算关，做到报账及时，手续规范齐全，账证、账账、账实、账表、账款“五相符”；二是完善了制度建设。各乡镇根据州县有关村级财务管理制度，结合各自实际制定完善了各类财务管理制度，形成按制度办事，以制度管人，确保财务工作有章可循；三是加强了档案管理。所有的村级财务档案由财政管理办公室统一整理立卷，装订成册，分村保管，做到了有据可依，有档可查。

三是坚持民主理财，强化村务公开。完善民主管理制度，建立村级财务民主理财小组，加强村级财务报账前的审核是管好用好村级“三资”关键。我县村级财务报批严格执行村书记、主任、会计联签→村民主理财小组和乡镇财政管理办公室审核→分管领导审批的程序，有效防范村级财务管理漏洞。通过定期的民主理财，保障村民对村级财务的参与权、决策权和监督权；通过强化代理会计对村级财务收支凭证的审核，坚决杜绝内容不真实、手续不完备的收支凭证入账。不断完善村级财务公开制度，财政管理办公室严格按照村级财务公开规范化要求，认真审核公开的内容，督促指导村级组织定期、如实的公布财务活动情况。各村严格按规定对村级财务进行逐笔公开，每月的十号前向村民公开上月的村务、财务收支情况，并保留公开底册，接受群众监督，财务公开率达到100%。从公开内容、形式、程序等方面进一步改进，切实做到客观、全面、规范化。

四是开展业务培训，提升干部素质。农村财务管理既是一项政策性很强的工作，又是一项业务性极强的工作。因此，稳定财会人员队伍，提高财会人员素质至关重要。我县高度重视对村级财会人员的培养，积极争取培训经费，定期进行业务轮训，仅2013年、2014年接受培训的150名财务人员中村级财务人员就占三分之一。2015年按照州财政统一安排和全县“三基”建设要求进一步加大培训力度，扩大培训范围，增设培训内容，力求把国家改革的有关政策和新的财税制度，贯彻落实到村一级。对全县109个行政村村两委及财务人员229人再次系统培训并经考试取得结业证书。为农村财务管理规范化做好人力资源储备。

五是推行会计电算化，强化管理手段。自推行村级会计委托代理服务工作以来，针对全县12个乡镇的乡镇财政管理办公室手工记帐法而出现的核算手段落后，工作效率低，做帐不及时，与会计发展方向和村级财务规范化建设的要求还不适应的实情，我县在巩固村级财务管理科成果的基础上不断改进和创新，2015年按照现代化办公的需要，集中人、财、物力重点抓电算化平台建设的落实，对全县行政事业单位和12个乡镇配备电算化会计软件和出纳软件，统一帐套、报表、核算方法。并采用集中培训、一对一培训、网络培训等多种方式对财务人员进行软件使用培训，全县会计业务核算工作已全面实现电算化管理。通过村级财务电算化管理，将村级会计委托代理服务工作与先进的管理手段结合起来，切实提高了农村财务管理效率、农村财务管理水平、村财务公开的透明度。

六是摸清资产家底，确保保值增值。针对以往村级三资”底子不清，乡镇及村级对资产登记不全等问题，2014年县财政、农牧等部门联合开展“三资”清查核实，全面清理了村集体所有的资金资产资源状况。2015年根据村级财务整体推进工作要求，财政部门组织乡镇、村委会人员对村级资产资源再一次开展了清查工作，对入账和未入账的资产全部进行登记；对没有账面价值的资产县财政资产管理部门按使用年限及折旧办法进行评估，乡镇财政所按评估价值记入固定资产帐。同时对近几年组织部、文化局等单位建设和配发的党员活动室、办公设备、健身器材清查后全部办理移交手续并入账。会同农牧扶贫部门对近几年扶贫项目建设和购置的房产、机械、畜棚等全部进行了清查，并登记村级固定资产备查账。清查登记工作据实掌握了“三资”底数，明晰产权关系，实现了集体资产的保值增值。

七是加强监督检查，促进工作规范。为切实加强和规范村级财务管理，提高村级民主管理和监督水平，推进农村党风廉政建设，促进农村经济持续快速发展，县领导小组定期或不定期督导村级财务工作，及时解决困难和问题，提出了很多实用合理化建议和对策，促使工作不断深化和健全。县、乡、村同心协力，有力提高了村级资金民主管理水平。通过培训、自查、督导、整改和完善等环节有效衔接，全县村级财务管理基本达到制度健全、核算规范、管理有序的目的，使村级财务管理上了一个新的台阶。

三、取得的成效

我县通过全面实行农村财务委托代理制和积极推行会计电算化，建立健全各项规章制度，强化业务技能培训，加大督查和指导力度，集中开展农村财务清理整顿，从根本上改变了农村财务管理混乱的局面，取得了良好的效果。

一是规范农村财务管理工作，推进基层和谐稳定。委托代理记账管理实行的“五个不变”和“七统一”，村级财务管理更加规范有序，会计信息更真实、更可信。收支公开透明，有效地维护了社会稳定和谐，进一步增强了村干部带动号召力，确保各项工作顺利推进。

二是有效遏止腐败现象的产生，密切党群干群关系。自实行“村财民理乡管”管理后，规范的报账程序和健全的监管机制堵塞了滋生漏洞，杜绝了资金流失，有效控制非生产性开支，从源头上铲除了村干部违法违纪现象发生的土壤，增强了群众对村干部的信任感，党群干群关系进一步融洽。

三是促进“两委”班子团结，加强基层政权建设。“村财民理乡管”管理后，避免了村级暗箱操作，主要负责人无权可争、无利可夺，减少了村干

部之间的磨擦，两委班子互相信任，团结干事，基层组织战斗力、凝聚力进一步增强。

四、存在的问题

一是队伍不稳定且业务素质不高。乡镇财政管理办公室队伍不稳定。自2005年撤销乡镇财政所以来，原有财务人员分流到乡镇经济服务中心或社会发展中心，乡镇持有会计从业资格证件的财务人员严重不足，使乡镇财务管理工作带来诸多不便，一定程度上影响了乡镇财务管理工作的正常运转；人员身份模糊。一部分人员为原乡镇的财政助理员，隶属于县财政管理，其编制、人员经费均属县财政，一部分人员为乡镇政府从乡镇现有人员中调配，隶属于乡镇管理，其编制、人员经费均属乡镇，使新成立的乡镇财政办公室人员的身份不统一，不利于分工协作，不利于管理；业务素质不高。村级财务人员的文化素质和专业素质参差不齐，难以适应村级财务规范化建设的新形势、新要求。

二是村级财务管理体制不顺。根据现行管理体制，村级财务业务指导应由县经管站组织开展，但由于税费改革后乡镇农经站和财政所相继撤销，并实行"乡财县管"，县级核算中心只负责乡村两级账务处理。同时，县级农经站业务方向有所调整，导致对村级财务的业务指导和监管出现阶段性的真空。2012年成立乡镇财政管理办公室，实行"村财民理乡管"，但由于队伍不稳和人员紧缺，对村级财务的业务指导和监管不到位。

三是农村集体资产较单一且保值增值空间有限。目前，我县的村集体资产主要包括集体房产、集体林地、集体草场等，由于集体资产总量较少，在现有的发展环境下，要想进一步保值增值的空间比较有限，增加村集体经济收入不高。

五、今后努力的方向

农村财务管理是维护集体经济利益的重要保障，是维护群众参与基层民主管理权利的有效载体，同时也是"抓三基、强三基"的有效实践。我县村级财务规范化管理工作取得了一些成效，但与上级的要求、群众的愿望仍有一定的差距，为此，继续下大力气，紧紧围绕"强化组织领导，加强制度建设，健全核算手段，完善监督机制，突出队伍建设"等方面深入探讨，认真研究，破解难题，不断改进，将这项事关农牧区经济发展，基层稳定、基层组织建设、基层党风廉政建设大事抓紧抓好抓出成效，为新农村建设和促进社会和谐稳定奠定坚实的民主理财基础和成为助推发展的基石。

今后着力抓好以下几个方面：一要增强村干部对村级财务管理意识。村干部是建设新农村新牧区的骨干，更是聚财理财的主心骨，必须着力从加强村干部理财意识入手，具体落实到干部选拔、培训、考核三位一体的判定和提升。二要建立稳定的乡村财务管理队伍。农村财务管理根本在于人，加强培养高素质的管理队伍尤为重要。县财政、各乡镇将积极与人事部门协调，编制内公开招考选拔专业会计充实到乡镇财政管理办公室队伍中来，解决后继乏人的问题。积极筹措资金，建立多元化培训机制，不断提高村级财务人员的综合素质和依法理财能力，造就一支素质高、能力强、富有进取精神和创新意识的乡村财务管理队伍。三是建立科学的监督检查机制。建立健全村级财务定期检查和审计制度，建立责任追究制度和加大惩处力度。另外根据形势变化，不断修订完善村级财务管理制度，每年开展一次村级财务督查工作，建立财务管理奖惩机制和财会人员诚信档案。四要着力完善电算化管理平台。在巩固现推行的电算化成果的基础上，继续加大投入，夯实基础办公设备，进一步推进、健全和完善电算化平台建设步伐，努力搭建并实现财务信息县、乡网络化管理，不断规范乡镇、村级财务管理，提高工作效率。五要建立健全统一的管理体制。村级财务管理是一个系统工程，需要多部门配合，形成齐抓共管长效机制。要进一步加强县经管部门对村级财务实行监管和业务指导的管理体制。六是切实提高村民的监督意识。各乡镇将农牧民普法纳入经常性工作范畴，充分发挥基层文化图书阅览室阵地作用，结合各项工作加强普法工作推进力度，注重提高全面文化素质。积极鼓励全民即是建设新农村一员，又是参与村级财务管理工作一把“利剑”，使村级财务管理更加透明和公开，群众满意。

作者简介：

马国青，男，回族，1977年8月生，党员，本科学历。现任青海省门源县财政局党组成员、副局长。

自参加历任：门源县麻莲乡政府财政所任会计；门源县西滩乡政府财政所任会计；门源县教育局核算中心主任；门源县财政局党组成员、副局长。

曾获奖：1997 年度被评为全州农税征收管理先进个人；

1999 ~ 2002 年度被评为连续三年被评为全县财政工作先进工作者；

2004 ~ 2010 年度被评为连续六年被评为全县财政工作先进工作者；

2011 年度被评为全州财政工作先进工作者；

2012 年度被评为全县优秀共产党员。

坚持科学理念
竭力为全县经济社会发展提供财力保障

宁夏回族自治区平罗县财政局　张宝华

平罗县财政局是负责全县财政收支、财税政策执行、国有资产管理的政府工作部门，设11个内设岗位，现有在职干部职工57人，其中党员干部34人，取得中级职称6人、副高级职称3人。2013年以来，该局先后扎实开展了党的群众路线教育实践活动、“守纪律、讲规矩”主题教育活动，认真践行“三严三实”，紧紧围绕上级财政部门及县委、政府中心工作，以强有力的措施和执行力，努力打造规范有序的财政管理机制，服务全县142个预算单位，全力完成各项目标管理任务。

一、注重能力培养，提升队伍建设

该局注重从组织建设、党风廉政建设和干部队伍建设三个方面，不断提升财政管理水平。一是不断强化思想意识。先后组织干部职工采取集中学习、个人自学、座谈交流及交心谈心等方式，学习党的十八届三中、四中全会及习近平总书记系列重要讲话，提高思想作风意识；学习领会党章、党纪条规及中央、区市县委有关党风廉政建设各项管理规定，提高政治纪律意识；学习运用《中华人民共和国会计法》、《预算法》、《财经管理制度》等相关文件法规等，提高财经纪律意识。全局干部职工撰写读书笔记150万字，心得体会100余篇，发表各类理论文章21篇。二是切实抓好组织建设。重点落实中共平罗县委《关于加强基层服务型党组织建设的实施意见》，以星级创建活动为抓手，在转作风、提效率上下功夫。坚持用制度管人管事，建立健全了《平罗县财政局科室及个人目标管理绩效考核办法》等68项内部管理制度。强化制度执行，长期以来，实行干部上下班签到制，严肃考勤管理，设置干部去向牌，让办事人员对干部在岗情况一目了然，从领导班子到各科室严格落实AB岗责任制、代收代办制，实行限时办结制、一站服务制、首问责任制等。同时，评定8名“党员先锋岗”，公开作出党员服务承诺，接受社会监督。定期召开党支部会议，从办事效率、服务质量、群众满意等方面量化考

核党员干部，开展了“流动红旗岗、黄牌整改岗”评比等活动，对党员工作实绩、理论测试成绩、考勤等17项指标进行考评，激励党员提高工作效率，转变工作作风。三是落实党风廉政建设。切实履行党风廉政建设“第一责任制”、“一岗双责”制，做到重大问题决策、重要干部任免、重大项目投资决策、大额资金使用等重要议决事项必须经集体讨论做出决定，切实保障阳光局务、阳光财务。领导干部以身作则、率先垂范，严格干部管理，同时加强对配偶、子女的廉政教育，杜绝了以权谋私。专门开展了党员领导班子成员带头讲党课6次，组织干部职工到“五七干校”、区市警示教育基地参观学习3次，开展“三严三实”专题讨论学习5次，参加人数近800人次，使全局干部职工思想达到自我净化、自我完善和自我提高的良好效果。

二、突出收入征管，稳固社会保障

通过科学测算、分析，全面分析各种增、减因素，落实收入预算，及时向县委、政府提出加强收入征管的合理化建议。一是加强收入督办。广泛搜集财政收入征管信息，掌握税源建设和税源结构情况，总结归纳当期收入特点，坚持每季度分析收入进度因素，积极做好财税银等部门的协调配合，及时召开协调会，解决征收中存在的困难，全面落实收入目标责任制。2014年本级公共财政预算税收收入92585万元，较上年增长8%，严格执行土地宗地清算台账，国有土地出让金收入增长35.7%。同时，加大清欠工作力度，累计清理历年欠税4448万元，确保了财政收入应收尽收。二是严格收支两条线。按照国家公布的收费项目管理，定期审验执收单位收费项目及标准，票据保管、购领、核销台账，从源头上把好非税收入管理关。同时，为保证非说收入的及时足额入库，经常性开展收费项目专项检查，及时纠正了检查出来的违规问题。三是积极落实新农合政策。指导全县13个乡镇医疗保险个人缴费工作，2013年、2014年城乡居民医疗保险个人缴费收入分别为3319万元和2986万元，参保率98.7%，有效缓解了全县居民群众看病难的后顾之忧。

三、统筹资金安排，推动经济发展

一是大力保障民生。坚持把有限的财力向民生事业倾斜，着力打造民生财政，全力保障城乡居民最低生活保障、价格补贴、校安工程、保障性住房、教育经费投入等。2014年公共财政预算支出131708万元，其中民生中支出每年都在75%左右。二是落实惠农政策。近两年，先后安排资金 90060 万元。按政策及时兑付全县粮食、农资综合补贴和良种补贴等资金；实施了生态移民住房建设；乡村主干道路及移民区绿化、农田水利配套设施、农业优势特色产业等项目建设，农业综合开发和国土整治工程，切实改善农业生产条件，为农业增效、农民增收夯实了基础；以及农村环境综合整治及新农村建设，有力地改善了乡村环境面貌。三是扶持重点项目。先后安排资金 13500 万元，用于工业园区及企业基础设施建设；安排资金 7456 万元实施了城市道路、广场和城市绿化等提升城市综合服务功能方面的基础设施建设项目；积极筹措资金化解各类工程债务 23195.74 万元，归还银行贷款本息 22876.64 万元；筹措资金兑付重点建设项目征地拆迁费共计 10360 万元，确保了县委、政府重点项目及时开工建设。

四、强化管理创新，提升改革成效

2015 年是新《预算法》实施的第一年，坚持着力长效机制的建立，先后以县人民政府文件印发了《平罗县财政资金收支管理办法》、《平罗县党政机关“三公”经费管理办法》、《平罗县党政机关差旅费、会议费、活动经费管理办法》等各项制度，努力形成用制度管权、按制度办事、靠制度管人的财政机制。通过重点突出“四管理一监督”模式，全面落实深化财政体制改革各项工作目标。一是加强预算执行管理。抓住财政预算执行这个重点，定期向县人大常委会报告收支执行情况，接受监督。狠抓各项收入的均衡入库，严格部门预算资金拨付程序，对直接支付和授权支付的程序进行了明确规定，同时加强对单位提取大额现金的审批，保证资金使用安全。二是加强政府采购管理。严格程序做好政府采购工作，积极推行协议供货管理模式，达到了简化程序、方便快捷、节约资金的目的。2014 年政府采购金额 1.38 亿元，资金节约率达 10.44%。三是加强国有资产管理。明确了国有资产管理机构职责，制订了国有资产使用、处置、配置标准、重大损失责任追究、责任认定等相关规定。对全县行政事业单位资产进行全面清查，及时建立了资产网络管理系统。四是加强财务规范管理。全面推行财政政务公开，打造阳光财政。组织开展了会计基础工作交叉检查，村级财务运转情况调查分析。连续两年组织全县 600 余名会计从业人员进行继续教育培训，强化会计人员从业资格管理。五是强化监督检查。分批对全县 142 家行政事业单位，和 16 家国有企业开展了财务大检查。对检查出的违规问题及时纠正，督促单位整改，规范了单位财务管理，落实了防治的长效机制，构建“财政监督大格局“。

加强财务管理信息化建设
提升乡镇财政管理水平

新疆维吾尔自治区托里县财政局　廖晓莉

近期，托里县财政局按照自治区乡镇财政资金监管的总体思路和业务需求，积极采取的措施，实施乡镇财务核算业务纳入财政大平台试点工作，完善乡镇财政大平台财务核算业务功能，扩大乡镇财政大平台系统的应用范围，实现乡镇财务核算业务与部门预算、国库集中支付等业务的有效衔接，逐步建立业务流程畅通、业务协同、数据共享的乡镇财政一体化信息系统，提升乡镇财政工作效率和质量。

一、形成合力，稳步推进

首先将乡镇财务管理纳入财政一体化系统实施情况向上级和局领导反映，得到领导肯定和重视。积极与局金财办、国库股、预算股、软件工程师沟通；召开乡镇预算单位动员会、座谈会等商讨、制定实施工作计划；抽调乡财局和试点乡财所业务骨干组成工作小组，形成合力，稳步推进实施工作。

二、先行试点，分步实施

选择业务、人员基础条件较好，而且资金管理性质面广、涉及多种财务核算制度的三个乡镇作为试点。及时发现软件应用中的问题不足，及时修改完善。确保运行顺畅的情况下，在全县乡镇实施。

三、规范财务管理、提高管理效益

以新的财政总预算、行政事业单位会计制度和政府收支分类为依据，根据我县的实际情况，一是征求乡镇财政和预算单位意见，进一步规范财务管理，对乡镇账务科目设置、账务处理和报表式样进行统一标准设置，以便账务核算数据的汇总分析、综合利用；二是积极与软件工程师沟通协商，以满足工作需要完善软件应用功能，按照乡镇财政和预算单位分两次传输数据，按工资统发、直接支付、授权支付三种支付方式分别对应预算单位核算科目传输核算数据、自动生成凭证、记账后自动生成各类报表；三是工作小组成员在熟练掌握软件应用的基础上，深入研究软件各种功能，如：多笔资金性质相同数据的汇总记账、总预算帐中收支既能反映预算单位又能反映政府收支分类等，提高乡镇财政管理效益。

四、梳理业务流程，实现业务一体化

根据财政大平台支付系统数据直接传输到账务核算系统，自动生成凭证形成账务核算数据的需求；结合行政事业单位内部控制制度，对业务流程进行了梳理。完善了政府采购资金拨付、核算到固定资产管理；村级专项资金拨付、通过国库支付系统支付、到账务核算等业务流程。建立涵盖部门预算、指标管理、计划管理、支付管理、工资统发、会计核算等领域的一体化业务流程，确保各业务流程有效对接，相关数据自动转换，努力实现财政业务一体化。

五、加强业务培训，提升信息化管理水平

举办培训班，针对业务操作流程、财务核算系统的应用和行政事业单位会计制度、基建会计制度、村级会计制度执行中重难易错点，对乡镇财政人员进行信息系统及账务处理培训，提高乡镇财政人员账务处理技能和信息化应用水平。

六、做好数据衔接，确保新旧系统平稳过渡

新乡镇财务核算系统统一于2015年1月起用，各乡镇试运行期为3个月以上。乡镇预算单位将2015年期初数据录入新系统，自2015年1月1日在国库集中支付系统发生的收支必须按照新的流程进行数据传输生成核算凭证，在新系统中进行所有账务处理；同时，继续在原用友R9乡财系统中进行账务处理3个月以上；新旧系统财务核算数据3个月保持一致，内容完整，才可以完全应用新系统，确保系统平稳过渡。

七、及时做好运行维护工作，确保系统稳定正常

加强软件工程师与乡镇业务操作员的沟通，组织专题讨论会，及时解决系统运行过程中的问题，调整、维护相关数据，制作完善相关报表，实现数据多功能查询，满足乡镇财政管理需求，确保系统稳定正常运行。

第二篇
财政管理改革

第一章 财政管理制度改革

财政管理制度主要侧重财政资金支出方面的控制、监督与提高效益的措施。20 世纪 90 年代中后期以来，我国先后出台了收支两条线、政府采购、部门预算、国库集中收付、政府收支分类改革等一系列改革措施，近年来的管理措施则有从作为流量的支出向作为存量的资金或资产前移的趋势。作为政府支出的重要信息系统——政府会计，在上述改革的基础上也将进行深入的改革。

第一节 部门预算改革

一、部门预算的概念

部门预算是微观意义的政府组织的收支计划。它具体是指“部门依据国家有关政策规定及其行使职能的需要，由基层预算单位编制，逐级上报、审核、汇总，经过财政部门审核后提交立法机关依法批准的，涵盖部门各项收支的综合财政收支计划”。

长期以来，我国政府组织和事业单位的预算是按资金来源和开支功能来编制的，财政部门直接安排的预算资金和许多有预算分配权的部门所安排的资金并不在同一个预算之内。这样的行政事业单位预算在执行中难以与会计主体相协调，导致单位预算缺乏科学化、法制化和透明度。

二、部门预算的演进过程

审计署最早倡导实施部门预算。1999年，审计署针对中央财政预算管理中存在的问题，就进一步改进和规范中央预算编制工作所提出的“要细化报送全国人大审查批准的预算草案内容，增加透明度”、“报送内容应增加对中央各部门支出、中央补助各地方的支出和重点项目的支出等”等提议，拉开了我国部门预算改革的序幕。1999年7月，财政部向国务院报送了《关于落实全国人大常委会意见改进和规范预算管理工作的请示》。经国务院批准，财政部随后在广泛征求部门意见的基础上又提出《关于改进2000年中央预算编制的意见》，开始了部门预算的改革。

我国部门预算改革大体分为两个阶段：第一阶段（从2000年至2005年）主要目标在于转变功能预算编制办法并不断扩大部门预算的实施范围，到2005年，中央各部门和全国所有的省本级和计划单列市都已全面推行部门预算改革，与公共财政相适应的部门预算框架已初步建立；第二阶段（从2006年至今）主要目标在于深化部门预算编制、推进预算精细化、透明化，基本改革措施主要是围绕着建设和完善政府收支分类而展开。

实施部门预算并不是我国的独创，世界上大多数市场经济国家都实行部门预算制度。这一制度经过不断的修订和完善，目前在发达国家中已成为一种较为成熟的制度。部门预算的实质是将政府的各种支出用严密、详细、精确的预算规范起来，并将它法律化，使它成为政府支出的依据。这一制度实施后，可杜绝政府支出中不规范、不透明的现象，使政府收支更加细化和清晰。

三、部门预算的特征

部门预算与传统的功能预算的区别主要在于：

1. 预算编制的分类基础不同

功能预算是将预算按支出功能分类分别测算，最后汇总形成按支出功能分别列示的总体预算。部门预算则是将预算按部门或单位分解，部门或单位将涉及本部门或单位的所有按功能分类的资金统一编入部门预算，财政部门将各部门的预算审核汇总后，形成按部门列示的中央部门预算，并在此基础上形成传统的按功能列示的中央财政总体预算。

2. 预算涵盖的范围不同

功能预算的编制范围仅限于财政预算内资金收支预算，没有涵盖部门依

据国家法律组织的基金收支预算、预算外资金收支预算和其他资金收支预算。部门预算的编制范围则涵盖了预算部门的全部收支，既包括一般收支预算，又包括基金收支预算；在一般收支预算中，既包括财政预算内资金收支，又包括预算外资金收支和其他收支。

3. 预算管理的侧重点不同

功能预算侧重于财政收入、支出结构分析和财政宏观情况分析，强调预算分配的计划性，有科于国家宏观经济政策和财政调控政策的实施。部门预算则侧重于反映细化的某一部门的全部收支情况，强调部门行使职能过程中各项预算的全过程管理，突出预算的事前控制作用，实现了预算向微观管理层次的延伸。

4. 预算管理的方式不同

功能预算是一个部门不同功能的经费在财政和各部门均分别由不同的机构进行管理，在财政部门是一个机构管理若干部门同一性质的经费，同一部门的不同功能的经费预算分别由不同的主管机构审核和批复；部门预算则是一个部门不同功能的经费在财政和部门均由同一机构管理，在财政是一个机构管理一个部门的所有经费，同一部门所有经费的预算全部由一个机构审核和批复。

5. 预算编制的方式不同

功能预算编制过程是自上而下，即由财政部门根据政府目标的需要，先确定财政总体收支规模和支出构成，由财政部把按功能分类的预算控制指标分解给部门，主管部门代基层单位编制预算，层层代编。部门预算编制过程是自下而上，即从基层编起，逐级审核汇总，最后由财政部门审核汇总形成财政总体预算。

6. 预算的细化分类不同

功能预算是将预算按功能细化。部门预算则是以部门为基础，对部门内的各项资金再按功能、按预算科目把各项支出内容细化分解到具体支出项目。

7. 预算的编制方法不同

部门预算以“零基法”代替了“基数加增长”的传统预算编制方法，使得预算收支指标更为科学合理；同时，部门预算实行预算周期制，预算编制时间更加充分。

四、部门预算与预算其他领域改革的关系

部门预算、国库集中收付和政府采购作为财政支出管理体制改革的三项

核心内容，互为条件，相辅相成，犹如三驾马车，只有并驾齐驱，财政支出管理体制改革才能快速前进。特别是政府采购制度的推行，没有部门预算和国库集中收付改革的支持和保障，恐怕难以获得成功。

（一）编制部门预算是基础

所谓部门预算，就是由各部门根据其职能和社会发展的需要，统一编制反映本部门所有收入和支出的预算。实行部门预算，就是要细化预算，从改革预算编制的体系分类和预算科目着手，重新按定员定额确定人员经费，重新按支出标准确定公务经费。它为确定政府采购的品目目录、编制政府采购预算和制定政府采购计划奠定了基础。如果仍然按照以前粗放式的预算编制方法，政府采购品目目录的确定、政府采购预算的编制和政府采购计划的制定将难以完成。目前政府采购实际操作中遇到的用户单位不顾实际需要，随意要求提高采购标准和档次的现象，将随着部门预算改革的深化，如办公设备配置标准的制定而解决。有些部门“价值数万元的电脑被当作打字机，高级彩色复印机‘大材小用’地被当作一般复印机使用”的现象也可以避免。

（二）实行国库集中收付制度是手段

国库集中收付制度不同于财政根据预算安排将资金按预算级次层层下拨的方式，而由集中支付机关根据批复的部门预算按实际支出的时间和金额从国库统一支付。实行国库集中收付制度，解决了由于资金分配交叉造成难以整体控制的问题，可使财政资源达到最优配置，克服财政资金被部门挤占和挪用的问题，保证预算资金的及时、足额支付；也有利于对部门预算执行的监督和政府采购制度的执行。实行国库集中收付制度，政府采购资金都集中于国库的“政府采购资金专户”中，政府采购行为一旦发生，经财政支出管理部门的审核，采购资金由国库单一账户直接拨付给货物供应商和劳务提供者。预算单位无法直接得到预算资金，也就不能绕开政府采购规定随意采购、违规采购。因此，建立国库集中收付的“政府采购资金专户”是从源头控制和监督政府采购资金，促使预算单位执行政府采购制度的有效手段。

（三）政府采购制度是保证

政府采购制度是将行政、事业单位购买货物、工程和服务的行为公开化、规范化、程序化。实行政府采购制度，可提高部门预算执行准确性和效率。主要体现在：（1）通过政府采购并在配套的支出标准的约束下，可全过程管理和监督预算单位对财政资金的使用，压缩不合理支出；（2）通过政府采购可将原来由各单位自行分散的采购活动合成规模优势，通过法定的集中采购方式，充分运用竞争机制，好中选优，大幅度节约财政资金；（3）通过政府采购制度所遵循的“公开、公平、公正”原则，极大地增强了采购过程的透明度，在提高财政资金使用效益的同时，从源头上预防腐败现象的发生。

总之，实行部门预算和国库集中收付，可以解决财政管理中长期存在的预算编制粗放、资金分配权分散、透明度不高以及挤占、挪用财政资金等问题，为编制政府采购预算、制定、下达和执行政府采购计划奠定了基础。而实行政府采购制度可以为财政支出管理和部门预算管理创造一种全方位、全过程管理模式，实施政府采购后的采购价格、预算单位设备配置等信息也为细化部门预算、制订部门支出标准创造了条件。

部门预算、国库集中集中收付制度和政府采购制度是三项相互促进、相辅相成的改革。政府采购制度既需要部门预算和国库集中收付制度改革加以配套，同时又促进和支持子部门预算和国库集中收付制度改革。

第二节　国库集中收付改革

一、国库集中收付制度的涵义

（一）国库集中收付制度的概念

在我国，国库集中收付制度也称为国库单一账户制度。它包括国库集中收付制度和收入收缴管理制度两部分，是指由财政部门代表政府设置国库单一账户体系，将所有的财政性资金统一纳入国库单一账户体系进行收缴、支付和管理的制度。在国库集中收付制度下，财政收入通过国库单一账户体系，直接缴入国库财政支出通过国库单一账户体系，以直接支付或授权支付的形式将资金直接拨入商品和劳务供应者或用款单位，未支用的资金均保留在国库单一账户，由财政部门代表政府进行管理运作，可以很好地降低政府筹资成本。国库集中收付制度是政府财政支出管理的重要手段和预算执行科学化的必要保障，也是解决政府财政性资金支付问题的国际通行做法。

（二）实行国库集中收付制度的意义

我国长期以来实行的国库管理制度，是以设立多重账户为基础的分散收付制度。在这种制度下，财政收入的许多项目由征收部门通过设立过渡账户收缴，财政支出通过财政部门和用款单位分别开设的账户层层拨付，大量的预算外资金未纳入财政预算统一管理。这种制度的弊端十分突出，主要表现在：（1）多重设置账户延滞了财政资金的入库时间。（2）在财政支出方面，资金在预算单位支付行为发生之前就流出了国库。（3）大量的财政资金滞留在预算单位，严重降低了财政资金的使用效益。（4）造成财政资金的使用缺乏事前监督，被截留、挤占和挪用等问题时有发生。（5）财政资金运行信息反馈迟缓，透明度不高，不能准确及时地为预算编制、预算执行分析，以及宏观经济调控提供有效依据。因此，传统的国库管理制度已不适应新形势下加强预算管理的要求，所以必须从根本上进行改革。

国库集中收付制是国际上特别是现代市场经济国家通行的一种先进的国库管理制度。我国采用这一制度具有重要意义：其一，这是我国预算管理制度改革的核心内容之一，是对传统的财政资金账户设置和资金收支缴拨方式的根本性变革。其二，有利于财政资金的规范管理，使收入不能随意退库，支出得到了事前监督，保证了国库资金安全。其三，能够正确地执行预算，有利于国家对财政资金的流量和流向的有效控制，成为强化财政管理的一种新手段。

二、国库集中收付制度的基本内容

2001 年 3 月，财政部、中国人民银行联合颁布了《财政国库管理制度改革试点方案》，在中央级行政事业单位选择有代表性的部门实施国库集中收付制度改革，2002 年起国库集中收付制度开始在我国地方各级财政推广。国库集中收付制度可简单概括为如下三个基本方面：

（一）国库单一账户体系

1. 国库单一账户体系的构成

（1）财政部门在中国人民银行开设国库单一账户，按收入和支出设置分类账，收入账按预算科目进行明细核算，支出账按资金使用性质设立分账册。

（2）财政部门按资金使用性质在商业银行开设零余额账户；在商业银行为预算单位开设零余额账户。

（3）财政部门在商业银行开设预算外资金财政专户，按收入和支出设置分类账。

（4）财政部门在商业银行为预算单位开设小额现金账户。

（5）经国务院和省级人民政府批准或授权财政部门开设特殊过渡性专产（简称特设专户）。

建立国库单一账户体系后，相应取消各类收入过渡性账户。预算单位的财政性资金逐步全部纳入国库单一账户管理。

2. 国库单一账户体系的功能

(1) 国库单一账户为国库存款账户，用于记录、核算和反映纳入预算管理的财政收入和支出活动，并用于与财政部门在商业银行开设的零余额账户进行清算，实现支付。

(2) 财政部门的零余额账户，用于财政直接支付和与国库单一账户支出清算；预算单位的零余额账户用于财政授权支付和清算。

(3) 预算外资金财政专户，用于记录、核算和反映预算外资金的收入和支出活动，并用于预算外资金日常收支清算。

(4) 小额现金账户，用于记录、核算和反映预算单位的零星支出活动，并用于与国库单一账户清算。

(5) 特设专户，用于记录、核算和反映预算单位的特殊专项支出活动，并用于与国库单一账户清算。

上述账户和专户要与财政部门及其支付执行机构、中国人民银行国库部门和预算单位的会计核算保持一致性，相互核对有关账务记录。在建立健全现代化银行支付系统和财政管理信息系统的基础上，逐步实现由国库单一账户核算所有财政性资金的收入和支出，并通过各部门在商业银行的零余额账户处理日常支付和清算业务。

（二）收入的缴库方式

国库集中收付制度在收入方面改进的主要内容是：按政府收支分类，对财政收入实行分类；将财政收入收缴分为直接缴库和集中汇缴，并规范收入退库管理。

1. 直接缴库

直接缴库指缴款单位或缴款人按有关法律、法规规定，直接将应缴收入缴入国库单一账户或预算外资金专户的收缴方式。在直接缴库方式下，由纳税人或税务代理人提出纳税申报，经征收机关审核无误后，由纳税人通过开户银行将税款缴人国库单一账户。

2. 集中汇缴

集中汇缴是指由征收机关按有关法律、法规规定，将所收的应缴收入（一般是小额零散税收和法律另有规定的应缴收入）汇总缴人国库单一账户或预算外资金专户的收缴方式。在集中汇缴方式下，由征收机关于收缴收入的当日汇总缴入国库单一账户。非税收人中的现金缴款，比照本程序缴入国库单一账户或财政专户。

（三）支出的支付程序

1. 财政直接支付程序

预算单位按照批复的部门预算和资金使用计划，向财政国库支付执行机构提出支付申请；财政国库支付执行机构根据批复的部门预算和资金使用计划及相关要求对支付申请审核无误后，向代理银行发出支付令，并通知中国人民银行国库部门，通过代理银行进入全国银行清算系统实时清算，财政资金从国库单一账户划拨到收款人的银行账户。

财政直接支付主要通过转账方式进行，也可以采取“国库支票”支付。财政国库支付执行机构根据预算单位的要求签发支票，并将签发给收款人的支票交给预算单位，由预算单位转给收款人。收款人持支票到其开户银行入账，收款人开户银行再与代理银行进行清算。每日营业终了前由国库单一账户与代理银行进行清算。支付对象为预算单位和下级财政部门的支出，由财政部门按照预算执行进度将资金从国库单一账户直接拨付到预算单位或下级财政部门账户。

2. 财政授权支付程序

预算单位按照批复的部门预算和资金使用计划，向财政国库支付执行机构申请授权支付的月度用款限额，财政国库支付执行机构将批准后的限额通知代理银行和预算单位，并通知中国人民银行国库部门。预算单位在月度用款限额内，自行开具支付令，通过财政国库支付执行机构转由代理银行向收款人付款，并与国库单一账户清算。

上述财政直接支付和财政授权支付流程，以现代化银行支付系统和财政信息管理系统的国库管理操作系统为基础。在这些系统尚未建立和完善前，财政国库支付执行机构或预算单位的支付令通过人工操作转到代理银行，代理银行通过现行银行清算系统向收款人付款，并在每天轧账前与国库单一账户进行清算。

第三节　政府采购改革

一、政府采购的基本内容

（一）政府采购的概念

政府采购（Government Procurement）是以公开招标、投标为主要方式选

择供货商（厂商），从国内外市场为政府部门或所属团体购买商品或劳务的一种制度。我国《政府采购法》将政府采购定义为“各级国家机关、事业单位和团体组织，使用财政性资金采购依法制定的集中采购目录以内的或者采购限额标准以上的货物、工程和服务的行为”。政府采购制度是具体的采购过程、采购政策、采购程序及采购管理的总称，是一种与私人部门采购相对的公共采购制度。政府采购具有公开、公正、竞争等特征，被誉为“阳光下的采购”。

政府采购制度是财政支出管理的重要组成部分，在发达国家已有二百多年的成长历史。由于政府采购的实施不仅可以节省政府开支，而且还能够实现廉政目标，因而倍受各国政府的重视，是市场经济国家普遍采用的制度。发达国家如今已经形成了一套完整的管理体系，成为各国政府加强财政支出管理和实施宏观经济调控的一种有效手段。目前西方国家的政府采购占 GDP 的比重一般可达 10% ~20%，如美国为 20%，欧盟为 15% ~20%，日本为 10%。

我国政府采购制度建设起步较晚，最初于 20 世纪 90 年代中后期在上海等一些发达地区开始试点。在试点的基础上，1998 年开始全国推行。为了使政府采购改革沿着制度化的方向发展，1999 年财政部颁布了《中华人民共和国政府采购暂行条例》。2002 年 6 月，九届全国人大常委会通过了《中华人民共和国政府采购法》并于 2003 年 1 月 1 日起施行。《政府采购法》的正式实施，标志着中国政府采购迈入了规范化、法制化的轨道。

（二）政府采购的基本内容

我国的政府采购法对政府采购的基本问题作了原则性规定，还就政府采购主体、采购方式、招标投标程序、法律责任和监督等问题作了详细规定。财政部门作为政府采购管理机关，其具体职责是：制定政府采购政策、法律和集中采购目录；审核政府采购预算；制定供应商和中介组织的市场准入规则；拨付和管理采购资金；监督采购行为；收集、统计和发布政府采购信息；管理其他有关政府采购事务等。

根据我国政府采购制度的总体框架，其具体内容主要包括如下几个方面：

1. 明确政府采购管理体制

政府采购属于本级预算支出管理制度。各级政府可在不违背政府采购法规精神的前提下，制定各自的采购规则。但是，如果地方政府的采购项目中含有中央政府的专项拨款，则不论比例大小，都必须按照中央政府的采购规则运行，接受中央政府的监督。

2. 建立政府采购主管机构

为了加强对政府采购的管理，需要在财政部门内部明确一个主管机构，对政府采购市场进行管理和协调。

3. 明确采购模式

从我国国情出发，应采取集中与分散相结合的采购模式。

4. 加强对招标代理机构或采购代理机构的管理

招投标是政府采购的主要方式之一。由于招投标技术性强，可以选择代理机构办理。有的支出单位在分散采购的情况下，也可以委托给采购代理机构办理。因此，我国的政府采购制度要鼓励在社会上建立招标代理机构和采购代理机构，但要加强对这些机构的管理。

5. 建立仲裁机构

政府采购过程中会产生许多矛盾，需要进行仲裁。仲裁的主要内容是指投标和履约中的疑义和有争议的问题。建立政府采购的仲裁机构，有助于解决政府采购过程中发生的争议，保证政府采购公正、公平原则的落实，维护政府形象。

6. 成立政府采购中心

政府采购中心是由政府组建，并根据政府的授权负有组织行政事业单位重大采购事务和集中采购事务，并依法直接开展采购业务的事业单位。其主要职责是：组织行政事业单位的重大和集中采购事务；接受委托参与财政拨款的公共工程的竞标；承担不具备独立采购资格的采购机构的采购业务；组织培训采购管理人员和技术人员。

二、我国政府采购改革的深化

（一）我国实施政府采购所取得的成就

在政府采购改革实施之前，我国实行的是各预算单位各自分散采购，在资金供应方面是层层向预算单位拨付。这种预算支出的管理方式有许多弊端：一是政府采购资金的分配与使用脱节，财政无法进行有效监督，资金的使用效益不高；二是政府采购过程和结果不透明、不公开，容易产生腐败现象；三是强化了地方保护主义，不利于全国统一市场的形成；四是分散采购使巨大的财政支出化整为零，不能体现国家的产业政策，削弱了财政对宏观经济的调控作用。

20 世纪 90 年代后期开始逐步推开的政府采购制度，极大地推动了中国的财政管理与预算支出改革。经过“十五”的“规范政府采购行为，全面推行

政府采购制度”和“十一五”的“继续深化政府采购制度”等两个阶段的改革，当前我国政府采购已经取得了如下一些成就：

1. 政府采购的规模和范围不断扩大

从采购规模上看，我国政府采购的规模在逐年扩大，推广起步阶段的1998年，政府采购规模仅为31亿元，而2009年的规模已经扩大到7413.2亿元。十几年来通过政府采购已累计节约财政资金达3000亿元以上，财政资金平均节约率在11%以上。

从采购范围上看，变化主要有两点：一是从初期的简单的货物采购，扩大到工程、服务类采购，形成以货物类、工程类采购为主，服务类采购为辅的政府采购格局；二是从初期的政府采购试点扩展到全面实施，目前政府采购的实施范围已覆盖所有中央部门和省、市、县级政府的采购单位。

2. 采购机制更加科学

根据《政府采购法》及其他有关法规，我国的政府采购实行“管采分离”的办法，即中央及地方各级政府对政府采购实行采购管理职能与采购执行职能分离——财政部门负责管理监督而具体采购活动则由集中采购机构负责实施的办法。经过十余年的制度建设，当前我国市级以上的政府采购基本都实现了“管采分离”。中央级预算单位分设了中央国家机关政府采购中心、中共中央直属机关采购中心和全国人大机关采购中心三个集中采购机构。管采分离、机构分设、政事分开、相互制约的政府采购实施机制基本形成，有助于政府采购活动的规范和高效。

3. 信息更加透明

为了确保政府采购活动的公开、公平与公正，我国各级政府相继建立了政府采购的信息发布制度。这些信息发布平台包括：（1）专门的政府采购信息发布网站，如中国政府采购网和地方各级政府建立的地区性政府采购网；（2）相关指定的媒体，如《中国政府采购》、《中国财经报》等。通过各类信息发布平台，各级政府在货物类、工程类和服务类政府采购中实行了广泛的招投标制度，形成以公开招投标为主、其他采购方式相结合的政府采购方式组合。

4. 逐渐与开放的国际经贸环境相融合

政府采购的国际化，是经济全球化、各国经济联系日益密切的必然结果。虽然可能使国内企业不得不面临国外同行的激烈竞争，但也有利于中国企业开拓国外政府采购市场。鉴于中国政府采购市场潜力巨大，多数发达国家希望通过《政府采购协议》（Government Procurement Agreement，简称GPA）这一渠道进入中国的政府采购市场。尽管《政府采购协议》并不属于WTO成员必须接受的“一篮子”协议的范畴，但我国政府在加入WTO时承诺有意成为《政府采购协议》的参加方，将自加入WTO时成为《政府采购协议》观察员，并将尽快开始加入该协议的谈判。

2002年2月中国申请成为《政府采购协议》观察员，标志着中国开始了政府采购的国际化进程。2007年12月，财政部代表我国政府签署了中国加入WTO《政府采购协议》申请书，由此中国正式启动了加入WTO《政府采购协议》谈判。2008年2月，中国与《政府采购协议》成员方开始了首轮会谈。

5. 更加注重与低碳环保等方面的结合

我国经济的快速增长是以。大量消耗有限资源和高污染排放为代价的。有鉴于此，近年来我国的政府采购制度在深入贯彻落实科学发展观与环保低碳方面成绩斐然。这一点在哥本哈根世界气候大会之后，体现得尤为明显。财政部、国家发展改革委和环保部不断地调整《关于调整节能产品政府采购清单的通知》和《关于调整环境标志产品政府采购清单的通知》，及时对“环境标志产品政府采购清单”和“节能产品政府采购清单”进行更新，为“2010年实现单位国内生产总值能源消耗比2005年降低20%左右、到2010年努力实现森林覆盖率达到20%、2020年可再生能源在能源结构中的比例争取达到16%等一系列目标”做出了积极贡献。

（二）进一步深化我国政府采购改革

今后一个时期，我国政府采购制度将围绕财政“十二五”发展改革目标，统筹推进政府采购制度改革与加入《政府采购协议》谈判工作，扩大政府采购规模，完善法规制度体系，加快信息化建设步伐，推进科学化精细化管理，丰富采购政策功能，力争推动政府采购工作迈上新台阶。

需要进一步完善的方面主要有：

1. 重点加大对服务类采购项目的实施力度，争取将更多的公共服务、专业服务等传统服务项目纳入政府采购范围；积极探索合同能源管理、“云计算”等新型服务业态的政府采购工作，不断拓展服务类采购领域。结合扩大消费需求、强农惠农等积极财政政策的落实，扎实开展保障性安居工程、水利设施建设及抗灾救灾物资等关系民生项目的采购管理工作。

2. 针对当前政府采购管理中的突出问题，继续完善政府采购法规制度体系。努力做好政府采购与招标投标两法实施条例的衔接工作，争取《政府采购法实施条例》尽快出台；规范非公开招标的政府采购方式实施程序，研究制定《政府采购非公开招标管理办法》；加强和改进集中采购管理，制定下发

《中央单位政府采购协议供货管理办法》、《中央集中采购工作规程》等制度办法；适应形势发展需要，修订《政府采购品目分类表》。

3. 围绕国家经济和社会发展政策目标，积极发挥政府采购政策功能作用。继续做好政府采购支持节能环保、信息安全产品管理、正版软件使用等工作。尽快出台政府采购扶持中小企业发展的政策措施。研究完善本国产品的认定标准和配套政策。深入研究政府采购支持服务外包产业发展的具体措施。开展政府采购信用担保试点工作。清理规范地方出台的政府采购有关政策，维护全国政府采购市场的统一和完整。

此外，在推进加入世贸组织《政府采购协议》谈判工作方面，今后还将按照开展GPA谈判的整体工作部署，统筹对外谈判和国内准备工作。继续做好多边和双边框架下政府采购谈判工作，积极与美国、欧盟等GPA参加方沟通交流，拓展政府采购领域国际交流与合作的广度和深度。

第四节 政府收支分类改革

一、政府收支分类的概念和意义

（一）政府收支分类的概念

政府收支分类，就是按照一定的原则和方法，对各级政府全部的收入和支出项目进行横向的种属划分和纵向的层次划分，以便科学准确地反映政府的收支活动。它是财政管理制度的一项重要的基础性工作，贯穿于预算编制、执行、监督各个环节之中，关系到财政预算管理的科学化和规范化，对提高政府预算的透明度意义重大。

我国政府收支分类的基本做法是：首先是将政府的收入按照来源属性的不同分为若干类，类下设“款”、“款”下有“项”，“项”由若干作为基本组成单位的“目”来构成；其次是将政府的支出设置两套采取不同划分依据的分类体系——“功能分类”和“经济分类”，两套分类体系亦采用“类”、“款”、“项”作为层次的标志（“经济分类.”仅设“类”、“款”两级）。

（二）我国政府收支分类的演进

1. 早期的“国家预算收支科目”

我国的政府收支分类源于我国计划经济时期的《国家预算收支科目》。这种分类体系仅对预算资金的收支进行分类，分类标志由粗到细为“类”、“款”、“项”、“目”和“节”共5个级层。《国家预算收支科目》分类体系的主要问题在于反映面过于狭窄，尽管中央明确规定了预算外资金的分类比照预算资金执行，但随着上世纪80年代预算外资金的急剧膨胀，该分类体系的缺陷越来越明显。

2. 21世纪初的“政府预算收支科目”

进入20世纪90年代，随着中央和地方政府职能的明确以及财政收支的分立，《国家预算收支科目》从名称到内容已不能适应形式的变化，因而在21世纪初，《国家预算收支科目》更名为《政府预算收支科目》。在《政府预算收支科目》中，一部分原属预算外的资金被纳入预算管理。为使这些“新”纳入预算的资金保持其专用性，因而采用了一般预算收支和基金预算收支分列的作法。以2004年的《政府预算收支科目》为例，一般预算收入分为增值税、消费税、营业税等32类，基金预算收入分为工业交通部门基金收入类、商贸部门基金收入类、文教部门基金收入类、社会保障基金收入类、农业部门基金收入类、土地有偿使用收入、政府住房基金收入、其他部门基金收入、地方财政税费附加收入以及基金预算调拨收入类10类；一般预算支出分为基本建设支出、企业挖潜改造资金、地质勘探费、科技三项费用等34类，基金预算支出分为工业交通部门基金支出类、商贸部门基金支出类、文教部门基金支出类、社会保障基金支出类、农业部门基金支出类、土地有偿使用支出、政府住房基金支出、其他部门基金支出、地方财政税费附加支出以及基金预算调拨支出类10类。

3. 政府收支分类

《政府预算收支科目》适应了财政分权的需要，扩大了收支范围，但不透明、不完整、不可比的问题仍然突出——所谓不透明，是指支出科目不能直观、明晰地反映政府各项职能活动，这是原科目分类中最突出的问题；不完整是指收支科目涵盖的范围偏窄，不能准确地反映政府收支全貌；不可比是指有关统计口径与国外有较大差别，不利于国际比较与交流。这些缺陷不仅在技术层面上制约了预算管理水平的提高，而且还会在政治层面上造成财政工作的被动。

本着“体系完善、反映全面、分类明细、口径可比、便于操作”的原则，我国政府自1999年底开始研究政府收支分类改革。2004年底、2005年初选定水利部、交通部等中央部门，以及河北、天津、湖北、湖南、海南5省市开始了模拟试点。在试点经验的基础上，财政部于2006年制定了改革方案和

2007年政府收支分类科目。2007年，我国各级政府开始按照新的收支分类科目编制预算。

（三）我国政府收支分类改革的意义

我国的政府收支分类改革，在收入方面不再按资金管理的要求划分一般预算收入、基金预算收入等科目，而是将各项政府收入纳入统一的分类体系，有利于直观反映各项收入的来源和结构比重。在支出方面，根据政府职能进行“功能分类”并按照政府支出的经济性质和具体用途进行“经济分类”，既能说明政府的职能需要又可说明政府的资金花费于哪些渠道，细化了政府预算，方便了政府支出的结构分析。

政府收支分类改革完全到位后，新的科目体系与部门分类编码、基本支出预算和项目支出预算相配合，在财政信息管理系统的有力支持下，可以对任何一项财政收支进行“多维”定位，清楚地说明政府的资金来自何种收入来源、用于何种支出渠道、最终消耗于哪个具体单位、部门或项目，为预算管理、统计分析、宏观决策和财政监督等提供了全面、真实、准确的经济信息。

二、我国政府收支的基本分类

（一）收入分类

收入分类主要反映政府收入的来源和性质。根据目前我国政府收入构成情况，结合国际通行的分类方法，《政府收支分类科目》将政府收入分为类、款、项、目四级。其中，类、款两级科目设置情况如下：

1. 税收收入

分设21款：增值税、消费税、营业税、企业所得税、企业所得税退税、个人所得税、资源税、固定资产投资方向调节税、城市维护建设税、房产税、印花税、城镇土地使用税、土地增值税、车船税、船舶吨税、车辆购置税、关税、耕地占用税、契税、烟叶税、其他税收收入。

2. 社会保险基金收入

分设10款：基本养老保险基金收入、失业保险基金收入、基本医疗保险基金收入、工伤保险基金收入、生育保险基金收入、新型农村合作医疗基金收入、城镇居民基本医疗保险基金收入、新型农村社会养老保险基金收入、城镇居民养老保险基金收入、其他社会保险基金收入。

3. 非税收入

分设7款：政府性基金收入、专项收入、行政事业性收费收入、罚没收入、国有资本经营收入、国有资源（资产）有偿使用收入、其他收入。

4. 贷款转贷回收本金收入

分设4款：国内贷款回收本金收入、国外贷款回收本金收入、国内转贷回收本金收入、国外转贷回收本金收入。

5. 债务收入

分设2款：国内债务收入、国外债务收入。

6. 转移性收入

分设9款：返还性收入、一般性转移支付收入、专项转移支付收入、政府性基金转移收入、地震灾后恢复重建补助收入、上年结余收入、调入资金、地震灾后恢复重建调入资金、债券转贷收入。

（二）支出功能分类

支出功能分类主要反映政府活动的不同功能和政策目标。根据社会主义市场经济条件下政府职能活动情况及国际通行做法，将政府支出分为类、款、项三级。其中，类、款两级科目设置情况如下：

1. 一般公共服务

分设29款：人大事务、政协事务、政府办公厅（室）及相关机构事务、发展与改革事务、统计信息事务、财政事务、税收事务、审计事务、海关事务、人力资源事务、纪检监察事务、人口与计划生育事务、商贸事务、知识产权事务、工商行政管理事务、质量技术监督与检验检疫事务、民族事务、宗教事务、港澳台侨事务、档案事务、民主党派及工商联事务、群众团体事务、党委办公厅（室）及相关机构事务、组织事务、宣传事务、统战事务、对外联络事务、其他共产党事务支出、其他一般公共服务支出。

2. 外交

分设8款：外交管理事务、驻外机构、对外援助、国际组织、对外合作与交流、对外宣传、边界勘界联检、其他外交支出。

3. 国防

分设7款：现役部队、预备役部队、民兵、国防科研事业、专项工程、国防动员、其他国防支出。

4. 公共安全

分设11款：武装警察、公安、国家安全、检察、法院、司法、监狱、劳教、国家保密、缉私警察、其他公共安全支出。

5. 教育

分设11款：教育管理事务、普通教育、职业教育、成人教育、广播电视教育、留学教育、特殊教育、教师进修及干部继续教育、教育附加安排的支出、地方教育附加安排的支出、其他教育支出。

6. 科学技术

分设11款：科学技术管理事务、基础研究、应用研究、技术研究与开发、科技条件与服务、社会科学、科学技术普及、科技交流与合作、科学重大专项、核电站燃料处理处置基金支出、其他科学技术支出。

7. 文化体育与传媒

分设8款：文化、文物、体育、广播影视、新闻出版、文化事业建设费安排的支出、国家电影事业发展专项资金支出、其他文化体育与传媒支出。

8. 社会保障和就业

分设22款：人力资源和社会保障管理事务、民政管理事务、财政对社会保险基金的补助、补充全国社会保障基金、行政事业单位离退休、企业改革补助、就业补助、抚恤、退役安置、社会福利、残疾人事业、城市居民最低生活保障、其他城市生活救济、自然灾害生活救助、红十字事业、农村最低生活保障、其他农村生活救助、大中型水库移民后期扶持基金支出、小型水库移民扶助基金支出、补充道路交通事故社会救助基金、残疾人就业保障金支出、其他社会保障和就业支出。

9. 社会保险基金支出

分设10款：基本养老保险基金支出、失业保险基金支出、基本医疗保险基金支出、工伤保险基金支出、生育保险基金支出、新型农村合作医疗基金支出、城镇居民基本医疗保险基金支出、新型农村社会养老保险基金支出、城镇居民养老保险基金支出、其他社会保险基金支出。

10. 医疗卫生

分设8款：医疗卫生管理事务、公立医院、基层医疗卫生机构、公共卫生、医疗保障、中医药、食品和药品监督管理事务、其他医疗卫生支出。

11. 节能环保

分设15款：环境保护管理事务、环境监测与监察、污染防治、自然生态保护、天然林保护、退耕还林、风沙荒漠治理、退牧还草、已垦草原退耕还草、能源节约利用、污染减排、可再生能源、资源综合利用、能源管理事务、其他节能环保支出。

12. 城乡社区事务

分设13款，城乡社区管理事务、城乡社区规划：与管理、城乡社区公共设施、城乡社区环境卫生、建设市场管理与监督、政府住房基金支出、国有土地使用权出让收入安排的支出、城镇公用事业附加安排的支出、国有土地收益基金支出、农业土地开发资金支出、新增建设用地土地有偿使用费安排的支出、城市基础设施配套安排的支出、其他城乡社区事务支出。

13. 农林水事务

分设17款：农业、林业、水利、南水北调、扶贫、农业综合开发、农村综合开发、新菜地开发建设基金支出、育林基金支出、森林植被恢复费安排的支出、中央水利建设基金支出、地方水利建设基金支出、大中型水库库区基金支出、三峡水库库区基金支出、南水北调工程基金支出、国家重大水利工程建设基金支出、其他农林水事务支出。

14. 交通运输

分设14款：公路水路运输、铁路运输、民用航空运输、石油价格改革对交通运输的补贴、邮政业支出、车辆购置税支出、海南省高等级公路车辆通行附加费安排的支出、转让政府还贷道路收费权收入安排的支出、车辆通行费安排的支出、港口建设费安排的支出、铁路建设基金支出、民航基础设施建设基金支出、民航机场管理建设费安排的支出、其他交通运输支出。

15. 资源勘探电力信息等事务

分设14款：资源勘探开发和服务支出、制造业、建筑业、电力监管支出、工业和信息产业监管支出、安全生产监管、国有资产监管、支持中小企业发展和管理支出、散装水泥专项资金支出、新型墙体材料专项基金支出、农网还贷资金支出、山西省煤炭可持续发展基金支出、电力改革预留资产变现收入安排的支出、其他资源勘探电力信息等事务支出。

16. 商业服务业等事务

分设5款：商业流通事务、旅游业管理与服务支出、涉外发展服务支出、旅游发展基金支出、其他商业服务业等事务支出。

17. 金融监管等事务支出

分设6款：金融部门行政支出、金融部门监管支出、金融发展支出、金融调控支出、农村金融发展支出、其他金融监管等事务支出。

18. 地震灾后恢复重建支出

分设7款：倒塌毁损民房恢复重建、基础设施恢复重建、公益服务设施恢复生产和重建、工商企业恢复生产和重建、党政机关恢复重建、军队武警恢复重建支出、其他恢复重建支出。

19. 国土资源气象等事务

分设6款：国土资源事务、海洋管理事务、测绘事务、地震事务、气象

事务、其他国土资源气象等事务支出。

20. 住房保障支出

分设3款：保障性安居工程支出、住房改革支出、城乡社区住宅。

21. 粮油物资储备事务

分设5款：粮油事务、物资事务、能源储备、粮油储备、重要商品储备。

22. 预备费

23. 国债还本付息支出

分设11款：国内债务还本、向国家银行借款还本、其他国内借款还本、向外国政府借款还本、中央其他国外借款还本、国内债务付息、国外债务付息、国内外债务发行、补充还贷准备金、财政部代理发行地方政府债券还本、财政部代理发行地方政府债券付息。

24. 其他支出

分设6款：年初预留、其他政府性基金支出、汶川地震捐赠支出、彩票发行销售机构业务费安排的支出、彩票公益金安排的支出、其他支出。

25. 转移性支出

分设8款：返还性支出、一般性转移支付、专项转移支付、政府性基金转移支付、地震灾后恢复重建补助支出、调出资金、年终结余、债务转贷支出。

（三）支出经济分类

支出经济分类主要反映政府支出的经济性质和具体用途。支出经济分类设类、款两级，科目设置情况如下：

1. 工资福利支出

分设8款：基本工资、津贴补贴、奖金、社会保障缴费、伙食费、伙食补助费、绩效工资、其他工资福利支出。

2. 商品和服务支出

分设31款：办公费、印刷费、咨询费、手续费、水费、电费、邮电费、取暖费、物业管理费、差旅费、因公出国（境）费、维修（护）费、租赁费、会议费、培训费、公务接待费、专用材料费、装备购置费、工程建设费、作战费、军用油料费、军队其他运行维护费、被装购置费、专用燃料费、劳务费、委托业务费、工会经费、福利费、公务用车运行维护费、其他交通费用、其他商品和服务支出。

3. 对个人和家庭的补助

分设14款：离休费、退休费、退职（役）费、抚恤金、生活补助、救济费、医疗费、助学金、奖励金、生产补贴、住房公积金、提租补贴、购房补贴、其他对个人和家庭的补助支出。

4. 对企事业单位的补贴

分设5款：企业政策性补贴、事业单位补贴、财政贴息、国有资本经营预算费用性支出、其他对企事业单位的补贴支出。

5. 转移性支出

分设2款：不同级政府间转移性支出、同级政府间转移性支出。

6. 赠与

下设2款：对国内的赠与、对国外的赠与。

7. 债务利息支出

分设6款：国内债务付息、向国家银行借款付息、其他国内借款付息、向国外政府借款付息、向国际组织借款付息、其他国外借款付息。

8. 债务还本支出

下设2款：国内债务还本、国外债务还本。

9. 基本建设支出

分设11款：房屋建筑物购建、办公设备购置、专用设备购置、交通工具购置、基础设施建设、大型修缮、信息网络购建、物资储备、公务用车购置、其他交通工具购置、其他基本建设支出。

10. 其他资本性支出

分设14款：房屋建筑物购建、办公设备购置、专用设备购置、基础设施建设、大型修缮、信息网络购建、物资储备、土地补偿、安置补助、地上附着物和青苗补偿、拆迁补偿、公务用车购置、其他交通工具购置、其他资本性支出。

11. 贷款转贷及产权参股

分设7款：国内贷款、国外贷款、国内转贷、国外转贷、产权参股、国有资本经营预算资本性支出、其他贷款转贷及产权参股支出。

12. 其他支出

分设6款：预备费；预留、补充全国社会保障基金、未划分的项目支出、国有资本经营预算其他支出、其他支出。

第五节 政府会计改革与前瞻

一、我国政府会计的现状

（一）政府会计和预算会计

政府会计（Governmental Accounting）这一概念来自西方国家，指核算和监督政府资金运动的会计系统。政府会计服务的对象主要有两类：一类微观方面的政府组织，即依靠财政拨款的政府职能部门；另一类是宏观方面的各级政府收支，其组织主要是依附于政府财政总会计所在的财政部门。由于政府组织和民间非营利组织的目标都是不谋求利润的，因而在西方国家，政府会计和非营利组织会计常被合并称为政府和非营利组织会计（Governmental and Non－Profit Organization Accounting）。

在我国，政府会计这一概念目前还没有正式取代其官方名称——预算会计，会计制度和体系方面仍以后者作为正式名称。预算会计的概念定名于新中国诞生后的1950年，是在高度计划体制下照搬前苏联会计模式构建的，“预算”二字专指高度集中财政体制下的国家预算。计划体制的一大特征是政府对所有的社会事务都统包统揽，当时的体制决定了各级各类政府组织和那些应由社会力量举办的非营利组织的发起与维持的资金全部来源于政府的预算资金。在此种经济社会环境下，政府和非营利组织的会计以“预算”来命名并没有引起过多的争议，“甚至从某种意义上讲当时的企业会计也可称之为预算会计”。随着市场经济体制和公共财政的逐步建立，以“预算资金或预算管理为核心”的提法已显现出许多不便，它不仅不能反映出政府会计的本质特征与内容，更重要的是不利于建立政府会计的一系列相关概念体系，从而不利于全面反映政府的受托责任。

（二）我国当前的预算会计及其体系

经过六十余年的建设发展，当前我国的预算会计已经形成了以《财政总预算会计制度》、《行政单位会计制度》、《事业单位会计准则（试行）》和《事业单位会计制度》为主体框架的“一则三制”的格局。预算会计体系中的各个子系统正在不断地与政府预算、国库集中收付、政府采购以及政府非税收入等方面的改革相融合，基本完成了向政府会计过渡的准备工作。

根据我国《预算法》第二条规定，“国家实行一级政府一级预算，设立中央、省、自治区、直辖市，设区的市、自治州，县、自治县、不设区的市、市辖区，乡、民族乡、镇五级预算。”这样一来，政府会计首先纵向分为中央、省、市、县、乡五级财政总预算会计，各级政府总预算会计对同级的行政事业单位的单位会计拨付财政资金并实施监督。

横向来看，每一级政府的政府会计由财政总预算会计、行政单位会计、事业单位会计以及参与组织各级财政总预算执行的国库会计、收入征解会计等若干子系统组成。在这一预算会计体系中，财政总预算会计居主导地位。行政、事业单位会计以及参与预算执行的国库会计、收入征解会计等和总预算会计形成一个相辅相成、互相协作的有机整体，共同参与完成政府预算的执行工作。各类单位会计需要向财政总预算会计报送会计报表，以便财政总预算会计及时掌握预算执行情况和财政资金支出进度以及预算绩效。

（三）财政总预算会计

财政总预算会计（简称“财政总会计”或“总预算会计”），是各级政府的财政部门核算、反映和监督政府预算执行和财政周转金等各项财政性资金活动的专业会计。任何一个政府虽然首先体现为一个政治实体，但其政府职能实施的有效与否以及宏观调控力度有赖于该政府集中的公共资财数量，而公共资财的来源和运用所形成的政府预算收支活动使其类似于一个经济组织。可以肯定的是，每一个经济组织在资金运动的确认、记录、计量和效率评价等方面都离不开会计信息系统。财政总预算会计即担任着这一角色。

我国的预算法规定，中央和地方各级政府的财政部门具体编制本级预、决算草案并组织本级总预算的执行。这样便在法律上明确了财政部门在政府这一宏观经济组织运作中的地位和作用。根据我国现行《财政总预算会计制度》，财政总会计的基本职责和任务包括：处理总预算会计的日常核算事务；合理调度财政资金、提高资金使用效益；参与预算管理对总预算、部门预算和单位预算的执行实施会计监督；组织和指导本行政区域预算会计工作等。

财政总会计制度在会计信息质量和确认计量方面的原则主要有客观性原则、相关性原则、可比性原则、完整性原则、一贯性原则、及时性原则、明晰性原则、以收付实现制为会计基础、限制性原则 9 条。

（四）行政单位会计

我国预算会计中所称的行政单位不同于政治学和行政管理学中所称的行政单位。后两者所称的行政单位是指各级政府及其附属的各职能管理部门，

是国家行政权的组织体现。这种行政单位通常也被称为国家行政机关。

从会计核算与资金管理的视角出发，行政单位是指我国境内“各级行政机关和实行行政财务管理的其他机关、政党组织”。对此类行政单位的预算资金的收支活动以及在公务管理中发生的其他资金的收支活动进行核算、反映、监督的会计，在我国即被称为行政单位会计。

由于行政单位的经费来自同级财政，因而行政单位会计的分级是在不同级别的政府预算的基础上，再根据机构建制和经费领报关系划分为主管会计单位、二级会计单位和基层会计单位三级：向财政部门领报经费，并发生预算管理关系的，为主管会计单位；向主管会计单位或上一级会计单位领报经费，并发生预算管理关系，有下一级会计单位的，为二级会计单位；向上一级会计单位领报经费，并发生预算管理关系，没有下级会计单位的，为基层会计单位。

行政单位会计的任务主要有：认真编制、组织、实施行政单位预算，及时取得转拨行政单位的经费，保证国家预算资金对行政单位的及时供应，保证行政单位国家任务的完成和社会公共事务管理职能的实现；严格执行行政单位会计制度，认真做好记账、算账、报账、用账工作，在日常会计工作中保证手续完备、数字准确、内容真实、账目清楚，履行会计核算和监督职能，提高行政单位的资金使用效益；及时上报会计信息，保证各级政府预算圆满实现。行政单位制度在会计信息质量和确认计量方面的原则主要有客观性原则、相关性原则、可比性原则、一贯性原则、及时性原则、明晰性原则、以收付实现制为会计基础、限制性原则、历史成本、全面性和重要性相结合的原则 10 条。

（五）事业单位会计

在汉语中，“事业”一词具有多种内涵。根据《事业单位登记管理暂行条例》[国务院令第 252 号] 第一章第二条规定：“事业单位，是指国家为了社会公益目的，由国家机关举办或者其他组织利用国有资产举办的，从事教育、科技、文化、卫生等活动的社会服务组织。”

由于“事业”一词没有非常清晰准确的含义，因而“事业单位”在我国属于一个较为模糊的概念。国内许多会计学者认为我国的事业单位相当于西方国家的非营利组织，他们主张政府会计的范畴只包含政府财政总会计和行政单位会计，而将事业单位会计列入非营利组织会计的范畴。其实，非营利组织（Non - Profit Organization）是有别于政府组织和营利组织的各种非政府、非营利组织的总称。它提供部分公共产品与服务，强调个人奉献、成员互益等价值观念，具有非营利性、民间性、自治性、志愿性、公益性等重要特征。从字面上分析非营利组织就是不谋求利润的社会组织，但必须注意的是，非营利组织字面之外的内涵在于专指介于政府组织和企业之间的一种社会组织。如果不结合各国的制度、传统、文化习俗等背景，这一概念运用到会计学中就很有可能张冠李戴。事业单位会计难以准确定位的矛盾在将来事业单位分类改革后也许就会迎刃而解，届时需要由公共财政扶植的事业单位将被划归政府组织，而那些不需要财政资金继续支持的“事业单位”的会计将不再被归类于政府会计系统。

我国于1997年为事业单位会计单独制定了试行的会计准则，直至目前其所作用的领域、所指导的十余个行业会计制度以及所体现的会计核算方面的特点来看，它主要是预算会计范畴内的准则。事业单位会计制度在会计信息质量和确认计量方面的原则主要有客观性原则、相关性原则、可比性原则、一贯性原则、及时性原则、明晰性原则、以收付实现制或权责发生制为会计基础、限制性原则、历史成本、配比原则、全面性和重要性相结合的原则11条。

由事业单位会计的核算原则可以看出，事业单位会计处于政府会计向企业会计的过渡带：首先，从资金来源看，完全依靠财政拨款的事业单位已经很少，行政单位的“拨入经费”在事业单位已经变为“财政补助收入”；其次，从支出的核算来看，事业单位会计出现了简单的成本费用核算；最后，事业单位营利性的收入及经营结余需要依法纳税。事业单位会计制度尽管在核算原则中提出了权责发生制和配比原则，也有简单成本核算等内容，但却没有明确提出划分资本性支出与收益性支出，也没有提出谨慎原则。按照现行会计制度，如果一个事业单位已完全脱离财政资金的扶植，需要进行严格的成本核算，经财政部门批准后可执行企业会计准则与制度。这一点在《事业单位会计准则（试行)》第五十二条中有着明确规定：“本准则不适用于事业单位附属的企业。已纳入企业会计核算体系的事业单位，按企业会计制度执行。”

二、我国政府会计的改革与前瞻

（一）我国现行预算会计制度存在的问题

我国现行预算会计制度自1998年实施以来，其运行环境发生了重大变化——中央政府以加强和规范财政管理为中心，在财政预算管理制度方面进行了一系列改革包括改革：预算编制方法、细化预算编制内容、实行零基预算

和部门预算、逐步实施国库集中收付制度、积极推行政府采购制度等。这些改革的实施使预算会计制度在核算内容上出现了许多新情况，原来的核算内容和核算方法已不能适应新的变化，迫切需要对预算会计制度进行进一步修改和完善。另外，从政府会计改革趋势上看，我国的预算会计制度与国际通行做法还存在着较大差异，在执行中也暴露出一些深层次的问题，主要表现在：

1. 预算会计的核算内容无法反映政府财政管理工作的全貌

随着我国政治经济体制改革的不断进行，尤其是国家财政管理体制改革的进行，地方政府获得了一定的财政自主权，财力增长迅速，单纯考核地方的预算执行情况已不能反映地方财政管理工作的好坏。此种环境下地方政府会计工作的重点必然要转向关注地方政府公共受托责任的履行情况、监督政府的整体财政管理工作。另外，社会公众和纳税人无法接触到更为详细的会计信息，即使是政府有关部门也只能得到预算、决算等基本的财务信息，无法从会计报告中了解政府的整体财务状况和工作绩效，进而也无法评价政府工作的好坏。

2. 预算会计体系的划分不尽合理

从预算会计的概念和其体系构成可以看出，它的核算对象强调和重视预算资金。但如上所述，预算会计并未涵盖全部的预算资金，概念与内容没有实现一致。

3. 现行预算会计制度不能真实完整地核算和反映实施国库集中收付制度和政府采购制度后出现的新业务

国库集中收付制度和政府采购制度的实施，使财政资金的流向发生了重大变化，这些情况的变化就需要对行政单位和事业单位会计制度规定的核算内容进行相应的修改。同样，在财政总预算会计中，也要核算和反映这一资金流向的变化。

4. 现行预算会计制度不能为编制部门预算和实行“零基预算”提供相关的会计信息

会计信息是编制部门预算时的一个重要依据，是编制部门预算的基础，而部门预算的编制正在以“零基法”取代“基数法”。在传统的“基数法”下，按照基期年的支出基数简单地加上一个增长比例就可以确定各部门的支出指标，因而在决策时不需要过多的会计信息，在这种情况下，传统的会计核算基础存在的弊端没有显现出来。但是在“零基法”下，一切从“零”开始，主要根据各部门的职责、占用的经济资源、人员配备等客观因素来确定资金的使用额度。可以说，没有可靠的会计信息就没有坚实的“零基预算”。

5. 现行预算会计制度不能全面完整地反映政府债务

由于使用收付实现制，在政府的财政支出中只反映当期实际的还本付息数，但不计提利息支出，政府的负债只反映当期本金数，而没有反映应由本期负担、以后年度偿付的利息数。因此现行的预算会计制度不能准确全面地反映政府债务。尤其是近年来，我国为实施积极财政政策，发行了大量的国债，我国还从世界银行等国际金融组织及外国政府借入了相当数量的外债，这些现实的负债，应当在财务会计报告予以反映。各级地方政府由于贷款或欠发工资等问题也存在着一些现实负债，但这些都没能在预算会计报表中反映出来。另外，地方政府为企业担保等事项也时有发生，这些或有事项形成的或有负债也没能通过预算会计充分披露。事实上，在收付实现制下，政府的这些债务被“隐藏”了，预算会计不能真实地反映政府的财务状况，夸大了政府可支配的财政资源，造成虚假平衡现象，不利于政府防范和化解财政风险，对财政经济的持续、健康运行带来隐患。

6. 政府会计信息不能提供完整的反映政府财务状况的财务会计报告

自 1998 年以来，全国人大加大了对财政的监督，审计署先后公布了历年的财政审计报告，政府、预算及相关信息引起了社会的广泛关注，社会公众对政府会计信息的完整性和透明度也随之提出了新的要求。虽然我国的财政总预算会计、行政单位会计和事业单位会计制度中均规定了相应的一套会计报表，但各套报表自成体系，分别编报，没有一套能够完整地反映各级政府财务状况全貌的汇总会计报表和综合财务报告。长期以来，我国只强调预算会计为预算管理服务，预算会计是预算管理的工具，因而造成预算会计仅侧重预算资金的收入、支出及结余的核算，财政每年向人大提交的财政预决算报告也主要是针对财政收支及预算的执行情况，对于使用财政资金所形成的庞大的固定资产及其使用情况、政府举借的债务以及还本付息情况、预算资金的使用效果等缺乏有关的信息披露，不仅立法机关和社会公众难以进行监督，财政部门自己也缺少宏观决策所需的重要信息。

（二）我国政府会计的改革前瞻

政府会计改革的目标是建立更为良好的政府会计制度与体系。关于这一点，海外学者陈立齐博士归纳为：“好的政府会计体系至少保证财政账目的准确性；更好的政府会计体系指引决策者和管理者事前关注有问题的领域；最佳的政府会计体系为决策者提供有用的信息。”根据当前国内外政府会计领域学者的倡议和归纳，我们认为我国政府会计在未来几年将会在会计目标和体

系、概念框架、会计核算的结账基础等方面有所改进，从而与我国初具规模的政府采购、部门预算制度、国库集中收付制度等更好地结合在一起。

1. 政府会计目标方面的改进

政府会计目标是指政府会计系统提供的信息所要达到的目的。政府会计目标的定位是我国政府会计改革中需明确的首要问题，是构建政府会计准则体系的基础。在我国现行预算会计制度中，没有针对政府会计的目标做出任何明确的表述。未来政府会计目标应包括：（1）作为基本目标的提高政府的财政透明度；（2）作为重要目标的全面反映政府的受托责任；（3）作为最高目标的提供有助于使用者进行决策的信息。这三个层次的政府会计目标主要取决于会计信息提供者的非市场属性、会计信息使用者（包括人大、审计等重要信息使用者以及社会公众、捐赠者、中介机构及国际机构等普通信息使用者）的需求、政府会计所处环境等三个方面的影响。

2. 政府会计概念框架方面的改进

建立以政府会计目标为逻辑起点的政府会计概念框架，是政府会计理论建设的需要，是制定政府会计管理模式的需要，也是中国与国际政府会计协调的需要。政府会计概念框架可以本着系统性、中立性、继承性、超前性等原则来建立，应当包括政府会计主体、会计基础、会计要素以及财务报告体系等内容。

3. 政府会计核算在确认基础方面的改进

收付实现制与权责发生制是会计核算中关于确认和计量方面的基本原则。收付实现制主要向会计信息使用者提供一定会计期间内筹措现金的来源、这些现金的使用以及报告日现金余额等信息。权责发生制会计信息则包括主体控制的经济资源信息、从事经营的成本或提供产品和服务成本的相关信息、用于评价经济主体财务状况及其变化的信息、以及评价经济主体经营活动经济性和效率性的有用信息。从会计信息的内容来看，权责发生制信息更具决策的相关性，较好地反映了政府部门受托责任的履行情况。另外，权责发生制下“费用”概念取代了收付实现制下的“支出”——支出反映的是“所得到”的物品或服务的市场价值，费用反映的是为生产政府产出“所消耗”（或使用）的资源价值。收付实现制的实质是将政府支出总量同收入总量相配比，这种形式的配比对于比较和评估绩效几乎没有实际意义。权责发生制则是强调特定产出的确认与资源耗费的期间进行配比，并且对于未来现金支出的政府承诺也要提前确认。

可以说，权责发生制是使用者评价政府财政受托责任履行情况的必要手段，目前西方不同政府的会计模式都不同程度地采纳了这一会计基础。当然，对于我国政府会计的改革来说，一下子把确认基础定位于完全的权责发生制是不明智的，中短期应当采用循序渐进式的改革实施“修正的收付实现制（modified cash basis）”。此后逐步由“温和的权责发生制（mild accrual basis）”、“中度的权责发生制（moderate accrual basis）”向终极目标迈进。

4. 政府会计在会计要素方面的改进

会计要素是会计对象的基本分类项目，也就是对会计所要核算的内容按照同质的要求用尽可能少的几个概念来概括，这几个少到不能再少的概念便是会计要素。“要素的数目应当偏少掌握，而不是偏多，因为一偏多，势必冲淡它最根本的性质，要素不‘要’”。现行预算会计制度将预算：会计的核算对象划分为资产、负债、净资产、收入和支出五类会计要素。这种分类给政府会计核算和信息报告带来了一定的不便，特别是影响到了行政事业单位资产负债表（月报）的科学性，因而有必要加以改进。

5. 政府会计将逐步向基金会计转变

从国际上看，“国库集中收付，会计集中核算”是政府管理模式的发展方向。在西方，政府和非营利组织会计经过多次改革，逐步形成的共识就是应当取消行政单位的会计主体地位，由财政部门进行直接核算。因为政府拥有庞大的资金体系，为了有效管理起见，必须按照业务性质的不同把政府资金划分成若干部分，然后对各部分采取不同的政策和核算办法，也就是说要采用基金这种独立的资金运行系统和会计核算系统。

第六节　国库现金管理改革

一、国库现金管理的概念

在西方市场经济国家，最早出现的是司库管理（Treasury Management）的概念，它是企业或政府司库部门管理现金、筹资与投资、发行长期债务、资本管理、维护与债权人的关系和规划与风险管理等功能的总称。司库现金管理（Treasury Cash Management）是司库管理的一个子概念，通常是指对企业或政府资产负债表经常性项目一方的资金往来行为进行的管理，一般也简称为现金管理（Cash Management）。政府国库现金管理（Government Treasuly

Cash Management）则是现金管理的子概念，特指政府财政国库部门对其现金收支及相关过程的管理，一般又简称为政府现金管理或国库现金管理（Government Cash Management）。

我国的国库现金管理概念出现的较晚，它是在传统计划经济向社会主义市场经济转型的过程中，伴随着政府财政职能的转变，于2000年才被正式引入的。国库现金是指财政部门尚未支付而暂时闲置在国库单一账户的财政资金。国库现金管理是指在确保国库现金支出需要的前提下，以实现国库闲置现金余额最小化而投资收益最大化为目标的一系列财政资金管理活动，是财政国库管理的重要组成部分，主要是通过提高国库资金运用效率和降低融资成本，保持国库现金流量的均衡，满足财政支付的需要。国库现金管理的对象主要包括库存现金、活期存款和与现金等价的短期流动金融资产。与发达市场经济国家相比，我国国库现金管理比较薄弱，缺乏科学有效的国库现金管理制度和实践经验。开展国库现金管理，对提高国库现金的使用效益，完善财政政策和提高财政管理水平，有效实施政府宏观调控，具有十分重要的意义。

之所以在国库制度改革中存在国库现金管理问题，是因为政府预算执行过程中，各预算收支项目自身固有的进度不平衡规律导致国库收入和支出现金流不能完全匹配，加上预算实际执行数和计划数经常存在差异，当出现超收、减支、收入入库进度快于计划或支出进度滞后于计划等情况时，就会出现国库现金余额。如果没有国库现金运作，这笔现金余额就成为闲置现金。国库现金运作的目标就是在保证预算收支计划前提下使这笔闲置资金（或称库底资金）趋于最小规模。相反，当减收、增支、收入入库进度滞后于计划或支出进度快于计划时，国库中的闲置现金余额就会减少直至出现资金缺口。

通过国库现金运作，可以及时以最低成本筹得资金，弥合缺口。显然，通过国库现金管理运作，可以减少闲置现金与弥合资金缺口，最大可能地提高国库现金使用效率，为公共利益最大化服务。另外，对库底资金在保证安全性前提下的运作（短期金融投资），旨在追求库底资金增值最大化，同样是提高国库现金使用效益和追求公共利益最大化的途径。

二、国库现金管理的职能

国库现金管理作为市场经济国家财政管理活动的重要组成部分，是在严格、规范的制度约束下，财政管理活动与市场经济的有效结合，是提高财政资金效率的有效体现，也是实现财政政策与货币政策协调配合的有效手段。

国库现金管理属于一种财政管理活动，但更加严格地说，国库现金管理应该处于财政管理与货币管理的结合部，是联系财政政策与货币政策的纽带。它通过财政括动的具体表现形式，充分利用债务管理等金融市场工具，提高财政资金管理效率，协调财政政策与货币政策之间的配合以实现宏观经济目标。国库现金管理作为财政预算管理执行的有效手段，其职能主要体现在提高资源配置效率和促进经济稳定发展两个方面。

从资源配置角度看，一方面建立在国库单一账户体系基础上的对财政收支的有效管理，能够增强国库现金收入与现金支出在时间和数量上的相互匹配程度，减少预算单位的账户余额，避免财政资金在支付中间环节的层层滞留，它不仅保证了各项公共支出的及时、足额到位，还提高了财政支出的透明度，使财政资源的配置目标得以有效执行。另一方面，准确的国库现金流预测为一定时期国库现金头寸最小化目标的实现提供了可能，从而最大程度地减少了国库闲置现金余额。同时，通过对公共支出的成本效益分析，利用债务管理等金融市场工具进行国库现金头寸管理，可降低债务成本，提高国库现金收益，为满足社会公共需要的财政支出提供了新的资金来源，既保证了公共资金最大限度地发挥效益，又提高了国库现金资源的配置效率。

从经济稳定发展角度看，由国库现金管理处于财政管理与货币管理结合部的地位所决定，使国库现金管理有可能成为协调财政政策与货币政策关系，提高宏观调控政策有效性的重要手段，具体表现为：一方面，国库现金流量的准确预测和有效管理，能够减小中央银行基础货币波动的不确定性，提高中央银行货币供给的稳定性；另一方面，通过中央财政与中央银行的有效衔接，中央财政可以利用国库现金头寸的货币市场操作，配合中央银行的公开市场操作，提高中央银行稳定货币市场的能力，抵御恶意资金对货币币值稳定的冲击。也就是说，国库现金管理活动不仅有助于货币政策目标的实现，而且还能够通过财政政策与货币政策的协调配合，促进国民经济的持续稳定发展。

三、国库现金管理的作用

国库现金管理的职能是对国库现金管理作用的理论概括，并为国库现金管理作用的发挥提．供理论指导。相应地，国库现金管理的作用体现于预算执行过程中国库管理的方方面面，并在具体的财政管理活动中实践国库现金管理的职能。具体地说，国库现金管理的作用包括以下几个方面的主要内容：

（一）控制政府借债数量

首先，规范高效的国库现金管理既可以保证国库及时支付，又可以减少大量资金闲置，有利于提高国库资金使用效率，控制财政支出增长和债务增长。其次，国库现金管理可以使一部分中长期国债被短期国债或其他融资方式替代，从而减少政府债务余额和利息支出，降低年度借债净规模。

（二）降低借债成本

一方面，发展规范的国库现金管理可以减少市场利率波动和提高市场流动性，为市场提供示范和基准，提升市场参与者的信心，降低国债发行成本；另一方面，通过国库现金管理运作，国库闲置现金可以实现投资收益，从而冲抵部分国债发行成本。

（三）提高国库管理整体水平

将资金时间价值、现金流和资产负债管理等现代财务管理概念引入国库管理中，有利于加速国库管理体系的现代化建设，促进国库内部机构设置、运行机制和信息系统等方面的合理化，提升效率水平。

（四）促进国内金融市场发展

国库现金管理不仅将部分财政资金纳入市场运作，增加国内金融市场的广度，推进全社会资金的统一有效配置，而且能为市场提供权威示范，促进金融市场创新，增加金融市场深度和层次，成熟和发达的国库现金运作成为一国金融市场发达程度的重要标志。

（五）提升财政、货币政策协调机制

规范的国库现金管理还包含财政与中央银行政策协调机制的提升。通过国库现金管理运作，可进一步改进财政部与中央银行在货币市场运行方面的沟通与协调，促进财政政策与货币政策的配合，进而提高财政货币政策调控的完整性和灵活有效性。

四、我国实施国库现金管理的重大意义

开展国库现金管理，对提高国库现金的使用效益，完善财政政策和提高财政管理水平，有效实施政府宏观调控，具有十分重要的意义。

（一）开展国库现金管理是深化财政国库管理制度改革的需要

实行国库单一账户制度，所有财政资金收支活动都纳入国库单一账户体系，预算单位应支未支的资金以及已实现的财政收入统一集中到国库，是实施国库现金管理的基本前提。根据国务院总体工作部署，自 2001 年开始，财政部分期分批对中央部门实施了国库集中收付改革。历经十余年时间，国库

集中收付制度在财政财务管理中的基础性地位基本确立。通过国库集中收付制度改革，大量原滞留在预算单位的资金流量逐步集中到财政国库单一账户，国库现金余额明显增加，为实施国库现金管理奠定了基础。随着财政国库管理制度改革不断深化，对国库现金实施有效管理已成为深化财政国库管理制度改革的迫切要求。

（二）开展国库现金管理有助于提高国库现金使用效益

针对各地实施财政国库集中收付制度改革后库款资金不断增加的实际，2002 年财政部、中国人民银行发布了《国库存款计付利息管理暂行办法》，规定自 2003 年 1 月 1 日起，中央财政和地方财政在人民银行的国库存款，按照活期存款利率计息。由于中国人民银行与财政部实行的是利润上交体制，人民银行各分支行支付给各级地方财政的利息，实际上仍要由中央财政负担。据估计，每年中央财政通过这一方式对地方财政的资金转移有几十亿元。尽管如此，由于地方库款仅按活期利率计付利息，不少地方认为收益率太低，不符合市场经济原则。为此，开展国库现金管理，有利于在国库存款计息基础上，进一步理顺财政部门、人民银行、商业银行之间的关系，提高财政国库现金的使用效益。

（三）开展国库现金管理有助于加强财政政策与货币政策的协调配合

近几年来，我国经济增长速度较快，国库存款余额不断增加，但这些国库存款余额未得到有效利用，每年中央财政仍维持了较大的国债发行规模和债务负担。同时，由于短期国债的缺位，财政政策与央行货币政策之间缺少有效配合的实施工具。2006 年起，我国原由人大审批国债发生额改为审批国债余额，在既定的国债余额范围内，财政部可根据库款情况，有选择地确定年度内国债发生额及发行期限，这就为国债管理、货币政策以及国库现金管理的有效结合提供了条件。开展国库现金管理后，财政部可根据国库存款余缺情况，有条件地发行短期国债，提高国债市场流动性，降低国债筹资成本，调节和稳定国库现金流量，并实现与央行货币政策的有效配合。

五、我国国库现金管理的改革实践

（一）我国国库现金管理的发展现状

我国国库管理基本上是中央银行代理制。1985 年 7 月 27 日，国务院发布的《中华人民共和国国家金库条例（总则）》第三条明确规定，“中国人民银行具体经理国库。组织管理国库工作是人民银行的一项重要职责”。同时，《中华人民共和国国家金库条例》还规定，“国家金库负责办理国家预算资金

的收入和支出。在执行任务中，必须认真贯彻国家的方针、政策和财经制度，发挥国库的促进和监督作用”。由此可见，国库主要负责办理国家预算资金的收纳、划分、报解、支拨、结算，并向上级国库管理机构和同级财政机关反映预算收支的执行情况。传统的国库经营，缺少现金管理的能力，不能有效控制政府预算内和预算外资金；不能及时、准确地反映政府现金流情况；不能代理政府制定融资政策，并有效负责国债的发行与管理。

2001 年起，财政部实行了国库单一账户制度，预算资金开始大量沉淀在国库。2002 年，财政部和中国人民银行联合发布《国库存款计付利息管理暂行办法》，决定自 2003 年 1 月 1 日起国库存款利息“暂按中国人民银行规定的单位活期存款利息计付”，是我国对国库库存余额进行增值运作的尝试，标志着我国国库现金管理改革迈出了重要一步。我国国库现金管理工作首先在中央国库进行试点，并由财政部、人民银行共同完成。2006 年 5 月 26 月，财政部、中国人民银行联合发布《中央国库现金管理暂行办法》，决定自 2006 年 7 月 1 日起，执行国库现金管理。主要内容是将中央国库现金通过商业银行定期存款、买回国债、国债回购和逆回购等市场化运作，实现国库资金的有效利用。同时，确定了国库现金管理的目标、范围、原则和操作方式等，并界定了财政部、中国人民银行在国库现金管理中的职责，国库现金管理工作分为前台、中台、后台，财政部负责后台国库现金分析和预测，财政部、人民银行协商进行中台决策，人民银行负责前台具体操作。2006 年 8 月 30 日，财政部首次实现了买回将到期国债，启动了国库负债管理，标志着我国国库现金管理进入市场化操作阶段。

（二）我国实行国库现金管理的相关配套改革

1. 继续深化国库集中收付制度改革

深化国库集中收付制度改革，集中国库现金流量，有助于为国库现金管理创造基础条件。中央部门要进一步深化实施改革预算单位级次，扩大改革资金范围，逐步将包括预算外资金在内的所有财政性资金实施改革。同时，中央级有非税收入的预算单位全面推行改革，逐步将改革范围扩大到所有非税收入；积极推进财税库横向联网，加快税款入库速度，实现税款资金当日入库。

2. 细化预算单位用款计划编制

目前，我国很多三级或以下预算单位的预算还是由上级单位代编，预算编制不准、不细的情况比较普遍。实施国库集中收付改革后，改革部门开始编制用款计划，但用款计划编制不科学、不准确的矛盾也很突出，而且目前各单位编制的还只是分月的用款计划。为更好地预测国库现金流量，今后还要进一步细化预算单位用款计划编制，不仅要能准确地编制分月的用款计划，还要编制日用款计划，这对我国的预算编制改革以及对预算单位的财务管理水平都提出了较高的要求。

3. 建立动态、科学的财政收支预测系统

准确预测国库现金收支流量和国库现金余额，对实行现金余额管理非常必要。目前，我国的财政收支预测体系还未建立起来，与国际先进做法还有不小差距。尽管近年来中央财政在国库资金收支数据管理上有所发展，也尝试实施了现金流量预测，但总体上还需进一步深化改革。今后，要在整理、分析历年来财政收支信息基础上，建立相关模型，运用数理分析等方法，对财政收支变动以及库款余额变动的短期、中期及长期趋势进行分析，从中找出库款余额变动的基本规律。同时，结合各部门预算以及按进度用款等的实际用款需求，研究确定用于保证部门正常用款需要的日均最低库款余额。在预测顺序上，先从预测一个月后的用款需求和库款余额开始，以后逐步延长预测期限，逐步预测两个月后、三个月后、半年至一年后的部门用款需求和库款余额，不断提高库款余额预测的准确度。

4. 研究建立国库现金管理的专门机构

实施国库现金管理比较成熟的市场化国家，一般都设立专门机构负责现金管理。这些机构有的是隶属于财政部的独立机构，有的是财政部内部机构，有的还兼有债务管理的职能。如英国设立了债务管理办公室（DMO），隶属财政部（为独立机构），同时负责债务管理和现金管理；美国在财政部设立了债务管理办公室和现金管理办公室；澳大利亚也在财政部下设立独立的债务管理办公室；巴西在财政部内设立债务管理办公室，专门负责债务管理和现金管理；意大利在财政部内设一个部门，负责国库现金管理；比利时、荷兰和法国都设立隶属于财政部的独立机构，负责国库现金管理。我国国库现金进入一定阶段后，将涉及现金流量预测、现金管理运作以及风险管理等相关工作，也需要有专门机构负责。从国际通行做法上看，在财政部下设独立机构或者内设机构专门负责现金管理，较为现实可行；同时，为避免现金管理与货币政策、国债管理发生冲突，该机构应与财政部、人民银行建立有效的联系协调机制。

5. 建立健全相关法律法规制度

实施国库现金管理的市场经济国家，不少都颁布了相关的法律、法案，明确现金管理过程中财政部、中央银行以及现金管理部门的相关职责界定、

风险控制管理，还有的还对现金管理具体操作方式进行了规定。目前，我国尚没有这一方面的法律法规，为有效规避现金管理过程中的风险问题，理顺各方关系，需加快研究建立现金管理过程中的法律、法规和操作规程。同时，条件成熟后，也需加快研究修订现行《国家金库条例》及其《实施细则》以及《预算法》等法律法规。

第二章　社会保障制度改革

社会保障一词的涵义较为丰富，在不同的国家有所差异。在美国，社会保障（Social Security）一般专指养老保障。在欧洲，社会保障含义相对宽泛，包括了养老、医疗、社会救助等各个领域。在我国，2004 年国务院公布的《中国的社会保障状况与政策》白皮书，将社会保障划分为社会保险、社会福利、优抚安置、社会救助、住房保障五大块。其中社会保险又分为养老保险、医疗保险、失业保险、工伤保险、生育保险五类。

本章首先对我国人口老龄化的现状和发展趋势及其对社会保障体系和财政带来的挑战做了简要介绍和分析；然后对世界各国社会保障制度改革的实践做了细致的回顾总结，并归纳出可供我国借鉴的经验和启示；最后在对我国社会保障制度改革的进程、体系现状、成就与问题进行描述的基础上展望我国未来一段时期社会保障制度的改革方向。

第一节　社会保障概述

“社会保障”（social security）一词最早出现在美国 1935 年颁布的《社会保障法》中。此后逐渐被有关国际组织及多数国家所接受，成为以政府和社会为责任主体的福利保障制度的统称。

一、社会保障的概念

社会保障是相对于家庭保障而言的，当人类社会步人工业社会后，人们遇到疾病、伤残、年老、生育以及灾害等造成暂时或永久失去劳动能力的情

况或发生危机时，靠家庭保障是远远不够的，因而需要以政府为主体的社会保障，保障居民生活的正常进行。对社会保障的概念，国内学术界认知有共同的一面，即都以广义的社会保障为对象，但对社会保障具体概念的界定依然存在差异。如孙光德、董克用认为："社会保障是以政府为责任主体，依据法律规定，通过国民收入的再分配，对暂时或永久失去劳动能力以及由于各种原因而生活苦难的国民给予物质帮助，保障其基本生活的制度。"郑功成通过考察现代社会保障在各国的发展实践，提出了社会保障的定义，即"社会保障是国家或社会依法建立的、具有经济福利性的、社会化的国民生活保障系统。在中国，社会保障则是各种社会保险、社会救助、社会福利、军人福利、医疗保障、福利服务以及各种政府或企业补助、社会互助等社会措施的总称。"陈良谨认为："社会保障是国家和社会通过国民收入的分配与再分配，依法对社会成员的基本生活权利予以保障的社会安全制度。"

概括起来，社会保障的概念一般包括以下几个要素：

1. 社会保障的责任主体是政府。唯有政府才能实现国民收入的分配以及再分配，对全社会实行生活保障；唯有政府才能实现规模经济，降低分散化保障的过高的执行成本；唯有政府才能实现社会稳定与经济增长的目标。

2. 社会保障的实行必须有法律保障。现代社会保障制度遵循的是立法先行的原则，通过社会保障立法来确定社会保障制度，法制规范是社会保障制度赖以建立的基础与依据。2010 年 10 月，我国颁布了《中华人民共和国社会保险法》，这是我国人力资源社会保障法制建设中的又一个里程碑，对于建立覆盖城乡居民的社会保障体系，更好地维护公民参加社会保险和享受社会保险待遇的合法权益，使公民共享发展成果，促进社会主义和谐社会建设，具有十分重要的意义。

3. 社会保障的资金来源是通过国民收入再分配形成的社会基金，以支付社会保障费用。

4. 社会保障的目标是满足公民的基本生活需要。

二、社会保障的目标

（一）社会保障的目标

社会保障从非正式制度安排到正式制度安排，其追求的目标也是随着社会的发展进步而不断发展变化的。

从现代社会的发展进程与文明进步的视角出发，综合考虑各国的社会保障制度，尤其是发达国家的社会保障制度，可以发现，社会保障的总目标是通过保障和改善国民生活、增进国民福利来实现整个社会的和谐发展。

围绕着上述总目标，社会保障制度在实践中需要实现如下分目标：

1. 帮助国民摆脱生存危机。由于各种先天和后天因素及自身与外来原因的影响，部分国民可能因疾患、天灾人祸、失业等事件陷入生活困境，因此，通过相应的制度安排来解除国民的生存危机是社会保障的一个基本目标，也是最低追求目标。

2. 满足国民的生活保障需求，不断改善和增进国民福村。随着社会经济的发展，人们对社会保障的需求也是不断发展的。尤其人口老龄化背景下，人们不仅需要经济来源的养老金保障，而且对各种社会服务有着强烈的要求，相对于前一个目标而言，这是更高层次的追求目标。

3. 实现整个社会的和谐发展。作为一个由多个社会保障子系统或项目构成的基本社会制度，社会保障追求的并不只是解决某些社会问题和增进国民福利的目标，而是为了促进整个社会的和谐发展。

（二）我国的社会保障体系

社会保障是一个庞大、复杂的系统，从大多数国家看，社会保障可分为几个层次，包括基本社会保障制度与补充社会保障两大类，前者主要由政府主导，一般包括社会保险、社会救助和社会福利，以及针对军人建立的军人社会保障制度；后者通常在政府的政策引导与鼓励下建立的，用来补充基本社会保障的制度，主要包括企业年金、慈善事业、互助保障等。

1. 社会保险

社会保险是国家依法建立的面向劳动者的一项社会保障制度，由政府、单位和个人三方共同筹资，目标是保证劳动者在因年老、疾病、工伤、生育、死亡、失业等风险暂时或永久失去劳动能力从而失去收入来源时，能够从国家或社会获得物质帮助，以此解除劳动者的后顾之忧。一般情况下，社会保险包括养老保险、医疗保险、工伤保险、失业保险、生育保险等。

2. 社会救助

社会救助是指国家和社会依据法律的规定，对那些因自然灾害或其他原因而无法维持起码生活水平的个人或家庭提供经济帮助，满足其生存需要的制度。社会救助是社会保障体系中具有基础地位的重要子系统，是保障社会安全的“最后一道防线”。

3. 社会福利

社会福利的含义有广义和狭义之分。广义的社会福利就是广义的社会保障，而社会保障体系中的社会福利是指狭义的社会福利，是与社会保险、社会救助并列的概念，就是政府和社会组织通过建立文化、教育、卫生等设施，免费或优惠提供服务，以及以实物发放、货币补贴等形式，向全社会成员或特定人群给与帮助，以保证和改善其物质文化生活的制度。

4. 军人社会保障

军人社会保障是针对军人建立的一个综合的社会保障系统，主要是因为军人职业的特殊性而建立的。在我国的社会保障体系中，军人社会保障主要包括军人保险、军人抚恤优待、军人福利、军人复员转业的就业安置或补偿等项目。

5. 补充保障

在各国社会保障体系中，除了政府主导并有法律规范的基本保障制度外，往往还有一些非正式的社会化的保障措施，如慈善事业、社区服务、企业年金、商业保险、家庭保障等。

第二节　人口老龄化对社会保障体系和财政的挑战

人口老龄化是当今世界各国都面临的社会问题，它对经济、社会以及人们的生活产生了深远的影响，给社会保障财政收支带来了挑战，进而直接影响到一国的社会保障制度。

一、我国人口老龄化的现状及其增长态势

人口老龄化是指老龄人口（60 或 65 岁以上）比重不断攀升，并达到一定水平时的人口结构状态。按照人口学判断年龄结构的标准，0 ~ 14 岁人口比重在 30% 以下，65 岁及 65 岁以上人口比重在 7% 以上，老少比在 30% 以上为老年型社会的人口年龄结构。

人口老龄化是一个世界性的问题。世界银行在 1994 年发表的《防止老龄化危机》（Averting the Old Age Crisis）中指出，1990 年，60 岁及 60 岁以上的人口接近 5 亿，占世界总人口的 9% 略高，而到 2030 年，老年人口将增长几乎两倍，达到 14 亿，占总人口的比重将达到 16%。联合国亚洲及太平洋经济社会委员会（亚太经社会）发表年度报告指出，亚太地区未来 50 年内人口老龄化问题将日趋严重。到 2050 年，本地区 60 岁以上的老龄人口将占全球老龄人口的近三分之二。日本、中国、印度和印度尼西亚 4 个国家 60 岁以上的

老年人数都会有明显增长，占全国总人口的比例分别为42%、29.9%、22.3%和20.6%。

中国社会科学院发布的《人口与劳动绿皮书——中国人口与劳动问题报告》也指出，中国将是世界上继日本之后又一个人口老龄化速度极快的国家。具体而言，我国的人口老龄化现状及其增长态势可以总结如下：

1. 老龄人口规模庞大且数量增长迅速

1982年第三次人口普查时我国60岁以上人口有7664万人，到2010年第六次人口普查时已增加到17765万人，增加了10101万人，增长率为131.8%。如果把增加的老年人按年平均，每年增加的60岁以上老年人是360.75万人。从60岁以上老年人占总人口的比重即老龄化系数看，1953年这一系数为7.32%，1990年为8.58%，2000年为10.46%，2010年第六次人口普查最新数据显示，这一系数已达到13.26%。由此可见，60岁以上老人的增长速度之快。由于我国人口基数本来就大，在较高的老龄系数和较快的增长速度下，老龄人口将更趋于庞大。

表2-1　我国六次人口普查各年龄段人口所占比例及年龄中间值

指标（年龄）	1953年	1964年	比1953年增长（%）	1982年	比1964年增长（%）	1990年	比1982年增长（%）	2000年	比1990年增长（%）	2010年	比2000年增长（%）
0-14	36.27	40.30	11.1	33.59	-16.7	27.69	-17.6	22.90	-17.3	16.60	-6.29
15-59	56.4	52.67	-6. 6	58.77	11.6	63.74	8.5	66.64	4.5	70.14	3.36
15-64	59.31	55.21	-6.9	61.50	11.4	66.74	8.5	70.00	4.9	74.53	15.9
60+	7.32	6.07	-17.1	7.63	25.7	8.58	12.5	10.46	21.9	13.26	2.93
65+	4.41	3.53	-20.0	4.91	39.1	5.57	13.4	7.10	27.5	8. 87	1.91
中间值	21.75	20.20	-7.1	22.91	13.4	25.26	10.3	30.77	21.8	37.45	21.71

资料来源：《中国统计年鉴》，加入笔者计算。

从老龄人口的增长态势看，我国人口老龄化问题今后会更加严重，对今后50年老龄人口数量的增加情况及人口结构的预测如下表2-2。预计到2050年，我国60岁以上的老年人口会达到43535万人，占总人口的比重为30.7%；65岁以上的老年人口会达到32249万人，占总人口比重为22.7%；80岁以上的老年人口会达到9250万人，占总人口的6.5%。从2000年到2050年，60岁以上人口将增加30523万人，年均增加598.5万人。从下图中可以很清楚地看出老年人口在今后50年的增加趋势。

表 2－2　我国老年人口在今后 50 年的增长趋势　　单位：万人

总人口	60 +	占总人口比	65 +	占总人口比	80 +	占总人口比
126722	13012	10.3	8837	7.0	1200	0.9
131789	14282	10.8	9964	7.6	1479	1.1
136232	16616	12.2	10944	8.0	1812	1.3
140329	20451	14.6	12930	9.2	2175	1.5
143605	23374	16.3	16277	11.3	2523	1.8
145655	28272	19.4	18727	12.9	2862	2.0
146545	34039	23.2	22864	15.6	6701	4.6
146511	38048	26.0	27671	18.9	5054	3.4
145687	39206	26.9	30808	21.2	5673	3.9
144220	40652	28.2	31445	21.8	7352	5.1
141867	43535	30.7	32249	22.7	9250	6.5

资料来源：邬沧萍、杜鹏：《中国人口老龄化国际比较研究研究报告》，第五次全国人口普查资料研究课题，中国人民大学人口研究所，2003 年。

表 2－3　2000 和 2030 年世界各国的人口老龄化　　单位：%

国家	2000 年			2030 年			
	0－14 岁	15－64 岁	65 +	0－14 岁	15－64 岁	65 +	65 + 的增长率
瑞士	16.7	67.3	16.0	13.5	56.7	29.8	86
日本	14.6	67.9	17.5	11.3	59.2	29.6	69.1
意大利	14.3	67.6	18.1	11.7	60.0	28.2	73.0
德国	15.6	68.1	16.3	14.0	59.6	26.4	62.0
瑞典	18.3	64.3	17.4	16.0	58.8	25.2	44.8
加拿大	19.0	68.4	12.6	15.0	61.3	23.7	88.1
法国	18.8	65.2	16.0	16.4	60.0	23.6	47.5
英国	19.1	65.1	15.9	16.4	62.5	21.1	32.7
韩国	20.9	72.0	7.1	13.9	65.1	21.0	195.8
澳大利亚	20.5	67.2	12.3	16.7	62.5	20.7	68.3
美国	21.8	65.9	12.3	19.3	61.5	19.2	56.1
巴西	29.3	65.5	5.2	19.8	67.6	12.6	142.3
印度	34.1	60.9	4.9	23.1	67.6	9.4	91.8
中国	24.8	68.3	6.8	17.2	66.8	16.0	135.3

2. 人口高龄化现象日趋严重

从老龄人口的年龄构成看，高龄化系数不断上升，老龄人口中的高龄人口数量增长迅速。从中国五次人口普查的资料可以看出，65岁以上人口占60岁以上人口的比重、80岁以上人口占60岁以上人口的比重，以及100岁以上人口占60岁以上人口的比重都呈上升趋势，而且增长速度很快。60岁以上人口占总人口的比重在1953年为7.32%，2000年为10.46%，2010年已达到13.26%。65岁以上人口占总人口的比重从1953年的4.41%上升到2000年的7.1%，2010年为8.87%。80岁和100岁高龄的老人占总人口的比重也相应地从1953年的0.33%、0.0006%上升到2000年的0.96%和0.0014%，到2050年，80岁以上人门占总人口的比达到1.23%，95岁以上人口比重是0.0022%。从今后的预测情况看，到2050年，80岁以上高龄化系数达到23.36%，100岁以上高龄系数会达到0.1126%，到那时，我国人口高龄化的情况会非常严峻。

表2-4　我国老龄化系数和高龄化系数

	65岁以	上人口	80岁以上人口		100岁以上人口	
	老龄化系数	高龄化系数	老龄化系数	高龄化系数	老龄化系数	高龄化系数
1953	4.41	60.28	0.33	4.47	0.0006	0.0081
1964	3.53	58.18	0.26	4.29	0.0007	0.0116
1982	4.91	64.30	1.50	6.59	0.0004	0.0050
1990	5.57	64.96	0.68	7.92	0.0006	0.0069
2000	7.10	67.91	0.96	9.23	0.0014	0.0138

资料来源：转引自张运刚《人口老龄化背景下的中国养老保险》，西南财经大学出版社，2005年12月。

表2-5　2000-2050年中国人口高龄化发展趋势

指标	2000年	2010年	2020年	2030年	2040年	2050年
0-14	24.84	20.25	18.83	17.17	16.21	16.09
15-59	65.07	67.49	64.34	59.23	56.22	53.93
60+	10.10	12.26	16.83	23.60	27.57	29.95
指标	2000年	2010年	2020年	2030年	2040年	2050年
80+	0.89	1.33	1.85	2.71	4.43	7.00
1004	0.0009	0.0022	0.0045	0.0092	0.0172	0.0338

指标	2000 年	2010 年	2020 年	2030 年	2040 年	2050 年
80 岁以上高龄系数	8.85	10.86	11.02	11.49	16.09	23.36
100 岁以上高龄系数	0.0093	0.0179	0.0266	0.0391	0.0625	0.1126

资料来源：Population Divlslorl 2003，World Population Prospects：The 2002 Revision，New YOrk。

张运刚：《人口老龄化背景下的中国养老保险》，西南财经大学出版社，2005 年版。

二、人口老龄化对社会保障体系的挑战

（一）人口老龄化对社会养老保险制度的挑战

人口老龄化减少了人均 GDP 的数量，也减少了劳动力的供给，这些因素与老年人口增加相结合，自然影响到一个国家的养老保险制度。

1. 人口老龄化对老年人口抚养比的影响

老年人口抚养比或称老年人口抚养系数，或赡养率，是指 65 岁以上人口数量占工作人口（15～64 岁）数量的比重。随着人口老龄化的出现，65 岁以上老人的数量逐渐增加，而与此同时，出生率的下降导致年轻人口日趋减少，相应地老年人口抚养比会不断增大。也就是说，工作人口负担的老年人口越来越多，对整个社会生产出的经济资源提出了挑战，也势必造成人口跨代之间的收入再分配和跨代之间的不平等。

厉以宁等（1994）在《中国社会福利模型》一书中指出社会的赡养率与一个国家的经济发展水平有很密切的关系，他们用人均国民产值的预测值来预测社会的老年赡养率，结果表明 1980～2025 年间，中国的老年抚养指数都超出了在同等人均国民生产总值下的老年抚养指数的国际平均水平，意味着中国所要承受的老年抚养指数超出了国际上同等经济发展水平的其他国家，或者说，人口老龄化给中国经济造成的压力高于其他发展中国家。表 2－6、2－7 清楚地表明，与世界平均老年人口赡养率相比，我国在今后 50 年的老年抚养负担更加严重。20 世纪 90 年代之前，我国老年人口赡养率还大大低于世界平均老年人口赡养率，到 2000～2010 年期间，基本上接近世界平均水平，但从 2020 年开始，我国的老年人口抚养系数已经开始明显地超过世界平均水平，到 2050 年将比世界平均水平高出 12.64 个百分点，预示着中国社会养老

问题的严峻程度。

表2-6　我国人口赡养率

	1953	1964	1982	1990	2000	2010	2020	2030	2040	2050
65+赡养率	7.44	6.39	7.98	8.35	10.15	11.34	16.77	23.95	35.11	37.50

表2-7　世界人口赡养率

	1950	1980	1990	2000	2010	2020	2030	2040	2050
65+赡养率	8.59	10.08	10.03	10.96	11.69	34	18.05	22.03	24.86

资料来源：Population DiVlSlon 2003，World Population Prospects：The 2002 Revision，New York。

张运刚：《人口老龄化背景下的中国养老保险》，西南财经大学出版社，2005年版。

大量老龄人口的存在对政府和社会提出了严峻的挑战，多数老年人不能通过当前的经济产出来满足老年后的生活支出，只能通过年轻时的储蓄、家庭的转移支付或者政府提供的社会保险来取得资金来源。不管今天的老年人以什么渠道获得资金来源，老年人消费的是现在工作的人所生产但不消费的产品，或者说，老年人始终依赖于其随后的两三代人提供劳动力去生产出他们要消费的物品。华盛顿战略和国际问题研究中心全球老龄化计划主任理查德·杰克逊说："如果现在不提高老年人的生活水平，并开始为之确定某种安全保障，那么到了2030或2040年就会发生重大人道主义危机。"在中国这样一个人口众多，又面临更严峻的人口老龄化的国家，养老的压力更加严峻。大部分工业化国家早在老年人开始消耗大量国家资源之前就实现了繁荣。而对大多数发展中国家，特别是中国来说，在没有实现经济的繁荣之前就面临着严重的老龄化，即"未富先老"现象比较严重，因此养老对社会提出的压力更大。

2. 人口老龄化对养老保险资金预算带来压力

帕拉柯斯（Palacios，1994）以现行人口发展态势和现行老年保障制度不改变为前提，做了1990～2050年分地区的公共养老金支出的预测，到2050年，整个OECD成员国公共养老支出将占GDP的16%以上，即使是发展中的中国，这一比例也将达到13%～14%。自1978年以来，中国离退休、退职人数呈逐年增加趋势，领取的养老费相应地也是逐年增长，带来的资金需求有大幅上升。根据《中国人口老龄化发展趋势预测研究报告》预测，未来我国的人口老龄化将呈加速趋势，预计老龄化水平到2020年将提高到17.17%，到2051年将高达30%。如果全部老年人口都可以享受一定的养老金，按2005年人均离退休费用10761元计算，到2020年和2050年，我国离退休费用总额将分别达37406亿元和161641亿元，占当年GDP的比重分别为5.26%和12.53%，占当年财政收入的比重分别为25.88%和62.65%。

（二）人口老龄化对政府医疗保险制度的挑战

人口老龄化不但对养老保险制度提出了严峻的挑战，也对社会医疗保险的基金收入和支出产生影响，进而对医疗保险的资金平衡也带来了冲击。

从收入角度看，我国的社会医疗保险基金主要来自企业和职工的缴费。人口的老龄化改变了社会赡养率的大小，即改变了离退休人员占在职人员的比重。1980年，我国12.8个在职职工中有1位退休人员，而到2003年，每2.4个在职人员中就有1位退休人员，随着人口老龄化速度的加快，这一比重还会继续下降。这使得缴纳医疗保险费的人数不断下降而同时享受医疗保险待遇的人数不断增加，而我国的社会医疗保险制度是在原有的公费医疗和劳保医疗的基础上建立起来的，原来的制度是完全由政府和企业承担医疗费支出，没有任何医疗保险基金的积累。在没有基金积累，支出不断上升，收入不断下降的情况下，势必造成医疗保险资金的收不抵支。

从医疗保险支出的角度看，老龄化的冲击也非常明显。20世纪初，威胁我国居民健康的主要疾病是急性和慢性传染病、营养不良以及寄生虫病等。随着我国经济发展水平、医疗技术水平和居民收入水平的提高，这些疾病基本已经得到控制，随之而来的是一些老年病和慢性病。据统计，在我国排在死亡疾病谱最前列的疾病是心血管病、脑血管病、恶性肿瘤以及呼吸系统疾病等。这些疾病与年龄有一定的正相关关系，随着人口老龄化的加快，这类疾病发生的概率不断攀升，虽然医学科学技术水平的提高增强了人们抵抗这类疾病的能力，但同时医疗保险的支出水平也需要有大幅度的提高。与此同时，老年人作为体弱人群，患各种疾病的概率明显高于其他人群。根据卫生部的调查，老年人发病率比中青年人要高3~4倍，住院率高2倍，老年人患慢性病的比率为71.4%。另有研究表明，在医疗服务价格不变的条件下，人口老龄化导致的医疗费用负担年增长率为1.54%，未来15年人口老龄化造成的医疗费用负担将比目前增加26.4%。

第三节　社会保障制度改革的国际经验

人口的老龄化、经济的全球化和严重影响社会保障制度可持续发展的费用增加问题使得各国的社会保障制度改革此起彼伏。从医疗保障制度的改革看，一是以多种制度模式来构建多层次、多形式的医疗保障制度体系；二是建立社会医疗救助制度为基本制度，社会医疗保险制度为主体制度，其他医疗保障制度模式为补充的医疗保障体系；三是将医疗保障与预防保健和公共卫生服务相结合，从疾病保险向健康保险过渡。从失业保障制度的改革看，各国都采取措施克服社会政策过度保护的负面效应，并通过激励政策促进就业，激发劳动力的工作热情和积极性。如欧盟 1997 年以来，先后提出卢森堡方案等 3 个就业方案，主要内容就是严格领取失业金的标准和可工作的条件，改革僵硬的就业保护的立法，降低解雇工人的成本以鼓励企业雇佣更多的工人等。

从理论上看，20 世纪 60 年代以来，以货币主义和供给学派为代表的新自由主义理论的出现，对世界各国的社会保障制度改革产生了较大的影响。货币主义者认为，除了货币政策外，任何政府干预都是错误的。供给学派主张让市场机制进行调节，政府少加干预，要大幅减税，削减社会开支，精简或放宽对经济的管理。在这些理论思潮的影响下，福利主义和福利制度受到批判，削减社会保障福利和私有化的改革此起彼伏。改革的主要趋势在制度层面，表现为重建社会保险的责任分担机制，减少政府参与，强化个人保障意识，充分发挥社团、家庭和市场的作用。在养老保险、失业保险、医疗保险等方面“多元化”和“私有化”的改革呼声越来越高。

一、世界各国社会保障制度的运行模式

从社会保障制度的政策设计理念、具体制度规定、政府社会保障支出等方面看，世界各国的社会保障制度可以划分为不同的模式。影响较大的社会保障制度模式划分方法是安德森（2003，中译本）提出的三分法。按照他的分类，不同社会保障模式在社会目标、给付原则、给付结构、管理与控制方式等方面，往往存在较大的差异。基于这些差异可将全球的社会保障制度分为三类：

（一）社会民主主义模式

这种模式的代表国家是瑞典、挪威、丹麦等北欧国家。该模式以实现人人平等和公平的再分配为社会目标，政府在社会保障供给中占据了支配性的角色，市场和家庭在保障中的作用微弱。基于高税收的筹资方式的社会保障，为全体国民提供了从“摇篮到坟墓”的范围广泛而且丰厚的保障待遇，社会保险在社会保障中的重要性不突出。

（二）保守主义模式

这种模式的代表国家有德国、法国等欧洲大陆国家。该模式以对工人的收入扶持为导向，家庭承担了主要的社会保障责任，市场和政府在社会保障体系中的作用比较弱。保守主义社会保障模式以就业相关的缴费为主要的筹资模式，以社会保险为支柱，其保障待遇与个人的社会等级和就业环境密切相关。通过完备的社会保险计划，使中产阶级的地位和利益得到了进一步的巩固。

（三）自由主义模式

这种模式的代表国家包括美国、20 世纪 80 年代改革后的英国、澳大利亚等。该模式以消除贫困和对失业者进行救济为主要的社会目标，其社会保障以市场供给为主，家庭为辅，政府干预程度较低。政府主要通过家计调查的方式确认待救助者的范围，以税收为筹资手段对穷人和失业者提供补救性的救助。对于一般收入水平的居民，其养老、医疗等方面的保障，主要由市场供给。

除三分法之外，东亚地区国家的模式很难用安德森提出的三分法概括，应该增加一类“东亚模式”。其特征是，中央集权政治结构在制度形成过程中具有独特的地位，福利保障的发展服从于经济发展的需要，社会保障支出规模小，但是保障供给存在严格的管制，家庭在保障供给中承担非常重要的作用，代表国家包括日本、韩国。

需要指出的是，所谓社会保障的模式划分主要是一种理论研究。在现实中各国并没有贴上所谓模式的标签。从目前情况来看，不同的社会保障模式也有相互融合的倾向，社会保障模式之间的确切边界越来越模糊。在面对全球化和老龄化压力的情况下，各国社会保障体系总的改革趋势都是削减给付标准、提高缴费水平和严格给付条件，设法提高社会保障体系的激励机制。

二、世界各国的社会保障制度改革实践

(一) 由国家为主体的单一社会保障制度向“多支柱”的制度转化

20 世纪 90 年代以后，伴随着低出生率和人口老龄化社会的到来，政府承担的社会保障支出不断上升，很多福利国家普遍出现了大量的财政赤字和债务。在这种现实背景下，传统的由政府提供的“从摇篮到坟墓”的社会保障制度逐渐被福利国家所放弃，很多国家倡导建立三支柱的社会保障制度：第一支柱是强制性的、公共管理、以税收形式融资、主要以再分配形式进行的社会保障制度。这是福利国家最初采用的形式，但进入 20 世纪 80 年代后很多国家的财政难以维持这一制度的继续运行，但这一制度对维持社会稳定，保证居民的基本生活水平是必须的，因此仍是整个社会保障制度最基本的部分。第二支柱是强制性的、私营管理、完全基金化、以储蓄形式进行的社会保障支出。它的主要特点在于：具有强制性，以防止某些人的“短视”行为；有固定缴款，可以增加社会收入防止出现财政危机；实行基金化的预收预支，可以增加整个社会的储蓄；实行私营化的竞争管理，通过开发金融市场，进行资产组合提高回报率，降低风险。第三支柱是自愿性的、以商业保险和市场化形式进行的社会保障支出。

世界银行 1994 年 10 月发表了题名为《为了避免老龄化危机》（Averting the Old Age Crisis）的发展报告。该报告认为目前普及的现收现付制的养老保险制度存在着以下问题：第一，无法适应今后不断的老龄化；第二，存在着代际之间、世代内部再分配的不公平；第三，当养老保险财政收支存在压力时提高支付开始年龄，降低支付水平等具有政治风险；第四，政府主导的制度管理效率低下等。鉴于此，该报告推荐了一种多支柱型的养老保险制度。第一支柱是公共支柱，仅仅限于缓和老年人的贫困，回避各种风险，应具有保险和再分配的功能。这一支柱建议采用强制性的、公共管理的、非基金制的形式，筹资模式应采用现收现付制；第二支柱是一个强制性的但属于私人性质的基金的支柱。这一支柱应该具有储蓄和保险的功能，应采用完全积累的形式而且养老保险应与缴纳金额相结合，可以选择企业年金和个人储蓄；第三支柱是一个补充性的、自愿的、私有的基金制支柱，该支柱也应具有保险和储蓄的功能，应采用完全积累制的方式。世界银行对多支柱型养老金制度的推荐是基于效率的理由，认为多支柱型养老保险制度可以使得风险被分散或减少。

两位加拿大的政策分析家根据筹措资金的类型，把他们国家的养老保障

制度描述为一个三层体系：一个由国家税收支持的防止贫困的层次，一个基本上是非积累的社会保障待遇确定制层次和一个自愿性积累的职业养老金层次。

Miehal Rutkowski 认为，在匈牙利、拉托维亚、波兰等国家中，养老金改革的关键之处在于，用一个真正的多支柱体系取代了现收现付垄断体系。

田近荣治在总结日本养老保险改革的经验时指出，日本养老保险改革对发展中国家的借鉴意义在于：一是应该认识到现收现付的融资方式正在逐渐被放弃，针对人口的变化趋势而采用的基金制值得充分重视，尤其是对人口快速老龄化的国家而言更是如此；二是应该明确区分养老金体系的第一个层次与第二个层次。

伊特威尔等人认为，对于多支柱养老保险制度改革下不同支柱的规模来说，没有理想的模式。对公共养老保险不能简单地对大或小做出绝对地好或不好的判断，它涉及具体的国情和价值偏好等许多因素，只能说问题的关键在于公共养老金的规模应该是最优化而不是最小化。

澳大利亚为了建立补充年金，进行了一系列改革，使得雇主和雇员之间的私营缴费确定型年金成为就业权利和工作条件的组成部分，相关的政策降低了税收减免，削弱了一次性支付的吸引力，还有发展完善的金融政策与资本市场，为养老保障改革创造前提条件。作为这些改革的结果，养老保障覆盖面扩大了许多；瑞士的养老金制度是由社会保障制度和强制性职业养老金两个支柱组合而成的。

（二）由现收现付制度向基金制或二者的混合形式转化

现收现付制是指以指定税或工薪税等当期收入为养老金受益者提供当期支出的一种管理制度。基金制指一个养老保险计划的参加者，在工作期间把一部分劳动收入交给一个可投资的基金，等参加者退休以后，该基金再以投资所得的回报向他兑现当初的养老金承诺的管理制度。

无论在发展中国家还是在 OECD 成员国，现收现付制度都面临着严峻的挑战，向完全的基金制或部分基金制转换已成为各国社会保障制度改革的重要内容。完全积累型的社会保障制度是比较受欢迎的，因为它有能够进行投资的基金，但这是一项特殊的投资，如果这项投资不能保证充分的回报率，社会保障基金就无力应付各项社会保障支出，而且如果不能对基金进行科学的组合投资，还要承担额外的风险。所以比较而言，一个缺乏科学设计的完全积累制度要比现收现付制度还要糟糕。因此从目前来看，各国对这项改革做出的选择是不同的，有的在第一支柱进行基金的积累，有的在第二支柱进行积累，有的采用二者的混合制度。

智利的私营养老基金管理制度建于1981年，是非集权管理的强制性养老保障制度，以缴费确定制度为基础。这套制度取代了原来的现收现付制度。养老基金的资产由私营投资管理公司进行投资经营，每个参保雇员有一个账户，如果个人不满意他们委托的投资管理人，可以改选别的管理公司。在智利成功地实现了养老保险私有化，由现收现付制度转向基金制以后，新加坡、南美洲国家和美国的一些州也相继进行了这方面的改革。

（三）建立和扩大个人账户的覆盖范围

世界各国社会保障改革的一个重要表现是各国纷纷建立社会保障的个人账户，而且把个人账户作为强制性社会保障制度一部分的趋势仍不见有减弱的迹象。9个拉丁美洲国家（智利、秘鲁、阿根廷、哥伦比亚、乌拉圭、玻利维亚、墨西哥、萨尔瓦多和尼加拉瓜）已经建立了个人账户，欧洲也已经出现了这样的趋势，匈牙利、哈萨克斯坦、拉托维亚和波兰已经通过了改革法案，克罗地亚、爱沙尼亚、马其顿、罗马尼亚和乌克兰正在准备自己的改革方案，西欧很多国家也在酝酿；个人账户的改革，亚洲如新加坡、香港地区等也有个人账户制度的实施，可见，个人账户在社会保障制度设计中正在发挥越来越大的作用。

三、世界各国社会保障体系改革的经验借鉴

（一）合理界定社会保障体系设计中政府与市场的责任

从国际经验来看，无论是发达国家还是发展中国家，都将社会保障事业的改革发展视为政府最重要的职能。1889年，德国在政府的强力干预下创立了世界上第一个社会保障制度，之后各国纷纷效仿。到20世纪初，以国家为主体的社会保障项目在德国、英国、法国等欧洲国家得到了普遍实施。至20世纪30~40年代，在经历了一场大的世界经济危机冲击之后，各国意识到日渐衰退的经济需要国家干预，通过提高有效需求促进经济增长，并需要通过政府的力量干预收入的分配。加之凯恩斯主义和福利经济学的兴起，社会保障制度在世界各国普遍建立起来。1942年，英国发表了著名的《贝弗里奇报告》，报告主张在英国建立一个包括养老、医疗、失业、工伤、社会救济、儿童和妇女福利在内的综合性“从摇篮到坟墓”的社会保障计划。1945年，《贝弗里奇报告》为执政的工党政府所接受，该报告也促进了社会保障在世界各国的发展，各国由政府提供的社会保障项目不论是在覆盖范围还是福利水平上都有了飞速的发展。

从20世纪90年代开始，伴随着很多公共部门活动的私有化，有很多人提出社会福利支出也可以实现更多的由私人提供。他们认为社会保障私人提供能相应地减少较高的税收负担，导致更好的、更有效率的服务。在此思想指导下，许多国家将提供社会福利的责任逐渐由政府转向企业、个人、非盈利组织等市场主体。由此可见，在社会保障制度的设计和改革发展中，要基于本国的现实国情和历史背景，考虑社会保障对经济运行的影响和经济发展阶段，合理界定政府与市场各自应承担的责任与职能。

（二）兼顾社会公平与经济效率，保证社会保障资金的可持续性

第二次世界大战以后，在福利经济学的影响下，西方发达国家纷纷建立起完善的社会保障制度，并相继进入福利国家阶段。福利国家最显著的特征就是有一个集全面性、国家性、集体性、义务性为一身的社会保障计划，以应对工业社会里个人遭遇的不幸与缺憾，而且社会保障计划的覆盖率应达到90%以上，社会福利支出占GDP的比重一般都高于15%（Schmidt）。20世纪50~60年代，欧美国家在经济快速发展的背景下，在养老、医疗、失业、生育、家庭等领域的社会保障得到更广泛的发展，对缓解社会矛盾、稳定社会局势起到了重要的作用。但过度慷慨的社会保障制度在人口结构日趋老龄化的背景下，使得多数国家都面临资金困境，出现较大规模的财政赤字，带来提高缴费和税收的压力。而且，政府提供的全面高额的社会保障支出对劳动力、居民储蓄等产生反激励，不利于经济增长。因此，在社会保障体系的改革和设计中，应充分考虑公平和效率间的矛盾性，过分考虑公平势必影响效率，同样过分考虑效率也会照顾不到公平。福利国家过分慷慨的社会保障制度就是对公平考虑的过多但却造成了效率损失，进而影响到了经济的增长。因此，在重新考虑社会保障制度设计中的政府责任时，必须同时兼顾公平和效率，世界各国出现的市场主体承担更多的保障责任的趋势也表明了这一点。

（三）政府社会保障的供给水平需考虑经济发展水平及财政承受能力

政府社会保障的供给水平取决于国家的经济发展水平。社会保障从根本上说是一种收入的再分配，而可供再分配的资源取决于经济发展的水平。政府社会保障的提供来自整个社会的国民产出水平，因此经济发展水平对政府社会保障的供给水平具有很大的制约作用。从社会保障给付待遇的纵向发展看，随着经济发展水平的提高，同一国家政府提供的社会保障待遇呈增加趋势，而从不同国家的政府社会保障给付水平看，高收入国家政府承担的社会保障责任更多，比如高福利国家都是在发达国家实现的。经济发展水平比较低的国家，政府对社会保障承担的责任就相对较少。但社会保障给付水平与经济发展必须保持协调平衡的关系，福利国家出现的“福利病”就是在考虑政府社会福利供给水平时忽略了它与经济发展水平之间的平衡关系，社会保障支出增长超出了经济增长，造成社会保障给付水平没有考虑经济发展水平，破坏了二者之间的协调关系，造成了社会保障给付的财政困境与经济的滞后发展。因此，在确定政府社会保障供给水平时必须考虑本国的经济发展水平和国民收入水平，同时考虑社会保障制度设计对经济增长可能产生的正面和负面影响。

第四节　社会保障制度改革与前瞻

一、我国社会保障制度的改革历程

我国目前实行的社会保障制度是一种城乡分割、二元的社会保障制度。在这种制度下，凡是能够在城市就业或具有城市户口的，就有资格享受城市的各种社会保障，而那些无法在城市就业且没有城市户口的农民只能依靠农村集体实现较低程度的社会保障。

（一）我国城镇社会保障制度的改革历程

我国的社会保障制度改革起于1984年，最初动机是为了配套国有企业改革，将职工的退休费进行社会统筹。1993年，社保改革进入了一个新的阶段，2001年开始，又在辽宁省进行做实个人账户等方面的社保改革试点。分阶段回顾一下我国社会保障制度的发展历程，对我国更好地应对当前社会保障制度面临的问题与挑战，创新社会保障制度有着重要的意义。

1. 1984～2000年城镇社会保障改革历程

1984年以来，根据经济体制改革的要求，我国对原有的社会保障制度进行了一系列改革，主要内容如下：

（1）推进了城镇企业职工养老保险制度改革，实行了企业职工养老保险基金社会统筹。对企业养老保险基金实行社会统筹，目的是解决企业之间职工退休费负担不均的问题，为企业发展创造良好的外部条件。从1984年开始，部分地区进行了养老保险基金统筹的试点，筹措方式主要是采取市、县（个别以省）为单位，根据“以支定筹，略有结余”的原则进行统筹。1991年，国务院在总结试点经验的基础上颁布了《关于企业职工养老保险制度改

革的决定》，要求努力提高养老保险的社会化程度，抓紧保险费用由市县统筹向省级统筹过渡，逐步把覆盖面扩大到外商投资企业的中方职工、城镇私营企业职工和个体劳动者。1995 年，国务院又颁布了《国务院关于深化企业职工养老保险制度改革的通知》，明确提出，到 20 世纪末，基本建立起适应社会主义市场经济体制需要，适用城镇各类企业职工和个体劳动者，资金来源多渠道、保障方式多层次、社会统筹与个人账户相结合、权利与义务相对应、管理服务社会化的养老保险体系，逐步做到基本养老保险对各类企业和劳动者统一制度、统一标准、统一管理和统一调剂使用基金，并提出了实行社会统筹与个人账户结合的具体方案供地方选择。此后，各地区和 11 个实行系统统筹的行业结合本地实际情况建立健全了社会统筹与个人账户相结合的基本养老保险制度。1997 年 7 月，国务院在反复调研的基础上又颁布了《关于统一城镇企业职工基本养老保险制度的通知》，要求尽快在全国建立统一的社会统筹与个人账户相结合的企业职工养老保险制度。

（2）建立健全失业保险制度。为了适应企业职工实行全员合同制的需求，实现劳动力的合理流动，1986 年，我国政府启动了失业机制，发布了《国营企业职工待业保险暂行规定》，随后各地根据这一规定建立了国有企业待业保险制度，并实行了失业保险基金统筹。1999 年 1 月，国务院正式颁布《失业保险条例》，明确规定所有城镇企业事业单位都必须参加失业保险；失业保险费由单位和个人共同负担；失业保险待遇由各地按照低于当地最低工资标准、高于城市居民最低生活保障标准的水平自行确定。这一条例的颁布标志着我国失业保险制度的覆盖范围进一步扩大到全部城镇企业事业单位职工，制度进一步规范化。

（3）推进了城镇职工基本医疗保险制度改革。从 20 世纪 80 年代开始，我国许多地方积极采取措施，改革过去职工医疗费基本上由国家和企业包下来的局面，逐步建立起国家、单位、个人三者共同负担的医疗保险机制。1998 年，国务院发布《关于建立城镇职工基本医疗保险制度的决定》，提出要用一年左右的时间建立健全城镇职工的基本医疗保险制度。主要精神是：一是坚持低水平、广覆盖的原则，保障职工的基本医疗需要；二是坚持社会统筹与个人账户相结合，并划定各自的支出范围，实行分别管理；三是将基金纳入财政专户，统一管理使用；四是效益好的企业可以自愿参加商业医疗保险；五是加快医疗机构改革，提高服务质量；六是妥善解决离休、老红军、二等乙级以上革命伤残人员的医疗待遇和公务员的补充医疗待遇。

（4）逐步完善住房保障制度。1980 年，邓小平提出了住房商品化思路，以此为指导，我国住房制度改革开始起步。改革的总目标是实现住房商品化、社会化；根本目的是加快住宅建设，不断地提高人民居住水平。通过初步改革，城镇居民的住房困难得到一定解决，全国人均住房面积由 1980 年的 7.2 平方米提高到 1989 年的 13.5 平方米，年均增长 0.7 平方米。1991 年，上海市借鉴新加坡住房公积金制度，率先施行住房公积金政策，此后公积金制度在全国逐步推开，住房公积金制度试图通过强制性的住房储蓄，为居民解决住房问题提供一定程度的财力积累和准备，具有社会保障性质。

1994 年《国务院关于深化城镇住房制度改革的决定》提出了建设与社会主义市场经济体制相适应的新的城镇住房制度，实行住房商品化、社会化。住房保障制度改革全面展开。1995 年，国务院办公厅转发了国务院住房制度改革领导小组制定的《国家安居工程方案》，提出了加快解决中低收入家庭住房困难户的居住问题，建立具有社会保障性质的住房供应体制。到 1998 年《国务院关于进一步深化城镇住房制度改革加快住房建设的通知》中，提出了向中低收入家庭出售经济适应房和意见和建设廉租住房供应体系及公房提租减免等政策。经挤适用住房制度、廉租住房制度和公房提租补贴政策构成了这一时期住房社会保障制度的主要内容。到 2002 年年底，城镇居民人均住房建筑面积到达 22.8 平方米。

在深入总结住房制度改革经验和房地产市场发展规律的基础上，2003 年《国务院关于促进住房地产市场持续健康发展的通知》开始将改革的重点转向对住房供应体系的调整，提出“多数家庭购买或承租普通商品住房”的改革方向。明确经济适用住房为具有保障性质的政策性商品房，强调完善廉租住房制度，提出以财政预算为主、多渠道筹措廉租住房保障资金。截至 2006 年年底，全国城镇居民人均住房建筑面积达到 26 平方米。2007 年，《国务院关于解决城市低收入家庭住房困难的若干意见》明确要求进一步建立健全城市廉租住房制度，改进和规范经济适应住房制度，逐步改善棚户区居民、旧住宅区居民和农民工等住房困难群体的居住条件，并完善配套政策和工作机制。

（5）进行了工伤保险、女工生育保险以及社会福利、社会救济、优抚安置等方面改革。

2. 2000 年后城镇社保试点省份改革情况

2000 年 4 月，时任总理朱镕基视察辽宁省，就建立独立于企业事业单位之外的社会保障体系发表了重要讲话，并确定辽宁省为完善社会保障体系的试点省份。辽宁省社保试点改革的措施主要体现在以下五个方面：

（1）做实个人账户，建立稳定的养老保障体系。我国现行的企业职工基

本养老筹资模式是社会统筹与个人账户相结合，从制度设计上看，采取了部分积累制。但由于养老保险统筹基金存在巨额缺口，自1992年实行个人缴纳基本养老保险费以来，绝大多数省市个人账户存在巨额“空账”。辽宁省做实个人账户试点开始后，至2002年，该省做实个人账户47.6亿元，并全部记清，已经向真正意义上的部分积累迈出了重要的一步。

（2）国有企业下岗职工基本生活保障向失业保险并轨。

（3）对未参加基本养老保险统筹、又无力缴纳基本养老保险费的城镇集体企业已退休人员，按低保标准发放生活费。

（4）建立完善社会保障资金的筹资体系、支付体系、制度体系和监管体系。

（5）积极建立社会保障管理信息网络系统。2001年，原劳动和社会保障部颁布《关于完善城镇职工基本养老保险政策有关问题的通知》，规定参加养老保险的城镇个体工商户等自谋职业者以采取各种灵活方式就业的人员按照省级政府规定的缴费基数和比例，一般应按月缴纳养老保险费，也可按季、半年、年度缴纳养老保险费，而且缴纳时间可累计折算。

2011年，国务院颁布《国务院关于开展城镇居民社会养老保险试点的指导意见》，规定要建立个人缴费、政府补贴相结合的城镇居民养老保险制度，实行社会统筹和个人账户相结合，与家庭养老、社会救助、社会福利等其他社会保障政策相配套，保障城镇居民老年基本生活。在参保范围、基金筹集、养老金待遇等方面做了明确的解释，争取到2012年，基本实现城镇居民养老保险制度全覆盖。

（二）我国农村社会保障制度的改革历程

我国的农村社会保障制度起步于中华人民共和国成立之初。农村社会保障制度的变迁主要体现为农村社会救济制度、农村优抚安置制度、农村合作医疗制度和农村养老保险制度的改革历程。

1. 农村社会救济制度的改革历程

（1）建立发展农村“五保”供养制度并进行税费改革。农村五保供养是新中国第一项农村社会保障制度，自1956年建立，主要是指对农村的无法定扶养义务人、无劳动能力、无生活来源的老年人、残疾人、未成年人给予保吃、保穿、保住、保医、保葬，以保障其正常生活的一种社会保障制度。截至1999年，五保供养的筹资和具体管理和操作基本上以村一级为主，乡镇政府为辅。从保障性质上讲，这种建立在“村提留”、“乡统筹”基础上的五保供养制度是一种村民互助自养式的供养体制，本质上是一种低层次的社会救济和社会福利。自1999年起，我国开始农村税费改革的试点，取消了“乡统筹”和“村提留”，农村五保供养资金渠道随之调整。2006年2月开始实施的修订后的《农村五保供养工作条例》明确规定五保供养资金在地方人民政府预算中安排，中央财政对财政困难地区的五保供养给予补助，而且明确了补充渠道，实现了由集体内部互助为主向政府提供救助为主的根本性转变。

（2）建立农村最低生活保障制度。农村最低生活保障制度是指由政府组织实施，对符合当地农村低保条件的农村贫困群众进行定期救济的一种新型社会救济制度。该项制度自1995年开始启动，在各级政府的大力推动下，有条件的地区已逐步建立起农村居民最低生活保障制度。截至2006年年底，全国有25个省实行了农村低保制度，1509万人享受了农村低保，累计支出低保金41.6亿元，月人均补助33.2元，全国有729万人享受了特困户定期定量生活救济，累计支出救济金13.9亿元，月人均补助19.1元。2007年，国务院发布《关于在全国建立农村最低生活保障制度的通知》对农村低保的目标任务、原则要求、保障标准、对象范围、操作程序、资金筹集、组织机构等内容进行了规范，并要求2007年底在全国范围内全面建立农村低保，成为我国农村低保全面建设的重要标志。但由于各地经济社会发展水平差别较大，该制度的进展情况有所差别。总的来讲，经济发展水平低的地区，县乡财政困难，该制度操作起来就困难许多，而在经济发展水平较高的地区，该制度的工作进展就比较顺利。

2. 农村优抚安置制度改革历程

优抚安置是一种褒养和补偿性质的特殊社会保障，保障对象是对革命事业或国家安全有贡献的特殊社会群体。新中国成立以来尤其是改革开放以来，按照“思想教育、扶持生产、群众优待、国家抚恤”的方针，优抚工作形成了比较规范的工作制度和较为完善的工作体系。2002年5月，国家拟定了《关于解决在乡复员军人生活医疗困难问题的通知》，该通知规定，从2002年7月1日起，中央财政为中西部地区在乡老复员军人每人每月提高20元的生活补助，并将中央经费补助范围扩大到了人数较多、地方负担过重的东部沿海的辽宁和山东两省。同时，正式确定了在乡复员老军人的医疗优待政策。要求各地结合实际情况，制定具体办法，帮助在乡老复员军人解决医疗困难。各地要在建立农民健康保障办法时，对他们给予适当照顾。尚未建立的地区，要积极研究和制定医疗费用具体减免办法，并把它们纳入医疗救助范围，所需经费由当地政府筹集解决。2004年8月国务院颁布《军人抚恤待遇条例》，其中包括军人抚恤优待的原则、死亡抚恤、残疾抚恤、以及法律责任等内容，能够更好地保障退伍军人的生活权利。

3. 农村合作医疗制度改革历程

合作医疗是中国农村社会通过集体和个人集资用以为农村居民提供低费的医疗保健服务的一种互助互济制度，是在各级政府支持下，按照参加者互助共济的原则组织起来为农村社区人群提供基本医疗卫生保健服务的医疗保障制度。它既是中国医疗保障制度中有特色的组成部分，也是中国农村社会保障体系中的重要内容。

合作医疗萌芽于抗日战争时期，新中国成立以后有了进一步的发展，但自20世纪70年代末期至80年代末期，随着人民公社的解体，依托在农村集体经济之上的传统的农村合作医疗制度开始走向低潮。进入20世纪80年代后期，农村很多地方出现了农民看病难、因病致贫和因病返贫的现象，国家虽然倡导恢复与推广农村合作医疗事业，但难以实施统一的政策。因此，20世纪自80年代以来，各地结合自己的实际情况，形成了三种形式的农村合作医疗模式：一是村办村管型。即合作医疗站自行筹建，并由村委会管理，其经费由村集体经济组织和本村群众共同承担，实施对象仅限于本村居民，个人享受合作医疗的范围与标准均由村制定；二是村办乡管型。合作医疗站仍由村委会筹建，合作医疗经费由集体与个人共同筹集，但享受的范围与标准由村、乡协商制定，经费由乡卫生院或乡合作医疗管理委员会统一管理，按村核算，经费超支由各村自负；三是乡村联办型。合作医疗站由乡村共建，合作医疗经费除村集体提留和个人供款外，乡级政权还补助一部分；经费由乡统一管理，乡和村分成核算，提留和报销比例由乡村协商确定，享受的范围与标准由乡级政权统一制定。

1993年，中共中央在《关于建立社会主义市场经济体制若干问题的决定》中提出要“发展和完善农村合作医疗制度”。1997年，国务院《关于卫生改革与发展的决定》中指出“合作医疗对于保证农民获得基本卫生服务、落实预防保健任务、防止因病致贫具有重要作用”。要“积极稳妥地发展和完善合作医疗制度”、“举办合作医疗要在政府的组织领导下。坚持民办公助和自愿参加的原则。筹资以个人投入为主，集体扶持，政府适当支持。要通过宣传教育，提高农民自我保健和互助共济意识，动员农民积极参加。力争到2000年在农村多数地区建立起各种形式的合作医疗制度，并逐步提高社会化程度，有条件的地方可以逐步向社会医疗保险过渡。”2003年，《国务院办公厅转发卫生部等部门关于建立新型农村合作医疗制度意见的通知》中提出“新型农村合作医疗制度是由政府组织、引导、支持，农民自愿参加，个人、集体和政府多方筹资，以大病统筹为主的农民医疗互助供给制度。从2003年起，各省、自治区、直辖市至少要选择2～3个县（市）先行试点，取得经验后逐步推开。到2010年，实现在全国建立基本覆盖农村居民的新型农村合作医疗制度的目标，减轻农民因疾病带来的经济负担，提高农民的健康水平”。2003年3月1日起正式施行的修订后的《中华人民共和国农业法》规定“国家鼓励支持农民巩固和发展农村合作医疗和其他医疗保障形式，提高农民健康水平”，为发展和完善农村合作医疗制度提供了法律依据。截至2004年12月，全国共有310个县参加了新型农村合作医疗，有1945万户、6899万农民参合，参合率达到了72.6%。按照“十一五”规划的要求，新型农村合作医疗到2010年的覆盖面达到农村的80%以上。2011年2月17日中国政府网发布了《医药卫生体制五项重点改革2011年度主要工作安排》。这份文件明确，2011年政府对新农合和城镇居民医保补助标准均由上一年每人每年120元提高到200元；城镇居民医保、新农合政策范围内住院费用支付比例力争达到70%。

4. 农村养老保险制度改革历程

我国农村养老保险制度的具体建设过程可以分为五个阶段：

第一个阶段是探索阶段（1986～1990年）。1986年民政部和有关部委召开全国基层社会保障工作恳谈会，正式提出在经济发达地区发展社区型养老保险，1987年部分乡村从自发实验进入保险制度实验，但这次探索没有成功。1990年，国务院明确农村社会养老保险的职能由民政部负责。

第二个阶段是试点阶段（1991～1992年）。1991年1月，国务院决定在全国范围内选择一批有条件的地区作为试点开始着手建立农村社会养老保险制度，1992年1月下发的《县级农村社会养老保险基本方案》强调农保“坚持资金个人缴纳为主，集体补助为辅，国家给予政策扶持”，并实行个人账户、基金预筹、储备积累的模式。1992年9月15日，民政部又发文要求“东部富裕地区和大中城市的试点县区要全面启动；中部地区大部分县启动；西部地区凡具有条件的试点县都要启动”。

第三个阶段是发展阶段（1992年～1995年）。1992年12月，民政部在张家港市召开“全国农村社会养老保险工作会议”，重点总结率先在全国全面推广社会养老保险工作的省、市，作为农村社会保障的骨干来抓。1993年国务院批准建立农村社会养老保险机构，各种规章制度与操作方案陆续出台，农村社会养老保险工作在全国全面推广。1994年1月，民政部设立农村社会保险司。1992年的这次会议标志着我国农村养老保险工作进入积极引导、全面发展阶段。

第四个阶段是分类推进、管理阶段（1995～1999年）。在这个阶段农村社会养老保险没有制度上的突破和发展，国务院和民政部重点强调的是“加强管理、稳步发展”。

第五个阶段是整顿阶段（1999年至今）。1999年7月2日，《国务院批转整顿保险业工作小组（保险业整顿与改革方案）的通知》提出“目前我国农村尚不具备普遍实行社会保险的条件。对民政系统原来开展的‘农村社会养老保险’，要进行清理整顿，停止接受新业务，区别情况，妥善处理，有条件的可以逐步将其过渡为商业保险”。1999、2000和2001年，劳动和社会保障部先后起草了三份对农村社会养老保险的整顿方案，但都未付诸实施。2002年11月，中共十六大报告提出“在有条件的地方探索建立农村社会养老保险制度”。据此，劳动和社会保障部决定，先研究制定适合于进程务工农民、被征用土地的农民以及农转非人口的养老保险制度，然后再逐步过渡到其他农村人口。到2005年，全国农保的省级管理体制已基本理顺。全国已有31个省（自治区、直辖市）的1870个县开展了农村社会养老保险工作，5500多万农民参加了农村社会养老保险，占应参保人数的11%，但从整体上看，农村社会养老保险工作还处于一个低水平且不平衡的状态。2009年《国务院关于开展新型农村社会养老保险试点的指导意见》指出，从2009年起开展新型农村社会养老保险，并对新农保的基本原则、任务目标、参保范围、建立个人账户、养老金待遇及领取条件等方面做出了规定，是实现广大农村居民老有所养、促进家庭和谐、增加农民收入的重大惠民政策。

二、我国社会保障制度体系结构现状

（一）我国城镇社会保障制度体系结构现状

我国传统的城镇社会保障制度体系的基本结构主要包括四方面的内容：一是劳动保险，包括企业职工养老、失业、医疗、工伤、生育等项保险；二是职工的医疗保障，即公费医疗、劳保医疗和农村合作医疗以及对贫困者的医疗帮助；三是社会救济，包括救济和救灾；四是社会福利和优抚事业，主要是国家以低费或免费形式向社会成员中弱者提供物质上或服务上的帮助。

随着社会主义市场经济体制的逐步建立，原有的社会保障制度越来越不适应经济和社会发展的需要，经过长期改革和再改革，目前我国已经初步建立起与社会主义市场经济相适应的社会保障制度体系的基本框架。主要包括：（1）确立了基本养老保险、企业补充养老保险和个人储蓄养老保险相结合的多层次的城镇企业职工养老保险制度体系。以社会统筹与个人账户相结合的模式为特征的城镇企业职工基本养老保险制度已普遍建立，部分地区还建立了企业补充养老保险制度和个人储蓄性养老保险制度。(2) 确立了社会统筹与个人账户相结合的、低水平和广覆盖的城镇职工基本医疗保险制度，并明确效益好的企业和单位还可以为职工建立补充医疗保险制度。(3) 失业保险制度从无到有，为失业人员的基本生活和再就业提供了基本保障。(4) 许多地区开展了工伤保险和女工生育保险。(5) 社会福利、社会救济事业得到不断调整和改革。(6) 社会保障管理体制进行了较大幅度的改革，社会保险的行政管理实现了统一管理，同时初步建立起社会保障行政管理与基金管理分开的运行机制。

(二) 我国农村社会保障制度体系结构现状

目前我国农村社会保障制度体系主要包括农村社会救济制度、农村优抚安置制度、农村新型合作医疗制度和农村养老保险制度四个方面。

农村社会救助制度主要包括农村“五保”供养制度和农村最低生活保障制度。农村优抚安置制度的主要内容有：拥军优属、抚恤补助、医疗供养、褒养宣教。新型合作医疗制度的主要内容包括：(1) 合作医疗资金来源以政府资金为主。自2006年起，每个参加合作医疗的农民出资10元，中央和地方财政出资40元。(2) 新型合作医疗的保障作用突出重点、分清了主次。以保农民“大病”为主，兼保“小病”为辅。(3) 对农民就医的各级医疗机构提出了更高的要求。就医农民不被指定医院就诊，可以自由选择到不同定点医院就诊。(4) 实行合作医疗与医疗救助相结合的办法。(5) 合作医疗资金再县级以上政府部门的监督下，采取管办分离、封闭运行、公开透明等办法，有利于防止侵占资金的行为发生。(6) 农村新型合作医疗制度建设与农村医疗卫生服务体系和网络建设配套进行。农村社会养老保险制度主要由养老金给付条件、养老金待遇、养老保险基金的筹集、管理、使用和支付及管理体制等几部分组成。首先，养老保险基金在筹资方式上实行“个人缴纳为主，集体补助为辅，国家予以政策扶持”的原则。其次，养老金的缴费标准实行多档次、低标准、低起步、自愿选择的多种缴费方式。再次，养老保险金的使用上实行个人账户储存积累制。最后，养老保险基金管理运营上实行县级统筹。

三、我国社会保障制度改革的目标和原则

（一）我国社会保障制度改革的目标

鉴于社会保障制度改革任务的长期性、艰巨性与复杂性，我国社会保障制度改革的目标分为总体目标（长期目标）、中期目标和短期目标。

社会保障制度改革总体目标是：人人享受社会保障，建立一个与社会经济发展水平相适应，资金来源多渠道，保障方式多层次，管理和服务社会化，制度统一规范，持续可靠的社会保障体系。人人享受社会保障的含义是：一是有劳动能力、有工作、有收入的人，都能参加社会保险并按可承受的比例缴费，在老年、疾病、失业、工伤时能获得适度的社会保险待遇。二是对于非劳动者、低收入者或者无收入者，通过最低生活保障、养老补贴制度安排，提供基本的生活费保障；通过城镇基本医疗保险、新型农村合作医疗、医疗救助等制度安排，提供基本的医疗保障。三是待遇享受群体可以维持基本生活并能得到适当的社会服务。

社会保障制度改革的中期目标是：争取到 2020 年，建立一个“老有所养、病有所医、残有所靠、壮有所用、幼有所学、住有其屋”包括社会保险、社会救济、社会福利等各个方面，内容完备、体系完善的有中国特色的社会保障体系，并覆盖全国居民。

关于中国社会保障制度的短期发展目标，中国“十二五”规划纲要明确指出“坚持广覆盖、保基本、多层次、可持续方针，加快推进覆盖城乡居民的社会保障体系建设，稳步提高保障水平”。对社会保险制度改革的目标，纲要提出“实现新型农村社会养老保险制度全覆盖。完善实施城镇职工和居民养老保险制度，全面落实城镇职工基本养老保险省级统筹，实现基础养老金全国统筹，切实做好城镇职工基本养老保险关系转移接续工作。逐步推进城乡养老保障制度有效衔接。推动机关事业单位养老保险制度改革。发展企业年金和职业年金。扩大工伤保险覆盖面，提高保障水平，健全预防、补偿、康复相结合的工伤保险制度。完善失业、生育保险制度。发挥商业保险补充性作用。继续通过划拨国有资产、扩大彩票发行等渠道充实全国社会保障基金，积极稳妥推进养老基金投资运营”。纲要还对加强社会救助体系建设和积极发展社会福利和慈善事业提出了目标和要求。

（二）我国社会保障制度改革应遵循的原则

为实现上述目标，我国社会保障制度改革应遵循如下原则：公平与效率相结合，侧重公平的原则；基本保险与补充保险相结合，以基本保险为重点

的原则；现实与长远相结合，以现实为发展基础的原则；政府与社会相结合，以政府为主导的原则。

四、我国社会保障制度改革的目标模式：建立覆盖城乡居民的社会保障体系

我国二元经济结构的现实和建立人人都能享受社会保障的社保改革目标意味着，在当前经济背景下，我国社会保障制度改革的理想目标模式是要建立一个覆盖全体城乡居民的社会保障体系。覆盖城乡的社会保障体系可以由社会保险、社会救助、社会福利、社会优抚、住房保障、其他项目六大部分组成，包括29个子项目（如图2-1所示）。其中，社会保险是社会保障体系的主体，在社会保险的5个项目中，失业、工伤和生育保险覆盖特定的职业人群，基本养老和基本医疗因其涉及全民，最为重要。目前，医疗、失业、工伤和生育保险制度体系已基本建立，下一步主要是完善制度、扩大覆盖面并实现全覆盖，覆盖全民的养老保障体系建设任务最艰巨。养老保障体系由国家基本养老保险、养老补贴、特定人群养老保障、补充养老保险、商业寿险五大部分组成，包括12个子项目（如图2-1所示），按其功能划分，可以将其划分为三个层次：一是主体层，包括国家基本养老保险和军人保障、村干部养老保险、计划生育奖励扶助等特定人群的养老保障，这一层次实行统账结合的制度模式，覆盖城乡就业人群；二是保底层，主要指养老补贴，覆盖基本养老保险之外的城乡老年居民；三是补充层，包括企业年金、职业年金等不成养老保险和商业寿险。医疗保障体系以基本医疗保险为核心，城乡医疗救助制度为基础，补充医疗保障和商业健康保险相补充，其中，国家基本医疗保险包括城镇职工基本医疗保险、城镇居民基本医疗保险和新型农村合作医疗（如图2-3所示）。医疗保障制度改革的关键问题在于完善医疗保障筹资模式、发展公共卫生体系、完善农民工和城镇弱势群体基本医疗保障体系以及完善新型农村合作医疗保障制度等。

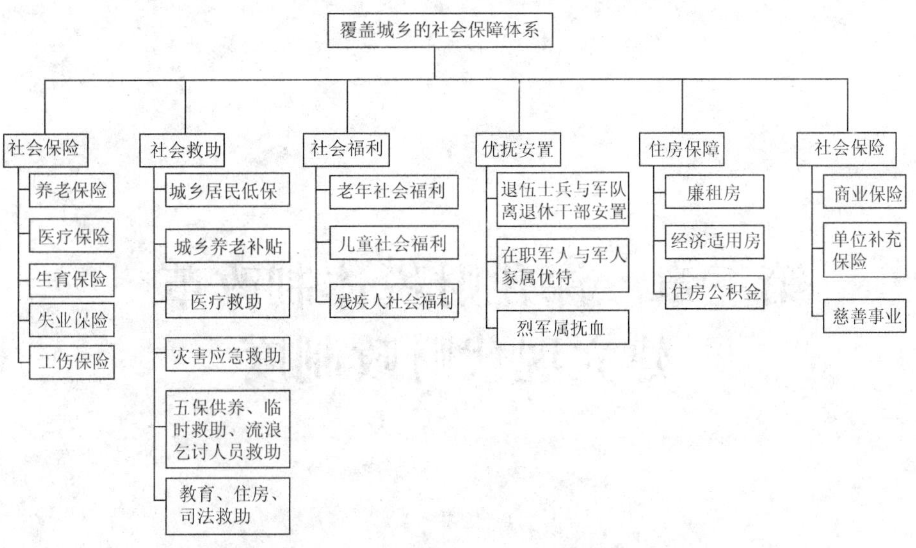

图 2－1 覆盖城乡的社会保障体系

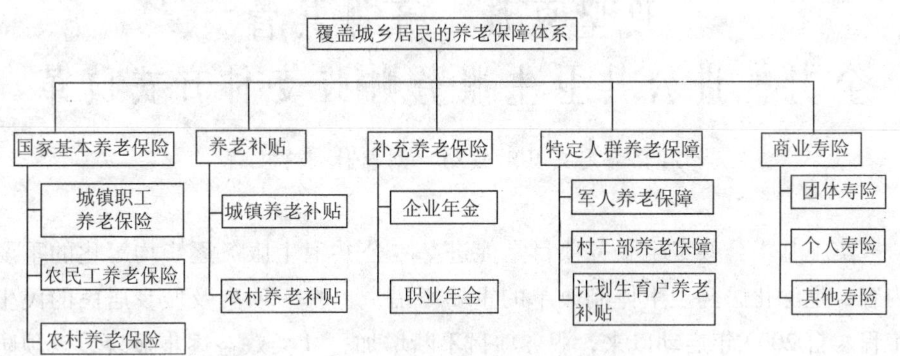

图 2－2 覆盖城乡居民的养老保障体系

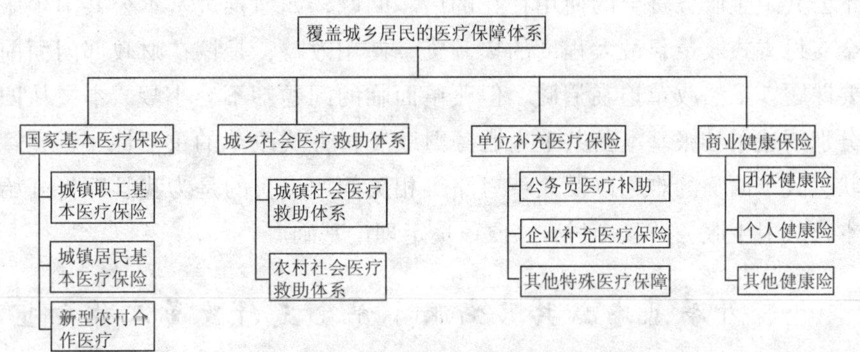

图 2－3 覆盖城乡居民的医疗保障体系

第三章　深化财税体制改革 建立现代财政制度

攻坚克难　齐抓共管 全力推进公共卫生服务财政支付方式改革

河北省定兴县财政局　刘春林　丁　洋

实施基本公共卫生服务项目是促进基本公共卫生服务逐步均等化的重要内容，是深化医药卫生体制改革的重要举措，也是一项惠及城乡居民的民生工程。自2009年启动以来，服务项目不断增加，社会效益逐步显现，以预防为主的公共医疗卫生防御体系初步形成。但是，随着项目补助标准逐年提高，基本公共卫生服务资金的使用存在的诸多问题，如何推进基本公共卫生服务资金支付方式改革，最大程度的提升资金使用效益，是摆在财政部门面前的重要课题。虽然改革迫在眉睫，但改革面临的问题却不容小觑。本文从四方面分别阐述了县级基本公共卫生服务财政支付方式改革的重要性、资金管理现状、改革面临的难题以及改革思路等相关问题，目的是为我县即将开始的基本公共卫生服务财政支付方式改革奠定理论基础。

一、开展基本公共卫生服务资金支付改革工作的重要性和紧迫性

基本公共卫生服务资金是各级财政共同提供的经费保障，是党和政府

实施的惠民政策，项目的本质就是政府购买公共卫生服务，交由基层医疗卫生机构和社区服务中心实施，让居民享受国家基本卫生保健制度。政府出钱购买公共卫生服务是针对为民服务的数量和质量，有严格的考核程序。但受多方面因素的制约，大多数地方采取按照服务人口打包分配的方法，考核也流于形式，基本公共卫生服务资金分配不科学、使用绩效不高，甚至挤占、挪用和套取资金等问题相伴而生，造成资金的严重浪费。改革财政支付方式，破解政府购买基本公共卫生服务难题已是大势所趋、迫在眉睫、势在必行。

二、我县基本公共卫生资金管理现状

从2009年至2015年，基本公共卫生服务资金人均补助标准从15元增至40元，我县项目资金总量从859万元增至2166万元。随着资金量的不断增加，财政国库集中支付制度改革以及强化部门职能等相关政策要求，我县基本公共卫生服务资金管理方式大致经历了以下三个阶段：

第一阶段 粗放式管理阶段。2009年项目开始实施，财政部门负责资金筹集、划拨，各级资金筹集到位后，分批拨付到卫生部门。卫生部门负责资金分配、使用和监管。粗放型管理模式下，财政对资金的最终去向缺乏掌控与监督，基层医疗机构资金使用不规范问题严重。

第二阶段 国库集中支付阶段。2011年，省财政厅下发《基本公共卫生服务项目补助资金管理办法》，明确了县级财政部门承担基本公共卫生服务补助资金安排、拨付及管理的主体责任。据此，县财政将基本公共卫生服务资金纳入国库集中支付范围，与卫生部门共同制定资金分配方案，采取预拨加结算的方式，根据卫生部门提供的资金申请和工作考核结果，将项目资金直接支付到基层医疗卫生机构。此次改革是在规范基层医疗机构财务管理基础上，在财政国库统一设立基层医疗机构核算账套，对每个基层医疗机构实行分账核算。这一方式资金管理主体是财政，虽然基层医疗机构的资金管理得到规范与加强，但在资金使用过程中显现出作为基层医疗机构业务主管部门的卫生部门，工作缺乏主动性，对资金的使用监管的积极性不高。

第三阶段 支付方式改革前的过渡阶段。2014年，省财政厅下发《关于开展基本公共卫生服务资金支付方式改革的通知》，要求改变按照辖区常驻人口数平均分配资金的方式，根据服务数量、质量和群众满意度等考核结果拨付资金，切实提高资金绩效。为激发卫生部门使用管理基本公共卫生服务资金的积极性，并将支付方式改革顺利推进。2014年8月份，卫生部门开设基层医疗卫生机构管理专户，财政按照卫生部门制定的全年支出预算、基层医疗机构基本公共卫生工作开展情况的考核结果等资料，按季将资金预拨到卫生部门，再由卫生部门根据实际情况分配到各个基层医疗机构。我县虽然被列入保定市第二批支付方式改革试点县，但截至目前此项工作尚无实质性进展。我县正在积极做好改革前的调研、考察和前期准备工作，为顺利推进改革奠定基础。

三、基本公共卫生服务资金支付改革难点

近年来，我省对基本公共卫生服务资金支付方式进行了一些积极有效的探索，尤其是“沧州模式”推广，为各地的改革工作提供了成功范本。但由于受各地经济、卫生机构发展现状等多种因素制约，摆在改革工作面前的问题也不尽相同，难度各异。我县在改革中面临的问题主要集中在以下几点：

1、资金分配难。由于上级下达基本公共卫生服务资金是根据常住人口来补助，数据来源于上一年度省经济年鉴。但随着经济不断发展，人口流动加剧，尤其是社区人口很难确定，上级统计数据和实际人口、人口总额和乡镇社区实际数量都存在不小差异。而服务人口始终是资金分配的主要参考指标，在具体分配中很难操作。

2、成本控制难。由于基本公共卫生使用范围、使用的项目多，没有明确的成本控制要求，加之公共卫生资金使用人员对资金的控制、管理意识不强，并缺乏基本公共卫生成本控制措施，成本费用在使用时随意性较强，有可能形成放任资金使用的情况。

3、工作考核难。基本公共卫生服务项目共12项，分为群体性项目和个体性项目。工作主体分基层医疗卫生机构和村卫生室。我县16个乡镇卫生院、1个社区服务机构、274个村卫生室，133名基层公共卫生服务人员和569名村医共同承担着全县基本公共卫生服务工作。由于考核工作任务量大、业务性强。财政部门很难参与到年度工作量的分解落实和绩效考核工作中去，分配结算专项补助资金很难做到科学合理。

4、资金监管难。目前，我县基本公共卫生服务资金存在使用、监管部门一体化问题。财政部门注重补助资金筹集、分配、拨付，对资金使用缺乏有效监督管理。县级卫生部门承担绩效考核资金监管的主体，对其下属的基层医疗卫生机构基本公共卫生服务项目年度绩效考核大多流于形式。卫生部门自己使用资金、自己监督的局面，资金监管的有效性会明显的打折扣。

5、改革推进难。由于受部门利益和自我保护意识，卫生部门对推进支付

方式改革工作积极性不高，改革整体推进力度不够，财政部门单一推进支付方式改革、并取得实质性成效举步维艰。

四、推进基本公共卫生服务资金支付改革的对策

1、提高认识，加大宣传、努力形成服务社会共识。卫生、财政部门及基层医疗卫生机构要从保障人民健康和维护社会稳定的高度出发，充分认识推进基本公共卫生服务资金支付方式改革的重要性，充分调动起服务部门的工作积极性和主动提升服务能力。同时，加大政策宣传引导，利用多种渠道、多种形式加大宣传，提高城乡居民参与意识，使城乡居民知晓了解基本公共卫生项目的服务内容和免费政策，促使广大群众积极主动参与、自觉接受服务、自主选择服务机构，从而长期、系统、持续地享受到优质的公共卫生服务，从而推动形成促进基本公共卫生服务健康发展的良性格局。

2、打破常规、推进改革、切实提高资金使用效益。彻底打破按照辖区常住人口平均分配资金的模式。建议上级部门为个体性项目确定补偿价格区间，县级结合自身工作开展情况，逐一确定补偿标准、严格按照工作量结算资金；群体性项目应综合考虑服务项目、工作任务、成本费用等因素，制定较为科学合理的分配方案，并注重工作质量、考核结果和群众满意度结算资金，从而打破做多做少、做与不做都一样、轻轻松松拿补助的现状，真正将资金拨付和工作挂钩，切实提高资金使用效益。同时，鼓励乡镇、社区、卫生室合理有序竞争，并鼓励和支持民营医疗机构参与基本公共卫生服务项目中，为所有医疗卫生机构搭建起一个公平竞争的平台。

3、科学测算、严格考核、逐步完善绩效考评机制。财政部门不仅要参与资金分配、拨付等工作，还要学习基本公共卫生服务业务知识，全程参与工作目标的制定、工作任务的分解和年度绩效的考核，也可聘请第三方机构和专业人士参与考核验收工作中，改变卫生部门自我考核的局面，提升考核的真实性、准确定，并突出绩效考核力度，根据“总量控制、考核分配、优奖差减”的原则，采取先预拨后结算的方式，充分发挥好考核结果在激励、监督和资金安排等方面的作用，逐步建立更加科学、完善的绩效考核评价机制。

4、加强联动、强化监督、形成齐抓共管良好态势。建议对大宗成本耗材、办公用品采买和宣传资料印刷等采取集中采购、财政直接支付方式，避免成本费用的随意使用和资金浪费。同时，卫生、财政、审计、监察部门要加强联动，严格依法对基本公共卫生专项资金的分配、使用、管理情况进行

监督检查，形成监管合力。强化资金使用单位尤其是单位负责人的管理意识，对于违规使用、挤占挪用、虚报冒领等违纪违规问题，要依法严肃查处并追究相关人员的责任，强化问责追究执行力度。通过常态化的监督检查，确保基本公共卫生服务项目的有效落实，使人民群众实实在在享受到医改带来的实惠。

用财政之力 造百姓之福

河北省承德市双滦区财政局 张宝东 彭 勃

双滦区财政局进一步推进社会保障体系建设，着力保障和改善民生，进一步优化财政支出结构，统筹财力配置。财政社保工作以“服务发展、强化保障、深化改革、提升绩效”的工作思路，切实加大社会保障投入，使社会保障支出占财政支出的比重不断提高，社会保障制度覆盖面稳步扩大，各项保障标准和补助水平连续增长，切实维护了我区民生权益和社会稳定发展。

一、认真测算并足额安排社保民生配套资金

加强与区民政、人社、卫生的沟通协作，认真测算统计，进一步做好城乡低保、救灾、救助、五保老人生活补助、医疗、养老保险等社保民生资金配套工作。

二、加快资金执行进度，“一卡通“支付方式全面启动

一方面，按照上级部门专项资金加快预算执行进度的要求及时下拨资金，加强上级专项和本级预算资金审核、拨付，加快社保预算资金运转和支出进度。另一方面，加快“一卡通”支付进度。对“城乡低保、医疗救助、优抚、孤儿等民生资金全部执行“一卡通”按月发放制度，确保了困难对象的基本生活及时得到保障。

三、全面推进医药卫生体制改革

截止目前，基层医疗卫生机构及区级人民医院全部实行基本药物零差率销售，老百姓“看病难，看病贵”的热点问题得到有效缓解。(1) 筹集资金确保医保资金及时足额到位。新农合和城镇居民医保财政补助标准是由2012年的人均240元提高到380元，参保（合）率稳定在95%以上，基本实现全覆盖。(2) 扩大基本公共卫生服务受益人群。近年来，双滦区大力实施卫生惠民工程，着力推进重点创新工作，构建覆盖城乡居民的公共卫生服务体系和医疗服务体系，为人民群众提供安全、有效、便捷的基本公共卫生服务。

自2014年，为继续提高我区城乡居民的健康幸福指数，经区委会议研究决定，对辖区内国家规定的65周岁以上老年人扩大到60周岁以上对老年人实行免费体检，两年来区财政部门新增财政支出130万元。这项政策的出台得到了全区百姓的一致好评，同时也得到了社会各界的关注。中央电视台《新闻联播》、河北卫视《新闻联播》、承德市电视台新闻综合《今日聚焦》栏目相继进行了报道，并给予了充分肯定。（3）全力支持村卫生室建设提升农村公共卫生服务能力建设。村卫生室标准化建设被列为我区十大民生工程之一。除属于城中村改造范围内的5所卫生室除外其余卫生室全部进行新建、扩建和迁建，区财政共筹集拨付资金182万元用于村卫生室标准化建设。自2013年1月1日起村卫生室全部执行了药品零差价政策，财政共安排村卫生室零差价补贴资金共1612万元，为各卫生室购进各种新的网络电脑设备95余台，各种硬件建设也上了一个新台阶，使村卫生室的服务水平和服务功能大大提高。（4）研究制定了《双滦区基层医疗卫生机构补偿机制意见》、《双滦区基层医疗卫生机构执行收支两条线管理办法》等医改方案，实行"核定收支、核定任务、绩效考核、专户核算"的管理原则。保障了基层医疗机构的正常运转，调动了医务人员的工作积极性。

四、落实促进就业财政支持政策

近年来，我区积极筹集就业再就业专项资金，全力支持就业再就业、及小额贷款担保工作开展。同时，进一步完善就业资金管理制度，科学合理确定各项财政补贴标准，细化支付程序和环节，提高资金使用效益。截至2015年8月底，我区新增城镇就业人数2075人，农村劳动力向非农产业转移445人，城镇登记失业率控制在3.7%。

五、全力支持社会救助工作

按照上级要求的目标定位，进一步提高了五保对象供养、城乡最低生活保障、自谋职业补助金等标准，进一步完善了城乡低保制度，建立了与物价变动相适应的城乡低保标准动态调整机制，覆盖城乡困难群众1.5万人。探索出台了《双滦区城乡困难群众临时救助暂行办法》及《双滦区城乡困难群众医疗救助暂行办法》的实施方案，进一步完善了我区救助体系，对由于突发事件造成家庭刚性支出过大而影响基本生活的低收入边缘家庭纳入了救助范围，进一步提高了城乡困难群众的生活补助水平。同时，残疾儿童救助、

救灾应急保障机制不断健全，残疾人社会保障投入力度进一步加大，社会救助水平全面提升。

六、着力提升社会保障水平

社会保障制度覆盖面从城镇居民扩展到农村居民，越来越多的城乡居民被纳入社会保障制度覆盖范围，养老、医疗、工伤等保险参保人数和参保率逐年提高，社会保障受益群众越来越多。在社会保障扩面的同时，保障水平大幅提高，特别是养老和医疗两个方面，城乡医疗保险住院费用补偿比例均达到了50%以上，其中新农合补偿比例达到了55%以上，让城乡居民充分享受到了经济发展的成果。

七、强化社保资金使用效益

我区财政部门以强化预算执行管理为重点，加快资金拨付进度，逐月、逐季度对社保资金预算执行情况进行跟踪分析，强化社会资金使用专项检查和绩效考评，在确保项目序时进度和资金及时均衡使用的同时，保证了社保资金的安全，提高了使用效益。同时，对社保的专项资金及时进行跟踪问效，从制度上加大了财政资金的监管，进一步确保民生财政资金的安全、高效使用。

作者简介：

张宝东，男，汉族，1968年10月生，党员，大学学历。现任河北省承德市双滦区财政局局长。

自参加工作历任：双滦区双塔山中心校教师；双滦区文教局人事股股长；双滦区双塔山中心校校长；双滦区偏桥子镇党委副书记；双滦区偏桥子镇党委副书记、政府镇长；双滦区大庙镇党委书记；双滦区滦河镇党委书记；双滦区审计局局长、党组书记；双滦区财政局局长、农开办主任（兼）。

财政助推医药卫生体制改革

河北省香河县财政局　周志广

香河县财政局在上级财政部门的直接支持和指导下，深入把握医改的重点，认真分析医改的动向，主动学习医改的经验，并结合我县实际情况及财力状况，想方设法筹集和安排资金，积极推动医改工作顺利开展。

一、积极做好政策引导

坚持以满足社会公共需要、实现公共利益为首要目标，完善和落实财政投入政策，加大财政对医院的投入力度，进一步明确县级公立医院承担公共卫生服务的职责和范围。在帮助县级公立医院积极争取国家项目资金支持的基础上，财政部门给予一定的补助。并按照财政资金科学化、精细化管理的要求，加强项目资金分配使用的事前审核、事中控制和事后监督，确保财政资金投入到位、监督到位，确保医改这一惠民政策真正让利于民。

二、建立科学补偿机制

按照上级的安排部署，县人民医院、县中医医院、县气管炎哮喘医院全部药品已实行了“零差率”销售，药品供应全部实现在河北医药集中采购平台上网络阳光采购，同时 CT、核磁等大型医用设备检查费降低 10%。按照规定，取消药品加成和下调大型医用设备检查价格总量的 60% 由调整医疗技术服务价格补偿，总量的 30% 由县财政补贴，总量的 10% 由医院自行消化，简称 6：3：1。

三、加大财政投入力度

在确保政府卫生投入增长幅度高于经常性财政支出增长幅度，政府卫生投入占经常性财政支出和卫生总费用的比重逐步提高的基础上，通过加大政府对公立医院补助力度，将医改所需资金足额纳入财政预算。县医院、县中医医院、县气管炎哮喘医院全部药品实行了“零差率”销售。2014 年县级安排公立医院医改补助资金和省级补助资金累计超过 1000 万元。医改补助资金

的增加，使县医院、县中医医院、县气管炎哮喘医院回归了公立医院的公益性。

四、突出资源优化配置

根据医药卫生体制改革的重点，我县深入研究公共卫生资金投向，不断优化资金支出结构，努力实现资金使用效益的最大化。对于改革管理工作，我县根据资金的使用性质，探索建立考核奖补、定额补贴、全额补助等资金管理形式，努力建立良性发展机制。同时，注重民意调查，接受民众的反馈与建议，将政策执行到位，让百姓享受到改革的成果。一是城镇居民医疗保险工作全面推进。2014 年，我县城镇居民医疗保险共筹集资金 1681 万元，全县共有 42668 人参加。二是新型农村合作医疗保险工作顺利开展。2014 年，我县新型农村合作医疗保险共筹集资金 9808 万元，全县共有 246244 人参加，参合率达到了 98.86%。三是基本公共卫生服务全面开展。我县基层卫生院建立了居民健康档案、健康教育、预防接种等九大公共卫生服务项目。2014 年基本公共卫生服务共筹集资金 1200 余万元，涉及 35.17 万人，资金全部及时拨付，保障了各基层医疗机构公共卫生服务工作的正常开展。四是村卫生室建设高标准完成。按照“三个一”工程要求，我县投资 3000 多万元，对“空白村”、标准不高以及帮扶村的村卫生室进行了统一集中建设，重点突出业务用房、基本设备配置和乡村医生队伍建设，新建 191 个集体产权村卫生室和 1 个社区卫生服务站，彻底改善农村卫生基础设施条件。目前，新建集体产权村卫生室全部投入使用。

五、提高监督管理水平

工作中，香河县财政局牢固树立为基层服务的意识，不断提高财政干部认识水平，始终将服务贯穿于监督管理全过程，资金拨付上求快求准，资金管理上求细求精，确保补助资金发挥应有的作用。同时，会同卫生主管部门定期研究改革发展情况，探索将资金使用和管理纳入财政绩效评价体系，以实现财政资金管理的规范化科学化。特别是将改革管理机制建设纳入医药卫生体制改革范畴，建立起了相互协调促进的新型管理机制。

六、扩大改革成果范围

在接下来的工作中，香河县财政局将进一步总结改革经验，研究县级公立医院改革的相关政策，落实财政支持倾斜政策，加大县级公立医院建设的力度，真正做到政策上清晰、指导上明确、措施上有力，当好县级公立医院改革和管理的参谋助手。

加快农村医疗卫生发展
提升城乡医疗卫生水平

山西省方山县财政局　常云录

加强农村基层医疗卫生建设，是广大农民群众的迫切愿望，是落实科学发展观，统筹城乡发展的必然要求，同时也是加快城乡分级诊疗的重要环节。近些年来，虽然在推进城乡医疗卫生水平方面取得了明显的阶段性成效，但由于城乡区域发展的差距，目前农民群众享受的医疗服务与群众的就医需求仍有不相适应的地方，一些影响农村医疗卫生发展深层次的问题有待解决。

目前农村医疗机构存在的主要问题：

一、城乡医疗布局不均

从总体上看，当前有些本该在基层医疗机构解决的农村常见病、多发病的治疗，因为基层社区医疗服务能力薄弱，难以满足广大百姓诊疗需要而被迫转到上级医院，这样不仅导致大医院门诊拥挤不堪、人满为患，而且也加重了患者的经济负担。追其根源在于基层优质医疗资源短缺，城乡医疗资源配置的不均衡；在于群众仍然不是很信任基层医院的医疗能力，农村老百姓认可度较低；在于基层医疗机构的医疗支撑能力不强、服务水平不高。由于基层没有从根本上缓解优质卫生资源之间的供需矛盾，致使农村群众看医难依然存在。

二、卫生人才短板不足

目前部分地区农村的乡村医生年龄普遍老化，其知识结构、能力水平与社区卫生服务要求不相适应。村卫生室人员和部分乡镇公共卫生人员业务素质不高，知识面狭窄，获得业务进修培训提高的机会比较少。农村基层面临卫生专业技术人员缺乏，基层医疗卫生人员不足，尤其是高素质医疗卫生人才明显不足的状况。据初步了解，在基层乡卫生院工作的执业（助理）医师、执业护士分别占公立医疗机构执业人员的总数比例仍然偏低。而由于受薪酬待遇、工作环境、职称晋升等方面的一系列现实问题影响，使部分大中专医学人才不太情愿留在农村基层工作。与此同时上级大医院日益增长的内部扩张需求，一定程度上加剧了基层医疗单位人才的流失，影响到基层医疗机构人才队伍的稳定与提升。

三、信息资源共享不够

目前大部分地区乡村医生的健康档案录入、信息管理能力不强，居民电子健康档案的建档过程复杂，建档所需人力成本高，居民电子健康档案数据与基本医疗信息的契合度不足，医疗健康管理信息资源效用尚未能够得到有效的利用。而与此同时众多卫生信息业务系统条块间分割，缺少横向连接，缺乏统筹协调规划，有些基层医院的 HIS 系统与医保系统的接口有待整合统一。由于医疗信息化建设的内生驱动力不足，致使卫生信息系统之间难以做到信息资料共享，存在“信息孤岛”现象。

四、医疗特色不够明显

乡镇卫生院置于农村三级医疗卫生服务的枢纽，在为农村居民提供基本医疗服务方面具有重要作用。然而由于乡镇卫生院相互之间错位发展的格局尚未形成，加上同质化、趋同性的医疗服务产品，这些都成为制约基层医疗机构可持续发展的瓶颈因素。

五、绩效考核有待完善

基层卫生医疗单位绩效工资总体水平偏低，未充分考虑医疗行业的特殊性，绩效工资总额的动态上浮机制有待进一步完善，绩效工资考核制度尚待细化明确，绩效工资的激励引领作用发挥不够。

针对上述问题建议：

一、强化资源共享，推进城乡医疗一体化

（一）整合医疗资源共享

以县级医院托管为契机，依托管理、技术、信息、设施，引导基层医疗机构与县级医院建立全面托管、病房托管、学科托管等多种合作办医模式。以经济利益为纽带，健全医疗资源上联下沉保障政策，逐步建立起城乡紧密

型医疗联合体，推动县域双向协作的影像诊断会诊中心、临床检验中心、心电会诊中心等医疗共享平台建设，不断扩大县级医疗优质资源的辐射引领作用，进一步促进区域医疗人才、设备、技术、信息等优质资源的有效配置，切实提升基层医疗机构的服务能力和运行效能。

（二）优化群众就医环境

在推动优质医疗资源下沉的同时，注重向基层医疗机构移植渗透精细化管理和品质化服务，建议开通114百事通、网上预约挂号诊疗服务平台以及掌上医院移动客户端，努力方便基层群众预约挂号就医。另外各级政府应加大投入促使基层医疗机构尽早启用自助挂号机、自动发药机、自助取单机等多类自助设备，减少患者就诊、付费、检查、取药等多处环节等候排队的不便。各级医院必须进一步完善“一站式服务”，开通诊间结算功能，优化医院诊疗流程，由专门的转诊联络员负责为基层患者提供医疗咨询、住院、复诊、转诊、康复等服务，让百姓就诊能够更加安全快捷，着力破解看病繁问题，切实改进群众就医环境。

（三）注重信息平台融合

努力推进各级医院与基层社区医疗信息的衔接融合，围绕“统一高效、便民惠民、区域共享”的服务目标，探索以居民电子健康档案、电子病历数据为核心的社区卫生信息化应用，卫生信息系统联网共享，影像数据共享互阅，构建便捷化、规范化的卫生信息化支撑体系，构筑互联互通、信息共享的卫生信息系统。建议设立各级基层卫生信息管理中心，不断地充实、整合、协同区域医疗卫生信息化发展，推动县级区域卫生平台建设。

（四）完善医保政策导向

为了健全分级诊疗格局，建议充分发挥医保的导向引领功能，调整城乡居民的医保政策，整合城乡居民医疗保险的信息系统和支付结算方式，实施“一免一降一增一允”的差异化医保报销政策，进一步拉大基层医疗机构与县医疗机构就诊、住院费用的报销比例，引流患者到基层医疗机构就诊。“一免”即免除城镇医保患者到基层就诊的诊察费用；“一降”降低从上级医院转到基层医疗单位患者的住院起付额度；“一增”即提高居民在基层医疗机构就医及使用中药饮片及中医诊疗费用的报销比例；“一允”即允许民营医疗机构执行与公立医院相同的医保报销支付政策；通过不断地加大对基层医保报销的倾斜支持力度，努力引导患者改变就医方式，切实缓解县级医院的看病压力。

二、完善政策保障，促进基层人才优质化

（一）搭建人才培养平台

深入推进基层卫生人才队伍建设，应当坚持以培养本地人才为主、以引进外地人才为辅的原则，逐步完善资金投入、编制分配、委托培养等方面的配套措施，采取“四定”即（定向招录、定向分配、定向服务、定向补助）的模式，优先考虑培养具有本地户籍的农村医疗卫生人才，培养的人员统一调配到基层医疗卫生机构工作，要求至少在本地基层医疗机构工作5年以上。定向培养对象应明确双方的责任与义务，打破一次性发放补助的方式，分为毕业签订劳动合同及上岗后取得相应执业证书两个阶段，在完成规定要求后发放，为着力培养用得上、留得住的本土基层医疗人才打下基础。

（二）搭建人事深化平台

按照实际需要和具体情况，建议统筹配置全县基层医疗卫生人力资源，实行统一核编、统一聘用、统一调剂的管理方式，在人事关系不变的情况下探索建立基层卫生人才柔性流动，健全与基层医疗卫生人才队伍发展相匹配的人事政策。在岗位总量和规定的结构比例范围内，打破单位职数限制，统一调度基层职称评聘比例，注重向优秀人才和关键岗位倾斜，为基层卫生人才拓展职业发展空间。同时优化岗位用人设置机制，做到因事设岗、按岗聘用，实现由身份管理向岗位管理的转变，实行编制外与编制内统一管理的方式，促进人才竞争，逐步形成基层卫技人员有序流动的良性循环机制。

（三）搭建提升素质平台

充分发挥各级卫生进修学校的作用，进一步完善农村全科医师继续教育，实施乡村医生技能提升工程，全面建立多层次的专业培训、知识普及与继续教育相结合的培养体系，着重突出基层医务人员急诊、慢性病、儿科、传染病的诊疗能力培训，将临床实践技能培训结果作为单位聘用与绩效考核的重要内容。同时以“坐诊、带教”的形式由医疗专家指导基层一线人员进行临床适宜技术传授，推动卫生适宜技术示范基地建设，加快提升现有基层医疗队伍的整体业务素质。另外尤其要加大基层中医骨干医师的培养，重点推广群众欢迎、简便易行的针灸、推拿、中药熏蒸、针刀等中医药适宜技术，利用国家促进基层中医事业发展的契机，有效强化基层中医、康复中医师的进修培训，通过开展现场指导、临床操作、理论授课、模拟演练、互动点评等方式，促进我县基层中医药人员的专业成长。同时建议成立基层慢性病临床指导中心，发挥县级医疗单位的专业引领优势，重点指导基层心脑血管、糖

尿病的健康管理工作，切实为基层医疗搭建服务平台。

三、注重绩效考核，增强基层活力机制化

（一）推动设立绩效考核奖金

全面建立以公益性为导向，以服务数量、服务质量、实际贡献、服务满意度为核心的绩效考核体系，体现多劳多得、优绩优酬，建议对年终绩效考核优秀的基层单位，发放适当的绩效考核奖，年度的绩效考核奖金不列入单位的绩效工资总额，绩效考核奖由单位自主分配，根据单位考核情况以奖励性绩效工资的方式发放到人，进一步搞活绩效工资分配机制。

（二）推进自主分配奖励工资

按照优绩优酬原则，结合单位实际，进一步扩大基层医疗卫生单位对绩效工资分配的自主权，建议将奖励性绩效工资提高至80%以上，在绩效工资总量控制的前提下，基层医疗卫生单位可自主决定奖励性绩效工资的分配办法和分配形式，改变干多干少一个样，干好干坏一个样的状况，充分发挥绩效工资的激励引导作用。

（三）推行分层分类考核评估

建议实行分层归类考核制度，采取市、县及部门单位对基层医疗机构的多层次考核，将考核结果与财政补助、和奖励性绩效工资发放、机构评先评优相挂钩。同时结合基层医疗卫生单位的等级规模、地域人口、服务数量等差异情况，将考核对象分类划分，考核指标分类设置，增强绩效量化考核的公平性。根据各乡镇卫生院的考核得分情况卫生部门统筹分配奖励性绩效工资，加大对基层医疗机构绩效工资的协调力度。

四、差异化发展，打造特色医疗品牌化

根据各地的疾病谱和患者量情况，乡镇卫生院应以做强特色专科为突破口，找准适合自己的专科，实施错位发展战略，因地制宜引导鼓励乡镇卫生院努力向临床特色专科发展。中医药是中华民族几千年的精髓，方法简便易行、疗效可靠，群众易于接受，适合乡镇卫生院发展。应注重发挥中医药简便验灵的特点，重点培育中医理疗、康复治疗等科目，集中打造小而精、有影响力的特色诊疗，发挥县级医院的“龙头引领”作用，形成群众叫得响的“品牌医疗”。要抓住国家发展健康产业和推动社会资本办医的有力契机，积极推进区域卫生规划，加强临床特色专科和区域专病中心建设，针对群众就

医的多层次需求及健康产业巨大潜力的实际情况，依托山水生态资源，合理引入民间资本开设老年病、慢性病康复治疗中心，构筑集养护、养生、养老为一体的健康产业发展模式，提高基层医疗机构的诊治水平，为百姓提供更具特色的诊疗服务，打造独树一帜的医疗服务品牌。

合理规划提升乡级国库集中收付制度改革

辽宁省西丰县财政局　张晓东　王艳莉　郑旭锋

西丰县隶属于铁岭市，位于辽宁省东北部，区域面积2686平方公里。全县辖18个乡镇，总人口35万人，其中农业人口27.5万，是典型的山区农业县。2013年全县公共财政预算财政收入6.9亿元，公共财政预算支出17.5亿元。

2013年10月份，我县启动了乡级国库集中收付制度改革工作，该项工作是加强国库资金管理“最后一公里”的收关之举，尤其是在我县所辖的乡镇财政大部分运行比较困难的情况下，通过推进改革工作，进一步提高乡镇财政资金管理水平和使用效益更突显其重要意义，因此，我县选择在所辖18个乡镇同步推进改革工作。在省市财政国库部门的帮助和指导下，在县领导的高度重视下，我县财政积极运作，通过与县人民银行、县乡农村信用合作联社（乡镇金库代理银行）以及沈阳凯越软件公司的共同努力，截止2015年1月末，我县的18个乡镇乡级国库集中支付制度改革全部完成，目前运行情况良好，改革取得了初步成果。

一、乡镇财政基本情况

（一）乡级预算单位情况

每个乡镇有6个预算单位，包括乡镇政府、财政所、计生办、文化站、农业技术综合服务站、林业站。经费收支在乡镇政府预算单位统一银行账户下，实行分户核算。

（二）乡镇财政机构及人员配置情况

各乡镇设有两个财政机构，分别是西丰县财政局XX乡（镇）财政国库集中收付中心和乡镇财政所。乡（镇）财政国库集中收付中心为县财政局派出机构，设置主任和总预算会计岗位，人员由乡镇政府调剂，主要负责乡镇国库资金核算，乡镇金库设在木乡镇的农村信用合作联社。乡镇财政所隶属于各乡镇政府，设置所长、预算单位会计、出纳等岗位，主要负责乡镇财政预算编制、指标管理及乡镇预算单位账务核算，账户设在本乡镇农村信用合作联社。目前乡镇财政机构实有工作人员76人，平均每个乡镇4～5人，基本能够满足国库集中支付制度改革要求的人员岗位配置。

（三）改革前乡财县管模式及信息化建设情况

我县2007年在18个乡镇全部实行乡财县管改革，县财政局在18个乡镇设立派出机构，负责乡镇国库资金管理，实现账户统设，县乡联网，乡镇国库资金采用实体支付模式，国库集中收付中心总预算会计填报支付申请，通过乡财县管专用网络上传县财政局乡财县管办公室审核，通过后打印支付凭证送交本乡镇金库代理行，将资金拨付到乡镇政府预算单位账户。

实行乡财县管改革，县乡财政首次实现了专线网络连接，县财政为18个乡镇财政机构均配置了电脑、打印机等设备，乡镇总预算会计实现电子软件记账。2013年实行惠农资金“一卡通”试点改革工作，与乡财县管网络并网使用。

二、乡级国库集中支付制度改革进展情况

（一）实施乡镇国库集中支付制度改革的具体做法

2013年10月份，我县按照省市财政关于实施乡级财政国库集中支付制度改革有关要求，结合我县实际，着手研究我县的乡级改革工作的模式和各项具体事宜，我县选择的改革模式是将乡镇作为独立一级财政，按照不改变乡镇的资金所有权和使用权，不改变乡镇的财务审批权、财务管理权和会计核算权，以建立国库单一账户体系和实行国库集中支付为核心，与完善改革配套措施相结合，积极稳妥地推进。11月中旬起草完成并由县政府印发了《西丰县乡级财政国库集中支付制度改革实施方案》（西政办发〔2013〕51号）文件，组织相关部门和18个乡镇召开了乡级改革工作部署会议；12月份，先后完成了县财政集中部署部分软硬件安装调试和18个乡镇专线网络防火墙安装工作，组织各乡镇财政部门，协调县人民银行和县乡农联社陆续开展乡镇建户工作，到2015年1月中旬，各乡镇全部完成账户设立工作，在市财政局的大力支持下，乡镇财政与农联社间支付用专线网络全线贯通，至此，改革所有准备工作全面完成。我们于1月21日至24日，邀请沈阳凯越软件公司5名工程师，对我县乡级改革县局集中部署的软、硬件进行最后调试，对18个乡镇的总预算会计和政府会计进行了为期4天的集中业务培训，培训采取将乡镇总预算会计和预算单位会计专用微机和打印机集中到县财政局大会议室，现场联网、培训支付业务操作和电子记账业务操作，为各乡镇调试了打印机，培训期间恰逢上级印发了执行新行政单位会计制度的文件，我们及时与软件工程师沟通，对预算单位账务管理系统后台按照新行政会计制度重新进行了

科目设定。西丰镇于1月24日完成了第一笔授权支付业务，支付资金56万元，成为我县第一个按照改革要求实现业务的乡镇。1月末，18个乡镇财政按照改革要求和模式全部办理了支付业务，全面完成乡级国库集中支付制度改革工作。截止目前，各乡镇通过支付系统支付财政资金12702万元，其中授权支付3052万元，直接支付9650万元。总预算会计和预算单位会计电子建账和记账工作都顺利开展。

（二）乡镇国库集中支付制度改革的联网模式

为了既能实现乡镇财政与乡镇农联社联网开展支付业务，又能够有效降低改革运行成本，铁岭市财政局国库科和信息科研究搭建了“n”字型网络的方案，即只新建一条市财政与市农村信用合作联社的专线，利用原有的财政和农村信用社各自上下贯穿的专线实现乡镇财政机构与乡镇农联社之间的联网。联网方式为：乡镇财政国库集中收付中心→县财政局（原乡财县管网）→市财政局（财政内网）→市农村信用合作联社（新建专线）→县农村信用合作联社（原内网）→乡镇农村信用合作联社（原内网）。

（三）乡镇国库集中支付制度改革的账户设置

改革后，各乡镇财政机构设有四个账户，其中乡（镇）财政国库集中收付中心两个账户，即乡镇财政金库和财政直接支付零余额账户；乡镇财政所两个账户，即乡镇预算单位授权支付零余额账户和乡镇预算单位往来资金账户。以上账户设立在各乡镇农村信用合作联社。

1. 乡镇财政金库户（户名为西丰县财政局XX乡镇财政国库集中收付中心预算专户），为国库存款账户，用于记录、核算、反应财政预算资金的收入和支出，用于与财政零余额账户和预算单位零余额账户进行清算，实现支付。

2. 财政零余额账户（户名为西丰县财政局XX乡镇财政国库集中收付中心），用于财政资金直接支付和清算。实行先由集中支付代理银行垫付，每日终了与财政金库进行资金清算，日终余额为零。

3. 预算单位零余额账户（户名为西丰县XX乡镇人民政府预算单位户），用于财政资金授权支付和清算。该账户按支出类型和预算单位设置总分类账和明细分类账，实行先由集中支付代理银行垫付，每日终了与财政金库进行资金清算，日终余额为零。

4. 预算单位往来资金账户（户名为西丰县XX乡镇人民政府），用于管理各乡镇预算单位往来资金，如改革前账户实有资金、财政专户实拨资金、单位之间的往来款项和其他往来资金。

账户开设的基本流程：首先开设基本账户（预算单位往来资金账户），由乡镇财政所提供并由乡镇农联社上报相关开户文件依据、材料，报县人民银行审核批准，在此基本户基础之上开设专户（其他3个户），经县人民银行审批后使用。

（四）改革的配套措施方案

1. 改革成本。我县实施本次乡级财政国库集中支付改革费用共计135.04万元，由县本级财政负担，其中软件部分114.6万元，包括单位账管理系统、国库集中支付系统、总账管理系统、银行接口、数据库、中间件；硬件设备部分20.44万元，包括服务器，操作系统和防火墙（注：县财源办在推进乡镇财政规范化建设中已为乡镇财政配备了微机和打印机）。改革采取统一部署、集中采购原则，所需专用软件及各项设备由县级统一实施，服务器和数据库集中部署在县财政局，乡镇作为客户端进行访问，单位账管理系统和防火墙下发乡镇财政安装使用。

2. 机构分工。

（1）县财政局负总责，局内具体由预算股（与乡财县管办合属办公）牵头总体协调推进改革工作，包括制定改革实施方案，组织协调各方配合工作，研究解决改革推进过程中遇到的各项问题等。

（2）各乡镇长是本乡镇改革工作的第一责任人，财政所长具体负责推进此项工作，重点负责乡级国库单一账户体系建设。

（3）人民银行西丰支行指导乡镇农村信用联社对乡镇国库单一账户体系审核建立。

（4）乡镇信用联社负责乡镇账户体系建立，培训内部员工专业服务水平。

（5）凯越公司负责系统软件的程序设计和支付流程中各岗位人员的操作培训。

（五）乡镇国库集中支付制度改革财政资金支付的具体流程

直接支付，总预算会计根据用款计划下达直接支付额度录入支付系统→收付中心主任审核→县乡财县管办审核→总预算会计出具直接支付凭证送至代理银行→代理银行将财政资金直接支付到供货商和劳务者或最终用款单位账户→日终与国库单一账户进行资金清算日终余额为零。

授权支付，总预算会计根据用款计划下达授权支付额度录入支付系统→收付中心主任审核→县乡财办审核→总预算会计出具授权支付凭证送至代理银行→预算单位在授权额度范围内办理转账或提现业务→日终与国库单一账户进行资金清算日终余额为零。

（六）在推行乡镇国库集中支付制度改革过程中遇到的问题和解决措施

一是账户调整和新建工作较为繁琐。近两年，在上级财政的要求和指导

下，县财政已对各乡镇专户进行了全面清理，为适应本次改革工作，重新设定了各乡镇原有财政账户名称，并新建了两个零余额账户，各乡镇财政累计申请改、建账户 72 个，人民银行和代理银行对账户的申报材料、审批流程等要求严格，经常出现这样那样的问题，为此我们安排专人沟通账户调整各项事宜，在 1 个月左右的时间内完成所有账户设立工作，确保了改革工作如期推进。二是乡镇财政人员素质参差不齐，需做实业务培训工作。我县在集中业务培训之后，又安排专人与软件工程师一起下到各个乡镇，实地指导各乡镇财政及代理银行支付业务操作，帮助开展系统建账、记账，确保了各乡镇在最短时间内实现独立业务操作。三是改革后乡镇财政资金支付需严格按照先有指标和计划，后支付资金的流程运行，要求年初预算安排和追加指标审批等更加规范合理，为此，在 2013 年 10 月末，县财政指导各乡镇财政编制 2014 年预算的时候已将人员工资和公用经费等刚性支出预算进行了全面细化，尤其是人员工资编制细化到了每个单位的每个人，使年初预算安排更加合理，为改革有效推进奠定良好基础。

我县通过实行乡级国库集中支付制度改革工作，国库集中支付 V3.0 系统的应用替代了原乡财县管系统软件，与县本级支付系统同在一个平台下，更便于后期的服务与管理，县级监管水平有效提升，加之乡镇预算单位电子账的应用，乡镇财政信息化水平进一步提高。2015 年，我县将有序推进乡镇财政预算编制改革，重点提高乡镇部门预算编制，进一步指导乡镇加强预算指标管理，完善财政资金签批程序，提高预算执行的规范化，为乡级国库集中支付制度良好运行奠定更加坚实的基础，实现乡镇财政资金的规范、安全运行，进一步提高财政资金效益。

适应新常态　谋求新发展

安徽省太和县财政局　刘翔飞

党的十八届三中全会指出，财政是国家治理的基础和重要支柱，近年来，我县财政坚持“稳中求快”工作总基调，围绕“大开放、大投入、大发展、大民生，全市领先、全省进位”工作思路，狠抓收入管理，优化支出结构，充分发挥财政在治县理政的职能作用，为全县经济发展和社会稳定提供了财力保障。当前经济社会发展进入新常态，我们要适应新常态，引领新常态，积极作为，奋力攻坚，统筹做好稳增长、促改革、调结构、惠民生、防风险各项工作。

一、财政工作取得的成绩和经验

（一）生财有道，做大财政“蛋糕”

全县 2013 年财政总收入完成 12.45 亿元，增长 23.1%；2014 年财政总收入实现 17.09 亿元，增长 37.3%，增幅居全省县级第一；2015 年上半年，财政总收入完成 11.55 亿元，增长 25.1%，增幅全市第一。一是加大征收力度。依法组织征管，实行社会综合治税，规范非税收入管理，培植、挖掘财源，强化收入调度，做到依法征收、应收尽收。二是积极向上争取。准确把握中央、省政策导向，跑部进京，主动跟进，最大限度地争取上级转移支付补助资金，增强财政保障能力。三是多渠道融资。树立大财政理念，主动招商，积极理财，依托政府融通担保平台，通过政策性贷款、项目贷款和社会资本合作等方式，扩大与政策性和各类商业银行的合作，支持城市建设、重点领域和经济发展，2014 年完成投融资 40.3 亿元。引进总投资额 3 亿元的环球嘉年华游乐园项目已开工建设，该项目是安徽第一个、也是首次来到县级城市投资，预计年直接收入 1 ~ 1.5 亿元，拉动相关产业 7 ~ 10.5 亿元。

（二）优化支出，彰显公平和正义

坚持民生优先，民生类支出连年增加，占财政总支出的比例连续两年高于全省水平，办成了一批群众看得见、摸得着、能享用的实事好事。2013 年全县一般预算支出完成 47.08 亿元，其中民生类支出 39.3 亿元，占财政总支出的 83.5%。2014 年财政一般预算支出完成 52.6 亿元，其中民生类支出

45.9亿元，同比增长16.8%，占财政总支出的比重达87.2%。

（三）扩大投入，推进城镇化建设

围绕国家、省产业政策和投资导向，抓住机遇争取项目和资金，扩大有效投入，2013年筹集调度各类财政资金4.2亿元，2014年投入财政性资金25亿元，支持园区、西部新城、老城区改造等项目建设，统筹城乡发展，加快城镇化建设进程，进一步完善城市功能，提升城市形象和品位。

（四）倾心尽力，积极服务“三农”

一是落实强农惠农政策。2014年通过“一卡通”方式，发放各类涉农补贴资金4.3亿元。二是“一事一议”财政奖补政策乡村换新颜。2014年度，全县231个村实施257个“一事一议”财政奖补项目，工程总投资8701万元，受益群众115万人，共修建村级道路199公里，完善农村基础设施建设。三是支持美好乡村建设。2014年，利用政府投资、金融资本、社会捐赠等方式，实际整合到位涉农资金1.45亿元，撬动社会资金达4亿元。四是支持现代农业发展。建立财政支持现代农业长效机制，县财政每年安排3000万元，专项支持现代农业示范区建设，落实土地流转、农民专业合作社、家庭农场、科技培训等补贴扶持资金，2014年现代农业财政支出1.84亿元，争取省以上各类农业项目资金4.28亿元，全县土地流转100.7万亩，流转率57.5%，成功创建国家现代农业示范区，全省现代农业示范区建设现场会在太和召开。国家主席习近平和国务院副总理汪洋分别来到太和考察现代农业，对现代农业发展给予了高度评价。

（五）改革创新，提高财政绩效管理水平

一是推进财税体制改革。贯彻落实新预算法，按照现代财政制度要求，改进预算管理制度、完善税收制度、建立事权和支出责任相适应的制度，以法治思维和法治方式推进改革，科学编制财政预决算，做到“一年预算、预算一年”。二是盘活财政存量资金。通过“收、调、减、控”法积极盘活财政存量资金，到2015年4月底，共清理存量资金15260万元，全部用于民生改善及基础设施建设。三是加强资金规范化管理。清理整顿地方财政专户，撤销原有68个财政专户，重新设立19个，采用金财工程平台实现财政全部支出业务、全部预算单位和全部财政性资金一体化系统管理。四是狠抓政府债务管理。出台了《太和县政府债务管理暂行办法》，建立政府债务动态管理和预警机制，确保政府债务处于良性可控中。

二、新常态下的财政工作思路

经济发展进入新常态，我国经济处于“三期叠加期”，宏观经济下行压力加大，经济发展速度企稳，经济结构不断优化，作为欠发达地区，我县在推进县域经济崛起、全面建成小康社会征程中依然任务艰巨，但大有可为。做好新形势下的财政工作，总体思路是：深入贯彻党的十八大和十八届三中、四中全会及中央经济工作会议精神，认真落实上级和县委、县政府决策部署，坚持“稳中求快”工作总基调，紧紧围绕“四大两先”工作思路，积极适应经济发展新常态，继续实施积极的财政政策；强化收入征管，提升财政收入总量和质量；优化支出结构，保障民生和城市建设；持续加大投入，促进县域经济崛起；深化预算改革，提高预算管理绩效。

一是坚持科学理财，增强综合实力。坚持依法治税、规范征收，深入调查研究，完善目标奖惩机制，发挥综合治税平台作用，努力做到应收尽收，坚决不收过头税。强化非税收入的统筹管理，努力挖掘财政增速潜力，不断壮大收入总量、提高质量。厉行勤俭节约，严控“三公经费”支出，严格规范各类经费管理，严格控制财政供养人员，强化监督检查，建立健全防治“小金库”、“三公”经费监管和涉农资金监管长效机制。全面落实盘活存量、优化增量、整合专项、压缩一般性公共支出等措施，集中有限财力办大事、解难事。

二是坚持依法理财，深化重点改革。严格依法行政，坚持“法定职责必须为、法无授权不可为”的原则，以法治思维推进财税改革、规范预算管理。贯彻落实新《预算法》，完善财政管理制度体系，加大预算公开力度，确保政府预算在阳光下运行，加强内部控制建设，坚持用法律、法规、制度引领和做好各项工作。

三是坚持为民理财，保障改善民生。财政是政府的组成部分，民生是政府的责任，财政工作本质是责任，本色是为民，坚持财政资金取之于民、用之于民，把为民理财作为财政工作的根本出发点和落脚点。进一步加大财政投入，着力解决教育、医疗卫生、社会保障和就业、保障性安居工程等涉及人民群众切身利益的急事难事，着力谋划一批事关民生的重大项目，调整提高城乡低保、养老、教育和创业激励等民生补助标准，关注低收入群体，完善社会救助体系，托住社会政策底线，织密社会保障网。

四是坚持创新理财，提升发展质量。抓住国家和省出台一系列稳增长促改革调结构惠民生政策的机遇，谋划项目，培育经济增长点。利用产业扶持

政策，通过设立产业引导基金、财政贴息等多种方式，支持实体经济和小微企业发展。积极推进 PPP 模式和政府购买服务，引导金融和社会资本投入，放大财政资金的“乘法”效应。同时全面落实减税降费政策，继续推进“营改增”税制改革，支持大众创业、万众创新。

三、做好新常态下财政工作的思考建议

财政部门作为党委、政府的大管家，新形势下应着力提高聚财、生财、理财能力，围绕重点，有保有压，促进县域经济发展，促进民生福祉改善。

一要着力强化思想政治建设。当前财政部门出现重业务、轻政治倾向，一些财政干部认为财政工作就是管好账、做好报表，在全面从严治党的新形势下，财政部门要坚持把守纪律讲规矩摆在重要位置，坚持思想政治理论学习和业务工作两手抓、两手硬，继续深化群众路线和“三严三实”专题教育活动，持续强化法治建设、廉政建设、纪律建设和作风建设，确保财政工作清正、财政干部清廉、财政作风清明。

二要着力创新培植财源。在巩固既有财源建设基础上，重点支持有色金属、生物医药、发制品、筛网滤布四大主导产业，利用太和经济开发区现代医药产业被列入省第一批 14 个战略性新兴产业集聚发展基地的机遇，引导人才、技术、资金等创新要素向医药产业集聚，鼓励企业加大研发投入，提升自主创新能力。坚持走转型升级、创新驱动之路，大力发展现代农业、新型工业、商贸物流等实体经济，利用“互联网”发展众创空间，推进大众创业、万众创新，涵养培植财源。

三要着力贯彻积极财政政策。太和经济总量不大、结构不优、产城不协调，工业化率、城镇化率仅为 38.2%、38%，对于我们这样一个经济社会水平比较落后的地区，最大的实际就是加快发展、奋力赶超，要坚持科学发展是第一要务，进一步贯彻积极的财政政策，发挥投资拉动经济增长的关键作用。落实涉企收费清单制度、促进民间投资的财税政策，深入推进 PPP 试点项目建设，管好用好民营经济发展专项资金。围绕“阜阳首位、皖北一流”的新目标，努力争取中央、省项目资金，拓宽项目融资渠道，保障重点项目建设，以项目投资支撑即期发展、奠定未来基础、惠及人民群众。中央和省从全国大局出发也要加大对中西部地区的均衡性转移支付、专项转移支付和民生工程的补助力度，增加县级可用财力。

四要着力做好民生改善文章。太和要与全国在 2020 年同步建成全面小康社会，就要突出财政民生保障，对中央、省各项民生政策执行兑现到位，对

省部署的33项民生工程任务保障落实到位，加大扶贫开发力度，无论财政资金多么紧张，无论其他支出多么紧迫，都要坚持民生优先，做到财政用于民生保障上的支出只增加不减少，确保发展成果更多更公平惠及广大人民群众。

五要着力推进财政重点改革。坚持以法治思维推进财税改革、规范预算管理，贯彻落实新《预算法》，树立全口径预算管理观念，研究建立跨年度预算平衡机制，试编三年滚动预算。完善政府购买服务制度，健全公开竞争机制。加强地方政府债务管理，有效防范债务风险。加大资金整合力度，继续开展绩效评价管理。

作者简介：

刘翔飞，男，汉族，1965年10月生，党员，大学学历，1984年10月参加工作。现任安徽省太和县财政局局长。

自参加工作先后任太和县城东区城东乡财政所办事员，城郊区财政所副所长，赵集乡财政所所长，赵集乡副乡长、乡长、人大主席、党委书记，太和县政法委副书记、综治办主任，太和县审计局局长，2012年3月至今任太和县财政局局长。

曾获得省财政厅“农业税收征管业务先进个人”、阜阳地区行政公署“全区先进会计工作者”称号、阜阳市信访工作先进个人和2012、2013、2014年度全县干部年终考核优秀等次。

完善财政管理制度　建设美丽乡村小康寨

广西壮族自治区南宁市邕宁区财政局　曹文辉　梁永伟　雷欣莹

我局财政工作在城区党委、城区政府的领导下，始终坚持以“内强素质，外塑形象”为核心，以十八大、十八届三中全会精神为指导，大力开拓，务实创新，进一步健全和完善内部管理制度，充分调动全体职工的工作积极性、主动性，克服了工作中的各种困难和问题，坚持以组织收入为中心，依法行政，依法理财，强化收入管理，努力实现应收尽收。在抓紧组织收入不放松的同时，统筹兼顾，合理安排支出，合理组织资金调度，确保了工资按月拨付和政权机构正常运转，同时，认真贯彻落实党中央、国务院和自治区党委、自治区政府的各项惠民政策，不断深化农村综合改革试点工作。下面就我城区 2015 年上半年主要财政工作完成情况总结汇报如下：

一、财政收支任务完成情况

（一）财政收入完成情况

6 月 30 日止，全城区共完成财政总收入 23679 万元，占年初任务的 49.49%，同比增长 23.89%，增收 4567 万元。完成公共预算收入 15016 万元，占年任务的 51.5%，同比增长 28.29%，增收 3311 万元。

（二）财政支出完成情况

6 月 30 止，实现一般预算支出 62477 万元，同比增长 0.88%，增支 546 万。

二、财政主要工作完成情况

（一）村级公益事业建设一事一议财政奖补工作情况

1. 2015 年度第三批一事一议财政奖补普惠制项目

（1）项目批复情况。南宁市农村综合改革领导小组办公室《关于批复关岭城区〈2015 年度第三批一事一议项目实施方案〉的批复（南农综改办〔2015〕3 号）批复我城区一事一议项目 5 个（不含整合项目），交通类项目 4 个，路灯项目 1 个，涉及 3 个乡镇及办事处，3 个行政村，总投资 124.6 万元（不含群众投工投劳折资，不含城区级整合资金 35.6 万元），其中：申请自治区财政奖补资金89万元，城区级财政预算安排35.6元，计划群众投工数1753个。

（2）项目完成情况。到2015年6月30日止，共完成投资65.5万元，完成任务的53%，其中：完成交通类项目投资21万元，完成任务的26%；完成路灯项目投资44.5万元，完成任务的101%。

2.2015年度美丽乡村小康寨示范村寨。

（1）批复情况。南宁市农村综合改革领导小组办公室《关于转发自治区综改办领导小组办公〈关于批复城区（区）2015年度一事一议财政奖补美丽乡村小康寨示范村实施方案的函〉的通知（安农综改办〔2015〕5号）批复我城区2015年度一事一议财政奖补美丽乡村小康寨示范村寨两个（关索街道办事处菠萝沟村粪箕寨、沙营镇尾里村尾里寨），子项目36个，项目投资414.4万元，其中：申请自治区财政奖补资金296万元，城区级财政预算安排118.4元。

（2）项目完成情况。到2015年6月30日止，共完成投资124.7万元，完成任务的30%。

3.2015年度一事一议财政奖补普惠制项目

（1）项目批复情况。农村综合改革领导小组办公室《关于批复关岭城区〈2015年度村级公益事业建设一事一议财政奖补实施方案〉的函（黔农综改办〔2015〕138号）批复我城区2015年度一事一议财政奖补普惠制项目48个（不含整合项目），交通类项目44个，路灯项目4个，涉及13个乡镇及街道办事处，36个行政村，总投资1516.2万元（不含群众投工投劳折资，不含城区级整合资金414万元），其中：申请自治区财政奖补资金1082.99万元，城区级财政预算安排433.21元，计划群众投工数34182个。

（2）项目完成情况。到2015年6月30日止，共完成2015年度村级公益事业建设一事一议财政奖补项目投资634万元，完成任务的41.8%，其中：完成交通类项目投资618万元，完成任务的42%；完成路灯项目投资16万元，完成任务的37%。

（二）“四在农家·美丽乡村”基础设施建设小康寨行动计划情况

1、目标任务。2015年度全城区“四在农家·美丽乡村”基础设施建设六项目行动计划—小康寨行动计划上级下达建设任务2056.26万元。其中：“三改三治”工程382.7万元；垃圾收集、搬运、处理300万元；集中式饮用水源地保护40万元；污水处理670万元；公共厕所99万元；照明设施约256.78万元；文体活动场所等307.78万元。

2、任务完成情况。到2015年6月30日止，“四在农家·美丽乡村”基础设施建设六项目行动计划—小康寨行动计划累计完成投资1069万元，完成任务数的52%。其中：“三改三治”工程完成1670户；垃圾收集、搬运、处理完成2个；集中式饮用水源地保护完成1个；污水处理完成18个；公共厕所完成18万元；照明设施完成350盏；文体活动场所等完成16个。

（三）农民补贴网建设工作及补贴发放情况

2015年农民补贴网建设工作仍然按照“村不漏组、组不漏户、户不漏人、人不漏项、项必准确”的20字要求，切实加强信用社、派出所等部门的沟通配合，整合现有资源，集中力量扎实做好查缺补漏，切实建设一个项目齐全、内容完整、覆盖率高、数据资料真实、情况客观公正的农民补贴网数据库。平时的信息变动通过“农民补贴网农户信息变更登记表”与信用社、派出所进行对接，对各项指标数据进行适时、同步更新，达到有效的动态管理。认真配合上级搞好涉农补贴资金自治区级发放工作，截止2015年6月30日，种粮直接补贴760，381.46元，66364户；农资综合直补25，715，268.54元，66364户。通过“一折通”发放2015年度退耕还林补10，259，406.86元。

（四）乡镇财政“两基”标准化建设试点工作情况

在2015年工作基础上继续做好乡镇财政“两基”标准化建设试点工作，截止2015年6月30日，累计支出491.57万元，其中：办公设备购置128.37万元，办公场所及便民服务设施建设333.35万元，其他支出29.85万元。

（五）继续搞好农村财会人员财政支农政策培训工作

为了进一步规范财政资金和村级“三资”管理，提高财政资金使用效益，规范村级“三资”委托代理服务，有效提升我城区财会人员的政策理论水平、职业道德素质和业务工作能力，达到乡镇财政“两基”标准化建设目标，有效推进村级“三资”管理底数清晰、权责明确、管理精细化，不断推动农村经济社会全面发展。2015年5月23日，举办了关岭自治城区财政局2015年基层财政业务培训班。参加培训的有全城区各乡（镇、街道办事处）财政分局业务人员，各村（居民委员会、社区）主任等。

（六）部门预算管理、编制及部门预算的执行工作

根据遵循国家法律法规、财政预算与国民经济和社会事业发展计划相适应、公共财政及收支平衡的原则，完善财政资金拨付管理办法，加强资金使用监督，我们对2015年的部门预算编制工作早安排、早布置，积极协调、配合各部门，做到了各部门预算数据的及时上报，经城区人大会议审议通过，圆满完成部门预算的编制工作。截止到6月30日已拨给预算内公用经费611

万元、城区级专项 3984.91 万元，为部门各项工作的顺利进行提供有力的支持。

1、工资统一发放工作

我城区的工资发放形式主要采用由单位按照规定自行造册，然后由城区编制委员会办公室和城区人事局审核，再将审核的表册交由财政局由专人汇总审核，统一拨付方式进行。

2、财政扶贫资金管理工作

一是按照财政扶贫资金报账制管理办法，按进度拨付资金，并完善请拨款和报账制管理。二是加大财政扶贫城区级投入力度，2015 年上半年共投入畜牧业发展、通村油路建设配套及农村基础设施建设 239.14 万元。

3、社保基金管理工作

截止 2015 年 6 月 30 日共计拨付城市居民最低生活保障金 366 万元、农村最低生活保障金 3186 万元、就业培训资金 226.91 万元，新型农村合作医疗基金 3600 万元、新型农村社会养老保险 1220 万元。

（七）财政监督工作

一是扎实开展会计信息质量检查工作。对岗乌镇人民政府、安监局、卫生局、关岭城区民族高级中学、永宁镇中心小学、断桥镇卫生院、自来水公司共 7 家行政及企事业单位会计信息质量及基础工作进行检查。二是对村级公益事业建设一事一议财政奖补项目资金进行内部审计。按照《村级公益事业建设一事一议财政奖补资金管理办法》（财预［2011］561 号）规定，根据全自治区财政工作会议精神及 2015 年财政执法监督检查工作安排，结合我城区实际情况，2015 年 5 月，经局党组会议研究决定：对我城区 2015 年度村级公益事业建设一事一议财政奖补项目资金进行内部审计，目前此项工作在有序的进行中。

（八）预算外资金管理

2015 年，我城区通过加大票据清理、完善票据管理工作，进一步加强对行政事业性收费和政府性基金管理，严肃财经纪律，认真落实“收支两条线”政策，加强支出审核力度，强化服务意识，使预算外资金管理进一步规范、合理。截止 6 月 30 日止，全城区预算外资金收入 297 万元，预算外资金支出 200 万元。

（九）加强会计管理工作

以规范会计行为和整顿会计秩序为着力点，以建设和谐会计为主线，采取有效措施，进一步强化我城区会计人员继续教育工作，加强会计从业资格

管理，加大会计职称考试、会计从业资格考试工作力度，认真做好会计证换证工作。截止6月30日共办理会计从业资格考试报名52人次，会计职称考试16人次。

（十）政府采购工作

在城区委、城区政府的领导下，在纪检、审计等相关部门的大力配合下，我城区政府采购工作逐步规范。特别是《政府采购法》实施以来，通过宣传，各个预算单位对政府采购有了新的认识，了解了政府采购的任务和目的就是要实现规模效益，规范采购行为，节约采购资金，提高财政资金的使用效益。提高了采购资金使用效益，到2015年6月30日止累计采购333批次，采购金额3777.5万元，实际支出3620.8万元，节约资金156.7万元，资金节约率为4.1%，从而提高了采购资金使用效益。

（十一）国库集中支付工作

2012年“城区财政一体化平台系统”正式上线运行。将全城区所有城区直行政事业单位各项经费和各乡镇人员支出（工资部分）一次性纳入“城区财政一体化平台系统”进行集中支付；确定中国农业银行为“城区财政一体化平台系统”的代理银行，并开设财政零余额账户及预算单位零余额账户，对纳入“区城区财政一体化平台系统”的资金进行支付及清算。通过对平台系统所需的各种基础资料进行数据采集、核对，积极与自治区厅及软件公司加强勾通对接，对基础资料进行维护等一系列启动筹备准备工作。截此6月30日，下达受权支付额度41793万元，共办理财政支付业务4236笔，支付金额23339万元；下达直接支付额度29585万元，共办理直接支付业务2083笔，支付金额27457万元。

积极推进财政改革　全面落实亲民惠民政策

广西壮族自治区上思县财政局

2010年初，上思县财政局遇到了财政体系的重大改革，广西自治区直管县财政改革试点工作正式启动，上思县作为防城港市的唯一的一个县，列入其中。改革过度用了1年的时间，财政工作步上正轨。自此，财政的职能得到更大空间的发挥。县财政局内设办公室、综合股、监督股、预算股、国库股、行政教科文股、经济建设股、经工商财股、农业股、社会保障股、农村股、会计管理股、监督检查室、政府采购管理办公室、国资股15个股室。

近年来，在县委、县政府的正确领导下，县财政局始终秉承“理财为民”的财政工作主题，坚持依法执政，认真履行公共财政职能，积极推进各项财政改革，不断提高财政管理水平，统筹使用财力，优化支出结构，集中财力为民办实事、办好事，将党的一系列亲民、爱民、惠民政策千方百计落实到位，让广大人民群众分享改革和发展的成果，倾力打造民生财政。

作为防城港市唯一县财政局创造了一个又一个不斐的业绩，相继获得全区“2011年度全区财政系统财政支农政策培训工作先进集体”，“2012年度广西财政基层培训工作先进集体”，“2013年市县财政支出管理绩效综合评价县级第一名”。

县财政局，始终认真贯彻落实中央、自治区决定和文件精神，不断开创财政工作的新局面。2010～2014年上思县财政收入逐年提高，增幅约为8%。至今，我县农业综合开发高标准农田建设已建成4.5万亩，受益人口2.2万人。农业项目补贴每年约为1700万元，其中：农资综合补贴财政专项资金每年约为1000万元，受益农户38000户；农作物良种补贴每年资金330万元左右，农机购置补贴370万元，大力推进了我县农业机械化进程，提高了当地农民种粮积极性，促进农民节本增收，改善生活水平，为我县实现2020年全面建设小康社会积蓄力量。

一直以来，我县财政运行平稳，全力保民生、保运转、保工资。自2014年国家对扶贫攻坚力度重视提到了前所未有的高度，县财政局紧紧把握主基调，坚决把扶贫攻坚作为工作的重中之重。2015年我县计划投入9600万元扶贫，推进农村道路建设和危房改造，扶持农村种养殖产业。其中，澳洲坚果

种植项目规模9000亩，肉牛新增4000头。大力扶持农户发家种养，对有困难的农户给予贷款贴息。2015年全县投入600万元设立贴息贷款担保资金，其中扶贫小额贴息贷款担保基金350万元，贴息贷款规模为3500万元；小额贴息贷款担保基金50万元，贴息贷款规模为250万元；肉牛养殖贴息贷款担保资金200万元，贴息贷款规模为2000万元。

千方百计筹集资金，大力支持经济建设，2013年以来，每年筹集超过3亿元以上资金全力保障县委、县政府重大项目实施。民生投入力度不断加大，2014年后财政民生投入占总支出80%以上，有力推动各项民生事业较快发展。每年安排医疗卫生支出1亿元，解决看病难、看病贵问题。努力解决城乡居民养老问题，启动覆盖全民的城乡居民基本养老保险制度，全县登记参保4.2万人，新型农村医疗合作参保15.8万元，达到常住人口的96%。

严控“三公”经费支出，确保“三公”经费只减不增。我县自中央八项规定等文件下发以来，始终深入开展“三公”经费和贯彻执行中央八项规定严肃财经纪律和“小金库”专项治理工作检查，督促领导干部严于律己。

积极争取政策优惠，促进各项事业健康发展，经过全局和各部门的共同努力，自2014年我县被列入广西边境县之后，多项惠民政策落到实处，其中包括战后恢复项目，贫困教学资助等，为我县教育事业的快速发展提供了助力。

工作在一线，时刻关心群众的生产生活。每遇到重大自然灾害，县财政局立即组织人员奔赴村屯农户进行抢险救灾，积极组织村民开展灾后自救、重建工作，尽最大努力保障人民群众生命财产安全，将灾害造成的损失降到最低。

干部队伍建设从严抓，为提高局班子和财政干部队伍的政治和业务素质，塑造一支适应新常态下的干部队伍，局狠抓以下工作：一是强化思想政治教育、提高班子和队伍的政治素质。二是加大培训和知识更新教育，提高班子和干部职工的业务素质。塑造一支“勤于学习，善于思考，勇于实践”高素质的复合型财政干部队伍。三是建立和完善各项规章制度，加强班子和队伍的廉政建设。严格按照“为民，务实，清廉”的要求，从体制、机制和源头上赌塞漏洞，预防和治理腐败。四是开展有益的文体活动，增强干部职工集体荣誉感和团结拼搏的凝聚力。

2015年是全面推进依法治理的开局之年，是深化改革的重要之年，也是全面完成“十二五”规划的收官之年。县财政局全面贯彻落实党的十八大、十八届三中和四中全会、中央经济工作会议和习近平总书记系列重要讲话精神，一如既往地做好财政工作，为民办实事，切实发挥财政应有的职能。

盐亭县坚持示范带动　推进新农村建设

四川省盐亭县财政局　岳大永　彭　荣

近年来，我县按照"全域、全程、全面小康"和城乡一体化发展的要求，坚持"以点带面，连点成片，整体推进"的思路，以新产业、新模式、新设施、新服务、新民居、新风貌为重点，在梓江两岸分上下游两个区域大手笔、高起点、高规格规划建设盐亭县省级新农村建设示范片，基本实现特色产业连片发展、基础设施不断完善、农民生活极大改善、村容村貌明显改观、文明乡风普遍形成、民主管理群众满意。2015 年上半年示范片农民人均现金收入实现 5860 元，同比增长 15.2%，年增长幅度高于全县 14 个百分点。

一、突出两大目标，夯实发展基础

（一）突出连续发展目标，科学制定建设规划

我县在科学制定《盐亭县县域新村建设总体规划》、《盐亭县成片推进新农村建设示范县总体规划》等总体规划的基础上，在总体规划的框架内聘请西南科技大学、四川农业大学等科研院所编制了《西部花都建设规划》、《西部水产建设规划》、《胜利新农村综合体建设规划》等专项规划，确保了农村示范片建设的连续性、规范性。

（二）突出产村相融目标，实现乡村互动共融发展

在新农村示范片梓江上、下游两个区域同步推进了农村产权确权颁证试点，梓江上游示范片鳌鱼村启动了农村住房产权确权颁证，梓江下游示范片"西部水产"在标准化养殖基地 3000 亩的基础上，核心区胜利村、龙骨村按照耕作半径和经济实力，对现居住地依托道路连接插漏补缺、翻旧建新，采取组团式建设新型农村社区，配套水、电、路、气等公共基础建设，统一搞好房前屋后的果蔬产业发展，真正体现瓜果飘香、鸡犬相闻的田园风光。

二、强化三个统筹，聚合建设力量

（一）强化项目统筹，聚合建设资金

坚持"以县为主、部门联动、全面推进"的原则，建立健全统筹安排、

协调互补，集中投入、综合打造，使用高效、运行安全的涉农资金整合长效机制，共整合新增1000亿斤粮食生产能力建设田间渠系工程、小微水利重点县、节水型社会建设重点县、省级新农村建设成片推进示范县绩效资金等项目30余个，财政投资形成资本，资产运营累计投入财政资金8500万元，撬动社会投资2200万元。

（二）强化品牌统筹，聚合“两个带动”作用

一是提高农产品组织化程度。组建了花卉、果木、畜牧、水产等专业合作社，统一实施品牌包装和打造，制定生产技术操作规程，坚持以诚信与产品质量安全为重，合作社统一建立内部质量管理监督机制，制定社员公约，公开质量承诺，严格成员标准生产。目前示范片里的绿缘猕猴桃、龙珠龙腾牌葡萄已获国家绿色食品认证；毛子山鲜鸡蛋、巴蜀肉羊、佳贝特鲜鸡蛋、谢氏藕业已获无公害农产品；八角花椒已获得有机产品。二是完善利益联结机制。引进华腾水产养殖专业合作社、森林雨有限公司、穗丰农资专业合作社等企业，积极推广“大园区、小业主”的现代农业经营模式和家庭农场经营模式，大力发展水产产业、高端花卉及珍稀苗木产业、畜牧产业。采取企业投资、政府补助、农户参与的产业发展模式，通过“龙头企业＋合作社＋基地＋农民”、“土地入股”等模式，发展壮大产业龙头，带动农民增收致富。两个示范片就地转移劳动力4000余人次、实现务工收入1500余万元，同时，带动周边农户种养殖特色水产、高端花卉，依托新型农家乐、鱼家乐，促进农民就近就业，实现增收致富。目前参与示范片建设的龙头企业2个，专合组织9个，家庭农场4家，2015年年度新增省级专合组织1个，带动农户面达68%。

（三）强化与城市经济发展统筹，聚合乡村旅游发展要素

全力推进胜利新农村综合体建设，目前综合体内已建成川北民居特色风格、具备旅游服务功能的农民新村聚居点6个，新建鱼家乐5个，日接待能力达500人次以上，以旅游为主体、服务村民和游客的各项公共服务中心基本完善，充分利用山、水优势，依托赏鱼、食鱼、垂钓为一体的复合产业和村庄自然生态环境，发展农家乐、田间采摘、生态观光、民俗接待、休闲度假等特色乡村旅游业，开通“县城—胜利”，“县城—解放”两条乡村旅游专线，打通城市近郊游与乡村旅游互动发展血脉。2014年10月在胜利村成功举办了首届“西部水产”钓鱼比赛，吸引了众多游客，乡村旅游业收入达300多万元。

三、着力推进三大建设重点，提升建设水平

（一）以构建和谐幸福美丽新村为重点，着力推进新村建设

按照“业兴、家富、人和、村美”的要求，规划启动10个幸福美丽新村建设，已有7个村初步建成幸福美丽新村，3个村正在实施幸福美丽新村建设项目，加快推进新村（聚居点）建设，大力开展前庭后院整治，提升改造农房风貌，实施乡村绿化、美化、亮化工程，2014年整治提升、改建新村（聚居点）30个，完成目标任务的150%；对原有1820套农房进行风貌塑造提升，实施“五改”农户3217户，农户“五改”达80%；新建成沼气池960口，安装天然气1360户，沼气宜建户达100%，清洁能源普及率达到100%；修建垃圾池120口，各村配备保洁人员和环卫设备，生产生活垃圾收集率和处理率达100%；村容村貌整洁，人居和生态环境明显改善。

（二）以促进农民增收为重点，着力推进特色产业连片发展

坚持发展大产业、大基地，突出“规模化、标准化、集约化、设施化、产业化”建设，在梓江下游示范片胜利村新建鱼塘3000亩，土地整理栽植果蔬800亩，示范片核心区面积扩大到6平方公里，梓江上游示范片鳌鱼村全域推进园艺产业发展，新栽天竺桂、紫薇、香桂、红叶楠、石楠等4286株，改造完善13公里绿化长廊；2015年示范片连片发展水产养殖面积达3000亩，占示范片连片产业规划任务的121%，已成2450亩标准化连片大棚花卉苗木基地，1100亩露天花卉苗木基地，500亩蔬菜基地，1050亩果木基地。

（三）以改善民生为重点，着力推进基础设施建设

按照整体推进，连片建设的原则，加大项目整合力度，实施山、水、田、林、路综合治理，完善示范片基础设施。全县先后整合农业、林业、水利、农发、交通等项目，先后整理土地4500亩；建设集中供水点5处，蓄水池39口，完善渠系56.5公里；新建改建乡村道路、生产便道、入户道路76公里。上游示范片23个村全部形成了完备的基础设施，即村社道路硬化率达100%，入户路硬化率达93%，自来水饮用率达90%

（四）以城乡统筹发展为重点，配套公共服务

一是搭建公共服务载体。围绕示范片产业发展、群众生活所需，整合各类资源，加快推进示范片公共服务配套建设，片区内100%的村已建成“1+6”村级公共服务中心，在胜利、高团、白虎、鳌鱼分别建立了休闲广场，体育健身场所，在文化部门的指导下群众文化活动搞得如火如荼；建成村级银行网点5个，村级邮政网点6个，建立以农村信用社、农村邮储银行、盐亭

小额担保公司为项目业主和农户提供信贷支持；继续与西南科技大学的合作关系，充分发挥已建成的“专家大院”作用，推广“专家+龙头企业（合作社）+农户”的模式，实施科技入户工程。村级公务服务水平全面提升。二是大力培育新型农民。坚持以“雨露工程”为载体，大力开展“技能培训”、“创业培训”“技术培训”等新型农民培训，培训农民达6000人次，培训率达86%，极大地提升了农民参与现代农业发展的主体能力和积极性。三是启动农村廉租房建设项目。对全县36个乡镇农村住房困难户调查摸底，分户调查填写上报住房困难登记表，筛查5030户农村住房困难户，组织县级相关部门对筛查的住房困难户进行调查核实，最终核定1940户，汇总上报。同时会同县规划和建设局编制农村廉租房建设规划，协调相关事宜，力争尽快启动农村廉租房建设项目。

作者简介：

岳大永，现任四川省盐亭县财政局党组书记、局长。

自参加工作历任：金鸡镇党委副书记兼金鸡办公处总支书记；金鸡镇人民政府镇长；双碑乡党委书记；巨龙镇党委书记；盐亭县规划建设和环境保护局党组书记、局长；盐亭县规划建设和环境保护局党组书记、局长兼人防办主任；盐亭县城乡规划建设和住房保障局党组书记、局长、县人防办主任；2011年3月至今任盐亭县财政局党组书记、局长。

全面深化凉山彝区财税体制改革
不断强化同步全面小康财力支撑

四川省凉山彝族自治州财政局　吴　闯　刘仲辉　潘文国

党的十八届三中全会指出：财政是国家治理的基础和重要支柱。财税体制改革是全面深化改革的先手棋，具有基础性、支撑性、保障性、前瞻性的多重作用。凉山彝族自治州位于四川省西南部，是全国最大的彝族聚居区和四川民族类别和少数民族人口最多的地区，也是全国、全省集中连片特困地区和脱贫攻坚主战场之一。近年来，凉山州认真贯彻中央和省全面深化改革的战略部署，蹄急步稳、保持定力，结合实际、狠抓落实，全州深化财税体制改革工作有力有序推进、取得阶段性成效，为全州经济社会发展、民生持续改善、社会和谐稳定提供了更有力的财力支撑。

一、全面深化预算管理改革，加快建立全面规范、公开透明的现代预算制度

认真贯彻新《预算法》和《国务院关于深化预算管理制度改革的决定》，高规格召开全州加强基层财政管理工作专题会议，有力提升了全州财政工作法治化、规范化、精细化水平。一是完善“四本预算”体系。实行全口径预算，加大政府性基金、国有资本经营预算与一般公共预算的统筹力度；科学精细编制各级预算，将2015年度州本级“四本预算”草案，以及除涉密单位外的所有部门预算（草案）首次全部提交州人代会审查批准，将2014年度“四本决算”草案首次全部报州人大常委会审议；严格预算执行，切实维护预算刚性。二是改进预算管理和控制。在科学编制2016年度政府“四本预算”和部门预算的同时，同步推进2016~2018年三年滚动财政规划编制，实现州本级、州级各预算单位和17县市全覆盖，分年度预测未来三年财政收支总体情况，并进行分析预测和综合平衡，提高财政政策和预算管理的前瞻性、有效性、可持续性。三是稳步实施权责发生制政府综合财务制度。在2012年度州本级率先试编、2013年度扩大试编范围的基础上，2015年制定出台了《凉山州权责发生制政府综合财务报告制度改革推进方案》，并将试编报告范围扩

展到17县市、实现全覆盖，更加全面、清晰地反映政府财务信息和预算执行信息，为党委政府决策、改进财政管理、开展监督考核等提供有力支持。四是积极推进预（决）算信息公开。在法定时限内对部门预（决）算全部进行批复、将州本级财政预（决）算进行公开，督促各预算单位在法定时限内公开部门预（决）算，并对机关“三公”经费的安排、使用情况等重大事项作出说明。州本级和17县市全部公开了2015年度政府预算和2014年度政府决算，州与17县市共公开部门预（决）算2566个。

二、积极完善州与县市分税制财政体制改革，进一步夯实县域经济发展和脱贫攻坚的财力基础

认真贯彻省深化财政体制的部署和要求，结合州情财情，制定下发了《关于深化州与县市分税制财政体制改革的通知》，进一步理顺州与县市的财权，夯实县域经济发展的财力基础。一是从2014年1月1日起，调整理顺省下划企业所得税和涉及我州县市总分机构企业所得税。将省下划企业所得税按征管属地入库；将总分机构企业所得税部分以三因素计算分享比例，按征管属地入库；以2012年为基期计算，调减州县市所得税返还基数。二是从2015年1月1日起，改革完善州县市分税制财政体制。将州分享的土地增值税20%、城镇土地使用税10%下划县（市）作为固定收入；企业所得税、增值税及其附加税费实行属地征管，州县（市）按比例分享；建立健全规范统一的税收环境，改革完善大中型企业州县（市）税收分享政策，从2015年1月1日起，全州大中型企业增值税和企业所得税按州与县（市）统一比例分享政策执行。经过一年多来的运行，总体情况良好。

三、从严加强地方政府性债务管理，切实防范和化解财政金融风险

坚决贯彻落实新《预算法》和《国务院关于加强地方政府性债务管理的意见》，坚持堵疏结合、分清责任、规范管理、防范风险、稳步推进，着力建立健全“借、用、还”相统一的地方政府性债务规范化管理机制。一是全面清理甄别。制定方案，精心组织，先后历经三次自查和复核，全面完成全州地方性政府债务清理甄别工作。截止2014年末，我州地方政府债务余额135.36亿元，其中：州本级4.75亿元、17县市130.61亿元。二是加强规范管理。坚持“堵后门、筑围墙”，严格落实除省级政府以外、州与县（市）

政府不得自行举债的刚性规定，着力杜绝和禁止地方政府违法违规举债行为；对地方政府债务实行规模控制和限额管理，将省财政厅核定的2015年全州地方政府债务限额，及时报州十届人大常委会第二十五次会议审查批准，将17县市政府债务限额方案报州政府审定后下达各县市、不得突破，并分门别类纳入州本级和17县市全口径预算管理，积极偿还债务；建立地方政府债务风险预警、化解和考核问责机制，将债务率、新增债务率指标纳入政府目督考核和县域经济发展考核，确保政策落实到位。三是用好各类债券。积极、主动向省财政厅汇报，多方争取和切实规范用好地方政府债券，今年全州共争取政府债券30.01亿元，其中：置换债券24.86亿元、新增债券5.15亿元，主要用于置换政府性存量债务，以及成昆复线凉山段建设、交通大会战、民族地区教育等公益性重点领域，进一步降低了财政利息负担和金融风险，缓解了全州重点项目的资金需求。

四、全面清理盘活财政存量资金，努力唤醒各领域“沉睡”财政资金

针对本级财政管理现状，在2013年底在州本级率先开展存量资金的清理和盘活工作，共清理收回各类资金4108.82万元。今年来，深入贯彻国务院和财政部、省财政厅的部署和要求，履职尽责，攻坚破难，迅速、扎实、规范推进盘活财政存量资金各项工作，取得了显著成效。经过清理，截止2014年底，全州财政存量资金共计80亿元，其中：州本级19.37亿元，17县市60.63亿元。经清理、甄别后盘活处理24.99亿元，其中：补充预算稳定调节基金4594万元，调整用途1.33亿元，从基金结余调入公共预算2.81亿元，交回上级政府1117万元，本级政府应收回20.26亿元、截止目前已收回20.01亿元。同时，建立结转结余资金常态化、规范化清理机制，实施财政存量资金项目和资金使用进度通报制度、监督检查制度，并与下年预算联动安排、增减挂钩，盘活各领域“沉睡”财政资金，发挥财政资金应有效益。

五、大力推广运用政府与社会资本合作（PPP）模式，不断创新政府投融资和公共服务提供方式

坚持把推广运用PPP模式作为深化财税改革、转变财政职能、提升服务效能的重要内容和重要抓手，先后召开州委常委（扩大）会议和州政府常务会议专题培训、部署、推进PPP工作，成立凉山州推广政府与社会资本合作

（PPP）模式工作领导小组，加紧在州财政局和相关县市组建成立 PPP 中心，制定《关于在公共服务领域推广政府与社会资本合作模式的实施意见》和《凉山州政府与社会资本合作项目推进办法》，成为指导、引领和推进全州 PPP 工作的重要文件和实施办法。狠抓 PPP 项目的筛选、申报、推介和签约工作，2014 年总投资 545 亿的 19 个项目被纳入四川省 PPP 项目签约暨推介会，其中总投资 80 亿元的西昌市绕城公路建设项目成功签约；2015 年新推出 PPP 项目 30 个，涉及交通、园区基础设施、棚户区改造、旅游设施、体育、城市基础设施等领域、总投资 871.5 亿元，其中投资 720 亿元的宜宾屏山、凉山、攀枝花沿金沙江高速公路建设项目等三个项目成功签约，凉山 PPP 工作走在了全省民族地区前列。目前，相关签约项目正有力、有序加快各项前期工作，力争尽早正式开工建设。同时，制定出台了《凉山州向社会购买服务工作的意见》以及《指导目录》，政府购买服务工作稳步、有序向全州推进和实施。

六、认真执行落实结构性减税和普遍性降费各项政策，构建支持大众创业万众创新的财政支撑体系

坚持围绕中心、服务大局，充分发挥财政政策、财政资金的引导、带动和杠杆作用，构建支持大众创业万众创新的财政支撑体系，全力促进稳增长、调结构、惠民生。一是大力实施财政金融互动政策。对接中央和省政策，结合州情财情，制定出台了《财政金融互动政策》，综合实施新增客户首贷奖补、金融专项债券奖补、重点产业固定资产贷款奖补、小微企业贷款风险补贴等多种政策，引导撬动金融资金支持实体经济发展，支持新型农村金融组织、村镇银行等发展壮大。二是全面落实减税降费政策。深入推进营业税改增值税和稀土清费立税、从价计征改革，更好地“放水养鱼”、涵养税源、培植财源。经过改革，2014 年全州营业税比 2013 年下降 4.01 亿元，增值税增加 1.56 亿元，其中营改增为主要因素。执行对超过 100 万千瓦的水电企业缴纳增值税超过 8% 部分实行即征即返政策，今年退税 11.69 亿元、2014 年以来累计退税 19.77 亿元。全州 682 户小微企业享受了所得税优惠政策，552 户小微企业免征营业税。2015 年，取消行政事业收费项目 5 项、停收 7 项，对小微企业免收基金 5 项、免征行政事业收费 42 项，预计全年将减少公民和企业负担近 800 万元。三是扎实清理规范税收等优惠政策。按照统一税制、公平税负、促进公平竞争的原则，在全州范围内对税收等优惠政策进行全面清理，

并建立健全税收等优惠政策定期评估和退出机制、清单制度、举报制度，推进全州经济社会有序竞争、健康发展。截止2014年底，全州税收等优惠政策清理24件，其中税收优惠5件、非税收入优惠4件、财政支出优惠11件、其他4件；明确废止的20件，申请保留的4件。四是深入推进财政简政放权放管结合。全面清理财政行政权力和审批事项，制定出台《州财政局业务操作规程》。经清理后，州财政局现有行政权力事项63项，减少和整合了88项，降幅达58.27%，并全部纳入行政权力平台公开运行；清理保留行政审批事项2项，并委托州政务中心统一办理，制定了完整的办事指南、审批流程图、审批工作细则和相关的文书模版，并在法定办结时限的基础上，将承诺办结时限提速50%，提升了审批和服务效能。

通过深化改革，进一步释放了改革红利，有力促进和推动了全州财政工作稳步持续健康发展。预计2015年，全州地方公共财政收入106.5亿元、是2010年的1.69倍，全州公共财政支出将达410亿元、是2010年的2.15倍，财政收支规模位均居全省和全国30个少数民族自治州第一方阵；预计“十二五”时期，全州地方公共财政收入累计达508.9亿元、公共财政支出累计达1659.6亿元，分别比“十一五”时期净增加310.9亿元和1028.8亿元，为全州经济社会发展、民生改善、扶贫攻坚提供了较好的财力支撑和保障。

财税体制改革正当其时，凉山财政人将扬帆而奋进。“十三五”时期，我们将保持定力、深化改革，在全国30个少数民族自治州率先基本完成财税体制改革重大任务、率先基本建立现代财政制度，为全域凉山全力打赢脱贫攻坚战、11个贫困县全部“摘帽”、50.58万贫困群众全部脱贫，到2020年底与全国全省同步全面建成小康社会提供坚实财力支撑和保障。

加强监督管理　深化财政改革
推动县级财政工作规范化建设

西藏自治区林周县财政局　旦巴罗布

林周县位于拉萨市辖区，离拉萨市78公里，主要以农牧业生产为主，农业人口5万多，林周县经济发展缓慢，经济底子薄、起步慢，财税收入主要靠项目带动的税收。为做好财政工作，我们在工作思路和方式方法上也进行改进。

一、合理安排预算

除优先保证人员工资发放和行政事业机构的正常运转外，重点支持“三农”投入、公共事业、民生保障、社会稳定等领域，推动全县经济社会协调可持续发展。

1、加大“三农”投入，发展特色农牧产业。按照建设社会主义新农村要求，坚持把“三农”作为财政保障的重中之重，为新农村建设提供财力支持。2015年全县农林水支出安排15870万元，较去年增加4767.44万元，同比增长42%。一是落实财政补贴政策，拓宽农牧民增收渠道。做好粮食直补、综合补贴等各项补贴工作，完善办法，简化程序，规范操作，确保农民真正得到实惠；二是加大农业综合开发力度，提升农牧业产业化经营水平。积极筹措资金全面推进农村集体土地所有权确权登记颁证工作，继续实施土地治理项目和合作社等产业化经营项目，大力支持净土健康产业发展，扶持现代农业示范区和县域特色农牧业发展；三是加大农村基础设施投入，有序推进新农村建设。继续支持农村水利、道路、饮水等项目建设，通过项目建设带动农牧民就地就业增收，促进农村公共事业发展，逐步缩小城乡社会发展差距。

2、加大社会保障投入，分享改革发展成果。调整优化支出结构，财力分配继续向民生领域倾斜，切实保障民生。2015年安排社会保障和就业支出3297万元，较去年预算增加312万元，增长10.5%。支持做好就业和社会保障工作；实施城乡医疗救助，逐步改善低收入群体就医条件；健全居民最低生活保障制度，提高保障标准，实现动态管理下的应保尽保。

3、加大公共事业投入力度，推动社会事业发展进步。一是大力支持教育优先发展。2015年，全县教育支出安排11843.81万元，较去年预算增加2406.81万元，增长25.5%。进一步提高“三包”经费保障标准，实施义务教育农牧民子女营养改善计划全覆盖。着力加强学前教育学校基础设施建设，支持职业技术教育；二是大力支持公共卫生事业发展。2015年，全县公共卫生支出安排5103万元，较去年预算增加490.5万元，增长11%。继续执行城乡居民和寺庙僧尼免费体检政策。提高卫生医疗经费保障水平，提升村医、兽医待遇。强化先天性心脏病儿童筛查治疗、疾病预防控制、妇幼卫生保健、食品安全监管等工作。三是强化基层文化建设。2015年，全县公共文化支出安排533万元，较去年预算增加95万元，增长21.7%。支持民族手工业创新研发产品，鼓励文化创作。加大对非物质文化遗产传承开发和重点文物、寺庙的保护投入。加快县级有线电视数字化推广进程，增强基本公共文化服务保障水平。

4、加大维稳投入，支持依法治县。按照“治国必治边、治边先稳藏”，“依法治藏、长期建藏”指示精神，积极筹措资金，全力维护稳定。2015年安排公共安全支出3946万元，较去年预算增加565万元，增长17%。专项安排社会治安综合治理、维护稳定、平安建设、群防群治、突发应急处置、消防安全、矛盾纠纷化解等经费。进一步加强和创新寺庙管理和社会治理工作，坚决维护社会正常秩序和社会局势的长期稳定。

二、深化财政各项改革，推动财政工作规范化建设

一是深化部门预算改革。2015年首次组织召开全县部门预算编制布置会，规范部门预算编制工作，强化预算意识和预算约束，做到有预算不超支，无预算不动支；除特殊情况，原则上未列入预算的资金一概不予解决，坚决维护预算严肃性；二是推进财政电子票据改革。在去年已完成硬软件建设和系统测试的基础上，2015年重点推进全县53个开票点的电子票据实际应用，原则上不得再使用纸质手工票据，加强县级财政端口管理和数据汇总核销，对票据进行分类管理和源头监控，杜绝乱开票和乱收费现象；三是推动“县财代管乡财”模式建设。将按照“县财代管乡财、加强监督指导、推进财务规范”原则，成立乡镇集中财务大厅，重点接受财务监督和业务指导，做到监督有效，责任明确，权限清晰，规范有序。确保各项财政资金安全、高效使用。

三、规范政府采购行为、加强国有资产管理

2015年将成立专设机构，专门负责政府采购和行政事业单位国有资产监督管理日常工作。按照相关法律法规，通过引入市场竞争有效降低政府采购成本；实时将行政事业单位资产录入管理系统并登记造册，进行动态资产管理，做到整个程序有法可依、有据可查，彻底改变资产底数不清、采购不够规范等问题，有效预防国有资产流失、变卖等行为，确保国有资产保值增值。

四、加大财政监督力度，进一步严肃财经纪律

加强财政监督力度，既要加强财政内部监管，又要强化财政对外监管职能。一是加强对财政收支的监管。在收入监管上，要依法强化对收入征缴入库等进行定期和不定期检查，确保预算收入做到应收尽收、安全完整。在支出监管上，要进一步完善预算编制、执行、监督相分离的监督机制，强化内部监管；抓好监督检查，对税改转移支付、教育、扶贫、支农、社保等各类惠农专项资金管理使用情况，进行专项检查，对违规行为坚决依法查处，维护财经纪律的严肃性。二是加强源头监管。严格执行“收支两条线”管理规定，对私设“小金库”、擅自“坐收坐支”等违反财经纪律的行为要严厉查处，重点监督和检查《林周县“三公经费”管理办法》执行情况，建立“三公经费”月报制，定期汇总公示，确保经费只减不增。

虽然做了大量工作，但是我们同样面临很多困难，表现为：

一是财力薄弱。经济发展滞后，财政收入增长缓慢。县级财政困难的根本原因是经济发展滞后。具体讲，一是自然条件差，滞留传统农业经济，制约了第一产业的发展；二是基础设施差，工业经济基础薄弱，民营企业发展缓慢，制约了第二产业的发展；三是交通不发达，信息不灵通，小城镇建设步伐缓慢，制约了第三产业的发展。经济发展滞后，影响了财政收入快速增长。

二是人员编制少。近年来随着财政工作改革和各项惠民政策的实施，涉及的惠农项目种类多、资金量大，对监督管理带来了新的问题。但是面对大量工作，本局人员缺少，业务量大，呈现“一人多岗”、“有岗无人”的状态，监督检查无法实现常态化，同时乡镇财务缺乏专业人员，加之人员变动频繁，财务衔接工作无法有效推进。随着工作量的增强机构编制却只有7人，我们县人口6万多，辖区内有九个乡一个镇。财务与政务集于一体的县级财

政系统来讲，面对日益增多的资金管理与政务管理，同时肩负对全县县直机关与乡镇的资金监督管理工作，很多时候心有余而力不足，因此加班加点已经成为财政工作人员的家常便饭。

三是人才需求与人员结构问题。从专业需求角度看，我县财政局、乡镇财务人员中财经类专业人员较少。很多目前从事财务工作的干部没有系统的学习过财务相关方面的理论知识，基础不扎实，学习内容不系统，对财政政策和管理知识掌握不充分，难以胜任当前不断变化的财政经济新形势。对干部的业务技能培养和使用上不太重视，造成一些乡镇财政人员流向别的部门，人才的流失，直接影响到乡镇财政工作人员的整体素质，弱化了乡镇财政管理。加上培训师资、经费等实际问题难以解决，业务培训机会较少，导致财务人员对财政政策和管理知识掌握不充分，不能适应财政工作。

同时由于综合素质不高，尤其是乡镇财政干部不能贯彻落实相关制度，不能正确掌握工作方法、不能及时熟悉财政政策，基础工作还有待加强，与财政精细化管理要求还有一段距离。一些乡镇干部由于业务不精，存在会计业务处理不及时，不规范；不按规定科目核算、入账原始凭证不符合规定等现象。这些问题直接影响乡镇财政管理的规范化。

四是财政干部职能的转变与人员指数不对等。随着经济总量的快速增加和乡镇财力的不断增长、农村税费改革的不断深化以及乡镇财政管理水平的不断提高，财政所的工作重心和管理职能由原来的收支型财政向服务监督管理型财政转变；由原来的吃饭财政向公共财政转变，这是经济发展和镇级财力增长到一定程度的必然趋势，也是建设社会主义新农村的客观要求。面对提供基本财力、服务经济发展、财政资金监管等方面的职能，财政服务半径大而人员紧缺，这是造成财政干部职能的转变与人员指数不对等的重要原因。

完善体制　深化改革
大力提升财政管理水平

西藏自治区拉孜县财政局　白玛央金　陈　学

为精心谋划、科学指导今后五年的财政工作，根据县委、县政府总体部署，结合上级财政部门要求，经过充分调研后，形成具体工作思路如下：

现有柳乡和拉孜镇2个财政所，预计在“十三五”期间实现各乡镇财政所全覆盖。

一、过去五年财政工作的基本情况

2011年以来，全县财政工作坚持以“科学发展观”为指导，紧紧围绕县委、县政府确定的总体思路，大力推进财政改革与发展，在服务全县经济社会发展中发挥了重要作用。

（一）财政收入实现较快增长

虽然受到诸多政策性减收因素的影响，但随着全县经济的快速发展，地方财政收入连续几年保持高速增长。

（二）重点支出得到有效保障

干部职工工资、津补贴连续几年按时足额发放。同时，还保证了教育、卫生、县城改造、“强农惠农”政策等重点支出的需要，支出做到了向基层倾斜，向民生倾斜。

（三）构建和谐社会支持有力

及时拨付资金，全面落实农村义务教育经费保障机制，促进了教育事业发展。另外，县财政还安排专项资金，保证了退耕还林、粮食直补、家电下乡等各项涉农补贴发放到位，对建立新型农村合作医疗制度提供有力支持，促进了和谐社会建设。

（四）各项财政改革稳步推进

进一步深化农村税费改革，全面推行县、乡会计集中核算，落实“乡财县管”。推进农村综合改革。完善政府采购制度，扩大采购范围和规模。加强国有资产监督管理，规范国有资产处置行为。完善“收支两条线”管理，积极开展部门综合预算，探索实行国库集中支付的有效形式。

财政工作中存在的主要问题：一是加快发展带动支出需求快速增长，现有财力规模还不能很好地适应保重点、保民生的需要；二是财源结构比较单一，收入总量规模偏小，后续财源仍然处于成长阶段，财政收入的持续快速增长缺乏有效支撑；三是财政监督仍然存在薄弱环节，财政资金使用效益还需进一步提高。

二、今后五年面临的形势和任务

（一）从公共财政的职能来审视，责任重大，任务艰巨

公共财政是构建社会主义和谐社会、践行党的群众路线、深入开展“三严三实”活动的物质基础、体制保障和政策手段。公共财政肩负着不可替代的重要职责。今后一个时期经济又好又快发展将为财政增收奠定更加坚实的基础，重点则在优化财政资源配置结构、提高财政资源配置效益、规范收入分配关系等方面。如何贯彻科学发展观，落实“五个统筹”，积极促进经济社会又好又快发展；如何更加关注民生，着力解决人民群众最关心最直接最现实的利益问题，最大限度地让广大人民群众共享改革发展成果，这些都是需要认真解决的。

（二）从财政收支状况来分析，矛盾突出，压力加大

从财政收入方面看，我县经济、财政发展的一些体制性、结构性矛盾尚未得到根本解决，财政收入总量、增量仍然偏小，纵向比财政收入增幅较快但与周边一些兄弟县相比仍有不小差距。从财政支出需求来看，落实“强农惠农”政策、支持社会各项事业发展，完善社会保障体系，防范财政风险等，都需要财政增加预算支出。同时，随着改革进入攻坚阶段，发展进入关键时期，改革的难度会更大，发展的任务会更加艰巨，不少改革成本需要财政来负担，财政收支矛盾仍将十分突出。

（三）从财政管理水平来衡量，要求更高，任务更重

财政收支规模的不断扩大，既为我们履行公共财政职能、服务经济社会发展奠定了财力基础，也对我们加强财政管理、提升理财水平提出了更高的要求。如何在解决影响财政增收的突出问题、促进财政收入持续较快增长的同时，把加强财政支出管理放在更加突出的位置，切实提高财政资金使用的规范性、安全性和有效性；如何积极主动适应各级人民代表大会常务委员会《监督法》贯彻实施的要求，更好地做到依法理财、公开透明；如何以金财工程建设和运行为契机，把现代信息技术有机融入财政管理，提高财政管理的

科学化、规范化、精细化水平；如何既抓好以预算管理为核心的财政管理工作，又切实抓好以干部队伍建设为重点的财政部门全面建设，这些都为我们做好今后五年工作提出了具体要求。

三、今后五年财政工作的思路和重点

做好今后五年的财政工作，要主动地、自觉地、全面地贯彻落实各级党委、政府的决策部署，不断壮大地方财政实力，加快完善公共财政体制，在支持经济又好又快发展上要有新思路，在深化财政改革上要有新突破，在提高财政管理水平上要有新举措，为建设日喀则西部中心做出贡献。

今后五年，我县财政工作的指导思想是：大力培植骨干财源，狠抓地方财政增收，加大资金争取力度，不断强化财政监督，坚决压缩一般性支出，集中财力办大事，不断增加对“三农”、教育、医疗卫生、文化、社会保障的投入，为建设日喀则西部中心提供资金保障。

发展目标是：地方财政收入每年增长13.5%以上，到2020年达到3767.12万元。地方财政支出每年增加9%，2020年达到107703.67万元以上。

围绕上述思路和目标，工作中注重把握好以下几点：

（一）围绕中心，服务大局

财政部门是政府重要的综合部门，财政工作是为经济社会发展全局服务的。财政部门只有坚持围绕中心，服务大局，把思想和行动统一到县委、县政府的决策部署上来，才能在工作中把握主动，有所作为。特别是要立足财政，放眼全局，把财政工作的出发点和落脚点放在解决经济社会发展中的重大问题上，主动找准财政工作与县委、县政府全局工作、中心工作的结合点。要加积极主动为县委、县政府当好参谋，抓大事、抓落实，积极主动为领导决策提供有价值的前瞻性服务，促进全县经济社会又好又快发展。

（二）深化改革，勇于创新

改革创新是财政工作永葆活力的源泉，是破除旧的体制机制障碍和思想束缚、加快完善公共财政体制的必然要求，是改变传统理财方式、提高财政管理水平的重要途径。实践证明，创新出思路，改革出效益，改革越是贴近实际，深入及时，效果越是明显。要继续把改革创新作为加强财政管理，推动财政发展的有力抓手，不断开创财政工作的新局面。

（三）统筹协调，主动服务

财政工作关系方方面面，有些工作往往涉及到不同部门之间、各级财政之间的利益格局调整，在政策制定、资金落实、改革推进等方面，必须加强与有关部门的沟通协调，做到大局为重，密切合作，相互联动。财政部门要充分发挥作为综合部门的作用，切实增强工作的主动性、前瞻性、创造性，广泛开展有深度、有现实针对性的调查研究，努力把工作做在前面，把建议提在前面，变“事后出手”为“提前介入”，变“被动付账”为“主动买单”，积极主动为党委、政府决策服务，为各级各部门事业发展服务，努力使社会各方面的利益关系更加和谐，使政府的资源配置更加有效。

（四）强根固本，人才兴财

财政工作的政策性、业务性都很强，财政干部必须准确把握各级政府关于经济社会发展的一系列指导方针和战略部署，掌握财经政策，精通财政业务，成为懂政策、会管理的“行家里手”。必须继续狠抓人才建设，狠抓作风建设。特别是要加大对干部的培训力度，实现知识结构由“窄浅型”向“广深型”转变，业务能力由“单一型”向“综合型”转变，不断提高财政干部的理财水平和管理才能，努力建设新时期合格的财政干部队伍。

四、抓好今后五年财政工作的具体措施

地方可用财力保持稳定增长，干部职工工资、津补贴保证按时足额发放，各项重点支出得到有效保障，这是今后五年财政工作的基本要求和具体目标。围绕完成这一目标，主要采取四条措施：

一是抓收入。奖励扶持、资金补助等措施，进一步培育稳定增长的骨干财源。加强税收及各项非税收入征管，坚持依法征管，杜绝偷税漏税，努力做到应收尽收。切实加强项目资金争取工作，继续加大争、跑的力度，促进项目带动战略的实施，为加快全县经济社会发展不断注入活力。

二是抓监督。加强对预算执行和经费使用情况的监督，加强对专项资金管理使用情况的监督，加强对财经法规贯彻落实情况的监督，坚持依法理财，规范财政管理，规范财经秩序。特别是要从完善会议、接待、经费管理等制度入手，同时加大审核、监督、查处力度，防止大吃大喝、大手大脚、胡支乱用等各种浪费现象和违

规违纪问题的发生，最大限度地发挥财政资金使用效益。

三是抓改革。按照建立公共财政体制的要求，深入推进收支两条线管理、国库集中支付改革，进一步规范和完善会计集中核算和政府采购。

四是抓队伍。继续深入开展“学习型、服务型、落实型、和谐型、节约型、廉洁型”机关创建活动，积极推进财政科学化、精细化管理，不断加强

财政干部队伍建设，为全面完成各项财政工作任务提供有力的组织保障。

作者简介：

白玛央金，女，藏族，1982 年 3 月生，党员，本科学历。现任西藏自治区拉孜县财政局局长。

自参加工作历任：西藏拉孜县锡钦乡人民政府办事员，西藏拉孜县卫生局办事员，西藏拉孜县财政局科员，西藏拉孜县财政局副局长，西藏拉孜县发改委副主任，2012 年 8 月至今任西藏自治区拉孜县财政局局长。

曾荣获 2010 年被评为拉孜县优秀公务员，2011 年被评为自治区创先争优强基惠民先进个人，2011 年被评为拉孜县优秀公务员，2013 年被评为拉孜县优秀公务员，2014 年被评为拉孜县优秀公务员。

以深化财税体制改革为契机 大力推进财政工作再上新台阶

新疆维吾尔自治区富蕴县财政局　张新华　庞克伟

十八届三中全会《决定》指出“财政是国家治理的基础和重要支柱”，这是新一届中央领导对财政职能的重要论断。为有效履行财政职能，围绕深化财税体制改革，富蕴县财政在上级部门的大力支持下，充分发挥职能作用，主动适应新变化，积极应对困难和挑战，为稳增长、促改革、调结构、惠民生、保稳定做出了突出贡献。

财政收支实现双提升，保障能力显著提高。在国内外环境复杂多变，经济复苏动力仍显不足的背景下，全县经济运行延续和保持了中央新疆工作座谈会以来提速进位的上升势头，并由此带动公共财政收入稳步增长。2011～2014 年，全县地方财政收入完成分别为 7.4 亿元、9.6 亿元、11.6 亿元、13.4 亿元，其中：增值税、营业税、企业所得税三大主体税种分别完成 3.8 亿元、4.2 亿元、4.4 亿元、4.1 亿元，财政收入稳步攀升。2011～2014 年，全县地方财政支出分别完成 15.9 亿元、20.0 亿元、25.1 亿元、24.5 亿元，其中涉及教育、卫生、保障性住房等民生支出均大幅增长，占地方财政支出的 75% 以上。支出结构更加优化，为全县各项事业蓬勃发展提供了基本财力保障。2014 年 9 月，我县在财政部开展的全国县级财政支出管理综合评价中进入前 200 强，排名第 45 位，得到了财政部全国通报表扬。

预算管理工作不断夯实，改革和创新不断强化。一是全口径预算编制工作得到落实。经过不断探索，逐步完善了国有资产、政府采购预算编制，细化非税收入、专户收入预算编制，实现了所有财政收支全部纳入预算管理。通过组织培训有效地宣传“新预算法”，积极做好预决算公开工作，使“全民预算”的概念深入人心。二是资金审批流程实现规范管控。针对不同性质的资金，制定了《预算内专项资金审批表》、《重点建设项目工程进度情况表》、《重点建设项目资金申请表》和《重点建设项目前期费审批表》。项目资金审批重心由原来的“领导签字”转向了“专人审核”，既加强了审核把关的力度、确保了资金使用安全，又明确了责任、保证了预算执行的严肃性。三是国有资产管理更加科学优化。通过认真摸查存量资产信息及预算单位使用情

况，针对资产闲置和资产需求两方面情况进行仔细研究，以无偿调拨的形式实现了资产优化配置。2014 年共办理无偿调拨资产 59 批次，调拨资产总额 6567 万元，不仅节约了财政资金，也提高了资产使用效率。

政策研究不断加强，综合治税效果明显。一是通过研究政策，实现向政策要税收。通过对资源税政策的深入研究，我县敏锐地发现自治区在执行资源税征收政策调整上存在时间差异，造成全自治区 26 个月每吨铁矿石少征资源税 1.68 元。我县积极向自治区建言献策，自治区及时纠正相关政策执行问题，并下发文件对在此期间少征铁矿石资源税进行补征。该项政策的落实不仅可实现我县补征资源税 3700 万元，而且保障了自治区执行财税政策的严肃性，确保财政收入应收尽收。二是引进科技手段，实现综合治税社会化。通过"建章立制"细化分工，明确职责，形成了"政府主导，财政牵头，部门配合，组合联动"的强力工作机制。通过引进江苏运时公司先进管理软件，利用软件系统大数据分析比对功能，对各成员单位分散信息进行综合比对，查询出在收入和支出的两个环节上疑点数据，再通过对疑点数据具体核实，实现对收入的应收尽收和支出的严格管控。2015 年，预计该软件的成功运用可促进增收 2000 万元。

加大财政资金统筹力度，支出的调控作用显著增强。一是加大盘活财政存量资金工作力度。严格执行国务院及上级财政部门针对盘活财政存量资金工作要求，针对上级专项资金结余结转两年以上、本级财政结余结转一年以上的存量资金一律收回财政总预算统筹使用。2014 年，共盘活存量资金 6800 万元，全部用于民生工程及重点项目支出。2015 年，我县又加大了财政专户结余结转资金清理和盘活工作力度，针对 2011 ~2013 年草原生态奖励补助结余结转资金，制定了切实可行的盘活方案，总计盘活资金 4074 万元，全部用于畜牧业发展各项支出中。盘活存量资金工作的大力推进，有效贯彻执行了中央和上级财政部门的决策部署，极大地提高了财政资金使用效率，很好地促进了县域经济发展。二是进一步扩宽融资渠道。2014 年 3 月，我县实现了以首个非"百强县"的身份成功发行企业债券 8 亿元，并撬动 17.6 亿元投资项目，融资后的资金全部用于工业园区基础设施建设，为招商引资及培植后续财源奠定了坚实基础。2015 年，我县成功争取存量债券置换资金 7109 万元、新增专项债券 7900 万元、新增一般债券 5000 万元，总计 2 亿元的债券资金既缓解了财政支出的压力，又带动了固定资产投资，充分发挥了财政支出的经济的调控作用。

富蕴县财政工作在取得以上成绩的同时，也面临着一些突出问题。富蕴县矿产资源丰富、质量上乘，县内已发现矿种92种，占全疆的67.9%，19种矿产资源保有储量占全疆第一位，资源县级财政收入呈现典型的资源型财政特点。一是产业布局不均衡，二产占比较高。以黑色金属、部分有色金属等矿产品原材料采掘为主的工矿业对税收的贡献在60%以上，二产占比在70%以上。二是工矿业产业链较短，产品附加值较低。目前，我县黑色金属产业主要以铁精粉、铁球团等初级矿产品原材料销售为主；有色产业主要以铜精粉、水淬高冰镍等销售为主。初级矿产品附加值较低，对税收的贡献率不足。三是财政支出固化僵化，预算编制可控程度不高。县级财政除承担保工资、保运转等部分基本支出以外，还需承担大量涉及教育、卫生、保障房等项目配套支出。另外，由于我县基础设施薄弱，历史欠账过多，县级财政负担过重，预算编制缺少灵活性。

在现行财政体制中，县级财政在贯彻执行中央、自治区各项财税体制改革中、在落实县委政府具体工作部署中均起到了至关重要的作用，做好各项财政工作意义重大。下一步我们将科学谋划经济发展新常态下的财政工作，努力推进各项财政工作迈上新台阶。

一是以“访民情、惠民生、聚民心”活动为契机，加大对村级支出投入力度。该项活动的开展，使得更多财政干部有了在乡村和社区的生活经历，通过与农牧民、社区居民长期接触，真切地了解到群众需求，为我县进一步强化预算编制、优化支出结构提供了很好的依据。2015年，我县安排小民生项目资金3500万元，惠及10个乡镇76个行政村。项目主要涉及乡村道路、小型水利设施等与农牧民生产和生活息息相关的、资金投入在100万元以内的民生方面。小民生项目实施对促进农牧民增收、增强农牧民幸福感均起到了很好的助推作用。在以后的工作中，我县将进一步加大此类民生支出力度，争取把有限的资金用在“刀刃上”。

二是以项目稽查为着力点，加大对项目工作的管理力度。2015年，我县成立了“项目稽查办公室”，整合发改、纪检、财政、审计、评审、招标办的职能，形成了工作合力，对全县236个固定资产投资项目进行大规模稽查3次，并形成稽查报告在全县项目工作会上进行通报。项目稽查既协调解决了项目进展中存在的问题，推动了项目良性运转，又加快了财政支出进度，促进了县域经济发展。

三是深入研究盘活财政存量资金工作，充分发挥财政资金效益。按照国务院和上级财政部门的部署，我县坚决禁止财政资金“趴在账上睡觉”。2015年，针对预算内结余和部分专户结余都进行了盘活处理，总计盘活资金1亿

元。在以后的工作中，我县将继续加大工作力度，争取在其他专户结余结转资金和预算单位专户沉淀资金盘活上再有新的突破，争取使财政资金效益发挥到最大化。

四是创新财政工作理念，大力推动 PPP 融资模式。针对这种新型融资模式，县委政府高度重视，组织多次赴内地、赴乌鲁木齐的专题学习班，专门成立了以主要领导负责，以发改、财政为主要成员单位的工作领导小组。目前，供水、供热、环境治理项目已上报地区财政，我县正在进行项目物有所值、财政承受能力验证等方案制定工作。PPP 融资工作的大力推进，将极大地创新财政工作理念，不仅能有效缓解财政支出压力，也能带动对投资的促进作用，从而形成对财政收入的“反哺”作用。

第三篇
中国基层财政体制

第一章　基层财政体制和预算制度问题探讨

1994 年分税制改革的重点是对财政收入（指税收）进行了重新配置，致使地方政府的财政收入占比从 1993 年的 77.98% 下降到了 1994 年的 44.30%，下降了近 34 个百分点。这种中央对省级集中财力的做法，也被各省级政府效仿。与 1994 年相比，随着中央对各省财力的进一步上收，县级政府对上级的依赖性也不断增强。

这种“支出过度分权、收入过度集权”的财政体制，显然存在着众多问题：包括地方对收费权的滥用；不提供“民生财政”；“跑部钱进”滋生的体制性寻租和财政依赖；财政支出资金使用的无效率；税收立法权的“形式集中而实质分散”的怪现象丛生等。如果单纯从中央与地方的制衡关系看，“支出过度分权、收入过度集权”的体制，不能起到相互制衡的作用，或者说，现行财政体制的逻辑前提是地方以收入定支出（虽然是体制内地方“以收定支”，结果却是体制外的“以支定收”），这是计划体制下的思路，与市场经济体制不相符合，由此才会造成上述问题的产生。

第一节　中国基层财政体制问题探讨

一、财力快速上移，基层财政财力困窘

我国省以下财政体制基本上，或模仿中央与省（区、市）的做法，或还采取财政包干的做法，或分税制与财政包干的结合（见表 3－1）。基本内涵

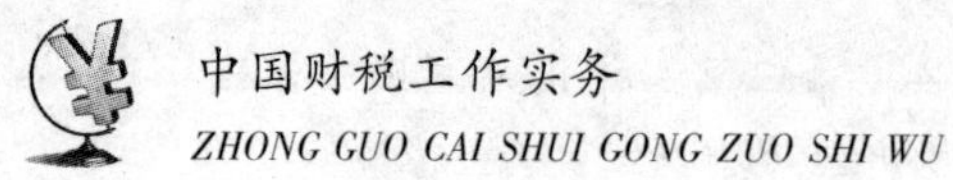

是在确定其与下级政府收入划分方法时，通过共享收入丰沛、征收难度小、管理相对规范的税收收入的方式，确定本级政府的主要收入来源。基本上，如果中央政府对省级的财政体制作出变动，省级对下级、地市级对下级的财政体制随之变动，以此类推，即上级体制的变动对下级来说将会带来“蝴蝶效应”。

表3－1　基层财政体制的具体状况

总类型	具体类型	划分标准	主要内容	省区
链式动力：主体税种分税制（12省，46.2%）	规范分税制（1省，3.8%）	四税按比例共享，无老体制因素	规范分税（不集中税收返还增量、原体制上解进入税返基数）	海南
	相对规范分税制（11省、区，42.3%）	四税及其他有关税按比例共享、有老体制因素	分税加集中税收返还增量	河北、吉林、江苏
			分税加定额上解或递增上解	山西、湖北、内蒙古、甘肃
			分税加两税返还增量集中、递增或定额上解	辽宁、广西、陕西
			分税加所得税按隶属关系、税返增量不集中、新老体制并轨	四川
电式动力：非主体税种分税制（7省、区，26.9%）	不规范分税制（7省、区，26.9%）	部分主体税及其他有关税按比例共享、有老体制因素	分税加上解递增、定额上解和两税返还增量集中	广东、湖南、江西、青海
			分税加上解递增或定额包干	山东、贵州
			分税加重点企业主体税集中、两税返还增量集中	宁夏

总类型	具体类型	划分标准	主要内容	省区
面式动力：老体制（7省、区，26.9%）	包干上解（4省、区，15.4%）	不分税或非主体税种简单分税，市县上解或税收返还增量集中	上解递增加两税返还增量集中、简单分税	安徽
			上解递增	黑龙江、新疆
			定额上解加递增上解、两税返还增量集中	河南
	总额（或总额增量）分成	不分税或非主体税种简单分税，省与市县一般预算收入分成或税收返还增量集中	总额分成加定额上解、两税返还增量集中	福建
			总额分成加简单分税	云南
			总额增量分成加上解递增、定额上解、两税返还增量集中	浙江

注：四税是指增值税、营业税、企业所得税、个人所得税。

资料来源：段国旭：《省以下财政体制导向研究：基于经济资源合理配置与流动视角》，载《财贸经济》2009年第6期。

除了海南省外，全国其他各地基本上都实行财政分成（定额上解、上解递增、总额分成等）与分税制共存的体制。这种共存做法，在体制不完善的客观情况下将导致如下的问题：一是县市级地方无主体税种；通过分成办法所确立的财政关系，容易讨价还价，使地方层级财政关系不稳定；二是由于各地的分成比例不同，更容易加剧各地之间的税收竞争；三是易促使地方“藏富于民”，20世纪80年代实行财政包干制时，使收入不在税收中体现，而是在非税收入上体现；或者侵蚀省级财力，或者通过预算外寻找资源；四是更容易形成对“财政返还”的依赖。地方具有实质的预算外或制度外“收费权”，各地之间形成税收竞争不可避免，而这加重了对“财政返还”的依赖性，更加深了财政支出的混乱程度。归根结底在于财政分成办法的激励约束机制不明显、政府责任不清晰。

不管是何种形式的省以下财政体制，由于越到基层，税源越少，税收也越少，基层财政困难是现行体制下的必然结果，而“土地财政”就是重要的表现形式。因此，要将从分税制前的地方政府“企业财政”模式转化为地方政府“土地财政”模式，演变成“税收财政”模式，需要从财政体制的视角进行分析。

从表3－1看，各省、区所实行的财政体制五花八门，实行着一定意义的分税制，但各省、区没有摆脱“集权”思维，总是将省、区内税源充足的税种作为省、区内共享税或定额上缴、递增上缴，或对部分行业、税高利大企业的税收实行共享，以此试图保证上级财政对下级财政的绝对控制地位，省、区以下财政体制实质为“分钱制”。从财力来看，表3－2是各区域人均财力纵向分布表，省级财政财力是县级财政的2.8～3.3倍，而地市级是县级财力的2.60～2.77倍。因此省级财政是财力最充裕的一级，地方三级呈现“倒三角”的格局，其中省级人均财力状况最好，地市级次之，而财政支出职责却是“正三角”。

表3－2 基层人均财力分布情况

	2001年省（区、市）相当于县的倍数			2005年省（区、市）相当于县的倍数		
	省本级	市本级	县本级	省本级	市本级	县本级
全国平均	3.31	2.78	1	2.80	2.60	1
东部平均	3.95	3.30	1	2.83	3.4	1
中部平均	3.76	2.81	1	2.81	2.36	1
西部平均	2.48	2.39	1	2.78	2.34	1

资料来源：财政部国库司、预算司：《全国地市县财政统计资料》（相应年份），中国财政经济出版社。

由于省级可以相对自主地决定本省的财政体制办法，而地市级政府也有权自主决定本级和所属政府的财政分配关系，因此现实情况是省级、地市级财政均可以从下级财政中截流财政收入，或从税收返还中多分享自身的份额，从中央各种转移支付资金留为自用，或对下级财政“递增上解”等渠道，可获得足够的财力来满足财政支出，但县级作为基层政府已无多少体制内财力可以截流，在财政体制框架中总是处于被动的地位。从表3－2看，县级财政对地市级政府的依存度极高，而且近年来有增加之势，使得县级财政始终处于困难之中，而基层财政困难又进一步造成了公共服务水平的地区间差异与失衡，此二者是目前基层财政体制存在的主要问题，也是当前财政体制改革应重点解决的。

此外，上述的省级财力安排客观上造成如下的后果：割裂了税种本身舱效率内涵，税基与公共品之间的内在对应关系被打破，经济资源或财政资源的配置效率被忽视；财力划分的主观性色彩浓厚；激励结构扭曲，助长行政

性分权，滋生“划地为王”和短期行为等。

目前来看，尽管已有省份（如浙江、江苏、吉林、四川、甘肃、云南等）相对自主地实行具有激励色彩的省以下财政体制，以期实现省级政府的设定目标。但如果考察这些省份的财政体制，同样存在着诸多问题：一是只侧重对财政收入的激励，这或许是出于对税收任务完成的考量；或者是对下级政府财政困境的理性安排；二是即使将财政困境的缓解作为奖励的指标，但是并没有认识到根源主要在于财力配置与财政支出格局之间的不匹配状况以及缺乏地方税体系，因此未能从财政体制角度思考问题；三是激励型财政体制往往对发达地区有利，对不发达地区不利，因此容易加剧地区差距。因为发达地区本身就有更充裕的财源，可能无须当地政府的执政效率改善和财政支出效率的提高，就能获得财政收入增量。因此这些激励型财政体制的设计都只停留在表面上，将财政收入作为考察对象，并没有通盘考虑财政收支的缺口，可能对于财政纵向缺口有一定贡献，但对实现区域间公共服务均等化基本无益。而且在实行所得税共享后，某些省份仍然保留按照行政隶属关系来划分省内企业所得税的做法，因此，可能会继续回到20世纪80年代的财政包干制的情形，“马太效应”继续存在，地方保护主义继续盛行，等等。

二、事权层层下移，基层财政支出缺口加大

分税制财政体制改革，在财权的划分上规范了中央和地方的收入分配关系，调整了各级政府间财政收入的分配结构，中央、省级等高层政府所占财政收入比重迅速上升，县乡基层政府所占财政收入比重迅速下降。面对财政收入分配关系调整后的新格局，上级政府本应对县乡政府的事权根据其财力状况做出相应的调整，可实际上却远远没有做到这一点。中央和省级政府对县乡政府事权的划分基本上还是维持原包干财政体制下的事权格局。

与此同时，上级政府还利用在政治上对下级政府的绝对权威，又普遍将本级政府应承担的事权下放到下一级政府，诸如下放亏损企业，将机构改革裁减人员分流到下级政府，以及“中央请客、地方埋单”等情况，均导致县乡政府承担了与其财力不对称的过多支出责任，加重了县乡财政的负担。

在减免农业税、教育支出以县（市）为主等改革实施后，县乡政府的事权进一步扩大，承担了大量公共服务职能。县乡政府合计共承担了诸如基础教育、社会保障、民兵训练、优抚、计划生育、部分农业生产等支出责任。据研究显示，我国县和乡镇两级政府共承担了70%的教育支出和55%～60%的医疗卫生支出，与地市级政府分担了100%的失业保险社会保障和福利支

出，而这些支出责任在国际上通常由中央政府与省级政府承担。

在县乡承担的支出责任不断扩大的同时，县乡两级政府的可控财力却并没有得到相应的提高。这种县乡政府履行事权所需财力与其可用财力高度不对称的状况，使基层财政收支缺口越来越大，基层财政负担日益沉重。

三、中国基层政府债务负担沉重

分税制改革中所存在的高层政府将事权层层下移的现象，到了最低一级政府——乡镇戛然而止，乡镇政府（包括村级组织）作为这些事权的最终承受者承担了所有的责任。长期以来，我国乡镇财政资金的来源主要分为三大块：预算内资金、预算外资金、自筹资金。如果说1994年前我国绝大部分乡镇政府能够勉强维持运转的话，那么在1994年“分税制”后，随着财政收入层层向上集中和支出责任的层层下移，我国绝大部分的乡镇财政收支缺口迅速膨胀，大部分乡镇只能先保“吃饭”，甚至部分乡镇连“吃饭”也无法维系，更谈不上进行公共建设和提供公共服务了。

在众多原因造成的财力供给不足的状况下，乡镇财政出现了预算内向预算外、制度外转移，收入向债务转移两种倾向。第一，预算外向预算内、制度外转移。即财政“挤占”现象，以预算外资金及自筹资金弥补预算内资金不足。在预算内、外资金双重不足的情况下，乡镇政府收入则进一步向制度外转移，各种乱收费、乱摊派、资金截留挪用现象随处可见。第二，乡镇财政收入向债务转移。随着农村税费的治理整顿工作的加强，许多乡镇采取对外举债的办法维持政府机构的经费开支。

据有关部门统计，我国县乡目前的财政债务规模不少于1万亿元，即中国2000多个县平均负债高达5亿元。从直接调查的情况来看，无论东部、中部，还是西部，县乡政府债务问题均比较严重。各县乡政府直接债务总额（不含或有债务、担保债务）普遍超过了年度一般预算收入的水平，有的甚至达到一般预算收入的20多倍。一些负债较多的财政周转困难的县乡出现下述问题：有的县截留应向下拨的转移支付资金和一些专项补贴；有的县把应承担的债务转嫁给乡镇，使本来就财政拮据的乡镇更加困难；有的增加行政性收费项目，扩大收费范围，增加了群众负担，或拖欠干部职工工资；有的丧失了基本的财政支付能力，不能给群众提供基本的服务，如农村基础教育、医疗卫生、最低社会保障、环境保护等，引起老百姓的不满。这些现象的存在，在很大程度上已危及一些地方的社会稳定和政府的权威，如任其长期发展下去，势必会导致或加重地方财政危机，并最终影响到中央财政的安全。

第二节 基层预算制度问题探讨

自1999年启动以来，预算改革在中国取得了初步成效：部门预算改革、国库集中支付制和政府采购加强了核心部门对支出部门的行政控制，人大预算监督加强了对政府的财政控制，将资产管理纳入预算过程加强了对资产的控制，这些预算改革有力地支持了政府的控制取向。

与此同时，财政部也开始尝试将绩效信息引入预算过程。从2001年开始，财政部先后在湖北、湖南、河北、福建等地进行财政支出绩效评价试点，此后陆续出台了一系列的绩效评价管理方法。以广东、浙江、江苏、河北为代表的地方政府也以财政支出绩效评价为突破口，积极探索“绩效预算”。现实情况显示，中国的预算改革是一种控制取向与结果导向并存的“两条腿走路”的预算改革：一方面加强对支出的外部控制；另一方面运用绩效信息改善预算的分配效率和营运效率。

但是，综观当前中国的公共预算改革，在政府履行服务职能，合理开支公款，增强为民众服务的责任等方面，依然存在着诸多缺陷，这些在政府预算方面存在的缺陷，同样存在于或者说在基层预算方面表现得更为突出和严峻。这些缺陷主要包括：预算全面性不足；预算能力薄弱；预算信息披露不足；预算参与程度有限等。

一、预算的全面性不足

在我国，目前仍有数量巨大的资金尚未纳入预算，例如社保基金、“变相借债”形成的资金等，这些都导致预算外资金和准财政活动资金缺乏监管。此外，还有大量的准财政活动仍然游离与人大监督之外。而且，大量财政支出的细化仍然不够，在预算中通常只是出现一个支出总额，这使得人大及其代表无法有效地进行监督。如果公共支出能够被隐藏在预算之外或是转移到民主控制之外，那么公民就无法约束政府对其绩效负责（Jurgen Von Hagen，2007）。

此外，还有不少法定支出游离于预算程序之外。《中华人民共和国教育法》、《中华人民共和国科技法》、《中华人民共和国农业法》等法律规定的法定支出，虽然包含在预算之内，但是支出却是在预算程序之外决定的。例如，

《中华人民共和国教育法》、《中华人民共和国义务教育法》以及国家的多个五年规划中对要求教育支出占国民生产总值4%这一目标。这类受到指数化保护的支出类别，常见于社会保障与社会福利的支出。这类支出只要被法律"计算"出来就会自动地进入预算资源池并得到特别保护，无须再与其他类别支出进行预算竞争。

最后，大量转移支付资金的预算管理不够细化。近几年来，中央对地方税收返还和补助支出的规模每年都超过万亿元，其中专项转移支付比重很高。由于现行的财政转移支付制度未明确事权与财权的范畴，专项转移支付的预算编制是粗线条的，将资金整块地"批发"给相应的部委，再由相应的部委在预算执行中进行"二次分配"。结果导致财政资金内部分配管理权分散，出现多头管理、重复安排、划分支出范围随意性大等问题。

此外，收支两条线改革在很多方面仍然不够完善，这也直接影响了部门预算的全面性。主要表现在：政府性基金收支不够规范、预算外资金存量管理不规范、彩票公益金未完全纳入预算管理、仍旧存在私自设立"小金库"、账外账、违规开设银行账户的行为等。

二、预算能力薄弱

我国预算改革的主线之一是实现并拓展控制取向，促使政府对公众负责（威廉·F·威洛比，2006）。1999年，我国启动的预算改革建立了初步的预算能力，但总体来说，政府预算的控制能力依然偏弱。

（一）总额财政控制仍显乏力

从某种意义上来说，预算系统本身就是一个控制系统，是对财政支出进行控制的工具。不难想象，在缺乏直接面向公众受托责任安排的情况下，如果缺乏预算这一强有力的合规性控制工具，支出机构和公共官员将很容易受到诱惑，而向不安全的支出领域扩张——他们通常拥有巨大的自由裁量权（discretionary power），而这将驱使它们投资于与政府职能相冲突的新资产领域，包括沉溺于豪华办公帝国的建造和浪费性支出行为。

财政总额控制乏力最为典型的表现之一就是个别行政部门和机构的"三公经费"支出。香港《南华早报》曾发表题为《纳税人终于知道他们的钱去哪了》的文章，指出此前已公布的"三公经费"令人质疑政府机关是否一直在浪费公共资金。2011年11月21日，国务院法制办公布《机关事务管理条例（征求意见稿）》，首次将机关事务管理纳入法治化轨道。征求意见稿规定，县级以上人民政府应当建立健全机关运行经费支出公开制度，定期公布公务

接待费、公务用车购置和运行费、因公出国（境）费等经费的预算、决算、绩效考评情况。管理条例同时规定："县级以上人民政府应当推进公务用车社会化改革。"这是从20世纪末启动公车改革至今，"公务用车社会化改革"的字样首次写进行政法规。

（二）预算与政策的联结脱节

尽管预算改革在整合政策和预算过程上取得了一些成绩，例如，与原来相比，预算更能够约束政府的政策制定，但是，在许多情况下，政策制定和预算执行仍然存在着严重的分歧。因为新的预算程序仍然不能有效地规范预算过程中那些关键性的行动者的决策或者行为。

理论分析和实践均表明，在单纯的年度预算框架下，由于缺少有效的中期战略规划和决策程序，公共部门的政策制定和规划之间不仅相互独立，而且游离于预算程序之外。这使得预算难以对政府的政策制定和执行提供应有的强有力的支持。出现这一问题的主要原因在于年度预算自身存在着一些内在的弱点：（1）短视，因为它仅仅考虑了下一个年度的支出；（2）容易导致支出膨胀，因为它掩盖了未来年度的巨额开支；（3）过于保守，因为收支的巨大变化不会在一个长期前景进行战略安排；（4）狭隘主义，因为各项计划彼此分割，而不是把未来成本与其收入联系起来进行比较（Aaron Wildavsky, 1986）。如果没有配合以中期预算基础预算的导向和约束，在纯粹的年度预算框架下，政府政策（例如教育政策和卫生政策）与预算（资源）配置之间的联结就是脆弱的。

此外，由于政策制定、规划以及预算三者同样不受资源可获取性和战略优先性的限制，由此也直接导致了政府政策承诺与实际履行之间的严重脱节。由此，年度预算过程往往为了应付各种偶然因素而变得面目全非，丧失了其根据清晰的政策选择配置资源以完成战略目标的本意（The World Bank, 1998）。

政策和预算的分离还体现在，政策制定后不一定能够有效地引导资源的使用，从而无法实现基于政府施政目标的重点和战略优先性来配置财政资源，以削减低价值的支出项目，并将财政资源转移到政策关注的关键领域和项目上去。其结果是，大量预算资金流向那些价值很低甚至毫无价值的领域，而政府政策和国家战略所指向的重点领域往往无法得到足够的资金。

虽然近几年国家连续出台了一系列民生举措，但效果皆不尽如人意。政府公共支出规模虽然日益扩大，然而一些重要领域的基本公共服务供给却存在着令人尴尬的不足，集中表现为地方政府对教育、社会保障以及医疗卫生等问题的忽视，导致地方公共支出结构明显扭曲，地方政府服务责任无法得到有效落实。政府支出偏好被长期锁定在高投资、低服务的结构上，形成了独特的“增长型财政”格局。而在基础教育、基本医疗保健和农村公共基础设施，以及对弱势群体等较为重要的其他关键性服务方面，财政资金的投入严重不足，积累了很多欠账。最突出的一个例子就是义务教育政策。该政策早在20世纪80年代就制定了，但是由于长期缺乏足够的资金支持，直到2006年才出现根本性的改变。

此外，多年来难以实现的公共服务均等化问题根源也在于预算未能很好地联结政策并反映其战略重点和优先性。例如，最近10年中，中国公共支出的大部分被用于城市建设和向城市居民提供公共服务，公共财政的阳光很少洒向农村。一方面，城市财政支出在“锦上添花”的刺激下高速扩展，城市面貌日新月异；另一方面，占人口60%以上的农民、农村和农业却很难获得最低水平的公共支出和最基本的公共服务。种种迹象表明，低收入者从公共支出中享受的利益远远低于高收入群体，贫困地区的公共支出份额和相应的受益水平远低于发达地区；基层政府官员的人均支出水平远低于高级别政府官员的支出水平。中国的收入分配不公更大程度上体现为公共支出和公共服务的分配不公，而公共支出和公共服务水平的这一巨大差距很大程度上源于预算未能很好地与政策联结。

如果政策和预算的分离持续下去，国家的预算能力，包括其他方面的国家能力——例如引导经济、社会发展的能力，提供公共服务的能力，都会受到严重的削弱。在这一点上，目前社会政策的转型就面临着严峻挑战。随着市场改革的持续深入，社会不公平等问题日益严重。进入21世纪，国家启动“和谐社会”建设，中国的政策格局因而也开始从纯粹的经济政策逐步转向社会政策。然而，社会政策的转型在很大程度上取决于各级政府能否相应地调整支出结构，增加民生公共服务支出。如果政策不能继续引导资金分配，那么，充足的公共服务和社会政策的转型将遥遥无期。

（三）运营绩效不高

预算不只是控制的工具，也是强化绩效的工具。公共支出绩效会影响到经济社会发展的许多方面，例如，可以用于社会发展的资源、国民对政府的态度、政府和市场提供的商品和服务的相对价格、政府的可信度、在公共和私营部门之间资源的分配以及与公共财政和项目有关的信息的可靠性（Allen Schick，2000）。公共预算绩效管理是创建高绩效政府组织的时代要求，符合深化预算改革的现实需要，体现了重构公共财政研究范式的发展方向。

为提升财政科学化、精细化管理水平，切实提高财政资金使用效益，自2003年，中央和地方各级财政结合实际，开始探索和研究绩效评价工作。2005年，财政部印发了《中央部门预算支出绩效考评管理办法（试行）》，并在中央部门开展了绩效评价试点。2009年印发了《财政支出绩效评价管理暂行办法》，建立起统一的财政支出绩效评价制度，推进财政支出绩效评价工作进一步开展。

但是，总体而言，由于缺少绩效方面的考核管理，大大限制了预算功能的发挥。因此，尽管公共预算改革在我国已经取得了很大进展，但由于缺少财政资金使用的绩效评价制度，很多部门一方面要求增加预算拨款，另一方面却存在大量的财政资源浪费和低效率使用的现象。政府部门中无论是人力资源的浪费还是固定资产的闲置现象都屡见不鲜。

1. 预算执行效率低

预算改革以来，中国的预算执行遇到了一个意想不到的新问题：资金花不出去。这并不意味着中国政府财政资源过于雄厚，反而说明预算执行的效率存在问题，而这种执行效率的低下反映的可能是预算控制和对预算执行监督的不完善。

在每个财政年度的最后阶段，仍会存在较大一部分的预算拨款都还没有按照预算规定的用途花出去，常常要结转到第二年甚至第三年使用。近年来，中央财政的支出进度基本上都呈现出这样的特征：在每个财政年度的前两个季度或者前三个季度都执行得比较缓慢，支出进度的高峰一般出现在年度的最后一个季度。更为糟糕的是，大部分支出实际上并未发生，只是简单地记录为已支资金。

这不仅说明预算执行存在问题，也说明政策执行存在问题。这主要是因为，未支出资金主要积淀在那些为实现某个特定的政策目标而设计的项目预算领域。正如许多发展中国家一样，预算执行中存在的问题常常是因为预算编制有问题，甚至是因为整个预算体制不完善。最近的一项研究（Ma，Yu，2011）指出，中国预算执行出现支出进度偏慢并不是因为预算改革以来的预算体制对政府及其各个部门施加了过多的不必要的预算控制，恰恰相反，在很多情况下，这主要是因为预算控制体系要么没有很好地建立起来，或是仍然不能有效地约束和规范政府及其各个部门的行为。

2. 缺乏科学规范的绩效评价指标体系

首先，缺乏科学、规范合理的指标体系。建立指标体系是绩效管理的重要基础性工作，指标体系总体结构的设计合理与否，直接关系到绩效管理的质量。当前的财政支出绩效评价，由于缺乏一套基于严密数据分析的科学、统一、完整的指标体系，无法满足从不同层面、不同行业、不同支出性质等方面进行综合、立体评价的要求，从而影响了财政支出绩效评价结果的公正和合理性，进而影响了公共财政资金的使用绩效。

绩效管理可以归纳为“绩效测量、绩效指标、绩效评估和质量控制”（Boland，Fowler，2000）。通常情况下，绩效管理的指标体系应由规划目标、投入指标、产出指标和成果指标四部分构成。规划目标指标应包括对目标的明确描述，以及对目标的评价。投入指标是绩效指标体系中较为明确和易于测量的指标，一般情况下仅考察资金的投入。产出与成果指标包括活动的直接产出以及活动的间接、长期结果（即影响），由于政府公共支出所资助的活动，其产出往往无法具体计量，因为产出的效果具有长期性或以长期间接效果为主（如教育、科研、文化等事业）。

对于计量绩效而言，最重要的并不在于量化，而在于对绩效的正确解读，也就是说要关注绩效的可解释性。在很多情况下，相对于使用量化的方法而言，可以通过使用更为清晰的语言来更为精确地阐述绩效问题。

其次，评估的配套机制不健全。绩效管理作为一个相对完整的系统，需要从内部治理与外部监督、绩效评价与追踪问效、激励机制与奖惩手段等多方面获取相应的技术支撑。然而，我国当前的情况是，包括绩效预算、绩效审计、问责制度等诸多配套管理机制还不够成熟，这也同样妨碍了公共预算绩效管理改革的进程。

三、预算信息披露欠缺

20世纪80年代以来，对于政府信息公开在公民知情权、公共管理与参与、财政问责等方面的重要性，国际学界形成了较为一致的认识。随着互联网的快速发展和公众民主意识的增强，国内公众也越来越多地通过浏览政府网站和查阅预算文件等途径解读政府信息，表达质疑和抱怨，并呼吁政府更为全面、细化的公开预算、财务以及绩效信息。

随着政府管理改革与预算改革的逐步深化，作为对改革趋势和国内民众呼声的回应，近年来中国各级政府纷纷采取措施加强对公共支出信息的披露，包括对预算和决策报告以及“三公经费”等信息的初步公开，财政透明逐步提高。2008年5月1日开始实施的《中华人民共和国政府信息公开条例》，将预决算报告列为需重点公开的政府信息。2010年中央政府各部门的部门预算大部分已公开，政府性基金预算、国有资本经营预算、国债收支表也已公开，

地方各级财政大致同步公开了预算。同时，财政收支的各项法规和政策绝大部分属于公开信息。财政预算和财政制度安排的公开促进了公众有序参政议政。党的十八届三中全会《中共中央关于全面深化改革若干重大问题的决定》进一步指出，要"改进预算管理制度，实施全面规范、公开透明的预算制度"，使预算公开透明成为中国政府预算改革最为核心的内容。

然而，由于缺乏一套概念清晰、目标明确、操作性强、堪与公司财务信息披露标准相媲美、覆盖"预算—财务—绩效"信息的综合性财政信息标准化披露机制加以约束和规范，当前政府信息披露在时间、频率、程序、范围、质量和详细程度等方面很大程度上取决于行政部门的自由裁量，这导致保密导向的选择性披露现象盛行。因此，从现状看，无论与国际惯例相比还是与公司通行做法相较，中国的政府信息披露机制建设仍然滞后，严重阻碍了服务问责的信息获取渠道。

（一）预算报告"难以读懂"

预算报告是政府的最重要的政策文件。作为政策文件，预算报告动态（年复一年）、集中和权威地记录了与国家治理最为密切相关的信息：政府从公民那里拿了多少钱、花了多少钱、花在何处、被用于促进哪些政策目标，政府关注的优先事项，以及最终结果（支出绩效）如何。正因为如此，预算报告被确认为是"政府唯一最重要的政策工具"（Mikesell，2007）。在现代社会，公民正是主要通过解读预算报告来行使其财政知情权，表达自己的公共话语并要求政府做出适当回应。承载"话语表达—回应"功能的预算报告得以成为现代社会民主治理的核心机制。

目前，中国从县级政府直至中央政府以及所属预算单位，每年都需要花费大量时间、人力和资源编制数目庞大的预算报告，经各级人大审查后作为法律文件由政府行政部门负责实施。近年来，各级政府逐步加大了预算报告公开的力度（2010 年中央政府的 74 个部门在官方网站上公布了粗线条的部门预算报告），公民、媒体、专家学者等对预算报告的关注度随之提高，特别是大量"网络公民"通过在线阅读部门预算报告，表达各种形式的"财政话语"，要求政府部门做出回应。

需要强调的是，自 2000 年实施部门预算制度以来，中国各级政府在"细化预算编制"的主线下对预算报告作了许多改进，以使预算报告承载和披露更详细的信息。尤其是中央政府的预算报告改革效果比较明显，2009 年、2010 年预算报告得到了较高的评价，通过加大民生投入和财政公开，中央政府的预算报告彰显了"责任政府的民生预算"、"彰显正义的公平预算"、"全面推进的阳光预算”和“科学理财的精细预算”。这表明预算报告在专家的眼中已经取得了较大的进步。然而，由于预算报告的专业化倾向明显，因此，对于非专职化的人大代表和普通公众而言，预算报告仍然类似“天书”。此外，由于现行预算报告未能采纳国际上逐步成为惯例的公民友好型模式，许多政府部门陷入了“答复难题”：难以准确、及时、详细说明纳税人的钱究竟花在何处、为何目的花钱、是否合规、结果如何。

细化预算编制的主要意义在于增进透明度和加强预算执行控制，但对于“让普通公民也较易读懂”并进而满足了解和问责政府的服务责任的要求而言，这项措施不够充分。因此，细化预算编制是必要的和有意义的，但如果细化的方向存在问题，细化后的预算报告仍然可能让普通民众感到“一脸茫然”，无论在行文、制式、信息还是其他方面。这样的预算报告无法便利且难以有效引导公民的话语表达，预算报告原本具有的“表达—回应”这一参与式民主治理功能也不能得到充分发掘。

（二）财务报告“过于笼统”

政府财务报告是公共部门和机构对一定会计期间政府财务活动乃至所有的经济活动所进行的全面系统的总结和报告，是沟通政府和民众之间的重要信息来源，也是体现政府财政透明度的重要载体。IMF 指出，政府应向公众提供全面的政府财政信息，至少应当包括预算信息、资产和负债信息以及各级政府的合并财务状况信息等。

公共财务受托责任的归宿在于绩效评价，政府财务报告是绩效评价所需绩效信息的重要来源。与此同时，政府职能的转换、公共财政体制的改革、政府收支分类科目的变化、政府绩效评价制度的建设以及政府监督的强化等，均对反映政府经济活动的政府财务报告信息提出了更高要求。

以国际标准来衡量，中国现行预算执行报告因未能涵盖政府活动的所有重大方面，从而在提供财政信息的完整性方面存在着诸多不足，导致披露的财政信息不完整。因为缺乏政府整体的财务报告（核心是资产负债表、运营表和现金流量表），导致公众无法借助政府的财务信息（覆盖政府资产、负债、净资产、现金流入、现金流出、现金余额、成本和费用信息）来解读政府的秘密（王雍君，2011）。

（三）预算透明度有待提高

透明的政府只有在预算透明、财务透明和绩效透明的三维财政信息架构内才能实现，鉴于我国目前的预算、财务和绩效信息在特征和功能上还存在显著差距，还无法支撑透明政府建设。因此，建立起“预算报告—财务报告

—绩效报告”三位一体的预算文件体系，才能够真正构建起包括立法机关、行政部门和普通公众了解和解读政府行为的信息渠道，才能够更好地实现服务问责，激励政府部门更好地履行服务职能。

四、预算的公民参与有限

发展中国家近年来分权治理的理论与实践表明，公民参与是改进地方政府（亦即中国的基层政府）责任治理的一种重要机制。公民参与治理作为一种“自下而上”责任机制，实质上属于一种授权（empow erment），其基本原理在于地方政府对社会公众移交部分决策权和职责，增强公民在地区治理中的参与性，提高地方政府对本地居民需求的回应性，从而促使地方政府更加有效和负责任。而发展中国家公民参与治理的典型模式当属“参与式预算”。在全球范围内，随着公民力量的加强，“参与式预算”逐渐兴起，成为化解一系列棘手经济社会问题的有力武器。

参与式预算通过影响市民和政治家行为从而对最终政策结果产生积极的作用（Aragons，Sanchez－Pages，2009），这将有助于强化政府对公民的纵向受托责任、将地方民众有效地带入发展进程以及推动中国的基层民主化进程。参与式预算的实施将会提高教育、社保以及医疗支出占预算内财政总支出的比重；同时，有助于改善基层政府治理，使基层政府更有效地配置公共资源，缓解公共支出的结构失衡；有助于改善地方政府的责任治理，使政府支出更好地体现以“民生为本”的公共财政特征；有助于推动基层政府由“增长型财政”向“公共财政”的职能转变。

然而，目前我国公民对预算的参与严重不足，特别是一般公众。在目前体制下，公众没有足够的机会、渠道和兴趣参与预算过程。由此带来的一个直接后果是，预算反映的是“政府的偏好”，无法成为民意表达的工具。公众对公共事务相对价值（例如预防和治疗何者更重要）和支出优先性排序的看法，通常与政府官员颇不相同。因此，缺乏广泛参与的预算实际上也是缺乏民意基础的预算。

造成这种局面的原因主要在于，我国的参与式预算正面临着一系列的困境。

首先，参与式预算的适用层级问题。发端于浙江温岭的参与式预算，始于乡镇财政层面，目前正向县级推进。但在其他很多试点地区，参与式预算则主要体现在街道和社区层面上，而按照我国现行《中华人民共和国预算法》的规定，街道和社区一级并非是独立的预算主体。因此，这些所谓的“参与式预算改革”更多体现在项目决策过程和社区街道发展计划上，而非准确意义上的预算决策过程。在现行预算法律框架内，如何准确界定参与式预算的适用层级问题，是困扰当前改革实践的一个重要问题。

其次，参与式预算容易受到地方经济发展水平的限制。受到经济发展水平的局限，参与式预算最初兴起于比较富庶的江浙一带。这些地区改革开放比较早，民营经济相对较为发达。民众的生活水平提高，民主意识较强，政府也开始意识到，在公共预算决策中要想实现“依法用好百姓钱”的目标，就需要充分吸收公民的有效参与。但对于经济欠发达地区来说，在民生问题妥善解决之前，参与预算民主的实践活动，对普通公众在一定程度上仍旧属于一种“奢侈品”，或者更恰当地形容为处于“奢侈品”向“必需品”过渡的阶段。

再其次，基层民众的预算专业知识匮乏。现代预算系统涉及诸多技术性问题，其编制和实施过程涉及众多领域，具有很强的专业性。由于专业知识的欠缺，公民参与中的“不作为”和“非规范性作为”，都是制约预算参与效果的极大障碍。因此，预算参与者必须具备一定的专业知识，才能够进行科学合理的预算决策，并对其结果进行绩效分析。在“草根式”的参与式预算实践中，参与预算的民众和人大代表多是土生土长的农民，预算的专业性特点为其参与预算过程设置了天然的障碍。

最后，参与式预算缺乏制度化的保障机制。中国当前进行的参与式预算实践，还没有纳入制度内的有序规范之中，缺乏法律保障，稳定性较差。参与式预算在中国主要源于个别领导的推动和某些研究者的支持，具有较大的随机性和偶然性，难免出现“人走政息”的可能性。因此，在参与式预算的实践中，需要通过制度规范将预算民主固定下来，构建具有长期稳定性的“道路规则”体系。

中国基层财政体制与预算制度发展中面临的上述问题，严重影响与制约了中国基层政府施政能力的提高与治理能力的发挥。由此，系统梳理国内外基层财政体制和预算制度构建与发展等方面的理论，借鉴国外基层财政体制建设与政府预算制度改革等方面的实践经验，将有助于我们从不同的角度和不同的侧面，对中国基层财政体制改革与预算制度完善进行进一步深入的思考。

第二章　基层政府财政收入体系的完善

第一节　基层政府自有收入体系的完善

现阶段，我国大部分基层政府面临着收不抵支的财政困境，一个重要的原因在于基层政府自有收入来源有限，主要体现为大多数基层政府的财政收入来源为第一产业，以第二产业和第三产业作为财政收入来源的基层政府十分有限，而且多分布在东部沿海省份，而这一情况在2006年我国全面取消农业税后变得更为严重，许多基层政府甚至完全没有自己的财政收入来源，完全依靠上级转移支付来维持政府机构的日常运作。为了增加基层政府的自有财政收入，一方面应该鼓励基层政府加快产业结构升级和经济结构转型，促进经济增长；另一方面，还可从改革地方政府财政体制入手，在为基层政府创造新的税收收入来源的同时，加强非税收入和预算外收入管理。

一、拓展基层政府税收收入来源

1994年的分税制对中央政府和省级政府之间的税收收入进行了较为清晰的划分，但是对省（区、市）以下的政府间税收收入划分并没有制定出相应的规则，导致省级或市级政府凭借掌控人事权的优势，将基层政府征收的增值税、营业税等税源丰沛的税收收入上划为省市级政府所用，使基层政府税收来源受限，税收收入减少。

对于这种情况，我们认为，当务之急是尽快使基层政府拥有一个可以保证收入来源的主体税种，而且这个税种应该满足以下条件：一是税基应该在基层政府的管辖范围内，不容易外流；二是能够每年产生稳定的税收收入来源；三是有利于激励基层政府为获取更多税收收入促进经济发展。增值税、营业税和所得税都不太符合第一个条件，因此不适宜作为基层政府的主体税种。财产税是针对不动产所征收的税收，不动产是十分固定的税源，不像商品、人口和企业一样可以轻易流动，因此以基层政府管辖区域范围内的不动产为税基的财产税最适合作为基层政府的主体税种。

如果财产税作为基层政府的主体税种，那么只要基层政府投入财政资金，改善管辖范围的居住环境和配套设施，例如，改善道路交通、新建学校医院、新建商场广场等，就会吸引人们来此购入房产定居，同时也会使辖区内的住房、商铺等不动产不断升值，税基自然也会相应地不断扩大。众所周知，同样造价、同样面积的不动产，坐落在配套设施完善的繁华市区和毫无配套的偏远郊区，价格可以相差好几倍甚至几十倍。因此，基层政府应该不断优化辖区范围内的居住环境和投资环境，使辖区内居民生活便利、公司运营顺利，从而带来辖区内不动产市场价值的不断上涨。其后，通过评估公司对辖区范围内不动产市场价值的定期估值，并基于新的市场价值征收财产税，就可以保证基层政府财产税税收收入的不断增长。在财产税税收收入增加的情况下，基层政府就可以进一步提供道路、医疗和教育等方面的公共物品，完善辖区内的居住环境和投资环境，促进财产税税基的进一步扩大。

综上所述，基层政府以财产税为主体税种有助于形成“投入财政资金改善居住投资环境——不动产升值——财产税税基扩大——基层政府税收收入增加——投入财政资金改善居住投资环境”的良性循环，从而从根本上解决基层政府缺乏税收收入来源的问题，有利于基层政府尽快走出捉襟见肘的财政收支困境。

此外，以财产税作为基层政府的主体税种，还可以有效避免“用脚投票”机制引起的地方政府间恶性税收竞争。蒂布特（1956）提出人口和资源具有流动性，人们以“用脚投票”的方式选择最适合自己的地方政府，地方政府如果想发展本地经济，要么降低本地区的税率，要么提高本地区公共服务供给水平，使自己在居住环境和投资环境上超过周边其他地方政府，从而吸引优质资源和人才进入本地。有学者指出，“用脚投票”可能引发地方政府间的过度恶性竞争，其中一个重要竞争方式就是地方政府采取避高就低（race to the bottom）的税收竞争策略，即通过不断降低税率的方式吸引人才和资源流入，但这有可能造成地方政府公共物品供给不足，不利于促进地方经济增长（Oates，1972；Mendoza，Tesar，2005）。

目前，中国的基层地方政府虽然对增值税、营业税和所得税没有税率制定权，但税收优惠是基层政府变相降低税率的主要方式，基层政府往往采取税收优惠政策以吸引外资流入和外商进驻。这种方式虽然在短期内加快了GDP增长速度，但长期来看并没有从根本上提升本地居民的生活质量，甚至还破坏了生态环境，廉价出卖了土地资源。如果基层政府以财产税作为主体税种，由于财产税税基不具有流动性，不仅可以避免地方政府之间税收恶性竞争，还可以促使地方政府转向采取比较合理有效的竞争方式，即通过财政支出手段提高本地区公共物品和公共服务水平来互相竞争。

从长期来看，基层政府在拥有了自己的主体税种后，还应该赋予他们一定的税收自主权。世界主要发达国家的地方政府大都有属于自己完整独立的税收体系，地方政府一般拥有地方税的立法权、开停征权、税率调整权和税收解释权，这些税收权力都通过法律形式确定下来，明确规定归地方政府所有。然而，现阶段中国地方政府仅仅拥有税收使用权，税收立法权、税种开征权和税率决定权都集中在中央政府。由于中国幅员辽阔，东中西部地区的经济发展程度和历史文化特征差别很大，不同地区基层政府面临的社会经济状况和税源情况千差万别，如果基层政府能够根据本地经济发展特点和实际情况，自行决定开征一些适合本地经济发展的税种，或者可以自行调整税率以适应本级经济发展状况，可能更有利于基层政府对地区经济发展进行调控。

如果中央政府担心下放税收自主权可能导致一放就乱的局面，可以通过立法对地方开征新税种予以严格限定，或严格规定地方政府开征新税种或者调整税率的法律程序，赋予地方人大在开征新税种或者调整税率上的决定权和监督权。另外，中央政府在下放税收自主权时，可以保留增值税、消费税和所得税等大税种的决定权，先将小税种的自主权部分下放给地方政府；或者中央政府还可以先下放部分税收自主权给省级政府，通过对省级政府税收自主权实施过程中管理经验的积累，再逐渐下放税收自主权到基层政府，如此就可以将实施权限改革中不规范行为出现的可能性降到最低。

总而言之，要想构建完善的基层政府税收收入体制，短期内应该构建属于基层政府的主体税种，以确保基层政府有稳定的税收收入来源，经过探讨，我们认为，以不动产为税基的财产税最适合作为基层政府的主体税种；长期而言，应该赋予基层政府一定的税收自主权，使基层政府可以根据本辖区的经济特点开征税种或者调整税率，从而增加基层政府对本地经济进行调控的手段，但中央政府需要注意的是，应该以法律形式严格限定地方政府开征税种或者调整税率的法律程序，同时赋予地方人大相应的决定权和监督权。

二、加强基层政府的非税收入管理

根据2007年财政部最新公布的政府收支分类科目，我国政府的非税收入包括行政事业性收费、政府性基金收入、政府专项收入、国有资源有偿使用收入、国有资本经营收入、罚没收入、彩票资金收入和其他非税收入。我们认为，政府非税收入管理的未来方向应该是：以税收收入管理模式对非税收入进行严格管理，目前，我国的预算管理制度也在朝着这个方向前进。接下来，本部分将以行政事业性收费和政府性基金收入为对象，分析如何完善这两类非税收入的管理制度。

在行政事业性收费方面，目前基层政府存在的问题不少：一方面是费用收取不规范，收费项目和收费标准设立混乱；另一方面是资金使用不规范，收费款项经常被挪作他用。因此，基层政府应该从收支两个方面完善行政事业性收费管理。针对收费不规范问题：首先，应该清理目前已经开征的各项行政事业性收费，发现不合理、违反规定、损害市场积极性的收费项目，应予以坚决取缔；其次，应该以法律法规形式，规定严格的行政事业性收费程序，包括政府提议、居民听证、人大审批等，防止基层政府随意增加收费项目，增加居民负担；再其次，制定收费标准时要充分考虑广大民众的意见，要在正式确定收费标准前多次举办听证会，让民众的意见得到充分表达，同时也可以让基层政府借此吸取更多经验；最后，对征收规范的行政事业性收费也可以采取代扣代缴制，指定义务缴费人，以节约行政事业性收费的征管成本。

针对行政事业性收费资金使用不规范的问题，首先，应根据每一项行政事业性收费开征的目的和初衷，明确规定收费资金的使用方向，不允许被挪作他用；其次，将行政事业性收费纳入预算内管理，实行收支两条线和国库集中支付制度，收费先统一上缴财政专户，然后再由财政部门根据预算计划统一安排使用，改变收费单位“谁收谁用、多收多用”的不良激励机制，从源头上杜绝乱收费、多收费现象发生；最后，加强审计部门的监督作用，审计部门可以每年抽查几项行政事业费收入的使用情况进行审计，对挪用、乱用收费资金的相关负责人进行严惩。通过上述措施，可以在极大程度上确保基层政府在行政事业性收费方面依法收费、合理征收、规范使用，减少老百姓对行政事业性收费的误解，维护基层政权的稳定。

在政府性基金方面，目前已经有铁路建设基金、电力建设基金、三峡工程建设基金、公路建设基金、民航基础设施建设基金等十几项数额较大的政

府性基金，这些基金已纳入财政预算内管理。政府性基金不同于其他非税收入的地方在于要求专款专用，每一项基金都有一个为了实现特定目的而成立的专门账户。虽然明确要求专款专用，但在实际工作中，由于基金类别多样、分散管理、监督不到位等原因，挪用政府性基金的情况仍然存在。为了避免这一情况，基层政府应该做的，细化政府性基金的预算支出计划，实行收支两条线和国库集中支付制度，加强审计部门和地方人大的监督作用。另外，由于各项政府性基金要求专款专用，可能出现某一年份某项政府性基金结余较大的现象，使财政资金使用效率受到一定影响。针对这一问题，应该建立起政府性基金之间的年度拆借制度，甚至是政府性基金与一般预算收入之间的年度拆借制度，合理统筹用好预算内财政资金，使每一年的财政资金都能得到充分有效地利用。需要说明的是，年度拆借与专款专用的要求并不矛盾，虽然当年某项政府性基金的结余资金被用于其他用途，但是这笔资金在第二年会被归还继续用于该项政府性基金所对应的指定用途。

三、规范清理基层政府预算外收入

20 世纪 90 年代以来，中央政府开始意识到地方政府预算外收支存在的危害性，逐渐采取措施整治地方政府的预算外收入，例如收支两条线改革、部门预算改革、国库集中收付改革、政府采购制度改革等。这些措施在一定程度上规范了地方预算管理制度，将许多原来是预算外的资金收入纳入预算内管理，如政府性基金、多项收费等。目前，我国体制外政府资金已经远低于从前的水平，但由于信息不对称性，地方政府尤其是远离中央的基层政府，仍然每年以各种不受监管的新形式收取许多预算外收入。如何杜绝这些游离在预算管理制度之外的财政收入，是中央政府需要特别留意的问题。

我们认为，杜绝预算外收入主要包括两个方面的任务：一是将政府该收的资金全部纳入预算内管理；二是将政府不该收的资金全部取消，并防止其再次收取。具体而言，上级政府应该完善如下制度：首先，建立全覆盖的预算管理制度。上级政府应该全面掌握基层政府现有的预算外收入，并且以非税收入管理的方式将其全部纳入预算内管理，不允许存在预算外收入。其次，对基层政府的财政资金进行法制化管理。目前，许多预算外收入行政色彩浓厚，大多是由基层政府领导临时决定，既不具有合理性，更谈不上合法性，也没有充分探讨和预估其对经济社会可能产生的影响。对于基层政府可以收取的费用，应该用法律的形式具体列示出来，并且纳入预算内管理，对于基层政府现在不能收取但今后随着经济发展可能需要收取的费用，应该以法律形式规定相应的程序，地方官员不经上级同意或当地人大表决不可开征新的收费。再其次，对基层政府的财政资金应该建立定期异地审计制度。各个基层政府审计部门之间开展交换资金检查（A审计B，B审计C，C审计D，D再审计A），以及时发现并清理违规违法的或者不利于经济发展的预算外资金收入。最后，加强当地居民和人大对基层政府财政资金的监督作用。如果当地居民发现基层政府随意开征税费，可以向当地人大举报，当地人大有义务接受举报，对政府的随意收费行为进行调查，并有权叫停政府随意乱收费的行为。

本节主要从税收收入、非税收入和预算外收入三个角度探讨了如何完善基层政府的自有收入管理。在税收收入方面，应该强调税收在基层政府自有财力中的主体地位，确保基层政府拥有自己的主体税种和相应的税收自主权；在非税收入和预算外收入方面，应该强调二者的合法、合规、合理性，既要防止财政资金被挪用产生的贪污腐败问题，又要防止政府攫取之手对地方经济发展造成的破坏。然而，通常情况下，基层政府由于受自然资源、地理环境、人口规模等各方面客观条件的限制，自有收入水平十分有限，使地方财力难以满足基本公共服务需求，这时，来自上级政府的财政援助就变得极为重要了。由此，为了满足基层政府行使公共服务职能的需要，通常情况下，还需要构建完善的财政转移支付制度。

第二节　构建面向基层政府的转移支付制度

从理论上来说，自上而下的转移支付主要具有以下两个作用：一是缓解地方政府捉襟见肘的财政困境，使地方政府能够为当地居民提供最基本的公共服务，同时也能够确保各个地区的公共服务水平大致均等，实现公共服务的均等化；二是降低地方政府提供某些具有正外部性公共物品的成本，促使地方政府提供更多的这类公共物品，以提高整个社会的效用水平。

从实际经济层面来说，转移支付还是上级政府控制地方政府行为，使地方政府行为符合总体国家经济目标的重要手段。目前，在我国自上而下的转移支付中，税收返还和专项转移支付占据了绝大部分比重，一般性转移支付里有大部分科目也规定了使用方向，如调整工资转移支付、农村义务教育补助等。这样的结构使转移支付更多地成为中央政府的调控手段，而并未发挥

出促使公共服务均等化的作用。此外，现行的专项转移支付也存在大量问题，如分配机制不合理、腐败问题丛生、资金挪用频发、资金使用效率不高等。本节将重点探讨如何完善和健全基层政府的转移支付制度，使转移支付真正成为承担众多支出职能过多但自有收入有限的基层政府可靠的财政资金保障。

一、扩大一般性转移支付

一般性转移支付的特征是上级政府不指定该项转移支付资金的用途，基层地方政府对这笔资金具有完全支配权。一般性转移支付的优势在于，不仅能有效缓解基层财政困境，实现基层财力均衡，而且有利于发挥基层政府更了解地方居民需求，可提供最合理公共产品的优势。在当前我国一般性转移支付规模偏小的情况下，增加一般性转移支付占比是改善转移支付制度的必然选择。

首先，应该减少税收返还的资金规模。设立税收返还是为了激励地方政府的税收努力程度。一般而言，富裕地区税收返还多，贫困地区税收返还少，税收返还不仅没有缩小地区间财力差距，反而起到了扩大地区间财力差距的作用，这违背了转移支付的初衷，因此应该减少税收返还。但是，由于减少税收返还可能触及富裕地区的利益，会产生较大阻力，由此，减少税收返还应该逐步递减，不可操之过急。

其次，应逐步取消具有专项性质的财力性转移支付，例如调整工资转移支付、农村义务教育补助等。这些转移支付虽然属于财力性转移支付，但是基层政府无权自由支配，只能将转移支付资金用于上级政府指定的方向，不利于基层政府发挥自身的信息优势，将转移支付资金用于本辖区最急需的地方。

最后，应该将原体制补助、结算补助等转移支付统一并入一般性转移支付之中。这些转移支付虽然基层政府具有自行支配权，但是这些补助大多是财政体制改革初期为减少改革阻力而遗留的原体制产物，已不适应现代财政管理的需要，而且其分配计算方法主要是基数法，相比于一般性转移支付采用的公式法不够科学合理，也不符合基层政府实际资金需求情况。

有鉴于此，十八届三中全会决定提出，要“完善一般性转移支付增长机制，重点增加对革命老区、民族地区、边疆地区、贫困地区的转移支付。中央出台增支政策形成的地方财力缺口，原则上通过一般性转移支付调节。清理、整合、规范专项转移支付项目，逐步取消竞争性领域专项和地方资金配套，严格控制引导类、救济类、应急类专项，对保留专项进行甄别，属地方事务的划入一般性转移支付。”由此，针对基层政府的转移支付制度的建立，就应该通过清理、整合、规范专项转移支付项目，逐步扩大一般性转移支付项目的方式，实现缩小地区财力差距，提高转移支付资金使用绩效，防止腐败和道德风险产生的目标。

一般性转移支付需要采取合理的事前分配方法，以确保一般性转移支付既能缩小基层政府间的财力差距，又可促进基层政府的税收积极性，防止粘蝇纸效应和道德风险问题。目前，学术界公认分配一般性转移支付最科学的方法是因素法。因素法的具体计算方法如下：

首先，测算标准收入。标准收入主要包括标准税收收入、税收返还收入和其他上级净补助收入。其中，标准税收收入是指根据一些实际经济指标乘以税率的方式估计每个税种的标准收入，例如，增值税基于工业增加值和消费品零售总额等指标，营业税基于建筑业总收入、餐饮业营业收入、商品房销售量等指标，资源税基于原煤产量、原油产量、天然气产量等指标。税收返还按照实际决算数计算。其他上级净补助收入是指除了一般性转移支付外，上级政府拨付的其他财力性转移支付，也按照实际决算数计算。

其次，测算标准支出。标准支出的测算是根据财政供养人员数、政府工作量乘以单位成本来测算。值得注意的是，一般性转移支付的目标是缓解地方政府的财政困难，主要是保证机关事业单位的正常运转和财政供养人员工资的正常发放，所以标准支出的测算范围仅包括经常性支出，例如城市维护、社会保障、教育、卫生等方面开支，而不包括基本建设支出、企业挖潜改造资金、支援不发达地区等资本性支出。

最后，设定转移支付系数。转移支付系数根据当年一般性转移支付规模以及存在缺口地区标准收支差额确定。具体而言，一般性转移支付规模的50%按照统一系数对缺口进行补助，其余50%按困难程度系数进行分配，困难程度系数类似恩格尔系数的计算原理，用各地维持基本运转支出占标准收入的比重来测度，其中，各地维持基本运转支出包括公检法、教育、离退休人员经费等。转移支付系数在一定程度上表示上级政府对下级政府正常履行职责的保障程度。

综上所述，因素法计算一般性转移支付的公式如下：

一般性转移支付=（标准收入-标准支出）×转移支付系数

因素法在理论上十分符合一般性转移支付的原理和目标，但是在实际操作中十分烦琐复杂。如果严格按照因素法来进行一般性转移支付金额的计算，将耗费大量的人力物力来收集税基、人员数、工作量、单位成本等基础数据

以估算标准收入和标准支出，虽然结果精准，但要花费大量成本，成本收益比不高。对于这一问题，我们认为，在计算面向基层政府一般性转移支付时，不必严格按照因素法中标准收入和标准支出要求的明细项进行，可以按照一定的特征进行分类，然后按几个类别的收支来估算标准收入和标准支出，这样可以大大减少数据索取和计算的工作量，在计算一般性转移支付金额的精准程度和运作成本上取一个均衡。

由于目前因素法大多运用于中央政府与省级政府之间的转移支付，因此对于基层政府而言，上级政府最重要的是尽快将因素法的思想运用在一般性转移支付上，可以首先仅建立一个只包含几类收入和支出的计算标准收入和标准支出的大致框架，不必过于细化，然后在每年拨付一般性转移支付的过程中，评估转移支付效果，并逐渐细化计算标准收入和标准支出时所需要的收支类别和收支数据，允许各个地区根据本辖区实际的地理、社会和经济情况，确定最终因素法公式中需要的明细收支数据。这样做不仅可以减少一次性推广因素法产生的阻力和隐患，而且充分考虑了各地的实际情况，能够因地制宜地在基层政府层面运用因素法计算一般性转移支付。

另外，在设计因素法公式时需要注意的是，要确保富裕地区和贫穷地区在一般性转移支付后，二者之间的可支配财力存有合适的差距，这样才能充分调动基层地方政府发展经济和扩大税源的积极性，避免基层政府出现不劳而获的道德风险问题。

另外，对一般性转移支付需要采取有效的事后绩效评估方法，以确保一般性转移支付资金确实被用于当地居民最需要的领域。在政治高度集权的实际国情下，中国基层官员的晋升通常由上级政府决定，上级政府考察任用官员时地方 GDP 往往成为最为重要的考量依据。这使得基层政府官员更加倾向于将可支配财力投入到有利于 GDP 快速发展的领域或者短期对 GDP 有显著促进作用的领域，例如公路水利等基础设施建设，而不会投向短期内；对 GDP 发展没有明显促进作用，但长期有利于经济发展的领域，如教育、医疗、社会保障等民生方面。由于一般性转移支付没有指定资金的用途，因此，为了防止出现一般性转移支付资金全部投向基础设施建设而非医疗、教育、社会保障等民众需求强烈的领域，上级政府应该建立一套对一般性转移支付资金的使用效果进行考察评估的体系，以督促基层政府将一般性转移支付资金更多地投入到民生性公共服务领域。

具体而言，可以有以下两种绩效考核方式：

一是尽快改革现行地方官员晋升考核方式和考核指标，构建一套涵盖经济、民生、环境等多因素在内的多元化官员晋升考核指标体系，上级政府可以依靠这个指标体系提供的绩效评估结果来调整转移支付系数，增加或减少下一年度拨付给基层政府的一般性转移支付金额。这也就是十八届三中全会决定提出的，“完善发展成果考核评价体系，纠正单纯以经济增长速度评定政绩的偏向，加大资源消耗、环境损害、生态效益、产能过剩、科技创新、安全生产、新增债务等指标的权重，更加重视劳动就业、居民收入、社会保障、人民健康状况。”

二是在多元化官员晋升考核指标体系尚未建立起来的时候，可以采用抽查的方式来监督一般性转移支付的使用方向。上级政府可以每年选取几个下级政府，对他们不愿意优先投入但关乎民生稳定的领域进行抽查，详细评估这个领域的公共服务提供水平是否有提高，或者该领域公共服务当年资金来源中有没有来自一般性转移支付的资金，这样的办法既可以节省上级政府监督基层政府一般性转移支付资金使用的工作量，而且还能够对基层政府重建设、轻民生的支出行为扭曲起到较好的校正作用。

二、减并专项转移支付

专项转移支付的特点在于上级政府明确规定了该笔资金的使用方向，不允许随意挪用，并且要求下级政府提供一定的配套资金。目前，我国专项转移支付存在一定的问题：一是配套资金要求不合理，一般而言越贫穷越需要专项转移支付的地方政府，越无法提供配套资金，越难获得专项转移支付的资助；二是专项转移支付分配时产生的腐败问题十分严重，需要专项转移支付的贫穷地方政府很难支付高额的游说成本，越难获得专项转移支付，这样的后果是产生富者越富、贫者越贫的马太效应，不符合转移支付缩小地方差距的初衷；三是专项转移支付资金投向的项目交叉重复，造成资金浪费、管理烦琐和监督困难；四是专项转移支付资金分配后缺乏监督考核机制，使用不规范问题十分突出，专项转移支付资金经常被挪用，资金使用效率不高。

对于专项转移支付目前存在的这些问题，应在提高一般性转移支付的同时，适当减少专项转移支付占总转移支付的比重，其后，再完善专项转移支付的管理规范工作。具体而言，应该从如下几个方面来加强专项转移支付的管理：

1. 对财政困难地区减免部分配套资金

由于配套资金的要求容易导致富者越富、贫者越贫的马太效应，不利于缩小地方间财力差距。因此，上级政府可以通过计算一般性转移支付的标准

收入和标准支出，判断哪些基层政府属于财力困难地区，然后根据困难程度和受益程度来决定减免的配套资金比例。

2. 将专项转移支付的分配权力收归财政部门

即政府各个部门根据自身领域的项目需要进行资金申报，由财政部门统一进行审批、协调和分配，加大财政部门在专项转移支付分配中的权力，这样可以避免专项转移支付项目审批权在各个部门手中时出现重复浪费和混乱管理的情况。

3. 加强专项转移支付的法制化管理

用法律法规的形式规定专项转移支付资金不得挪作他用，应充分发挥人大和审计部门的监督作用，加大对违规使用专项转移支付资金的惩罚力度。

三、建立分类专项转移支付

一般性转移支付虽然可以发挥基层政府对本地情况了解的信息优势，但是不利于上级政府调控目标的实现，专项转移支付虽然符合上级调控目标，但是缺乏对居民需求了解的信息优势。因此，可以考虑建立分类专项转移支付。

分类专项转移支付指上级政府从较高的战略角度，根据整个地区发展规划确定需要补助的方向，例如教育，拨付一部分资金给该领域，但是不规定具体用途，由基层政府根据本地的实际情况自行决定资金用于何种明细项目之上，如是修建学生宿舍还是用于教工培训。

这种类型的转移支付既可兼顾一般性转移支付和专项转移支付的优点，又可发挥基层政府对本地居民需求和经济发展情况了解的信息优势，还能保障上级政府宏观调控目标的实现，是一个非常好的制度建设和选择。

四、提高转移支付拨付效率

转移支付资金拨付效率的提高基于整体财政预算管理、收支管理制度和财政信息化的完善。目前，我国财政转移支付资金采取的拨付方式是中央政府拨付给省级政府，省级政府拨付给市级政府，市级政府再拨付给县级政府。在这种层层向下划拨的方式下，基层政府应得的转移支付实际到账时间往往是年中或者下半年，造成基层政府某些支出延误或者短期负债。

我们认为，在目前电子信息技术已经非常完备的情况下，可以考虑直接划拨转移支付到使用该项资金的政府单位，比如省级政府直接下拨转移支付至县级政府，减少市级政府对转移支付的截留和挪用。此外，税收返还资金也需经历先上解再下拨的双向流动过程，不仅增加了资金拨付的工作量，还延长了拨付时间，可考虑在上下级政府结算后，统一对差额进行上解或下拨。

第三节　构建完善的基层政府债务制度

除了上面提到的本级税收收入、上级转移支付收入外，基层政府还有一个重要的收入来源——地方债务资金。目前，由于预算法规定地方政府不得举债，地方政府尤其是基层政府的债务大多呈隐性化，而且形式多样化，导致外界很难掌握基层政府的具体举债情况，使得基层政府债务逐渐积累增加，财政风险隐患越来越严重。

在世界上绝大多数国家，地方政府都有权力举借债务，在法律都无法阻止地方政府举债的情况下，不如考虑放开禁令，让地方债务公开化、显性化，好使人民能够清楚地了解，中国到底面临多大的地方债务风险，并采取措施予以防范、处理。在此基础上，中央政府才可设计出一套行之有效的法制化程序，严控地方政府尤其是基层政府债务规模，并且建立起相应的债务风险预警机制，使地方政府债务规模控制在一定的合理范围之内。

一、化解基层政府债务存量

根据审计署2013年第32号公告《全国政府性债务审计结果》，截至2013年年底，我国省级政府、市级政府、县级政府和乡镇政府负有偿还责任的债务分别为17 780.84亿元、48434.61亿元、39 573.60亿元和3 070.12亿元，如果将县级和乡镇政府算作基层政府的话，基层政府债务占所有地方政府债务的比重约为40%，由于基层政府的GDP和财政收入水平比较低，相比于GDP和收入水平而言，基层政府的债务规模应该是处于一个比较高的水平之上。

根据审计署公告，地方政府债务资金主要来源于以下几种形式——银行贷款、BT融资、发行债券、信托融资、垫资施工、延期付款、其他单位和个人借款等，形式多种多样。

审计署公布了地方债务的规模、资金来源和投向等各方面信息，完成了地方隐性债务阳光化的第一步，接下来的任务就是逐步深入地审查各项债务，

想办法化解已有的债务存量。为此，需要开展的工作有：（1）清理基层政府拖欠中小学教师工资和政府职工工资而形成的债务。这是一个关系社会稳定的问题，如果这类债务不能及时偿还，就会造成人心动荡和社会混乱，导致政府日常工作难以开展。因此，应该减少部分用于项目投资的资金，将其用于优先偿还拖欠中小学教师和政府职工的工资；（2）清理政府拖欠企业工程建设项目的施工款。项目施工单位无法及时拿到工程款，会导致工人工资拖欠，同样会危及社会稳定。基层政府宁可少开发或晚开发新的投资项目，也应该将之前的工程施工款结清；（3）清理和整合地方融资平台公司债务，审核用款项目的资金使用情况，尽量追回被挪用的债务资金。还可考虑卖掉一些市场或民间资本可以经营的投资项目，尽快回收资金用于偿还债务。对于一些为了完成上级指令而实施的项目（如为了响应4万亿投资计划而开工的项目），上级政府也应该承担一定的债务偿还责任，给基层政府拨付资金以清理地方融资平台债务；（4）应对基层政府化解存量债务的努力给予一定的奖励，对化解存量债务成绩突出的基层政府，要给予一定的资金奖励，以鼓励和督促基层政府降低政府性债务风险。

二、控制基层政府债务增量

化解现有债务存量、消除不合理的债务是现阶段降低基层政府债务风险的第一步，接下来我们需要采取的第二步措施是构建合理的地方债务管理制度，以控制基层政府债务的增长速度，避免不合理债务的发生。

（一）构建地方债券发行制度

为应对国际金融危机对宏观经济产生的冲击，扩大内需，我国政府于2008年年底出台了“4万亿”财政刺激计划。在“4万亿”扩大内需资金中，1.18万亿由中央财政负担，其余2.82万亿由地方财政配套。在地方政府提供配套资金困难的情况下，从2009年开始至2010年结束，国务院采取中央代理地方发行的模式，面向国内发行年度总额为2 000亿元的地方政府债券。

从2011年起，国务院批准上海市、浙江省、广东省和深圳市开展地方政府自行发债试点，发行规模分别为71亿元、80亿元、69亿元和22亿元，试点地区以外的其他省、市、自治区、计划单列市仍采取中央代发的模式，全年全部地方政府债券发行规模与2009年和2010年相同，为2000亿元。

从这段地方债发行历程可以看出，我国地方政府自主发行债券在不久的将来极有可能会实现。为此，对基层政府在公开市场上发行债券，需要确定一个总的原则，即基层政府不应再被视为政府信用主体，而应该被视为与公司企业无差异的市场主体，基层政府成功发行债券不再是基于政府的信用，上级政府和中央政府不承诺为其债务偿还承担担保或兜底责任，这样才能保证基层政府完全以自身资质或项目质量得到市场认可并且发债成功，才可控制发行债券的风险，硬化基层政府预算约束，减少整个国家财政的系统性风险。具体而言，应该从以下几个方面构建合理完善的地方政府自主发行债券制度：

1. 修改预算法

修改预算法应该包括两个方面的内容：一是修改现有预算法关于地方政府不得借债的规定；二是需要在预算法中明确地方政府发行债券的范围、程序、风险预警、违约处理等方面的具体内容：

（1）在发债程序方面，秉着将基层地方政府视作市场主体的原则，预算法应该借鉴金融债券市场上企业发行债券的程序，严格规定地方政府发行债券的流程，首先提出发行债券的申请，提交债券募集办法、资产评估报告、保荐书等文件给相关金融监管部门（如证监会这类纵向垂直管理的政府机构），其次在获得金融监管部门批准后向社会投资人发布债券募集公告，公告要包括债券资金的用途、利率、期限、还本付息方式、担保情况、还款资金来源等信息，公告里还需明确注明中央政府或上级政府不对该债券负有担保和连带偿还责任。

（2）在发债范围方面，根据经济学的成本收益原则，未来具有收益的、可以产生现金流的政府资本性项目才能够被允许发行债券，而不产生未来现金流收益的政府经常性项目，例如修缮办公楼、修建员工食堂等，不允许其发行债券。

（3）在风险预警方面，预算法应该规定统一的负债率（债务余额/GDP）、债务率（债务余额/当年财政收入）、偿债率（当年偿债金额/当年财政收入）、债务依存度（当年公债发行总额/当年财政支出总额）、债务上限等风险预警指标，并且要求发行债券的基层政府每个月或者每个季度都要在政府网站或者金融机构网站上公布各项指标，以供投资者进行参考决策。

（4）在违约处理方面，预算法应该明确规定，哪一级政府发行的债券，这一级政府负责偿还，上级政府和中央政府不对该债券负有担保和偿还责任，应该允许基层政府破产，并且制定基层政府破产之后各项公共经费使用的标准，比如降低三公消费的标准等。考虑到目前在中国，地方政府破产这一概念居民一时还难以接受，在初期可使用过渡办法，即对于最终由中央政府帮助偿还债务的基层政府，政府领导人要接受行政处罚，造成严重后果的要承

担相应的责任。

此外，债务责任要实行追溯制，由于基层政府官员的任期一般为3~4年，许多投资项目的周期和债券的期限为5~10年，使债券发行和偿还时期的基层政府领导人不一致，债务责任追溯要求债券偿还期限时已不担任该基层政府领导职务者承担起债务违约责任，接受降职或免职处罚。

2. 公开财政预算信息

基层政府上市发行债券，公开政府的财政预算信息是十分重要的前提条件。信息公开一方面有利于第三方评级机构和审计机构参与基层政府发行债券的过程，从专业的角度为投资者提供关键的财务信息和信用评级；另一方面也有利于投资者随时了解基层政府的财务信息和资金情况。

但需要注意的是，政府与公司企业的不同之处在于，基层政府的某些财政信息可能涉及国家机密，关系社会安定发展，财政预算信息不适宜完全彻底公开。考虑到这些因素，我们认为，政府的财政预算可以分为经常性预算和资本性预算来编制，分设两个财政资金账户，二者互不影响，也不允许二者之间的资金随意流动。对于资本性预算账户可以彻底公开，公开相关的资产负债表、现金流量表，让投资者清楚了解基层政府所有资本性项目的财务信息。

目前，我国基层政府财务报表的编制工作极不完善，缺少政府资产负债表，现有表格不够细化，科目内容模糊，基层政府若想公开财政预算信息，并让投资者和机构读懂，首先需要学习市场主体通用的会计制度，改进财务报表的编制方法，详细编制政府的资产负债表和现金流量表。另外，第三方审计机构和评级机构可以要求基层政府提供经常性预算的相关信息，以便他们可以出具更为客观的评估报告和审计报告，但他们必须承诺保密某些关键性的涉密信息。

3. 引入客观中立的第三方机构

在公司企业发行债券之前，往往会有客观中立的第三方评级公司根据公司的资产状况、营利能力、未来现金流等方面的信息，对公司的整体资质给出一个信用评级，以供信息不对称或者不具备专业知识的投资者作为投资参考。地方政府发行债券程序中也需要引入评级机构来作信用评级，但是如何确保评级公司给出的信用评级客观公正性，是较难的一个环节。我们认为，可以有两种处理方法：一是由上级政府或者中央政府指派一到两家评级公司为基层政府做评级，评级公司的客户是上级政府或者中央政府，他们所出示的评级报告对上级政府负责；二是由投资者以投票的方式选出一到两家评级公司，评级公司的客户是债券投资者，他们所出示的评级报告对债券投资者负责。这样做的好处是，可以防止基层政府与评级公司勾结，提高基层政府信用等级的情况发生。

除了发行债券以前需要引入评级机构外，在发行债券后至债券偿还期限前，还需要第三方客观公正的审计机构每年对基层政府的财务信息、债券资金使用情况进行审计，及时发现不规范、不合理，可能致使债券无法正常还本付息的违规行为，并对投资者公示。第三方审计机构可以是上级政府的审计部门，也可以是投资者投票确定的会计师事务所，但一定不能是与发行债券基层政府同级的审计部门，这样才能确保第三方审计机构的客观、中立和公正。

4. 建立偿债准备金及债券保险制度

偿债准备金是指发行债券的基层政府为及时偿还到期债务，按当年到期政府债务的一定比例在年初制定预算时预留的专项资金，以避免政府发生到期债务违约的情况发生。

基层政府建立偿债准备金十分必要，可以在一定程度上保障债券投资者的利益，使投资者相信基层政府具有还本付息的诚意和能力。但是偿债准备金数额应该是多少存在一定的争议，如果数额太小将不具有保障债券投资者到期收益的价值，但如果数额太大，一大笔财政资金沉淀下来，也将不利于财政资金有效作用的发挥。

因此，除了偿债准备金外，针对基层政府发行债券还可以考虑建立债券保险制度。债券保险是指发行债券的基层政府向第三方保险机构购买保险，保险的内容是如果债券到期，但基层政府无法偿还合约中规定的债券本金和利息，由保险机构代其偿还本息。债券保险是一项金融保险服务，不仅有利于降低投资者面临的债券违约风险，降低投资者未来损失风险，确保投资者资金相对安全，而且还有利于提升发现债券的基层政府信用等级和评级水平，吸引更多的投资者购买债券，降低发行债券的融资成本。另外，债券保险还可增加保险公司这样一个监督主体，保险公司为了避免风险将积极审查债券投资项目的财务情况，这不仅可节约上级政府及相关金融监管部门的监管成本，还可形成有效的市场监督机制。

值得注意的是，基层政府自主发行债券可能会出现一个比较突出的问题，即富裕地区的基层政府，例如江苏、浙江等东部省份的县乡政府，由于自身收入来源充足，以及投资项目未来现金流收益有保障，相比于贫穷地区的基层政府，例如西部省份偏远山区的县乡政府，更能够获得投资者的认可和青睐，可发行更多的债券，获取更多的经济发展资金。这样的后果是极有可能产生马太效应的，即富裕地区因为可以筹得更多资金发展经济而变得更为富裕，而贫穷地区由于无法筹得资金而变得更为贫穷。

因此，中央政府或者上级政府在鼓励基层政府自主发行债券的同时，应该将富裕地区和贫穷地区区别对待，让有能力从市场募集到债券资金的富裕地区的基层政府依靠自己和市场的力量来投资运行项目，对于较难依靠市场募集到债券资金的贫穷地区的基层政府，上级政府可通过提高转移支付水平，来缩小地区间的经济发展差距。

（二）严格控制银行贷款规模

现阶段，基层政府的借款大多来自于当地四大国有商业银行或地方性城市商业银行的贷款。审计署2013年第32号公告《全国政府性债务审计结果》显示，地方政府负有偿还责任的债务资金总额为108 859.17亿元，其中银行贷款金额为55 252.45亿元，占总体负有偿还责任债务的51%。未来随着基层政府发行债券制度的完善，应严格控制银行给政府的贷款规模，使地方商业银行逐步摆脱政府的行政控制，地方政府向银行贷款，也应像一个普通企业一样，作为市场主体，凭借自身资质和未来现金流收入来获得贷款，而不应该靠政府的行政权力获取贷款。

对于一些收益性比较高的资本性项目，例如高速公路项目，基层政府可以根据利率高低、资金需求的规模和时间来自行选择是发行债券还是向商业银行进行贷款。一般来说，相比于发行政府债券的烦琐程序，向银行贷款要简单并且快捷得多，因此，在完全市场化的情况下，商业银行的贷款利率应该高于发行债券的利率，这样才能有效防止政府涌向银行贷款，控制政府向银行借贷的规模，避免基层政府的债务风险和财政风险都集中于银行系统。

对于一些收益性比较低的资本性项目或者中央政府为了宏观调控而下达的任务，例如保障性住房，中央政府应该鼓励政策性银行向地方政府提供政策性贷款，因为这一类项目收益率较低，市场投资者不愿意购买的债券，需要得到利率低且周期长的政策性贷款。对于政策性贷款也需要严格控制规模，应该判断该资本性项目是否反映了地方居民的实际需求或者是否为当地经济发展的必需，还需要判断当地基层政府是否真的没有财力或其他资金来进行该项目，以防止出现政策性贷款利率较低导致的基层政府道德风险。

控制银行给基层政府发放贷款的监督工作应该由银监会来承担，银监会由中央垂直管理，只接受上级机构的任命和管理，不受基层政府的制约和干预，可以较为中立客观地充当第三方监督角色。银监会应定期审查商业银行和政策性银行的贷款情况，尤其要重点审查贷款对象为基础政府的贷款。

由于债券发行制度使基层政府的部分资本性项目的财务信息变得公开透明，银监会可以结合其他项目的公开市场财务信息与贷款项目实施进度、贷款项目现金流，以及银监会要求基层政府提供的其他更为细节的财政预算信息，来综合判断基层政府银行贷款的风险系数，并且及时对风险系数高的银行贷款采取挽救措施，以降低整个银行金融机构的系统性风险。

上述控制基层政府债务增量的措施和制度，无论是建立基层政府自主发行债券制度，还是严格控制基层政府银行贷款规模，都必须循序渐进进行，不可操之过急，一步到位，否则反而会加大基层政府的财政风险和金融风险。例如，实现基层政府自主发债必须建立在政府预算财务信息公开透明的前提下，严格控制基层政府银行贷款规模必须在基层政府能够成功自行发债筹集资金之后。因此，需要中央政府和上级政府厘清每个环节之间的关系，一个个环节稳步推进，才能建立起科学规范的基层政府债务制度，从根本上减少基层政府的财政风险，进而降低银行体系的金融风险。

总的来说，本章从支出责任、收入来源和配套改革这三个方面对如何完善基层政府财政体制进行了探讨，并给出了一定的政策建议：（1）在支出责任上，需要清晰界定基层政府的支出职能，既要处理好政府有形之手和市场无形之手的关系，又要处理好基层政府和上级政府的财政支出关系。（2）在基层政府自有收入、转移支付和债务收入三类收入来源中，在自有收入方面，应该强调基层政府的税收主体地位，使基层政府拥有自己的主体税种和税收自主权，同时应确保非税收入和预算外收入的合法、合规和合理性，避免财政资金被挪用产生的贪污腐败行为以及政府攫取之手对当地经济发展造成的破坏；在转移支付方面，应增加能够缩小地方政府财力差距的一般性转移支付，减少税收返还和专项转移支付，尝试建立分类专项转移支付，规范管理转移支付资金，构建转移支付资金的绩效评价制度，提高转移支付资金的拨付和使用效率；在债务收入方面，不仅要采取措施化解基层政府高风险的存量债务，还需要构建地方政府自主发行债券的制度，规范政府向银行贷款制度，以控制基层政府未来债务的增加。

在对基层政府的支出责任、收入权限与范围进行了充分探讨的情况下，如何保障基层政府运用好手中的财政资金，管理好手中的“钱袋子”，向辖区居民提供最为恰当的公共服务和公共产品，最大限度地增进辖区居民的社会福利，就成为需要我们进一步关注的问题。

第三章　基层预算制度改革路径

政府预算是现代财政制度的基础，是各级政府组织和规范财政分配活动的重要工具，同时还是政府调节经济的重要杠杆。预算编制科学完整、预算执行规范有效、预算监督公开透明，三者有机衔接、相互制衡，构成了现代政府预算管理制度的核心内容。

在长达30年的计划经济时代，中国一直利用指令性计划、行政管制和对所有权的控制来实现政府的施政目标，政府预算只是国民经济计划的一部分，是政府以高度集中的指令性计划配置社会资源的工具，“预算跟着计划走”典型地反映了预算的从属地位。

从1979年开始的意义深远的市场化导向的经济改革、经济社会的深刻转型，以及10余年来中国经济和公共财政规模的迅速崛起，使预算的性质发生了极大的变化，预算逐步从“计划的跟随者”发展成为各级政府最重要的政策工具。在过去20余年中，与强劲有力（高达10%）的经济增长相比，预算规模扩展的速度（高于GDP约6个百分点）更令人惊叹不已。预算规模从3 000多亿元（1993年）扩展到129 000余亿元（2013年），20年间增长了42倍（1993~2013年）。这样的速度在世界上绝无仅有。

在预算总体规模急剧扩张的同时，地方预算的规模以更快的速度在发展。“十一五”以来（2006~2013年），全国平均预算增长速度为16.7%，其中，中央预算为9.3%，地方预算超过20%，远高于中央和全国平均的扩张速度。2013年，中国预算收入总规模突破12.9万亿元，支出规模超过13.9万亿元，其中地方支出的9万亿元，占到全部支出的85.6%，这表明，地方预算已成为我国预算的中坚力量，同时也表明，地方政府，特别是基层政府在“花好人民的钱”和提供地方公共服务方面发挥着越来越重要的作用。

然而，在基层预算责任不断增大、作用不断增强的情况下，各级政府预算浪费性支出规模也在不断攀升，低效支出行为（甚至腐败）也在不断蔓延，三公支出愈演愈烈，使改革基层预算制度，约束和控制基层政府行为，监督基层预算的任务比过去任何时候都要更加繁重、更加复杂，也更加重要和紧迫。

党的十八届三中全会《中共中央关于全面深化改革若干重大问题的决定》进一步指出，要“改进预算管理制度，实施全面规范、公开透明的预算制度。审核预算的重点由平衡状态、赤字规模向支出预算和政策拓展。建立跨年度预算平衡机制，建立权责发生制的政府综合财务报告制度，建立规范合理的中央和地方政府债务管理及风险预警机制。”为此，确有必要对基层预算制度进行相应的改革。

第一节 基层预算改革是构建现代财政制度的必经之路

在计划经济时代，政府主要依赖指令性计划、行政命令和对国有企业所有权的控制调控经济。在这样的经济中，计划调配的是实物而不是（或极少是）货币，企业和个人也只对计划或行政命令做出反应，预算扮演的实质上是一个被动的角色，虽然各级政府也都编制预算，但预算只不过是一个粗略的收支计划。同时，由于政府的活动范围无所不包，在政府（财政）与市场（私人部门）间也没有明确的界限划分。

然而，在向市场经济转轨过程中，情况发生了根本性的转变。由于依赖市场机制在资源配置中发挥基本性调节作用，政府对经济的直接管制渐渐淡化、消失，转而专注于以经济政策为核心的间接调控，从而使政府调控经济的手段和工具都发生了巨大的改变。在这种情况下，政府预算因其天然的政治属性和经济属性理所当然地成为政府施政工具的不二选择。

一、预算是政府最重要的政策工具

政府施政的本质是制定和实施公共政策以促进公共利益的过程，而预算将公共政策的运作和公共资源的配置融入正式的政治程序中，使预算成为政治过程的核心，并为政府偏好和选择的项目以及支出机构提供资金，成为制订并实现国家目标的重要手段。可以说，在现代社会经济生活中，离开公共

预算的支持，国家众多的政治经济政策都将难以实现，与民众联系最为紧密的基层政府的各项民生服务战略也将难以落实。

而预算过程与政府施政流程的高度契合，也使预算成为各级政府，特别是贴近民众的基层政府施政的有力工具。通常预算过程由四个阶段组成：(1) 预算形成阶段，政府行政部门共同编制预算计划；(2) 预算制定阶段，预算计划被提交立法部门审查、修改和批准；(3) 预算实施阶段，即政府部门执行预算；(4) 审计与成果评估阶段，即对预算的实际执行结果进行审计与评估，为改进财政管理和下一阶段的预算编制提供有价值的信息。

前两个阶段为预算的准备阶段。在这一时期，预算的重心是准备、制定和批准预算年度的“财政计划”，也就是为政府偏好的支出项目、规划和活动筹划资金来源和分配方案，以促进特定政策目标的实现。在预算准备阶段实施有效的支出审查，有助于确保预算资源的分配准确反映政府的战略和政策重点与优先性。正是通过支出审查，预算将政策辩论和政策目标引入政治领域，使公共资源得以进入政治过程完成配置，最终将政府政策和战略转化为预算系统中的财务语言。

在这一阶段，通过对政府选择的项目、活动和支出机构提供授权和资金支持，明确了政府活动的水平和范围，对政府应该以多高的价格完成哪些职能和项目，以及如何为这些活动融资，预算都给出了明确的答案。当预算进入执行阶段时，预算的重心转向“执行控制”，以保障预算的执行及其结果符合预算制定的初衷和战略重点及政策优先方向。在这里预算不仅是政府活动的忠实“记录者”，同时也是政府活动的“约束者”。

而对预算执行结果的审计和评估，将有助于检查预算是否有利于促进政府政策目标的实现，以及政府是否如其所宣称的那样履行了对民众（以及其他利益相关者）的受托责任。经由预算评估和审计所产生的大量信息，对于改进财政管理与决策、加强受托责任具有重要意义。

政府的施政流程大体上包括：(1) 制定战略与政策；(2) 执行与实施战略与政策；(3) 分析评估政策效果。这一流程可以很好地对接到预算程序的准备阶段、执行阶段以及分析评估阶段。与政府政策和战略的制定相对应的是预算的准备，预算的准备从预算开始，到立法机构的审批结束，这一过程与政府的政策、战略制定是对应的。政府的执行阶段对应的是预算的执行；政策执行效果的评估对应的是预算效果的评估，政策的检讨阶段对应的是预算的审计和评估。

预算过程与政府施政流程高度契合，预算过程各阶段的主要工作，本质上同样是政府施政所要面对的主要工作。预算与政府施政之间的具体关系可从图 3－1 看出。

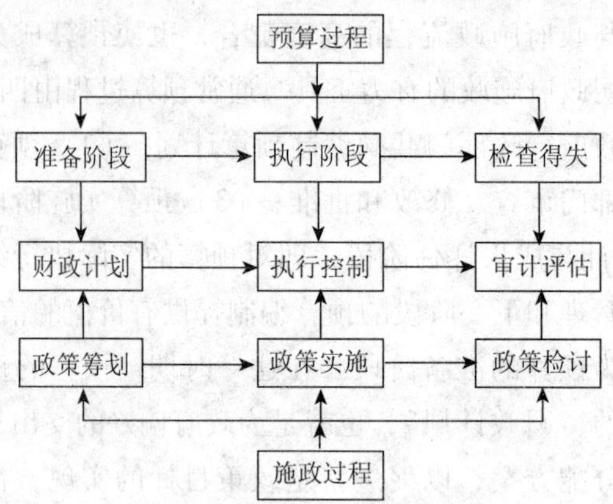

图 3－1　预算与政府施政之间的联系

公共预算与政府施政之间紧密而广泛的联系，使公共预算成为现代社会中各级政府，特别是直接面向广大民众的基层政府最重要的施政工具，也是基层政府将施政承诺转化为行动方案的具体表现和最可靠的财务保障。离开了公共预算的支持，政府的各项战略方针和政策目标都将因失去经济基础而难以实现。

二、预算是反映社会民主的窗口

预算不单为政府提供了广阔的施政平台，也为公众观察政府、了解政府创造了条件。在今天，虽然了解政府的渠道很多，但预算仍然是民众观察政府最主要、最直接的工具。政府从纳税人手中拿走了多少钱？这些钱的来源如何？又花到什么地方去了？这一切都记录在政府的预算文件中。政府从事了哪些活动？政府活动的重点和优先方向何在？政府如何为这些活动融资？政府的开支产生了什么样的结果？这些问题都可以从政府预算中找到答案。

而作为纳税人，公民关心的远不止是自己向政府缴纳了多少税，更要求充分享有对公共支出的知情权、发言权和监督权。知情权使民众要求了解政府花了多少钱，钱都花到什么地方去了。发言权使公民可依法对政府公共开支问题发表自己的意见与建议，并传递自己对政府提供公共服务的意愿与期望。监督权使公民有权利知道，政府如何为公共支出融资？政府的支出产生了什么样的结果？政府预算由此成为公民参政议政的最佳财政工具和公民监督政府的主要舞台。

与此同时，预算还成为表达人民意愿和需求的窗口。政府的资源来自人民，应该按照人民的意愿使用并产生人民期望的结果。因此，人民希望政府干些什么，希望政府如何去干、何时去干，政府都可以通过预算加以及时回应。是否为民众偏好的支出项目提供资金，是否削减、终止或否决（不安排资金）与人民意愿和需求无关的低价值项目的支出，成为检验政府“作为”或“不作为”的标尺。

民众给予政府以资源，政府回报民众以绩效。只有当政府回报人民的绩效大于人民的给予时，这样的政府才是真正意义上代表了最广大人民群众利益的政府。

由此可见，现代政府预算已远不只是一个汇集政府财务数据的文件，它更是一个阐明政府与支出机构职责和法律义务的载体，是一个将人民的意愿和资源转化为政府政策目标和行动的强力工具。与此同时，公共预算也为广大民众参政议政提供了最佳舞台，成为民众监督政府、检验政府施政能力与绩效的主要标尺，其中，与民众最为接近、最受民众关注的基层政府预算就发挥着更为重要的作用。

第二节　基层预算改革的目标

现代预算已远不只是一个汇集政府财务数据的文件，而是一个阐明政府与支出机构职责和法律义务的载体，负有对稀缺资源进行重新分配，改善弱势群体福利，促进社会公平的义务。由此，基层预算改革的目标就是提高预算支出绩效，促进基本公共服务均等化的逐步实现。

近20年来，中国经济的高速增长和财政收入的迅速增加，使扩大政府公共服务范围、满足日益增长的公共服务需求成为可能。在此背景下，各级政府用于基本公共服务的财政支出不断提高，在拓展公共服务领域、提高社会保障程度方面取得了显著成绩，尤其是在改善城乡基础设施条件、普及城乡义务教育、提高城乡居民社会保障水平等方面都取得了重大进展。

然而，就全国范围来说，在各类基本公共服务供给方面取得的成绩依然具有典型的非均衡性，有些类别的公共服务（如教育、医疗卫生、就业、社会保障等）在数量和质量上、在发达和欠发达地区、在城市和农村之间依然存在突出差距。由此，如何抓住政府经济实力迅速增强带来的历史性机遇，建立稳定的基本公共服务均等化财政预算保障机制，就成为当前各级政府，特别是基层政府需要高度关注和着力解决的问题之一。

政府施政即是政府做出一个又一个承诺并逐一兑现的过程。在这一过程中，公共预算将政府承诺转化为具体的行动方案和资金安排，使预算成为政府施政最重要、也是最恰当的政策工具。通过为政府偏好的支出项目提供资金支持，贯彻政府施政意图、达成政府施政目标，使政府承诺更加可信、执政能力不断增强；通过削减、终止、否决低价值支出项目，提高政府决策水平、保护稀缺财政资源，使公共政策效率更高、政府公信力不断增强。公共预算由此成为政府提供公共产品和公共服务最重要的物质基础和制度保障，同时也成为各级政府实现基本公共服务均等化这一宏伟目标最宝贵的资金来源和政策手段。

“十一五”以来，围绕“基本公共服务均等化”这一战略目标，中国各级政府投入了大量人力物力，使基本公共服务均等化战略措施得以切实落实，基本公共服务均等化目标得以初步实现。2007~2013 年，中国财政收入由 51 322 亿元增长到 129143 亿元，增长了 151.6%；财政支出由 49 781 亿元增长到 139 744 亿元，增长了 180.7%。财政能力的迅速增强，为各级政府，特别是基层政府提供充足、优质的公共服务奠定了良好的物质基础。在此期间，我国基本公共服务支出明显提高，由 30438 亿元提高到 104 244 亿元，增长了 242.5%，是同期财政收入增速的 1.6 倍、财政支出增速的 1.3 倍。高于财政收支的增长速度使基本公共服务支出占财政支出总额的比重也不断提高，由 2007 年的 61.1% 提高到 2013 年的 74.6%，增长了 13.5 个百分点，提高了 22.1%（见图 3-2）。

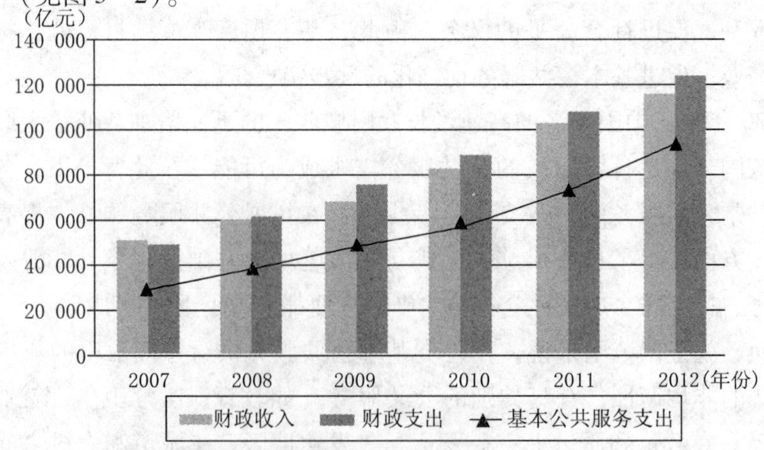

图 3-2 我国财政收支及基本公共服务支出发展情况

基本公共服务支出规模的快速提高，为我国持续扩大基本公共服务范围、提高基本公共服务水平创造了条件。而城乡统筹的制度设计、强农惠农的政策支撑，更进一步加快了我国基本公共服务均等化的发展进程。“十一五”时期，我国基本公共服务供给情况良好，人民群众上学、就业、就医、社会保障、文化生活等难点问题得到有效缓解，圆满完成了“国民经济和社会发展‘十一五’规划纲要”提出的社会发展目标：城乡免费义务教育全面实施，公共教育体系日趋完备，国民平均受教育年限达到9年；初步建立起面向全体劳动者的公共就业服务体系；社会保险制度逐步由城镇向农村、由职工向居民扩展，保障水平逐步提高，城乡社会救助体系和社会福利体系基本形成；免费基本公共卫生服务项目全面实施，城乡基层医疗卫生服务体系逐步健全；以廉租住房、公共租赁住房和农村危房改造等为主要内容的基本住房保障制度初步形成。

“十二五”以来，为进一步缩小城乡之间、区域之间在基础设施和公共服务方面的差距，保障公共服务均等化目标的总体实现，我国各级政府在不断扩大公共服务供给范围的同时，更加注重公共服务质量和效率的提高，并将“完善公共服务体系，提高基本公共服务均等化程度；健全城乡社会保障体系”等确定为新时期社会发展的主要目标。而十八大报告则进一步提出，要在2020年前达到“基本公共服务均等化总体实现”。

社会发展目标的提升和发展，使各级财政预算的支出重点更加突出，支出领域更为宽广，对资金的需求量进一步加大，支出刚性进一步增强。然而，与此相对应的却是各级政府也都面临着财政收入增长乏力的困难。

由此，在支出需求不断扩大、收入增长难度加大的情况下，单纯依靠增加财政投入来促进基本公共服务均等化目标的实现显然具有一定的困难。那么，该如何摆脱这一矛盾、走出这一困境呢？

第四章　构建绩效导向的中国基层预算制度

第一节　基层预算改革的方向

世界银行专家沙利文认为，绩效预算是以目标为导向、以项目成本为衡量、以业绩评估为核心的预算制度，具体来说就是把资源分配的增加与绩效的提高紧密结合的预算系统。国际货币基金组织马克·罗宾逊认为，绩效预算的宗旨是提高公共支出的效果和效率，其手段是通过系统运用绩效信息，把公共机构所获得的资金和它们实现的最终结果连接起来。OECD 认为，绩效预算是把资金分配与可度量的结果连接起来的预算形式。

虽然各方表述方式不尽相同，但把资金使用的绩效放在预算管理的中心位置，却是其共同点。由此，在财政收支矛盾不断加剧的情况下，对于中国的基层预算来说，实施绩效预算，向效率要效益，向管理要结果，使公共服务的接受者能以较低的成本获得充足、满意的公共服务，就成为破解基层财政收支难题、提高基本公共服务保障水平的唯一选择。

一、实施绩效预算改革

（一）绩效预算的含义

目前，从国际和国内来看，对绩效预算还没有一个统一的定义，即使在西方国家，虽然绩效预算的推行已有较长的时间，但对“究竟什么才是绩效预算”仍然存在很大的争议。1950 年，美国总统办公室将绩效预算定义为：“它阐述请求拨款是为了达到什么目标，为实现这些目标而拟订的计划需要花

多少钱，以及用哪些量化的数据衡量在实现每项计划的过程中取得的成绩和完成工作的情况。”美国全国绩效评估委员会将新绩效预算的定义为：“使命驱动、结果定位”。瑞典的决策部门认为：绩效管理并不是单纯的一些措施或方法，而是一个非常广义的概念。绩效管理的目的就是要实现成效和效率，成效是指应该做的事，效率是指要合理、高效地做事。澳大利亚把绩效预算分成五个部分：一是政府要办的事；二是配置预算资源；三是以结果为中心制定绩效目标；四是评价目标实现状况的标准；五是评价绩效的指标体系。可以说，澳大利亚是把绩效预算归结为政府行政活动的资金支持体系的评价模式。

总的来说，绩效预算是把市场经济的一些基本理念融入公共管理之中，强调投入与产出的关系，即政府通过公共产品服务与成本的比较，要求以最小的投入取得最大的产出。其宗旨在于有效降低政府提供公共产品的成本，提高财政支出的效率，约束政府支出的扩张，因此，绩效预算又被称为以结果为导向的预算。即绩效预算的目标是政府工作的“成果”，而不是政府机构的产出，例如，修一条公路，即使是能够按时、保质完工，但并没有达到缓解交通拥堵的设计初衷，则这种投入仍应被视为是低效或无效的。

绩效预算要求政府每笔支出必须符合结果目标、预算、效果三要素的要求。首先，“结果目标”是指请求财政拨款是为了达到的某一具体目标或计划，即业绩指标。这些目标应当尽量量化或者指标化，以便编制预算并考核效果。其次，“预算”是指完成业绩所需的拨款额，或公共劳务成本，包括人员工资和各种费用在内的全部成本。但办公用房通常不计入成本。凡是能够直接量化的，政府都应当计算并公布标准成本。最后，“效果”是指业绩的考核和业绩与预算（成本）挂钩方式。对效果的考核指标设计包括数量指标和质量指标两部分。通常，对于绩效的考核由审计部门或委托社会中介机构来进行，财政部门根据考核结果拨款。

（二）绩效预算的类型

OECD 把绩效预算划分为三种类型：（1）展示型。只在预算文件或政府文件里提供绩效信息，绩效信息并不会影响有关资金分配的决策。政府提供信息的目的，主要是为了就公共政策和政府施政方向加强与立法机构、与公民之间的沟通和交流。（2）信息包含型。财政资金分配与绩效目标和绩效结果存在间接的联系。在这里，绩效不是决定财政资源分配的唯一要素，绩效信息和其他信息一道，共同影响资金分配决策。（3）直接型/公式化型。财政资源的分配与绩效（或产出）存在直接的、机制化的关联。一些国家在测算单位成本的基础上向医院、学校等公共服务机构提供资金。

（三）绩效预算的基本机制

马克·罗宾逊曾归纳出了绩效预算的四种基本机制。他认为，正是依托这些机制，人们在实践中探索出了多种绩效预算形式。这四种机制分别为：

1. 项目预算

项目预算是绩效预算的最初形式，它改变了根据经济分类（如工资、办公、通信费用等）或者机构分类（如不同的部门）来编制预算的传统，驱使各支出部门围绕特定的政策目标来编制和实施预算。

2. 把预算与绩效目标连接起来

绩效预算真正关注的不是成本控制，而是资金使用效果。体现在预算编制环节，就是项目设计要切合政府机构的使命、战略目标和主要任务；体现在绩效评估环节，就是通过绩效评估督促有关部门改进管理、提升绩效；体现在绩效信息运用环节，就是充分利用项目绩效信息来推动项目优先顺序调整和资金配置优化。

3. 公式化拨款

把绩效结果与资金分配直接挂钩，在核算单位成本的基础上，依据项目的最终效果或产出数量确定拨款额。在罗宾逊看来，并不是所有的公式化拨款都是绩效预算。只有当公式化拨款用于提高支出单位的效率和资金使用效果时，才可称为绩效预算。

4. 为绩效提供经济激励

如果支出单位的业绩很突出，应在既有财力支持的基础上提供奖励性的资金支持，以鼓励其在业务上更加精益求精。

（四）绩效预算的特点与内容

绩效预算的特点，可以借助公共服务生产链形象地表现出来。政府提供公共服务、实施社会管理的过程，大体可分为四个阶段：要素投入阶段、生产阶段、产出阶段和产生效果阶段。绩效预算关注的是产出的有效性，是资金使用的最终效果和政策目标的实现；而传统预算管理强调的，则是各部门必须按照事先确定的支出标准来申请和使用资金，预算管理的重心是成本控制和资金使用的合规性。

哈桑·欧达曾系统地比较了传统预算与绩效预算的差异，指出与传统的条目预算相配套的制度安排是以“命令与控制”为特征的官僚管理体系、以现金收付制为基础的政府会计制度、自下而上的财政决策机制，以及强调遵从规则和上级指令的审计体系为特征。而与绩效预算相配套的制度安排包括

中期支出管理框架、自上而下的财政决策机制、权责发生制政府会计制度等。概括而言，绩效预算主要包括如下内容：

1. 自上而下的决策机制

自上而下主要体现在两方面：第一，年度预算支出总额、预算在各部门间的分配，都是由最高决策层决定的。在明确各部门支出限额之后，各部门才决定如何在项目间分配资金。第二，绩效预算是政府绩效管理努力的一部分：一方面，财政改革要服从和服务于行政改革；另一方面，财政改革又从财务运行、绩效评估等角度巩固了行政改革的成果，并为行政改革的深入发展拓展了空间。

2. 总量控制或支出限额控制

总量资金控制是实施绩效管理的前提。从国际经验来看，财政、经济面临困难，增加财政支出难以为继（甚至不得不大幅削减财政支出），是推动各国政府实施绩效管理的直接动因。总量控制的技术支撑是中期支出管理框架。通过详尽预测中长期收支增长趋势，明确各部门支出上限，最高决策层（或者财政管理部门）向各支出部门释放了明确信号：要想免于社会问责，就必须眼光向内，通过加强管理、提高效率来改进服务的质量。

3. 对绩效信息的系统发掘与运用

把绩效与资源分配连接起来是绩效预算的特点。绩效评估在绩效预算中处于关键位置。无论是在比较项目绩效基础上督促有关方面加强管理，还是事后调整项目优先顺序、优化财政资金配置，都离不开系统的绩效评估，离不开绩效信息的发掘、整理和利用。为此，各国都高度重视项目绩效目标的设定和评估工作。例如，美国开发出了项目评级评价工具（PART 体系）和“红绿灯”系统，英国广泛引入了公共服务协议（PSA），澳大利亚开发出了一揽子项目评价体系。不仅如此，为了准确地测度政府活动的成本，许多国家还积极实施政府会计制度改革，从收付实现制转向了权责发生制政府会计制度。

4. 适当放权，在保持统一的前提下提高灵活性

绩效预算属于分权化改革，把预算管理的重心放到资金使用结果上，必然意味着放松对投入和生产阶段的管理控制，意味着赋予支出部门更大的自主权，使其能够根据实际情况更加灵活地配置资源，更加灵活地调整服务提供的种类和数量，以取得最大的政策效果。当然，放松控制不意味着自由放任。新绩效预算在“赋予各个部门支出灵活性的同时，要求支出机构承担起对于产出或结果的管理决策责任”。

5. 注重透明度，强化支出责任

政府最大限度地公开其施政纲领和政策重点、财政资源配置结构以及资金使用的绩效状况，有助于社会公众方便、及时、准确地了解政府准备做什么，正在做什么，是怎么做的，以及取得了哪些效果，有助于强化政府及各部门的社会责任，督促其履行对公民的竞选承诺。因此，自20世纪90年代以来，主要发达国家都十分重视提高财政透明度。特别是1998年，国际货币基金组织理事会先后通过了《财政透明度良好做法守则——原则宣言》和《财政透明度手册》，有力地推动了各国提高财政透明度的进程。

二、基层绩效预算改革的核心与方法

对于任何一个国家或地区而言，公共预算首先要解决的两个关键性问题就是：（1）基于政策优先性配置公共资源；（2）确保公共资源得到有效运营。与私人部门不同，公共部门常常需要面对多重经济、社会和政治目标，这些目标往往相互冲突。资源的有限和用途的无限，使公共资源必须以国家和地区的战略目标和政策优先方向为导向，基于效率和公平原则建立合理的优先性排序，以确保稀缺的财政资源能被用于更具价值的地方，而这也正是保障公共资源能够有效运营的核心。

由此，在对公共服务支出进行绩效管理的过程中，基层政府部门首先要予以高度关注的问题就是：基本公共服务资金的配置是否符合本地区的战略发展目标及政策优先方向，是否符合当地民众的需求与偏好，以及公共服务资金的运营及管理是否合理、高效。这是决定基层预算支出绩效的关键，同时也体现了基层政府施政过程中三个极为重要的命题：（1）基层政府利用稀缺的公共资源是在“做正确的事吗?”（2）基层政府是在“正确地做事吗?”（3）基层政府是在“负责任地做事吗?”

正确解答这三项核心命题，也是解决我国现行基层预算资金管理中存在的几大主要问题——预算资金配置与政策脱节、预算公开性及透明度偏低、预算资金管理模式不具有绩效评价及问责功能等的关键。由此，要提高公共服务支出绩效，就必须以结果为导向，以相关性、效率及效果为核心，构建新型支出绩效管理体系。

（一）基层绩效预算的含义

1. 相关性——确保财政资金被用于正确的公共服务事业

所谓相关性是指财政资金的配置应与国家及政府的战略目标及政策优先方向保持高度一致，应与民众的需求与偏好保持高度一致，应被用于“做正

确的事”。相关性是决定公共服务支出绩效的基础，如果公共服务资金的配置与政府的战略目标及民众的需求出现偏差，即使程序公正、实施高效，也将难以取得积极成效。

2. 效率——确保公共服务支出被正确使用

效率是对投入及产出进行的实时监控。在此过程政府的监管重点是：是否按计划落实并使用了各项公共服务支出，各项公共服务的支出是否按计划的时间周期开展，是否能够实现预期的产出，亦即考察的重点是政府“做事的手段与方法是否正确？”

3. 效果——强化支出责任，促进绩效目标实现

效果是政府活动的目的，是政府提供公共服务所产生的可计量的成果，即“政府的特定支出产生了什么样的结果”。

目前，在我国还未有真正意义上的结果考核，对绩效的评估还仅限于“投入”与“产出”，而比其重要得多的“效果”指标则被普遍忽视。事实上，效果指标远高于产出指标：评估一所医院的医疗服务，考察其医治了多少病人、投入了多少设备是远远不够的，重点应要考察其提供医疗服务的质量以及病人的满意度；评估一所大学的教育服务，仅看其培养了多少学生、完成了多少课程、授予了多少学位只是一个方面，更为重要的是考察其教学质量以及人才培养的质量。在此，绩效考核的重心是结果如何，亦即政府是否在“负责任地做事”。

（二）提高基层预算支出绩效的关键

围绕相关性、效率和效果这三个指标，准确解答我们利用纳税人赋予的资源和权力是在“做正确的事吗？”我们是在“正确地做事吗？”我们是在“负责任地做事吗”这三个核心命题，是提高基层预算资金使用绩效的关键，也是提高基层预算支出绩效应着重关注的三个领域。

1. 以相关性为核心　联结政策与预算

在我国，预算支出决策与国家战略、政策间的严重脱节，使得政府无法将稀缺的财政资源配置到公共政策的重点领域，公共支出格局无法准确地反映政府施政的优先方向。

由此，连接政策与预算，对预算支出和地方发展战略与政策目标的相关性进行检查和监督，就成为加强基层政府预算绩效管理的首要任务。在对预算报告进行审查时，应考察的重点就是：基层政府预算决策是否符合政府的总体目标及政策导向？基层预算决策的设立与实施是否得到社会的广泛认同？各项预算支出的必要性如何？有其他更加恰当的手段与方法实现该目标吗？

2. 以效率为核心　提高基层预算资金使用合规性

要确保基层政府对公共资源的使用能产生有意义的结果——满足公民偏好与需求，效率必须得到保证。在基层政府绩效管理的这个环节，提高效率的含义已经不只局限于提高投入—产出的比率，更重要的是提高各个环节的工作质量，对于基层预算来说，有否得到合规性控制就成为预算监督的关键。

合规性控制是预算的灵魂和精髓。没有合规性控制，就不可能有牢固的财政约束；没有牢固的财政约束，就不可能建立牢固的支出控制；没有牢固的支出控制，预算过程将成为滋生财政风险、机会主义行为乃至违规和腐败的温床。因此，对于效率指标而言，应重点关注预算资金使用的合规性。

3. 以效果为核心　增强基层预算资源使用者的责任感

效果是政府活动的目的，是政府活动带来的可计量的成果，它告诉我们的是“政府的特定支出产生了什么样的结果”。

目前，我们对绩效的考核多局限于“投入”或“产出”，比它们重要得多的“效果”指标却普遍被忽略了。“效果”指标远高于产出指标：只看医院为多少病人看病和投入了多少设备是没有意义的，最为关键的“效果”指标在于治愈率以及医疗服务的质量；看一所大学培养了多少学生、完成了多少课程和授予了多少学位是没有多大价值的，关键要看教学的质量以及人才培养的质量。

因此，对于效果指标来说，应重点监督基层预算资金的使用结果，并利用结果指标来促进基层政府预算责任感的增强。

三、基层绩效预算改革的重点

围绕相关性、效率和效果这三个指标，准确解答政府利用纳税人赋予的资源和权力是否在“做正确的事”、“在正确地做事”和“在负责任地做事”这三个核心命题，是提高基层政府公共服务支出绩效的关键，也是增强基层预算保障能力的核心。

（一）以相关性为核心　联结战略与支出

在我国，公共支出决策与政府战略及政策间的脱节长期存在，对政府施政目标的达成及和谐社会的构建极为不利。一方面，宝贵的财政资源被浪费在大量华而不实的活动之中，无法对国家和社会做出实质性贡献；另一方面；政府施政着重强调的优先领域，特别是民众偏好极为强烈的基本公共服务领域，例如基础教育、基本医疗卫生、社会保障等领域，却长期无法获得财政资金的有效保障，使公共支出格局无法准确反映和支撑政府的战略方针，民

众需求难以得到有效保障。

由此，连接战略与支出，确保基层政府的公共支出决策能够与地方的发展战略与政策目标高度相关，就成为提高基层预算支出绩效的首要任务。在此，基层政府的主要工作就是：以政策和战略引导和约束公共支出决策，以公共支出决策推动和支撑政府战略与政策的落实和实施，使公共支出决策与政府的总体战略目标实现有机的结合。

除此以外，基层政府还应以相关性为核心，充分表达与回应民众的偏好与需求。在民主法制社会，政府的资源来自于人民，理应按人民的意愿使用并产生人民期望的结果。良好的公共服务支出结果应是：政府向民众提供的公共产品和公共服务能够充分满足人民群众的偏好与需求。

要将民众的偏好与需求转化为政府的政策目标及公共服务内容，需要两个方面的基本保障：一是政府探寻公民偏好并将其转化为政府公共服务供给决策的意愿及主动性；二是公民参与政府公共服务支出决策的可能性与积极性。

当来自民众的财政资金从人民群众最需要的地方开始配置时，这一行为本身就已经充分体现了公共财政的有效性，因为对公共产品或公共投资项目的偏好集合正应成为民众最迫切需求的真实集合与反映。然而，长期以来，公共支出决策在我国都为各级政府部门所垄断，公众被长期排除在外。其结果是：政府行为失去监督，公共支出效率低下，浪费性支出以及腐败损失严重。不断攀升的低效支出持续侵蚀公众的财富与福利，使公共财政的公共性难以体现。这也正是导致我国百姓需求巨大、偏好显示强烈领域资金严重不足，公共服务支出绩效低下的主要原因。

公民积极参与公共服务支出决策可使政府制定出更多反映民众偏好且获得民众广泛支持的公共政策，有利于建设一个更少分歧和争斗、易于管理和规制的和谐社会。此外，公民参与公共决策与公共治理的过程，也是对政府行为进行监督的过程，能够有效防止财政决策过程中容易产生的贪腐行为，从而促使公共服务支出的安排更加合理、高效与透明。

为此，将公民参与引入地方公共治理，借助财政决策过程的公民参与改善公共服务支出绩效、增强公共服务可接受性、提高政府透明度、强化政府受托责任，就成为各级政府的重要使命。

与民众最为贴近的基层政府不仅具有了解辖区居民需求和偏好的信息优势，同时还具有将民众有序引入预算决策的组织优势和可能，是将公民参与推广并普及开来的最为合适的政府层级。在国内外，公民参与都是从基层政府做起的。例如，巴西的阿雷格里市、德国埃姆斯代滕市等都先后从基层政府开始实施参与式预算。在中国，浙江温岭新河镇的“民主恳谈会”、江苏无锡的“参与式预算”、上海南汇区惠南镇的“事实工程”等，都是由基层政府通过民意测验、座谈会、听证会、信息公开等方式，将公民参与吸纳到基层预算的编制以及投资项目、立法、地区规划等公共事务的决策过程之中。这些公民参与活动有效促进了基层预算支出绩效的全面提高。

（二）加强程序控制　提高公共服务支出效率

要确保政府对公共资源的使用产生有意义的结果，效率必须得到保证。在公共服务支出执行过程中，绩效并非管理的核心，在该阶段更多强调的是程序控制，即对公共服务资金的使用进行合规性控制。合规性控制是财政支出管理的灵魂与精髓。没有合规性控制，就不可能有牢固的财政约束和支出控制，而失去控制的支出过程将成为滋生财政风险、机会主义行为乃至违规和腐败的温床。

公共服务支出周期由授权、拨款、承诺、核实、支付等阶段组成，合规性控制只有覆盖支出周期的各个阶段才会取得成功。在这几个阶段，合规性控制的任务和目标各不相同：（1）授权与拨款。由于公共部门的支出受制于多重约束，而这些约束首先来自预算授权和依据授权进行的预算拨款。因此，在此阶段，公共服务支出管理的主要任务就是：确保每个支出机构在预算年度都获得了明确的法定授权；确保预算年度中每笔支出都得到了明确的法定授权。（2）承诺。承诺是支出机构在预算授权范围内做出的支出决定，亦即与供应商签订的合同或发出的采购订单。承诺阶段的控制任务在于：确保支出建议得到批准；资金按预算的规模、类别拨付使用。（3）核实。核实是对供应者交付的商品与服务进行审核。在核实阶段，控制活动集中于确认所收到的商品与服务和订单或合同相符。（4）付款。付款是指公共部门为商品与服务支付货款。公共部门在支付款项前，必须针对以下事项实施会计控制，确保已发生有效、需要进行会计记录的付款义务；有适当的人员证实商品与服务已如期交付；申请付款所需凭证正确并适当。

公共服务支出周期及合规性控制程序如图 3－3 所示。

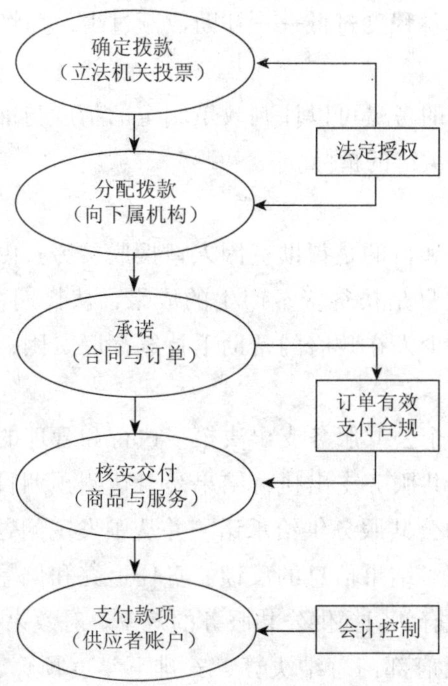

图3-3　公共服务支出周期
及合规性控制程序

（三）以效果为核心　增强基层政府的责任感

对于效果指标来说，绩效管理的任务是考察公共服务资金的使用结果，并利用结果信息促进政府责任感的提升。由于“效果”指标多偏重于社会领域，准以量化，因此，对“效果”的评估往往需要借助一系列关键性指标，如成果、受益和影响，才可充分实现。以扶贫资金为例，在政府为贫困人口发放扶贫资金后，对效果的考察应着重关注以下几个方面：

1. 成果

扶贫资金的规模及资金的实际到位情况——扶贫资金的规模过小或已发放补贴占应发补贴的比重过低，都将难以产生良好的扶贫效果。

2. 受益

受益包括受益瞄准度、受益程度及受益覆盖率等几个方面。受益瞄准度关注受益者的定位是否适当，这是考察效果最基本、也是最重要的指标之一；受益覆盖率是指受益人口占贫困人口的比重；受益程度是指人均受益额与当地人均收入之间的比例关系。这三项指标过低，如受益瞄准度过低——目标受益人群不符合实际贫困人群；受益覆盖率过低——享受补贴的人群占贫困人口的比重太低；受益程度过低——补助数额过少，都将影响扶贫资金的实际效果。

通过对受益对象的考量可以评判政策制定的精度与准度，是考察公共服务资金使用绩效极为关键的指标。

3. 影响

扶贫资金的作用和目的是帮助贫困人口摆脱贫穷。由此，政府为多少人提供了多少补助仅仅只是扶贫资金产生的成果，从长期社会经济效益来看，应着重关注的是有多少人在政府的帮助下持续摆脱贫困，这一人群占实际贫困人口的比重。

效果指标是对整个公共服务支出决策、执行和管理的最终结果进行的总结与评定，是考察公共服务支出执行结果是否达到预期目标和标准，是否满足该财政年度提出的公共服务供给承诺，并从中发现问题、查找不足、督促改进的重要依据。而对结果信息的反馈、责任追究和偏差调整，将可有效改进决策模式、提高政府部门提供公共服务的效率。对效果指标的追踪、考核、评价与应用应成为政府部门总结决算、安排下年度预算、进行考评与问责、提升政府公共服务绩效与责任的重要工具与手段。

由此可见，在财政收支矛盾不断加剧的情况下，在适度加大对公共服务财政投入的同时，以结果为导向，以相关性、效率、效果为核心，增强基层政府公共服务责任，提高基本公共服务水平，就成为提高我国基层预算支出绩效的关键与核心之所在。

第二节　绩效导向基层预算制度改革的路径选择

党的十八届三中全会《中共中央关于全面深化改革若干重大问题的决定》指出，要“改进预算管理制度，实施全面规范、公开透明的预算制度。审核预算的重点由平衡状态、赤字规模向支出预算和政策拓展。建立跨年度预算平衡机制，建立权责发生制的政府综合财务报告制度，建立规范合理的中央和地方政府债务管理及风险预警机制。”为此，在今后一段时期，我国基层预算改革的方向应主要集中于：引入中期预算框架，实施跨年度平衡机制；全面规范预算制度，统一财政分配权限，实施全口径预算；加大预算审核监督力度，由平衡状态、赤字规模向支出预算和政策拓展；提高预算透明度，建

立公开透明预算制度；建立权责发生制政府综合财务报告制度；加强基层政府债务管理。

一、引入中期滚动预算　建立跨年度预算平衡机制

中期滚动预算又称为中期支出框架，是指在中期的时间跨度内（一般为3~5年）准备年度预算的制度安排。与普通的年度预算不同，中期滚动预算不仅只是预算编制时间简单地由1年延长到多年，其编制的着眼点和解决问题的思路都发生了根本性的改变。传统的年度预算仅按一个年度来安排国家的财政收支，显得过于仓促和狭隘。在以年度为单位的情况下，年度框架让人首先考虑的是次年有多少资金，据此财力能做哪些事，使对财务问题的思考压倒了对长期战略与政策的思考，导致预算编制与决策和国家的战略重点及政策优先方向发生脱节。

在中期支出框架内，可透过每个特定财政年度的预算文件，前瞻、解读和评估各级政府未来3~5年财政收入、支出、财政余额和债务，以及纳入预算的公共政策、规划和活动。中期预算良好的政策筹划和收入预测，可为政府和支出机构提供将政策优先性转换成预算支出安排的保障。中期支出框架还能使政府对各项政策的成本进行有效评估，从而决定这些支出规划究竟是因本身“具有吸引力才被选择”，还是因为“有钱才被选择”。

详细的中期框架包含对政府整体战略，以及部门工作目标、政策和优先领域的详细描述，使中期部门预算的编制与决策能够和国家的战略、政府的政策与优先方向得以牢固地树立起来。具体包括：

1. 全面、可靠和量化的中期经济展望

中期（预算年度之后的3~5年）经济预测和财政预测报告应包括关键性的预测及假设。全面、可靠和量化的经济展望是制定预算的起点和重要依据，它提供了预算编制所必需的经济预测以及预测基于的经济假设，也为相关基层部门进行预算总额控制奠定了基础。

2. 财政政策目标报告

预算准备的各个阶段都会受到财政政策目标的影响。财政政策报告应包括政策目标及其优先性排序，当前财政政策的未来影响，财政收支中期预测等。财政政策报告是将政策与预算相融合的桥梁与纽带。

3. 财政可持续性评估报告

财政可持续性评估报告是对中长期财政运行状况的预测。如果基层债务超过了政府中长期的清偿能力，财政政策将不可持续。财政可持续评估报告

是地方财政政策制定与调整的重要依据。

与发达国家或地区比较成熟、并制度化和法制化的中期预算框架（Medium－Term Expenditure Framework，MTEF，见表3－3）相比，到目前为止，无论是高层级政府，还是基层政府，在我国都还没有严格意义上的、可实施的中期预算。每年的年度政府预算报告都贯之以“关于××××年中央和地方预算执行情况及××××年中央和地方预算草案的报告”标题，内容则基本上是就财政论财政，并没有突出中期预算框架的主要特征——如预算与宏观经济规划的关系、预算与国家政策和具体规划的连接，以及经济假设、政策或法律的变动对预算收支的影响等。

这表明，我国预算准备过程中的许多关系重大的基础性工作依然没有做到位，这些工作包括：（1）准备1份宏观经济框架，据以对影响预算总量的经济指标和财政指标进行预测；（2）准备1份财政政策（和其他经济政策）报告，阐明政府在中期的政策目标及其优先性；（3）在综合考虑宏观经济框架、财政政策报告和财政约束框架的基础上，制定中期预算框架，据以为政府及各部门建立正式的支出限额；（4）编制与中期预算框架紧密衔接的年度预算。

表3－3　OECD国家的中期预算框架

国家	中期预算框架的期间（年）	经济条件假设谁负责	新支出的中期成本估计	部门支出限额的基础	部门支出的决定	国会是否有预先的总预算安排
瑞典	3	财政部	所有支出项目	中期预算框架	首相	是
英国	5	中央预算办公室	所有支出项目	中期预算框架	财政部	否
澳大利亚	4	中央预算办公室	所有支出项目	中期预算框架	内阁	否
新西兰	2	财政部	所有支出项目	中期预算框架	内阁	否
荷兰	4	中央计划局	所有支出项目	中期预算框架	内阁	是
挪威	变动	财政部	不进行估计	N/A	内阁	是
美国	N/A	N/A	所有支出项目	仅仅是建议	总统	是

资料来源：OECD－World Bank Budget Practices and Procedures Database.

正是由于预算系统和成熟的、制度化与法制化的中期预算框架存在显著

的差异，我国各级政府，特别是基层政府在借助预算有效分配公共资源，尤其是在引导预算资源优先配置于政府政策和战略重点领域方面，以及在强化支出绩效、避免和减少支出浪费与低效率方面，遇到了极大的困难和障碍。因此，我国预算改革的大方向应定位于，通过在政策、规划与预算之间建立起紧密的联系，确保将财政资源分配到国家战略和政策的优先领域。而这必然要求加强和完善预算准备及其编制工作，也就是转向国际上通行的中期基础预算或中期预算框架。

二、统一财政分配权，实现财政资金的集中管理

统一财政分配权是部门预算管理的基本要求，也是加强财政资金管理的基本前提。目前，我国的一些财政分配权仍然散落在政府的各个部门，如发改委、经贸、科技、教育等部门都拥有一定的政策决策权与预算配置权。

政策决策权的零碎化以及预算配置权的分散化，使预算过程充满了不确定性，也使预算资金的配置目标和配置活动难以统一。这种资金分配模式对于基层政府来说极为不利，基层政府资金总量小，资源有限，条条块块的切割严重削弱了预算资金的统筹分配效率，阻碍了预算资金从优先级别较低项目向优先，级别较高项目的流动。预算资金的申请者只能通过要求增加资金，而不是将资金转向更有效的用途来获得更多的资源，使大量公共资源被长期滞留在效益低下的部门，而难以流向效益高的地方，使公共服务的质量差而成本却非常高昂。

这种资金配置方式还容易导致马太效应，使各支出机构的财政状况因其所处部门不同和所拥有的权力不同而产生分化。预算是各个利益相关者争夺资源的舞台，通常情况下，在争夺对自己有利的预算份额时，强势机构比弱势机构拥有更多的能量，他们不仅有足够的力量维护自己在过去获得的既得利益（基数），而且也有强大的力量谋求更多的预算份额，使对资金需求迫切，但弱势的民生服务领域很难得到充足的资金支持。这也就是直接导致基层政府公共服务能力被削弱的重要原因之一。

在此情况下，由财政部门统一掌控财政分配权，实现对财政资金的集中管理，担负起对政府各部门的支出决策进行审查，对不符合政策目标的项目进行否决的职责就显得极为必要。

三、完善全口径预算管理　提高预算完整性

按照全面预算管理理论，预算管理应当囊括所有的资源，实行综合预算

管理，这是部门预算管理的基本要求之一。所谓全口径预算管理就是指要对全部政府性收支，实行统一、完整、全面、规范的预算管理，即凡是凭借政府行政权力获得的收入与为行使行政职能所管理的一切支出，都应纳入政府预算管理。从而实现预算作为行政层面内部控制与立法层面外部控制的管理工具，最终使以财政部门为财务统领的政府整体能够对立法机构负责，进而确保整个政府活动是对公民负责的。

从预算范围来看，全口径预算是最大统计口径的财政收支，即“全部公共收支”，包括政府为履行公共职责直接或间接控制和管理的各种形式的资金收支，与预算原则中“全面性、综合性原则”的要求相一致，是保证预算透明和可问责的基石。

实行全口径预算管理，既可以实现各种资金的统筹使用，使预算安排更加符合实际需求，提高财政资金的使用效益，也可以实现对各种资金的监管，使各类资金的安排、使用和管理按照统一的尺度执行，避免出现监控盲点，造成资金的浪费。对于基层政府来说，实现全口径预算尤其重要。全口径预算是基层政府统筹预算资金管理，提供预算资金使用绩效，使有限的预算资源从低效益的地方抽出，流向高效益的地方的一个极其重要的举措。未来可以考虑从以下几个方面加强基层政府的全口径预算管理。

1. 细化预算

目前，我国包括基层政府在内各级政府编制的各项预算，均存在未能细化的问题。《中华人民共和国预算法》修正案（一稿）对公共预算一般收支提出了细化要求，而对政府性基金预算、国有资本经营预算、社会保障预算细化到哪一级并没有具体要求。但是，与公共预算相比，这几项预算中的项目支出比重更大，更应该细化。例如，国有资本经营预算收支应按类别和重大建设项目分别编制，社会保障预算收支应按社会保障和补助的类别编制，转移支付收支应按一般转移、专项转移的类别编制。此外还应分别按功能分类和经济分类进行细化。只有同时提供了功能分类和经济分类的信息，才能全面完整地反映预算行为和结果。

2. 建立基层投融资预算

财政投融资预算是安排和规范融资和投资资金的专项预算。受政府主导、投资驱动的经济增长方式影响，我国政府投资一直是作为实施积极财政政策的首选手段，造成政府投资规模和增长速度呈不断加剧的势头。从基层政府投融资的渠道看，其投资资金来源主要是土地收入、以土地财政抵押的地方投融资平台的借款，以及政府担保的银行贷款，投向主要是基础设施和公共

工程项目建设。由于资金来源管理的不规范和透明度低，造成资金使用的随意性大，项目缺乏可行性论证，投资失控、盲目投资、低效和无效投资等问题普遍存在，进一步加剧了基层政府债务风险的积累。

为了化解基层财政可持续的潜在危机，应以重点项目为突破口，建立规范的地方投融资预算，对各种形式的地方债务规模的合理性进行监督与管理，对投资项目的必要性、可行性进行综合评价，对项目的确立与实施进行多重监管。

3. 调整政府性基金范围

政府性基金收入来自对纳税人的无偿转移，应与一般预算收入一样纳入预算范围。我国实行部门预算改革后，政府性基金预算连同一般预算被纳入政府预算的范围，需一并向人大报告。但在实际执行中，纳入政府性基金预算管理的基金共43项，包括：国有土地使用权出让收入、民航基础设施建设基金、政府住房基金、彩票公益金、港口建设费、国家重大水利工程建设基金、铁路建设基金等，但仍有很多基金没有纳入预算范围。目前，调整政府性基金范围要从扩大预算范围、清理规范基金项目、控制基金设立三个方面着手。按照《政府性基金管理暂行办法》，逐步将全部政府性基金纳入预算范围；及时取消已经到期、已失去收入来源或不适应管理体制要求的基金项目；按照“正税清费”原则，研究用资源税取代或吸收相关基金项目，提供预算统收统支的比例。

4. 规范基层政府债务预算

审计署公告显示，截至2013年6月底，全国各级政府负有偿还责任的债务206 988.65亿元，负有担保责任的债务29 256.49亿元，可能承担一定救助责任的债务66504.56亿元，合计30.27497万亿元。包括基层政府在内的地方政府负有偿还责任的债务108 859.17亿元。与2012年年底相比，全国政府负有偿还责任的债务上升了8.57%，其中地方部分上升13.06%，地方政府债务风险日益升高。因此，应完善预算管理法规，将基层政府债务纳入预算管理范围，使之透明公开化，以遏制基层政府债务扩张趋势，降低基层政府财政风险。

四、引入规划预算的方法与技术

与目前占主导地位的按“条目”指数化编制预算的“投入预算”不同，结果导向规划预算的编制有明确的目标及结果要求，各项预算规划的提出须与国家及地区的发展战略及政策优先方向一致，应有明确、具体并可计量的预期结果（包括直接结果——提供服务的数量，以及最终结果——提供服务的质量和效率），以及可与实施结果进行比对和验证的详细的指标体系。

这种预算方式既可保障预算资金的分配与使用和基层政府的政策优先方向一致，又有利于对各项规划的执行结果进行追踪和考评，从而能够较为容易地鉴别出哪些部门较好地完成了预算目标和任务，哪些部门的表现不尽如人意。规划预算以一个个项目为单位进行，相比其他层级预算，更适合在基层预算推广。

引入规划预算可使基层预算更为高效、可靠。这是因为：

（1）规划预算是基于地方发展优先方向而提出的，有助于确保预算资源的配置更加准确地反映基层政府的政策重点，有利于政策与预算的连接。

（2）规划预算有助于细化预算编制，以剔除那些与政策重点不符、效率低下的规划，可大大减少无效率的资源配置和浪费。

（3）促使资源配置的单元由投入转向规划，为打破预算资源竞争中根深蒂固的本位主义，促进预算资源配置优化奠定了基础。

（4）规划预算可使社会各界了解“政府花了多少钱”、“花在哪些项目上”，还可以帮助公众清晰掌握：“政府在某项特定规划上花了多少钱”，以及“花这些钱产生的结果如何”，从而有利于预算资金使用透明度的提高。

（5）规划预算为预算管理提供了最佳工具与手段。规划预算不仅可以强化对预算资金的约束与控制，与此同时，追踪结果与预算资源再分配的结合还将有效激励政府部门改进工作效率。通过要求各支出部门与机构预先制订规划，规划预算使公共部门从关注“我们单位能拿到多少钱”转向关注“我们单位需要完成哪些规划和绩效指标”，并促使支出部门或机构中的每个人更加清晰地认识到自己的日常工作如何对该组织的产出和目标作出贡献，以及如何由此促进更为广泛的政府目标的实现，进而有助于改进公共组织的绩效。

五、改革预算程序

现行预算申请采用“两上两下”的预算程序，这是一种以“自下而上”的预算程序。这种预算程序允许预算单位提出超过预算资源总量承受能力的预算申请，然后再由财政部门进行削减。这一程序存在很大缺陷：一是导致预算资金总额被突破；二是逐渐演变成以部门利益为基础的预算，不能形成一个具有全局性和一定长远性的战略计划，无法体现政府的发展战略及政策优先方向；三是大量稀缺资源被长期滞留在效益低下的部门，使公共服务质量低劣而成本高昂。

为此，应将预算程序改变为“自上而下”的模式，即在预算申请者提出预算申请方案之前，应由财政部门在预算控制总额内，依据统一的战略目标和政策方向确定预算支出的优先性排序，并同时确定各个支出部门的支出限额。这样做的好处非常多，不仅可保障预算总额不被突破，有助于连接政策与预算，还可以激活预算资源的优化分配，促使稀缺的预算资金从优先级别较低项目流向较高级别项目，提高预算资源配置效率，此外，还可以避免预算过程中过度的、浪费性的讨价还价。

第三节　将公民参与引入中国基层预算

参与式预算在全球推广的过程中所遵循的基本原则大多为体现民主、公正、透明和问责的精神，但在不同的政治历史、财政体制和文化传统下，世界各地的参与式预算实践也不尽相同。我们在学习研究、比较借鉴不同国家的不同模式时，尤其要注意结合各国的实际情况，任何一项程序或者制度，只有与当地实际结合起来，其生命力才会更持久。我国的参与式预算正处于推广与普及期，只有逐步的规范化、制度化才能使其长远地存在发展下去，我国的预算制度才能更加完善，公民意愿的表达才能更通畅，社会的公平公正才有望真正的实现。

一、推行制度化预算参与机制

要使公民拥有一个完善的参与环境，能够定期地按照程序表达自己的意见，参与基层预算的制定过程，我们就需要逐步建立一个制度化的预算参与机制，将基层预算公民参与的每一个细节制度化、模式化。

在预算报告的制定及初审阶段，首先，要建立财经代表小组制度，财经代表小组成员需在广大公民中通过预定的随机方式选出，同时还应包括各协会、社会团体、各界的代表，并配以财经预算领域的专家代表。财经代表小组在预算编制过程中可以发挥至关重要的作用，参与、监督预算编制、修改、审查的全过程。其次，民主讨论制度也是必不可少的一项，它是在预算决策和监督过程中，以民主讨论的方式来实现各主体参与的一种机制。我国在推广预算公民参与的过程中，应该根据各地不同民情在预算程序不同时间节点选取适当的参与群体，设立民主讨论会，将民主讨论结果融人预算。最后，我们要建立长效的代表及公民培训制度，培训主要包括针对广大公众的公共预算知识培训和专门针对代表的权力培训和相关履职培训。

在预算报告的修改及通过阶段，首先，要将预算编制过程与人民代表大会进行有机的结合，形成人大能够发挥真正效用的讨论及议案提出制度。人大代表对财政预算的审查和监督可以提高公民对财政预算审查和监督的参与度。其次，要在预算编制的整个过程中建立公民旁听制度，让公民参与旁听基层人大会议。在旁听过程中，要赋予公民一定的方式来表达自己的意见。政府预算的公民旁听制度可使预算审查和监督过程全部在公开、透明的状态下运行。最后，预算修正议案也要制度化，以确保公民参与预算审议的绝对有效性。在公民对预算方案不满意的情况下，如果一定数量的公民联名，他们就应该有权提出修正议案，这个修正议案一旦表决通过，政府就必须对方案进行修改，从而形成对政府预算的刚性约束机制。

在预算的执行与监督阶段，要建立长期的信息公开制度，将预算的执行情况以固定的方式进行公开。预算执行过程中发生的预算调整，应提交财经代表小组备案。对于重大的预算调整，应由基层政府提出预算调整方案交财经代表小组讨论，并将讨论结果进行公开。

二、以立法监督促进基层预算参与制度化

我国在预算执行的监督及参与式预算的法律支持方面仍存在缺陷。《中华人民共和国保密法》与《政府信息公开条例》的冲突使政府预算不能真正受到公众和立法部门的监督与制约。《中华人民共和国宪法》和《中华人民共和国预算法》中虽然规定了人大对政府行政部门及其所属机构、单位、个人行为的规范和监督权，但这种权力往往不能得到真正落实。在其他国家的很多城市，参与式预算是可以经由政府命令、市议会批准、市长起草的法令等来正规化和制度化的。为了避免“自上而下”的决策，也有些城市在参与式预算实施一两年后就将其立法，并且对那些不会影响参与式预算的动态本质却能巩固公众参与的基本元素也进行了立法。

由此，我国要努力激活现有《中华人民共和国预算法》的效力，并像其他国家一样逐步将预算中的公民参与以法律的形式固定下来，增强参与式预算的可持续性，使参与式预算不再仅仅局限于地方政府首脑的意愿。在立法的过程中还要制定相应条款来保证参与式预算项目实施的质量和透明度。

应该以立法的形式将公众参与政府预算的程序和规则确定下来：（1）居民享有普遍参与权，即所有公民，无论其社会或经济地位如何都有权参与政

府预算的各个过程。同时，允许和鼓励有组织的公民团体在参与过程中发挥重要作用；（2）预算参与程序应具有便利性与机动性。公众参与政府预算过程应当具备足够的机动性，以便可以不断地矫正与修订；（3）无歧视性，广大公民要有平等参与的权利，以及意见能够平等地影响政府预算决策的权利。

三、加强基层政府的预算参与回应机制建设

政府应对公民参与预算过程中提出的意见进行有效回应，没有回应的预算参与将失去实施参与的意义。

为此，政府要构建一整套预算参与的回应机制，例如普及预算知识，增加政府预算的透明度，组织预算听证与辩论，对公民预算参与意见进行系统整理，并将其及时吸纳进政府预算的编制、执行与监督、评估过程之中。公民参与和政府回应的流程如图 3－4 所示。

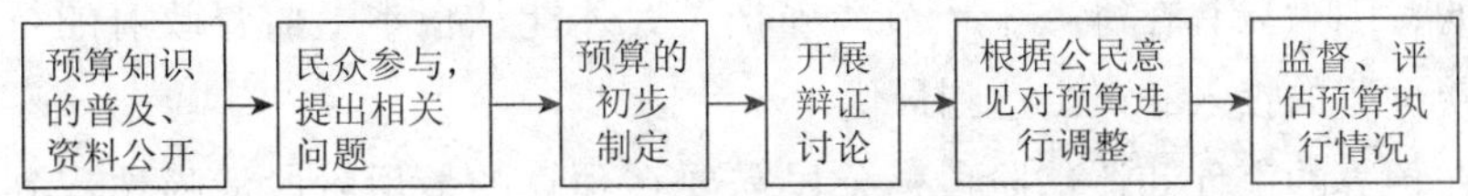
预算知识的普及、资料公开
民众参与，提出相关问题
预算的初步制定
开展辩证讨论
根据公民意见对预算进行调整
监督、评估预算执行情况

图 3－4　公民预算参与及政府回应流程

在政府预算的编制阶段，预算编制部门应改善预算信息披露的表达方式，预算信息编制要根据国家财政收支的具体情况和国际、国内的综合环境评估，决定具体的预算投资总额和投资方向。在此，就可以融人公民参与预算。基层的公民最了解现实中自己的具体生活状况和问题，这些问题要在预算编制中体现出来，这才是对公民需求的一个实实在在的回应方式。同时，还可以通过立法的方式确定在预算编制前以合理的方式收集民意，例如，以村委会以及大城市中的物业或业主委员会为依托，组织园区内的居民在日常生活中帮助收集民意。

此外，预算编制不只是一个普通的报表，它应能让广大民众读懂预算。为此，政府预算应采取人们所熟悉的、通俗易懂的方式进行编制，对于每一项预算支出，都要表明预算的投资方向、项目名称、投资的额度，以及投资产生的实际成果等信息。

在预算辩论和审查阶段，应建立广泛的公民讨论。公民同样可以在政府或一些社会团体组织的活动中，对预算草案中项目编制的实际情况展开讨论，可以通过辩论的方式形成提议，而政府则根据这些意见对预算草案进行调整。政府预算支出项目的设立、项目设立的优先次序、资金的分配方式和比重等

预算决策都可以根据公民的意见进行调整，并形成最终的预算草案。

在预算的批准阶段，基层人大主席团就人大代表联名提出的预算修正议案，召开会议进行审查，同时可以召集居民代表，就某项议案进行沟通、协商。然后，由基层人大主席团综合各方情况，决定某项议案是否提交人代会全体会议表决，最后，由人民代表大会全体会议对经审查提交的预算修正议案分别进行表决。在人大全体会议进行表决的同时，还可以将预算修正案通过网络或其他方式向居民公布，调查民众支持率，对民众支持率较低的修正议案进行再次分析、沟通和修改。

在预算的执行阶段，基层政府应尽力将每一个项目的实施情况公之于众，公民则以此来了解预算资金投入的项目的进展状况，发现问题，及时提出异议。无论是通过有组织的方式，还是通过网络、电视媒体等方式，这些方式都将对政府的行为起到实际有效的监督。对预算执行过程的监督往往是比较困难的，因为只有在每一个环节严谨把关，才能从根本上监督政府的行政效率，使预算的投入和产出达到最优。

在预算的审计和评估阶段，公民需要在预算的最后阶段清晰地看到他们决定的预算优先项目，真正带来了哪些变化，是否严格地按预算议案得到了实施。政府应该对此给予公民以回应，做到预算结果的公开。政府通过公布审计报告让民众了解，政府监督了预算的实施。政府的审计部门会对每一项预算投资进行严格的审查，即审查项目预算实施是否融入了公民参与，预算的投入是否真正实现了预期成果，对于没有达到既定目标的项目，要究其原因，如果属于人为原因，政府应根据预算文件对项目负责部门或领导追责。

对于每一项预算支出结果，政府都应以审计报告的形式向民众公布，给民众一个满意的答案，形成有力的内部监督机制。然而，对预算结果的监督，仅仅依靠政府内部的审计监督还很不够，政府还应该通过绩效评价的方式向公民负责，将政府内部对预算的监督融入预算的全过程，做到真正意义上的对公民负责，接受公民对政府预算过程的全程监督。

第四节　中国基层预算改革的其他配套措施

预算问题是关系民主制度是否名副其实的大问题，没有健全预算的政府是“看不见的政府”，而“看不见的政府”必然是“不负责任的政府”。预算改革的目标，就是要把“看不见的政府”变为“看得见的政府”。从这个意义上来说，预算公开透明极为重要。

从全球视野来看，无论与发达国家还是与国际性组织（如IMF）或地区性组织（如欧盟）相比，中国目前的财政透明度仍处于一个十分落后的阶段。下面以IMF专门为发展中国家和转轨国家制定的最低标准及其实施要求作参照系，对中国财政透明度做些简单的比较（见表3－4）。

表3－4　中国财政透明度与IMF最低标准要求的差距

一般原则	最低实施要求	中国的现况
1. 明确角色和责任	·按（SNA，1993）或（GFS，1986）定义和报告“一般政府”财政信息	不符合
	·确认政府持有的股权	不符合
	·审查预算外活动	符合
	·预算外纳入正式的预算决策过程	不符合
	·确认主要的准财政活动	不符合
	·以预算法界定财政管理责任	部分符合
	·征税与税务管理有明确的法律基础	部分符合
2. 信息的公共可得性	·预算外活动包括在预算和报告中	不符合
	·预算中包含有两年的预算数及其修订数	不符合
	·预算中包含中央政府主要的或有负债	不符合
	·预算中包含中央政府主要的税式支出	不符合
	·预算中包含重要的准财政活动数据	不符合
	·按年度报告中央政府债务水平与结构且不滞后于6个月	不符合
	·公布财政报告示范（practices）	不符合

一般原则	最低实施要求	中国的现况
3. 公开预算准备/执行	·1份财政和经济展望随同预算一并呈报	不符合
	·制定中期预算框架	部分符合
	·预算中包含1份财政风险量化评估报告	不符合
	·预算及账户分类覆盖所有一般政府活动	不符合
	·预算中应有经济/功能/管理分类数据	部分符合
	·财政交易以总值（不按净值）计量	部分符合
	·预算中包含综合余额数据	部分符合
	·预算中包含有所采用的会计标准的说明	不符合
	·中央政府决算数据与预算拨款相一致	部分符合
	·中央政府决算经独立的外部审计师审计	部分符合
4. 确保诚实	·确保将外部审计结果报告立法机关并确保采取补救行动	部分符合
	·外部审计标准与国际标准相一致	部分符合
	·宏观经济预测中使用的工作方法和假设应是公开的和可以利用的	不符合

注：SNA和GFS分别为“国民收入核算账户体系”与“政府财务统计”的英文缩写。

由表3-4可知，目前中国在财政透明度方面与国际规范相比有着巨大的差距，其中主要项目甚至不能满足IMF在《财政透明度手册》中确定的最低标准。

上海财经大学公共政策研究中心进行的一项研究也得出了同样的结论。依据《政府信息公开条例'》的相关规定，上海财经大学公共政策研究中心通过信函方式向31个省（直辖市、自治区）的11个部门机关（共计341个）提出了政府信息公开申请，要求各部门提供部门收入来源、支出用途以及机关基本情况等方面的信息。但各部门信息提供和回馈态度按照百分制打出的平均分仅为3.21分和3.24分。这从一个侧面反映出，我国目前政府预算的公开程度还非常低。

公开透明的政府建设要从深化政府信息披露开始，而深化政府信息披露则需要从改革预算文件着手，即通过开发“政府问责型”预算报告来公开政府的财政资源、计划与活动；通过建立规范的政府财务报告体系，来解读和监督政府对财政资金使用的合规性；通过建立绩效报告，来问责政府财政活动的绩效和结果。

为此，需要构建“服务问责型”的预算报告模式、建立规范的政府财务报告体系，以及编制和发布政府绩效报告。

一、构建“服务问责型”的预算报告模式

（一）涵盖合规与绩效两个维度

“服务问责型”报告模式的开发应遵循两个基本的维度，一是体现资源使用的合规性；二是反映预算资金分配和使用的绩效。

具体而言，可以考虑通过一组指标体系——“结果链”体系来实现这一目标。首先，在预算报告的编制阶段，应通过清晰说明项目的预计投入以及所需投入数量的理由，以确保资源分配的总额控制；与此同时，运用产出和成果等信息表述预期的项目结果，并设计相应的服务绩效考核基准和标尺。其次，在项目的执行和评价阶段，依据结果链的基本链条和核心链条实施监督和评价，一方面确保资金投入总量的合规；另一方面确保资金使用的效率。最后，在评估阶段，根据“3E”原则，使用结果链的高端链条，一方面对资金投入总量实施合规性检查；另一方面，对资金投入的效率、有效性和经济性开展绩效审计与评估。

（二）遵循“用户友好性”

首先，预算报告必须考虑不同用户的需求，这些用户群体包括：（1）各级政府、核心部门（如财政部）、政府直属各部委；（2）立法机构（全国人民代表大会）、各级人民代表大会及其常务委员会、审计部门；（3）公民、媒体、公司、大学、利益集团、投资者和债权人等相关利益者。

其次，预算报告应该做到通俗易懂，体现出“用户友好性”。鉴于行政部门的专业人员创造了只有他们才能控制和理解的传统预算过程，这一过程也只邀请专业人士参与，公民导向的预算改革就应采用去技术统治化的预算报告制式（Chambers，1983）。对于具有适当了解兴趣的用户，预算报告应当简单易懂，使用户能够迅速掌握和交流报告中所包含的信息。对于不熟悉预算术语和报告中使用的各种方法的立法人员与公民，报告中应包括各种解释和注释。在可能的情况下；报告中应当采用图表和图示以提高报告的可读性。

（三）报告的覆盖范围

预算报告说明了政府各公共部门及支出机构的各项活动，为决定部门之间的资源配置提供了重要的信息。

实现透明度和受托责任要求扩展预算报告的范围。预算报告应当提供一种用于评估政府工作是否称职的工具。作为一种理想状况，预算报告应该能

够回答下列问题：

（1）预算完整性：各种资源是否已经按照立法预算拨款授权和法定要求得到使用？资金和支出状况如何（未承付的余额以及尚未作出支出的承付款项）？

（2）经营业绩：各种计划耗费了多少资金？如何为这些计划融资？各项计划实现了哪些目标？执行计划时出现了哪些负债？政府是如何管理其资产的？

（3）保管责任：政府的财务状况是改进了还是恶化了？为此做了哪些准备？

（4）制度与控制：是否存在可以确保有效的符合性、恰当的资产管理以及良好的业绩制度？

部门预算报告没有标准的提交形式，但最低限度的部门预算报告应包括如下要素：各部门的主要问题；部门确定的目标与为了实现部门目标而制定的政策；部门的各项计划活动；未来年份的预期支出；业绩指标；其他相关信息，例如部门的税式支出。

二、建立规范的政府财务报告体系

当前，中国的政府财务报告更类似于预算执行报告，而并非真正意义上的财务报告。为了全面、有效地披露政府信息，改善立法机关和公民对政府经济活动的监督和问责，有必要借鉴国际经验，以财政透明度为导向重塑我国的政府财务报告体系。

（一）扩展报告的覆盖范围

IMF《财政透明度手册》指出，政府应向公众公布的财政信息至少包括：政府财政活动的所有信息、公共部门的准财政活动、中央政府的或有负债对财政的影响、政府资产负债表、政府财政报告的合并信息。

中国政府财务报告至少应能够提供充分反映政府经济活动及其资产负债状况、公共资金使用情况、现金流量情况和政府履行财务受托责任情况的综合财务报告。具体而言，要提供以下几项报表：反映报告主体在财政年度结束时的资产、负债及净资产余额的资产负债表，这是监督和评价政府财务业绩的重要信息渠道；反映年内预算收支情况的预算收支表；反映报告主体在某个特定财政年度实际发生的财政收入、财政支出及其构成与差额情况的政府营运表；反映政府会计单独核算基金的单项基金表；反映重大项目经营活动情况的项目经营情况表。此外，还应包括对预算外资金使用的详细说明。

为了提升政府财务报告改革的效果，还要辅之以对政府财政活动的绩效

审计。因为推进政府审计尤其是绩效审计，是推进行政管理体制改革、建立责任政府和效能政府、全面履行审计监督职责的必然要求。

（二）引入修正权责发生制会计

鉴于现金收付制会计提供的信息难以满足透明度的要求，引入权责发生制会计基础已成为国际上政府会计改革的一个新趋势。因此，完全权责发生制会计制度的实施要求很高，同绝大多数发展中国家一样，由于行政能力和收集数据的能力有限，中国目前引入权责发生制会计的时机还不成熟。而且，以现金流量和现金余额为重点的现金收付制会计，如果得到有效的记录承付款项和报告拖欠款项制度的补充，是能够符合支出控制的需要的。

但是，通过修正权责发生制会计制度确认各项负债和财务资产，可建立起一个完整记录各项负债和支出的框架。因此，对于财政规模快速增加、财政活动纷繁复杂的政府来说，中国的政府财务报告需要在满足资金管理合规性要求的基础上，进一步明确政府的资产和各种或有负债。因此，近期适宜采取循序渐进、稳步推进的策略，率先从引入修正的权责发生制会计开始，待时机成熟后，再逐步引入完全权责发生制会计。

引入修正的权责发生制会计应先从简单的会计事项入手，采取先易后难的原则。例如，先要记录政府间的补助收入和下级上解收入、购入有价证券等利息收入；固定资产的购置支出资本化，同时对其计提折旧，或不计提折旧而采取隔几年进行价值评估的方法；对于历史性遗产类资产、军事资产可暂不纳入财务报告中；此外，对国债还本付息费用可按修正权责发生制原则分期确认，担保贷款的担保责任和借出债权确已成为坏账的，应将未来社会保障需求中本期应当分担的经济责任列为当年财政支出，按修正权责发生制入账，以达到揭示政府隐性债务，避免未来过重支出、防范财政风险的目的。

三、编制和发布政府绩效报告

（一）发表绩效报告势在必行

与政府花了多少钱相比，公众更关心的问题是政府将钱花在何处，以及所取得的效果如何。因此，传统的以提供预算合规性信息为主的政府财务报告已经不能满足政府绩效管理的需要。编制和发表绩效报告，披露政府活动的领域及其成果对于监督和促进政府的服务责任成为一种必要。

缺乏定量绩效信息已成为制约绩效评价理论与实务发展的瓶颈，脱离数据支持的评价体系无法准确地反映政府公共受托责任的履行情况，因此，菲力普斯（Phillips，2004）认为，与政府财务报告相比，政府绩效报告除了反映政府财务状况和财务收支情况外，更强调对政府绩效的反映。政府绩效主要包括政府履责的整体能力、投入产出与效率，以及成果三个方面（Bromwich，1990）。

（二）绩效报告的编制建议

目前，发达国家的政府绩效报告有两种编制方法：一种是在原有财务报告的基础上增加反映政府绩效的财务报表和非财务报表，如英国和澳大利亚；另一种是在财务报告之外要求提供专门的政府绩效报告，如美国、芬兰和瑞典。评价的对象可以是一级政府，也可以是一个部门、一项活动、一项职能或者一项政策。

1. 评价重点在于绩效

由于政府绩效报告直接为使用者提供有关政府机构服务成果的信息，报告的计量应重点放在绩效上。为了实现这一目标，政府绩效报告应首先关注政府投入、产出和成果的计量。

2. 评价过程要循序渐进

政府财务报告以及基于财务报告基础上的政府绩效报告要求以权责发生制会计或是修正权责发生制会计作为技术基础。由于中国目前采用的是现金收付制会计，且政府财务报告尚有诸多需要完善之处，因此，建议中国当前绩效报告的发表要采用渐进的做法。首先从政府的某个项目开始，待引入更高级别的会计基础后，再逐渐推广至政府的各个部门，并最终对政府活动的整体绩效进行评价。

3. 评价指标要科学合理

评价报告的难点之一在于评价指标的选取。指标的选取一方面要全面、合理地考量和评估政府的活动及其绩效；另一方面，还要处理好专业化与通俗化之间的关系，要有选择地使用绩效指标，以便使用者更容易理解。指标体系的选取可以借鉴发达国家的通行做法，并结合我国的评价实践，采用"结果链"指标体系。

4. 报告内容要清晰易懂

中国政府绩效报告的使用者主要包括以下五大类：人大及其常委会、本级政府、上级政府、设计部门和社会公众。清晰易懂地说明政府活动的范围，以及政府活动所取得的成果，一方面可以便于上级政府和本级政府对其活动的绩效展开评估，另一方面还有利于人大与审计部门的监督和问责。此外，不能忽略的是，要方便社会公众的评阅和讨论。因此，报告的编制要尽量去专业化，将报告的内容通俗易懂地解读给报告的使用者。

第五章　以强化基础为抓手 全面推进基层财政建设

弘扬正气推进基层司法体制改革

河北省高邑县财政局　胡志乔　李新锋　牛英峰

近年来，在省财政厅、市财政局的高度重视和大力支持下，司法机关经费保障状况有了较大改善。但随着社会经济的快速发展，旧的司法体制已不能适应社会发展的需要，司法体制改革势在必行。加快建立体制更加合理、机制更加有效、管理更加科学、保障更加有力的司法经费保障体制，已成为摆在我们面前的重大课题。我局经过深入的调查研究，就基层院司法经费保障体制改革问题作些粗浅探讨。

一、关于省以下地方法院、检察院经费由省级财政部门统一管理方式问题

（一）对于基层院经费直接由省级财政部门核定、下达，还是通过省级法院、检察院分解、下达的利弊分析：

1、直接由省级财政部门核定、下达，减免了省级法院、检察院下达程序，避免了一层人力资源的浪费，提高了工作效率，但是不利于司法机关上级院对下级院监督职能的行使。

2、直接由省级财政部门核定、下达，能够切实保证经费真正落实到基层院，减少了中间环节，避免了经费滞留问题，降低了职务犯罪现象发生的几

率，经费保障更加及时有效，资金更加安全可靠，但是，缺少了省级法院、检察院的监督，很可能会造成经费的不合理配置使用。

3、通过省级法院、检察院分解、下达，能够在很大程度上避免经费资源的不合理配置，上级院的监督职能也能够很好的发挥作用。但是中间环节的增加，势必增大职务犯罪和经费浪费现象发生的几率，资金安全系数也大大降低。

综上所述，从财政的角度，从资金的安全方面考虑，直接由省级财政部门核定、下达为妥，但必须充分发挥财政的资金监督作用，建立切实可行的管理机制。

（二）市、县法院、检察院由省级财政保障后，应作为省级部门垂管单位接受管理。我国司法不独立的一个重要根源在于司法受制于当地政府。法院、检察院的人事权和财权都受制于当地政府，司法行为很容易受到当地政府的干扰，形成司法地方保护主义。如果司法机关作为直属单位受本级政府管理，那么上述问题就无法从根本上解决，司法机关还是会受制于政府，司法独立只能是空想。而垂直管理则不同，基层院直接由上级政府管理，将从根本上解决上述弊端。并且，随着社会发展，跨部门涉案案件日益剧增，垂直管理更有利于省院整合全省司法资源，统一调动，统一指挥，统一管理。

二、经费和资产划转问题

（一）人员经费划转问题。

1、政法专项编制人员经费。政法专项编制人员是特殊的职业群体，在众多职业中拥有崇高的地位。在西方社会特别是美国，法官是最受尊敬的职业，其薪资待遇也相对优厚，经费的上划将解决法官地方待遇偏低的历史问题，大大调动他们的工作积极性，实现司法繁荣。

2、司法部门中事业编制、聘任制、合同制等人员经费。事业编制、聘任制、合同制等人员在司法工作中也发挥着不可或缺的作用，他们和政法专项编制人员享受一样待遇，不仅能体现公平、公正、合理，更能激发他们的工作热情，为更好地推进司法工作做出贡献。

3、对于改革前离退休人员经费，应适当上划，以充分照顾到每一名公民的合法权益，但上划幅度应低于现职政法专项编制人员。改革前离退休人员，在任职期间，同样为司法工作立下了汗马功劳，虽然离职退休，但这些人员仍对司法工作的进行发挥着很好的监督作用，对于推动司法工作发展同样发挥着余热。改革就要彻底，如果仅仅就在职人员作出改革，在很大程度上是

侵犯离退休人员合法权益的，这种做法本身就有悖于法治。离退休人员现在已不在工作岗位，经费上划的幅度低于现职政法专项编制人员也是合情合理的，这是法治社会公平正义的良好体现。

（二）经费划转依据

1、人员经费划转依据：在原来省财政实际拨款数（含离退休人员经费）的基础上，加上有关方面的调整因素后，作为上划基数。

2、公用经费、项目经费及其他有关经费，按原来财政实际拨款数上划。

（三）资产划转问题

资产的划转要视实际情况和工作进度，本着积极稳妥的原则，采取“先易后难、逐步推进”的方式，分期分批进行。一是动产应划转省级法院、检察院管理，不动产不应进行划转，以确保基层法院、检察院的地方司法权威地位。二是对于产权不属于法院、检察院的房屋，要查清产权的归属者，查明的，将产权按照法律程序移交给产权所有者，不能查明的，收归国有资产，由当地政府管理使用。三是资产的划转，应按照有关政策，请有资质的单位进行清产核资。在清产核资的基础上，按照资产管理的有关规定，根据具体情况，确定划转方案。

三、省级财政统一管理后经费保障问题

省级财政统一管理后，为体现其管理的统一性，各项经费的保障也应体现出一致性。总体上可以按照分地区设计经费标准的方法。并且可以按照绩效的方法适度调整经费的增减额度。

（一）人员经费保障方面，人员经费的标准可以高度统一，所有基层院整体化。政法专项编制人员、事业编制、聘任制、合同制等人员经费，应严格按照有关政策，参照省及市级相关人员经费水平以及县域经济发展状况由省财政统一确定。

2、公用经费保障，可以按照公用经费保障标准予以核定。

3、项目经费保障，可以设立基本保障和绩效保障，基本保障标准统一，绩效保障按照年办案率省财政给予奖惩拨付。

4、基本建设经费，根据预算及有关部门考察评审结果由省财政统一解决。

四、建立地方各级人民法院收取的诉讼费、罚金、没收的财产，以及人民法院、人民检察院追缴的赃款赃物等，统一上缴省级国库机制

1、我县的管理方式为：县法院、检察院将上述资金上缴县级国库，实行收支两条线管理的管理方式。

2、在具体的操作中，要注意以下问题：一方面地方院要保证上述资金应缴尽缴，不滞留，不挪用，杜绝小金库。另一方面成立财产管理监督委员会，监督这些财产的来龙去脉，让政府放心，让百姓放心。

3、此项改革应与基层院经费省级统筹管理改革同时进行，制定出一套能让两者有机结合的切实可行的改革方案，达到事半功倍的效果。

五、建立跨部门的地方涉案财物统一管理平台，统一管理辖区内刑事诉讼的涉案财物

（一）目前，我县尚没有这样的平台，在很大程度上妨碍了跨部门涉案工作的正常进行，制约了跨部门作业的顺利开展，落后于时代的步伐。建立这样的平台势在必行。

（二）建立刑事诉讼涉案财务统一管理平台的重点和难点：第一，部门的选择要合理。既能承上，又能启下，有权威，有公信力。第二，人才的选取。既要了解司法机关事务，又要具备一定的财务管理专业知识。第三，建立刑事诉讼涉案财物统一管理平台相关的管理制度，确保管理工作顺利进行。第四，人员和编制问题也是必须面对的问题。第五，经费来源的安排问题。

（三）管理平台的服务不能采用政府购买方式，否则，就等于将司法推向市场，而市场的商业化容易滋生腐败。应由相关专业人员协调组成，由省财政给予资金支持，真正实现省财政管治下的优质服务平台。

六、配套制度建设问题

（一）财政管理制度调整完善问题。县级法院、检察院由省级财政统一管理后，财政管理制度势必经历调整与完善。省财政应把这些地方法院、检察院作为一般的省市级单位对待，国库支付、政府采购、资金管理、票据管理做相应的调整。

（二）县法院检察院财务制度完善问题。县法院、检察院财务制度也应该

按照省、市级单位的标准，按照省厅的统一部署完成相应的调整。

七、人员队伍建设问题

1、加强本级财政部门人员队伍建设问题。随着地方法院、检察院的经费资产向省财政部门的划转，给省级财政部门提出了新的要求，建议成立新的机构专门负责管理这些新单位、新成员。而本级财政部门对地方院的管理职能会发生根本的转变。本级财政部门将按照省厅的要求，改变职能，加强本级财政部门人员队伍建设，强化队伍管理，健全绩效考核，勇于探索，锐意创新，与时俱进，不断提高广大财政干部职工为民理财、科学理财的能力和水平，实现财政人员队伍向“学习型、服务型、廉洁型、实干型”转变，适应改革和发展的新要求。

2、加强省及省以下法院、检察院财务部门人员队伍建设问题。第一，地方法院、检察院财务部门人员要尽快适应本次改革带来的新变化，新问题。弘扬讲正气，树正风，扬正气的职业道德。第二，加强学习，时刻关注财务管理改革方向，提升业务技能，提升综合业务素质。第三，要重视财务管理人才的培养，增加财务人才储备，搞好财务人员的传帮带。第四，要适时适当引进优秀财务管理人才，提倡岗位竞争，人才竞争，为推动财务制度改革增加潜力，为司法体制改革发展助力。

大力支持基层医疗事业改革 推进医疗卫生事业的发展

河北省辛集市财政局　李胜法　靳润波　赵计强

目前，我国医疗卫生事业发展还存在着诸多问题，如医疗卫生资源总体不足、水平不高；医疗资源分布严重不均衡；医疗保障制度不健全等。财政方面的原因在于存在缺位和越位的现象，投入不科学、不完善。公共财政要将全部的医疗卫生服务作为公共产品提供给全民是不现实的，公共财政的介入主要是解决“市场失灵”的存在，也就是说对于一些市场无法进行合理的资源配置的产品，无法充分提供的产品，无法做到产品供给均衡的产品，应由公共财政介入，以满足人民群众的需要。这就需要财政明确责任，按照保基本、强基层、建机制的要求，调整投入范围，建立一套维护公益性、调动积极性、保障可持续的财政保障机制，既要坚持量力而行，又要做到尽力而为。

一、加快健全全民医保体系

巩固扩大基本医保覆盖面，推进建立政府和个人合理分担、可持续的医保筹资机制，2015 年各级财政对新农合和城镇居民医保的补助标准将从每人每年 320 元提高到 380 元，相应提高个人缴费水平。进一步深化医保支付方式改革，根据不同级别医疗机构和不同服务项目的特点，大力推进按人头付费、按病种付费和总额预付等多种支付方式相结合的复合支付方式改革，建立多方协商谈判机制，制定科学合理的支付标准。采取向商业保险机构购买大病保险的方式，全面开展城乡居民大病保险，同时要加强对商业保险机构承办大病保险的监管，确保资金安全。加快建立疾病应急救助制度，通过财政投入和社会捐助等多渠道筹集资金，对身份不明确或无负担能力的患者给予紧急救助。全面推进基本医保市级统筹，有条件的地区实行省级统筹，增强基金统筹共济和抗风险能力。支持整合职工医保、居民医保、新农合、城乡医疗救助资金、优抚人员医疗救助的管理职责，并在此基础上研究将居民医保和新农合整合为统一的城乡居民医保制度。

二、继续推进县级公立医院改革试点

以破除“以药补医”机制为关键环节，以改革补偿机制和落实医院自主经营管理权为切入点，及时总结经验，统筹推进管理体制、人事分配、价格机制等方面的综合改革。加强支持人才、技术、重点专科为核心的医院能力建设，统筹县域医疗卫生服务体系发展，提高县域内就诊率，基本实现大病不出县。

三、继续大力推进基层医疗卫生机构综合改革

支持建立健全基层医疗卫生机构实施基本药物制度的长效补偿机制。继续支持基层医疗卫生机构、村卫生室和社会资本举办的基层医疗卫生机构实施基本药物制度。指导并多渠道筹措化债资金，督促各地基层医疗卫生机构债务化解工作。配合有关部门实施基层医疗卫生队伍建设规划，支持通过转岗培训、在岗培训、订单定向免费培养医学生、招聘执业医师和对口支援等方式加强基层医疗人才队伍建设，继续重点支持实施具有全科医学特点等针对性和实用性强的人才培训项目。支持使用适宜技术、适宜设备和基本药物，大力推广中医药服务。

四、促进基本公共卫生服务均等化

2015 年将基本公共卫生服务经费标准从人均 35 元提高到 40 元。财政继续会同有关部门进一步完善基本公共卫生服务项目绩效考核办法，督促基本公共卫生服务落到实处，完善考核结果与财政补助资金挂钩办法，大力推进基本公共卫生支付方式改革，采取购买服务方式对基层医疗卫生机构提供的基本医疗服务给予补偿。继续支持实施重大公共卫生服务项目，加强绩效考核和资金管理，提高资金使用效益。会同有关部门进一步加强艾滋病等重大疾病防控、妇幼卫生、精神卫生等工作的政策和措施。

五、加快推进医疗卫生信息化建设

医疗卫生事业的发展和医改工作的推进要依托信息化建设，要统筹推进省、市、县三级卫生信息平台建设，通过建立区域卫生信息平台，逐步实现基层医疗卫生机构与区域大医院、公共卫生机构、医保管理经办机构等信息的互联互通。加快基层医疗卫生机构管理信息系统建设，将基本药物供应使用、居民健康管理、基本医疗服务、绩效考核等作为信息系统建设的重要内容。

科学发展　改革创新
推动全旗经济社会的可持续发展

内蒙古自治区达拉特旗财政局

2014 年，我局在旗委、政府的正确领导下，抓住“县域经济示范点建设”和“自治区直管县财政改革试点”机遇，自觉服从和服务于全旗经济社会发展大局，努力克服收支双重压力，在财源培植上求突破，在征管方式上求创新，在监督管理上求精细，在资金安排上保重点，财政收入稳步增长，各项改革逐步推进，财政保障能力不断增强，推动了全旗经济社会的可持续发展。

一、科学发展，财源建设取得新成效

面对经济下行、重点税源萎缩等多重不利因素，财政系统配合征收部门全力以赴组织收入，确保各项收入能收则收、应收尽收。一是大力扶持和服务骨干税源，全力做好 11 个亿元以上重点工业项目的服务保障工作，密切跟踪达电、亿利、新能、中轩及煤炭等重点骨干企业产销量和税负变动情况，把经济发展对税收的贡献落到实处。二是积极争取在我旗设有分支机构的央企注册成为独立法人机构或升级为二级分支机构，对新落户我旗的跨地区企业引导其注册在当地，使其属地纳税。三是加大欠税清查清缴力度，针对近年来房地产行业、政府工程及政府公益性项目耕地占用税欠税清理难的实际，采取化解债务与清理欠税联动机制，全年清理欠税 8 亿多元，不仅增加了收入，也对盘活房地产市场、消化存量房和化解政府性债务、民间借贷起到了积极作用，实现了多方共赢。四是多措并举，加大非税收入征收力度。通过采取公车拍卖与化债相结合的方式，进一步挖掘资产处置等国有资本经营收入潜力，有效补充公共财政预算收入。五是充分发挥财税政策的激励引导作用，加大对优势企业、重点税源企业的扶持力度，鼓励企业进行技术创新和发展品牌经济。2014 年，财政局会同有关部门共争取到位上级专项财政资金 12.1 亿元，为城市发展、新农村建设提供了有力的资金支持。

二、依法征管，财政收入稳步增长

积极推进依法治税，重点抓票据管理，完善“以票控收”制度，坚决制止随意减税、免税，严厉打击偷、逃、骗税行为，做到应收尽收，将经济发展成果体现到财政收入上来。2014 年，全旗公共财政收入完成 209804 万元，完成市下达任务 209200 万元的 100.3%，剔除沿黄公路项目税收 7885 万元，实际入库 201919 万元，比上年同期增长 11102 万元，增长 5.8%，其中，非税收入完成 40596 万元，完成年初预算的 158.6%，比上年同期增长 66.7%。

三、精细理财，各项民生支出保障逐步增强

围绕公共财政建设目标，不断优化支出结构，将有限的财政资金重点投向社会事业和民生领域，努力实现社会事业的全面协调发展。一是优先支持教育事业发展，积极落实教育优惠政策，投入资金 6000 多万元，用于义务教育保障经费和高中阶段免学费、课本费以及发放助学金，惠及全旗 3.8 万名中小学生。进一步完善教育基础设施，投入资金 9000 多万元，用于改善中小学和幼儿园办学条件。二是更加注重普惠民生，社会保障投入持续增加。始终把保障和改善民生作为最重大的政治责任和政绩工程，全年民生及社会事业方面支出占公共财政预算支出的 55.5%，使经济社会发展成果更多更好地惠及于人民群众。城乡常住居民人均可支配收入达到 31589 元和 13378 元，分别增长 9.2% 和 11.3%。社会保障体系不断健全，城乡低保、养老、医疗等社会保险覆盖面进一步加大，保障标准稳步提高。拨付资金 7700 多万元，用于发放低保家庭大学生入学资助、常住低收入农牧户冬季取暖用煤等补贴；全年拨付资金 4000 多万元，用于城乡低保和五保供养等困难群体救助，城乡低保标准分别达到每人每月 495 元和 402 元；拨付资金约 4000 万元，用于城乡居民养老、医疗等社会保障支出，城乡居民医疗保险人均筹资标准分别达到 597 元和 610 元，农牧民养老金标准达到每人每月 310 元。三是按照国家公共文化服务体系示范区建设要求，加大公益性文化事业投入，开展农村文化站建设，促进群众性文化体育事业发展，文化事业支出 2783 万元，荣膺“全国文化先进旗”。四是改善基层办公生活设施，投入资金 1100 多万元，用于完善苏木镇食宿楼基础设施配套项目。

四、服务“三农”，公共财政覆盖农村的范围明显扩大

全面贯彻落实旗委“科学发展、富民强旗”的战略部署，在全旗刚性支

出不断加大的情况下，旗财政积极筹措资金，发挥资金政策导向作用，紧紧围绕“示范区、试点旗”建设，有效推动现代农牧业发展。一是实施农综、国土整理等高效节水农业示范项目34.3万亩，国家农综开发园区试点项目稳步推进，综合机械化水平达到91%。引进伊利、正时等大型养殖项目6个，有力地推进了全旗现代种养殖业集约化发展，极大地提高了农牧业的科技推广、节水灌溉和农机化作业水平。二是稳步推进“十个全覆盖”工程，全年打造集中示范点15个，完成危房改造2400户、街巷硬化51.1公里、广播电视户户通工程4万户，建成标准化卫生室24个、文化室18个、便民超市10家，解决了9500人、3.3万头（只）牲畜安全饮水问题。三是做好“一事一议”财政奖补项目的申报工作。全年筛选报市财政局审批立项“一事一议”财政奖补项目43个，项目总投资2198.6万元，建成后将有26254户，73242人受益。

五、改革创新，依法理财水平明显提高

把推进财政改革作为提高财政工作质量的重要环节，从实际出发，认真抓好各项改革措施的落实。一是强化预算管理。按照量入为出、收支平衡的原则编制预算，认真进行预算执行情况分析，着力增收节支，自觉接受人大、审计监督，增强预算约束力。二是积极推进国库集中支付改革工作。全年共计办理国库集中支付资金31.1亿元，其中：直接支付30.5亿元，占支出总额的98.1%；授权支付0.6亿元，占支出总额的1.9%。三是继续深化财政补贴农民资金管理和支付方式改革，全年通过“一卡通”发放的惠农惠牧补贴资金共计21大类66小项，累计发放惠农惠牧补贴资金30099万元。四是充分发挥财政监督的职能作用，加大对专项资金、大额资金以及重点热点项目资金的实时跟踪监督，有效保障了财政资金安全高效运行。同时，强化“三公”经费管理，2014年，全旗“三公”经费支出4211万元，同比下降27.8%。五是加强国有资产监管。完成对部分行政事业单位固定资产处置和车辆调配及拍卖工作；开展全旗行政事业单位国有资产清查工作，全年完成清查任务120户。六是开展会计信息质量检查。对达拉特旗人民医院等6家医药行业，达拉特旗金运公交有限责任公司等4家公共交通行业开展了会计监督检查。七是开展了企业所得税税源调查和重点产品国际竞争力调查分析。按照财政部关于企业所得税税源调查工作的统一部署和要求，2014年继续对我旗的45户企业2013年的所得税纳税情况开展了调查分析。八是完成税收优惠政策规范性文件的清理、核实债权债务工作。对税收优惠政策规范性文件进行清理

清查，并对个别单位的债务情况、以及个别企业的纳税情况进行认真细致的核实与稽查。九是积极开展创建标准化财政所。按照上级关于创建标准化财政所的要求，对全旗8个苏木镇财政所进行创建，健全和优化各项财政管理工作流程，完善资金管理制度，统一配置各类办公设施。

六、改进作风，财政干部队伍综合素质明显提高

按照中央、市委和旗委的统一部署，深入开展党的群众路线教育实践活动，并不断向纵深发展。做到学习与实践相结合，学习与调研相结合，自查与广泛征求意见相结合，学习与整改相结合，切实做到边查边改、立行立改，努力提升服务群众、服务发展的能力。

自主创新深化财政改革 努力开创财政事业发展新局面

内蒙古自治区鄂托克旗财政局　冯润冰

党的十八届三中全会从推进国家治理现代化、实现国家长治久安的高度，作出《关于全面深化改革若干重大问题的决定》，对深化我国经济、社会、政治、文化体制等各方面改革作出全面部署。提出财政是国家治理的基础和重要支柱，科学的财政体制是优化资源配置、维护市场统一、促进社会公平、实现国家长治久安的制度保障。必须完善立法、明确事权、改革税制、稳定税负、透明预算、提高效率，建立现代财政制度，发挥中央和地方两个积极性。拉开了新一轮财政改革的序幕。

改革的主要任务是破解发展难题，完成新一轮财政改革任务，既需要中央作出顶层设计、加强工作指导，也需要地方自觉贯彻执行和针对本地区亟待解决的问题进行自主探索创新。准确理解中央对新一轮财政改革的总体部署是地方自觉推进财政改革创新的理论基础和前提，而自觉贯彻中央的统一部署，才能把握住地方财政自主探索的基本方向。但是如果地方仅仅局限于对中央财政改革部署的简单落实和机械执行，既难以达成中央所期望的改革效果，更不会有地方财政改革生机勃勃的创造性局面。

从我国深化财税体制改革总体部署入手，按照中央关于深化财税改革的决定，结合自身工作经历，着重查找旗县财政工作中亟待解决的问题及成因，在此基础上提出相应的改进措施，以期为旗县财政管理体制改革更加深入和完善尽一份绵薄之力。

一、鄂托克旗目前财政管理现状及改革情况

（一）预算管理情况

旗本级各单位预算支出分为经常性经费和专项经费，实行分类管理，对经常性经费实行定员定额，对专项经费根据事业发展需要和财力可能，分轻重缓急予以安排。采取“人员经费按实际，公用经费按定额，专项经费按计划，部门预算一次核定，支出控制按总额，资金拨款按进度”的预算管理办

法。目前，对旗本级所有预算单位的人员工资实行财政工资发放中心统发。公用经费，以上年年底或本年年初部门或苏木乡镇实有的在册在编在岗职工人数（含离退休人员），按照一定标准据实计算。业务费根据各单位业务，视当年可用财力情况适当予以安排。旗直行政事业单位公费医疗保险，按工资总额的6%核给社保局。旗直行政事业单位及苏木镇住房公积金，按工资总额的10%核给单位及苏木镇。专项经费，按照需要和可能的原则安排，主要是社会保障等民生工程、教育"两免一补"、绩效工资、校安工程、三农三牧等方面。

（二）改革推进情况

近年来在旗委、政府和上级财政部门的正确领导下，组建了国库集中支付中心，将全旗财政资金实行国库集中支付，最大限度的减少财政资金沉淀，有效的提高财政资金使用效益，缓解财政支出压力。组织成立了监督检查股，逐步开始对财政资金进行专项监督检查和跟踪问效，进一步增强财政支出资金的监督管理，积极适应财政资金管理工作的新形势、新情况、新任务的要求。组织成立了农村牧区综合改革办公室和恢复重建了苏木乡镇财政所，逐步构建起"职责明确、保障有效、管理规范、监督有力、运转高效"的苏木镇财政管理体制和运行机制，更好的贯彻各项惠农、惠牧政策，更好的服务农牧民群众，使公共财政更好的惠及千家万户，有力的促进城乡统筹健康发展。创造性的开展了财政投资评审"双预算"制度改革，使得财政投资评审在强化预算管理中的作用得到了切实、充分的发挥。目前已经初步建立起了全口径预算体系，稳步推进了财政预决算和部门"三公"经费公开工作。

二、目前旗县财政管理存在的主要问题及成因

（一）收入质量不高

近年来旗县财政收入持续快速增长，总量连跨台阶，同时也暴露出收入质量有待提高、收入结构有待优化的突出问题。长期以来，为调动地方加快经济发展的积极性，自上而下建立起以GDP挂帅、发展速度优先的的政治经济激励体系，为经济增长奠定了制度基础。同时这一模式也逐渐暴漏出增长的质量和效益问题，如高耗能、高污染支撑"形象工程"、"政绩工程"等。财政方面，政绩考核制度过多倾向于收入规模，对收入质量较低或是下降缺乏惩罚约束，形成了对地方健康持续发展的负面激励，导致地方行为模式转变。

（二）财政收支矛盾突出

旗县财政有限的地方可用财力在满足人员工资、机构运转需求后，难以满足兑付结转专项资金需求和化解政府性债务需求，使得旗县地方财政收支矛盾凸显，几近不可调和的地步。一方面以前年度旗县地方政府为积极响应上级号召，通过举借债务等方式筹措资金，超财力承担城镇基础设施建设、工业园区建设等事权支出，造成地方债务负担和专项结转严重。另一方面当前经济下行压力和税源结构单一等因素影响，公共财政预算收入整体从特殊的高基数高增长乃至超高速增长回归到高基数低增长甚至负增长期，而用于民生等方面的刚性支出仍处于上升通道。

（三）专项转移支付项目繁多杂乱监管失灵

从现在的情况看专项转移支付项目繁多杂乱，从上到下都是由部门上报审核，条块分割、各自为政，并出现了许多重复交叉的项目。就生态建设资金中的草牧场补贴而言，林业、西保、畜牧、水保等部门都有项目在实施，但实施的标准和要求又各不相同，每亩的实际补助有高有低，补助的实际面积还有差异。各项目主管部门为争取项目，而不断出台“优惠”政策，造成同样的一块草场相邻的牧户享受着不同的补贴标准和政策待遇，农牧民意见非常大，也造成了事实的不平衡。在民生领域交叉重叠的项目也比比皆是。一个危房改造项目民政、残联、民委、城建都有资金安排。大学生救助教育局、民政局、民委也都有专项资金。多头管理不仅造成操作中挤占挪用、监督管理不到位、资金的拨付效率低等问题，也造成对地方财政支出的引导和调控作用失灵。

三、对旗县财政管理改革的对策及建议

（一）坚持实事求是，努力提高收入质量

马克思主义的精髓和活的灵魂，就在于一切从实际出发、实事求是。实事求是的目的是为了敢闯新路，敢闯新路的前提就是实事求是。财政收入质量，是财政收入增长给政府带来可用财力资源的程度，其高低程度关系财政职能的发挥。

1. 逐步取消收入任务考核。实现两个转变：由注重增速考核转变为注重质量评价，由收入任务数向收入预期数转变。逐步取消每年对实绩考核评价体系中，对公共财政预算收入数量和增长的考核。同时通过引入税收占财政收入比重、工业税收占税收比重及新增企业或新增 GDP 对财政收入贡献率等指标，建立和完善激励机制，取代逐级下达收入任务的传统做法，实现财政

收入预算从约束性转向预期性。

2. 规范税收征管。进一步规范税收征管行为，不断清理和规范各项税收优惠政策，通过政府指导、财政牵头、税务配合、部门联动、社会参与的方式客观、及时、准确掌握税收优惠对象的单位性质、行业类别等基本信息，收入利润等财务信息，计税依据、减免税额等涉税信息，优惠政策、优惠方式等税式支出信息，逐步建立统一的税式支出和绩效评价制度，严格规范各项税收优惠政策。

（二）坚持统筹兼顾，研究完善财政体制

明晰事权，建立财力和事权支出责任相适应的制度，增强旗区科学发展的主动性和责任感，合理调整和完善旗区财力比重，在保障基本财力的前提下，逐步实现旗区财力与事权支出责任相匹配。重点是将一些补助相对固定的涉农、教育、社保和民政方面的专项补助，转为对旗区的财力补助，不再通过专项资金方式安排下达。同时结合税制改革，考虑税种属性，进一步完善上级政府和地方政府税收收入划分，适当加大资源税、房产税地方税种的留成比例。

（三）坚持改革创新，逐步推进政府性债务纳入预算管理

地方政府性债务是地方经济社会发展的重要资金来源，合理有效适度的地方政府性债务对促进区域经济发展具有重要意义。地方政府性债务预算是地方政府筹集和分配政府性债务资金的重要工具，也是调控地方政府性债务活动的重要手段。把地方政府性债务活动纳入预算管理，实行地方政府性债务预算管理，对完善财政和债务管理具有积极意义。由于当前政府性债务形成原因复杂，有效的地方政府性债务预算难以在短时间内建立起来，因此，编制地方政府性债务预算可按照“先简易、后规范；先局部、后整体”的方法，通过建立和完善编制原则、编制范围及流程，循序渐进，逐步将政府性债务纳入预算管理。制止盲目举债、虚报漏报债务及各种违法违规行为的产生，较好的防范和控制债务风险。

（四）坚持分类清理，整合捆绑使用各类专项转移支付

上级政府应加大对各类专项转移支付的整合力度，对现有各类、各项专项转移支付进行分类清理，对项目性质相同或相似的专项转移支付进行有效整合，减少资金使用上的交叉和重复。逐步取消竞争性领域专项转移支付和地方配套资金，严格控制引导类、救济类、应急类专项转移支付，对的保留专项转移支付进行一一甄别，属于地方事务的划入一般性转移支付。同时，随着职能的转变和机构改革的进行，在不改变资金使用性质的前提下，地方政府应捆绑使用各类重复交叉的专项转移支付资金，并采取各计各的功、各领各的赏的办法。统一标准、统一要求、统一验收，公平、公正、公开安排使用项目重复交叉的专项转移支付资金。突出重点，切实发挥专项转移支付资金的整体效益。以达到优势互补、集中力量办大事的目的。

创新管理手段　规范项目运行
农业综合开发助推农村经济发展

吉林省东丰县财政局

近年来，东丰县农发办按照“科学规划、绩效优先、规范管理、结果导向”的原则，从项目申报、立项、实施、评估入手，把项目管理置于项目实施全过程的突出位置，努力保障资金和项目的安全规范运行，较好的发挥了农业综合开发在促进农村经济发展、粮食增收和农民致富中的积极作用。

一、完善投入机制，提高财政资金使用效益

针对各项支农项目单打独斗，效益低，实效差的实际情况，东丰县农发办采取了以农业综合开发项目建设为龙头、整合资金、整合项目、发挥项目建设规模效益的工作措施。

一是政府主导，统一组织规划。东丰县农发办向县政府提出了“规划先行、统筹整合”的建议，经县政府同意，以县政府名义组织有关部门和专家，先后编制完成了《东丰县整合支农资金发展高效种养业五年规划》、《东丰县高标准农田示范工程建设三年规划》。同时，制定了年度实施方案，明确了以农业综合开发为平台，整合资金建设特色产业园区的总体战略。县政府成立了整合支农资金领导小组，组长由县长担任，副组长由常务副县长担任，财政、发改、水利、农业、林业、牧业、农机等部门的一把手为小组成员。领导小组办公室设在财政局，由财政局负责组织协调工作，农业综合开发办公室负责工作任务具体落实。

二是统筹安排，形成资金合力。农业综合开发具有“资金投入标准高，工程规模大，项目建设集中”的优势，为扩大建设规模，发挥支农资金的整体效益，以农业综合开发项目区为平台，按照各项资金性质和用途，合理统筹，集中投入。三年来累计整合支农资金 7592 万元用于二龙山项目区建设。共建设高标准农田 4 万亩；完成小型水库除险加固、供水渠道干支渠衬砌、扶持农民专业合作社建设秸秆燃气、农村文化活动站，以及水稻加工、农机购置项目 7 个。通过多方投入、集中打造，农业开发项目区呈现出以“农田

设施水利化、农业生产机械化、生产经营合作化、生活能源清洁化”为主要特点的崭新变化。发挥出了支农资金整合使用的良好效应，受到了项目区农民群众的普遍好评。

三是加大县级财政投入，支持农发项目建设。在财政困难、财力不足的情况下，东丰县始终保持足额安排本级农业综合开发配套资金，努力保障农业项目建设的资金需求，县级财政用于农发项目建设的资金投入不仅没有减少，反而逐年增加。其中2011年安排216万元，2012年安排269万元，均超过了按原来配套政策所需承担的配套资金额度。

四是以项目建设为载体，带动其他资金投入。为全面落实国家农业综合开发投入政策，确保各项资金落实到位、项目计划落实到位，东丰县农发办通过政策讲解、组织项目单位和项目区农民进行项目建设效益分析等措施，宣传和引导项目区农民群众和项目单位的主动投入。以2011年为例，通过投资投劳筹集项目区农民自筹资金320万元；带动龙头企业和农民专业合作组织投入544万元；超额完成了农民和企业应配套资金比例。

二、夯实基础，创新农发工作管理方式和模式

东丰县从项目的前期工作，到施工管理、检查验收等工作环节，都制定了明细的工作程序和要求，做到项目实施全过程跟踪管理。

一是明确工作规程，完善项目管理机制。本着“程序清晰、流程规范、监督到位”的原则，从项目的前期工作，到施工管理、检查验收的每个环节都制定了明确的工作程序和要求。通过实施工作目标责任则、施工现场监管制、阶段性检查和不定期抽查相结合的监督管理方式，做到项目实施全过程跟踪管理。

二是多项措施并举，保证立项工作质量。坚持在农业综合开发总体规划的指导下统一申报项目，选项前通过项目公示，让广大群众参与进来，积极献言献策，建立公正、公平、公开、透明的选项机制，选项后通过专家评审、票决立项，保证农发项目的科学合理；科学编制项目可行性研究报告，强调建设内容的设计不仅从工程技术角度去考虑，更注重从生产关系和民生的角度去考虑，充分体现农业综合开发宗旨，激发项目区群众参与项目建设的热情；强化设计阶段的项目管理与投资控制。在严格执行国家设计规范进行高标准设计的基础上，农发办项目专管员反复深入项目区，与村组干部一起，对建设内容逐一核查，准确定位，对设计方案进行优化比选，尽可能防止和避免项目启动后发生再次调整的现象。设计完成后对项目预算和施工图进行

审查和管理，对建筑材料价格通过市场调研合理定价，对设计工程量委托第三方进行审核，从而达到控制工程造价，节约投资的目的。

三是实施全方位管理，保证工程建设质量。严格执行“工程四制”，切实加强项目管理。开工前，通过召开“管理培训会、设计交底会、技术汇报会”等形式，加强对施工队伍的指导和管理，开工后，采取“停工检查、拆除重建、约谈项目经理”等措施，解决工程建设中的质量问题；完工后，采取“实地测量、喷涂编号、拍摄照片”等手段，对建设内容逐一核对，保证项目全面实施，为资金安全夯实基础。建立三位一体的项目实施监督机制，形成由农发办、监理公司、项目区干部群众组成的监督、监理体制，对项目实施方案、施工技术、工程材料、工序质量、隐蔽工程等环节进行全过程的质量监控，保证项目按计划和工程设计实施；强化工期管理，保证如期完成项目建设。根据目前资金下达提前，以及东北的气候条件及农业生产特性，采取积极措施，衔接和组织施工单位与项目建设单位提前做好各项准备，及时启动项目建设。同时，按照工程计划和施工合同督办检查，保证项目如期完工。

四是严格质量评审，把好项目竣工验收关。对每一项已完成的工程项目，都要组织建设单位、设计单位、施工单位、监理单位、相关技术专家以及项目区群众代表对工程进行综合评审。对不完善的按照评审意见进行补充和修正；对达不到设计要求和技术标准的责其返工重建。工程竣工验收后，及时办理固定资产的移交手续，根据工程特点和效益类型，将项目产权移交给受益区的乡、村集体组织。协助产权主体建立项目档案，制定管护制度，明确具体的管护措施，落实管护责任，做到责任、措施和人员三到位。

五是规范项目档案管理，建立监督检查机制。项目实施后，严格做到四类资料归档齐全：合同类档案要归档齐全，包括工程投标文件、招标文件、评标文件、合同协议书、设计图纸等资料；竣工验收资料归档齐全，包括工程款结算资料、资金报账资料、质量评定资料、竣工验收资料、工程移交资料等；项目建设影像资料要归档齐全，每个工程建设过程中，每个项目实施的各环节必须留有照片；社会中介机构认证资料要归档齐全，包括监理资料，质量监督资料，工程检测机构提供的钢筋、水泥等原材料复检资料、混凝土试块抗压强度等检测资料，工程咨询审查机构提供的决算审查资料等。

六是完善创新管护机制。项日竣工验收前委托工程质量监测机构进行质量检验，重点检测实际完成工程量、混凝土强度等级、机耕路混凝土厚度、护坡厚度、坡比等设计指标，并出具质量监测报告。采取“实地测量、喷涂编号、拍摄照片”等手段，对建设内容逐一核对，保证项目全部实施并妥善移交。每年春季对以前年度的工程项目进行巡检，发现有质量问题及时进行维修养护，保证长期发挥效益。

三、强化监督检查，做好项目绩效评估

采取了“全程跟踪”和“两控制、三审核、五不报账”的方式，将资金管理和监督检查贯穿于项目建设的全过程，以资金的安全保证项目安全和干部安全。

一是围绕项目建设，全程参与跟踪管理。坚持“月报督查”，监控项目进度。项目实施计划批复后，项目专管员将每月项目进度及投资完成情况，与财务人员的资金拨付进度进行对比，编制资金和项目进度月报表，从而加强对项目进度和资金报账的监督控制；坚持“四级汇审”，提高报账质量。施工单位按进度计划申请报账拨款时，首先由监理人员对申报工程量进行初审，然后由乡镇财政所对申报工程的真实性进行复核，再由项目专管员组织施工、监理人员实地测量工程完成情况，最后财务人员根据合同单价和已完工程量，计算工程进度价款，从而避免施工单位提供虚假资料超额拨付工程进度款，确保资金按规定用途使用；坚持“决算评审”，控制工程造价。对施工企业提供的工程决算，委托中介机构和有关评审单位进行决审计评估，保证资金使用上合规、有效；坚持“验收复核”，确保工程效益。工程运行一年后，农发办组织施工、监理单位，以及受益村组群众代表，进行最后验收复核，对于没有质量问题、运行正常的工程项目，现场鉴定验收复核单，财务人员依此拨付质量保证金。

二是加强资金拨付监管，保障资金安全有序运行。为保证项目的顺利实施，我县在资金管理上实行了“两项控制”的管理手段。控制项目资金总量，保证单项工程和单项措施投资额不超过省农发办批复的计划数，通过选择技术先进、经验丰富、管理水平高的施工企业，努力实现单项工程资金结余；控制资金拨付进度，保证资金有效使用。针对不同的项目和工程措施，会计人员和项目管理人员共同制定财务支出计划明细表，报领导审核后严格执行。对工程项目实施三阶段拨款控制：工程预付款按不超过30%控制拨付，工程进度款按80%控制拨付，竣工结算款按90%控制拨付，质量保证金按10%控制拨付。通过有效的资金控制，既保障了项目工程的顺利进行，又有效的发挥了资金的监督保障作用。

三是落实三项审核制度，推行“五不报账”管理。实行严格的报账审核制度：审核报账资金的完备性，包括合同、预算、工程量清单、阶段性价款

结算单、决算表、完税凭证等资料；审核项目实施的真实性。采取审核工程照片、查看施工记录、走访项目区群众、询问施工现场工作人员等方式，保证每项建设内容真正落到实处；审核报账手续的完整性。重点审核监理人员、受益乡村代表、项目管理员、农发办主任和主管局长签字是否齐全，缺少其中任何一环，财务人员均不受理。推行“五不报账”管理，严把自己拨付关口。不符合项目计划要求和资金使用规定的不予报账；违反拨款程序的不予报账；不符合财务制度的不予报账；工程项目验收不合格、没有中介机构出具的审验报告或审查报告的不予报账；没有办理资产移交手续、管护措施不落实的不予报账。

五是加强绩效评估。根据项目建议书（或可研报告）及实施计划，把项目完成质量和取得效益作为评价项目的主要手段，科学编制项目绩效考核表，对竣工的项目进行跟踪管理和绩效评价。2015 年，按照《国家农业综合开发项目资金绩效评价办法（试行)》的有关规定，东丰县农发办委托正泰会计师事务所有限公司，对 2013 年三合乡高标准农田示范工程项目和辽源市东丰县 1500 头种猪养殖扩建项目进行了绩效评价，编制了绩效评价报告。

通过五年的农业综合开发，全县共实施农业综合开发项目 45 个，累计投入农业综合开发资金 27642. 65 万元，其中：土地治理项目 9 个，累计投资 18018. 3 万元；产业化项目 26 个，累计投资 4251 万元；世行项目 1 个，累计投资 175. 07 万元，亚行项目 1 个，累计投资 1793. 28 万元；部门项目 8 个，累计投资 3405 万元。五年来，共完成农业综合开发建设高标准农田 15. 1 万亩。项目区共修建水库 16 座，塘坝 8 座，拦河坝 8 座，渠道衬砌 86. 3 公里，配套渠系建筑物 672 座，机耕路 101. 8 公里，改良土壤 6. 09 万亩，购置农业机械 14 台套，农机管理中心 1 座。造林 1040 亩，植树 47 万株。进行农民适用技术培训 5074 人次，示范推广 12000 亩。

农业综合开发项目使全县局部农业生产的环境条件和粮食生产能力得到改善和加强，制约粮食生产的障碍性因素有所改变，农业设施的改善，提高了粮食生产能力，粮食单产、总产连年跃升，粮食生产受到国务院和农业部表彰；农业产业化经营水平有所提高，全县 40 户农业产业化龙头企业已有 10 户跨入省级行列。

建立科学完善的医疗水平 提升农村公共服务体系建设

安徽省凤台县财政局　陈贵刚　蒋亚鹏

我国农村公共服务体系包括公共基础设施、公共文体教育服务、公共卫生服务、养老幼托服务、环境治理以及信息服务等子体系。本文通过研究凤台县农村公共卫生服务体系建设情况，为完善农村公共卫生服务能力，拓展农村公共卫生服务功能提出建议，使农村公共卫生服务体系更加完善，基本公共卫生服务均等化水平进一步提高，最大限度地预防和医治疾病，促进社会、经济协调发展。

我国农村公共卫生服务体系是由县级医疗机构以及乡镇卫生院和村（社区）卫生室组成，它是我国农村疾病防控的第一道屏障，在人口老龄化和流动人口加速流向大城市的今天，如果此屏障不能够有效发挥作用或出现漏洞，将会对社会稳定和公共卫生安全形成威胁，甚至带来灾难性危害，因此构筑农村公共卫生服务体系是推进农村社会事业发展、维护社会稳定、构建和谐社会的必然要求。通过加强农村共公卫生服务体系能力建设，一方面能有效地促进农村居民健康意识的提高和不良生活方式的改变，逐步树立起自我健康管理的理念，减少传染病及慢性病的发生和流行；另一方面能进一步提高农村公共卫生服务机构处置突发公共卫生事件应急能力，为建立维护农村居民健康的第一道屏障和提高农村居民健康素质有着重要促进作用。

一、当前凤台县农村公共卫生服务体系建设现状

凤台县地处安徽中部，淮河中游，淮北平原南缘。全县总人口53万，辖15个乡镇、215个行政村和10个社区。县级公立医院2家，乡镇卫生院（含社区卫生服务中心）15家，村卫生室215家，村医1203人，个体诊所及社会办医78家。2009年以来，中央预算内投资共安排支持全县14所乡镇卫生院建设，已全部开工建设，其中6所已完工。2013年全县拨付村卫生室基本公共卫生服务经费481万元。对村卫生室实行药品零差率的补助289万元，每个村卫生室运转补助经费4000元，基本公共卫生服务和重大公共卫生专项资

金足额拨付到位，完成年初制定的56.36万人的服务目标。2014年参加新型农村合作医疗51.3万人，筹集资金共计20001.54万元，参合率104.8%，基本实现医疗保险全覆盖。各乡镇卫生院离退休及在职人员工资全部纳入县级财政预算。

二、制约农村公共卫生服务体系建设的突出问题

2009年以来，凤台县委、县政府高度重视农村公共卫生服务体系建设这项工作，做到早谋划、早启动、早实施，迅速稳步推进，制定了《关于进一步完善基层医疗机构和村卫生室运行机制意见》（凤政办〔2013〕83号）等文件，落实了相关政策。对公共卫生服务体系硬件建设财政投入逐年加大，广大人民群众的就医环境明显改善。但农村公共卫生服务体系能力建设整体水平还有待改进，存在以下突出问题。

1、专业技术人才队伍乏力，专业技术水平存在差异及业务素质偏低。全县卫生系统职工1301人，其中县级医院711人（正式职工409人，临时聘用302人，退休职工207人）。乡镇卫生院755人（正式职工475人，临时聘用0人，退休职工280人）。正式医疗卫生技术人员1186人，其中县级医院676人，乡镇卫生院475人。高级职称11人（其中乡镇2人），中级职称183人（其中乡镇56人），初级职称730（其中乡镇303人）人，现有村医1203人。从以上数据看出，农村公共卫生服务体系软件建设中存在以下缺陷：

一是农村公共卫生人员不足。一部分村室人员多数是土生土长，跟师学艺的“赤脚医生”出身，年龄结构普遍老化，学历偏低，医学知识结构存在严重缺陷，服务人员队伍不稳，甚至存在个别村短期内出现无公共卫生服务人员现象，严重影响公共卫生服务体系建设的质量和水平，很难按照国家公共卫生服务体系规范化建设要求将其全方位落到实处。

二是相关专业培训不足。业务交流欠缺，继续教育滞后，导致缺乏相关学科于一体的知识体系的复合型人员，部分从业人员综合素质较低，责任心不强，履职不到位，使得对所从事的基层公共卫生服务工作是心有余而力不足，难以应付和处理突发性公共卫生事件。

2、农村公共卫生服务的信息化水平较低，专项资金社会经济效益欠佳。经对各乡镇的调查了解，常住人口作为基本公共卫生服务的服务对象，资金主要用于健康档案规范化管理、健康教育、适龄儿童免费接种、孕产妇系统管理、3岁以下儿童系统管理、7岁以下儿童保健、65岁以上老年人、高血压患者、Ⅱ型糖尿病患者规范管理、发现的重性精神疾病患者规范管理、传染

病疫情报告等，但农村的实际现状是，大部分农民外出务工，留在农村的基本只有户籍人数的三分之一左右，且多为60岁以上的老年人，致使服务对象在逐年减少，信息化建设缺乏资源共享平台，使已建立健康档案的外出居民在其他地方享受基本公共卫生服务时不能有效利用已建立的健康档案，基层医疗机构花费很大精力建立起来的居民健康档案没有实际的用途，基本上是属于死档，已投入的专项资金社会经济效益未能有效发挥。

3、社会医疗纠纷事件报道频繁，恶性医患矛盾增多，乡镇卫生院缺乏规避风险机制，造成医务人员工作积极性不高。一方面为规避医疗风险，基层医院对一般病情较重的病人建议转诊，甚至拒绝收治，基层医疗机构没有真正起到第一道防线的作用，人民群众的生命和健康没有得到充分保障。另一方面财政对基层医院硬件的投入逐年加大，一些医疗设备长期不用，造成很大的浪费。另外，医务人员普遍认为，工作量的多少与自己的工资没有直接关系，多一事不如事的思想尤为严重。

4、广大群众健康意识淡薄，村医养老报酬得不到保障。一是广大群众受文体水平及传统观念的影响，卫生意识淡薄，对常见传传病、多发病等预防措施知晓甚少，生活习惯普遍较差，一旦有传染源出现，极易造成疾病暴发和流行。二是村医从事公共卫生服务工作报酬较低，导致工作积极性不高，处于被动应付状态，有的甚至自已开诊所，导致村卫生室形同虚设。

三、提高公共卫生服务体系能力建设几点建议

针对农村公共卫生服务体系建设的现状及其存在的问题，建议：

1、加大财政投入，引进高技术人才，探索建立村医养老退出机制，保证队伍的稳定性和连续性。着力实施村卫生室人员培训，通过强化继续教育制度、定向培养适用人才以及鼓励城市卫生机构的在职或离退休卫生技术人员到农村服务等措施，培养农村公共卫生服务人才。同时，以人事制度和投入体制的改革为突破口，开展技术扶贫、技术教育等手段，吸引和留住公共卫生服务人才，以全面提高公共卫生服务人员的专业技术水平和综合业务素质能力，使农村公共卫生服务体系建设的实施达到预期的效果。

2、建设农村医疗卫生信息工程，推进公共卫生服务体系均等化建设。整合新型农村合作医疗、公共卫生和基本医疗服务等信息资源，实现与新型农村合作医疗制度有机结合，建立居民健康档案共享机制，用活医疗资源，减少不必要的资源浪费，提高总体服务质量和水平，满足农村初级卫生保健和基本医疗服务需求。

3、建立疾病预防体系，开展健康宣传教育。推进农村公共卫生服务体系的发展，需要改进乡镇卫生院的管理体制和运行机制，在保证农村患者“小病不出乡”的基础上，建立预防为主的农村公共卫生服务体系。普及疾病预防和卫生保健知识，提高广大农民的健康意识；通过电视、网络、报纸等媒介加大宣传力度，养成“小病在村室，大病要住院”的生活习惯，充分发挥农村公共卫生服务体系各项功能，促进服务体系发展，以建立运转高效的农村公共卫生服务体系运行机制。

4、探索建立医疗纠纷人民调节委员会等制度，规避医疗风险。研究制定医疗责任保险制度，引入第三方参与调解医患纠纷，一方面维护广大民群众的医疗健康权益，另一方面也营造良好的医疗执业和患者就医环境，有效预防和处置医疗纠纷。建立村卫生医疗执业风险分担统筹资金制度，提高村医服务的积极性和主动性，促进农村公共卫生服务体系建设持续健康发展

5、完善绩效考评制度，逐步建立科学的政策补偿机制。以基本公共卫生服务和基本医疗服务为考核重点，促进职工全面履行职责，坚持自我测评与定期考核相结合，考核结果与工作人员收入待遇相结合。可定期根据基层医疗机构完成公共卫生服务的实际工作数量、工作质量、群众满意度对其进行考核，并以奖代补，推动农村公共卫生服务体系由逐利型向公益与营利并重型转变，让农村公共卫生服务机构和服务对象都得到实惠，真正提高公益服务质量，实现农村公共卫生服务体系能力建设的目标。

完善乡镇财政职能　提升基层财政建设水平

重庆市丰都县财政局

乡镇财政是我国最基层的一级财政，是乡镇政府履行各项社会经济职能的财力保障。为全面了解乡镇财政建设情况，探讨解决乡镇财政面临的困难和问题，提升基层财政建设水平，着重就当前乡镇财政职能定位、资金监管、机构现状、干部队伍建设等内容进行调研。现对如何做好县乡镇财政管理问题作如下浅谈。

一、全县乡镇财政的现状

乡镇财政自 1983 年建立以来，在巩固基层政权、加强乡镇政府收支管理，促进农村经济和社会事业发展等方面起到了积极的作用。

1、财政职能转变情况。近年来，财政所主要是承担乡镇一般预算资金和收支管理、国有（集体）资产管理、财政补贴资金发放与信息化管理、执行财政监督、参与农村综合改革等，与取消农业税前相比，乡镇财政职能发生了很大变化，主要表现在“三个转变”，一是由过去向农民收钱的“征管型”向现在给农民发钱的“服务型”转变。二是由过去抓收入为主的“收入型”向现在管理财政收支的“收支并重型”转变。三是由过去“单纯业务型”向现在“综合协调型”转变。

2、乡镇业务建设情况。近年来，由于不断深化乡镇财政体制改革，加强收支管理，乡镇财政业务建设取得了一定成效。一是乡镇财政财务管理向乡直部门和村级组织延伸。将乡镇所有乡直部门的财务纳入财政统筹，取消乡直部门的会计和在银行开设的账户，变过去各自为政、多途管理为财政所统一管理。实行了“村账乡管”，安排专人负责，帮助村级组织建立村民理财小组。二是强化对涉农专项资金监督，乡镇财政由资金管理向资产、债务管理延伸，乡镇财政监督向用款单位、具体项目等全程监督延伸。加强专项资金管理；建立完善乡镇行政事业单位财务管理制度，严格规范财务收支行为；同时对乡镇部门的固定资产进行了登记和监督，防止资产流失；乡镇财政会同有关部门对乡村债务权债务进行全面清理审核。三是预算管理逐步规范。实施乡镇财政综合预算改革，增强预算约束，乡镇预算编制随意，执行不严

肃问题得到有效改善。加强乡镇非税收入管理，收支基本纳入预算管理。定期协调税收征管部门收入征管工作，协税护税抓收入机制基本形成。四是做好民生公共服务，财政支出由保工资、保运转向保民生、保农业农村发展延伸。通过实行"一卡通"、"一站式"服务等方式，将各项补贴资金直接发放到农民手中，把国家的涉农补贴、家电下乡等各项惠农政策真正落实到农民手中。新增财政支出和固定资产投资重点向农村倾斜，对农村基础设施建设、社会保障、医疗卫生、教育文化事业的投入逐年增加。

二、如何加强乡镇财政管理的意见和建议

（一）充分认识新时期乡镇财政的地位和作用

一是乡镇财政作为农村乡镇财力分配的职能部门，为乡镇一级政权履行政治、经济和社会管理等职能提供基本的财力保障。二是乡镇财政是促进农村经济发展和实现农业现代化的重要力量。乡镇财政充分发挥国家财政资金的导向作用，带动其他资金投入农业是增加农业投入的有力手段。此外，国家财政支农资金的很大一部分是投放在乡镇及乡镇以下的，乡镇财政对这部分资金使用，要进行项目论证和跟踪问责等工作，它所发挥的监督管理作用是县级财政和其他主管部门无法替代的。三是乡镇财政是国家财政的主要组成部分，是县级财政的基础。

（二）明确任务，进一步调整和完善乡镇财政职能

农村税费改革后，乡镇财政尽管征收的职能有所淡化，但资金监管和为民服务的职能非但没有削弱而且亟需加强。随着财政改革发展的不断深入，对进一步加强和改善乡镇财政管理提出了更新的要求。面对新形势、新任务和新要求，合理定位乡镇财政职能非常紧迫，非常必要。要根据"一级政府，一级财政"这个大前提，围绕有利于服务乡镇政府履行社会管理和公共服务职能，有利于服务当地社会经济发展有利于加强和规范财政资金管理，有利于确保党和政府强农惠农政策落实，着力从五个方面加强乡镇财政职能建设。

1、收入管理职能。组织财源建设，培植乡镇财源；组织协调乡镇财政收入管理，组织协税护税工作；负责乡镇行政事业性收费、政府性基金以及资产资源性收入等征收工作，管理财政票据。

2、分配资金职能。统筹分配乡镇财政性资金，支持乡镇基础设施和社会事业建设；负责编制财政预决算草案，组织执行乡镇人代会批准的财政预算；组织制订本级经费开支标准定额；批复部门单位的年度预决算；参与上级安排乡村项目的组织申报和资金分配；对乡镇财力进行综合平衡。

3、监督管理职能。负责监督管理乡镇行政事业单位的财务活动；监督检查各项财税政策和财务会计制度执行情况；负责乡镇各项财政性资金的监督管理；负责财政性支出绩效评价；监督管理政府投资或参与投资的项目资金；参与监督管理由上级管理但在乡镇区域内实施的专项资金；组织对公益项目的检查；监督管理乡镇资产；监督管理乡镇政府性债权债务；监督管理村级组织运转资金；协助监督管理乡镇范围内的会计工作。

4、落实政策职能。贯彻执行党和国家财经方针政策和法律、法规、制度；负责或协助各项涉农补贴补助政策的落实；负责或协助各项民生财政政策的落实；负责或协助相关资金管理。

5、服务发展职能。参与制订乡镇经济社会发展政策，运用财税政策工具促进乡镇经济社会发展；负责财税政策咨询辅导，指导单位申报政策扶持项目资金；组织或协助财政扶持的村内公益事业建设；负责调查统计乡镇区域内公共产品供需情况，向乡镇党委政府和上级财政提供政策建议；负责组织会计集中核算工作；负责会计培训、财务辅导。

（三）进一步创新乡镇财政管理模式

按照“工作流程科学化、管理目标精细化”的原则，在“乡财县管”的基础上，将科学化精细化管理理念引入乡镇财政管理的各个环节，并实现各环节之间的无缝对接。

1、预算编制管理精细化。坚持预算标准化，包括编制支出定额标准化、编制要求标准化、编制格式标准化等，全面掌握所属预算单位人员工资、资产负债、收费标准等基础信息基础数据信息。健全基本支出定员定额管理，推进基本支出标准体系建设。细化乡镇财政预算编制。健全预算执行机制，强化预算约束。

2、收入管理精细化。编制完整收入预算，积极协调征管部门，严格按均衡要求组织收入入库。完善非税收入征管制度，在农村范围内的行政事业性收费和罚款，实行收缴分离。

3、项目资金管理精细化。首先要赋予乡镇财政履行资金监管的权利，乡镇财政要从项目的论证、立项、申报，到资金的拨付、工程的验收、跟踪问效等进行全程监管，及时发现并纠正专项资金使用过程中存在的问题。其次，对各类项目的专项资金，实行分类管理，实行县乡两级报账制。对于实施范围广、涉及多个乡镇的项目在县级报账；在一个乡镇范围内的实行当地报账。

4、“一卡通”资金管理精细化。对涉农“一卡通”资金实行“五个一”管理，即“指标一同下、资金一户管、服务一站办、补助一卡发、收支一本

账”。财政所每年会同相关站（所）通过上门调查、走访等方式，核对补助对象上年补贴资金的领取情况，征求意见和建议，并对享受各项补贴资金的人员实行动态化管理。在资金发放过程中，对上报的补助对象名册和补贴金额核对无误后，再由信用社发放资金，并坚持每次发放补贴时都在财政所和各行政村张贴公示，公布举报电话，发动广大群众共同监督，杜绝冒领、套取补贴资金的现象发生。

5、信息建设一体化。乡镇财政信息化建设是科学化精细管理的技术支撑，要纳入财政信息化建设的总体规划，按照“金财工程”建设的要求，结合本地实际，推进乡镇财政信息化建设。全面推进乡镇财政内部局域网建设和县乡财政内网联结工作，乡镇财政的所有业务工作要逐步实现网络化管理，逐步构建县乡一体的财政管理信息系统。要逐步建立乡镇财政与同级有关部门、单位的联网运行工作，进一步提升信息化建设水平。

6、绩效考评制度化。加强乡镇财政目标管理考评，建立科学合理的考核评价体系。注重考评结果的适用，做到有奖有罚。

确保上述管理模式应遵循以下基本要求：一是突出依法理财。严格按法律法规行使权力、履行职责，做到依法行政和依法理财。二是注重流程设计。要按照精简程序、理清环节、分清责任、明确标准的要求，健全和优化财政管理工作流程，使预算编制、预算执行、财政监管、绩效考评等各项工作均依流程进行。三是完善岗责体系。科学设置工作岗位。明确界定定岗职责，确定工作衔接的节点和程序，做到分工明确、各司其职、协调配合。四是加强绩效考核。要根据岗责体系的要求，按照奖优、治庸、罚劣的原则，合理确定考核标准，坚持定性与定量考核相结合，强化考核结果的运用，积极推进预算、执行等工作绩效考核。五是健全配套制度。通过建立和完善制度的方式稳定下来，使各项工作有章可循，做到用制度管权、按制度办事、靠制度管人。六是运用科技手段。加快金财工程建设，建立财政管理各环节畅通、业务标准统一、操作功能完善、网络安全可靠、覆盖所有财政资金、辐射有所有预算单位的财政管理信息系统。

深化财政改革　着力建立现代财政制度

四川省新龙县财政局　蒋　萍　谢雪凯

党的十八届三中全会对财政改革明确提出要求：完善立法、明确事权、改革税制、稳定税负、透明预算、提高效率、建立现代财政制度，改进预算管理制度，建立事权和支出责任相适应的制度。

甘孜州新龙县财政局结合十八届三中全会的整体改革发展思路，从预算管理、国库改革、财政监督检查等方面狠抓工作落实，深入推进各项改革任务，取得了明显改革成果。

一、基本县情

新龙县地处四川省西部、甘孜藏族自治州中部，平均海拔 3500 米。县境内高山峡谷，地域偏远，经济落后，交通极为不便。全县辖 4 个区工委、19 个乡（镇），属典型的半农半牧县，2002 年确定为国家扶贫开发工作重点县。统计数据显示，新龙县常住人口为 50393 人，其中藏族 46731 人，占总人口的 93%，汉族及其他民族 3558 人，占总人口的 7%。人口密度 5.88 人/平方公里。目前全县财政供养人员 2855 人。

二、财力情况

2014 年，全县公共财政预算收入完成 6199 万元，同比增收 1357 万元、增长 28%。公共财政支出完成 88838 万元，同比增 3.8%。

收支平衡情况：2014 年全县公共财政收入 6199 万元，上级补助收入 78736 万元，宜宾市对口援助资金收入 2550 万元，上年结余 2553 万元；调入资金 1839 万元，当年地方公共财政支出 88838 万元，上解支出 51 万元，年终结余 2988 万元。结转下年支出 2660 万元，净结余 328 万元。

三、改革情况

（一）强基固本，收入持续增长

围绕地方公共财政预算收入增长目标，深挖财政收入增长潜力，确保收

入总量持续扩大。一是深入开展税源调查。分行业、分项目、分企业、分税种进行分析研究，真实掌握全县税源情况，为财政收入征管提供了可靠依据。二是加大征收力度。按照“依法征税、应收尽收、不收过头税”的要求，加大重点行业、重点税种、重点企业税收征管力度，确保税收收入持续增长。同时，加大非税收入征管力度，确保各项非税收入应收尽收，应缴尽缴。三是完善协调机制。认真执行税收月报告制度，强化税收实时监控和动态分析；定期组织召开联席会议，研究解决财税征管中出现的新情况新问题，合力推进财政收入征收入库工作。

（二）提质增效，支出逐步优化

按照“保基本、保民生、促发展”的要求安排支出，在大力压缩行政成本的同时，重点保障教育、卫生、住房等民生领域支出。一是将更多的资金向民生民计倾斜。积极推动城乡发展，不折不扣地落实强农惠农政策；足额兑现各类资金7164.15万元，其中退耕还林1326万元；草原生态补偿资金1684.05万元；粮食综合直补276.5万元；森林生态效益补偿金3877.6万元，农牧民群众生产生活条件得到持续改善。二是进一步优化支出结构，盘活存量资金，努力提高公共服务保障水平。在执行中将新增财力优先安排民生项目，全年民生类支出48836万元，占一般预算支出的55%。三是从严控制追加预算、大力压缩“三公”经费和其他一般性支出。认真贯彻落实《党政机关厉行节约反对浪费条例》，努力降低行政成本，2014年，全县“三公”经费支出较上年压缩31.09%。

（三）改革创新，运行质量提升

一是健全预算标准体系。按照“保基本、保民生、促发展”的总体要求，切实加强预算编制的基础信息管理，系统性对全县部门和单位的人员、工资、资产等基础信息清理核实，重点对事业单位的机构、人员、职责、经费进行了清理，确保按照财政资金的供给对象、支出标准和支出范围编制部门预算，并将原有的预算集中管理模式改为预算分口模式，完善了业务股室和分管局领导审核流程，明确了审核人员权限，进一步提高了财政资金的安全性和绩效性。

二是规范国库资金管理。共清理整顿出35个财政专户，根据省厅撤销专户要达到50%的要求，撤销6个帐户，归并18个帐户，保留11个帐户，撤销率达69%。

三是加强政府采购规范化管理。切实加强对协议供货商的规范管理，完善了政府采购程序。采取公开招标方式确定了新龙县的协议供货商，确保了政府采购规范运行；进一步完善了《政府采购目录》，调整了政府采购限额标准，进一步扩大了政府采购范围；组建了政府采购的评审专家数据库，为营造一个公开、公平、公正、廉洁、和谐的政府采购环境奠定了坚实基础。

四是加强非税收入管理。继续清理规范行政事业性收费和政府性基金，加强非税收入分类预算管理，完善非税收入征缴制度和监督体系，加强票据监管，从严查处乱收费现象和收费不入账的违规违纪行为。

五是加强结转结余资金管理。近三年清理整合存量资金6000余万元，为县委、政府统筹推进各项重大工作提供资金保障。抽取具有代表性的民生项目共计1.1亿元资金开展绩效评价工作，并将绩效评价结果作为各项目单位下年度预算资金安排依据。坚持以绩效优先、约束有力、规范透明为导向，进一步强化了财政支出管理。

六是深入推进公务卡制度改革。全县预算单位办理1019张公务卡，单位办公费、会议费、招待费、公务用车及维护费的财务报销结算都通过公务卡在大平台系统中运行，杜绝支票支付，全县公务卡制度改革迈上一个新台阶。

七是积极推进预决算公开。及时公开2014年度财政总预算及“三公”经费等信息，积极推动县级各单位（部门）的预算、决算和“三公”经费的公开工作，规范公开平台，完善公开方式，约束公开时间，不断丰富信息内容，创新信息公开形式，提高信息公开质量，公开科目均细化至“项”级。

八是强化国有资产管理。健全和完善国有资产管理办法，切实加强国有资产管理，不断完善国有资产公开处置程序，确保国有资产保值增值。进一步完善国有资产监管系统，及时补充各行政事业单位国有资产相关基础信息，实现网络化动态监管。深入推进国有企业改革改制工作，加强改制过程中清产核资、产权交易等关键环节的监督管理。

四、存在问题和困难

我县在财政收入、财政管理、财政改革等方面取得一定成效，但我们也清醒认识到当前财政工作中仍然面临着诸多困难和问题，主要表现在：

（一）单一的税源结构与收入持续增长目标矛盾突出

近年来，在水电开发建设中的耕地占用税助推了全县税收的大幅增长，但这属于“短期性、预收型、不稳定”增长，县级财政短期内仍然缺乏长期主导税源的支撑，财政收入难以实现长期平稳增长。

（二）有限的县级财力与刚性支出需求增加矛盾加剧

在财政收入总量小、基数低、上级转移支付有限的情况下，随着财政供

养人口的逐年增加，工资基数不断提高，人员和公用经费支出压力正逐年增大的背景下，2014 年涉及民生、发展等未能纳入预算安排的资金总量就达 12061 万元，加之，维护稳定、民生建设等方面的投入大幅增加，而 2014 年县本级财政收入仅完成 6199 万元，远远不能满足刚性支出增长的需要，财政收支矛盾进一步加剧。

（三）传统的思维模式与财政改革任务要求不相适应

“重收入、轻政策，重支出、轻绩效，重分配、轻管理”的传统观念和固化思维还未根本打破，绩效意识淡薄、绩效管理氛围不浓、支出评价体系不科学、评价结果难以运用等问题还依然存在，零基预算意识还亟待加强。

实施“四在农家 美丽乡村”基础设施建设

贵州省赫章县财政局 孙颖玉 丁 毅 王世敏

根据《省人民政府关于实施贵州省“四在农家·美丽乡村”基础设施建设六项行动计划的意见》(黔府发［2013］26号)，为顺利推进全县“四在农家·美丽乡村”基础设施建设小康寨行动计划（以下简称“小康寨行动计划”)，制定本行动计划。

一、总体要求

（一）总体目标

围绕“四在农家·美丽乡村”创建活动及实施小康路、小康水、小康电、小康房、小康讯五项行动计划，搞好村庄环境整治，加强环境保护，完善文体设施，重点开展“三改三治”（改厕、改厨、改圈，整治断墙残壁、整治草堆柴堆粪堆、整治乱搭乱建)、庭院硬化、集中式饮用水源地保护、污水治理、垃圾分类收集处理、公共厕所、文体活动场所及其设施、照明设施等八个方面的项目建设，建成一批“功能完善、环境优美、文明和谐”的美丽小康寨，实现村寨“道路硬化、卫生净化、环境美化、村寨亮化、生活乐化”，简称“五化八工程”。2015年，省级分解给赫章县小康的建设任务为：8335户“三改三治”工程及庭院硬化、4个乡镇的垃圾收集处理涉及、1个行政村的集中式饮用水源地保护、85个自然村寨的污水处理设施、36个行政村的便民设施（公厕)、1150盏太阳能照明设施、22个文体活动场所及设施。

（二）工作原则

一是坚持因地制宜，分类推进。根据村寨不同特点制定建设规划和方案，不搞“一刀切”，不追求一步到位。二是坚持量力而行，奋力而为。目标任务和实施方案制定既要充分考虑国家财政和农民群众承受能力，又要最大限度调动农民群众的积极性。三是坚持农民主体，政府奖补。尊重农民群众的知情权、参与权、决策权和监督权，突出农民群众主体地位，坚持村民“自愿、自择、自建、自管”，政府给予适当奖励补助。四是坚持规划引领，有序推进。先规划后建设，不规划不建设，以规划定目标任务、定建设内容、定工作重点、定支持措施。五是坚持分级负责，上下联动。县抓统筹组织、乡镇

抓具体落实、村组抓组织实施，一级抓一级，层层抓落实。

二、建设内容

（一）“三改三治”工程及庭院硬化

以农户自建为主，政府适当补助。按照每户1600元的标准，对农户实施改厕、改厨、改圈、整治断墙残壁、草堆柴堆粪堆、乱搭乱建工程和庭院硬化。2015年完成8335户，施工标准参照《农村沼气一池三改技术规范（NYT1639~2008）》、《农村户厕卫生标准（GB19379）》、《中国农村卫生厕所技术指南》（2003年版）执行。新建民居原则上按标准图纸施工，旧民居改造尊重农户意愿和民居现状，讲求经济适用，严禁大拆大建。倡导村民健康文明的生活方式，养成良好的生活习惯。

（二）垃圾收集、搬运、处理

乡村生活垃圾原则上纳入县域垃圾收运体系统筹考虑。选择4个以上村寨开展垃圾分类、收集、处理试点，试点原则上优先选择国、省道沿线、城镇郊区、集中饮用水源地和旅游景区。每个自然村寨配置1个可携式垃圾箱，试点乡镇可根据实际情况配置1辆以上垃圾清运车与1辆垃圾压缩车。积极探索通过政府购买服务解决农村垃圾问题的有效方式，允许私人资本通过有偿服务参与农村垃圾收集处理，设置公益性岗位，建立健全运行维护长效机制。试点村寨应设置专人监督农户对各类生活垃圾进行分类和分拣、分装，渣土、砖瓦等惰性垃圾集中运送到村庄指定地点就地卫生填埋处置或路面硬化，可生物降解的有机垃圾集中运送到垃圾堆肥场进行堆肥还田处置，废品类可回收利用物资出售给物资回收部门，有毒有害垃圾和其他不可就地处置的生活垃圾转运到乡镇政府专门设定的地点集中转运处理。

（三）集中式饮用水源地保护

选择1个行政村开展集中式饮用水源地保护试点，优先加强对省、市级示范小城镇所在村的集中饮用水源地保护。建设内容包括：划定集中饮用水源地保护区，定期开展水质监测，加大环境监管力度，开展界碑、界桩、警示牌和围网等环保设施建设。

（四）污水处理

开展85个村寨污水治理试点（其中集中式污水处理试点村寨2个）。由环保部门负责技术指导，按照“先规划、后建设，先地下、后地上”的原则，修建排污沟或铺设排污管道，实现雨污分流；对村寨周边的小堰塘、村内小型引水工程等进行清淤整治；对村内主干道两侧、公共闲散空地和村庄周围等实施排污、绿化工程，村寨周边山地实施退耕还林工程，实现“山青、水秀、村美”。污水集中处理试点村寨原则上优先选择旅游村寨、人口集中村寨（100 户以上）、集中饮用水源地、自然保护区等生态良好区。

（五）公共厕所

建设 36 个以上行政村中心村的公共厕所。到 2017 年，力争每个行政村都建有公共厕所，完成农村公共厕所行政村全覆盖，改善农村公共环境质量，增加农民群众环保意识。公共厕所面积控制在 15 平方米以内，男女各 3 个蹲位（含隔断），层高 3m，现浇 C25#屋面，含 4m×1m×1.5m 的化粪池，内墙贴磁砖，墙厚 120mm，地面铺磁砖。乡村旅游村寨可按照旅游公厕建设的有关规定，适当提高建设标准。

（六）照明设施

安装 1150 台（套）以上，原则上以太阳能路灯为主，路灯功能要美观有效，灯源、灯杆高度、蓄电池、电池板等技术参数配置要经济适用，每天正常照明时间不低于 7 小时，三年内由供应商免费维修。

（七）文体活动场所

选 22 个行政村建设文体活动设施、村务宣传栏等便民服务设施。文体活动设施应包括场所及简易座位、体育健身器材等。文体活动场所的硬化厚度控制在 20cm 以内（其中碎石垫层≤10cm，面层≤10cm/C20 砼），面积 400 ~ 1500 平方米；简易座位、固定球桌、健身器材等附属设施按体育部门规定的标准执行。

（八）通村（寨、组）公路、人行步道硬化

实施通村水泥路（油路）工程，确保到 2015 年底实现通村水泥路（油路）全覆盖，到 2017 年通寨、通组公路、人行步道全硬化。

三、工作保障措施

（一）加强组织领导

建立联席会议制度，制定工作运行规程，明确各单位职责和任务。将小康寨行动计划与同步小康驻村帮扶、“六个到村到户”等工作相结合，整合县、乡镇、村力量推进实施。

（二）加强资金保障

紧紧围绕目标任务筹措资金，采取盘活存量、争取增量、整合资源、拓展渠道等方式，制定切实可行的资金筹措方案，以县为单位争取、整合一事一议财政奖补资金、财政扶贫资金、农民体育健身工程专项资金、彩票公益

金、环保专项资金、新农村建设补助资金、农村文化建设专项资金、大中小型水库后扶资金、烟草援建示范村资金、扶贫生态移民等相关资金，按照"渠道不变、管理不乱、各负其责、各记其功"的原则，通过规划整合投入，尽量避免重复投资，最大限度提高资金使用效益，采取贷款贴息、以奖代补、投资入股等方式吸引调动金融资本、民营资金和社会资本投入美丽乡村建设，为实施小康寨行动计划提供资金支持。

（四）健全体制机制

一是建立健全"县为主体、乡镇组织、村组实施"的分级负责机制，层层明确目标任务及工作措施。二是建立健全"群众主体、政府奖补、部门指导、社会赞助"的多元化投入机制。三是建立健全群众"自建、自管、自有、自用"的建设和管护机制。四是建立健全奖惩激励机制。将小康寨行动计划落实情况纳入党委、政府工作实绩考核评价体系，纳入全面建成小康社会考评体系，自上而下对工作推进情况进行量化考核。

（五）强化监督管理

一是加强质量监管。相关单位要制定涉及工程的管理标准化体系和实施标准化体系，严格按照规范统一的建设标准实施项目工程，并加强项目实施监管，确保工程质量。二是加强资金监管。县财政局、县审计局要严格按照省有关资金管理规定，结合实际制定实施细则，规范资金使用管理和监督。三是加强工作调度。县联席会议办公室要对小康寨行动计划按月调度、按季抽查、半年通报、年终考核，县督办督查局要强化督查，督查结果及时通报。四是开展绩效评估。年度工作完成后，采取统计分析、抽样调查、走访农户等方式，科学合理、客观公正地对小康寨行动计划工作开展情况进行绩效评估，评估内容包括各有关部门安排的有关专项资金和项目。五是加强宣传引导。充分发挥电视、广播、报刊、网络等媒体的作用，开展形式多样、生动活泼的宣传教育活动，形成全社会关心、支持和监督小康寨建设的良好氛围，积极引导社会各界力量支持小康寨行动计划。

凝聚力量　携手共进
落实支农惠农财政政策促进城乡发展

云南省昭通市昭阳区财政局　周家文　张明英

城乡发展一体化是解决农业、农村、农民问题的根本途径。近年来，党中央为加快城乡发展一体化进程，相继出台了一系列财政支农惠农政策，公共财政的阳光，逐步照耀农村。

一、财政支农惠农政策的概貌

（一）近10年来昭阳区执行的财政支农惠农政策项目

1. 支农惠农政策项目落实情况。从2004年开始，昭阳区稳步落实各项支农惠农政策，一系列支农惠农政策相继实施。良种补贴、农资综合直补、退耕还林补助、完善退耕还林补助、草原生态保护补助、森林生态效益补偿、雨露计划、城乡居民社会养老保险、新型农村合作医疗、农村居民最低生活保障、孤儿基本生活费、高龄老人生活补贴、农村孕产妇住院分娩、基本公共卫生服务、农村危房改造及地震安居工程补助、农村义务教育学生营养改善计划、农村义务教育阶段家庭经济困难寄宿生生活补助、农村义务教育阶段学生免费提供教科书、农业综合开发、村级公益事业建设一事一议财政奖补等支农惠农政策相继实施，发挥了统筹城乡发展、增强农村发展活力、逐步缩小城乡差距、促进城乡共同繁荣政策效应。

2. 改变财政资金拨付方式，对农民实行直接补贴。传统的财政资金管理模式是财政将资金拨付给有关部门，由有关部门再拨付给农民个人和家庭。从2007年开始，国家启动“一折通”补贴发放管理，即财政部门根据有关部门审核后提供的农户姓名、身份证号码等有关信息，按照“实名制”的要求，为农户在乡镇农村合作银行开设个人银行结算账户，由乡镇农村合作银行发给农户“财政直接补贴农民资金专用存折”。农村合作银行根据财政提供的资金发放清册，将相关补贴直接拨入收益农户的专用存折，即惠农“一折通”。昭阳区纳入惠农“一折通”发放的补助资金有十多类大项，“一折通”基础信息从2007年15万户增加到16万多户，真正做到基本覆盖全区农村家庭。

截止到2014年9月30日，通过“一折通”发放各种惠农补贴资金51 674.19万元、涉及农户3 967 915户次。其中：发放农资综合直补资金28 210.07万元、涉及农户1 483 757户次；发放良种补贴资金5 113.09万元、涉及农户1 709 699户次；发放退耕还林资金5 617.94万元、涉及农户67 765户次等多项补贴。

二、政策落实中存在的问题

随着支农惠农民生资金规模不断扩大，提高财政资金监管水平更加重要。2008年12月，财政部印发《关于开展农村财会人员财政支农政策培训工作的通知》（财办［2008］43号），要求财政部门加大财政支农政策培训，财政支农政策培训工作开始提上议事日程。2013年10月，昭阳区财政局举办了七期培训班，培训乡村干部943人。在培训意见反馈中，村干部普遍反映支农政策点多面广、听不清、听不明、听不懂。2014年昭阳区财政局开展党的群众路线教育实践活动，经过多次深入调研，广泛听取群众意见，发现在支农惠农政策落实过程中，存在以下问题：

1. 支农惠农政策宣传不够。支农惠农政策项目多，涉及部门多，办事环节多。加上部分乡镇工作不够重视，惠农补贴公示走过场，很大一部分群众不知道领到的钱是什么名称、补贴对象不清、补贴标准不明等情况。哪些补贴自己该享受，哪些补贴自己不该享受，群众心里没底，迫切需要了解与自己切身利益相关的支农惠农政策。

2. 部门与财政之间工作环节划分不清。落实支农惠农政策需要政府多部门配合。部门承担补贴计划下达、粮食播种面积上报、补贴数据收集及审核等基础工作。财政承担预算下达、资金拨付、资金发放信息反馈等工作。由于财政对“一折通”资金发放的综合性管理职责，存在部门把惠农补贴基础工作推给财政部门的现象。

3. 部分农户领取补贴资金困难。由于部分边远山区乡镇没有设立农村合作银行分支机构，农户需要到临近的乡镇领取补贴资金。个别乡镇农村合作银行分支机构网点少，群众到网点领取补贴资金花费时间长，导致群众对补贴资金发放进度不满意。少数农户姓名、身份证号码有误，影响农村合作银行及时兑付补贴资金，同样会引起群众的不满。

4. 村组干部随意确定补贴对象。农村居民最低生活保障政策补贴对象不易确定。政策规定：2014年，昭阳区农村家庭人均年纯收入低于1932元的贫困居民可领取低保，村组干部对人均年纯收入指标不易把握，靠个人好恶随意确定补贴对象、优亲厚友等不良现象时有发生，影响了和谐的干群关系。

5. 农村家庭存折过多。除了惠农“一折通”存折外，城乡居民养老保险、移民后扶、农村低保等补贴都要求开设专折，群众手中存折过多，多数群众无法识别该用哪本存折领取哪种补贴资金。因此，到农村合作银行取款时只有把存折全部带上，有时存折多达六、七本。加之密码多了也记不住，既增加管理成本，又浪费了社会资源。

三、解决问题的做法

为方便群众立体式、全方位地了解党和国家的支农惠农政策，确保广大农民群众的知情权，确保党和国家的支农惠农政策公开、执行透明，让广大的群众得到真正的实惠，昭阳区采取以下做法：

1. 建章立制，力争惠农资金全面纳入“一折通”管理，实行“一户一折”。根据《云南省财政直接补贴农民资金“一折通”发放管理暂行办法》（云财农［2006］349号）文件要求，出台了《昭阳区人民政府关于加强财政惠农资金“一折通”发放管理工作的通知》（昭区政通［2013］86号）。要求将未纳入“一折通”发放的农村最低生活保障资金、孤儿基本生活费、高龄老人生活补贴等资金纳入“一折通”发放。

2. 编撰《财政支农政策乡村干部读本》。2014年5月，昭阳区财政局成立《财政支农政策乡村干部读本》编撰工作领导组。工作组搜集整理了农业、社保、教科文、综改办、农开办等方面的财政支农政策，梳理支农惠农政策补贴项目、补贴对象、补贴标准、补贴程序及管理规定等相关事项，分七个类别汇编成书。为方便村干部阅读，本书采用图文并茂、彩色页面印刷。内容丰富，插图形象，方便携带，利于宣传。

3. 编印“一折通”政策宣传单。把纳入“一折通”发放的事关群众切身利益的12项支农惠农政策汇编在宣传单上，告知群众支农惠农政策补贴项目、补贴对象、补贴标准、补贴程序及管理规定等相关事项。

4. 联合金融机构共同做实宣传工作。为解决部分农户领取补贴资金困难问题，2014年8月，区财政局联合昭阳农合行开展“一折通”政策下乡宣传。本次“一折通”政策下乡宣传活动共发放宣传单6000份，实地到炎山、大山包、苏甲、靖安、北闸、守望6个乡镇用赶集天进行宣传，直接与群众面对面解释答疑，让村民以点带面地扩大宣传，实现宣传方式从“请上来”到“走下去”的改变。

四、宣传支农惠农政策工作的思考

通过改变宣传方式直接到基层与群众零距离地宣传政策，有利于直接联系群众，倾听群众声音，掌握群众诉求，发现存在问题，改善自身工作，完善服务质量，提高工作效率。宣传工作带来一些思考：

1. 建立财政支农惠农政策宣传工作长效机制。推进财政科学化精细化管理，提高财政管理水平，重点在基础，关键在基层。群众不仅需要了解与土地种植有关的补贴，而且更需要了解农村低保、农村社会养老保险、农村危房改造及地震安居工程等与自己切身利益有关的财政补贴。要充分发挥基层财政所和村委会就地、就近宣传的优势，满足群众对财政支农惠农政策的知情权。

2. 创新财政支农政策宣传形式。应用科技手段宣传政策，建议乡镇财政所安装电子显示屏，根据群众需求来宣传政策，让支农惠农政策真正到群众中去，达到财政支农惠农政策家喻户晓的效果，为有效接受群众监督提供平台。

3. 建立补贴信息公示体系。建立补贴信息公示责任机制，落实公示主体，实行定点公示，制定乡镇、村、组专人负责，在各乡镇和村委会公示栏及农村合作银行分支机构张贴补贴发放情况，及时告知群众补贴发放信息。

4. 建立补贴查询系统。通过互联网、移动、联通等部门建立网络和电话查询系统，利用网络和电话信息对每次补贴进行公示，同时结合“农信通”进行补贴发放宣传，让农民第一时间了解补贴发放情况。

要使支农惠农政策落到实处，还需要广泛凝聚部门的力量，携手让公共财政的阳光照耀农村。

一事一议谋发展 携手共建新农村

云南省个旧市财政局 李庭富 吴 琨

党的十八大提出建设“美丽中国”的奋斗目标；省委、政府决定加快一事一议财政奖补政策转型升级的决定，将美丽乡村建设作为一事一议财政奖补工作的主攻方向；州委、州政府确定了红河“美丽家园”行动计划。市委、政府多次召开了美丽家园建设项目资金整合工作会议，专题研究解决美丽家园建设项目资金整合问题，要求各单位、各部门认真按照州委、州政府提出的“渠道不变、统筹协调、统一安排、捆绑使用、各计其功”的原则，整合优化各类项目资金，统筹使用，以“多个渠道进水、一个池子蓄水、一个龙头放水”的思路，形成部门协调配合、良性互动的工作机制，以完善的制度促进资金整合，集中支持起具有带动作用的重点示范样板项目，大力建设“山水个旧、美丽锡都”。

2013～2014年我市整合新农村建设、整村推进、扶贫开发、一事一议财政奖补、人畜饮水、水利设施建设、农村能源建设、民族团结示范村建设、小集镇建设、农村交通建设、校安工程等各类资金64，620万元，用于补助农户的资金17，057万元、用于基础设施建设的资金47，563万元（其中：村级公益事业一事一议财政奖补3，767万元）。市2013～2014年整合村级公益事业一事一议财政奖补资金携手共建美丽家园实施情况如下：

一、主要做法

（一）市委、政府重视，成立组织机构，建立工作机制，并按照“因地制宜、分类指导，量力而行、积极稳妥，先易后难、有序推进，由近及远、由坝到山、由富及贫，由集中连片到分散区域、由重点突破到全域覆盖”的原则，分别制定了我市2013～2014年“美丽家园”行动计划重点打造示范样板的自然村。

（二）成立了“美丽家园”行动计划资金整合工作领导小组，市长任组长，分管农业的副市长任副组长，市直相关单位负责人、各乡镇（区）党委、政府主要负责人为成员。领导小组下设资金管理办公室和项目管理办公室。资金管理办公室设在市财政局，负责资金的调度拨付、督促检查、奖惩兑现

等工作。项目管理办公室设在市美丽办，负责农村建设项目申报工作的指导协调、组织实施等工作。

（三）强化资金管理，确保整合资金规范使用，我市财政牵头，扶贫、水务、农业、林业、发改、教育、民政、卫生、住建等部门参与，共同研究起草了《关于建设“美丽家园”行动计划项目资金整合的实施意见（草案）》，并严格按照州财政局《关于印发〈红河州“美丽家园”建设财政补助农户资金专户会计核算暂行办法〉的通知》及市政府《个旧市财政专项资金管理暂行办法》的规定管理、使用资金，做到专款专用。项目完成后，由市级有关部门对项目进行检查验收和资金审计。

（四）落实各项工作制度的基础上，建立了挂钩联系机制，由市级领导带领全市各机关、事业单位挂钩联系各示范村，并将挂钩联系工作拓展到全市各乡镇，建立挂钩包保责任制，协助推进“美丽家园”建设工作。

（五）严格执行省委、政府加快一事一议财政奖补政策转型升级的决定，将美丽乡村建设作为一事一议财政奖补工作的主攻方向。建设的重点提升到：优化村庄布局，加强中心村和农村新社区建设；改善人居环境，抓好农村基础设施建设；提升生态环境，发展乡村旅游业；发展农村服务业，壮大村级集体经济；培育特色文化村，弘扬农村生态文化；发展健康向上的农村文化，培育乡村文明新风尚六个方面。

（六）一事一议财政奖补工作紧紧围绕州、市党委和政府 2013～2014 年“美丽家园”行动计划重点打造示范样板村自然村，认真筛选、评审、积极上报一事一议财政奖补项目。资金使用和项目选择上，严格坚持“整合一事一议财政奖补资金、携手共建美丽家园，不能改变资金的使用范围和用途”的原则；充分尊重农民意愿，严格把握在村内户外这个范围，以自然村为单位，重点办好村民最关注、最急迫、投资少、见效快的村级公益事业建设项目。对不属于村民直接受益的、不符合财政奖补范围的项目建设内容予以取缔；对未按规定程序进行一事一议筹资筹劳的令其整改；对筹资筹劳超上限标准的要求其退还村民筹资。

（七）通过精挑细选并报批同意，2013～2014 年我市共实施一事一议财政奖补项目 66 个，项目总投资 6，894.60 万元，其中：村民筹资 13.15 万元、投工投劳 79，367 个、以劳折资 476.20 万元、村集体投入 983.12 万元、社会捐赠 334.66 万元、其他财政资金 1，320.47 万元、申请上级财政奖补资金 3，767 万元。争取到的财政奖补资金量大、实施项目少，有效地防止项目资金撒“胡椒面”。

二、取得的成效

（一）2013~2014年我市共实施村内公益事业一事一议财政奖补项目66个，项目覆盖50个村委会、61个村民小组，惠及农户11，356户、村民37，781人。建设完成的主要内容有：共铺设水泥路面67条33.43千米，其他路面1条2.32千米；修缮桥涵1座；挖掘排水沟11，101.7米；修砌挡墙4，030立方米；建盖活动室32个17，863平方米，建设文化活动场31个27，081.58平方米；修建小水窖4口465立方米，铺设安全饮水管线15条18.16千米；挖掘蓄水坝塘池5个1188立方米，村内水渠1条0.82千米，堰塘水窖1个3000立方米；搭建公共厕所26座1075.1平方米，垃圾池39个409立方米，新建小型污水处理设施8个；栽种绿化树木1，989株，绿化环境14，009平米；村容美化62，524.5平方米；安装路灯909盏；粉刷活动室5，689.5平方米；打造彝族祭龙文化景点1个；采购垃圾车3辆；安装村寨大门2道；搭建彝族标志性建筑1座；安装监控摄像头10个。

（二）美丽家园项目的实施深受广大村民拥护，充分调动了广大村民参与农村公益事业建设的积极性、主动性和创造性。整合资金实施项目明显改进了村内外道路的落后、人畜饮水困难等状况，解决了村民长期以来的出行难、喝水难的困难，改善了生产生活条件，增强抵御自然灾害的能力，并且使村容村貌得到较大改观，资金的投入使用，取得了显著的社会效益和经济效益。例如：2013年州、市“美丽家园”重点打造的鸡街镇龙潭村委会辖区内的红寨、小石岩、旺龙庄、沟边、沙翁5个示范样板村，在“美丽家园”建设中，整合各类项目资金1，268.4万元。其中：省级财政一事一议财政奖补美丽乡村建设资金100万元；一事一议财政奖补普惠制资金150万元；省级扶贫资金75万元；市级示范建设资金150万元；市级部门挂钩单位补助资金36万元；镇级配套资金40万元；各小组筹集资金2.6万元；上级补助做特民居资金714.8万元。

实施完成了：贯穿村组的三条道路890米；三个村组活动中心，占地面积4，160平方米、建筑面积1，670平方米；三个村组人畜饮水工程提升改造6，200米；主街道的立面粉饰、沟渠的治理、环境绿化5，000米；安装太阳能节能灯15盏、节能灯84盏；指导450户农户进行危房拆除重建和168户农户进行旧房提升改造。

个旧市鸡街镇龙潭村委会辖区内的村组自然相连，通过整合资金的投入使用，使村庄的面貌焕然一新，农民生产、生活条件明显改善，促进了新农村建设，资金整合取得点、线、面相结合，连片推进的集聚效应。

（三）随着工作的不断深入推进，一事一议奖补政策广泛宣传到村、到户、到人，做到了家喻户晓、人人皆知。先行建成的一事一议财政奖补项目，已充分发挥了示范带动效应，广大村民主动议、自觉议、踊跃议，筹资筹劳开展村内公益事业一事一议建设的热情空前高涨，从过去的“要我干”变成现在“我要干”，从办“公家”的事变成干自己的事，农村村组呈现出村村争着干、户户比着干、邻里帮着干、群策群力建设美好家园的良好局面。

（四）推动农村基层民主政治建设进程，实施“一事一议”后，从集体公益事业建设资金预算到资金的筹集、从资金的使用到集体公益事业项目完工后的决算，都充分发挥了广大村民的监督作用，使农民真正成为“当家人”，从而大大调动了农民参与“民主决策、民主管理、民主监督”的积极性，有效地推动了农村基层民主政治建设的进程，让村民群众从中得到了实惠，增加了基层组织为民办实事、办好事的信心和决心，增强了基层组织的战斗力和凝聚力。

（五）改进了基层干部的领导方式和工作作风，一事一议财政奖补工作，不仅规范了村务管理的民主决策机制，保障了每个村民的民主权利，更重要的是“一事一议”将村干部的行为和村务活动置于民主决策、民主管理、民主监督的运行机制中，确保了决策有程序、办事有章法、管理有制度、监督有保证，促进了干部作风的真正转变，促进了农村经济社会的和谐发展。

（六）完善了村级公益事业建设的长效机制，通过一事一议财政奖补项目的实施，加大对村级公益事业建设的支持力度，鼓励和支持村级组织发展集体经济，提高自我发展和自我建设的能力，通过政府补助、部门扶持、社会捐赠，村组自筹和农民筹资筹劳相结合的村级公益事业建设，改善农村生产生活条件，进一步促进农业发展、农民增收。

三、存在困难和问题

（一）我市经济发展不平衡，导致了农村公益事业建设不平衡。经济发达地区与欠发达地区、坝区与山区的发展差距越拉越大，贫困地区基础设施脆弱、公益事业建设缓慢。贫困地区社会、经济、文化落后，水、电、路、通讯等发展滞后，加之自然生存环境恶劣，土地贫脊，耕作水平低下，自然条件限制，付出数倍于其他地区的人力、物力、财力才能取得相同的效果。

（二）广大村民要求加快改善村级公益事业建设的愿望与财政奖补资金投入的矛盾仍然十分突出。条件较好或已实施项目的村，已实施的大多数为单个项目，大部分是道路硬化项目，人畜饮水、活动室、公厕、亮化等公益设施的需求仍然巨大，群众要求实施项目的愿望十分强烈；未实施项目的村，大多是基础设施比较薄弱，经济基础较差，村民筹资困难，自然村村民居住较为分散、实施难度大。

（三）整合资金、集中支持州、市“美丽家园”行动计划重点打造示范样板村，导致资源、资金流动单向化，一言以蔽之：“马太效应”。不平衡的农村公益事业建设资金分配体制，使得农村公益事业建设不平衡。边远山区的村民无法享受与坝区同等的“国民待遇”，公益事业建设缓慢。

四、继续做好一事一议财政奖补工作的打算

（一）积极呼吁加快改善贫困地区基础设施、公益事业建设的步伐，在做好“美丽家园”的基础上，兼顾贫困地区基础项目的投入，做到“锦上添花”、“扶优扶强”与“雪中送炭”、“扶贫攻坚”的村内公益事业建设齐头并进。

（二）督促、指导实施好美丽乡村项目，进一步查找问题、明确思路。加强对一事一议筹资筹劳资金和奖补资金进行重点检查和抽查，对有违规操作及时进行整改，确保财政奖补资金使用合规合法、项目建设符合规划要求、工程质量达到规定标准。

（三）强化项目档案管理，按照《云南省村级公益事业建设一事一议财政奖补试点工作指南》的要求，将涉及到财政奖补的各类原始资料，包括村民议事记录和筹资筹劳记录、财政奖补项目申报和审批、工程预决算、项目建设前中后图片等采集归档。

（四）完善运行管护，牢固树立建管并重的思想，把项目建设和工程管护放在同等重要位置，确保村级公益设施持久发挥效益。一事一议财政奖补形成的资产，归项目议事主体所有，可成立相应的农民专业合作组织，承担项目的日常管理养护责任。同时，积极制定优惠政策，鼓励社会各界通过承包、租赁等市场化运作的形式提高公益设施的使用效率和养护水平。

（五）以学习领会党的十八届三中全会精神及习近平总书记系列讲话精神为契机，对全会提到的新形势下推进农村改革发展的若干重大问题、党的群众路线的思想内涵，进行认真思考，自觉把党的群众路线贯彻到实际工作中，将为民务实清廉的价值观的追求深深植根于思想和行动中，促进工作作风转变，以良好的工作作风和过硬的业务素质，提高为民服务质量，把一事一议财政奖补工作这项惠及民生、群众拥护的公益基础设施建设做到程序合法、管理有序、资金有效运作。

努力发挥财政工作职能　促进社会和谐稳定

新疆维吾尔自治区塔城市财政局

2015 年上半年，塔城市财政局在市委、市政府的正确领导下，坚持“为民理财、促进发展、为民服务、促进和谐”，努力发挥财政“稳增长、调结构、惠民生、促发展”的职能，各项财政工作稳步发展。

一、财政收支工作

（一）强化收入征管，财政收入稳定增长

塔城市财政局通过与国税、地税、人行等部门加强联系，发挥运用综合治税长效机制，加强了对重点税源的监控力度，进一步强化税收征管工作，做到应收尽收。进一步挖掘非税收入增收潜力，加大对非税收入执收部门的监缴力度。截止 6 月底，地方财政收入完成 19062 万元，同比减收 3099 万元，下降 14%。在地方财政收入中，公共财政预算收入完成 18188 万元，同比增收 3295 万元，增长 22.1%。其中：国税完成 1818 万元，同比增收 3295 万元，增长 22.1%；地税完成 15387 万元，同比增收 4017 万元，增长 35.33%；财政部门非税收入完成 985 万元，同比减收 1055 万元，下降 51.72%，按年初确定的财政目标任务完成进度名列塔城地区第二，按增速排名名列塔城地区第一。

（二）强化支出管理，提高资金使用效益

截至 6 月底，地方财政支出完成 94672 万元，同比增支 23916 万元，增长 33.8%，其中：公共财政预算支出完成 91017 万元，同比增支 27222 万元，增长 42.7%。基金支出完成 3655 万元，同比减支 3306 万元，下降 47.5%，上半年塔城市财政局预算支出进度名列塔城地区第一。

二、积极落实财政政策，经济社会发展快速发展

（一）加大财力倾斜力度，保障和改善民生

1、持续加大惠农投入力度。塔城市财政局进一步加强支农资金监管，规范资金的使用，提高支农资金透明度。截至 6 月底，累计拨入各项财政支农资金，共计 35787.4352 万元，较上年同期增加 21980.5 万元。其中：农村人

口与计划生育事务资金1703万元、文化传媒资金1390.93万元，教育资金12949.81万元，财政对城乡居民基本养老保险基金的补助786万元，农村伤残抚恤及在乡复员、退伍军人生活补助425万元，城乡最低生活保障补助资金3000万元，基层医疗卫生资金116万元，草原生态保护奖补1684.2万元，退耕还林资金594.9252万元，2015年良种补贴资金1931.44万元，农资综合补贴资金5460.03万元，现代农业资金880万元，现代畜牧业100万元，重点县小农水资金1000万元，农机购置补贴资金1891万元，扶贫资金1875.1万元。

2、支持社保体系建设。加大医疗卫生、低保、计生等行业的投入，截至6月底，全市社会保障投入达22137万元，较上年同期增加4685万元。其中：养老保险基金13800万元，城镇职工基本医疗保险基金2580万元，失业保险基金支出880万元，生育保险基金支出220万元，工伤保险基金支出290万元。城镇居民养老保险基金支出468万元，新型农村养老保险基金支出800万元，城镇居民基本医疗保险基金1090万元，新型农村合作医疗合作医疗基金支出2009万元。

3、保障教育事业发展的需求。坚持把教育放在优先发展的战略地位，认真落实投入政策加大财政投入，不断提高义务教育经费保障水平和普及成果，义务教育工作得到健康、均衡发展。截至6月底我市教育专项资金到位2657.22万元，其中：农村义教公用经费800.6万元、城市免杂费51.7万元、农村中小学特设岗位教师2015年绩效工资200万元、普通高中国家助学金56.75万元、农村义务教育薄弱学校改造计划专项资金794万元、2015年第二批进城务工农民工随迁子女接受义务教育专项资金94万元、学前双语保障经费279.44万元、中等职业学校国家助学金2.68万元、中等职业学校免杂费资金3.17万元、职业院校教师素质提高计划专项资金4万元，本级财政配套资金453万元。目前共计2739.34万元的专项资金已按文件要求拨付到相关单位。

4、支持文化事业发展。截至6月底，塔城市文体事业到位专项资金327.6万元。其中：广播电视“村村通工程”基层运行维护聘用人员经费8.37万元、大喇叭广播设备运行保障经费9万元、文艺院团政府购买演出补助资金18.75万元、农村文化建设专项资金86.48万元、美术馆、公共图书馆、文化馆（站）免费开放资金84.6万元、西新工程专项资金31.4万元、广播电视发展专项资金6万元、少数民族文化事业发展补助资金3万元，本级财政配套资金18.58万元。目前共计266.18万元专项资金已按文件要求拨

付到相关单位。

（二）深化财政改革，理财能力进一步提升

1、创新工作机制，实现节支增效。塔城市财政局以服务全市财政投资项目建设、创新工作机制为切入点，积极做好项目评审工作，截至6月底，完成招标控制价编制项目42项，招标控制编制价1.1亿元；预算评审项目21项，送审造价724.65万元，定案值523.12万元，审减额201.52万元，审减率28.81%；决算评审项目66项，送审值7371.55万元，定案值6197.49万元，审减额1174.01万元，审减率15.93%，从而提高了财政资金的使用效益，保证了财政投资建设项目资金的科学性和有效性。

2、继续推进公务卡改革工作。一是积极研究推进公务卡管理制度改革的措施和办法，指导各预算单位规范制度和操作流程，加快我市公务卡信息管理系统建设，优化技术支撑。二是严格执行公务卡强制结算规定，逐步扩大发卡量，减少公务支出中的现金支出。三是加大公务卡改革工作的监督检查力度，利用现有系统和相关报表统计，加大公务卡使用情况的日常动态监控工作。截至2015年6月底，公务卡公务消费支出达317万元，较上年同期增加133.43万元，增长率达72.7%。

（三）强化绩效监督，提升资金使用效率

1、加强公车管理工作。一是在车辆购置上，严格把关，杜绝超标。由市财政局和市纪检委按各自职能分工对购车单位的车辆编制、经费来源、配备标准及型号等事项共同审核，再由采购单位上报市政府审批，统一实行政府采购。二是在车辆处置上，严格车辆处置规程。对单位超编车辆，按照国有资产处置的有关规定进行统一调配；报废车辆，按程序统一报废，未达到报废标准车辆的，按有关规定进行资产评估，统一组织拍卖，拍卖收入全额上缴国库。

2、开展财政资金使用效益评价工作。我局同市发展改革委、农业局联合印发了《关于开展地区涉农资金专项整治行动的实施方案》（塔市财字〔2015〕27号），进一步明确了专项整治的范围、内容和工作安排，细化了工作任务和重点，并联合成立8个检查组，有计划、按步骤，不留死角、不走过场，深入所有涉农资金单位及各乡镇场进行了全面检查。通过清理摸底统计塔城市2013年、2014年财政涉农资金总额131301.67万元，其中2013年62680.14万元，2014年68621.53万元，有效地监管塔城市涉农资金专款专用，提高涉农资金使用效益。

3、政府采购管理逐步实现高效透明。塔城市财政局以“管采分离”机制为支撑的政府采购制度体系，有效规范了政府部门的采购行为，节约了采购资金，提高了财政资金使用效益，进一步推进了源头反腐工作。2015 年上半年，对我市市委办公室电子政务网络设备、安全防护设备及电子政务线路租用、公安局协警执勤服、排水管理处水质设备、畜牧兽医局苜蓿种子、农业技术推广中心站秸秆腐熟剂等项目进行了竞争性谈判采购，综合节约率为 33%，取得了良好的社会效益。截至 6 月底，实施政府采购 646205 起，预算资金 1793. 76 万元，实际采购资金 1645. 62 万元（包括各单位的办公用品、办公耗材、车辆维修、车辆加油等），节约资金 148. 14 万元，节约率 8. 26%。

（四）统筹推进，开创融资工作新局面

认真研究融资政策，加大跑办力度，积极争取获得自治区财政厅和地区财政局的支持，获准发行塔城市棚户区改造专项债券。一是争取国开行贷款第一批共计 2 亿元，1 亿元已到位，待项目实施后剩余 1 亿立即到位。二是根据自治区发行专项债券情况，自治区专项下发专项债券塔城市新增专项债券额度 8300 万元，用于棚户区改造工程，我市按照相关要求上报了新增专项债券 8300 万元的评级资料。

着力破解小微企业融资难题。中小微企业由于管理不规范，可以用于融资的资产有限，基本达不到商业银行贷款基本条件，市金融办积极与各商业银行协调，采取一事一议的办法，力争 2015 年企业融资工作方面实现突破性进展，截止 6 月底，金融机构各项存款余额 106. 66 亿元，较年初减少 0. 96 亿元，减少 9%；贷款余额 70. 87 亿元，较年初增加 9. 22 亿元，较上年同期增加 10. 05%，充分发挥了金融对塔城市的经济支撑作用，积极引导金融机构向特色产业和中小企业倾斜。

三、发挥特长，扎实推进三民工作

（一）访惠聚工作注重为民

一是阿西尔乡克孜贝提村工作组积极筹措资金，新修蓄水池一座，消毒设备一套以及 5. 4 公里自来水管道，切实解决了全村夏季无自来水可用的局面。二是玉什托别西村实施文化室 200 平方米彩钢顶安装项目，玉什托别村 8 公里村庄道路沙石化项目，玉什托别西村文化广场改扩建工程，玉什托别村新建文化室东侧河道拱坝项目。三是中阿西尔村工作组帮助维修文化室，使村文化室真正发挥了基层文化阵地作用。四是博孜达克农场七队工作组积极协助村里开展惠民生工程，在农忙时帮助村民种植番茄并协调技术人员现场解决问题；积极组织开展丰富文化活动，大力开展民族团结和“去极端化”

宣传工作。五是住阔日勒拜村工作组通过与村两委多次研究商量，广泛征求村民意见，制定了阔日勒拜村文化室基础设施改造方案，改造内容包括屋顶改造、更换塑钢窗户、铺设室内瓷砖等，目前文化室改造项目已全面启动。

（二）严肃住村工作纪律

一是财政干部要严格要求自己，正确处理本职工作与下乡住村的关系，严格考勤制度。二是注意工作方式与方法，与基层干部和农民群众接触时要态度和蔼、平易近人，不准盛气凌人，做违背群众意愿、侵害群众利益的事情。三是不准向基层提任何不合理的要求，要以身作则，廉洁自律，不准利用下乡之便为自己或他人谋取私利。

四、深化机关效能建设，强化服务意识

（一）贯彻落实“三严三实”

讲政治、讲纪律、讲规矩、讲团结、讲大局、讲担当，坚决服从市委市政府的各项工作安排，以严的精神、实的作风指导督促各科室的日常工作。进一步深入坚持“为民理财、促进发展、为民服务、促进和谐”，努力发挥财政“稳增长、调结构、惠民生、促发展”的职能，使各项财政工作稳步推进。

（二）加强财政干部队伍建设

突出能力建设、作风建设、制度建设、团队建设。一是加强干部职工的培训，积极组织干部职工授课，实行“人人讲一课”，目前全局干部职工讲课15余节。二是加强机关效能建设，与市绩效考评方案结合，重新修订了财政局绩效考评实施方案，实行季度考评，通过定期或不定期考勤查岗，采取效能提醒和告诫等方式，落实效能工作纪律，优化政风行风，使机关效能建设不断提升。

五、下半年工作安排

（一）继续强化收入征管

大力采取有效措施，努力实现应收尽收，确保完成全年收入目标，力争实现超收。一是加大征管力度。税收部门要加大征管、稽查力度，做到依法治税，应收尽收。二是进一步加强对重点税源企业的纳税监控，及时了解掌握重点税源企业纳税和主要税种税收完成情况，分析原因，研究对策，积极采取措施，确保各项收入按期足额入库。三是做好迁入我市组测的纳税企业的工商、税务登记等辅助工作，联合税务局、工商局等相关部门对在我市有

经营项目的企业引导回我市注册纳税。四是继续做好契税，突出销售不动产营业税，启动对土地增值税清算审核和50万元以上资产企业注销清算审核的政府购买中介机构涉税服务公开招标工作。五是加强对我市税收收入的分析监测。继续开展好全市季度税收收入分析、税源调查等工作，对税源监控、税收征管及财政收入保障等工作提出改进措施和建议。

（二）继续强化支出管理

把握重点支出方向，严格按照市委市政府决策部署落实顺序，区别各类事项的轻重缓急安排各项支出，对优先保障的重点支出要加快拨付进度，确保早到位，早见效。一是根据地区加强预算执行力度要求，加快资金下达进度，对上级已明确具体项目和项目单位的资金，及时下达到各项目单位；二是盘活存量资金，加快推进财政存量资金的清理及盘活工作，确保全市存量资金逐年下降；三是加快资金审核和支付，认真审核各单位的用款申请，及时下达用款额度并办理资金支付，对项目支出按照项目实施进度和合同约定支付。

（三）继续关注民生，促进社会和谐稳定

2015年下半年，全力确保新增财力重点向民生倾斜，加大教育均衡发展投入力度。全面落实好各项涉农惠农政策，加快涉农补贴、农村社会事业等资金的兑付。大力支持公共卫生、社会保障、公共安全等社会事业发展，完善城乡居民最低生活保障、企业职工基本养老保险和事业保险制度，落实好促进就业和再就业优惠政策，提高就业保障水平。

（四）继续做好财政各项基础工作

以科学化精细化管理为目标，深入推进预算管理、国库集中支付、公务卡改革建设等财政改革，进一步加强政府采购管理和国有资产管理。

（五）继续落实三严三实

充分认识三严三实专题教育重大意义，对照“严以修身、严以永权、严以律己、谋事要实、创业要实、做人要实”的要求，聚焦对党忠诚、个人干净、敢于担当，把思想教育、党性分析、整改落实结合起来，坚持实事求是，改进工作作风，着力解决不严不实问题，切实增强践行“三严三实”要求的思想自觉和行动自觉，在守纪律讲规矩、营造良好政治生态上见实效，在真抓实干、推动财税体制改革上见实效。

（六）着力提升财政系统干部综合素质

以能力建设为核心，强化学习和培训的针对性、实用性，提高队伍专业素质的科学管理水平，努力打造财政干部“业务精、能力强”的形象，高质量、高水准地做好工作。

第四篇
财政监督探索与研究

第一章　财政监督概述

任何一个国家赖以存在并履行其职能都需要财政这一物质基础。财政是国家依靠其统治权力从事分配活动而取得收入，并履行职责，花费财政支出，提供公共服务。财政是一个经济和分配范畴，具体体现在财政职能上，即财政作为一个经济杠杆对社会再生产过程施加影响。财政又是一个政治范畴，财政是国家公共权力的物质基础和保障。国家权力和权利的本源是全体社会民众的权利，而财政资源是全体民众利益向国家公共机关的让渡，目的是使公共权力能切实为民众服务。财政监督是财政的一项基本职能，综合反映并规范制约了国民收入分配与调节过程中的各项政府职能活动。财政监督也是财政活动和财政关系中的一个重要环节，是整个国民经济监督制约机制的重要组成部分。

美国总统麦迪逊曾经说："人类如果是天使，就不需要任何政府的统治，而如果是由天使来统治人类，也不需要对政府有任何内部或外部的控制。"遗憾的是，人类不是天使，政府也不是天使，政府有存在的必要，政府更有受监督的必要。

第一节　财政监督的概念与内涵

一、财政监督的概念

关于"财政监督"的概念，我国财政学界历来没有一个为大家所普遍接受的确切表述。传统乃至目前的一些教科书甚至也没有对"财政监督"的概念做过专门论述。尽管财政理论界对“财政监督”的概念未达成共识，但在财政监督的实践基础上，中西方财政管理学中都贯穿了财政监督的思想，而且各国都在实践中探索适合自身情况的财政监督运行机制和方法。

国内对财政监督理论的研究，起源于20世纪50年代初期翻译的一些苏联和罗马尼亚等国家的财政监督理论。自20世纪90年代初以来，我国对财政监督的理论和实务的研究多了起来。综合已有研究成果对财政监督的定义，具有代表性的有下列几种：

①《汉语辞海》将“监”释为“从旁查看”，“督”释为“监察；监督；责罚”，对“监督”的解释是查看并督促。

②孙家琪在《社会主义市场经济新概念辞典》中对财政监督的定义为：财政监督指的是通过财政收支管理活动对有关的经济活动或各项事业进行的检查和督促。财政监督是财政的一项重要职能。我国的财政监督主要是对财政资金积累（筹集）和供应过程进行的监督。

③顾超滨在《财政监督概论》中认为，财政监督是指政府的财政管理部门以及政府的专门职能机构，对国家财政管理对象的财政收支与财务收支活动的合法性、真实性、有效性，依法进行的监督检查、调查处理与建议反映的活动。

④李武好、韩精诚、刘红艺等在《公共财政框架中的财政监督》中提出了他们对财政监督含义的理解：财政监督是专门监督机构尤其是财政部门及其专门监督机构为了提高财政性资金的使用效益，而依法对财政性资金运用的合法性与合规性进行检查、处理与意见反馈的一种过程，是实现财政职能的一种重要手段。这里的“效益”既包括直接的经济效益，也包括间接的社会效益。

⑤财政部“财政监督”课题组认为，财政是一个政治范畴，是国家政权活动的重要组成部分；同时又是一个经济范畴，是政府调控经济运行的重要手段。因此，财政监督是国家为保障财政分配活动正常有序运行，对相关主体的财政行为进行监控、检查、稽核、督促和反映的总称。

⑥财政部财政科学研究所课题组认为，财政监督是国家财政管理的重要内容，也是整个国家经济监督体系的重要组成部分。具体地说，它是对财政资金的运动过程及其效果所进行的专门监控，是为实现财政管理目标而建立的一种约束财政主体行为的机制。

⑦张馨在《论财政监督的公共化变革》一文中提出，所谓财政监督，就是对政府收支活动的约束、规范、督察与促进，它确保政府收支活动具有真

实性、合规（法）性和效率性，防止财政活动中出现低效浪费、贪污腐败等现象，维持财政活动各方的力量均衡，保护它们的正当利益。

财政监督是财政管理的重要内容，是国家经济监督体系的重要组成部分。具体而言，是指相关监督主体依据法律法规对所有政府收支活动及其全过程和实施效果进行的督察、约束、规范与促进，有利于确保涉及公共资金收支活动的所有职能部门和单位忠实履行公民的受托责任。

二、财政监督的内涵

由于财政监督的研究主线是政府的所有收支活动，因而监督所涉及的对象、所包含的内容、运行的环节以及相关方法、手段、程序等都相当的复杂，因此，接下来我们将从不同层面来分析财政监督的内涵。

（一）不同学科研究视角下财政监督的内涵

在中西方财政学理论中，对“财政监督”的概念一般都不予专门阐述，其中相当重要的原因是财政监督实践往往超出了财政学的研究范围，尤其在市场经济机制环境中，财政活动作为公共权力的重要体现，本身要受到公共权力运用的内在制度性制约，因而，财政监督往往超出了以往以典型财政活动为主要研究对象的财政学研究范畴。

从经济学的视角分析，政府（公共部门）的收支活动实际上是对私人部门收支活动的一种替代，任何一个国家，都是“看不见的手”和“看得见的手”同时作用。这里隐含了一个前提，即私人部门让渡经济资源给公共部门，那么公共部门对资源的掌握和利用应该更加合理、有效，但公共管理者也符合经济人假设，因此，财政监督正是通过各种方式，针对公共部门收支活动的各个环节，对所有的公共资源的筹集、分配和使用进行监督，从而减少“搭便车”行为以及偷懒行为，保证收入筹集中交易成本的最低，以及公共支出的经济性和效率性。

从政治学的视角分析，公共资源的分配是各利益相关方为争取利益而进行政治争夺的过程。政治斗争的结果体现为政府预算的安排，而各方也正是通过预算来实现自己的政治目的。从西方典型市场经济国家政府预算制度的产生和发展史来看，政府预算体现了资产阶级为维护自身利益不断斗争的过程，并最终成为约束国王财政权力的强有力手段。一般而言，市场经济国家在预算审批过程中，立法机关围绕政府预算所展开的多次激烈的讨论、辩论正是财政政治属性的突出表现。政府预算的形成实际上是各利益相关方妥协的结果。这是财政监督在政治上的动力来源，也是财政监督的核心所在——

权力的制衡与监督。

从法学的视角来考察，监督以权力的授予为前提。财政监督以一系列的法律法规和规章制度为依据，甚至可以说，财政监督本身就是法律问题——权利义务关系。公众让渡私人的经济资源给政府，享受政府提供的公共商品和公共劳务，为了保证政府忠实履行公众的受托责任，必须从法律上保证相关监督主体对政府的收支活动进行监督，而其中，立法机关的监督是基础，是根本，也是最具权威的监督。

从管理学的视角来看，由于管理者与被管理者认识上的不同，制度和操作程序的不确定性，个人道德上的问题，社会进步出现新的现象，管理制度相对落后等原因，组织行为总会存在偏差，因此，监督实际上是一种对行为与目标的纠偏机制，是管理过程中的反馈机制，是对行为偏差的反映。财政监督就是对政府（公共部门）筹集和使用公共经济资源的行为和目标进行纠偏的机制。

（二）以财政监督要素为视角的财政监督的内涵

尽管中外财政学者在财政监督概念上未达成共识，且在财政监督实践中各国在体制设计、范围界定、方法选择和制度侧重点上存在较大差异，但财政监督的基本要素却是基本相同的，主要包含五个方面：财政监督的主体、财政监督的客体（内容和范围）、财政监督的方式和手段、财政监督的制度依据、财政监督报告（结论）及其实际运用。

财政监督从本源上说应该是广大社会公众对于政府收支活动的监督，这样，财政监督的主体应该只能是社会公众。然而，社会公众是一个广义而抽象的概念，在实践中，社会公众通常是委托国家权力机关、审计机关、政府部门（各职能部门）、社会中介组织来实施财政监督的，当然，社会公众也可以直接参与财政监督。因此，行使财政监督职责的主体包含国家权力机关、审计机关、政府各职能部门、社会中介组织以及公众自身。

财政监督的客体，也就是财政监督的对象，包含财政监督的内容和范围。因为所有的政府收支活动都是依赖于市场资源对公共资源的让渡，所以，只要涉及政府收支活动的，都是财政监督的内容，应纳入监督的范围。但不同国家、不同历史时期、不同社会与经济体制下，财政监督的内容和范围的侧重点也不完全相同。

相关监督主体在实施财政监督过程中，为了保质保量地完成工作任务，要对监督对象涉及的所有信息进行收集、加工、分析、归纳、总结。为了使收集的各种资料尽可能地全面、合理、准确、有效，从而形成科学、合理、

准确的评价和结论，并进一步提高政府对公共资源掌握、分配、使用的经济性、高效性和效益性，各监督主体会采用各种方式、方法和手段来完成任务，具体而言，主要有监控、检查、稽核、督促、纠偏、制裁、反映等。同时，相关监督主体在实施财政监督过程中，必须按照一定的工作顺序和操作规程，这就是财政监督程序。财政监督程序是影响财政监督效果和效率的重要因素。

财政监督的法制依据是指在财政监督工作中用于调整经济关系、进行宏观控制、维护经济秩序、完善管理机制的法律规范，是各监督主体履行财政监督工作职责、开展执法工作的法律保障。财政监督的法制依据是规范财政监督行为的准则和规则，是财政监督具体实施的基础保障。

财政监督报告是财政监督人员在实施监督后将财政监督工作实施阶段的任务完成情况、财政监督证据和财政监督结果向相关机构做正式陈述的书面文件。财政监督结论是指相关监督主体根据财政监督报告及其他通过监督而取得的事实材料对监督对象及有关责任人执行国家有关财政法律法规情况所作出的客观公正的判断。财政监督报告和结论是财政监督结果和成效的具体体现，也是实施处罚的重要依据。

第二节　财政监督的本质与特征

财政监督与市场经济相伴而生。这是因为：第一，财政监督是只有在公共财政框架下才能存在的财政管理活动，是公共财政体系的组成部分，也就是说，在封建专制时代不可能存在真正意义上的财政监督，即一方面不可能存在制度规范的、健全的财政监督；另一方面在“普天之下，莫非王土；率土之滨，莫非王臣”的封建思想影响下，也不可能有实质性的对君王财权的监督。第二，公共财政是与市场经济相伴而生的，公共财政的价值目标在于不断促进政府掌握并运用公共资源的效率，而追求资源有效配置是市场经济体制的核心价值与核心功能。所以，财政监督与市场经济互相促进，互相制约，它们是国民经济这个有机整体不可分割的部分，有市场经济必然要有财政监督。财政监督是现代市场经济体制的内在本质要求和客观需要，是确保市场经济良性发展的重要手段，在调解经济利益多元主体的资金配置尤其是国家资金分配上的局部和全部矛盾方面发挥着更为突出的作用；财政是国家实施宏观调控的重要经济杠杆，财政监督也是贯彻国家财政方针政策、保证财政分配秩序和实现宏观经济调控的必要手段。

一、财政监督的本质

（一）财政监督是公共管理的一项重要内容

“国家意志”实际上是民众意志的集合，在民主国家中，“国家意志”至少是获得多数人同意的意愿，或者说国家是民众意愿的受托人。政府是国家组织系统中执行“国家意志”的专门机关，即政府是“国家”的受托人。政府是个科层组织，而财政部门是在财务方面执行政府经济职能的专职机构，也就是说，财政部门是政府的受托人，受政府之托，筹集、分配并管理政府收支，为民众提供公共商品和公共劳务。因此从表面上看，财政监督首先是财政部门的一种管理行为，其目的是使政府的收支行为能符合民众的意愿进一步分析，财政部门为什么能从市场筹集经济资源筹集多少，如何筹集都需要由民众的代议制机构即立法机构来授权并确定，由财政部门来具体实施。因此，财政监督的起点是立法机构的管理，而具体的筹集则是财政部门管理的内容。财政部门受托筹集到经济资源后进行分配，可以说，分配的过程是立法机构、财政部门和其他所有的政府职能部门博弈的过程，而其结果则体现在政府预算中。因此，政府预算决定了政府能掌握多少经济资源、政府各职能部门提供多少，如何提供公共商品和公共劳务。从这个意义上说，政府预算是财政监督的核心内容。政府各职能部门获得经济资源，接受委托具体提供各类公共商品和公共劳务，因此，从公共经济资源的具体使用环节来看，财政监督又渗透到了提供公共商品和公共劳务的所有政府职能部门和单位的管理行为。综上所述，财政监督是公共管理的一项重要内容。在财政监督的具体实施中，涉及立法机构、财政部门以及政府各职能部门和单位，其中，财政部门是核心，是纽带。

（二）财政监督是对政府所有的收支活动、收支活动的所有环节进行的监督

前已述及，政府掌握和使用经济资源实际上是对私人部门掌握和使用经济资源的替代。那么，私人部门对经济资源的让渡必然希望也要求公共部门能更合理、有效地运用经济资源，提供公共商品和公共劳务，满足社会需要。但公共部门也符合“经济人假设”，在信息不对称的前提下，其有限理性必然导致公共管理者出现“逆向选择”和“道德风险”等问题，致使民众利益受损。基于此，民众有权、有意愿也应该对政府的所有收支活动进行监督，尽可能地保证政府按民众意愿履行其受托责任。然而，毫不夸张地说，政府的收支活动是一个相当庞大且复杂的系统，从收支活动的具体运行来说，涉及

筹集、分配、使用经济资源的各个环节。因此，我们认为，财政监督包含的对象应该是政府所有收支活动的所有环节，只有这样，才能保证政府按民众意愿管理、使用经济资源，从根源上理解私人部门对公共部门经济资源让渡的原因和必要性。

（三）财政监督本身是一种制度安排

从制度安排的角度看，财政监督是对政府收支活动（公共部门经济活动）的监督，也是对政府所有收支活动实施监督的管理行为，本质上是确保政府财政活动有效地提供公共商品满足社会需要的一种制度安排。因此，制度健全和完善的程度决定了财政监督的方向和有效性。同时，财政监督又是在一定的制度环境中实施的。因此，制度既是财政监督实施的依据，又是财政监督的基础性保障；制度的建设和完善又进一步推动着财政监督的改革和深化。所以在财政监督改革深化过程中，必须也必然将其与相应的制度建设结合起来，并且把制度建设放在财政监督建设的突出位置上。

（四）财政监督的最终目的是约束和规范政府财力，实现社会福利的最大化

政府参与市场的前提是“市场失灵”，然而政府干预经济也会导致“政府失灵”。因为政府行为中的最终决策者、选择者和行动者都是个人，政府行为中的个人奉行“经济人”理性原则，政府行为实质上是利益交换或者说是利益的相互妥协的产物。可以这样理解，政府决策过程就是将个人选择（偏好）通过民主机制转化为集体的选择（偏好），是对资源配置的非市场决策过程。从这个意义上来考察，财政监督的实质就是约束和规范政府权力，促使政府尽可能地实现“国家意志”，因此公共财政监督的最佳化，就是寻求公共财力支配权的授予与约束之间的均衡点，以确保政府及其官员不能滥用权力去危害正常和正当的市场活动，但又能够有效地服务于市场，确保社会福利的最大化。

二、财政监督的特征

财政监督是国家经济监督体系的有机组成部分，其特征主要体现在以下三个方面：

（一）权威性

财政监督的权威性首先体现在立法机关是财政监督的主导者。立法机关是公众的代议制机构，接受公众委托，对政府所有收支活动进行监督，监督的具体形式则体现为立法机关对政府预算的审批。其次，财政监督的权威性体现为它是一种执法性质的监督。各监督主体是依照国家法律、法规、条例和规章，对政府财政管理的相对人依法行使权利与履行义务的情况进行监督检查，或作出影响其权利义务的处理决定，依法对违反财经法规的责任单位个人作出处罚决定。

（二）法治性

市场经济是法治经济，财政监督是为了保障政府性资金、国有资产的安全和完整，促进其使用效益的不断提高，而对政府性资金和国有资产管理和使用过程以及其中产生的有关行为的合法性、合规性、效益性实施监督、反馈情况并进行处理的一种行为。因此，财政监督是国家对财政分配和调控活动实施的一种带有强制性、限制性和规范性的约束、监察和督导，可有效地保证国家各项财政政策和财政制度的科学制定和全面有效的实施，财政监督在实施过程中必须做到有法可依、有法必依、执法必严、违法必究。

（三）行政性

在立法机构通过政府预算确定了政府筹集和分配经济资源的盘子和大方向之后，财政监督的具体实施是分别由财政部门以及其他政府职能部门和单位进行的，因此在财政监督的实施过程中，体现出了其行政性特征。相关监督主体的财政监督都属于行政行为。

第三节　财政监督的职能与作用

财政监督的主要功能是及时发现和纠正政府收支活动中的偏差，确保公共资源筹集、分配和使用的科学性、合理性、正确性和有效性。财政监督在国家财政管理和国家经济监督体系中，具有不可替代的作用。

一、财政监督的职能

①预警职能。财政状况是整个宏观经济状况的综合反映。如果财经秩序存在问题，也必然会反映到整个宏观经济层面上去。如美国加州出现财政赤字，再加上国际国内的宏观经济环境并不乐观，最终导致加州赤字越来越严重，危机越来越剧烈，直至当前的濒临破产，这是财政状况反映到整个宏观经济层面，整个宏观经济层面的不景气又直接导致财政赤字的加剧的鲜活的案例。因此，应通过财政监督来发现并反映宏观经济运行中出现的问题，对宏观经济运行能够起到预警的作用。因此，财政监督的首要任务是通过对财

政资金运行的监督，来对整个财政运行状况进行分析预测，分析财政运行中存在的问题，及时反馈信息，发出预警信号，同时，预测整个宏观经济的未来发展趋势。政府部门可以通过财政监督活动获得信息，及时作出决策，从而促进国民经济持续、健康、协调的发展。

②监控职能。各监督主体按照国家法律法规的规定，通过对财政资金运行状况以及国有资本、企事业单位财务状况进行直接或间接的监测和控制，监督各单位是否执行国家有关财务规章制度。分析与归纳监督检查中发现的问题并提出制度完善建议，建议通过适当的机制反馈到决策层，可以通过财政管理制度的进一步完善来尽量避免类似问题的再次发生，从而为财政活动的健康开展提供有力的保障，以达到提高财政资金使用效率以及提高财政管理水平的目的。

③评价职能。财政监督的评价职能就是通过对政府收支活动的分析，评价财政资金的规模是否合理，财政资金的分配安排结构是否科学，财政资金是否得到了有效安排和使用，综合反映了财政资金以及国有资产的配置结构是否符合既定时期的政府经济发展目标，是否具有预期的经济效益和社会效益。根据评价结果，财政监督可以对被监督单位违反财经法纪的行为进行纠正，被监督方也可通过健全内部控制制度等方式不断改进自身的管理水平。

④纠偏职能。财政监督的纠偏职能就是财政监督具有对被监督单位违反财经法纪的行为进行纠正的功能。在财政监督的实施过程中，财政监督机构有权要求被监督单位或者个人停止或纠正各类违反财经法纪的行为，并要求其执行现有的法律法规。对缺少内部控制制度的被监督单位，财政监督机构有权要求其建立相应的内部管理制度。

⑤制裁职能。财政监督的制裁职能是指各监督主体在实施监督过程中或者在形成报告或结论之后，按照国家有关法律、法规对违反财经法纪的单位和责任人直接或提请有职权的机构实行经济、行政制裁或移送司法机关处理的功能。在完成财政监督程序后，参与财政监督的工作人员要根据发现的违纪事实写出实事求是的报告，报送有关领导或部门。需要对有关部门或责任人员做出行政处分的，应按行政法律规定的程序报送有关部门或单位处理；需对有关单位和个人进行经济处罚的，相关监督主体或有关执法部门可以共同进行必要的经济制裁；各财政监督主体发现有关单位或个人有触犯刑律行为、需要追究刑事责任的，应当通过法定程序提出相应意见，将案件移送司法机关依法进行处理。

⑥反馈职能。财政监督的反馈职能是向有关方面反映监督成果的功能。

主要指审查财政收入完成情况、财政支出执行情况以及财政政策贯彻落实情况等之后，随时将监督情况、问题和信息反馈到财政管理层。分析监督检查中发现的问题并提出制度完善建议，以达到提高财政资金使用效率以及提高财政管理水平等目的，也有利于促进财政监督总体水平的提高。

二、财政监督的作用

从1985年开始，13年的全国税收财务物价大检查，平均每年为国家财政挽回损失100亿元，对严肃财经秩序，防止财政收入流失，强化财税管理发挥了重要作用。1995年在全国共清查出私设“小金库”40亿元，对维护财经纪律，加强反腐败工作发挥了重要作用；1996年和1997年全国根据预算外资金清查发现的问题，制定了一系列改进的具体规定和办法，对加强预算外资金法制建设，强化资金管理，支持经济建设和国家各项事业的发展发挥了重要作用；1999年以来，财政部门有针对性地突出了对财政支出的监督检查，使监督检查贯穿于财政运行的全过程，在加强财政管理，保障财政政策顺利实施等方面发挥了积极作用。

由此可见，在社会经济活动中财政监督必不可少。在实现有效的财政管理，提升财政分配效果，促进国家管理社会经济的能力的提高等方面均表现出重要作用。财政监督伴随着各项财政活动，对国民经济和社会发展起着保驾护航的作用，具体表现在以下几个方面：

（一）防范财政风险

财政监督实际上也是一种财政风险防范机制。当财政收支失衡，影响财政职能的正常发挥，进而影响到经济和社会发展时，就意味着财政风险的出现。财政收入的大量流失，或财政支出的无效分配及挥霍浪费，都将会导致财政风险。财政监督的一项相当重要的作用就在于防范财政风险、减少不确定性，使财政活动有序进行。通过财政监督，加强征管、堵塞漏洞、惩治腐败，既可增加收入，又能有效提高支出效率，从而防止财政风险的发生并减少财政风险所带来的损失。如果没有财政监督，财政资金的运行和公共管理就有可能出现危机，失去秩序，导致财政收支运行过程的肢解、失控、腐败、浪费，甚至会导致社会系统的崩溃。财政监督的风险防范主要体现在两个层面：一是防范和规避财政风险；二是将财政风险控制在一定范围内。

（二）推进市场经济体制改革

在市场经济条件下，各经济主体最为直接的目标是通过各种手段，追求利润最大化，实现集团利益最优化，这也是市场经济存在和发展的直接动力。

然而，当个人（局部）利益最大化与社会（全局）利益最大化发生冲突时，各市场主体可能会为自己的利益和需要而做出损害全局利益和公共需要的行为。因此，政府的主要作用就是为各经济主体提供公平竞争的市场环境，即制定市场游戏规则，通过完善的制度约束和体制保障措施，把各经济主体追求和实现利润利益最大化的措施和手段控制在既定的市场游戏规则范围内。超出规则范围的活动是不合法的违规行为，完善的制度约束和保障制度是规范市场经济活动的前提。财政监督是制度约束和保障制度的重要组成部分，可以约束和改进政府的收支活动，保证社会公众的需要得到满足和社会公众的利益得以实现。

（三）保证国家发展战略的顺利实施，促进社会经济的可持续发展

财政监督首先要保证国家出台的各项财税政策能够得到全面的贯彻执行，并通过监督检查发现、纠正政府收支活动中的违纪问题和偏差，并依据法律法规对违法违规行为进行处罚，但财政监督的主要作用不应该局限于此，更为重要的应该是预防和阻止问题的发生，将问题扼杀于"萌芽"状态。因为任何发现偏差或损失的活动都不能局限也不能停止在发现阶段，而应该继续深入剖析直到找出解决问题的办法，防止被证实的消极现象再次发生。只有发现并确认了现行制度下可能产生和存在的问题和偏差，才能针对存在的问题和偏差，研究切实可行的措施防止同类问题和偏差的再次发生，预防才能更为有效。因此，财政监督的另一重要作用是不断改进和完善现行的财政政策和制度，确保国家发展战略的顺利实施，促进社会经济的可持续发展。第一，财政监督通过督促，保证财政收入的及时、足额、低成本上缴入库，合理分配，并追踪监控检查财政资金的合理、正确、有效使用，保障国家财政宏观分配行为的有序进行。第二，通过财政监督获取有关社会经济运行情况的信息，审查分析财政收支和企业生产经营情况及财务收支情况，预测未来的国民经济运行，并及时作出国民经济宏观调控决策，从而促进国民经济的持续、稳定、协调发展。第三，通过财政监督促进政府各职能部门和单位加强管理并完善财务管理制度，完善内部控制制度，合理、节约地使用公共经济资源，减少损失浪费，提高资金的使用效益和经济效益，促进经济的安全运行，实现经济社会的可持续发展。

（四）促进责任政府建设

责任政府是伴随近代民主政治的发展而产生的。它是现代民主政治的基本理念，是世界政治文明的重要成果，同时也是对政府公共管理进行控制的一种制度安排。按照现代民主政治关于人民主权的原则，人民权利是国家权力之本，国家权力的本源在于人民，是一种纯粹的公权。但从操作的层面上来看，任何一个国家由人民来直接行使国家权力都是不可能也是不现实的，因此需要按照一定的制度和规则，产生能够代表人民意志的权力主体——代议制机构来管理国家和社会公共事务。从政治结构和政治功能的角度看，立法机构代表民意，履行表达国家意志的职责；政府是行政部门，其主要职责是执行国家意志、管理社会公共事务，其行为必须直接对代议制机构负责并间接对选民负责，因此，政府是国家权力主体中的一个非常重要的组成部分。政府的权力来源于人民的信任和委托，作为受托人的政府在行使权力的过程中，必须以保护公民权利为目的，积极履行其职责和义务，承担与权力相对等的责任，成为一个对人民负责任的政府。权力和责任是一对孪生兄弟。责任政府的核心是有权必有责，用权必负责，权责一致。如果公共财力不受监督制约，就必然会产生权力滥用和腐败滋生，从而导致对财政资源的不恰当收取、支配和使用。温家宝总理曾指出：“只有全面推行依法行政，努力做到有权必有责、用权受监督、侵权要赔偿、违法要追究，让权力在阳光下运行，才能保证人民赋予的权力始终用来为人民谋利益。”鲜明地传达了通过监督建立责任政府的理念。

财政监督的作用正是通过强化对政府行政权力的制约和监督，严格规范政府在财政收支活动中的行政权力，强化政府各职能部门和各单位权力与责任的统一，保证政府的责任实现。财政监督促进责任政府建设的另一层含义是，要通过完善的责任追究制度，使得任何不正当行使权力的行为都要承担相应的政治责任、行政责任、法律责任和道德责任。

第二章　财政监督法制体系构建与设计研究

财政监督问题实质上是财政民主法制建设问题，而加强财政监督，首先必须加强财政监督自身的法制建设，这样才能确保其发挥理想的作用。

第一节　现行财政监督法制体系

一、当前我国财政监督法制体系的基本层次

（一）《中华人民共和国宪法》

《宪法》是国家的根本大法，是立国之本。它是由我国的最高权力机关——全国人民代表大会制定并通过的，代表了全国人民的根本利益，规定了国家的根本制度和根本任务，具有最高的法律效力。《宪法》对财政监督的法制功能主要体现在两个层次：第一，《宪法》自身对财政监督行为的法律规范。我国《宪法》第二条明确规定："中华人民共和国的一切权力属于人民"，第三条也进一步阐明："中华人民共和国的国家机构实行民主集中制的原则。全国人民代表大会和地方各级人民代表大会都由民主选举产生，对人民负责，受人民监督。"这就从《宪法》的基本层次上规定了财政权力也像其他政治权力一样属于人民，也就是规定了我国的财政是民主财政。因而，我们也完全可以从法律逻辑上推断，人民也是财政监督的终极主体。这一条的第二款还进一步规定，"人民行使国家权力的机关是全国人民代表大会和地方各级人民代表大会"。这也说明在现代间接民主（代议制民主）社会里，人民

向人民代表大会授权，委托由人民选举产生的代表机关——人民代表大会行使政治权力，财政监督权也由人民代表大会行使。

关于人民代表大会作为人民权力的代表者在财政监督方面的权利，《宪法》第六十二条是这样规定的：“全国人民代表大会行使下列职权：……（十）审查和批准国家的预算和预算执行情况的报告”，第六十七条同样对人民代表大会的常设机构即人大常委会作了这样的委托授权：“全国人民代表大会常务委员会行使下列职权：……（五）在全国人民代表大会闭会期间，审查和批准国民经济和社会发展计划、国家预算在执行过程中所必须作的部分调整方案；（六）监督国务院、中央军事委员会、最高人民法院和最高人民检察院的工作；（七）撤销国务院制定的同宪法、法律相抵触的行政法规、决定和命令；（八）撤销省、自治区、直辖市国家权力机关制定的同宪法、法律和行政法规相抵触的地方性法规和决议。”这些条款都阐明了人民代表大会及其常务委员会作为人民意志的代表者，拥有财政管理权，其中当然包括其最重要的组成部分（重要环节）——财政监督权。相应地，在公共管理权的委托代理中，国务院作为国家的行政机关，是人民代表大会的一个受托管理者，所以，行政机关的执政行为必须在权力机关的授权范围之内，并且必须接受权力机关的监督，因而《宪法》第三条第二款作了相应的规定：“国家行政机关、审判机关、检察机关都由人民代表大会产生，对它负责，受它监督。”另外，根据现行的《宪法》和国家组织机构的设立，《宪法》还将专司财政审计监督的审计机关交给了国务院管辖。《宪法》第九十一条规定：“国务院设立审计机关，对国务院各部门和地方各级政府的财政收支，对国家的财政金融机构和企业事业组织的财务收支，进行审计监督。……审计机关在国务院总理领导下，依照法律规定独立行使审计监督权，不受其他行政机关、社会团体和个人的干涉。”尽管这在管辖体制上存在值得改进的地方（详见第四、六章的阐述），但至少说明《宪法》确立了专门的国家财政监督机关。同时，为了避免作为领导者的政府对下级审计机关的干扰，《宪法》第一百零九条还作出了补救性规定：“县级以上的地方各级人民政府设立审计机关。地方各级审计机关依照法律规定独立行使审计监督权，对本级人民政府和上一级审计机关负责。”

第二，《宪法》作为母法，作为制定其他法律法规的依据间接规范了财政监督行为，促进了财政监督工作的开展。因此，《宪法》中的各项规定是形成财政监督其他各类相关法律依据的原则，对财政监督的其他法律依据具有约束力。

（二）法律法规

法律（狭义）指由全国人民代表大会的常设机构——常务委员会制定的规范性文件。法律的地位及其产生的效力仅次于《宪法》，是财政监督法律依据的重要表现形式之一。对财政监督工作的规范化开展具有强大的保障作用。

行政法规是由我国的最高行政管理机关——国务院依据《宪法》和法律的规定，并根据全国人民代表大会常务委员会的授权所制定和发布的规范性文件，通常以决定、命令、条例、办法、规定等具体名称出现。行政法规的地位及其产生的效力低于《宪法》和法律，是财政监督法律依据的一种重要形式。

地方性行政法规是由省、自治区、直辖市的人民代表大会及其常务委员会，依据《宪法》和地方组织法的规定而制定、发布的，适用于本行政区域的规范性文件，是地方财政监督法律的另一种重要依据，对地方的财政监督工作具有重要的保障作用。

（三）规章制度

规章制度包括部门规章制度和地方性规章制度两个部分。部门规章制度是由国务院各职能部门依据《宪法》、法律、行政法规，在各自的工作职权内制定、发布的规范性文件；地方性规章制度是由地方人民政府在其职权范围内，依据《宪法》、法律、行政法规和地方性行政法规制定、发布的规范性文件。规章制度是财政监督法律依据的主要表现形式，在财政监督的全部法律依据中所占的比例最大，涉及的内容最具体，对财政监督的具体工作具有重要的规范作用。

二、当前我国与财政监督相关的主要法律法规制度（具体条款参见附则）

（一）财政监督的法律依据

1.《中华人民共和国宪法》

根据2004年3月14日最新修订的《宪法》，指导财政监督工作的相关条款主要有：第二十七条，第六十二条的（九）、（十）、（十一），第六十七条的（五），第七十条，第八十九条的（五）、（十七），第九十一条，第九十六条，第九十九条，第一百零二条，第一百零四条，第一百零九条，第一百一十七条。

2.《中华人民共和国预算法》

《预算法》是根据《宪法》的规定以法的形式来强化预算的分配和监督

职能，健全国家对预算的管理，加强国家的宏观调控，保障经济和社会的健康发展。从理论上来说，政府的收支活动都应该体现在政府预算中，西方市场经济发达国家的实际情况正是如此。因为从财政管理的角度看，政府部门、公共事业单位和国有企业的财政、财务收支活动都是在财政预算安排的基础上组织开展的，因此，《预算法》是实施财政监督的核心法律依据。在1994年修订的《预算法》中，具体涉及财政监督的主要条款有：第十二条，第十三条，第十六条，第十七条，第十八条，第三十七条，第三十九条，第四十七条，第五十一条，第六十二条，第六十六条，第六十七条，第六十八条，第六十九条，第七十条，第七十一条，第七十二条，第七十四条，第七十五条，第七十六条。

3.《中华人民共和国审计法》

《审计法》是为了加强国家的审计监督，维护国家财政经济秩序，提高财政资金使用效益，促进廉政建设，保障国民经济和社会的健康发展，而根据《宪法》制定的。《审计法》也是审计部门实施财政监督的核心法制依据。依据2006年修订的《审计法》，其中具体涉及财政监督的主要条款有：第二条，第三条，第四条，第五条，第六条，第七条，第八条，第九条，第十条，第十一条，第十六条，第十七条，第十八条，第十九条，第二十条，第二十一条，第二十二条，第二十三条，第二十四条，第二十五条，第二十六条，第二十七条，第二十八条，第三十一条，第三十二条，第三十四条，第三十五条，第五十条。

4.《中华人民共和国各级人民代表大会常务委员会监督法》

《监督法》是为保障全国人民代表大会常务委员会和县级以上地方各级人民代表大会常务委员会依法行使监督职权，发展社会主义民主，推进依法治国，而根据《宪法》制定的。在指导财政监督的具体工作方面，主要是体现在各级人民代表大会及其常务委员会对预算的监督上。2006年颁布实施的《监督法》中具体涉及财政监督的主要条款有：第二条，第三条，第四条，第六条，第十五条，第十七条，第十八条，第十九条，第二十条。

5.《地方各级人民代表大会和地方各级人民政府组织法》

《组织法》对地方各级人民代表大会及地方各级人民政府的义务及职权等进行了规定。《组织法》是地方各级人民代表大会及地方各级人民政府实施预算监督的法制依据。1995年最新修订的《组织法》中具体涉及财政监督的主要条款有：第八条的（一）、（二），第三十八条，第四十四条的（六），第六十四条。

6.《中华人民共和国税收征收管理法》

《税收征收管理法》是为了加强税收征收管理，规范税收征收和缴纳行为，保障国家税收收入，保护纳税人的合法权益，促进经济和社会发展而制定的。《税收征管法》明确规定了税务机关对纳税义务人、扣缴义务人进行税务检查的权利，是从财政收入主要是税收收入的征收管理方面确定了税务机关的财政监督权利。2001 年修订实施的《税收征管法》中涉及财政监督的主要条款有：第九条，第十条，第二十一条，第五十三条，第五十四条，第五十五条，第五十六条，第五十七条，第五十八条，第五十九条，第七十五条，第七十六条，第七十七条，第七十九条，第八十条，第八十一条，第八十二条。

7.《中华人民共和国会计法》

会计工作是经济管理活动的基础。就一个单位而言，对经济活动以及经济事项进行确认、计量、记录和生成报告并向有关方面提供内容真实、数据完整的会计资料，是会计工作中的一个最基本要求，也是相当重要的一项经济管理活动；就整个社会而言，通过会计工作形成的会计资料是一种重要的社会经济资源，是国家制定宏观经济调控政策的重要依据。《会计法》就是为了规范会计行为，保证会计资料真实、完整，加强经济管理和财务管理，提高经济效益，维护社会主义市场经济秩序而制定的。《会计法》主要是从会计监督方面对微观经济主体进行约束和规范，就财政监督法制体系而言，从政府有关职能部门以及会计师事务所为主的社会中介机构根据《会计法》对微观经济主体进行的会计监督检查，是财政监督的基础，也是重要组成部分。1999 年颁布实施的《会计法》中涉及财政监督的主要条款有：第五条、第三十一条、第三十三条、第三十四条、第三十五条、第四十七条。

8.《中华人民共和国注册会计师法》

《注册会计师法》是为了发挥注册会计师在社会经济活动中的鉴证和服务作用，加强对注册会计师的管理，维护社会公共利益和投资者的合法权益，促进社会主义市场经济的健康发展而制定的。会计师事务所及其注册会计师在对财政监督客体（主要是国企）开展的社会监督工作中产生的行为属于财政监督的范围，对于维护市场经济秩序和促进政府职能的转变具有重要的作用。1993 年颁布实施的《注册会计师法》中涉及财政监督的主要条款有：第五条、第十四条、第十六条、第二十一条。

9.《中华人民共和国行政处罚法》

《行政处罚法》是国家为了更好地规范各级行政机关的行政处罚行为，保障和监督各级行政机关能够有效地组织开展行政管理工作，维护社会公共利益和行政管理工作秩序，进而有效地保护公民、法人、其他经济组织的合法权益而根据《宪法》制定和颁布的。其中的各项规定，对于指导各财政监督主体及其检查人员的工作来说都是十分重要的。可以说，《行政处罚法》是对监督主体实施再监督的法制依据。1996 年颁布实施的《行政处罚法》中涉及财政监督的主要条款有：第五十四条，第五十七条，第五十八条，第六十一条，第六十二条。

（二）财政监督的行政法规依据

1.《财政违法行为处罚处分条例》

《财政违法行为处罚处分条例》于 2004 年最新修订，是国务院为了纠正财政违法行为，使财政法规在经济工作中得到认真的遵守与严格的执行，保护国家财产的安全和完整，保护国家利益不受侵犯，维护社会经济秩序，进而保障我国的经济体制改革和经济建设工作的顺利进行而制定和发布的。该条例重点对财政监督工作中具体处罚的种类和方式等做出了较为完整的规范性规定，是对财政违法行为实施处罚的重要法制依据。

2.《国务院关于加强预算外资金管理的决定》

为了避免各地方擅自将财政预算资金通过各种非法手段转为预算外资金，以及有些部门和单位擅自设立基金或收费项目，导致预算外资金不断膨胀、国家财政收入流失问题的出现，国务院于 1996 年颁布了《国务院关于加强预算外资金管理的决定》。该决定从明确预算外资金的管理范围、控制预算外资金的规模、预算外资金纳入财政专户实施收支两条线管理，以及建立健全监督检查与处罚制度等方面对预算外资金管理进行了规范，是专门针对预算外资金管理、加强对预算外资金监督的法制依据。

3.《违反行政事业性收费和罚没收入收支两条线管理规定行政处分暂行规定》

此规定于 2000 年通过，是国务院从严肃财政纪律，加强廉政建设工作，加强对行政事业性收费和罚没收入“收支两条线”的管理工作，规范执收执法部门及其工作人员的行为，促进执收执法部门依法行政的目的出发而制定和发布的。这是财政部门对执收执法部门收取行政事业性收费和罚没收入行为进行监督的法制依据。

4.《国有企业财产监督管理条例》

《国有企业财产监督管理条例》于 1994 年颁布实施，是国务院为了加强对国有企业财产的监督管理工作，维护国家对国有财产的所有权，巩固和发展国有经济，进而促进社会主义市场经济的发展而制定和发布的。其作为财政监督法制体系中的一部分，主要是作为相关监督主体对国有资产实施监督

的法制依据。

5.《中华人民共和国国家金库条例》

该条例于1985年通过实施，是为了统一组织国家财政收支、健全国家金库制度而制定和发布的，是指导国家金库监督国家预算资金收入和支出运行的法制依据。

除此之外，国务院在《宪法》指导下，根据前述相关法律制定了与相关法律相适应的指导具体工作实践的条例，如《中华人民共和国预算法实施条例》等；以及各级地方政府根据当地的实际情况，在《宪法》和相关法律的规定下，自行制定的符合地方实际的指导财政监督具体实施的地方性法规，如《浙江省预算监督条例》等，在此不一一列示。

（三）财政部门财政监督的规章制度依据

可以说，我国当前存在大量的涉及财政监督的规章制度。因为，我们可以以前述的与财政监督相关的法律为主线，对各部门所制定的涉及财政监督的相关规章制度展开讨论和研究，但这显然不是本书研究的重点。因此，本书着重对财政部门财政监督的规章制度进行研究。实际中，仅仅财政部制定的规章制度也不胜枚举。我们大致梳理一下，主要有以下几大类：第一类是财政部门从规范其自身监督检查工作的角度来制定的规章制度（我们将会在下面作重点介绍）；第二类是财政部门关于实施会计监督方面的规章制度，如《事业单位会计制度》、《事业单位财务规则》、《行政单位会计制度》、《行政单位财务规则》、《企业会计准则》、《企业财务通则》、《财政部门实施会计监督办法》等；第三类是财政部门对某些具体的收入实施规范管理制定的规章制度，如《国有资产收益收缴管理办法》、《行政事业性收费和罚没收入实行“收支两条线”管理的若干规定》等。我们以第一类规章制度为例进行逐一介绍。

1.《财政检查工作办法》

财政部对原来的《财政检查工作规则》进行了修订，形成了《财政检查工作办法》，于2006年3月1日起正式施行。该办法主要是对财政部门相关监督检查人员的资格条件和应遵守的纪律做出了具体规定，并对财政部门的检查组织工作、检查实施工作、财政检查通知书的内容、检查处理工作等相关方面进行了具体规范，该办法是财政部门相关监督检查人员具体实施检查工作应遵循的制度依据。

2.《财政检查通知书具体规则》

《财政检查通知书具体规则》是规范各级财政部门制作财政检查通知书的具体行为的制度依据，有助于保障财政监督检查工作的合法开展和财政监督检查工作的质量。

3.《财政检查工作底稿具体规则》

《财政检查工作底稿具体规则》是规范各级财政部门制作财政检查工作底稿的具体行为的制度依据，有利于保障财政监督检查工作的有序开展、监督检查事项的事实清楚和监督检查证据的真实可靠。

4.《财政检查询问具体规则》

《财政检查询问具体规则》是规范各级财政部门在利用面询的技术方法获取检查证据时的具体行为的制度依据，有利于保障财政监督检查工作中获取证据的质量以及“询问”这种获取证据的程序的合规性。

5.《财政检查报告具体规则》

《财政检查报告具体规则》是规范各级财政部门制作财政检查报告具体行为的制度依据，有利于保障综合反映的财政监督检查工作结果的真实性、系统性、完整性。

6.《财政检查审理工作具体规则》

《财政检查审理工作具体规则》是规范各级财政部门在对财政检查材料、检查事项进行审理时的行为的制度依据，有助于保障审理工作的依法开展以及符合“实事求是，证据确凿，定性准确，程序合法”的原则。

《财政检查通知书具体规则》、《财政检查工作底稿具体规则》、《财政检查询问具体规则》、《财政检查报告具体规则》、《财政检查审理工作具体规则》都是在1999年通过并颁布实施的。

7.《财政部门实施会计监督办法》

《财政部门实施会计监督办法》于2001年通过并开始实施，该办法是规范财政部门会计监督工作的制度依据，有利于保障财政部门有效实施会计监督，保护公民、法人和其他组织的合法权益。

第二节　现行财政监督法制体系存在的问题

一、财政监督法制体系发展滞后

（一）目前财政监督的法制依据较为分散

财政监督作为一种经济监督活动，必须依法行政。但迄今为止，财政监

督的法制依据仍散见于《预算法》、《监督法》、《审计法》、《组织法》、《会计法》、《注册会计师法》、《行政处罚法》等法律中。审计部门以《审计法》作为监督依据，税务部门以《税收征管法》作为监督依据，财政部门则以《预算法》、《会计法》等作为监督依据。首先，以上法律法规仅赋予了各执法主体监督权，而对监督的范围和各监督主体的职责分工不明确，只能依赖部门内部规章和文件，依照自己的部门属性"凭感觉"去界定。其次，财政监督的法律法规过于分散，不利于监督主体统一执法。如我国现行的税收违法处罚法律规定是由各单行实体法中的有关规定，如《税收征收管理法》及其实施细则、《全国人大常委会关于惩治偷税、抗税犯罪的补充规定》以及《中华人民共和国刑法》等法律法规中的有关条款组成的。各单行税法如农业税、关税、外商投资企业和外国企业所得税等具体法律中都有关于违反本法相关规定的处罚规定；而《税收征收管理法》中又专设有"法律责任"一章，就纳税人、扣缴义务人未依法进行税务登记、账簿发票管理、纳税申报的行为以及欠税、偷税、抗税等违法行为规定了处罚措施；同时，对偷税、抗税情节严重的，又要依照《全国人大常委会关于惩治偷税、抗税犯罪的补充规定》或《中华人民共和国刑法》进行处罚，如此复杂、琐碎的税收违法处罚法律制度，不利于监督主体统一执法。

（二）财政监督法律权威性不足

从具体指导财政监督实际工作的相关法律的结构层次和具体内容来看，财政监督法律存在下述问题：一是在《宪法》中没有对财政监督做出基础性、根本性的规定，对人大审批监督预算的规定也只是原则性的授权规定，而对于审批监督的范围、主要内容、实施程序和操作办法，以及与之相适应的机构设置、人员配备等都没有相配套的专项法律规定，实际审批监督工作仍然难以操作。二是在现行的法律、法规中所涉及的财政监督工作方面的规定不够充分、不够系统，使得目前的财政监督工作在地位、组织、职责、权利、任务、程序以及处罚手段等方面都还缺乏一个十分强有力的法律保障。财政监督的强制力在整体上仍然显得较为软弱，因而各监督主体在履行财政监督工作职责的过程中，还需要经常借助于行政管理的手段。三是我国的财政监督工作缺乏独立完整的法律保障。目前我国仍缺乏一部能够系统、完整、科学、规范地明确规定实施财政监督的监督主体、监督主体的职责范围、监督的内容、监督的方法和手段，以及相应的法律责任等相关内容的法律法规，如《财政监督法》。

（三）现有相关法规存在不衔接的问题

由于没有专门的法律法规对各财政监督主体的财政监督职能和权限进行

规范，各法律之间也没有科学的协调和分工，所以，在起草制定各单项法律法规时，各相关部门不可能考虑也难以完整地考虑整个国家财政监督法律体系的科学性和完整性，他们可能从部门自身的利益和需求出发，强调本部门的利益和权力，将部门权力合法化，造成财政监督职能的重复和交叉；有的部门也可能出现滥用行政规章权、法律解释权，各搞各的规章，各作各的解释，使法律法规之间发生不衔接等现象。如《预算法》对“预算调整”给出了明确的定义：“预算调整是指经全国人民代表大会批准的中央预算和经地方各级人民代表大会批准的本级预算，在执行中因特殊情况需要增加支出或者减少收入，使原批准的收支平衡的预算的总支出超过总收入，或者使原批准的预算中举借债务的数额增加的部分变更。”但《地方各级人民代表大会组织法》在第四十四条第五款中指出：“县级以上的地方各级人民代表大会常务委员根据本级人民政府的建议，决定对本行政区域内的国民经济和社会发展计划、预算的部分变更。”从上述两条法律条款的比较中可以明显地看出，《预算法》规定的“预算调整”只限于增加支出、减少收入，或债务数额增加影响收支平衡的情况，而《组织法》却没有明确的限制，也就是说，根据《组织法》，地方人大常委会可以根据各种情况对地方预算作出调整。再进一步地看，这里出现的“预算调整”和“预算变更”是同一概念，还是有所区别，没有法律方面的权威解释。特别是“预算变更”，根本没有法律概念的界定，是否可以理解为不论收入还是支出，只要有变动，不论是超收还是短收，都要经过人大常委会审批。否则，就无法理解同一个立法主体就同一项社会关系而制定的不同法律在概念上的区别。

二、现有相关法规在指导财政监督实际工作中所存在的问题

目前我国有关财政监督的法律法规，不仅如前所述较为分散，而且相应的条款往往是原则性的，操作性不强。因为财政监督所涉及的法律法规相当的繁杂，因此，本书将选择重点内容来进行阐述和分析。可以毫不夸张地说，预算监督是财政监督的核心所在，而就目前财政监督的法制体系来看，《预算法》又是指导预算监督工作的根本。因此，我们以《预算法》为主要研究对象来分析当前我国财政监督法律法规对于实际工作指导性较弱的问题。

（一）《预算法》的实际指导性和可操作性较弱

就《预算法》对财政监督工作缺乏指导性和可操作性的问题而言，我们

至少可以通过以下具体条款窥豹一斑。

①《预算法》第三十七条规定，各级财政部门应当在每年全国人民代表大会会议举行的一个月前，将中央预算草案的主要内容提交专门委员会或工作委员会等进行初步审查。然而，其中“主要内容”应该如何理解，由谁来决定什么是主要内容、什么是非主要内容，初审以什么程序和方式进行，初审结果如何处理都没有规范，实际操作困难。

②《预算法》第五十一条规定：“各级政府预算预备费的动用方案，由本级政府财政部门提出，报本级政府决定。”该条款不具有实际指导意义。因为对在怎样的情况下需要以及应该动用预备费，预备费使用的具体用途，预备费使用的具体额度，没有相应的法规进行明确，那么实际中对预备费的使用就存在较大的随意性。

③《预算法》第五十三条规定：“预算调整是指经全国人民代表大会批准的中央预算和经地方各级人民代表大会批准的本级预算，在执行中因特殊情况需要增加支出或者减少收入，使原批准的收支平衡的预算的总支出超过总收入，或者使原批准的预算中举借债务的数额增加的部分变更。”人大常委会在审批预算调整时，对“特殊情况”应如何理解？哪些特殊情况需要动用调整预算来解决？哪些需要通过动用“特殊预备”的预备费来解决？在立法中都找不到答案。而且预算调整没有涉及对增加收入并增加支出但总的收支仍然平衡的情况如何进行处理，这就会促使政府在年初编制预算时有意识地留有较大余地，以通过执行中的多收行为来收获尽可能多的自由安排的资金，如此一来，人大常委会审批预算就失去了意义。

④《预算法》第六十九条指出：“各级政府应当在每一预算年度内至少二次向本级人民代表大会或者其常务委员会作预算执行情况的报告。”但就预算执行情况进行报告，具体报告的范围和内容是什么，对执行过程中出现的问题应如何解决，立法中都没有明确的可操作性条款。

⑤《预算法》第七十一条规定，“各级政府财政部门负责监督检查本级各部门及其所属各单位预算的执行；并向本级政府和上一级政府财政部门报告预算执行情况”。法律及相关实施条例都没有对财政部门如何监督部门预算的执行，监督的具体内容，以及对监督的结果如何处理做出具体的解释。

（二）《预算法》缺乏对突出现实问题的处理意见，亟待修订和完善

《预算法》最后一次修订是在1994年，距离现在已有十五年的时间。其间，我国经历了分税制财政体制改革，以及21世纪以来的部门预算等一系列预算管理改革，国民经济迅猛发展，全国财政收入由1994年的5218.1亿元增长到2008年的61330.35亿元，引发了现实中一些新问题的出现，其中特别突出的就是超收收入的审批、使用问题和财政转移支付资金审批监督问题。

1. 超收收入使用的审批缺乏法律依据

对预算超收收入应如何使用的问题，我国目前的法律没有明确给出规定（如上所述，只有在短收或超支情况下才需要经过人大常委会审批），这样政府安排的自由度就较大，从中央到大部分地方，对预算超收收入的使用方案，都不需要经过同级人大常委会的审查和批准。这无疑是我国《预算法》的一大缺陷。这样使得立法机关对预算的审批从根本上失去了完整的意义。1999年12月25日，第九届全国人大常委会第十三次会议通过的《全国人大常委会关于加强中央预算审查监督的决定》规定，中央预算超收收入可以用于弥补中央财政赤字和其他必要的支出。预算执行过程中，需要动用超收收入追加支出时，应当编制超收收入使用方案，由国务院财政部门及时向全国人大财经委员会和预算工作委员会通报情况，国务院应向全国人大常委会作预算超收收入使用情况的报告。其他各省市区人民代表大会制定的对预算超收收入的审批监督办法，大部分都类似于全国人大的做法。第一，这里“其他必要的支出”首先是一个非常含糊不清的表述，对到底应当把超收收入安排在什么地方，留了一个很大的弹性空间。按照“先有预算，后有支出，严格按照预算支出的原则”，超收收入是不能随意支出的，而是要根据预算实际执行情况，预测可能超收多少，并综合考虑当年经济社会发展所需要追加的支出，统筹兼顾，编制超收收入使用方案，安排预算支出。而且从预算的法律性特征角度来看，超收收入的使用应当有一个完整的预算法案程序。但是，全国人大的决定和一些省市制定的预算审批监督办法中规定政府编制的超收收入使用方案只需向人大财经委员会和预算工作委员会通报情况，并向人大常委会报告，没有规定人大常委会是否要审查和批准。这种情况下，超收收入使用方案并没有形成法律文件，从而使超收收入的使用缺乏法律的约束。从2007年开始实施的《中华人民共和国监督法》虽然将预算超收收入的安排和使用情况规定为各级人大常委会重点审查的内容。但是，如何认定超收收入的合理性，如何审批超收收入的支出方向，如何进行具体的监督，如何追究责任等都无明确规定。

2. 财政转移支付资金审批监督的漏洞

转移支付在我国已经实施多年，但在预算法中没有相应的法律规范，也没有单行的转移支付法律法规，这项制度的确立和运行是靠财政部门的规定来推行的，即便是一些比较成熟和规范的转移支付管理办法，也没有上升到

法律的高度。而且由于对转移支付的标准、额度没有统一的法律规范，特别是在专项转移支付中，人为因素的影响很大，各级政府间讨价还价，执行中经常出现各种各样的问题，很难真正做到客观、公平、公正。各地为争取更多的转移支付资金，耗费了越来越多的时间和精力，明显地加大了政府工作的成本，出现了不少弊端。

转移支付资金由谁来审批和监督，法律中没有明确的规定。这部分资金对于地方预算收入少的地区来说，在预算总收入中所占的比重非常大，有的超过了地方财力的80%。如此大的预算资金在地方政府提请本级人民代表大会审批的预算中如何体现，是一个突出的法律问题。应当说，上级政府向下级政府转移支付的财政资金属于上级政府的财力范围，按照法律规定要由上级政府的同级人民代表大会审批。但是，对于一般性转移支付来讲，上级人民代表大会只从总体上批准转移支付的数额，并没有明确资金的具体用途，具体用途要由下级政府确定。而在地方政府提请本级人民代表大会审批的预算草案中，大多数情况下没有完整地反映一般性转移支付的具体资金数额和用途。专项转移支付则跟项目走，虽然由上一级人民代表大会审批，但对资金的具体去向和使用效果，审批机关无法行使监督权。专项转移支付资金使用地的人民代表大会也不行使这部分资金的审批权，而是由政府各个部门在预算执行当中，根据各地的申请来决定其具体去向。这样就会造成转移支付资金在审批监督上的漏洞。

财政监督法律体系建设相对滞后的状况，一方面使得当前的财政监督工作难以更好地适应公共财政框架需要；另一方面，也使得财政监督工作乏力的问题表现得比较明显，对一些重要经济事项的监管（如公共预算的审查等）难以真正落实到位，对一些违法违规问题的处理在手段上也不十分充分，影响了财政监督工作的深入开展，在一定程度上降低了财政监督在严肃财经纪律和规范财经秩序中的权威性、有效性。

三、监督主体执法力度不够，威慑力不高

目前，我国财政管理方面违法违纪问题仍然普遍存在，有的甚至还相当严重，屡查屡犯、屡禁不止，成为了财经秩序混乱的重要特征。比如，我们可以从2005—2007年审计署的审计报告中看到，仅就对中央部门预算的审计中就存在较大的问题：2005年有问题资金373.25亿元，2006年348.53亿元，2007年293.79亿元。其中涉及管理不规范问题、违法违规问题、部门所属单位违法违规问题、损失浪费问题、新发生的问题等。这在一定程度上是由执

法力度不够，处理偏轻，处罚不力，特别是对违法违纪责任人员的处理力度不够造成的。我们这里以《预算法》和相对较为成型的《财政违法行为处罚处分条例》来进行分析。

1.《预算法》有关法律责任的规定较为简单，且处罚较轻

《预算法》专门在第十章明确了相关的法律责任。第七十三条指出："各级政府未经依法批准擅自变更预算，使经批准的收支平衡的预算的总支出超过总收入，或者使经批准的预算中举借债务的数额增加的，对负有直接责任的主管人员和其他直接责任人员追究行政责任。"第七十四条指出："违反法律、行政法规的规定，擅自动用国库库款或者擅自以其他方式支配已入国库的库款的，由政府财政部门责令退还或者追回国库库款，并由上级机关给予负有直接责任的主管人员和其他直接责任人员行政处分。"第七十五条指出："隐瞒预算收入或者将不应当在预算内支出的款项转为预算内支出的，由上一级政府或者本级政府财政部门责令纠正，并由上级机关给予负有直接责任的主管人员和其他直接责任人员行政处分。"显然，上述预算违法行为的列举过于简单。如对预算编制不真实、不及时，对法定报告事项不进行报告或者报告不真实，对预算支出不按规定拨付，对预算收入不依法及时入库等行为的法律责任，都未作规定。此外，预算违法责任形式单一且过轻。上述规定对于预算违法行为只是给予行政责任的追究，即对负有直接责任的主管人员和其他直接责任人员给予行政处分，责任形式单一。

2.《财政违法行为处罚处分条例》仍有待进一步修改完善

在目前与财政监督相关的法律法规中，《财政违法行为处罚处分条例》对相关责任的确定，是较为成型的。该条例总共三十五条，条款对财政收入征收管理、财政收入入库及国库资金管理、财政预决算编制、预算执行、国有资产管理、国家有关投资建设项目管理、预算单位账户管理、票据管理、会计管理等相关财政管理过程中出现的违法行为给出了具体的惩罚办法。然而，就唯一一部针对财政违法行为处罚的专门条例而言，我们认为，至少存在这样几方面的问题：第一，条例通篇都涉及这样的表述，"情节较重的，给予……处分；情节严重的，给予……处分"，但条例中并没有明确怎样算是"情节较重"，怎样又算是"情节严重"，而什么样的情况则属于一般情节，这显然给具体实施带来了一定程度的困难。第二，在该条例的第十三条、第十四条、第十六条、第十七条等条款中涉及任意处置权较大的问题。如第十三条指出："企业和个人有下列不缴或者少缴财政收入行为之一的，责令改正，调整有关会计账目，收缴应当上缴的财政收入，给予警告，没收违法所得，并

处不缴或者少缴财政收入 10% 以上 30% 以下的罚款；对直接负责的主管人员和其他直接责任人员处 3000 元以上 5 万元以下的罚款。”显然，这里的 10% ~30% 的处罚空间，以及 3000 ~5 万元的处罚空间跨度较大。第三，该条例就总体而言，处罚力度较轻。条例所涉及的具体的处罚措施包括罚款、警告、记过、记大过、降级、撤职、开除处分和追究刑事责任。然而，该条例中除了第二十条“单位和个人有本条例规定的财政违法行为，构成犯罪的，依法追究刑事责任”和第二十八条“财政部门、审计机关、监察机关的工作人员滥用职权、玩忽职守、徇私舞弊……构成犯罪的，依法追究刑事，责任”中明确了追究刑事责任之外，其他条款中最严重的情节也只涉及开除处分。

第三节　财政监督法制体系的构建与完善

加强财政监督法制建设，不仅要充分发挥市场调节的作用，同时还必须通过运用以法治管理为主的手段对经济运行情况实施监控，以纠正在市场中出现的偏差。在社会主义市场经济条件下要实现依法理财、依法监督的工作目标，并且履行好财政监督的工作职责，同样也需要有更加充实、完备、科学的财政监督法律体系作保障。因此要进一步强化我国公共财政框架下的财政监督工作，并且保证财政职能的充分实现，就需要进一步改善财政监督的法治环境。基于我国现行财政监督法制体系建设中存在的问题和公共财政对财政监督的客观要求，加强财政监督法律法规建设，构建我国符合公共财政要求的财政监督法制体系，已成为了当前财政监督改革和完善过程中极为紧迫的工作任务。

一、加强立法

（一）加强财政监督的法制体系建设

首先，要根据公共财政对财政监督工作的内在要求，积极推进财政监督专门立法工作，尽快制定并颁布实施《中华人民共和国财政监督法》，解决财政监督法律依据不足的问题。一方面，以法的形式对财政监督工作的主体、对象、内容、方式、程序、地位和作用等作出详细的规定，提高财政监督的法律地位，提高各监督主体关于财政监督工作的法制意识，为财政监督的可持续发展提供法律保障；另一方面，通过立法进一步明确财政监督的职能定位，界定广义和狭义的财政监督，将财政部门的财政监督与其他监督主体实施的财政监督区分开来，从根本上解决各监督主体之间职责重叠、检查重复的问题。对财政监督的职能和权限，以及财政监督、审计监督和人大监督之间以及社会监督的分工协作关系加以科学界定，以实现财政监督法制化，使财政监督的法律依据更加充分，财政监督的手段更为得力，增强财政监督的法律权威性，从而保障财政监督工作更加顺利地开展，以真正达到依法实施财政监督的要求。

其次，随着国家有关财政监督的法律的出台，各地根据《财政监督法》的根本要求，结合本地的实际情况，有重点、有针对性地制定地方性财政监督法规，以此确立监督检查专门机构的执法主体资格，界定财政监督的管理体制和对象范围，规范监督检查的程序和方式，规定财政监督检查主体的权限和职责，为财政监督执法工作提供一个准确、客观的执法尺度和强制化、规范化的法律保障。

（二）《财政监督法》的总体框架设计

1. 财政监督主体及其权责设计

我们认为，这其中实际上包含着三个体系：一是依据第六章所探讨的原理，通过整合，确立的从中央到地方，从权力机关到行政机关，从财政、审计等职能部门到社会媒体和公众的财政监督主体的体系；二是根据上述原理，确立的财政监督法律体系；三是在上述财政监督法律体系中明确上述财政监督主体体系中的各个监督主体的职责权限、工作分工与衔接。在法律体系上要有“基本法”和“子法”，在职能机关之间要有总负责与分工负责，在对违法责任的处罚设计中，要明确各种违法行为的种类及其界限，并且尽量做到行政责任与民事责任之间的科学衔接。总之，要使整个财政监督体系运行依法进行，井然有序。

2. 财政监督子法体系设计

我们的逻辑是，由于财政监督是对政府收支活动全过程的全面监督，从预算的编制到预算执行直至决算的批复，从财政资金的生成到收入的取得、入库、拨付直至使用的各个环节，都应在财政监督的范围内，因此，同财政资金运行过程和管理活动相关的财政法律法规都是实施财政监督时必须遵循的法律依据，都应纳入财政监督法的子体系中。这里包括两个层面：首先，进一步完善已有的法律法规，如《预算法》、《税收征收管理法》、《审计法》、《会计法》、《注册会计师法》、《组织法》、《监督法》等。其次，需要进一步建立新的法律法规。我们认为，在财政监督法的子法体系建设中，至少还应

包括以下法律法规：一是规定调节资产所有者、经营者、使用者在国有资产的形成、占有、使用、收益和处分中所发生的国有资产管理关系的各种法律规范的国有资产管理法；二是规定中央和地方政府、地方各级政府之间财政转移支付行为的各项法律规范的转移支付法；三是规定国债资金筹集、管理、使用和偿还过程中发生的各种关系的法律规范的国债法；四是规定社会保障资金筹集、管理、使用过程中发生的各种关系的法律规范的社会保障法等。

3. 法律责任设计

从法理学的分类来看，法律处罚按法律体系的类别可分为民事处罚、行政处罚、刑事处罚；从受处罚主体承担的后果来看分为经济处罚、干部考核与任免升降的处罚、限制人身自由的处罚（拘役和判处有期徒刑）、剥夺生命的处罚（判处死刑）。为了保障财政监督成为真正的对财政管理行为的强制约束力，对违反财政规律法规的行为的处罚必须十分科学。我们的意见是以《财政违法行为处罚处分条例》为基础，一方面是进一步细化处罚的条款，减少那些“自由裁量”适用的条款，对于具体违法行为的情节及其造成的损失等，应该明确具体地规定确定的违法责任，而不是含糊其辞地指称违法行为，也不应该对违法的责任后果规定得太粗略、太笼统，处罚的区间不应规定得太大。另一方面，要进一步加大处罚的力度。现行的关于财政违法行为的处罚总体来说太轻，不论造成多大的损失，大多只是给予行政职务上的处罚，较少给予足够的经济处罚和限制人身自由处罚，更罕见剥夺生命的处罚。这实际上对财政违法行为起到了怂恿和姑息养奸的作用。只有加大财政违法成本，才能有效制止财政违法行为。

二、严格执法

（一）提高监督主体的法制意识

要逐步提高监督主体的民主法制意识。坚决防止和杜绝工作简单化，一切监督行为都要限定在法律的约束和规范之内，增强依法办事的自觉性。同时应深入开展法制教育，加强法制实践。首先，要加强执行财政法律法规的自觉性，要充分认识财政资金既是纳税人创造的财富，也是国家公共事业建设的宝贵资源，要自觉节约、合理筹集、分配、使用。其次，要提高对违法后果的认识。实际上，减少财政违法行为一方面可以减少国家公共资源的损失，另一方面也可以减少、避免财政资金管理人的违法损失。提高财政监督主体的法制意识可以促使监督者认真执行财政监督，提高财政法纪的严肃性，最终保证财政资金的安全有效流转。

（二）建立健全严格执法机制，规范监督主体的财政监督工作

严格执法是财政监督工作的生命线。为了真正建立起严格的执法机制，今后客观上需要加强财政监督各监督主体、纪检监察和司法部门的密切配合，建立联合办案和移送案件制度，必须把对单位的处罚和对责任人的处罚紧密结合起来，该移送的必须移送，该处理的必须处理，尤其是要加大对相关责任人的处理力度，使财政监督真正起到震慑作用和示范教育作用，从而减少财政违法行为，规范财经秩序。

（三）加大执法力度

要坚持依法行政、依法监督、执法必严、违法必究。对各种违法违纪行为都要一查到底，绝不姑息迁就。把处理事与处理人、行政处罚与刑事处罚、内部处理与公开曝光结合起来，真正做到查罚并重。

在此，特别值得一提的是，中共中央办公厅、国务院办公厅于 2009 年 7 月 12 日印发了《关于实行党政领导干部问责的暂行规定》（以下简称《暂行规定》）。《暂行规定》指出，对决策失误严重造成重大损失或者恶劣影响的，对群体性、突发性事件处置失当，导致事态恶化，造成恶劣影响的等七种情形，将对党政领导干部实行问责。《暂行规定》的颁布实施，是加强反腐倡廉法规制度建设、完善领导干部行为规范的重要举措，对于加强党政领导干部的管理和监督，增强党政领导干部的责任意识，更好地贯彻落实科学发展观，不断提高党的执政能力和执政水平，具有重要意义。这也预示着在今后的改革发展过程中，将更加注重公共问责制的建立，这种法律机制的建设必将对财政监督的加强起到重要的促进作用。

第三章 财政监督的现状问题及原因研究

第一节 法制建设滞后，理论研究工作欠缺

一、财政监督法制的现状

（一）财政监督法制的基本构成

财政监督法律制度体系是指覆盖财政监督执法地位、执法权限、执法手段、执法程序、执法责任和处理处罚规定等方面的法律法规以及规章制度的有机整体。按照制定机关不同，规范构成和产生效力不同，目前我国财政监督法律制度体系主要包括以下几个层次。

1. 宪法

《宪法》是我国根本大法，立国之本。《宪法》中的各项规定是形成财政监督其他各类法律依据的根本原则，对财政监督其他法律依据具有约束力，是我国财政监督的根本法律依据。

2. 法律。

法律有广义和狭义之分。广义的法律包括所有的由国家制定并且认可的法律范畴，等同于“法”；狭义的法律仅指由全国人民代表大会常设机构——常务委员会制定的法律以及作出的属于规范性范围的决议或决定。法律的地位及其产生的效力仅次于《宪法》，是财政监督法律依据的重要表现形式之一，对财政监督工作的开展具有强制力。我们这里讨论的法律为狭义的法律。有关财政监督的法律，主要有《预算法》、《审计法》、《会计法》、《税收征收

管理法》等。

3. 行政法规。

行政法规是由我国最高行政管理机关——国务院依据宪法、法律规定，根据全国人民代表大会常务委员会的授权所制定和发布的规范性文件，通常以决定、命令、条例、办法、规定等具体名称出现。在这些行政法规中，多数是针对某一个方面或者某一事项作出的规定。在制定和发布实施的行政法规中，对财政监督工作有指导作用的有《违反财政法规处罚规定》、《国有财产监管条例》、《中华人民共和国金库条例》、《预算法实施条例》等。

4. 地方性行政法规。

地方性行政法规是由省、自治区、直辖市人民代表大会及其常务委员会，依据《宪法》和地方组织法规定而制定、发布的适用于本行政区域的规范性文件。“计划单列市、经济特区、民族自治地方的人民代表大会及其常务委员会依据《宪法》、法律规定，结合本地区的具体情况以及实际工作需要所制定、发布的适用于本行政区域的规范性文件，也属于地方性行政法规。”

《湖南省财政监督条例》、《吉林省财政监督条例》、《甘肃省财政监督条例》是比较有代表性的财政监督地方性行政法规。财政监督的地方性法规，也是财政监督法律依据的重要表现形式，对有关地方的财政监督工作具有重要的保障作用。

5. 规章制度。

规章制度包括部门规章制度和地方性规章制度两个部分。

（1）部门规章制度。部门规章制度是由国务院各职能部门依据《宪法》、法律、行政法规的规定，在各自工作职权内制定、发布的规范性文件，如财政部《财政监察工作规则》、《财政监察工作办法》、《财政部门实施会计监督办法》等。

（2）地方性规章制度。地方性规章制度是由地方人民政府在其职责范围内依据《宪法》、法律、行政法规和地方性行政法规制定、发布的规范性文件。如《安徽省财政监督暂行办法》、《宁夏回族自治区财政监督暂行办法》、《山东省财政监督办法》等。

规章制度通常以决定、命令、办法、规定、细则、制度等具体名称出现，是对法律、行政法规以及地方性行政法规规定的补充和具体化，其地位和效力低于《宪法》、法律、行政法规以及地方性行政法规。规章制度在财政监督的整个法律体系中所占的比例最大，涉及的内容最具体，对财政监督的具体工作具有重要的规范作用。

（二）财政监督法制现状的总体概述

党的十四大以后，为了适应建立社会主义市场经济体制的需要，我国积极开展了财务会计制度改革、财务管理体制改革和税收制度改革。与此同时，财政监督立法、执法、法规知识宣传等项工作都取得了长足进步。

1. 财政监督立法成绩显著。

在各级财政部门的共同努力下，我国财政监督法制建设不断发展，财政监督工作的法治化进程不断加快，依法行政、依法理财的水平日益提高，已建立并初步形成了与社会主义市场经济体制基本相适应的财政监督法律制度框架。以《宪法》为根本，财政监督法律法规不断完善，包括财政监督法律：《预算法》、《会计法》、《税收征收管理法》、《注册会计师法》、《审计法》；财政监督行政法规：《国有企业财产监督管理条例》、《违反财政法规处罚规定》等。各项法律法规为财政监督提供了法律保障。

2. 执法工作取得新进展。

近几年，按照国务院的部署，监督检查部门积极组织开展全国范围内的税收财务物价大检查、整顿会计工作秩序、清理预算外资金、清查小金库等财政执法监督检查活动，强化各种专项检查和日常财政监督检查工作，查处了一大批偷税漏税、编造虚假会计资料、挥霍浪费国家资财、划预算内收入为预算外收入等违反财政监督法律法规的问题，挽回了大量已经流失的财政收入，整顿了财经秩序，平衡了国家预算，促进了改革开放和我国经济的健康发展，特别是对推动反腐败斗争的不断深入起了很大的帮助。

3. 财政监督普法工作取得可喜成绩。

按照党中央、全国人大和国务院的统一部署，1991 年到 1995 年，我国财政系统开展了声势浩大的财政“二五”普法运动，全国 100 多万财政税务干部和 1000 多万财务会计人员参加了新财会制度和新税收法规的学习培训，为财税改革的顺利进行提供了强有力的保证。自 1996 年起，我国开始实施财政“三五”普法计划，部党组成员在此过程中起到了很好的带头作用，积极学法。特别是刘仲藜部长亲自在中央电视台就开展财政“三五”普法问题接受记者的采访，在社会上引起强烈的反响，受到了全国普法办的好评。

二、财政监督法制的问题

（一）立法体系不健全

1. 财政监督法律体系不健全。

至今，我国仍然没有出台一部系统的、具有权威性的对财政监督职能、内容和手段等方面作出专门规定的系统性的单行法律法规，财政监督缺乏直接的法律依据和独立完整的法律保障。现行《宪法》、《预算法》、《预算法实施条例》、《会计法》等虽涉及财政监督，但这些法律有其自身独特的规范对象，对财政监督的职责权限、监督范围和内容、监督程序和步骤等并无具体详细规定。我国各级财政部门开展财政监督工作时，还是依照国务院1987年颁布的《关于违反财政法规处罚的暂行规定》和财政部于1998年制发的《财政检查工作规则》等规章和规范性文件进行。

表4－1

各项法律	对财政监督的相关规定
《宪法》	1. 第六十二条规定“全国人民代表大会审查和批准国家的预算和预算执行情况的报告”； 2. 第六十七条规定“全国人民代表大会闭会期间，审查和批准国民经济和经济发展计划、国家在预算执行过程中所必须做的部分调整方案”； 3. 第九十九条规定“县级以上的地方各级人民代表大会审查和批准本行政区域内的国民经济和社会发展计划、预算以及它们的执行情况的报告”等。
《预算法》	1. “全国人民代表大会常务委员会监督中央和地方预算的执行；审查和批准中央预算的调整方案；审查和批准中央决算；撤销国务院制定的同宪法、法律相抵触的关于预算、决算的地方性法规和决议”； 2. “全国人民代表大会及其常务委员会对中央和地方预算、决算进行监督，县级以上地方各级人民代表大会及其常务委员会对本级和下级政府预算、决算进行监督，乡、民族乡、镇人民代表大会对本级预算、决算进行监督。”
《会计法》	1. 第三十二条规定了财政部门实施会计监督的内容，主要包括四个方面。 2. 《会计法》在授权财政部门履行会计监督职责的同时，又赋予了财政部门对违法会计行为的行政处罚权和建议处罚权。
《税收征收管理法）	1. 明确规定了税务机关具有对纳税义务人、扣缴义务人进行税务检查的权利。 2. 《税收征收管理法》中对违反税法的涉税行为所要承担的法律责任也作出了相应规定。

从表 4－1 中我们知道，我国的各项法律对财政监督都作出了相关规定。但是，各项法律的主旨都不是财政监督，我国现阶段还缺少一部财政监督的专门法律。《财政监督法》对财政监督的主体、原则、适用范围、监督对象、监督程序、法律责任等内容加以细化，完善我国财政监督立法。

2. 财政监督规章制度体系不健全。

财政监督规章制度体系不完善主要表现在。

（1）缺乏与财政监督行政法规相配套的具体制度。以《处罚处分条例》为例，为了有效监控和及时查处财政法违法行为，《处罚处分条例》赋予了执法主体一定的执法手段和权限，主要包括：要求被调查、检查单位或者个人予以配合的权力；查询被调查、检查单位银行存款的权力；先行登记保存证据的权力；责令停止财政违法行为、暂停拨付财政拨款的权力；公告财政违法行为及处理、处罚、处分决定的权力等。但除了对“存款查询”、“证据先行登记”已制定出具体的操作规范外，其他几项尚未规定相应的实施办法。

（2）缺乏与财政监督部门规章相配套的具体制度。以《工作办法》为例，该《工作办法》提出了检查、复核和处理相分离的理念，但如何建立起“三分离”工作机制，目前还没有可操作性具体规定。财政部印发的《关于财政部驻各地财政监察专员办事处建立检查、复核、处理相分离工作机制的指导意见》，也只是提出了相应的指导细想和基本原则，仍然难以落实到位。

（3）部分制度规定缺乏适调性。主要表现为部分具体制度规定不能适时根据条件变化进行调整完善。以《财政检查工作底稿具体规则》为例，对于工作底稿摘录的内容，该规则规定要包括“被检查单位违法违规事项发现的日期、凭证号、原会计分录、金额和文件号等”。但随着财政改革不断深入，财政监督正在发生较大转型，监督检查的对象和内容都发生了较大变化，如在检查资产管理公司资产处置、国债项目管理情况等工作中，主要是涉及工作程序、工作质量等，会计账簿已不是检查的主要资料，工作底稿摘录的主要内容也不局限于会计分录和金额。因此，对工作底稿记录的内容要求也应随之变化。

3. 法规之间协调配合不力。

（1）法规之间存在冲突。1999 年，财政部根据《财政检查工作规则》相机制定了《财政检查审理工作具体规则》、《财政检查通知书具体规则》、《财政检查工作底稿具体规则》、《财政检查报告具体规则》和《财政检查询问具体规则》五个与之相配套的具体规则。如上所述，《财政检查工作规则》目前已废止，取而代之的是《财政检查工作办法》，然而以《财政检查工作规则》

为主体制度制定的五个配套具体规则仍在实行。从立法依据和实际工作考虑，这五个具体规则与《财政检查工作办法》存在许多不适应或不一致之处，亟待修订完善。如《财政检查工作办法》第十三条规定："经财政部门负责人批准，检查通知书可在实施财政检查前适当时间下达。"《财政检查通知书具体规则》中却没有规定这项前提条件。

（2）法规制定存在空白地带。财政监督法规对于部分问题没有作出具体规定，形成了法规制定的空白地带。如检查时没发现问题是否需要制定工作底稿、工作底稿鉴证是否都要签名盖章、关于财政检查处理文种的格式等问题，都没有统一、具体的规定，具体见。

表4－2

	《财政检查工作办法》	各项具体规则
检查时没发现问题是否需要制定工作底稿	第二十条规定："实施财政检查时，检查人员应当将检查内容与事项予以记录和摘录，编制财政检查工作底稿"；第二十八条第（一）款规定"…对未发现有财政违法行为的被检查人做出检查结论"。	《财政检查工作底稿具体规则）第四条规定："财政检查工作底稿主要记录的是底稿编号、检查项目的名称、违法违规事项主要内容的摘录、附件主要内容和张数、被检查单位相关人员签名及日期、其他应说明的事项"，据此推论，检查时未发现问题不需制定工作底稿。
工作底稿鉴证是否都要签名盖章	《财政检查工作办法》第二十条规定："…编制财政检查工作底稿并由被检查人签字或者盖章。"	《财政检查工作底稿具体规则》第四条第（六）款明确工作底稿由"被检查单位相关人员签名"，附件样式中只标明了要求"经办人或主管人员签名"但并未标明一定要盖章。
财政检查处理文种的格式	《财政检查工作办法》第二十八条规定，财政检查情况的处理有检查结论、行政处理和行政处罚以及依法移送等几种方式，对于这些处理方式涉及的处理文件，到目前并没有制定出相应的格式。	《会计师事务所监督检查工作规程》中列举了行政处理文书、行政处罚决定书等样式，但从实际内容看，只适合会计师事务所检查，对其他财政监督检查缺少借鉴。

（二）法规制度整体质量不高

1. 现行财政监督法律规范存在诸多立法缺陷，缺乏可操作性。

现行涉及财政监督的法律规范存在诸多缺陷，影响了执法工作者工作任务的落实。如国家不仅从《宪法》的角度赋予了审计部门独立依法行使监督的权力，同时在《审计法》中又明确规定了审计机关的检查权以及对不接受检查的处罚权，但是作为预算管理部门和监督部门的财政机关却缺乏法律上的明确授权，严重影响了财政机关的财政监督权威。与此同时，立法质量不高，也是我国财政监督法律规范存在的一个突出问题，主要表现为不少规定过于简单、原则，缺乏可操作性。

2. 财政监督单行规范的效力层次过低，权威性不足。

我国现行的单行财政监督规定大多为财政部门指定的规范性文件或地方性法规、地方政府规章，不仅效力层次较低，直接影响了财政监督法律规范的权威性、稳定性，同时由于各地方法规或地方政府规章在具体规定上的差异性，也严重影响了财政监督法律规范的严肃性。主要表现在：

（1）监督工作没有权威性。财政监督人员只有监督权和建议权，没有纠正权和处罚权，对于违反财政法的行为，监督人员缺乏强制手段。另外，还有相当数量的执法机构和人员还没有切实把执法监督工作摆到应有的地位，重执见，也只是提出了相应的指导细想和基本原则，仍然难以落实到位。

（3）部分制度规定缺乏适调性。主要表现为部分具体制度规定不能适时根据条件变化进行调整完善。以《财政检查工作底稿具体规则》为例，对于工作底稿摘录的内容，该规则规定要包括“被检查单位违法违规事项发现的日期、凭证号、原会计分录、金额和文件号等”。但随着财政改革不断深入，财政监督正在发生较大转型，监督检查的对象和内容都发生了较大变化，如在检查资产管理公司资产处置、国债项目管理情况等工作中，主要是涉及工作程序、工作质量等，会计账簿已不是检查的主要资料，工作底稿摘录的主要内容也不局限于会计分录和金额。因此，对工作底稿记录的内容要求也应随之变化。

（三）执法工作不严格

虽然我国财政监督的法律法规已经相对齐全，但是绝大部分工作人员很难将这些法律法规与现行的财政监督业务有机地结合起来，并运用到实际工作中去。财政工作很大程度上局限在日常的业务应付中，忽视了现代财政管理理念的树立和培养，使得财政监督法律法规与实际工作脱节。另外，在加强财政监督法制建设过程中，有法可依是依法行政的基础。随着社会主义市场经济的发展和社会的不断进步，我们部分财政监督规章制度已经不能适应社会的发展需要了，严重滞后于时代发展。

我国财政监督部门在执法工作中执法不严，出现多种执法不力现象。在执法过程中没有严格按照我国的法律依据、政策方向办事，有部分执法者没有依法执法、执法不适当或滥用权力。财政监督执法没有充分反映财政自身规律的要求，没有充分展现财政的职能作用。在执法过程中对财政监督执法程序置之不理，人为地、随意地更改财政监督执法程序，造成财政执法效率低、财政执法主体失职、公民和组织的合法权益受到侵害，财政监督效力没有发挥到预定水平。

（四）普法工作不深入

财政监督普法工作主要通过财政监督法制宣传的方式来进行。财政监督的法制宣传是财政监督法制工作的一个重要方面，就是要通过全面、深入地向全体财政监督人员以及广大人民群众宣传普及财政监督法律知识，提高全社会，特别是财政监督工作主体的财政监督法制观念，以保证财政监督法规的正确贯彻实施。

我国财政监督法制宣传工作在开展过程中存在许多问题。首先，宣传的广泛性不足。各级财政监督工作人员在带头学法、知法，带头向广大人民群众宣传财政法律知识方面做得不够，全民法律意识提高进程缓慢。其次，宣传形式单调。宣传途径少，形式单调，没有将抽象的法律条文形象化，缺乏群众喜闻乐见的法律宣传形式。最后，学用结合不到位。财政监督法制宣传教育不深人，使得财政监督人员在正确运用财政监督法规，广大人民群众自觉遵守财政法规，主动执行财政监督法规维护自身的合法权益上做得都不够。

三、财政监督法制问题的原因分析

（一）法制意识普遍偏低

意识指导行动，正确的意识能为合情合法的行动作导向。财政监督法制意识淡薄，使财政监督立法的意义和重要性未能得到有关部门特别是立法机关的足够认识和重视，主要表现在：

1. 财政监督立法理念陈旧。

陈旧的立法理念制约着财政监督法律体系的完善。我国包括财政监督在内的所有立法，长期遵循的立法指导思想是法律规范严重缺乏时期的权宜之计，立法过于草率，理念过于陈旧。

（1）法律制定缺乏前瞻性。我国立法机关所设立的法律，在很大程度上

都是现实迫切需要在法律条文中的反映。立法时，只注重解决现实已经存在问题，却没有用发展的眼光，跟踪财政管理制度改革的步伐，没有用战略的眼光对未来的财政管理趋势进行科学的预测。立法的引导作用发挥不力。

（2）立法指导思想影响法律的操作。我国传统的立法指导思想是“宜粗不宜细”，不仅是财政监督立法条文过粗，我国大部分前期制定的法律都将具体细节省略，法律规定过于宽泛，影响了执法工作者工作的准确、规范的落实。表现在财政监督法上就是：没有尽可能地将财政监督的主体、原则、适用范围、监督对象、监督程序、法律责任等内容加以细化，降低了财政监督法的可执行性。

（3）立法协调配套不合理。我国在立法过程中，常常忽略各项法律、法规之间的协调与配套，导致财政监督法规缺乏协调性和连贯性。各单项立法制定财政监督条款的出发点都是从服务单项工作来考虑的，这种将财政监督化整为零的做法既不科学，又影响了财政监督的连贯性，造成部门与部门之间关系不顺，法与法之间不衔接，甚至相互冲突以及“以法压法”现象，从而加大了财政监督执法的难度。

2. 财政监督法制宣传教育力度不够。

财政监督法制宣传教育对财政监督意识的提高有深远意义，是从思想意识层面对财政监督工作的落实，是财政监督工作顺利开展的必不可少的保证。我国在这方面做得还不到位。

（1）财政法制理念宣传教育不足。由于几千年传统习惯势力的影响，在一部分干部群众中还经常出现一些以言代法、以权压法、有权就有理、违法不可耻、法治不如“人治”方便可行的错误思想言行，致使一些公开的违法行为不能得到及时、严厉制止，滥用职权任意违法乱纪行为得不到应有惩罚，财政经济政策不能顺利贯彻执行，国家经济建设事业和人民群众的利益得不到有效保障。

（2）财政法制宣传教育活动没有深入开展。财政法制宣传教育活动的目的是要把体现国家意志的财政法律、法规和制度，转变为财政部门乃至行政、事业、企业单位干部职工及广大群众的自觉行为规范，强化依法理财，依法治财，采取有力措施，彻底改变那种“有法不依、执法不严”的状况。现阶段，我国财政法制宣传教育活动的开展还不太理想，浅层次、形式化比较严重，没有从实质上落实。

（3）财政执法人员学习活动有限。目前，广大财税干部、财务会计人员以及人民群众还不能掌握和了解各项财政法律法规、自觉遵守各项财政法律法规，经济体制改革的顺利进行受到人为因素的不良影响，给国民经济持续、稳定、健康发展带来不利因素。同时，财政执法人员的社会主义道德建设与职业道德建设也有待于进一步加强，必须从主观上规范执法人员的行为，使其在相应的道德框架内，提高对财政相关法律的履行自觉度。

（二）法规制定不科学

1. 财政监督法规制定与国情不契合。

我国部分财政监督立法的制定与当前国家财政方针、政策的贯彻与实施相脱节；作为立法机关没能充分发挥立法职能和作用，对财政监督立法给予的认识和重视也不够；对外国的立法经验和成果借鉴较少，部分立法更是脱离本国实际，没有突出中国的特色。另外，我们在加快财政监督立法的步伐和注重立法质量等方面也做得不到位。

2. 部分条款规则过于宽泛。

我国在各项立法中都存在着一个重要缺陷：条款规定过于宽泛，操作规则不明确。我国在财政监督立法中的这个问题，一方面给财政监督执法工作者的监督工作带来了很多不便，使得部分工作无从下手或不能尽快作出决定，拖延工作时间，不仅影响了政府工作效率，也给被监督单位、个人造成了很多经济上的损失。另一方面也为监督腐败现象的产生埋下了隐患，立法的不详尽，造成人为决断，法律实施就会缺乏强制性和规范性，使得部分违法违规现象没有得到严厉的惩罚，在逃脱法律制裁的同时，又给腐败现象的产生创造了条件。

（三）理论研究工作薄弱

财政监督理论研究工作的薄弱，也是制约财政监督法律体系完善的重要原因之一。财政监督实践是财政监督理论的重要基础，财政监督理论对财政监督实践又具有巨大的反作用。因此，加强财政监督理论的研究工作对于推动财政监督实践具有十分重要的意义。但是从我国目前开展财政监督理论研究工作的总体情况来看，财政监督的理论研究工作明显地落后于财政监督的实践，有关财政监督理论方面的参考资料非常之少，较为系统的理论研究资料可以说是凤毛麟角。

研究工作的薄弱，使得财政监督理论滞后。主要反映在：

1. 我国原有的一些财政监督理论与当前的经济体制改革、财政管理体制改革情况以及财政监督工作实践产生了一定的距离，对当前财政监督工作在许多方面缺乏指导性。

2. 一些新的财政监督实践经验及成果没有能够及时上升到理论，缺乏知

识上的高度，因而影响了推广的价值。

3. 对有些工作领域中的问题虽然提出了一些设想，但是未能够从理论方面进行深入的研究，一些内容在理论上的开发也显得不够从而使得当前的财政监督工作缺乏一个较为完整的财政监督理论指导体系。我国财政监督理论研究工作的滞后，不仅在一定程度上对国内财政监督工作科学、规范、有效地开展形成了相应的制约，而且从长远来讲，也不利于我国财政监督工作的整体推进和质量水平的全面提高。

（四）缺乏国际间合作与交流

当今世界是开放的世界，闭关自守、故步自封不可能进步，党的十一届三中全会以来我国实行改革开放的政策取得的伟大成就充分说明了这个问题。我国从传统的计划经济体制向社会主义市场经济体制转变，更需要学习借鉴世界上市场经济搞得比较好的国家和地区的经验和做法。从事财政监督法制工作同样如此。一般来说，市场经济搞得比较好的国家和地区都比较重视法制工作，包括财政监督法制工作。

我国的财政监督法制建设起步比较晚，法律方面的研究也相对比较落后，特别是当前适应建立社会主义市场经济体制的法律体系尚不健全。但是，我国财政监督法制在国际的合作与交流少之又少，没有很好地请进来、走出去，比较和借鉴少，对国际上先进的立法不了解，更谈不上学习，使我国立法与世界先进立法脱轨，不利于我国立法的进步与完善。

第二节　体制不健全，保障措施不到位

一、财政监督体制的现状

（一）财政监督体制相关概念

财政监督体制是财政监督体系制度，以财政监督体系为载体。财政监督体系是财政监督机制有效发挥作用的载体，包括自动监督体系和自主监督体系。

自动监督体系在财政活动过程中是自动发挥监督作用的，内含于由参与财政活动的各主体所组成的系统中，而且与财政职能的配置紧密联系在一起。自主监督体系包括行政监督与外部监督。行政监督是通过财政部门的财政监

督机构和税务稽查机构来实现监督的，其基本构成要素主要包括行使监督权的法律规章制度、监督机构。外部监督主要来自政府行政系统之外，其内容包括立法机关监督、司法机关的监督、审计机关的监督、社会团体和公众监督、新闻监督等。

（二）财政监督体系结构

财政监督体系是财政监督机制运行的主体。广义上，我国财政监督体系构成主要包括人民代表大会、审计机关、税务机关、财政部门管理机构、财政部门监督机构、会计师事务所及其注册会计师。

1. 人民代表大会

人民代表大会对财政的监督是指人民代表大会依据《宪法》以及国家的相关法律、行政法规，对财政部门执行国家的有关财经政策和法律、法规的情况，综合预算和部门预算编制、执行的情况实施监督的一种国家管理活动。

2. 审计部门

审计部门的监督是指国家审计机关依据《审计法》授权，对被审计对象执行国家的财经政策和法律、行政法规、规章制度及其单位制定的内部控制制度的情况，以及被审计对象发生的财政收支行为、财务收支行为及其有关经济活动情况的真实性、合法性和效益性进行审查，评价被审计对象的经济责任，维护财经纪律，维护国家利益和被审计对象的合法权益的一种经济管理活动。

3. 税务部门

税务部门的监督是指国家税务机关依据《税收征收管理法》授权，在税收征收管理过程中，对纳税义务人、扣缴义务人执行税法、履行纳税义务和扣缴义务的行为，以及影响纳税各个工作环节实施检查，保障国家的税收收入、纳税人合法权益的一种经济管理活动。

4. 财政部门

财政部门的监督是指国家财政机关依照《预算法》、《会计法》等法律法规授权，对财政管理相对人执行国家的财经政策和法律、行政法规、规章以及财务制度、会计制度的情况，及其发生的财政收支、财务收支活动和经济行为的合法性、合规性、真实性、完整性和国有资产管理情况等事项实施监控的经济管理活动。

5. 财政监督机构

财政监督机构是在财政部门中设置的专门从事财政监督检查工作的机构。在财政管理的整个过程中，财政监督机构与财政管理机构在具体的工作范围、

工作内容、工作方式等方面存在着一些差异，所以在双方的具体工作职责划分上有着相应区别。但是从总体上来看，财政监督机构与管理机构的目标是一致的。在财政监督工作中双方存在着必然联系，两者的工作职责不可能截然分隔开。因此，财政监督机构的工作职责既需要根据财政机关的监督工作职责来予以明确，又需要联系到财政监督管理机构的相关工作职责统一加以考虑。

6. 会计师事务所及其注册会计师

会计师事务所及其注册会计师的社会监督是指会计师事务所及其注册会计师依据《注册会计师法》授权，在社会经济管理活动过程中接受财政等有关经济管理部门以及各经济组织的委托，按照注册会计师的执行准则、规则，依法对有关部门、单位经济行为的真实性、合法性和效益性进行社会审计，以维护社会公共利益和投资者的合法权益，促进社会主义市场经济健康发展的一种经济管理活动。

（三）财政监督体制总体状况

1. 自动监督机制逐步健全。主要表现在：

（1）财政法规制度不断完善。我国已经基本建立起了一个规范政府财政行为的法律制度框架（见图4－1），并且基本建立了与社会主义市场经济体制相适应的税收体系。

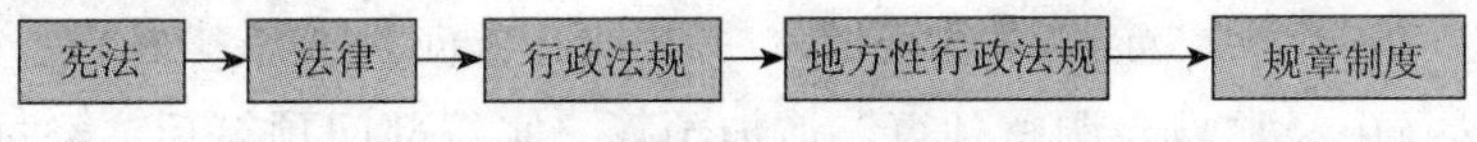

图4－1　我国现行财政监督法律制度的基本框架

以《宪法》为根本，先后颁布了一系列财政一般法律；同时，国务院制定了《违反财政法规处罚规定》、《国有财产监管条例》、《中华人民共和国金库条例》、《预算法实施条例》等一系列财政行政法规；省、自治区、直辖市的人民代表大会及其常务委员会制定了《湖南省财政监督条例》、《吉林省财政监督条例》、《甘肃省财政监督条例》等财政监督的地方性行政法规；国务院各职能部门制定了部门规章制度，制定了地方性规章制度依据。

（2）预算管理逐步规范。人民代表大会在财政资源配置和规范、监督政府财政行为等方面的作用不断强化，基本形成了规范政府财政行为的职责框架，从而产生预算刚性效应，财政自动监督机制的作用不断强化。突出表现是部门预算改革的有效实施。

部门预算改革是预算管理体制的重要组成部分，是在我国社会主义市场经济体制改革的背景下，为了更好地发挥预算功能而进行的一项制度性的变革。我国从2000年开始全国部门预算改革，目的是实现政府预算管理的统一性，保证政府预算的完整性，提高预算编制的科学性，强化预算的法制性。现行部门预算在以下五个方面具有明显效果。

①强化了预算的严肃性。部门预算改革在深化、实施过程中，部门预算观念也在逐渐被大家理解，人们对部门预算有了新的认识，部门预算不是传统预算的简单“翻版”，而是预算管理的重大变革，预算的监督管理作用也日益显现、发挥出来。

②确保了预算的完整性。部门预算的推行，使得原来部门财力分散的局面得以改变，对各预算部门自身的可用资源也有了清晰的认识，预算内外收支和政府性资金等都纳入了预算范围，使部门预算编制更加完整。同时，由于部门预算编制综合财政预算，增强了政府对各项财政资金的调控能力，更便于预算的执行与监督。

③体现了预算的科学性。部门预算打破了“基数加增长”的老观念，实行“零基预算”，预算编制的时间也大大提前，有效避免了预算编制的仓促和粗糙；部门预算定额的确定也更加科学合理，很多地方完善了预算单位支出定额机制，根据实际需要与财力可能，合理地确定定额、配置资源，提高了部门资金的使用效率。

④增强了预算的透明性。以往的预算存在着“粗”、“慢”、“外行看不懂，内行看不清”、“定性而不定量”、“只知其方向，不知其细节”等问题，而且在执行中经常需要调整预算、追加预算。实行部门预算后，经过部门起草、财政审核、政府决策、人大审议以及社会监督等多个环节，所用的财政资金都一次性公开、公正、透明地分配到各个部门与项目，增强了预算的透明度。

⑤提高了预算的高效性。实行部门预算中，政府特别注重电算化管理水平的提高，以此来促进部门预算效率的提高。在设计中央部门预算编制改革方案中，采用了先进的计算机技术，部门预算的每一个环节都依托计算机技术，以数据库为基础，利用网络为载体，彻底改变了传统以手工为主的方式，极大提高了预算编制和批复工作的效率。

（3）分税制体制不断完善。财政与税务机关的职责不断明确、逐步规范，从而基本完成了现代财税管理模式的重新构造。分税制预算管理体制中央和地方事权和支出（见表4－3）的划分基本明确。

表4－3　分税制预算管理体制中央和地方财政支出划分简表

中央支出	地方支出
1. 国防费	1. 地方行政管理费
2. 武警经费	2. 公检法支出
3. 外交和援外支出	3. 部分武警经费
4. 中央级行政管理费	4. 民兵事业费
5. 中央统管的基本建设投资	5. 地方统筹的基本建设投资
6. 中央直属企业的技术改造和新产品试制费	6. 地方性企业的技术改造和新产品试制费
7. 地质勘探费	7. 支农支出
8. 中央财政安排的支农支出	8. 城市维护建设费
g. 中央负担的国内外的还本付息支出	9. 地方维护、教育、卫生等各项事业费
10. 中央本级负担的文化、教育、卫生、科学等支出	10. 价格补贴支出
	11. 其他支出

2. 行政监督机制不断完善。主要表现在：

(1) 工作范围逐步拓展。财政监督的工作范围从过去比较单一的对财务收支情况进行监督检查，转向与财政管理内容相关的各个环节，由单纯的外部监督检查转变为内外监督检查工作并重。

①开展多项监督检查工作。近些年来，我国不断组织开展了清理检查“小金库”、预算外资金的检查、会计信息质量的检查、税收征管质量的检查等项监督检查工作，有力地维护了财经纪律。

②财政收支监督方式的转变。对财政收支的监督，逐步从重点对纳税人的监督检查转向对财政收支管理质量和国库收纳、划分解缴、退付预算收入全过程的监督。新型财政监督检查工作在我国很多省份展开（见图4－2）。

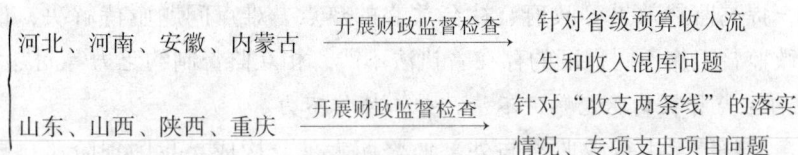

河北、河南、安徽、内蒙古 —开展财政监督检查→ 针对省级预算收入流失和收入混库问题

山东、山西、陕西、重庆 —开展财政监督检查→ 针对“收支两条线”的落实情况、专项支出项目问题

图4－2　我国开展财政监督检查省份情况示例

(2) 财政监督的工作方式日益科学。基本形成日常性监督、专项检查、个案调查相结合的工作模式。主要表现在：一方面，突击检查转变为日常与

专项监督检查相结合的方式。财政监督工作方式的转变，增强了财政监督的积极性和主动性；另一方面，事后检查转变为事前、事中、事后检查相结合。我国财政监督工作在实践探索中，不断改革完善，逐步由事后监督拓展为事前、事中和事后全过程的监督检查，财政监督工作涉及每一个步骤。

（3）恢复与完善了财政监督机构。通过中央地方各级财政部门的共同努力，逐步建立起以专门审计机关和各级财政内部的监督机构为主体的财政监督体系。主要表现在两个方面：首先，加强对财政监察专员办事机构的重视。中央、省一级的财政监察专员办事机构得到进一步巩固，工作职责更加明确，人员配置水平进一步提高。其次，干部队伍的建设加强。当前，我国普遍重视并加强了对财政监督检查干部的教育与培训工作，运用多种方式，采取各种形式的教育与培训，大大提高了财政监督干部队伍的整体素质。

二、财政监督体制的问题

（一）财政监督体制总体概述

1. 自动监督制衡体制不健全。

我国财政监督的自动监督体制不健全，自动监督体系有待进一步完善。自动监督体系的基本构成要素主要包括法律法规和规章制度、履行财政职能的机构、其他参与财政活动的单位和个人。

（1）法律法规制定、实施不力。受各种因素的影响，特别是我国立法过程中存在的部门立法现象和法规制度执行中“自由裁量权”过大，导致我国法律、法规制定的权威性、规范性、操作性不足，直接影响了我国法律在执行过程中的有效性。

（2）参与机构、人员职责履行不规范。参与财政活动的各职能机构之间在行使财政职能上的相互制衡被扭曲为相互利用，各职能机构间的规范性合作支持较少。特别是在互通信息，交流经验，信息共享，研究工作，增进了解，相互支持方面没有做到位。关系的不协调，使得统一监督形式，统一处罚标准，提高监督效果等政府、社会关心的热点、难点问题亟待解决，最终导致财政监督工作不同程度的存在着执法不严、相互监督制约乏力等问题。

2. 自主监督机构职能界定不清，分工协作不力。

自主监督体系由行政监督与外部监督两大部分构成。我国现阶段，自主监督机构职能界定不清，分工监督领域划分不明，“缺位”、“越位”普遍，多头监督效率低下。主要表现为：

（1）权利边界模糊不清。我国对财政监督机构监督职责的规定比较笼统，

也比较零散（见表4—4）。

表4-4 我国有关财政监督职权界定的法规表述

法律法规名称	对财政监督职责的模糊规定
《预算法》	第七十一条规定："各级政府财政部门负责监督检查本级各部门及其所属各单位预算的执行"。
《会计法》	第三十三条规定："财政、审计、税务、人民银行、证券监管、保险监管等部门应依照有关法律、行政法规规定的职责，对有关单位的会计资料实施监督检查。"
《财政监督机构工作暂行规定》	将财政监督机构的职责界定为"代表本级财政部门监督本级和下级政府及其所属各部门、各单位的预算执行情况，并对预算违法违纪行为提出处理意见"、"根据授权办理其他有关监督检查事项"。

从表4-4中可以看出，我国法律法规在财政监督职责的界定上模糊不清。近些年来，随着政府部门预算、收支两条线、国库集中收付、政府采购等新生事物的出现，财政监督机构又被陆续赋予了一些新的监督职责。在界定财政监督的职责权限这个问题上，缺乏一个整体的、通盘的考虑，多数情况下是"头痛医头、脚痛医脚"，财政监督工作显得有些仓促和被动。

（2）执行混乱。一方面，事前、事中"缺位"。财政、税务与审计机关都把工作重点放在事后的检查审计，造成了事前与事中的"缺位"。另一方面，事后"越位"。审计机关的审计属于事后审计，财政监督作为业务监督则是与财政活动同步，其范围涵盖了事前、事中与事后，两者之间经常产生相互越位现象。由于多头监督格局的存在，各监督部门存在着争夺部门利益的倾向，在检查计划、工作信息、查结果上不能相互利用，造成大量不必要的人力、财力、时间的浪费，监督成本提高，效率降低，最后只能采取"秋后算账"式的事后监督，使得监督的全过程缺位。

（二）财政监督体制分层介绍

1. 预算监督不完善。

（1）预算草案的编制存在不足。财政部门编制的预算草案存在不足之处，给部门预算管理工作带来了困难。概括有：

①预算缺少连续性。预算文本应涵盖连续数年的预算数据（一般为三年），即对前一年度实际执行、编制年度预算或预计执行情况及预算年度收支梗概进行表述便于审批者和使用者对单位预算的趋势和预算要求有整体印象，

使审批部门对单位收支计划、收支趋势做出恰当分析和评估。但是，我国很多部门在进行部门预算文本编制时不能做到连续性。

②缺少保证预算执行措施的表述。在我国各部门的很多预算文本中，没有或只粗略描述了部门及内部各部门的业务范围、职权及保证预算顺利执行所要采取的措施，未提供部门内组织结构图和内部各部门的绩效评价方法。

③预算草案略显繁琐。预算草案的文章篇幅一般过长，重复内容较多，有很多雷同之处。此外，部门预算的有些内容要出现在每一年度的预算文本中，而这些内容完全可以独立于预算文本外供使用者使用。

（2）预算监督的处理手段尚未转换。预算监督的处理手段尚未转换，制约了监督效能的发挥。预算监督的权威性和震慑力来源于其处理力度和实施效果。长期以来，监察机构所实施的监督职能极其有限，并形成了对事不对人的思维定势和习惯。有的只搞对内的政绩监督，而对执行财政政策、法令制度的监督很少涉及；有的虽然也涉及对财政系统以外人员的监督，但也仅限于受理和检查检举揭发出来的违法违纪案件；预算监督部门也只有对事的处理权，甚至没有提出处理要求的建议权。从处理结果看，表现为治标的多，治本的少，给予经济处罚的多，处罚责任人的少，对违纪责任人的行政责任追究不力，经济处罚较轻。

（3）地方人大及其常委会处理分析预算的能力有限。预算是国民收入分配的主要渠道，涉及面广，具有较强的专业性和技术性，即使是专业人员也要花费很大力气才能搞清楚其主要的、基本的问题。从各级地方人大目前的机构设置来看，没有专门的专业性较强的审批预算服务机构，审查监督难以深化。地方各级人大常委会的财经工委一般只有几个人，日常还要搞其他工作，不具备提前介入和初审的能力。从各级人大代表来看，他们来自社会各阶层，其中不乏精通财政的专业人员；但就总体而言，并不了解预算的特点、项目之间的关系、内容结果以及专业名词的涵义。即使有些代表提出一些很好的审议意见，按目前人大的议事程序，这些审议意见如何处理，在预算中如何体现也没有法律规定。

2. 国有资产监督不完善。

国有资产流失历来就是一个焦点话题。2004 年国企改革讨论的一个中心话题就是国有资产改革中的资产流失问题。2005 年“两会”上，有代表指出，中国中央企业 2004 年共申报核销资产损失 3178 亿元。当前，国有资产的流失是一个非常普遍的现象，企事业单位利用种种手段，以不同形式将国有资产转为集体或私有财产，造成国有资产的大量流失，严重侵犯了国家所

有者的权益。其主要表现形式：一是在企业改制过程中，将国有资产向非国有经济成分转移，造成国有资产流失；二是偷漏国家税款，造成国有资产流失；三是企业通过虚构出资，在红利分配上做文章，把国家、集体和个人共有资产分配给个人；四是国有资产管理部门对财政已投放出的资金管理跟不上，导致国有资产流失。

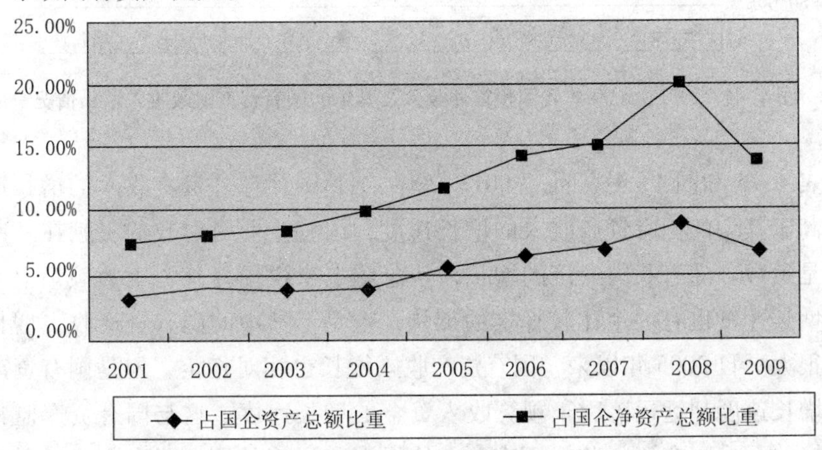

图 4－3 我国国有资产流失比重

从图 4－3 中可以看到，我国国有资产流失数额占国有企业资产总额、国有企业净资产总额的比重较大，且呈上升趋势，特别是 2008 年国有资产流失数额有了一个惊人的突破，资产流失额占到净资产总额的五分之一，国有资产流失现象发人深省。

表 4－5 2001—2009 年我国预算外资金收入及其中的国有资产财政收入情况

年份	预算外资金收入	增长速度（%）	预算外资金收入中国有资产收入	增长速度（%）
2001	4300	12.38	60	1.32
2002	4479	4.16	72	20.00
2003	4566.8	1.96	52.33	－27.32
2004	4699.18	2.9	64.12	22.53
2005	5544.16	17.98	47.84	－25.39
2006	6407.88	15.58	44.91	－6.12
2007	7533.2	17.56	49.21	9.57
2008	8824.56	17.14	48.17	－2.11
2009	10721.62	21.49	52.33	8.64

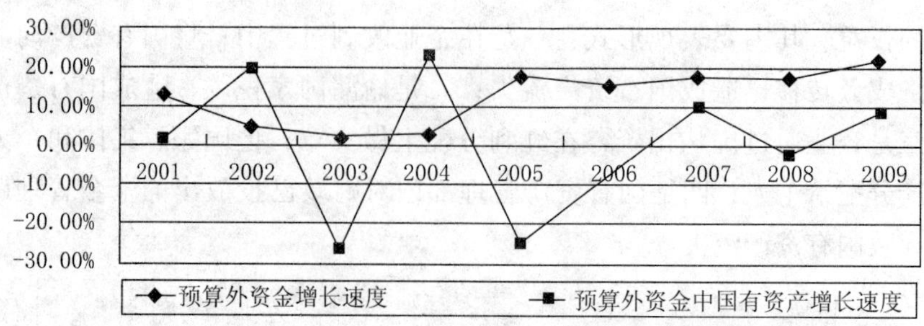

图4-4　2001-2009年我国预算外收入及其中的国有资产财政收入增长情况

表4-5和图4-4表明，2001~2009年我国预算外资金收入的增长速度明显高于其中的国有资产收入的增长速度，国有企业对财政的贡献在一些年份竟是负数。随着我国经济的增长，从总体上来说预算外资金数额呈上升趋势，增长速度也有一个比较稳定的加快，但是，其中的国有资产收入增长却波动很大。自2005年以来，国有资产收入增长也相对稳定，但是国有资产收入的增长速度却远远落后于预算收入资金的增长速度，这与国有资产监督有着直接关系。国有资产监督不完善，使得国有资产外流，国有企业对财政的贡献也同时大大缩水。

3. 会计监督不完善。

现阶段，我国财政部门对各级、各行业财务会计的监督并没有发挥其应有的作用，会计信息失真可以说在很大程度上就是财政监督职能弱化的结果。

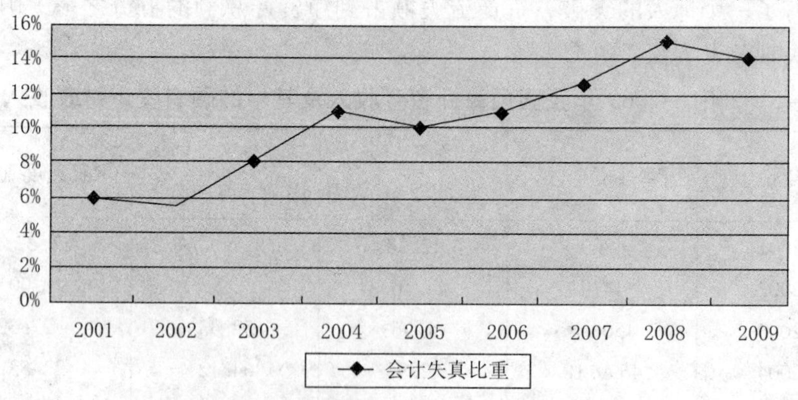

图4-5　我国企事业单位会计失真比重

从图4-5中我们可以看出，我国众多企事业单位的会计信息质量的真实性还有待于商榷，会计失真现象在部分企事业单位还很普遍。我国每年财政部组织的财政监察部门对一定数量的企事业单位和会计师事务所会计信息和

事务所职业质量进行监督检查，对违规单位给与调账、补税、罚款等处理处罚。粗略统计，我国自2004年以来，会计失真现象屡禁不止，比重都在10%以上，2008年更是达到15%，给我国会计监督体系带来了严峻的考验。

2005～2008年，财政部对全国507户大型企业的会计状况进行抽查，结果有419户企业的会计信息严重失真，收入、费用不实的金额共计近321亿元，导致虚假利润176亿元，其中企业会计报表利润与检查组核实利润金额相差一倍以上的企业达47%。

4. 社会中介机构监督不完善。

社会中介机构是社会信用体系的构成部分，在市场经济发展过程中承担着非常重要的责任。社会中介机构提供服务的目的，就是维护和促进信用交易的顺利进行，以维护社会信用关系，降低交易成本。

我国绝大部分社会中介机构是从20世纪90年代初开始建立和发展起来的，随着国民经济发展和社会主义市场经济的建立和逐步完善，各种中介机构不断涌现，粗略划分有38种。其中，经济签证、公证类社会中介机构有2万多家，具有专业执业资格者已达16万多人，从业人员30多万。

社会中介机构的发展为我国社会主义市场经济建设做出了重要贡献，但是由于我国社会中介服务行业起步晚，发展机制尚不够成熟，相关配套的法律法规还不健全，中介服务机构人员的专业素质、道德水准、法制观念和风险意识不强等原因，因而在实际工作中，问题时有发生。

凸显的问题主要表现在两个方面。

（1）乱办、乱管、乱执业现象严重。首先，“乱办”现象严重。很多政府部门都办有一种或几种中介机构，导致中介机构盲目发展，数量急剧攀升，不可避免地出现了机构规模小，执业水平偏低的状况。其次，“乱管”现象严重。目前，规范中介行业的法规尚不完善，一些部门利用行政权力制定对中介机构的认定和管理法规，形成了中介市场中的部门分割，还有多个政府部门分别规定进入某一类服务市场的特许权，兼以多种“资格”和“证书”作为确认特许的方式，导致了多种社会中介机构设置上的重叠、交叉，业务上的分割，加之法度不一，带来管理上的严重混乱。最后，“乱业”现象严重。执业环境恶化，执业质量不高。“乱办”、“乱管”导致地方各部门纷纷设卡，使得一些中介机构为抢到业务，不顾职业道德和职业质量，盲目降低业务收费，提高回扣标准，搞不正当竞争，严重扰乱市场经济秩序。

（2）社会中介市场诚信不足。诚信是中介机构生存和发展的基础，是长期“客观、公正、独立”执业和高水平业绩的结果。我国中介服务机构数量繁多，但资信很高、深受投资者信任的却很少。特别是与国外知名的中介机构相比，我国证券市场中介服务机构的资信更是相距甚远。比如，我国企业到海外上市，我国会计师机构出具的审计报告和律师事务所出具的法律意见书为什么海外证券监管机构、证券交易所和投资者“不认”？这其中尽管有国内会计制度和有关法规与国外存在差别等方面的原因，但更主要的还是国内中介机构的资信不足，不足以获得国外投资者和有关机构的信任。另外，很多中介机构为了拉到业务，不顾职业道德和长远利益，干违法事情。有的和客户一起编造虚假财务报表，出具虚假审计评估报告；有的在土地评估、国有资产评估和工程审计时，故意高估或低估，造成国有资产大量流失；有的送礼行贿，造成很多腐败现象等等。

三、财政监督体制问题的原因分析

（一）对财政监督的定位不准确

对财政监督的定位不准确总结起来主要有：第一，财政监督与财政管理相脱节。人们往往只是把财政监督看成增收节支的临时措施和整顿经济秩序的特殊手段，没有充分认识财政监督与财政管理之间存在着密不可分的必然联系，把财政监督与管理割裂开来，重管理、轻监督，重收入监督、轻支出监督，重外部监督、轻内部监督，忽视了在财政业务管理活动中开展财政监督。第二，把财政监督与财政监督机构混为一谈。由此把加强财政监督理解为加强财政监督机构，没有把建立一个包括自动监督、政府行政机构监督、社会监督与立法机构监督在内的财政监督体系的建设作为主要任务，使得我国财政监督体系的建设长期处于低水平。第三，将财政监督与审计监督混为一谈。没有弄清楚两种监督所处的层次、运作方式、发挥的作用都不尽相同，在国民经济管理中是一种相互补充的关系，不能相互替代。

（二）财政监督法制缺乏操作性

1. 立法不完善。

国家《预算法》、《预算法实施条例》、《会计法》等有关法律法规对财政部门履行监督职能作了一些规定，但不完整、不系统，对具体违法行为的界定、处罚力度规定粗略。另外，除律师和注册会计师有法可依外，其他行业都存在法律法规不健全、规章制度混乱。特别是实施财政法规的程序性法规和行政规章比较缺乏，对财政资金实施保全措施无明确规定，使得国家财政资源的安全与完整受到严重威胁，有可能流失，财政部门因为无法规依据不能采取有效措施，从而损害了财政监督的权威性与严肃性；给财政监督工作

带来困难，有时导致不必要的行政复议或行政诉讼；财政监督工作不易深入，监督检查的成果难以巩固，影响财政监督整体效能的发挥。

2. 责任不明确，处罚力度小。

（1）责任规定不明确。在财政监督各执行环节中，关于对财政监督执行人员的工作权限和工作责任的法规制定宽泛，规定条文细化不充分，对一些具体行为的规定模棱两可，使得财政监督人员在工作的执行中举棋不定，或请示上级，或自作裁决。一方面影响了财政监督工作的效率，加大了监督成本；另一方面也为监督的随意性与利益性提供了条件，大大降低了财政监督的真实有效性。

（2）责任承担处罚力度小。政府在监督上缺乏责任风险机制，对实施监督的主体应承担的法律责任规定既不够具体也缺乏操作性。如《审计法》第49条虽然对“审计人员滥用职权、徇私舞弊、玩忽职守的”行为明确了要承担相应的法律责任，但是相较于发达国家，处罚力度较小、处罚的具体规定不细致。对监督不作为或监督效力低下应承担什么责任并没有涉及。这种对有责任风险的审计行为实行无风险的监督很难真正到位，监督功能大大弱化。

（三）财政监督人员整体素质低

财政监督人员的素质是完成财政监督工作所必须具备的基本条件，一般包括思想素质和业务素质。财政监督工作越复杂、任务越繁重，就越需要素质较高、训练有素、纪律严明的税务人员。

1. 思想素质有待提高。

财政监督人员的思想素质是指财政监督人员为了完成财政监督工作所应具备的依法办事、遵守职业道德等方面的条件。

在社会主义市场经济不断发展的今天，在物质利益的驱动下，一些腐朽的社会丑恶现象也反映到财政监督人员中来。近几年的实践表明，在执行财政监督工作中，一些财政监督人员经不起“糖衣炮弹”的袭击，经不起腐蚀与反腐蚀斗争的考验，滑进了违法犯罪的泥潭，思想素质较差影响了我国财政监督的严肃性和规范性。

2. 业务素质普遍不高。

财政监督人员的业务素质就是财政监督人员为完成财政监督工作所应具备的有关财政监督方面的理论知识和业务操作技能等条件。

财政监督工作的开展必须要以财政监督人员的业务水平作为基本保证。近年来财政管理改革、财政监督改革的实施，对财政监督人员的业务素质提出了更高的要求。改革赋予了财政监督工作许多新的内容、新的知识，无论是新工作人员还是老工作人员都面临着重新学习，尽快提高业务水平的问题。

（四）政治体制改革不全面

建立社会主义市场经济，着重是解决体制转轨问题，即实现由计划经济向市场经济转变。体制转轨主要包括经济体制转轨和政治体制转轨。十几年来，我国经济体制转轨顺利，一步步由计划经济向市场经济转变。但是我国经济体制转轨的同时，政治体制改革却不全面，没有实现与经济体制改革的同步，造成新经济体制下的旧政治体制的运行现象的出现，造成了政府“缺位”、“越位”现象的大量出现。

1. 旧制度没有得到革新。由于长期推行计划经济，许多旧的制度还在许多方面影响着政府工作，并在各级政府的日常行政管理中表现出来，在政治体制改革中，这部分旧制度没有得到足够的重视，或没有来得及更改，使得这部分旧制度至今仍然存在，成为政治体制改革中的“漏网鱼”。

2. 新制度下达不力。在政治体制改革中，有部分新制度被书面提出并肯定，但是在具体的下达落实过程中却不那么顺利，成为书面制度，一纸空文，新制度被束之高阁。

3. 对新制度的不适应。在政治体制改革中，旧制度被废止，新制度被提出并下达，但是新制度在使用过程中给执行人员造成了一定的困难。有很多工作人员长期使用旧的制度，对新制度的使用不适应。虽然在下达过程中勉强接受新制度，但在具体的工作中却仍然没有具体实施或应付了事。

第三节　财政部门内部监督困难，重视程度低

一、财政部门内部监督的现状

财政部门内部监督是指由各级财政部门内设的财政监督检查机构派出的检查组或人员，以维护国家的财经纪律、完善财政部门内部控制机制、规范财政部门的管理工作行为、提高财政管理工作的综合效益为主要目标，根据不同的工作需要，运用不同的工作方法，对财政部门内设各职能机构的财政财务、会计管理、预算编制执行、内部控制制度、直属单位的财务收支和会计信息质量以及有关财政经济管理活动的真实性、合法性和效益性进行综合性或专题性检查和监控的经济管理活动。财政内部监督的主要作用是：维护

全局利益和满足社会公共需要；防范财政内部风险；保障财税政策的贯彻落实；促进财税规章制度的健全和完善。下面介绍我国财政部门内部监督的现状。

（一）层次逐步分明

自1999年开始，中央和地方各财政部门陆续开展了部门内部监督工作。实践证明内部监督工作已经取得长足发展，财政内部监督制度不断完善，方式不断更新，成效不断扩大，财政内部监督在广度、深度和力度上都在不断提高和深化，监督内容也层次分明（见图4－6）。财政内部监督的地位日显重要，但发展还有很大空间，还有待于进一步完善。

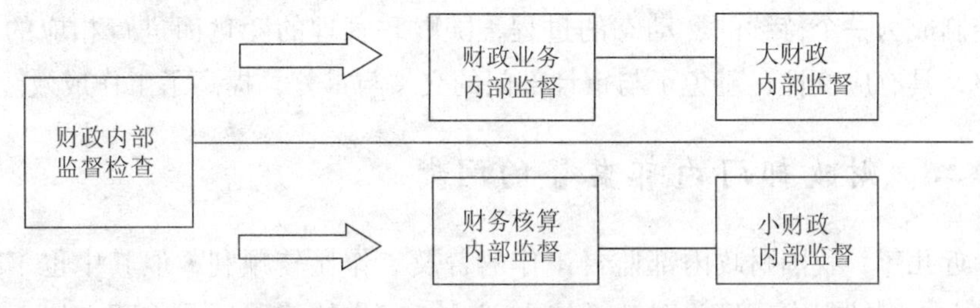

图4－6 财政内部监督层次示意图

（二）范围不断扩大

近几年，我国在内部监督方面做了不少工作，在积极实践过程中取得了一定的成绩。财政内部监督的区域范围成倍扩大，全国绝大部分地区充分开展内部监督工作，使财政内部监督逐步普遍开来（见图4—7）。

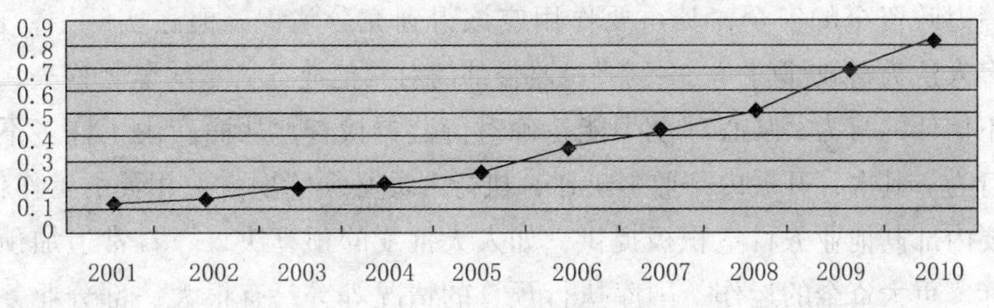

图4－7 2001—2010年我国实施财政内部监督的县占全国县的比重

从图4－7中我们可以看出，近几年，我国财政监督普及范围逐步扩大，在2001年，全国实施财政内部监督工作的县只有1/10左右；2001～2005年，实施财政内部监督的县数目虽然有所增加，但是涨幅不大；2005～2010年，财政内部监督工作全面普及开来，实施财政内部监督的县占绝大多数。财政内部监督在基层的受重视程度逐步提高，全国各省、市、县对财政内部监督工作的支持、执行情况也有了正确认识。

（三）目标方向确定更合理

我国财政内部监督在实施初期，在检查的目标方向上与审计部门检查的目标方向重复。审计部门检查的目标方向是每个预算年度预算执行情况的结果，财政内部监督的目标方向也同样是每个预算年度执行情况的结果，这样就在监督检查过程中产生了重复。

近几年，我国财政内部监督的检查方向有了新的变化，在工作过程中注重对结果的检查，对过程的控制也成为内部监督的工作重点。将内部控制渗透到日常财政管理活动中，内部控制体现在财政业务活动的每个过程中；内部控制成为一个持续的、动态的过程，随财政管理的变化而进行相应的工作调整，具有应变性；避免了与审计部门的交叉与重复，提高了工作成效。

二、财政部门内部监督的问题

近几年，我国财政内部监督工作的普及工作比较顺利，但其中也不乏问题存在。归纳起来，目前财政系统内部监督工作的薄弱环节主要有以下几个方面。

（一）执行难度大

1. 其他科室不配合。

内部监督工作的开展一定程度上受到其他业务科室的阻碍。内部监督作为财政部门的一种预防和自我纠正的机制，其目的在于堵塞日常管理漏洞，保障财政资金的安全，其重要作用应该得到充分认识。但在实际中，首先，很多人认为财政部门“一家亲”，监督部门对其他业务科室的监督检查，是一种不信任的行为，从心理上不能正确对待监督检查，从而产生了许多不配合的行为。其次，开展内部监督工作，执行人员必须掌握大量相关的工作信息，需要内部其他业务科室积极提供，如人大批复的预算决议、日常追加预算的指标、重大资金的运作、国库执行预算的情况等等，有很大一部分业务科室没有及时提供给监督部门所需信息，致使监督部门无法了解情况，不能实施有效的事前、事中监督。最后，监督部门与相关业务科室属于同级，关系平等，使监督工作往往需要各分管领导的协调，造成内部监督检查工作开展得很被动，往往是内部监督最高领导提出后才能开展，在很大程度上影响了内部监督机制的有效性、及时性和权威性。

2. 技术手段落后。

一方面，计算机及信息技术的日益发展，已经广泛应用于财政各项管理

工作中，对传统财政监督方式提出了许多新的挑战。如“金财工程”的逐步实施，财政管理的网络化，为资金的快速交易提供了便利。适应现代财政管理技术发展，加强对资金跟踪、管理、监督，成就了以“过程”为核心现代监督理念。但是，当前的内部监督观念、方法、手段还比较落后，没有充分利用内部网络技术，形成联网达到资源共享，及时获取有效的监督信息。检查仍然是事后为主，事前、事中监督检查很少。主要是通过对业务科室的会计核算资料、预算执行结果等情况进行内部监督，获取内部相关管理信息。这种事后监督、查错防弊做法，无法充分发挥财政监督应有的作用，难以适应现代财政管理的发展需要。

（二）内部监督“盲区”多

我国财政内部监督的执行情况存在很多漏洞，对一些需要重点监督的部门、单位和问题监督不力或缺少监督，使得我国财政内部监督“盲区”过多。

1. 对领导干部的监督缺位。

财政内部监督的关键是对领导干部能否实施有效监督。但是，现阶段我国对领导干部的监督，主要以廉洁自律为主，缺少强制的法律制裁，导致腐败违法现象层出不穷。对领导干部监督的缺位主要表现为：一是领导班子成员之间相互监督缺位。一些单位的领导班子成员之间，相互监督怕伤感情，影响团结，老好人思想普遍存在，不能相互提醒、帮助和纠正错误。二是下级对上级和基层群众对领导干部的监督缺位。受官僚本位主义的影响，很多单位存在严重的独裁现象，民主机制不健全，部分一般党员干部出于对自身情况和现实生活的考虑，不敢、不愿、不会、不能监督领导的行为。三是单位内部专职监督机构监督不到位。财政单位内部监督机构的作用是监督检查财政资金正常、健康运转。其作为单位的一个内部科室，必须在本单位党组的领导下工作。干部个人的政治命运、职务升迁等都掌握在单位领导手中，不敢坚持原则、怕得罪领导的心理使专职机构的监督工作实施困难。

2. 对重点科室岗位监督不到位。

重点科室的监督是财政内部监督的重要内容。我国对重点科室监督不到位主要的表现：一是对重要岗位的监督不到位。二是财政预算刚性有待提高。财政预算在具体执行过程中，由于多种客观因素的影响，往往存在要求追加等情况，有些地方对预算追加随意性强。另外，一些应该下达的预算和专款迟迟不能落实的问题，都是内部监督不到位的体现。三是岗位交流有待于进一步加强。干部长期任职于同一个岗位，工作环境、人际关系等都非常了解，有的人利用这种人际关系内外勾结、假公济私、行贿受贿。

3. 对乡镇财政所监督的方式不统一。

乡镇财政是我国财政的重要组成部分，要加强基层政权建设，保持农村的政治稳定和社会安定，特别建设社会主义新农村，就必须发展乡镇财政。但是目前，由于各种主客观因素的影响，我国乡镇财政管理体制存在着不少亟待完善的地方，束缚着乡镇财政的发展。

乡镇财政所目前的人员构成中，职工大多为合同制、招聘干部，年龄结构较大，人员素质较低。从前期的一些反腐材料可以看到，在农业税征收时期，部分财政所干部利用职权，以权谋私，贪污、挪用征管资金的违法行为时有出现。另外，在财政所的管理上，有两种主要方式（见图4－8）：一是财政所由乡镇政府直接管理，乡镇财政所直接向乡镇政府负责；二是对乡镇财政所进行垂直管理，乡镇财政所接受乡镇政府和财政局的双重领导。这种管理方式的不统一，造成了乡镇财政领导体制的不科学、不统一，在一定程度上易形成监督真空，财政所成为财政系统内违纪案件的高发区。

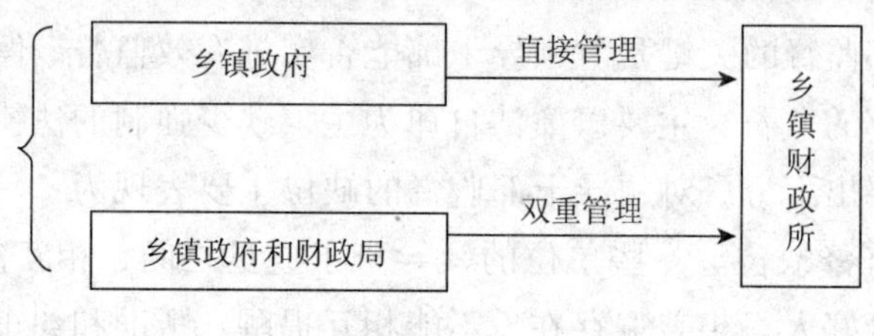

图4－8

（三）财政内部监督队伍结构不均

财政内部监督队伍建设是财政监督检查十分重要的一个内容。财政监督检查工作与一般的财政业务有相通的部分，但又比一般的财政业务在业务知识、政策水平、处理和研究问题的能力等方面要求更加全面、更高一筹。一个只在一般业务处室工作过的业务人员不一定能胜任财政检查工作。一个称职的监督检查人员要全面熟悉从总预算到部门预算、到会计核算、到税收政策等财政财务方面的全部内容，还必须掌握电子信息方面的知识，应当是复合型专业人才，否则难以胜任。

现在各级财政部门已经认识到财政内部监督工作人员素质的重要性，但是，在内部监督队伍建设上当前仍存在一些问题。

表4-6 我国财政内部监督人员结构百分比

年度	学历			年龄			
	研究生	本科	大专以下	30岁以下	31-40岁	41-50岁	51岁以上
2001	0.104	0.524	0.372	0.287	0.359	0.222	0.131
2002	0.121	0.528	0.351	0.285	0.357	0.221	0.136
2003	0.158	0.534	0.308	0.289	0.35	0.252	0.109
2004	0.243	0.55	0.207	0.283	0.354	0.301	0.062
2005	0.247	0.554	0.199	0.288	0.362	0.309	0.041
2006	0.255	0.557	0.188	0.291	0.361	0.302	0.046
2007	0.274	0.612	0.114	0.291	0.362	0.311	0.036
2008	0.321	0.614	0.065	0.294	0.36	0.312	0.034
2009	0.326	0.617	0.057	0.292	0.359	0.31	0.039

表4-6描述了我国财政内部监督2001~2009年结构变化，从该表中学历这三栏可以看出，研究生和本科生比重在不断提高，大专生以下的比重不断降低，到2009年我国财政内部监督人员中研究生的比重已达到32.6%，本科生的比重为61.7%，占了我国财政内部监督的大部分，财政内部监督工作有了一个层次上的提高，但是，相比较而言，研究生不到1/3的比重还是明显不足的。要想从根本上提高财政内部监督的工作水平，工作人员的素质是不容忽视的一个因素。

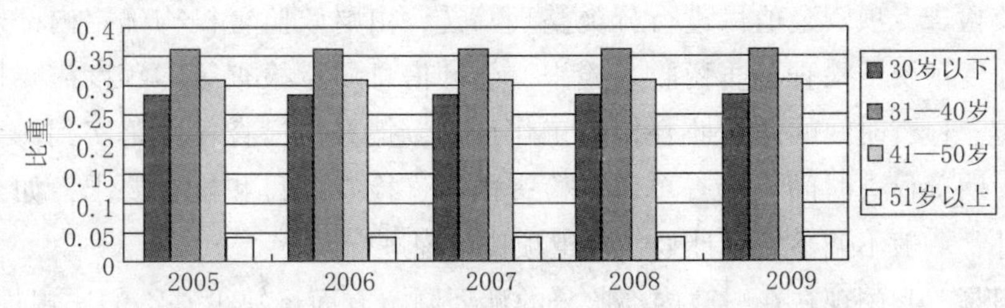

图4-9 2005—2009年我国财政内部监督人员年龄结构图

从表4-6、图4-9中的年龄结构来看，近年来，我国财政内部监督人员中，30岁以下的人员比重不到30%，财政内部监督人员31~40岁的比重在35%左右，41~50岁的比重在30%左右，50岁以上的也占一定比例，年龄结构呈现老龄化，虽然经验较为丰富，但是对新知识的学习能力较低，思想保守，与人员队伍年轻化的要求不相适应，人员老龄化也影响财政内部监督工作的稳定性和连续性。

三、财政部门内部监督问题的原因分析

（一）内部监督法规不完善

1. 财政内部监督法律体系不健全。

在我国，至今仍然没有一部专门的、全国性的财政监督法，国家现有财政监督法规都是分散于各种法律法规之中。没有形成一部完整的财政监督法律体系，使得我国财政监督执法层次不高，权威性不强、效力不明显。在财政内部监督方面，法规建设更加滞后，目前仅有财政部门自身制定的《财政内部监督检查暂行办法》，这显然不能满足财政监督依法行政的要求。这种立法的滞后带来的严重后果是财政内部监督的弱化。随着我国社会主义市场经济体制的建立和完善，迫切要求财政监督从计划管理手段向法制管理手段转变，财政监督职能的运用。要向保证法制的权威性、严肃性和规范性方向转变。在当前国家统一财政监督法规没有出台之前，省一级立法部门应根据地方具体情况，制定地方性的财政监督法规、条例，使下级部门有一个明确执法依据，避免各地市开展监督检查时“各师其法”。

2. 财政内部监督规章制度制定不完善。

（1）监督检查计划制定不科学。财政内部监督检查计划对整个财政内部监督工作的开展有着重要的指导作用。科学的监督检查计划应该的步骤是：年初根据国家财政监督机构的工作安排，结合实际情况，把具体各科室报送的需要检查专项资金项目进行分类整理筛选，由财政监督机构确定内部监督检查、专项资金检查、非税收入检查、会计信息质量检查等本年度需要检查的单位、检查时间的详细监督检查工作计划，把具体检查任务落实到每个检查组，明确检查时间、检查单位、检查内容、检查项目和检查要求，如果没有意外，一般不调整检查计划，各组须按计划进行。

但是，我国现在在财政内部监督的计划制定方面还缺少基本的法规规定，制定的计划不规范、不详细、不实际，理论套话与现实脱节，执行起来无章可循，对具体的贯彻落实缺乏详细指导，形同虚设。

（2）考核制度制定不严格。我国财政人员的考核制度不严格，在执行具体的任务时，没有具体的程序规定，存在着“人定严重”的现象，使得财政内部监督人员整体素质停滞不前，积极进取意识淡薄。

规范的考核制度规定应当是：各组根据监督检查计划合理安排时间进行监督检查，每项检查结束后，由分管负责人对各组的工作底稿、工作日记、检查报告和检查出的违纪额等问题结合平时出勤情况进行考核评分，对故意

隐瞒不报违纪行为和不能严格遵守检查纪律的取消考评资格，年末根据考核结果兑现本年度的岗位责任制。由于我国对监督检查的不重视和监督结果束之高阁，在具体的考核执行当中，部分工作人员存在走过场的心理，监督检查不按规定程序，出现问题也从轻处理。

（3）财政检查统一审理处理制度不完善。财政检查统一审理处理是财政检查工作的关键环节。处理的结果如何，会直接影响到以后财政内部监督工作的落实和监督人员的工作积极性。科学的审理处理程序是：各组对检查出的违纪问题，形成工作底稿、检查报告并提出处理意见，由审理小组对各检查组提交的检查工作底稿和检查报告进行审理，结合各检查组提出的处理意见，依据有关的规定作出统一的处理决定。但是，我国财政内部监督在审理处理制度上还没有制定出如此详细的步骤，给财政内部监督结果的落实蒙上了阴影。

（二）领导重视与支持力度不够

领导重视是做好财政内部监督检查工作的重要保证，对财政内部监督的成果的落实产生很大的影响。但是财政内部监督工作有时很难做。

首先，监督检查工作过于严肃认真，被查科室的人员不能理解，认为是故意刁难、不被信任；监督检查工作流于形式，财政资金的安全就不能得到最好的保障，失去了财政内部监督检查的意义。因此财政内部监督检查工作是财政监督工作中最难执行的工作，是财政监督检查人员都不愿干的工作。其次，有人用“自己的刀削不了自己的把”来形容财政内部监督检查工作，认为搞不搞财政内部监督检查无所谓，检查也是流于形式，有意或者无意抵制内部监督检查。因此，领导对财政内部监督的重视，特别是单位最高领导的重视，对财政内部监督工作的执行起着至关重要的作用。但是，现阶段我国各级领导对财政内部监督的重视程度普遍不高，不能做到亲自过问、听取检查和内审情况的报告，使得财政内部监督人员执行底气不足，财政内部监督工作成效大打折扣。

（三）财政内部监督人员整体素质有待提高

1. 财政内部监督人员的录用准入机制不健全。

在整个录用工程中，没有从财政内部监督工作的实际出发，经常将专业不对口、业务素质差的人员录入。在用人上没有考虑到财政内部监督工作的难度，未适时地把政策业务强，具有一定实践经验的老同志调到财政监督检查工作岗位上，同时又忽视了具有一定专业知识和理论水平的大学毕业生的合理配置。在干部任用、管理上也没有做到从严把关。在录取比例上，对新一代年轻人的录取比例偏低，影响了财政内部监督人员的年龄结构合理化。

2. 财政内部监督人员的管理、监督机制不健全。

对任用干部工作的监督有待进一步加强，选举人民放心、德才兼备的勤政廉政干部方面的工作落实不到位；忽视了对干部的日常监督，使监督工作不能做到经常化；廉洁考核制度不完善，行政权力还不能公开透明；约束机制不健全，对实权岗位的监督制约有待加强；内部监督方式单一，权力分解、岗位制约、轮岗交流、政务公开、强化内部审计等方式还没有很好地运用到实践中。

3. 财政内部监督人员的学习教育培训工作不到位。

（1）财政内部监督人员政治素质亟待提高。结合财政工作实际，提高广大财政干部的内部约束意识，加强党性、党风、党纪教育，引导广大财政干部逐步树立起良好的监督意识，是财政监督工作成败的重要条件。财政监督工作涉及面广、政策性强，财政内部监督人员对国家有关新出台的政策和监督检查工作中遇到的新情况、新问题要认真学习，使每个监督检查人员在工作中学习，在工作中提高。但是，我们现在在这方面还存在不少问题，广大财政内部监督人员的政策敏感度普遍不高，政治素质还没有达到过硬水平，部分人员对自身的约束还不够强。

（2）财政监督检查业务知识的学习有待加强。由于知识在不断更新，财政监督业务停留在原有的水平上不动就不能适应财政监督检查工作的需要，因此监督检查人员要不断学习、充电，不断扩大自身的知识面，这就要求财政监督机关要定期开展培训教育课程。当前我国财政培训还存在突出问题：培训的针对性不强，内容单一。

第四节　财政部门监督与审计监督交叉严重，协调不力

我国当前财政监督（广义）体系主要包括人大监督、审计监督、税务监督、财政监督（狭义，即财政部门监督）和会计师事务所及其注册会计师的社会监督。财政部门监督与其他经济监督的关系是我国财政监督课题研究中的一个重点，其中财政监督与审计监督是我国整个监督体系中重要的组成部分，对我国财政事业的发展起着不可替代的作用，而且在实践中也存在具有突出代表性的问题。接下来我们以财政监督与审计监督之间的关系为例，详

细论述我国财政监督与审计监督之间关系的现状、存在的问题及原因。

一、财政部门监督与审计监督关系的现状

财政部门监督是指财政部门对行政机关、企事业单位及其他组织执行财税法律法规和政策情况，以及对涉及财政收支、会计资料和国有资本金管理等事项依法进行的监督检查活动，也称财政内部监督。审计监督是审计部门从外部对财政实施监督检查，也称财政外部监督。两者是对财政进行监督的两个绍成部分，有着本质的区别和联系。

财政监督与审计监督是国家经济监督体系中两个重要的组成部分，因此两者有很多共同点。

首先，本质主体相同。财政部门和审计部门是存在于政府组成部门中的两个经济管理职能机构，在履行各自的工作职责时，它们所代表的是国家的利益，体现的是最广大的人民群众的根本意志。其次，根本目标相同。财政监督和审计监督的根本目标都是规范社会主义市场经济秩序，促进国民经济持续、健康、快速和平稳发展，维护国家和广大人民群众的根本利益。再次，监督内容和载体基本相同。在监督客体的范围和具体监督的内容以及要求上，财政监督与审计监督虽然有些许区别，但都主要是围绕着本级政府所管辖的有关部门、有关单位的财政收支、财务收支、国有资产管理等项活动的情况来进行的，且都是通过对有关部门、有关单位在经济活动过程中所形成的会计凭证、会计账簿、会计报表以及其他有关资料实施检查所表现出来的。最后，执法依据和监督手段基本相同。财政部门监督与审计监督在监督的内容和载体方面的一致性，一方面决定了两者在采用执法依据时具有共同点，另一方面也决定了两者所采用的监督手段具有共同点。

财政部门监督与审计监督之间存在很多相同点，只能说明两者之间存在相辅相成、相互制约、相互补充的关系，但并不是一种可以相互替代的关系，财政部门监督和审计监督之间也存在着不同点。

首先，与社会再生产活动的关系不同。财政管理是以国家为主体来实施资源配置、收入分配和经济调控的经济管理活动，处于社会再生产的分配环节，所以财政活动本身就是社会再生产运转过程中的一个组成部分，与处于生产、交换、消费以及分配环节中的其他经济活动的联系是十分紧密的。财政部门监督作为寓于财政管理之中的一种重要的经济管理手段，自然属于社会再生产循环过程中的一种内在监督机制。审计监督并不从事分配活动，所以是社会再生产循环过程中的一种外在监督机制。其次，独立性和公允性存

在一定差异。审计部门存在较强的独立性，这种独立性使得审计监督的公允性也表现得非常明显。而财政部门监督在实际工作中存在上下级部门之间的业务指导关系，财政部门内部的不同业务机构之间在许多工作做上存在着相应的业务联系，使得财政部门监督的独立性与公允性都不如审计监督。最后，监督的外延不同。审计监督在财经决策和财经政策执行的许多方面往往只是间接监督，即在财政、银行等部门对具体经济业务部门及其经济业务活动过程进行直接监督的基础上，由审计机构进行再监督。财政部门监督主要是以政府部门的财政分配和调控范围为对象的，因此与财政分配和调控相关的一切经济活动都属于财政部门监督和制约的范围。财政部门监督不仅要对财政分配和调控活动进行监控和督导，而且要对社会监督部门的工作质量进行监督，对审计部门自身执行财经纪律的情况进行监督。

二、财政部门监督与审计监督关系的问题

财政部门监督和审计监督是我国整个国家经济监督体系中的两个重要组成部分。财政部门监督和审计监督之间既有紧密的联系又有实质性的区别，它们分属于不同层次，有着不同的监督目的，不能相互替代，在各自的领域发挥着独特的作用。当前财政监督和审计监督部分职责不明确、工作重复等问题是国家监督体系发展过程中必然存在的。

工作重复使得在监督过程中，加大了监督成本，降低了监督效率，增加了被监督单位的负担。为此，在新的形势下，研究和探讨如何以财政监督和审计监督的职责进行科学分工，进一步协调工作关系，是当前经济监督工作中亟待解决的问题。解决这一问题的关键是要找出二者之间的重复和交叉之处，在此基础上，深入进行理论分析并结合我国的实际情况逐步加以解决。

目前，财政部门监督和审计监督的交叉主要存在于四个方面：一是财政资金运行过程监督的交叉；二是对国有企事业单位管理、使用国家资金情况监督的交叉；三是在会计事务管理中的交叉以及对会计事务所监督的交叉；四是一些临时性工作的交叉。

（一）对财政资金运行过程监督的交叉

财政部门监督和审计监督的监督对象都包括财政资金运行情况，从表面上来看，这属于重复监督，但从本质上分析，这种交叉又是必要的、不可避免的，属于不同层次、合理的交叉。首先，从监督性质上来看，财政部门监督是系统内的自我监督，是一种自律行为；而审计监督则是来自系统外的监督，是一种他律行为。其次，监督环节上，财政资金运行的事前、事中监督

和控制是财政部门监督的侧重点，而审计监督主要侧重于对财政资金运行结果的事后监督。这样，财政部门监督和审计监督共同构成以财政资金运行过程的多层次、全方位的监督体系，从不同角度确保财政资金安全、有效的运行。

（二）对国有企事业单位管理、使用国家资金情况监督的交叉

财政部门作为国有资产的管理部门，从保证国有资产安全的角度，有权力和责任对国有企事业单位进行管理，对使用国有资产的情况进行监督。作为国有资产的监督部门，确保国有资产安全、有效运行是审计部门的一项重要职责。对于国有资产而言，这两种监督一个来自系统内，一个来自系统外，构成了不同层次的监督体系。但主要的问题在于，国有资产公布于大量的国有企事业单位中，如果将每个企事业单位作为一个主体，那么财政部门监督和审计监督都属于外部监督，都承担着国有资产管理和监督的任务。由于双方都有监督的法律依据及可遵循的原则，因而在实际工作过程中就无法分清层次、划清责任，从而形成了工作中的重复监督。这是财政部门监督和审计监督职责重复的关键所在，也是需要首先解决的问题。

（三）对会计事务管理、会计师事务所监督的交叉

在会计事务管理和监督方面，审计部门的监督范围仅限于国有单位，且只是监督，没有管理职责。而财政部门对会计的管理和监督是针对全社会的，除了要对会计进行监督外，财政部门还对各级会计核算单位的会计基础工作进行指导和规范，并通过监督检查发现会计政策、会计制度在运行中出现的问题，及时加以调整和修改，以规范会计行为，从而达到加强会计管理的目标，而这一点是审计监督无法企及的。因此，在对会计事务管理和监督方面，无论是监督层次还是监督目的，财政监督都要远远高于审计监督。

对会计师事务所监督的交叉是存在的又一突出的问题。会计师事务所是一个行业自律性质上的机构，其执业标准、执业道德、违规处罚都由注册会计师协会进行处理。随着我国注册会计师行业的逐步完善，其行业自律的特点越来越突出，但在我国注册会计师市场未完全成熟的情况下，仅靠行业自律是不够的，还必须有足够的外部监督。财政部门对会计师事务所行使管理权，审计部门对会计师事务所行使监督权，将管理权和监督权相分离，将更有利于会计师事务所的发展。但在实际操作中，管理权和监督权是很难割裂开来的，从发展的角度看，政府对会计事务所主要负有管理职能，通过对注册会计师执业质量的再监督，发现问题并找出解决办法，引导注册会计师行业规范、有序、健康发展。监督只是一种手段，管理才是最终目标。如果将管理权和监督权分属两个部门，则监督的结果很难为管理所用，会在很大程度上影响政府管理职能的发展。

三、财政部门监督与审计监督关系问题的原因分析

（一）工作职责划分不清

财政部门监督与审计监督在指责划分上有许多模糊不清的地方。从目前的情况来看，在有些工作职责上，财政监督和审计监督的职责划分还没有明确、具体的规定，职责划分上存在“盲区”，有的工作职责无法具体明确应归属于哪个部门，这部分工作职责划分的协调也没能得到相应的加强，各个相关部门没有一个具体、可行的办法解决当前的职责划分问题，从而影响了财政部门监督与审计监督的正常工作，重复监督、交叉监督层出不穷。职责划分上的空白和重复，主要还是法制不健全的结果，没有从法律上具体分工、明确规定，缺少对财政部门监督职责和审计监督职责的对比梳理，在对一些重点工作和特殊项目上没有作出细致的职责规定，使得财政部门监督和审计监督在是否执行工作的决定中模棱两可，在执行工作时消极怠工。

（二）审计工作独立性不强

1. 历史原因影响至今。

新中国成立之后 30 多年都没有建立审计监督体系，一直是由财政部门代行经济监督职能。这样的做法，在一定程度上将财政部门监督提到了过高的高度，给后来从事财政审计工作增加了很大的难度。部分财政工作人员至今仍未改变“财政是最高层次监督”的观念。很多人认为财政部门是以所有者代表的身份，履行社会产品分配职能，而对财政部门分配的社会产品，有关单位是否合法有效使用，只有财政部门监督才能判定。

2. 机构设置不合理。

我国在机构设置上存在一定的缺陷，使得审计工作的独立性受到影响。在世界各国中，最高审计机关的隶属关系和地位由于各国的文化传统和政治体制不同，存在很大差别，目前世界上主要有四种类型（见表 4—7）。我国属于行政性模式，财政与审计都是政府组成部门，两者是平级单位，并且审计机关的经费要由财政部门拨付。这种情况在一定程度上约束了审计监督，影响了审计工作的独立性，审计处理难上加难。

表4－7 世界各类审计机关模式

模式类型	代表国家	最高审计机关的隶属关系、地位
立法型	英国、奥地利、加拿大、美国	最高审计机关隶属于国家立法机关，依照法律赋予的权利行使审计监督权，直接对议会或国会负责，并向议会或国会报告工作。审汁机关地位高、独立性强、权威性大，不受行政当局的控制和干预，是较为理想的政府审计机关的设置模式。
司法型	意大利、西班牙	最高审计机关隶属于司法部门，一般以审计法院的形式存在，拥有很强的司法权，具有司法地位，具有很高的权威性。
行政型	沙特阿拉伯、泰国、瑞典、中国	最高审计机关隶属与政府行政部门，是政府的一个职能部门，依据政府法规进行审计工作，其独立性相对较低。
独立型	日本、德国	政府审计机关独立于立法权、司法权和行政权之外，确保了政府审计不带政治偏向地、公正地行使审计监督权职能，审计机关只受法律约束，不受政府机关的干扰。

（三）财政部门监督与审计监督缺少合作

财政部门监督与审计监督作为我国经济监督的两大组成部分，财政部门监督与审计监督的协调不力主要表现在三个方面。

1. 事前协调薄弱。

两部门事前协调不力，主要是监督检查工作计划的互通不到位，事前协调的主要目的是避免工作时间安排上、内容上的重复。事前协调的方式很多，可以召开联席工作会议，财政部门和审计部门一起坐下来互相通报年度内监督检查工作计划安排情况，也可以实行部门间网络共享，在网上公开年度监督检查工作计划。

我国财政部门和审计部门的事前协调还没有充分落实，不仅使得财政监督和审计监督在工作计划的制定上不能协调安排，造成工作计划安排上的重复，而且，对于同一个项目的检查，双方由于口径和目的不同，必须都要对此项目实施检查的，容易在检查过程中造成时间、内容上的冲突，发生“撞车”现象，加大了我国的监督成本。

2. 事中沟通不足。

事中沟通不足主要是指由于财政部门与审计部门事前协调不够，对对方的监督计划不了解，在监督检查过程中两个部门发生“撞车现象”，对同一监督检查对象在时间安排上恰巧吻合。这时往往需要遵循“先来先查、后来不查”的原则，事后先来者将检查结果告知后来者。但是，我国财政部门与审计部门在应对撞车事件后往往不能很好沟通，往往是一方检查完毕，另一方接着检查，造成重复检查、整体成本效益低。

3. 事后协调不够。

建立检查结果相互利用制度是事后协调的最好解决办法，实现真正意义上的信息共享，为全面掌握检查对象的情况、合理作出处理决定提供一个共同的信息平台，提高监督效率，同时要相互协作，协助落实对方下达的处理决定。我国财政部门和审计部门在事后协调方面还明显不足，使得检查结果不能相互利用，信息共享所带来的效率提高也就无从谈起，同时也影响了处理决定的贯彻实施。

第五节　财政监督法律制度的改革

发达的市场经济国家都十分注重财政监督的立法建设，坚持依法进行财政监督是发达国家的显著特点。例如，美国的财政监督有非常详细的法律依据和规范的程序；日本宪法对财政监督有专章专节的条文规定；德国也建立了相应的财政监督法规体系，财政监督机构及其职责、工作任务；预算资金的申请、分配、拨付、使用，审计过程的每一个环节、每一个程序，都有法律规范和约束，使财政监督有法可依，保证了财政监督的权威性和独立性。因此，要完善我国的财政监督体制，就要进行法律制度方面的改革，具体措施如下。

一、完善财政监督的法律制度

建立完善的财政监督法律体系，就是财政监督要由立法机关及各级国家行政机关以法律、行政法规及地方规章的形式确定下来，形成财政监督的机构、运行机制、法律关系主体、法律关系客体、法律关系内容以及法律责任等一系列财政监督部门法。健全的财政监督法律体系，至少应由以下两部分

组成。

（一）建立财政监督的基本法

所谓财政监督的基本法就是指依法进行调整所有财政监督关系的制度规范的总称。对我国而言，我们目前完善我国财政监督的首要任务就是尽快出台一部有关财政监督的基本法规。该基本法应该规定了我国财政监督的基本制度，具体要包括监督的法律关系主体、客体、内容、程序、方式和怎样追究违反财政监督法的责任等。

1. 财政监督的法律主体。

财政监督的法律主体主要包括监督的权利主体和监督的义务主体。所谓权利主体就是指财政监督的执法主体，这也就是指国家和地方各级的财政部门。而所谓的义务主体就是指财政监督的收入征收部门和管理部门，具体包括我国的税收与非税收征管部门以及财政资金的管理和使用部门。

2. 财政监督的法律客体。

财政监督的法律客体主要是指我国的国家机关、企事业单位及其他社会经济组织，在其日常的生产经营活动中，所涉及的关于财政收支及与其相关的事项。

3. 财政监督的法律关系内容。

（1）财政监督的法律关系内容就是指我国的财政监督的法律主体所依法享有的权利及其依法承担的义务。这也就是说，无论是监督主体还是被监督主体，在此过程中，都是权利的享有者同时也是义务的履行者，这就充分体现了我国法律的平等性。（2）我国即将出台的财政监督的基本法还应规定我国在进行财政监督时的相应的程序和方式等，以便做到所有的事情都能有法可依，有法必依，执法必严。（3）还应出台相应的处罚措施，保证我国的财政监督能更好地实现，并做到违法必究。只有在规定法律的同时，确定其相应的处罚措施，才能使我国的法律更加完善。

（二）建立财政监督普通法

所谓财政监督的普通法就是指除了我国目前所实施的财政监督基本法以外的，用于调整某一方面的财政监督关系的法律规范。如《税收征收管理法》、《会计法》、《财政监督程序法》和《预算法》等，还包括财政部门制定的其他有关财政监督的规章以及财政监督条例等。以上这些普通法都可以弥补我国财政监督基本法的缺憾，也可以说正是这些普通法，使得我国财政监督的基本法能在某一特殊领域具体化。因此，财政监督的普通法和基本法共同构成了我国财政监督法律体系中不可缺少的一部分。

二、加快我国财政监督的立法进程

依法监督是我国财政监督工作的内在要求。依法监督就是要从强化我国的财政监督和规范我国财政监督的行为等方面出发。根据当前我国要建立公共财政服务体系的框架要求，积极推进有关财政监督专门立法工作的进程，从法律角度确定我国财政监督的不可动摇的地位，并使得财政监督的工作在法律上的依据更加充分，并使得财政监督手段更为得力和有效，从而保障我国财政监督工作能更加顺利地开展，真正达到依法进行财政监督的要求。

（一）优化财政监督的执法环境

要处好财政监督部门与其主管部门间的关系。财政监督各部门都是政府的职能部门，因此要坚定不移地贯彻执行“四不变”的政策，积极主动地向领导汇报工作，争取得到领导们对财政监督工作的理解和支持。除此以外，财政监督部门还要依法继续处理好与被监督对象之间的相互关系。

1. 要增强财政监督人员的服务意识。

所谓要增强财政监督人员的服务意识，就是指要不断地改进机关人员们的行为作风，逐步克服“四难”习气，渐渐树立好窗口的形象。只有这样，才能树立大家廉洁奉公的形象，才能更好地得到人们的认可，财政监督的环境得到了良好的改善，就能促使财政监督工作更加顺利地开展。

2. 加大对财政监督相关法规的宣传。

为了使我国的财政监督工作能得到更好的开展，我们要继续加大我国财政监督在相关法规上的宣传力度，让更多的人民对财政监督的法规有所了解，并且不断地增强执法人员对财政法规的了解，并让大家将这些法规熟记于心，在执法时严格做到依法执政、执法必严、违法必究，并争取使得更多的人对财政监督法规有全新的认识。

（二）保障财政监督的执法条件

1. 改革财政监督的软件。

所谓在财政监督的软件方面进行改革，就是指体制改革、技能培训，逐步实行科学配置、简政放权和明确划分财政监督人员的权力与职责，避免出现财政监督人员的责大权小而难以负责，和财政监督的上层责小权大却无责可负的现象。

2. 加强执法人员的技能培训。

还要不断地强化我国的财政监督一线执法人员的相关技能的培训。在硬件方面包括网络信息化建设。当前随着经济的发展，违法行为越来越现代化，因此要利用网络化建设，通过完善的监管信息网络，对经济主体和市场行为

进行全方位、全过程的动态监管。

三、加大财政监督的执法力度

加强我国关于财政监督的法制建设，需要我国提高目前的立法层次，完善现有的相关法规，并努力用法律的手段来约束我国各项经济行为和行政行为，以期能取得财政监督执法的更为有效的实际成效。希望能在我国的具体工作中得以体现。

（一）更新财政监督的执法理念

1. 树立依法进行财政监督的理念。

对我国财政监督现状来说，要逐步地让我们的工作人员适应依法行政的理念，这也就是指，要不断地加强我国的财政监督执法人员的法律素质，通过定期培训、考核等方式，使之熟记我国财政监督的相关法律规范，并在工作中更好地运用我国的相关法律政策，使我国的财政监督不断地实现由人治向法治的更改。

2. 树立依法进行财政监督服务的理念。

随着时代的进步和社会的发展，我们不断地发现，只有摒弃了那些旧的观念，确立新思想，我们的财政监督事业才更有生命力。因此，我们要树立新型的依法进行财政监督服务的理念。我们的财政执法人员要时刻铭记，自己是人民的公仆，是为人民服务的，只有树立了这种服务的理念，才能更好地为人民服务，才能使财政监督工作更加顺利地开展。

（二）提高财政监督的执法水平

1. 提高全体民众的法制意识。

对我国财政监督来说，现在的首要任务就是要逐步提高全体民众的财政法制意识。因此，我们要建立发掘人才潜能的考核机制。要通过首位嘉奖末位淘汰制，不断地激发出财政监督执法人员的无限潜力，尽快让参与财政监督的执法人员成长起来，不断为我国财政监督的事业补充新鲜的血液。

2. 建立培训机制，更新财政监督内容。

不断地更新财政监督的知识内容并建立起良好的培训机制。逐步地提升培训的层次，不断地培养财政监督的急需人才。还要不断地改革我国财政监督的用人制度。纵观历史，我们发现我国传统的用人体制是只进不出、只上不下，因此，我们要打破这种用人体制的现状，破格用贤人，把那些工作敬业和敢于创新的人提拔到领导岗位上。将专业知识突出的人才招录进来，采取末位淘汰制，将那些不符合标准的人拒之门外，提升我国财政监督的执法水平。

第四章 创新机制 形成合力 扎实推进财政监督管理工作

健全机制 创新举措 推进财政收支精细化管理上水平

河北省临漳县财政局 程利民 刘志勇

2015年以来，面对复杂严峻的财政新形势、新任务、新要求，我县紧紧围绕上级工作部署，全面落实精细化管理理念，健全机制，创新举措，理财水平明显提升，确保了上半年收支预算任务的较好完成，推动了全县经济社会又好又快发展。

一、强化措施，健全财税收入增长机制

为确保财税收入目标的完成，我县把培财源、抓收入、保增长作为首要任务。一是推进财源建设，增强县域经济活力。发挥财税政策和资金的导向作用，采取机制激励、财政配套、以奖代补、财政贴息等多种措施，引导企业、民间等社会资金投入经济发展的关键环节和社会事业的薄弱环节，创新了财源建设扶持手段；认真贯彻增投资、调结构、转方式政策措施，以推进重点项目建设和招商引资等项目活动为抓手，想方设法力促经济增长；调整优化经济结构，配置整合财政资源，加大对现有产业和企业的扶持力度，大力培植骨干企业和支柱产业，不断壮大县域经济实力。二是强化聚财增收，

着力抓好组织收入工作。建立了全县收入目标体系，强化了财税等部门责任，将收入任务层层分解、逐级落实、细化考核；认真落实财税联席会制度，加强了收入进度的跟踪、分析和调度，及时解决收入征管中的问题，提高了税费征管质量和效率；健全税源监控网络，协同税务部门联合开展了税负监测、查处无票销售、纳税评估等活动，全面掌握税源动态，加强对重点行业、重点税种和重点税源的动态监控分析，严控偷税漏税；依法加强税收和非税收入征管，着力在科学征管上求突破，积极推进综合治税，深挖增收潜力，力保应收尽收。上述措施，确保了临漳县财政收入在困难情况下，保持了持续增长，完成情况好于往年。

二、注重规范，建立健全支出控管机制

就临漳县这个农业大县来讲，财政硬性增支压力日益增大，收支矛盾异常突出，客观上要求以科学化精细化理念，切实做好支出管理文章。一是深化支出管理改革。推进和完善了部门预算、集中支付、政府采购、乡财县管、投资评审、涉农补贴“一折通”发放等项改革措施，努力从制度上和机制上保证财政资金运行的规范和科学；全面推进财政一体化系统建设，构建了以预算编制为源头，以收支管理为主线，以预算执行的规范管理与控制为重点的一体化信息平台，加快了财政信息化进程；强化了人事编制工资的管理，在全县集中组织开展了财政供给人员吃“空饷”专项清理工作，现已收到较好成效；政府采购实施力度进一步加大，范围涵盖了城区道路、景观绿化、沿街既有建筑包装等项目，提升了采购时效和节资率，1～10 月份，全县实施政府采购金额 21870 万元，节约资金 2778 万元，节资率 12.7%。二是创新资金管理模式。制定完善了《财政资金拨付管理办法》和《财政专项资金管理暂行办法》，按照“完善操作、优化流程、提高效率、确保安全”的原则，规范了资金审批、拨付程序，加强了财政资金运行的全程监控。资金分配建立了民主决策机制，项目确定推行了投资评审、专家论证、招标投标制，资金拨付推行了财政集中支付、县级报账制，项目实施推行了跟踪问效、财务审计、检查验收制，确保了财政资金绩效最大化。三是深入挖掘节支潜力。坚持过紧日子思想，进一步严格预算执行，下力控制压减一般性支出，保重压轻、办急放缓，结合县情实际，县委、县政府决定，从下半年起对部门申请的一般性支出，原则上一律不予追加，年初核定的专项经费和正常公用经费压减 10% 以上，安排的一般性专项项目支出压减 50% 以上。通过强化资金调度，集中财力保证紧迫的

必保支出到位。上半年，在硬性增支多、压力大、调度难的情况下，支出安排体现了公共财政和集中财力办大事的原则，全县各项重点支出得到了及时有效的保障。

三、创新模式，完善国有资产管理机制

近年来，随着经济社会的快速发展，县级行政事业单位国有资产的总量不断壮大，如何管好、用好、盘活这笔资产，确保国有资产的保值增值和充分利用，更好地为保增长、促发展服务，成为了摆在各级面前的一个重要课题。为此，临漳县进行了积极探索，在广泛借鉴先进地区经验的基础上，按照建立和完善国有资产监管运营新机制的要求，建议县委、县政府改革现行国有资产管理体制，对全县行政事业单位房屋、土地等国有资产实行集中管理。其主要运作模式：一是成立机构，统一监管。打破过来国有资产分散管理的模式，围绕决策、经营管理、监督三个层面健全机构，由县政府授权财政部门，组建了临漳县政通资产经营公司，为国有独资、具有独立法人资格的全额事业单位，具体负责对授权范围内房屋、土地等国有资产的统一管理和运营。二是区别

情况，分步实施。按照“先易后难、循序渐进、分期实施、稳步推进”的原则，提请县政府印发了《临漳县国有资产集中管理实施方案》，全面推开改革工作，构建资产集中统管模式。分期分批将全县行政事业单位各自占有、使用的房屋和土地产权证书过户移交县政通资产经营公司集中统管，并登记造册，建档立案。三是依据政策，规范处置。为增强可操作性，结合上级政策出台了专件，对国有资产清理移交、管理方式等提出了明确要求。要求各单位对国有资产的处置，必须严格按照政策规定和相关程序报批，不得擅自处置。对需要统一处置的，由具有资质的中介评估机构评估后，采取拍卖、招投标、协议转让、市场竞价等方式进行，实行阳光操作。四是优化配置，收益统筹。对土地、办公场所等非经营性资产，由县政通资产经营公司统一管理，按配置标准统一调剂使用。对沿街店铺等经营性资产，所获收益全部纳入县财政国资收益专户，严格执行“收支两条线”规定，由县政通资产经营公司实行产权收益集中管理，县政府统筹安排使用。

通过构建行政事业单位资产管理新模式，临漳县摸清了家底，澄清了资产，同时结合资产的清理、移交，进一步完善了监管体系，实施了行政事业单位资产管理信息系统，对资产管理的各个环节实行全程动态监管，达到了建立资产“统一集中管理体制、日常规范管理制度、动态纳入管理系统、合

理有效配置机制”四个目的，有效防范了国有资产的流失，堵住了通过国有房屋土地出租设立“小金库”的源头，解决了长期以来存在的职责不明、底数不清、效益低下、与预算脱节、收益监管缺失等问题，在产权管理、资产配置、收益监管等方面取得了初步成效。

创新驱动 破解难题
实现美丽乡村建设与财政工作互促双赢

河北省安新县财政局 王汉田

历时一年，难度大、标准高、任务重、时间紧，总投资5.7亿，涉及安新县淀区6个乡镇45个村，10.7万人的白洋淀连片美丽乡村建设前期工程于2015年10月底初步完成，是安新历史上范围最广、层次最高、投资最大的生活生态环境改造提升工程。安新县财政局为美丽乡村建设注入强劲资金动力，紧紧围绕“多渠筹资、科学理财、发展有为”总体思路，坚持把美丽乡村建设与财政中心工作整合推进，有利推动了全县财政事业不断迈上新台阶。

一、健全四个机制，强化组织领导，聚合美丽乡村建设的强大干劲

安新县财政局坚持把聚财支撑美丽乡村建设、树财政形象作为第一要务，高度重视，全力保障。一是组织机制。成立由局长任组长，局领导班子成员任副组长，各科室负责人为成员的美丽乡村建设财政专项工作组，负责建设工程资金、项目的协调调度，做到有人抓、专人管。二是责任机制。实行主要领导亲自抓，分管领导直接抓、科室负责人具体抓机制，做到美丽乡村建设与财政工作同部署、同落实、同考核，形成了一级抓一级，层层抓落实的工作氛围。三是制度机制，先后出台《美丽乡村建设项目企业帮村办法》、《美丽乡村建设部门包村办法》、《农村集体、农户自建管理办法》，激发引导全社会参与美丽乡村建设。共计争取省市单位帮建项目60个，落实帮扶资金4.5亿元，企业帮建资金3000余万元，村集体自筹资金2240万元，农户自筹资金3000余万元，农民出义工16万余人次，铺开了多方财力支撑美丽乡村建设的画卷。四是推进机制。局领导班子充分发挥表率作用，坚持“走下去”、“面对面”推动工作，做到基层现场办公“常态化”。2015，局主要领导带领相关领导先后深入淀区乡镇、村52次，查看进度，指导工作，解决问题，确保了高效落实，创造了“安新速度”。

二、搭建四个平台，丰富融资渠道，创新多元投入资金的筹措机制

安新县财政局把“拓渠汇流”作为建设美丽乡村的重要抓手。一是搭建县投融资平台。依托白洋淀投资有限公司搭建了投融资平台，主动与省市农发行对接，以白洋淀景区门票收费权及“两费一金”（即水基建设基金、水资源费、河道费）为质押进行融资，打捆用于美丽乡村建设。二是搭建政策平台。在政策范围内，向国家和省市申请优先补助危房改造资金，使农村危房改造与美丽乡村建设民宿改造相结合，最高每户可获危房改造资金 2 万元。2015 年，整合利用危房改造资金 500 余万元，为美丽乡村建设提供了有利的保障。三是搭建激励平台。用财政资金撬动民间资本，以县财政专项资金为基础，明确建设标准，对自愿改造的农户，按财政投入 40%、群众投入 60% 的比例进行奖补，极大提高了群众改造房屋的积极性，形成了美丽乡村建设滚动发展的长期效应。目前，全县财政共投入奖励资金 2000 余万元，撬动民间投资 3700 余万元。四是搭建服务平台。创新污水垃圾处理模式。采取 PPP 模式，将污水处理与垃圾处理统筹考虑、捆绑推进，通过公开比选方式，交由第三方公司运营管理。具体操作中，由政府负责前期污水管网和垃圾处理设施建设，污水处理设施购置及后期管理运营交由第三方公司负责。通过建管分离，便于做群众工作，有利于后期管护运营、减轻财政资金“包袱”。初步测算，这种模式可节省设备采购和运营成本 5600 万元。

三、实现四个提升，深化效能管理，促进县域经济崛起的势头不断增强

着力建设发展型财政、效能型财政，财政促进发展、保障民生方面的能力明显提高。一是财政综合实力明显提升。美丽乡村建设财政责无旁贷，为解决资金短缺问题，向省市财政部门争取美丽乡村建设资金 4.5 亿元，争资总量位列保定市各县第 1 位，为美丽乡村建设提供了强有力财政支撑。二是财政促进发展能力明显提升。2015 年县财政用于支持美丽乡村建设资金 5000 万元。安排支出项目前期经费 500 万元，注资 1000 万元，支持投融资平台建设，有力推动了重点项目跑办建设，形成了一批新的经济增长点。三是民生保障能力明显提升。坚持把更多的公共资源用于民生，2015 年，用于水区 6 镇 45 个村街道硬化、厕所改造、污水（垃圾）处理厂建设、学校建设等方面

的民生支出达到3.8亿元，占全部支出的66.6%。四是财政管理水平明显提升。全面给力美丽乡村建设，积极推进财政性资金整合，逐步形成“项目科学、安排规范、使用高效、运行安全”的财政资金运行管理新机制，充分发挥财政职能，是有限的财力最大程度地保障了项目建设需要。全力推行政府采购项目及政府购买服务，完成政府采购51268万元，节支率10.2%；实施美丽乡村环卫一体化管理、绿化养护等政府购买服务项目37项，采购资金27688万元，节约资金2725万元。进一步加大财政投资评审力度，完成美丽乡村民宿改造、厕所改造、污水管网建设、码头建设等预决算评审项目28个，审减资金3680万元，平均审减率8.7%。

四、搞好四个延伸，创新建管并重，努力推进美丽乡村建设可持续发展

安新县45个村美丽乡村建设已完成前期建设，由于效果突出，安新县成了全省对标先进县之一。安新县“美丽乡村建设”后期运营也需巨额的资金支撑，初步测算，每年需运营费用3000万元左右，为确保顺利运营，今后着力在以下几个方面上延伸。

一是美丽乡村项目延伸，增加财政收入，反哺支持美丽乡村后期运营。依托白洋淀自然资源，启动PPP合作模式，抓好美丽乡村建设的临水古街、水上乐园、游客接待中心超市、酒吧，美丽乡村民俗体验馆、水上垂钓项目的运营，增加收益。白洋淀2007年荣获国家首批5A级旅游景区，2015年接待游客260万人次，实现财政收入4430万，旅游总收入6.7亿元，由白洋淀旅游收入每年向美丽乡村建设后期运营支付3000万元运营费，有财力保障。随着山水林田湖生态修复规划编制实施、环首都生态过渡带建设等六项生态工程的实施、白洋淀纳入国家湖泊生态修复试点、白洋淀生态环境将得到大幅提升，白洋淀将成为旅游热点地区，旅游收入将大幅上升，更能加快推进白洋淀美丽乡村建设深度推进。

二是管护维护延伸，为美丽乡村建设运行保驾护航。在服务、管护领域推广政府购买服务，由运营公司负责各村公测、管网、路灯、道路等基础设施、污水垃圾处理设施及绿化等景观节点的管护维修，维护美丽乡村建设成果。这样，一方面能够有效利用整合社会资源，提高服务专业、规范水平和服务效率，进而为群众提供更方便、快捷、优质、高效的公共服务；另一方面为社会资本开辟了投资空间，有效激发了市场主体活力。